中国
近代
通史

(修订版)

中国社会科学院
近代史研究所 —— 编

张海鹏 主编

[第十卷]

**中国命运的
决战**(1945—1949)

汪朝光 著

江苏人民出版社

图书在版编目(CIP)数据

中国近代通史. 第十卷, 中国命运的决战：1945—1949 / 张海鹏主编；汪朝光著；中国社会科学院近代史研究所编. — 修订版. — 南京：江苏人民出版社，2024.1(2025.4重印)

ISBN 978-7-214-28302-3

Ⅰ.①中… Ⅱ.①张… ②汪… ③中… Ⅲ.①中国历史-近代史-1945—1949 Ⅳ.①K25

中国国家版本馆CIP数据核字(2023)第166701号

书　　名	中国近代通史·第十卷　中国命运的决战：1945—1949
主　　编	张海鹏
著　　者	汪朝光
责任编辑	张　凉
装帧设计	刘葶葶
责任监制	王　娟
出版发行	江苏人民出版社
地　　址	南京市湖南路1号A楼,邮编:210009
照　　排	江苏凤凰制版有限公司
印　　刷	苏州市越洋印刷有限公司
开　　本	718毫米×1000毫米　1/16
印　　张	38.25　插页5
字　　数	551千字
版　　次	2024年1月第1版
印　　次	2025年4月第3次印刷
标准书号	ISBN 978-7-214-28302-3
定　　价	198.00元(精装)

(江苏人民出版社图书凡印装错误可向承印厂调换)

再版前言

《中国近代通史》修订再版,我们感到欣喜,也感到惶恐。一部十卷本的通史性著作,出版十年之后还有再版的机会,说明学术界与社会上是需要的。据从各方面获得的消息,学习中国近代史的学生中,本科生、硕士生,尤其是博士生,读这个十卷本的人是不少的。许多教授都把这部书指定为学生们的必读书。对于作者而言,这无疑是令人欣喜的。但是,一部多卷本的集体著作,每卷的主持人都是大忙人,能否如期完成修订,能否使修订更好地满足读者的需要,这又是令我们惶恐的。

2006—2007年,十卷本《中国近代通史》初版由江苏人民出版社推出,2009年,凤凰出版传媒集团、江苏人民出版社又推出凤凰文库版。中国社会科学院为此书出版举办科研成果发布会和学术座谈会,在学术界与社会上引起广泛关注,不仅有多家媒体报道出版信息,而且还有不少学者在《人民日报》、《求是》杂志、《近代史研究》等报刊发表评介文章,这是始料不及的。应该说,《中国近代通史》初版的面世,在学术界产生了良好的社会反响,同时也赢得了多项荣誉(如入选首届"三个一百"原创图书出版工程、中华优秀出版物图书奖、第二届中国出版政府奖、中国社会科学院优秀科研成果二等奖等)。总体上讲,学术界和社会上的评价是正面的、肯定的,也有建设性的学术批评。所有这些,都是对我们的鼓励,都是对中国近代史学科建设的深入探讨,对推动中国近代史的学术研究是有益的。《中国近代通史》的撰写和出版,圆了近代史研究所几代人的梦想,至今也是中国近代史学界唯一一部十卷本的大型通史。出版近十年来,学术研究有了较大发展,相关的档案文献也有持续公布和新的发现,如清史编纂工程大量刊布清史档案文献史料,美国胡佛研究所公布了蒋介石的日记手稿,以及中外档案馆新发现和公布的史料等等,都为中国近代史的进一步深入研究提供了史料基础和学术路向。因此,《中国近代通史》初版在经过十年发行后,根据新材料、吸收新成果再予修订,是很有必要的。

2016年8月27日,应江苏人民出版社的邀请,《中国近代通史》课题组多位作者到南京凤凰集团,与江苏人民出版社签订出版续约,正式启动修订再版工作。南京之行,大体确定了修订的三项原则:(1)基本风格、基本观点、基本结构不变;(2)字数篇幅总体不突破原版,但各卷也可以有些弹性,允许有的卷补充内容可适当突破;(3)修订时应该注意吸收学术界有代表性的观点,不要求逐一呼应,有的可以在注释中体现。总之,考虑到各卷作者本身任务很重,大修、中修并不现实,这次修订,总体上是小修,但是允许局部大修。

自南京续约以后,各卷作者在繁忙的教学和研究工作之余,对原稿做了认真修订,在通读、通校全文后,各卷都做了不少必要的文字处理,使表述更加准确、平实,并纠正了一些明显的史实错讹,补充了部分注释的文献出处。第六、七、八、十卷还增加了第三级小标题,以与全书体例统一。除此之外,各卷还进行了若干重要修改:

第一卷调整了章节结构,把原第二章调整为第五章,原三、四、五章改为二、三、四章。也有些文字修改。

第二卷对于引用较多的李秀成的亲书供词的版本做了认真考订,对中华书局影印本《忠王李秀成自述》原有错页进行重新整理校订,改题为《李秀成亲书供词》。

第三卷深化了湘淮系洋务派关系以及张之洞从清流派向洋务派转变的分析,改写了增设洋务局的内容,补充了关于郑观应、汤寿潜、邵作舟等早期维新派思想的论述。

第四卷在第八章补写了第五节"庚子中国国会与自立军事件"。

第五卷利用新出版的《袁世凯全集》,厘清了袁世凯修改《清帝逊位诏书》的史实。

第六卷在第一章、第四章、第七章都有重要补充和修订。

第七卷在第十章增加了第三节"工农运动的中介群体"。

第八卷在第二章、第四章、第五章、第十章都有重要补充和修订。

第九卷特别说明了从1937年7月开始的全面抗战与从1931年9月开始的局部抗战，既有相当的延续性，又有极大的不同；并利用新公布的《蒋介石日记》，补充了关于中国争取苏联出兵参战、陶德曼调停、九国公约会议、"桐工作"与中日秘密接触等方面史实的论述；还在第十一章第二节增加了"收复失土与琉球问题的提出"的内容。

第十卷在第一章、第三章、第七章做了重要补充和修订。

本次修订，是在习近平新时代中国特色社会主义思想指导下进行的。原书某些带有含糊不清的、不尽准确的提法，都已经修订了。就全书而言，虽然修改幅度不是太大，尤其在补充新材料方面做得不够，但与初版相比，这个修订版还是有了一些新的面貌，为读者提供了一个更加可信的读本。

我作为《中国近代通史》全书的主编，认为有必要在序卷中阐明全书的基本的编撰原则、对中国近代史的基本观点、基本的写作体例和方法，作为各卷的原则要求。但是，在各卷写作中，不必重复这些原则和要求。这些基本的原则和要求，在课题组组成时，已提交各卷主编讨论和研究。各卷主编大体上赞成这些原则和要求。当然，这些原则主要是由本书主编提出的，体现了一种学术观点。是否妥当，还需要听取学术界批评。读者如有意见，可以提出商榷，开展正常的学术争鸣。任何学术争鸣，都是作者所欢迎的。

我们在《中国近代通史》完稿之时，就想到大概十年左右能够修订一次。这次修订，算是不忘初衷。当然，我们希望以后还有机会不断修订完善。值此修订版面世之际，我们期待能够得到学术界与社会各界人士的批评指教。

当初承担撰写任务的主要学者都是中国社会科学院近代史研究所的研究人员。现在还是这些人在参加修订，但情况已经有了很大变化。王建朗早已是近代史研究所所长，汪朝光担任了中国社会科学院世界历史研究所所长（以上两位所长新近也已退出领导岗位），杨奎松在华东师范大学担任教授,王奇生在北京大学历史系担任教授兼历史系主任,我和虞和平、姜涛、马勇、曾景忠都从近代史研究所退休了。原在华南师范大学历史文化学院担任教授的谢放也已退休。原来是副研究员的李细珠、卞修跃,如今是近代史研究所独当一面的研究员了。当初各位愉快地接受撰写任务,今天各位又愉快地接受修订任务,这是令人感动的。回顾十余年来的合作,深感这是一次很融洽的学术合作。这种合作,在一个人的学术生涯中是不可多得的。

这种合作不仅体现在本书的撰写者方面,也体现在撰写者与出版者的合作方面。当初,江苏人民出版社获悉我们正在筹划《中国近代通史》撰写的消息,立即找上门来,主动要求承担出版任务。从此,我们一拍即合。在出版《中国近代通史》的过程中,我们与江苏人民出版社的合作是非常愉快的。江苏人民出版社吴源社长和金长发主任给我们很好的支持与配合。当《中国近代通史》初版合同即将到期之时,就有几家别的出版社来联系再版事宜,我们也曾有过犹豫,但江苏人民出版社没有轻易放弃,而是努力再续前缘。徐海总经理与府建明总编辑特意到近代史研究所洽谈此事,促使我们下定了继续合作的决心。

在《中国近代通史》再版之际,我作为主持者,谨向各位合作者表示感谢!向有关单位的审读专家表示感谢!本书修订版吸收了他们提出的不少修订意见和建议。向江苏人民出版社王保顶社长、谢山青总编辑表示感谢!向阅读初版和修订版的所有读者表示感谢!

张海鹏

2018 年 2 月 21 日

2023 年 9 月 7 日修订

目　录

第一章　战与和的变奏 /001
　　第一节　国共重庆谈判 /003
　　第二节　边打边谈 /014
　　第三节　国共停战与政协会议 /024
　　第四节　政治协商进程之顿挫 /034
　　第五节　东北局势的演进 /052

第二章　全面内战的烽火 /073
　　第一节　军事调处的失败 /075
　　第二节　国共双方的军事动员 /084
　　第三节　国民党的全面军事进攻 /096
　　第四节　国共关系的最终破裂 /115
　　第五节　国民党军的重点军事进攻 /126

第三章　战后社会的动荡与纷扰 /149
　　第一节　怨声四起之接收与复员 /151
　　第二节　此起彼伏的学潮 /161
　　第三节　中间势力的活跃与分化 /179
　　第四节　国民党一党制宪之纷争 /193
　　第五节　地方与边疆问题 /213
　　第六节　经济恢复重建之困难 /224
　　第七节　胜利后的弱势外交 /244

第四章 国共两党攻守态势的转换 /257

第一节 国共军事攻守之易位 /259

第二节 国民党实行"戡乱动员" /271

第三节 国民党统治之衰颓 /284

第四节 "训政"终结与"行宪"开场 /294

第五节 一败涂地的币制改革 /312

第六节 内战中的土地改革问题 /327

第七节 中共力量的全面崛起 /340

第五章 国共两军的军事战略决战 /353

第一节 战略决战前的国共两军争夺 /355

第二节 豫东战役与济南战役 /371

第三节 辽沈战役 /380

第四节 淮海战役 /399

第五节 平津战役 /425

第六章 国民党在大陆统治的结束 /449

第一节 蒋介石引退与李宗仁登台 /451

第二节 北平和谈 /463

第三节 渡江战役与解放上海 /476

第四节 国民党军事的全面败退 /490

第五节 国民党逃离大陆败退台湾 /523

第七章 中华人民共和国的成立 /537

第一节 中共建国的理论准备 /539

第二节 中共建国的实际准备 /550

第三节 中华人民共和国的成立 /561

主要参考文献 /573

人名索引 /593

第一章
战与和的变奏

　　抗日战争胜利后,中国面临着发展与进步的机遇。但是,当时执政的国民党与在抗战中得到空前发展的共产党对战后中国的发展道路有不同的考量和选择。国民党企图继续维持其一党执政的统治地位,排斥中共的政治参与,力图遏制中共的发展;中共提出在和平、民主、团结的基础上,实现国家统一,建设独立、自由、富强的国家。两种不同的建国主张表现为两条不同的政治道路,国共两党在战时的合作关系亦因抗战结束而开始发生变化,对立的一面在上升,共同的一面在下降。但抗战胜利之初的国内外环境、民众对和平的渴望、美苏两强对中国政治的态度,有利于和平而不利于战争。国共两党也需要根据时局演变,决定战后政策,作出适当部署。因此,国共两党关系并未骤然破裂,而是在边打边谈的战与和的变奏曲中发展和演进,经过重庆谈判、停战谈判、政治协商会议,国共两党关系一度有所缓和,国内和平局面也得以暂时维持。

第一节　国共重庆谈判

1945年8月,中国人民历经八年艰苦卓绝的抗日战争,终于迎来了最后胜利。但是,胜利的狂欢过后,战时中国积累的问题,如凋敝民生的救济、残破经济的重建、文化教育的发展等亟待解决。尤为重要的是,如何整合社会各阶级、阶层及各种政治力量对建设国家的不同意见,使中国得以继续坚持抗战时期的全民族团结,是战后中国面临的首要问题。中国全民族团结的基础因抗战而奠定,亦因胜利而变化,即从以抗战、以民族生存求团结而转向以民主、民生、建设求团结。对于如何巩固抗战胜利成果,如何实现民主并改善民生,以建设统一、民主、富强的新中国,当时左右着中国政局动向的两大党——国民党和共产党却有着截然不同的看法。

1945年8月25日,中国共产党发表《对目前时局宣言》,号召"巩固国内团结,保证国内和平,实现民主,改善民生,以便在和平民主团结的基础上,实现全国的统一,建设独立自由与富强的新中国"。宣言提出承认解放区民选政府和军队、承认各党派合法、召开各党派和无党派代表人物会议、成立联合政府等6项具体要求,从而率先公开了自己的政治立场。9月3日,国民党发布《告全国同胞书》,对中共的政治主张并未正面回应,而着重就战后复员问题提出具体主张,如为军人安排就业的机会、为难民取得必需的救济、为城市乡村策复兴、为海外侨胞谋复业、为青年解决求学的困难、为工商各业开拓发展的道路。对于社会各界普遍关注的如何实现民主的问题,《告全国同胞书》提出加紧造成地方自治,切实保障人民权利,从速成立民意机关。但蒋介石在同日发表的广播演讲中特别强调:国家统一是民主宪政的惟一基础,而要完成国家的统一,惟一的前提就是实现军队国家化,在我国家领土之内,不再有私人的军队,亦不再有任何一党的军队。① 蒋介石的意图所向显然是针对中共,重弹其由国民党实现"统一"的论调。战前和战时积累的国共两党矛盾,非但未因抗战胜利而得以缓和,相反,抗战胜利更使原本潜伏的两党矛盾浮出水面,在一系列问题上国共两党的主张针锋相对,国内政治局势因两党对立而趋紧张。

国共两党在得知日本投降的消息后,立即以准备受降接收、确定自身战略优势为中心,作出各自的部署。日本决定投降的消息刚刚传出,8月10日晚,蒋介石即电令各战区:迅即展开接收部署,同时警告敌军不得向我已指定之军事长官以外的任何人投降缴械,并确保联络和掌握,以待"国军"的到达。为不使中共因参与受降接收而得益,增加未来与国民党谈判的砝码,蒋介石完全排除了中共参与接收的权利与可能。11日,蒋介石致电第18集团军总司令朱德,命令"所有该集团军所属部队,应就原地驻防待命,其在各战区作战地境内之部队,并应接受各该战区司令长官之管辖"。蒋介石还指示负责接收的陆军总司令何应钦:对于非经政府指定之受降部队,如有擅自接受敌军投降,企图扰乱受降计划者,得下令惩罚之。② 蒋介石的命令不考虑中共部队在对日作战中的重大贡献,将中共排除在对日接收之外,自然不为中共所理会。就在蒋介石致电朱德的当天,中共以延安总部名义命令:"我军对任何敌伪所占城镇交通要道,都有全权派兵接受,进入占领,实行军事管制,维持秩序,并委任专员负责管理该地区之一切行政事宜。"③ 因为中共部队多在敌后,靠近日伪占领区,在对日接收方面占有一定的优势,中共力图通过受降接收扩大根据地,尤其是将华北各主要通路与地区均划为受降接收地区,从而与国民党垄断受降接收权并恢复其对全国统

---

① 1945年8月27日《解放日报》,延安;《抗战胜利后重要文告》,5—13页,中国国民党河北省党部,1945。
② 秦孝仪主编:《"总统"蒋公大事长编初稿》卷五(下),785页,台北,中国国民党中央委员会党史委员会,1978;《日本投降后中共动态资料汇编》,48页,1945;中国第二历史档案馆编:《第二次世界大战中国战区受降纪实》,64页,北京,中共党史出版社,1989。
③ 1945年8月11日《解放日报》,延安。

治的意图产生了尖锐的矛盾。

就是在这样的背景下,蒋介石却连发三电,邀请中共领袖毛泽东赴重庆谈判,一时轰动中外。蒋介石的邀请虽出人意表,但究其实质,无非和战两手之不同运用。一方面,在国民党内部,以陈果夫、陈立夫等为代表的CC系党务系统,以邹鲁、居正等为代表的国民党传统右翼,以陈诚、白崇禧等为代表的军方力量,忧惧中共力量的迅速成长,主张对中共采取强硬态度,并为此不惜破裂而一战。8月20日,部分国民党中央委员开会讨论中共问题,其中不少人主张对中共绝无妥协余地,只有用武力对付。另一方面,国民党内以张群为代表的政学系官僚政客集团和在蒋介石身边任职的亲信部属宋子文、张治中等人,则对中共采取缓和态度。他们认为,单凭武力不足以压服中共,主张与中共和谈,在继续维持国民党统治的前提下,给予中共一定的地位并将其约束至国民党能够掌控的体制框架内,以求得国内和平。作为国民党的最高决策者,蒋介石则根据对形势的判断和不同的考量而决定和战两手的不同运用。抗战甫胜之时的国内外形势,显然不利于国民党贸然动武。不仅远在后方的国民党军队尚未部署到位,社会各界强烈主和,而且国民党的主要支持者美国也因雅尔塔体系的约束而支持国共和谈。在此形势下,蒋介石适时运用和的一手,在部署军队向全国主要交通线和要点要地进军、抢占有利战略地位的同时,电邀毛泽东赴渝,意图在政治上占据主动。蒋介石的侍从室六组组长唐纵在其拟订的对日本投降的处置意见中建议:邀请"中共领袖来渝共商进行。如毛泽东果来则可使其就范,如其不来,则中央可以昭示宽大于天下,而中共将负破坏统一之责。"此份建议虽出自蒋介石的幕僚之手,但显然对蒋介石的意旨有深切体认,更毋宁说是蒋介石的真实想法。为此,8月14日、20日、23日,蒋介石3次致电毛泽东,故作谦恭地表示"倭寇投降,世界永久和平局面,可期实现,举凡国际国内各种重要问题,亟待解决,特请先生克日惠临陪都,共同商讨","如何以建国之功收抗战之果,甚有赖于先生之惠然一行,共定大计",并表示"兹已准备飞机迎迓,特再驰电速驾"。[①]

---

① 唐纵:《在蒋介石身边八年》,688页,北京,群众出版社,1991;1945年8月16日、21日、25日《中央日报》,重庆。

对于和战两手的不同运用,中共同样娴熟于心。日本投降之初,中共本已考虑在新形势下恢复国共谈判,但是因为国民党在受降等问题上不愿妥协,使中共估计蒋介石邀毛泽东赴渝不过是为了打内战的欺骗手段,对此并不积极。但在蒋介石连续电邀毛泽东赴渝并使舆论环境出现一定的变化后,中共的态度有了重要变化,认为此时不宜断然拒绝谈和,而是适时决定以已之"和"对蒋介石的"和",以争取舆论和人心。同时,与美国支持国民党谈和相一致,苏联也在毛泽东决定赴渝之举中起了重要作用。当中共尚未接受蒋之邀请时,斯大林两次致电毛泽东,敦促其接受邀请,赴渝谈判。周恩来1960年7月在中共中央北戴河工作会议上说:"8月22日,斯大林用苏联中央委员会的名义,打电报给毛主席,要求我们对蒋介石发动的内战不要进行自卫反击,否则中国民族要毁灭。斯大林还要毛主席到重庆去跟蒋介石谈判,订立停战协定,成立联合政府。当时中央在讨论斯大林的意见时,没有一个人赞成毛主席去重庆。……后来斯大林又来了一次电报,仍然强调上述意见,一定要我们去重庆。他认为如果我们要对国民党进行自卫反击战争,美国就会用飞机、大炮、海军帮助国民党,苏联也得受中苏友好条约的束缚,在道义上支持国民党政府。他就是给我们这样大的要挟,硬是要我们同意接受和平谈判。中央反复讨论以后认为,苏联这样做是没有道理的,但是也要考虑到中国已经打了八年抗战,人心向和,希望能够有一个和平环境建设国家,医治战争创伤,人心思和。在这种情况下,我们如果拒绝和平谈判,很显然是不策略的。所以中央,特别是毛主席,经过再三考虑,认为可以去谈判。"尽管中共领导层和毛泽东对斯大林的看法未必认同,但斯大林的态度对他们毕竟有重要影响。而且由于美国在华力量的增长及其与国民党的关系,毛泽东认为美国的影响对国民党能够起决定作用,美国既已对和谈表示支持,则中共自不能完全置之不理。①

8月23日,中共在延安举行政治局扩大会议,讨论国共关系及如何应对蒋介石邀请等问题。毛泽东认为:因为国民党本身的困难(如兵力分散、矛盾很多、实力不足),解放区的存在,共产党不易被消灭,国内

---

① 师哲:《在历史巨人身边——师哲回忆录》,308页,北京,中央文献出版社,1991;吴冷西:《十年论战》,321—322页,北京,中央文献出版社,1999。

人民和国际上反对国民党打内战,因此内战是可以避免和必须避免的。他强调:"蒋介石要消灭共产党的方针没有改变,也不会改变。他所以采取暂时的和平是由于上述各种条件的存在,他还需要医好自己的创伤,壮大自己的力量,以便将来消灭我们。我们应当利用他这个暂时和平时期。""以后我们的方针仍是'蒋反我亦反,蒋停我亦停',以斗争达到团结,做到有理有利有节。""我们要准备有所让步,在数量上做些让步,以取得合法地位,以局部的让步换取在全国的合法地位,养精蓄锐来迎接新形势。对这种让步我们要有准备。另一方面,我们还要准备在合法工作中去进攻,利用国会讲坛去进攻,要学会作合法斗争。"与会的中共领导人均支持他的意见,认为中共应争取主动,迫使蒋介石妥协。8月25日,毛泽东将其准备赴渝的信息通过中国战区参谋长魏德迈转达蒋介石。26日,中共中央政治局举行会议,正式决定毛泽东赴渝谈判。毛泽东强调:只有去才能取得全部主动权,"谈判自然必须作一定的让步,只有在不伤害双方根本利益的条件下才能达到妥协","由于有我们的力量、全国的人心、蒋介石自己的困难和外国的干预四个条件,这次去重庆是可以解决一些问题的"。会议决定:中共在北方从陇海路到东北一定要占优势,但在南方从广东到河南、江南、江北地区,可视情形作出让步。同日,中共发出党内通知,认为"现在苏美英三国均不赞成中国内战,我党又提出和平、民主、团结三大口号",国民党"在内外压力下,可能在谈判后,有条件地承认我党地位,我党亦有条件地承认国民党的地位,造成两党合作(加上民主同盟等)、和平发展的新阶段";但同时强调"在我党采取上述步骤后,如果国民党还要发动内战,它就在全国全世界面前输了理,我党就有理由采取自卫战争,击破其进攻"。① 至此,中共确定了力争和平,但亦做好武力准备的方针。

1945年8月28日,中共领导人毛泽东、周恩来、王若飞一行,由国民政府军事委员会政治部部长张治中和美国驻华大使赫尔利陪同,飞抵重庆。在民国史和国共关系史上均具有重要意义的重庆谈判由此拉开序幕。

---

① 《毛泽东文集》第4卷,4—9、15—16页,北京,人民出版社,1996;《毛泽东选集》第4卷,1053—1054页,北京,人民出版社,1991。

在重庆谈判开始之前,国民党为了应付谈判中可能出现的问题,在8月25日由潘公展主持国民党中央联席会报秘书处会议,提出谈判意见,基本策略为军事拿紧,政治放松;态度上不予刺激,推诚相待;一切采取主动,应放开者先放开;将商谈情形逐日公布,充分表露我方委曲求全忍让之苦心,使中外对我同情;但随时准备破裂,同时提防各党派勾结,绝不让其他党派参与此次商谈。关于谈判的具体方案,他们提出:应以军令、政令统一为商谈之前提,军事从严,政治从宽;在政治体制上,放弃训政时期以党统政的形式,采用控制从政党员的方式,即以行政院为类似责任内阁之组织,立法、监察机关可容纳中共及各党派人员;但所谓解放区不能存在,中共之政治人员,在绝对遵照政府法令条件之下,可酌量委充地方官吏。29日,潘公展另函呈蒋介石,提出国民党可以酌量容许的解决办法为:整编后的中共军队不许特殊化,惟整编之数不妨量予提高;中共政权组织应一概取消,中共军队不听命令等行为,应一律严令停止;国防最高委员会改设政治会议,此中自可容纳中共分子;行政院设政务委员会,酌量容纳他党人士;国民政府委员会或军事委员会委员,亦可酌选中共或他党参加二三人。他认为:"钧座对此顽梗之中共问题,苦心焦虑,非常人所能想象。今幸以德威之感召,毛泽东居然来渝,此诚解决本问题之最后良机。要宜持之以坚,容之以忍,终求大功之告成,悬案之终了。万不可商谈而后,初步解决其一部分问题,而更贻将来无穷之患。"在综合党内各方意见的基础上,蒋介石指示国民党代表在谈判中采取的原则为:军事绝对统一,政治尽可宽大,不妨次第让步,以示一再容忍,务取宽大,达成妥协求全之任务。①国民党的谈判方针基本沿袭了以往的一贯做法,即通过限制或最好是取消中共武装和政权,遏制中共的实际发展,虽然根据当时的形势,蒋介石这次也有所谓"政治宽大"之表示,但在此后的实际谈判进程中,国民党固然要求军事之绝对统一,即使对"政治宽大"也未见实质让步。

重庆谈判,名为毛泽东与蒋介石的谈判,两人亦有多次会见,并为谈判决定原则,但实际谈判主要是在中共代表周恩来、王若飞和国民党

---

① 《蒋中正"总统"档案·特交档案·分类资料(防共):国共协商卷》015卷第3号,台北,"国史馆"藏。

代表张群、张治中等之间进行的。9月3日,周恩来向国民党提出中共的谈判方案,表示中共愿"在和平、民主、团结基础上实现全国的统一,建设独立、自由和富强的新中国,彻底实现三民主义",同时表示"拥护蒋先生,承认蒋先生在全国的领导地位"。方案提出国民党承认各党派合法、承认解放区政权及部队、严惩汉奸、重划受降地区、停止武装冲突、结束党治、保障人民自由等要求。方案的核心内容为提出实现政治民主化和军队国家化的必要办法。关于政治民主化问题,要求召开各党派及无党派人士参加的政治会议,讨论建国大计、施政纲领、改组政府、重选国大等问题;实行地方自治和普选;承认中共解放区政权的地位,在陕甘宁边区及热河、察哈尔、河北、山东、山西委任由中共推选之省主席,在绥远、河南、江苏、安徽、湖北、浙江、广东六省与北平、天津、青岛、上海特别市委任由中共推选之省副主席或副市长,中共参加东北行政组织。关于军队国家化问题,提出公平合理地整编全国军队,中共部队编为16个军48个师,驻地集中在淮河流域及陇海路以北地区;中共参加军委会及其各部工作;设立北平行营及北方政治委员会,委任中共人员为主任。[1]

在得知中共的方案后,9月4日,蒋介石指示国民党谈判代表:(1)军队问题,中共军队最多编12个师,驻地由双方商讨决定;(2)解放区问题,只要中共做到军令、政令的统一,则对县级行政人员酌予留任,省级行政人员亦可延引中共人士;(3)政治问题,拟改组国防最高委员会为政治会议,由各党各派人士参加,中央政府俟国大后再予改组;(4)国大问题,已选国大代表仍然有效,中共方面可酌增代表名额。[2] 蒋介石企图以此解决国共之间的全盘问题,但归结于所谓政令、军令的统一,仍是以对中共的军事收编并交出解放区政权作为中共在一定程度上政治参与的条件,与中共强调政治民主化,同时保持己方军队和解放区政权的要求恰成对比。国共双方的主张距离甚远,预示着谈判的艰难。

自9月4日起,国共双方就有关问题开始正式谈判。国民党先后

---

[1]《毛泽东文集》第4卷,20—21页。
[2]《"总统"蒋公大事长编初稿》卷五(下),825—826页。

参加的有张群、邵力子、张治中、叶楚伧和张厉生,中共则始终是周恩来和王若飞参加。对于中共所提方案,国民党代表认为,军队问题与前此所谈距离甚远,而解放区问题亦不能照中共意见,否则将陷于分崩离析之局不止。中共代表则认为,要解决国共两党问题,必须承认两党皆有军队和政权的现实,否则便无法再谈。周恩来特别提出:我党对于国民党,已作重大让步,军权政权,中共皆承认国民党为中国第一大党,然国民党亦不能抹杀共产党,故国民党亦必须为我党打算,方能使我们两党各得其所。鉴于双方在有关军队和政权的大原则上意见暂无法保持一致,张群遂建议,从讨论具体问题入手,以期会谈有所进步。此建议得到周恩来的赞成。在关于具体问题的讨论中,双方先在召开政治会议和国民大会、制定宪法等问题上达成了初步妥协;次在军队问题上,中共军队保留20个师成为双方都可以接受的方案,有达成协议的可能。而对解放区的地位问题,始终难有接近。国民党坚持,中共只能推荐省级行政人员,由中央择予任用;而中共则坚持国民党对解放区现状应予一定程度的认可。中共总结谈判进程为:"蒋表面上对毛周王招待很好,在社会上造成政府力求团结的气象。实际上对一切问题不放松削弱以致消灭我的方针,并利用全国人民害怕与反对内战心理,利用其合法地位与美国的支持与加强他(保障美国在远东对苏联的有利地位),使用强大压力,企图迫我就范,特别抓紧军队国家化问题。因此在谈话态度上只要求我们认识与承认他的法统及军令政令的统一,而对我方则取一概否认的态度。"①

为了能够在不影响根本原则的基础上早日达成妥协,9月19日中共主动提出,其在南方海南岛、广东、浙江、苏南、皖南、湖北、湖南、豫南八个地区的军队第一步可以撤至苏北、皖北及陇海路以北地区,第二步再撤至鲁、冀、察、热、晋省之大部分,绥省之小部分与陕甘宁边区;解放区亦随军队驻地而合一,即鲁、冀、察、热省主席和晋、绥省副主席及平、津、青市副市长由中共推荐,省区数量较原提方案大幅度减少。然而国民党仍拒作让步,甚至连一向与中共关系友好的张治中也表示政府殊

---

① 中央档案馆编:《中共中央文件选集》第15册,276—277页,北京,中共中央党校出版社,1991—1992。

难考虑中共方案,指责中共此举为割据地盘,引致双方激烈争辩,谈判气氛紧张,不得不暂时停顿。中共甚至还得到情报,称国民党中统要员私下透露,蒋介石将以常有国事咨询为由,不让毛泽东和周恩来返回延安,以动摇中共军心,以利于国民党的进攻。因此,26日的中共中央政治局会议认为谈判没有结果,形势可能逆转,毛泽东再留重庆似无必要,建议毛泽东争取尽快回延安。

虽然如此,在抗战胜利、民众渴望和平的环境下,国共双方都不愿骤然破裂谈判,从而承担破裂的政治责任。蒋介石盱衡国内外形势:"俄是否因此借口毁灭其盟约义务?促使蒙疆内侵与久踞东北?果尔,则国际形势犹能容忍否?又美国舆论与政策,是否因之改变,弃绝我国不再予以接济乎?"在对美苏动向尚无把握而国民党又准备不足的情况下,他决定"不能不为国相忍"。① 而毛泽东审时度势,亦决定仍留重庆,争取社会舆论与中间派,以取得政治主动权。他特别告诉《大公报》总编辑王芸生:我们对国民党,只是有所批评,留有余地,并无另起炉灶之意。由于中共"调子低,让步大(允逐步退出陇海路以南),表示委曲求全",9月27日谈判恢复,双方同意由军政部、军令部和中共代表另行讨论军队数量与整编等问题,而对解放区政权问题仍无法达成妥协。中共提出的在省级行政区划基础上维持解放区政权的各种方案均为国民党拒绝,国民党只能同意在县级,至多是地区级行政区划基础上承认中共政权的可能性。周恩来的看法是:"武装固然重要,但武装毕竟是保持根据地的工具,武装脱离了根据地就无法生存。蒋看清了这点,他也特别懂得这个问题的重要性,因此,他无论如何不承认。"② 国民党最忌讳的,也是最担心的,就是中共合法地取得政权并拥有军队。双方在这个问题上的立场一直无法接近,最后只能暂时维持现状,并同意先将商谈结果以公报形式公告中外。

10月10日,国民党代表王世杰、张群、张治中、邵力子和中共代表周恩来、王若飞签订了《政府与中共代表会谈纪要》(又称"双十协定")。纪要共12条。关于和平建国的基本方针,双方一致认为:中国抗日战

---

① 《"总统"蒋公大事长编初稿》卷五(下),837页。
② 《中共中央文件选集》第15册,293页;《周恩来选集》上卷,254页,北京,人民出版社,1980。

争业已胜利结束,和平建国的新阶段即将开始,必须共同努力,以和平、民主、团结、统一为基础,并在蒋主席领导之下,长期合作,坚决避免内战,建设独立、自由和富强的新中国,彻底实行三民主义;认同政治民主化、军队国家化及党派平等合法,为达到和平建国必由之途径。双方在召开政治协商会议、保证人民自由、承认党派合法、限制特务机关活动、释放政治犯等问题上达成一致意见;在实行地方自治、惩处汉奸、解散伪军、重划受降地区等问题上,政府方面表示实行地方自治不应影响国民大会之召开,惩处汉奸要依法律行之,中共参加受降在其接受中央命令之后自可考虑;关于国民大会问题,双方同意提交政协解决;关于军队国家化问题,中共提出将部队缩编至 20 个师,自 8 个地区撤出部队至陇海路北和苏北、皖北,政府方面表示此次商谈各项问题果能全盘解决,则中共军队数目可以考虑,驻地问题可由中共提出方案,双方同意由军令部、军政部及第 18 集团军各派一人组成 3 人小组,进行具体商谈;关于解放区地方政府问题,中共先后提出 4 种方案,政府方面均不同意。对于未解决的问题,双方表示将在互信互让的基础上继续商谈,求得圆满之解决。① 协定签订前后,蒋介石与毛泽东多次相见,表示"国、共非彻底合作不可,否则不仅于国家不利,而且于共党有害"。但蒋介石仍要求中共"对国内政策应改变方针,即放弃军队与地盘观念,而在政治与经济上竞争,此为共党今后惟一之出路";"所谓解放区问题,政府决不能再有迁就,否则不成其为国家之意,坚决表示望其了解"。② 可见蒋介石耿耿于怀的仍是如何解决中共的地盘与军队问题,仍企图维持国民党和他本人的政治垄断地位。蒋介石还以推心置腹之态对毛泽东说:我们两人能合作,世界就好办;国共两党,不可缺一,党都有缺点,都有专长;我们都是五六十的人了,十年之内总要搞个名堂,否则对不起人民。毛泽东对蒋介石表示赞成军队国家化,军队不为党派服务,党则全力办政治;解放区的努力应该承认,应该帮助。③ 军队和根据地对于中共有着决定性的意义,也是中共和国民党相争的主要

---

① 1945 年 10 月 12 日《中央日报》,重庆。
② 《"总统"蒋公大事长编初稿》卷五(下),845—848 页。
③ 《胡乔木回忆毛泽东》,442 页,北京,人民出版社,1994。

依靠,毛泽东当然知道蒋介石的心思,也当然不会为蒋介石的言辞所动,他始终坚持中共的独立自主。中共中央在就重庆谈判下发给各地的指示中强调:"解放区问题未能在此次谈判中解决,还须经过严重斗争,方可解决。这个极端重要的问题不解决,全部和平建国的局面即不能出现。""解放区军队一枪一弹均必须保持,这是确定不移的原则。……目前伪军未解散,敌军未缴械,解放区问题未解决,谈不到编整部队问题。即将来实行编整时,我方亦自有办法达到一枪一弹均须保存之目的。"①

"双十协定"的意义,并不在于国共两党达成了什么妥协。实际上,由于国共两党多年的对立与分歧,两党对国内外形势与自身利害考量存在重大差异,双方的矛盾不可能通过一次谈判而解决,协定达成的实际妥协十分有限(最具意义的妥协是召开政协),同时具体而细微地列出了双方对于各项问题看法的异同点。"双十协定"的意义主要在于:通过国共两党最高领导人会见并发表公报的形式,中共承认了国民党和蒋介石的领导地位,国民党也承认了中共及其军队的地位,双方都可以从这样的表述中获得己方认可并需要的东西。但因为中共处于相对弱势地位,而此次会谈采取了双方平等的形式,签订了正式协定,中共的地位被首肯,因此相比较而言,中共对协定的评价更高、更积极。毛泽东在回延安后曾经提出:现在是有蒋以来,从未有之弱。兵散了,新闻检查取消了,这是 18 年来未有之事。无论如何,"双十协定"对于国共而言,虽然形式效应远大于实际内容,双方对于诸多已决和未决问题仍是各说各话,但毕竟缓解了一度似乎迫在眉睫的内战危机,对于刚刚经历了十四年抗战的苦难与艰辛、迫切期待国家重建与复兴的民众来说,是值得肯定的。

---

① 《中共中央文件选集》第 15 册,324—325 页。

第二节　边打边谈

国共重庆谈判和"双十协定"的签订,暂时止息了大规模内战的公开爆发,但并不意味着国共军事冲突的完全停止。国民党仍企图通过接收确立其全面的优势地位,遏制中共力量的壮大,中共也不能听任国民党的任意所为,布置阻击国民党军的接收进军,双方都希望通过占据更多的实地,得到更有利的战略位置,从而在政治上为未来的斗争作出对自己更有利的布局。因此,国内军事冲突一时无法停止,并有扩大之势,内战烽烟弥漫各地,枪炮声不绝于耳,和平似乎仍遥不可期。

因为日伪占领区多在沿海、沿江、主要交通线及经济相对发达的地区,其地盘和资源对国共两党争夺中国的重要性不言而喻。因此日本刚刚投降,蒋介石即考虑到未来的国共争夺,首先以接收为名义,以恢复交通为主旨,命令在大后方的国民党军队迅速向全国推进,占领各要点要地,构成有利态势,尤其是必须占领及完全控制南京、上海、北平、天津、广州、武汉、长沙、南昌、徐州、济南、郑州、石家庄、太原、归绥、张家口、山海关等战略要点。1945年9月2日,负责接收的何应钦秉承蒋介石的命令发出指示,要求各部队"急向所规定之受降地点挺进,并尽先以一部接收日军撤离之地区,主力迅速进驻日军投降集中地区之附近,完成一切受降准备","受降地点以外之重要城市之据点,应迅速以有力部队接防控置之","奸匪活动地域,应集中优势兵力择要封锁之"。① 根据蒋介石的命令,国民党军对长江以南的接收与推进基本顺

---

① 秦孝仪主编:《中华民国重要史料初编——对日抗战时期》第2编第3册,642—643页,台北,中国国民党中央委员会党史委员会,1981。

利,但在华北,因为中共部队"深入陷区,易制先机,控制交通,接近敌区,便于受降收械",占据着一定的优势,国民党军的推进遇到相当的阻力。为此,一方面,国民党利用等待投降的日伪军保持其占据的地区,维持地方治安。何应钦命令日军最高指挥官冈村宁次:"凡非蒋委员长或本总司令所指定之部队指挥官,日本陆海空军不得向其投降缴械,及接洽交出地区与交出任何物资";"绝对不得将行政机关移交非蒋委员长或本总司令所指定之行政官吏或代表人员"。① 另一方面,在美国的海、空运输支持下,国民党军运送大量军队到华北,先后接收了北平、天津、太原、郑州、石家庄、济南等城市,并控制了平绥路归绥至大同、津浦路济南至徐州的部分路段。但是,华北察哈尔和热河两省的几乎全部地方,河北、山西、绥远、山东等省的大部分地方,以及豫北、皖北、苏北等地区,均在中共控制之下。国民党军不少高级将领认为,应动用武力"剿共",肃清中共武装,接收华北,进而接收东北,统一全国。军令部部长徐永昌还布置下属拟出"防剿"共党部署,呈报蒋介石,商讨如何进行"剿共"战争。10 月 13 日,蒋介石向各战区长官发去密电,进行"剿共"动员,要求"务本以往抗战之精神,遵照中正所订《剿匪手本》,督励所属,努力进剿,迅速完成任务,其功于国家者必得膺赐,其迟滞贻误者当必执法以罪"。② 为达成此目的,国民党军除在美国帮助下继续向华北进行空运和海运外,主要是沿进入华北的各主要交通要道——平汉路、平绥路、津浦路、胶济路推进,从而在上述诸路及其周边地区,与正着力经营华北并确保在东北发展的中共部队发生大规模武装冲突。

中共将战后战略发展的重心放在华北和东北,尤其是东北(东北问题详见后述)。中共在日本投降之初,本拟在南京、上海、武汉、北平、天津等城市发动武装起义,夺取这些城市,并尽可能将国民党军队隔离在平汉路以西。但因形势的变化及自身力量的限制,无法达成这样宏大的目标,中共迅即改变方针,将工作重心置于广大乡村及小城镇,尤其在北方地区,扩大并巩固解放区,发动群众斗争,准备应付新局面,做持

---

① 中国第二历史档案馆编:《第二次世界大战中国战区受降纪实》,78—79 页,北京,中共党史出版社,1989。
② 《中国人民解放战争军事文集》第 1 集,174—175 页,中国人民解放军总部,1951。此电在平汉战役中为中共部队缴获,并于 11 月 5 日公布。

久打算。为此,8月26日,毛泽东在中共中央政治局会议首次提出:"陇海路以北以迄外蒙一定要我们占优势。东北我们也要占优势。"刘少奇也认为:苏联至少不会阻拦我们进入东北,这样我们就可以在东北赢得战略上的胜利,即北面没有敌人,西面蒙古、东面朝鲜都是友邻,我们可以集中力量对付一个方面的敌人。有了这样一个有利的战略地位,就有了取得胜利的基础。①与此相适应,中共部署华北的太行区夺取上党,太岳区出击同蒲路,冀鲁豫区出击豫北,晋察冀区出击晋北与正太路,晋绥区协助晋察冀区出击大同、归绥,尤其要求各地控制国民党军北上必经的交通要道。此后,中共华北部队率先进入东北,并不断传回有关信息。9月14日,首先进入东北的中共部队负责人曾克林和东北苏军总司令马林诺夫斯基的代表贝鲁罗索夫一同飞抵延安,使中共最高领导层得以了解东北的实地情况。苏军代表在转告马林诺夫斯基的口信时,并没有提及将东北根据中苏条约交给国民党的说法,实际默认了中共军队可以在不公开的情况下进入东北。与此同时,新四军第3师师长黄克诚、中共华东局书记饶漱石、华中局领导均有着重向东北发展的建议。向北发展已成为中共上下之共识。

在毛泽东去重庆谈判期间,刘少奇担任中共中央代主席,留守延安,主持中共中央日常工作。9月中旬,刘少奇连日主持中共中央政治局会议,讨论形势发展,认为须立即确定中共的战略方针。15日,刘少奇向在重庆的毛泽东等通报东北现状,认为这是中共发展的"千载一时之机"。17日,刘少奇致电毛泽东和周恩来等:"我们全国战略必须确定向北推进,向南防御的方针。否则我之主力分散,地区太大,处处陷于被动。因此,我们意见,新四军江南主力部队立即转移到江北,并调华东新四军主力十万人到冀东,或调新四军主力到山东,再从山东冀鲁豫抽调十万人至十五万人到冀东热河一带。而华东根据地则以剩余力量加以扩大去坚持。"19日,毛泽东等回电"完全同意"。同日,刘少奇在中共中央政治局会议发言时提出:我们今天的方针,是力求控制热、察两省,控制东北。要下决心,坚决行动,舍得把其他地方丢掉。要赶

---

① 《毛泽东文集》第4卷,15—16页;《在历史巨人身边——师哲回忆录》,307页。

快动作,利用时机。我们要当做全党、全军的任务提出,完成这样的计划。我们应向北发展,南面可采取防御。会后,中共中央即向各地发出指示,提出"全国战略方针是向北发展,向南防御,只要我能控制东北及热、察两省,并有全国各解放区及全国人民配合斗争,即能保障中国人民的胜利"。指示要求,晋察冀与晋绥两区确保以张家口为中心的基本战略根据地,山东主力迅速向冀东及东北出动,华东新四军主力一部向山东移动,江南主力撤返江北,晋冀鲁豫部队阻滞顽军北上,并准备以一部调东北。① 至此,"向北发展,向南防御"成为中共战后总的战略方针,对中共战后发展起到了至关重要的作用。10月20日,中共中央在给各地的指示中提出:"目前开始的六个月左右期间,是为抗日阶段转变至和平建设阶段的过渡期间。"中共在国统区应"扩大民族民主的统一战线","并与政府当局继续谈判尚待解决的问题";在解放区"集中一切力量反对顽军的进攻及尽量扩大解放区","必须坚持又团结、又斗争,以斗争之手段达到团结之目的这一方针,毫不动摇地争取目前斗争的胜利,以便有利地转到和平发展的新阶段"。

还在重庆谈判的进行过程中,国共两军即在山西东南部的上党地区发生了战后首次武装冲突。上党地区位于中共晋冀鲁豫根据地的太行与太岳两区之间,8月11日,日本刚有投降的表示不久,阎锡山即电令其部下史泽波抢占上党,挑起武装冲突,对中共晋冀鲁豫根据地构成较大威胁。自9月中旬至10月中旬,中共晋冀鲁豫部队根据中共中央的指示在上党与阎军交战,战至10月5日,阎部增援之第7集团军副总司令彭毓斌战死;12日,困守的第19军军长史泽波于突围后被俘。阎锡山损失兵力10个师,几近其总兵力的一半。中共晋冀鲁豫根据地从此连为一体,位据华北核心位置,东对平汉路,西对同蒲路,南对陇海路,北对正太路,均可构成有力威胁,有利于中共在华北地位的稳固与发展。

国共更大规模的军事冲突主要发生于平汉、平绥和津浦铁路沿线。中共为了确保"向北发展,向南防御"战略方针的实施,必须阻止国民党军队北上,因此要求各地"用纠缠扭打的战法",对于经平汉、津浦、同

---

① 《刘少奇选集》上卷,371—372页,北京,人民出版社,1981;刘崇文、陈绍畴主编:《刘少奇年谱(1898—1969)》上卷,495页,北京,中央文献出版社,1996。

蒲、正太和平绥等路前进的国民党军队坚决加以打击和阻止。10月中旬,第十一战区司令长官孙连仲命令第40、30军和新8军,自河南新乡集结北进,企图与已占据石家庄的第34集团军李文部会合,打通平汉路北段,分割中共华北根据地,控制华北,继而北进东北。中共认为此役关系华北全局,要求晋冀鲁豫区领导人刘伯承和邓小平将主力适当集中,寻求机动,歼灭国民党军。刘、邓遂集中3个纵队的主力,在邯郸以南漳河以北地区预设阵地,伏击国民党军。北进之国民党3个军临时组合为兵团,在没有友邻支持与策应的情况下冒进,25日到达邯郸南之马头镇时,被中共部队包围。第十一战区副司令长官兼新8军军长高树勋,与中共已有秘密联系,于30日率部起义;第十一战区副司令长官兼第40军军长马法五,率部苦战多日而不支,只能冒险突围,11月2日大部被歼,马法五被俘。此役中共"获得完满胜利",而国民党"终戡乱全役,该两地之交通要冲,均未规复。东西、南北中梗,在用兵上形成极大障碍,行动之自由尽失。"①

平绥路的冲突主要在国民党傅作义部和中共晋察冀部队之间展开。抗战胜利后,傅作义对借此时机,自其根据地绥远向华北扩张势力较为积极,下令"绥西部队积极向东挺进"。② 在傅作义的命令下,傅部迅速出动,沿平绥路两侧向东推进,进展甚快。9月初,傅部已占据平绥路的归绥至大同段,距中共刚刚夺得之察哈尔省府、晋察冀区之中心城市张家口不过百里之遥,如此势必影响中共在华北北部的战略布局,进而分割华北与东北中共之联系。因此,中共认为平绥路作战"关系我党在北方的地位及争取全国和平局面极为重大",要求晋察冀聂荣臻和晋绥贺龙两部通力合作,解决平绥路之傅作义部。晋察冀和晋绥两区遂集中了5万多人的部队,10月中旬起向平绥路出击,先后占集宁、卓资山等地,迫使傅部放弃平绥路沿线各点,向归绥收缩。由于傅部多系主动撤退,实力并未受太大损失,而中共对傅部力量估计较低,对己方实力则估计过高,遂要求前线部队歼灭傅部主力,夺占归绥、包头、五

---

① "三军大学":《国民革命军战役史》第五部第2册,156页,台北,"国防部"史政编译局,1989。
② 万仁元、方庆秋主编:《抗日战争时期国民党军机密作战日记》(下),1976页,北京,中国档案出版社,1995。

原、大同诸点。但这些城市多系深沟高垒,中共部队长途奔袭,且攻击力有限,多次攻击未果,形成僵局,不得不于12月上旬结束平绥战役,未达成原定战役目标。

津浦路为联络国民党统治中心的京沪地区和华北平津地区的南北交通大动脉,沿途又经过中共华中、华北根据地,为国共双方所必争之路。中共确定向北发展的战略方针后,原以苏北为中心根据地的新四军北移山东,由陈毅任军长兼山东军区司令员,另以江南北撤部队组建华中野战军,由粟裕任司令员,中心任务是截断津浦路,阻止国民党军北上。国共双方的武装冲突以津浦路济南至徐州段为中心,旁及陇海路徐州至海州段和胶济路。中共部队先后攻占津浦路之邹县、滕县、曲阜等地,围困临城、枣庄、兖州、泰安等地,并封锁了3条铁路的交通,致使国民党军不仅无法经此北上,而且在山东一度只能保有济南、青岛等孤立据点,并有"鲁省恐将不保"之担忧。

国共两党一方面在战场上力争己方之军事优势,另一方面在谈判桌上唇枪舌剑,两者互为影响,互相补充。战场相争是为加强谈判桌上之地位,而谈判之讨价还价,除须战场之支持外,亦须争取社会舆论及人心,此为战场所不能替代。"双十协定"签订后,国共双方代表张群、王世杰、邵力子和周恩来、王若飞,在重庆继续就各项未决问题进行了多轮谈判。双方首先就召开政治协商会议的有关问题达成协议,同意由国民政府召集有各党派代表和无党派人士参加的政治协商会议,讨论和平建国方案和国民大会及相关问题,还就会议代表名额的分配与各方达成妥协。坚持实行独裁专政的国民党,本拒绝政协这样有各党参加的协商机构,而企图以由其包办的国民大会制定宪法,为其统治确立合法性基础。但战后形势造成国内民主呼声高涨,共产党力量强大,加上美国方面的压力,迫使国民党不得不同意先召开政协,以暂时缓和国内矛盾,同时以政协促成国民大会及早召开,仍以国民党为主导实行制宪,巩固其统治地位。11月2日,国民党中央党政军联席会议最高小组举行会议,检讨局势,认为应"一面与中共继续商谈,一面就政治及宣传方面作若干措施,以击破中共假借民主企图割据之阴谋"。他们提出发动宣传攻势,催促中共速派代表召开政协,以此争取社会舆论,得到蒋介石之首肯。①

中共深知国民党促开政协会议的用意,为了不使国民党以此获取政治利益,10月20日,中共中央致电在重庆的周恩来,表示中共现对政治会议无甚兴趣。周恩来随即在谈判中提出将未决之军事和解放区地位问题商得眉目后再开政协会议,实际是以此作为召开政协会议的先决条件。但国共在这些实质问题上的分歧远非如召开政协会议那样的程序问题容易解决。中共提出,在军事上国共军队各守原防,政治上或维持现状,或进行选举,或直接由中央委任中共提名人选,并特别要求国民党停止向华北进兵;国民党则提出迅速恢复交通,速开军事小组会议,解决中共军队整编等问题,不同意承认解放区政权。双方连续举行多次会谈,提出各自的方案。中共着重于国民党军队停止前进,以利自己在东北和华北的战略部署;国民党则提出其军队通过中共控制地区时,不应受到阻碍,目的是迅速运兵至各战略要地,掌控全国局势,遏制中共的发展。中共在谈判中警告国民党:现在前方交通线均在中共控制下,中央军如一定要前进,当然要起冲突,而且中央军运兵华北数额若无限制,将使中共感到威胁;还提出恢复交通的前提条件是,停止进兵,停止利用敌伪,在华北主要铁路线上双方均不驻兵,国民党如向北平、天津、青岛运兵须经过协商。国民党则强调中共部队应撤至离铁路线10公里以外,一个月内对中共军队驻地及整编商定办法,按计划召开政治协商会议。双方立场始终没能有所接近,谈判因此停顿。

为了迫使中共让步,国民党利用社会各界对于复员、建设之期待,对中共发动宣传战,指责中共"破坏"交通与复员,声称"我们不能容许任何人再对这交通建设作有计划有组织的破坏,不能让国库负担的交通建设费成为无代价的牺牲,更不能坐视社会经济生命的断绝"。② 而中共亦发起宣传反击。毛泽东指示周恩来,"应公开承认破毁铁路是为受降、灭伪、制止内战绝对必要,毫无不好",应"采取强硬态度","强调必须立即制止内战,必须先解决受降、伪军、自治三大问题,才能恢复交通"。随后,中共在谈判中向国民党提出4项要求:全面停止向解放区

---

① 《蒋中正"总统"档案·革命文献·戡乱时期(国共协商与共军叛乱)》(下)第3册,355—356页。
② 1945年11月3日《中央日报》,重庆。

进攻,从进占区全部撤退,从 8 条铁路线撤退,取消各地"剿匪"命令。11 月 12 日,毛泽东在中共政治局扩大会议的讲话中强调:"蒋军来势很凶,对我们压力很大,除抵抗以外,别无办法。我们不打肯定是被消灭,打顶多也是被消灭,为什么不打呢? 我们打而胜之的可能性很大。"① 在国共于华北发生大规模军事冲突的情况下,两党谈判很难继续,11 月 25 日周恩来飞返延安,国共交涉暂时中断,国共两党几乎处于政治、军事的全面对抗之中,战后的国内政局一时出现了严重危机。

国内内战再起,国共两党剑拔弩张,使得刚刚经历了战争之艰辛困苦、亟待休养生息的民众和舆论颇为担忧。社会各界一致反对内战,要求以政治与和平的方式解决问题。中国民主同盟发言人在谈话中表示:"在抗战八年以后,在全面胜利以后,假定大规模的内战终于无法避免,这不仅要为一切中国的友邦所齿冷,要为新遭惨败的敌人所窃笑,这简直是在对着整个国家的生命当心一枪,简直是对着四万万五千万老百姓瞄准扫射。国家绝对无负于任何党派,任何党派不应该这样毁灭国家。老百姓也绝对无负于任何政团,任何政团不应该这样的残杀老百姓。"民主同盟是战后活跃一时的中间势力的主要代表,他们的言论反映了社会各界对内战之忧虑与反对。中共则成功地动员了社会舆论,将反战矛头指向国民党。12 月 1 日,国民党地方人员在破坏昆明西南联大的反战活动时与学生发生冲突,致 4 人身亡,数 10 人受伤,引起全国舆论的强烈抗议,锋芒直指国民党,因为"昆明学潮惨案,受害的却是赤手空拳的学生。他们既无武器更非军队,而竟受到武力的攻击,这乃是证明没有武力的就得不到安全保障。假如无武力即无发言权,我们又有什么理由来责备共产党的拥军自卫呢?"② 这就使企图通过指责中共"破坏交通""阻碍复员"而拉拢舆论的国民党处于被动地位。

战后中国国内局势的发展与国际关系和大国关系是不可分离的。美国一向是国民党政权的主要支持者,并因第二次世界大战而使双方关系有所强化;苏联则在维持与国民党政府官方往来的同时,与中共有较为密切的关系。但是美苏两强于雅尔塔会议事实上达成了划分势力

---

① 《毛泽东文集》第 4 卷,57、66、77 页。
② 1945 年 11 月 3 日《新华日报》,重庆;1945 年 12 月 7 日《新民报》,重庆。

范围的妥协,从而形成了界定双方关系的雅尔塔体系;在中国,雅尔塔体系着重于维持现状,而且刚刚经过第二次世界大战的美苏两强也不愿意战后中国立即发生内战,从而使他们面临因支持各自的盟友而发生直接冲突的危险。他们希望在雅尔塔体系之下,以继续维持国民党统治为前提,容纳各党派的政治参与,保持中国的稳定发展,并维持远东国际关系的大体平衡。而中国国内局势的发展,出现了偏离这一方向的严重可能,从而引起了美苏两国的公开反应。12 月 15 日,美国总统杜鲁门发表对华政策声明,强调一个强盛、团结和民主的中国,对于世界和平是极端重要的;而一个紊乱、分裂的中国,在现在和将来都将危及世界的稳定与和平。声明要求国共军队停止冲突,召开包括各主要政治力量代表参加的全国会议,筹商解决内争的办法;表示美国将继续支持国民政府,但不会进行军事干涉。杜鲁门提出,国民党一党专政的政府应扩大基础,容纳国内其他政治力量。当中国走向和平与团结后,美国准备用各种合理的办法协助国民政府复兴中国,并提供各种贷款。① 12 月 26 日,美、英、苏三国外长会议在莫斯科发表公报,重申在国民政府之下,统一与民主之中国、国民政府中民主党派之广泛参与以及内部冲突之停止均属必要,并表示三国不干涉中国内部事务之政策。

  对战后中国的内部局势,美国更为关注。这不仅因为美国在中国有着较英苏两国更为广泛的切身利益,而且因为美国为稳定远东局势,并着眼于与苏联的长远争夺,在战后需要将中国作为其在远东的战略伙伴,而国民党政府的现实处境,距离美国的考虑相差甚远。为此,美国不能不更多地卷入中国内部事务,既支持国民党的统治,建立一个在蒋介石领导下的统一的亲美的中国,保持美国在中国的战略利益,同时又尽力避免中国内战而引发美苏两国的直接对抗。战后,美国通过承认国民党政府接受日本投降的合法性,为国民党向华北和东北大规模运兵,并提供军事援助,使国民党获得了不少实际利益。为了进一步达成美国的战略目的,美国总统杜鲁门任命前参谋长联席会议主席马歇尔为其特使,前往中国调处国共冲突。

---

① "The China White Paper", Vol. 2, pp. 606—609. *United States Relations with China, with Special Reference to the Period, 1944—1949*, Stanford University Press, California, 1967.

12月17日,马歇尔来华。由于美国此时的政策着重于要求国民党实现民主化改革,因此为国民党所不满,而在一定程度上为中共所欢迎。但由于美国的重要地位及其对中国的影响力,国共两党对马歇尔的使命都有所期待,都期待其立场于己有利。蒋介石告诫马歇尔:"中国所以不能统一,乃由中共拥兵割据,仰承苏联鼻息,其同意和谈乃在争取时间,政府必须迅速收复华北,方能促使中共言和。"周恩来则对马歇尔表示:"我们的政策是和罗斯福总统的政策相同的,即用民主的方法解决国内的一切问题。杜鲁门总统的声明是很好的,而且是和罗斯福总统的政策相一致的。我们对其中的主要论点是同意的。"①

由于国内外强烈的反战呼吁、美苏两国(特别是美国)的介入,使战后中国的国内外环境发生重要变化;而国共双方在战场的较量互有得失,使双方也都有缓和的需要,以重整部署,准备未来的角力。国民党内主张对共缓和的人士,对于国共紧张局势本有不同意见。张治中在给蒋介石的上书中认为:"盱衡当前局势,似仍宜尽量予以最大之容忍。倘问题能适时解决,固所愿望,否则亦不妨暂为等待,以俟时间之转移,不宜遽行变更方针,采取其他解决方针。""决不能轻率从事,作孤注之一掷。"王世杰和张群也认为:"内战一发,势将不可遏止,中共或可借此机会,借苏联为暗援,夺占热察绥甚或东北三省,而自成一国。"②他们的意见自不能不为蒋介石所考虑。马歇尔来华恰为国共双方的缓和提供了外部推动力,停战的条件趋于成熟。经过国民党高层的讨论,蒋介石决定:"对共方针,若准其成立地方政权,不如准其参加中央政府。只要共军受编与恢复交通,则其政治上之要求,决尽量容纳也。"③而中共的目的亦为促和,因为"问题的解决系于美苏的关系和力量的对比";"反内战求和平,是目前最得人心的口号"。④ 国共谈判由此再度恢复。

---

① 《"总统"蒋公大事长编初稿》卷五(下),907页;中共中央文献研究室、中共南京市委员会编:《周恩来一九四六年谈判文选》,23页,北京,中央文献出版社,1996。
② 《张治中回忆录》,734—736页,北京,文史资料出版社,1985;《王世杰日记》,1945年10月31日、11月3日,台北,"中央研究院"近代史研究所,1990。
③ 《"总统"蒋公大事长编初稿》卷五(下),909页。
④ 《周恩来一九四六年谈判文选》,4页。

第三节 国共停战与政协会议

1945年12月16日,周恩来回到重庆。27日,国共谈判重开。中共提出双方首先应无条件停战,其他一切问题则于军事冲突停止后,经和平协商解决。这个建议得到了国民党的同意。1946年1月3日,国、共、美三方决定,由美方马歇尔、国方张群、共方周恩来组成最高三人会议,讨论停战及整编军队事宜。① 在有关停战的讨论中,关于停战原则(无条件就地停战)及实施方法(由国、共、美三方组织军事调处执行部监督执行),国共双方未产生大的分歧。主要的争执是东北,国民党坚持停战令中停止军队调动的规定不适用于东北,理由是东北接收尚未完成,事关国家主权,应由政府与苏美两国协商解决。马歇尔支持国民党。中共虽以东北为发展中心,并在东北已有了相当基础,但东北问题牵涉面甚广,非此时所能解决,同时苏联出于种种原因不愿介入,因此中共同意在东北问题上让步,未尽事宜待后解决,以使停战尽早实现。此后国共双方在东北停战问题上最终未能达成妥协,致使东北战火重起,并波及关内,致关内停战亦有名无实并最终失效,似非当初所可完全预期。

1946年1月10日,国共代表张群和周恩来签署了《关于停止冲突恢复交通的命令与声明》,其主要内容为:国共部队应即停止一切战斗行动与军事调动,停止破坏交通,拆除阻碍交通之障碍;在北平设立军事调处执行部,实行停战协定;双方同意,上述命令对政府在扬子江以

---

① 国方先后参加三人会议的有张群、张治中、陈诚和徐永昌。6月以后,三人会议停开。制宪国大开幕后,周恩来返回延安,三人会议不复存在。

南整军计划之继续实施及其军队为恢复中国主权而开入东北或在东北境内调动并不影响。① 当天,国民政府主席蒋介石和中共中央主席毛泽东分别下达停战令,命令所属部队自1月13日起停止一切战斗行动。自此之后,除了东北之外,内战的枪炮声在关内终于基本停息了,中国大地也出现了一段短暂的和平时光。

与停战几乎是同时,政治协商会议在重庆召开。国民党本视政协为工具,其内部对能否通过政协解决问题一直有不同意见。反对派如CC系和黄埔系军人认为,应先使中共将军队交出,才能实行政治民主化,开放政权,否则将为无穷之害。而支持者如政学系和英美派则主张,此次下大决心,抱最大之忍耐,定最后之让步,作妥协之尝试。政协开幕前,国民党政协代表对于召开政协的意义及如何决定国民党在政协的态度有多次讨论,结果认为:国内方面,大战以后民多厌战,如仍用兵,殊非人民所愿赞同;百业凋残,民力已尽,作战费用极难筹措;人民如仍无以为生,势必铤而走险,致与政府对立;国军风纪不佳,督之继续作战,一败即难收拾。国际方面,美国与莫斯科三国外长会议对国共均施压力,如反其道而行之,恐将招致共同干涉;复当防苏联因不满英美之故,更以共党之扰乱为有利,嗾使共党为所欲为。因此,军事解决困难殊多,亦为国际所不愿,惟有利用政协以求解决内部纠纷。他们认为,政协如能合理合法彻底解决中共军队与政权问题固好,即使不能解决,起码亦须使其他小党派能参加政府,并使中外同情政府之苦心,为国民党赢得国内外支持。他们提出国民党让步之限度为:(1)政权不妨开放,但军政军令必须统一;(2)中央政权尽可开放,但地方政制绝不容许紊乱割裂;(3)县以下各级行政官吏,可察酌情形与可能实行民选,但省主席与委员则必俟宪法制定,省之地位确定后,方得变更现在之制度;(4)各党派可推荐省政府人才,由中央依法任命,但绝对不容许指定人员与省区,强迫中央照委。② 国民党政协代表的认识,更多出于对当时国内外环境的体认,尤其是为得到美国的继续支持,国民党就

---

① 1946年1月11日《中央日报》,重庆。
② 唐纵:《在蒋介石身边八年》,578页;《蒋中正"总统"档案·特交档案·分类资料(防共):国共协商卷》010卷第5号。

必须实行一定程度的改革,改善自己的政治形象。蒋介石内心虽未必认同他们的看法,但亦出于环境考虑而一度支持了他们的主张。

中共起初虽更倾向于国共两党直接谈判,而将政协作为进行政治攻势的场所,但此后发生的若干新情况与新变化,使中共敏锐地注意到形势的变化,从而修正了原先的估计,认为政协将可能解决一些实际问题,中共的方针也不能只是为了宣传。1月11日,中共中央开会讨论了停战和政协等问题。刘少奇发言说:大体上和平的局面是定了。现在和平还不巩固,我们的任务是要巩固和平,这就需要发展民主,民主愈发展,和平愈巩固。要争取民主改革,巩固国内和平。斗争的总路线仍然是需要有团结有斗争,放手动员群众,有理有利有节。主要的是非武装斗争,以后和平实现,非武装的政治斗争是主要的决定的东西。我们的要求虽还没有完全解决,但已争得和平,没有损失人民的基本利益,军事上获得了很大胜利。这些胜利在和平之下是会保存的。要注意和平之下的危险性,对美国插手必须提高警惕,也要防止对蒋介石发生幻想和右倾情绪。[①] 会议明确提出,力争通过政协等非武装斗争方式,取得对人民有利的结果。由此可以看出,中共对政协的态度更为主动和积极。

1946年1月6日,国民政府公布《政治协商会议召开办法》,规定:国民政府为在宪政实施以前,邀集各党派代表及社会贤达共商国是起见,特召开政治协商会议;会议代表38人;会议将讨论和平建国方案及召集国民大会等有关事项,商定后提请国民政府实施。出席会议的代表为:国民党孙科、吴铁城、陈布雷、陈立夫、张厉生、王世杰、邵力子、张群;中共周恩来、董必武、王若飞、叶剑英、吴玉章、陆定一、邓颖超;青年党曾琦、陈启天、杨永浚、余家菊、常乃惪;民主同盟张澜、罗隆基、张君劢、张东荪、沈钧儒、张申府、黄炎培、梁漱溟、章伯钧;无党派人士莫德惠、邵从恩、王云五、傅斯年、胡霖、郭沫若、钱永铭、缪嘉铭、李烛尘。会议下分改组政府、施政纲领、军事、国民大会、宪法草案小组;同时设综合小组,由五方面各出两人组成,负责讨论关系全局的有关问题。

---

① 《刘少奇传》上卷,第542页;《刘少奇年谱》下卷,第7页。

1月10日，受中外各方瞩目的政治协商会议在重庆开幕。蒋介石在会议开幕词中表示："我们要在国民大会召开以前，集思广益，群策群力，来消除一切足以妨碍意志统一、影响安宁秩序和延迟复兴建设的因素，以充实我们建国的力量，加速我们建国的进行。政府召集本会议的旨趣，就在于此。"他同时宣布国民政府4项诺言：人民享有各项自由，司法、警察以外之机关不得拘捕、审讯人民；各政党在法律之前一律平等，并可在法律范围内公开活动；各地依法实行由下而上之普选；政治犯除汉奸及确有危害民国之行为者外，分别予以释放。① 中共代表周恩来、民盟代表张澜（由沈钧儒代读）、青年党代表曾琦、无党派代表邵从恩亦分别致辞，表示了开诚布公、和衷共济、互相谅解、共商国是的诚意。

　　政协讨论的焦点仍在政治民主化问题。至于军队国家化，由于只有国共两党拥有军队，并另有国、共、美三方谈判解决军事问题，其他党派难以插足，在政协并未成为讨论热点。

　　在如何实现政治民主化方面，各方争论最为激烈的是国大、宪法与改组政府问题。召开国民大会，制定宪法，实施宪政，建设民主国家，成为与会各方同意之原则，但国民党坚持1936年选出的国大代表为有效，只同意增加部分党派代表。1936年的国大代表选举由国民党包办，因此如时论所谓："任何人不能相信，十年前由国民党一党包办的选举能够公平合理。即说政府办理并无私心，可是以十年前所选的代表，来代表十年后的民意，又是谁也不能承认的。"②因此，其他各党派几乎一致拒绝承认其有效性，主张重新选举。国民党出于种种现实利益，在这个问题上坚不让步，讨论几成僵局。1月17日，杜月笙致函政协代表、无党派人士钱永铭（钱新之，实际立场倾向国民党），请其"不妨以第三者之立场，有所敷陈"。但钱永铭在22日的复函中称："协商会议中除政府代表外，几全体主张重选，即无党派会员亦然。"③于此可见国民党在这个问题上的孤立。为了解决这个难题，中共代表周恩来提出，国

---

① 1946年1月11日《中央日报》，重庆。
② 1946年1月18日《新民报》，重庆。
③ 《杜月笙、钱新之往来函电选》，载《档案与史学》2001年第5期，上海档案馆。

大旧代表我们当然不能承认他们为合法代表,但如果一切问题都已解决,只剩下这个问题未得解决,就要在许多问题上找政治民主化的出路,以得人民之谅解。也就是说,国民党须在其他问题上(如改组政府、宪法草案等等)作出让步,此一问题才可得到解决。这体现了周恩来的高超谈判艺术,即以中共承认旧国大代表的形式让步,换取在宪法草案和改组政府等实质问题上对于中共和民主党派的实际利益,并以国大代表问题保留批评国民党的权利。结果,国民党为了维持原当选代表的利益,不得不同意在宪法原则、改组政府和中共与民盟国大代表人数可获否决权等问题上作出重要让步,才使各方承认原当选的1 200名国大代表为有效。会议通过了《国民大会案》及有关谅解,决定当年5月5日召开国大,制定宪法;宪法颁布后6个月内召开第二届国大,实行宪法;宪法须经国大3/4以上代表的同意才能通过;在原当选代表以外,增加台湾和东北区域代表150名、党派及社会贤达代表700名,党派代表名额分配为国民党220名,中共190名,民主同盟120名,青年党100名,社会贤达70名;各党派应负责使出席国大之该党成员同意政协宪草。①

与国大代表问题直接相关的是将要提出国大讨论的宪法草案。国民党企图以1936年制定的宪法草案("五五宪草")为蓝本制定宪法,其关键在于"设立一个庞大不着边际的国民大会以行使所谓直接民权",同时"总统大权在握,不啻独裁,而地方制度,规定省长仍由中央任命,处处表现集权,即处处表现不民主"。不少与会者认为这个草案"缺点太多,只可作为参考,不可用为蓝本"。② 与会其他各方主张实行更大范围的民主,并以国会制和责任内阁制对总统权力予以制约,以避免个人独裁之出现。民主同盟的宪政专家张君劢为此设计的宪法草案,规定由选民直接投票行使选举、罢免、创制、复决四权,从而将大而无当的

---

① 另根据国共双方的默契,在原有1 200名区域代表中,华北战前未选出代表250名由中共解放区选出,社会贤达代表有17名由中共或民盟提名。因此,中共和民盟共有代表577名,超过了国大代表总数的1/4,保证了在国大的否决权。("Marshall's Mission To China, December 1945 - January 1947", Vol. 2, p. 467. *The Report and Appended Documents*, University Publications of America, Inc., Arlington, Virginia, 1976)

② 1946年1月24日《大公报》,上海;《国民大会代表对于中华民国宪法草案意见汇编》,70页,国民大会秘书处,1946。

国大由有形化为无形；行政院对立法院负责，实际上使立法院成为国会下院，监察院成为国会上院。在这样的设计下，政治制度有五院之名而无五院之实，实为国会两院制及责任内阁制，总统只有崇高地位而无实际权力。张君劢之设计既可在名义上体现五权，敷衍了国民党对"总理遗教"之坚持，又可得民主之实，消除各方对国民党独裁之担心，由此得到了国民党外与会各方的一致首肯。国民党虽不愿接受此案，但由于在保留原国大代表资格问题上需要其他方面的让步，故最后不能不勉强接受。会议通过的《宪法草案》规定，由参加政协的五方面及会外专家组成宪草审议委员会，根据政协拟定的修改原则，制成宪草修正案提交国大通过。宪草修改的主要原则为：(1)全国选民行使四权，名为国民大会。总统普选制实行以前，总统由县省及中央各级选举机关选举或罢免。(2)立法院为国家最高立法机关，由选民直接选举，职权相当于民主国家之议会。(3)监察院为国家最高监察机关，由各省及民族自治区议会选举，职权为行使同意、弹劾及监察权，相当于上院或参院。(4)司法院为国家最高法院，大法官由总统提名，经监察院同意任命，须超出于党派之外。(5)考试院委员由总统提名，经监察院同意任命，须超出于党派之外。(6)行政院为国家最高行政机关，院长由总统提名，经立法院同意任命，对立法院负责；如立法院对行政院全体不信任时，行政院或辞职或提请总统解散立法院。(7)总统经行政院决议，得依法颁布紧急命令，但须于一个月内报告立法院。(8)省为地方自治之最高单位，省长民选，省得制定省宪。根据政协宪草原则，未来中国的政治体制将放弃对国民党和蒋介石独裁有利的"五五宪草"规定的总统制和中央集权制，而采用类似西式政体的国会制、责任内阁制与省自治制度。但国民党内多数人对此案违反所谓"总理遗教"、限制国民党在未来政治格局中的权力大为不满，表示强烈的反对，并最终在国民党六届二中全会上推翻此案，导致政局的逆转。

改组国民党一党独占政府亦在政协会议中有激烈的争论。国民党提议改组国民政府为政治最高指导机关，职权为议决法律、施政方针、军政大计、财政计划等事项，遇有紧急情况时主席得为权宜处置；国民政府增加 1/3 的委员，并得由主席提名党外人士担任，国民党委员应占特定多数；部会长官任命权属行政院，并在行政院增设若干政务委员。按国民党的解释，这是交出一权即最高决策权，保留一权即用人权。实际上，国府委员会自1931年以后即未曾开会，早已徒具形式，今国民党以改组国府委员会、容纳其他党派人士作为应付外界对其一党专政批评的手段，但如没有用人权，则不啻仍为一种形式，无法保证其决策的有效实施，而无限制的主席紧急处置权则为个人独裁大开方便之门。这一方案被中共批评为："把现在已经动摇的一党专政，经过三个多月的临时的'扩大的'一党专政，最后过渡到完全合法的'宪政'式的一党专政。总之，变来变去，还是一个一党专政。"①中共中央指示周恩来，不接受国民党改组政府的方案，在改组政府未获协议前，对国大问题绝不让步，并应表示非有广泛代议制政府则军队无法统一。中共和民盟共同主张，国民政府要有用人权，主席不能有紧急处置权；任命国府委员不能经由国民党中央通过。经过激烈的争论与讨价还价，最后国民党为了保留其旧国大代表的资格，在改组政府问题上亦作出重要让步。会议通过的《政府组织案》规定，国民政府成为负有实际政治权力的最高国务机关，除决策权外，还有任免各部会长官之用人权；主席和行政院对国民政府负责，行政院政务委员及部长均将任命若干国民党外人士出任；取消主席紧急处置权，主席如认为国府决议执行困难，得提交复议，如有3/5以上委员同意，该案应予执行；各党派自行提名其国府委员，由主席选任；国民政府委员名额为40人，其中国民党占半数，并担任主席和五院院长，其他方面合占另外半数，具体名额分配留待以后再商；凡关系到变更施政纲领的决议，须有2/3以上委员的同意。国民党外国府委员的具体名额分配未能于此时解决，为改组政府的实施留下了隐患，因为各方在会后对名额分配的理解不同、意见不一，最终导致政府改组的难产。

中共提出的《和平建国纲领草案》"赢得在野党派一致赞许"并经讨论通过，将成为国民政府改组后的施政纲领。其主要内容：在蒋主席领导之下，遵奉三民主义为建国最高指导原则，各党派长期合作，实施宪

---

① 1946年1月29日《解放日报》，延安。

政,建设统一、自由、民主之新中国;政治民主化、军队国家化及党派平等合法,为和平建国之必由途径;保障人民各项自由权利;改组国民政府为各党派及无党派人士参加的举国一致的联合政府;改组后的国府协同政协商定宪法草案,并召开有各党派参加的自由的民主的国民大会,制定宪法;推行地方自治,成立各级地方民选政府;改组军事委员会,使之成为各党派及无党派人士共同领导的机构,公平、合理地分期整编全国军队。所有这些原则均为与会非国民党方面所赞成,并亦为国民党方面所不便反对。

会议对军事问题虽未过多讨论,但通过了《军事问题案》,规定以军队国家化为建军原则,实行军党分立、军民分治、以政治军,改组军事委员会为国防部,隶属于行政院,全国军队受国防部统一管辖,并由军事三人小组尽速商定中共军队整编办法。

经过激烈的争论和讨价还价,与会各方在有关问题上先后达成妥协。1月27日,周恩来返回延安,向中共中央报告,得到在协议上签字之授权。31日,国民党召集中央常务委员会,经过激烈争论,亦授权代表在协议上签字。

1月31日,政治协商会议在通过了5项决议案后圆满闭幕。各方代表在闭幕发言中都认为政协为中国开辟了和平、民主的新路,并热烈希望各项协议能及早实施,真正实现中国的民主化。蒋介石"代表政府先行声明,政府必然十分尊重,一俟完成规定手续以后,即当分别照案实行"。周恩来代表中共声明,"愿意拥护这些协议,并保证为这些协议的全部实现,不分地区、不分党派地努力奋斗"。[①] 社会舆论亦对政协之成功及与会各方在会中之互让互谅精神给予高度评价,并期待未来的中国在民主政体下得以政治清明、经济发展、人民自由、民生富足、国力强盛。参加政协的各个党派和无党派人士,实际具有不同的阶级或阶层基础以及不同的政治理念,对中国未来前途命运的看法与设计并不一致,甚或截然相反,但他们能够相聚一堂,虽不乏争执,但仍能平心静气地讨论中国未来的前途与命运,这本身在内战连绵不绝的民国史

[①] 1946年2月1日《中央日报》,重庆;1946年2月1日《新华日报》,重庆。政协各项协议的主要内容亦见该日两报。

上就具有历史性意义。政协的主角毫无疑问是国共两党,没有国共两党的妥协和合作,就不会有政协的成功。国共两党曾有二次合作、为推翻北洋军阀和取得抗战胜利而并肩奋斗,但也有过令人痛心的分裂、长期武力相争的历史,此次在政协终能相忍相商,为政协的成功作出自己的努力,广受社会舆论好评。正是由于国共两党的互相妥协和重大让步,加以与会其他党派和无党派人士的折冲樽俎,才使政协达成了若干协议,在推动实现未来中国的和平民主发展方面取得重大进展。

政协闭幕后,自2月14日开始,国共两党代表张治中和周恩来在马歇尔的调停下,开始谈判解决棘手的军事问题。当时正值政协闭幕后的政治和解期,谈判气氛较为和谐,国共双方的意见分歧主要集中在马歇尔提出的军队混编方案。马歇尔提出,在整编开始时即实行国共军队以师为单位的初步混编。中共认为,这是按西方民主制度改变中国军队制度及军人思想,对破坏国民党及许多军队的原系统是彻底的,但事实上行不通,可原则上赞成;同时认为,混编"目的是企图消灭或控制中共军队,故绝不能答应"。① 国民党军队中,有人担心因此造成"排除异己,培植私人势力",而且将使"原先本甚单纯的军事系统,反而弄得庞杂了,指挥不易,士气消沉,战斗力也因此丧失",他们也反对马歇尔的混编方案。② 马歇尔折中国共双方的意见后,提出将混编时间推迟到一年之后,先以军为单位混编,直到一年半之后,再进行以师为单位的混编,此举得到了国共双方的同意。2月25日,张治中、周恩来、马歇尔签署了《关于军队整编及统编中共部队为国军之基本方案》,主要条文为:(1)国民政府主席为军队最高统帅,但在撤免中共部队军官时,应由政府内的中共代表提名。(2)本协定公布后12个月内,政府军缩编为90个师,中共军缩编为18个师;此后6个月,政府军缩编为50个师,中共军缩编为10个师;合编为20个军。(3)整编开始后12个月终了时的军队配置为:东北,政府5个军,中共1个军;西北,政府5个军;华北,政府3个军,另有4个集团军(其中政府和中共各有1个

---

① 军事科学院毛泽东军事思想研究所年谱组等编:《毛泽东军事年谱(1926—1958)》,473页,南宁,广西人民出版社,1994;《刘少奇年谱(1998—1969)》下卷,19页。
② 中国人民政治协商会议广西壮族自治区委员会文史资料研究委员会:《李宗仁回忆录》下册,851页,南宁,1980。

军,双方各任 2 个集团军总司令);华中,政府 9 个军,中共 1 个军;华南,政府 4 个军。18 个月终了时取消集团军,配置为:东北,政府 4 个军(每军约辖 3 个师),另有 1 个军(其中政府 2 个师,中共 1 个师,政府军官任军长);西北,政府 3 个军;华北,政府 2 个军,另有 3 个军(其中政府 1 个师,中共 2 个师,中共军官任军长),再有 1 个军(其中政府 2 个师,中共 1 个师,政府军官任军长);华中,政府 3 个军,另有 1 个军(其中中共 2 个师,政府 1 个师,中共军官任军长);华南,政府 2 个军。(4)军调部为本协定执行机关,协定生效后,政府及任何党派组织不得保持或支持任何秘密或独立武力。①

中共军队的整编及其数量本为国共之间一直争执不下的关键问题之一,此次在马歇尔的调停下,国共双方于短暂谈判后即达成整军协定,实为与政协精神相一致的战后民主化进程的重大进展。整军协定的达成,既是当时政治协商大环境的产物,也可谓 1946 年早春中国民主化进程的高峰。中国的一切似乎都在发生着前所未有的变化,1946 年的早春时节,确实是一个给无数中国民众带来希望与憧憬的时节。

---

① 1946 年 2 月 26 日《中央日报》,重庆。

第四节　政治协商进程之顿挫

政协的召开及其通过的各项决议,为中国的和平民主发展展示了一个美好的前景。一度激烈的国共内战在关内基本上停止了,国共两党的宣传战也暂告平息,和平是长期经受战乱的普通百姓最期盼的;组党合法了,国共两党之外的各个中间党派和小党派应时而起,应运而生,并提出各自的政治主张和对中国未来前途的设计,一时间政坛颇为热闹;言论和其他方面的自由程度也放宽了,国民党对传媒的控制有所放松,报刊上发表着各种各样的言论,其中不乏对国民党的批评;经济、社会状况虽然仍旧有诸多难以解决的问题,通货膨胀依旧,但复员正在按计划进行,国民政府正在筹备从重庆还都南京,社会生活正趋恢复正常。对于长期战乱与分裂的民国而言,和平与统一有如黄金一般珍贵,正是政协为中国提供了这样最可珍惜的宝贵机遇,为中国带来了和平的新气象。但是,正如经历了从晚清帝制、北洋军阀到国民党统治历史变迁的著名社会活动家黄炎培所说,建设中国好比造房子,政协决议只是一个精美的图样,真正要把房屋造好,还须依靠今后努力。政协通过的各项决议多数还是纸面文章,要将其真正贯彻执行并非易事,其中尤需中国两大党——国共两党的通力合作与互谅互让,而这对于历经多年战争与对立、严重缺乏互信的国共两党而言,显然不能一蹴而就。

对于执政的国民党而言,政协对其冲击之大远远超出了外界的预期。政协通过了一系列有利于中国民主化进程的决议,这些决议之付诸实施,意味着国民党将由无竞争的一党垄断执政权退而为通过民主竞争取得执政权。在这个过程中,将会有相当部分的党员失去执政时的既得利益，而且也有国民党在民主竞争中败阵，从而最终失去执政地位的危险。国民党既然是执政党，理应对实行政协决议负有更大的责任，也将为此付出更大的代价，但国民党上下已经习惯了多年来一党垄断政权的运作方式和既得利益，对于民主化带来的挑战显然缺乏应有之心理承受与实际准备。在政协通过的5项决议中，最为国民党所不满的是关于宪法草案和改组政府的决议，前者否定了国民党所中意的总统制"五五宪草"，而改行随时可以倒阁的责任内阁制，并否定了国民党一党垄断政权的法理依据；后者则要求国民党改组政府，开放政权，容纳反对党，使长期由国民党一党把持的政权成为联合政府。国民党内多数人对这两个决议，尤其是宪草决议，一直表示强烈的反对。当社会各界和舆论为政协而欢欣鼓舞之时，国民党内却弥漫着对政协的消极暗淡情绪及反对声浪，正汇集成一股潮流，以政协决议为目标，产生强烈的反弹。

还在政协开会期间，国民党反对派即曾运动人员在重庆沧白堂扰乱政协陪都各界协进会的报告会。政协闭幕后，国民党重庆市党部又派人在2月10日重庆较场口庆祝政协成功大会上扰乱会场，以表示对政协的不满。国民党内部以CC系党务官僚、黄埔系军人、握有实权的党政地方大员和一向反共的前西山会议派人物等为主的对共强硬派和政协反对派，对政协反对甚力，尤其是对宪法草案极为不满，认为有违三民主义与五权宪法精神，担心中共因此而夺取政权。胡宗南致电蒋介石认为："政治协商会议揭幕，适予匪军以喘息调整机会，尤予共党公开对立或内外舆论之保障。此乃本党莫大之损失。言念及此，不胜悲愤。务请乾纲独断，贯彻决策，调整部署，实施申讨。"CC系领袖陈果夫对蒋介石说："政治协商会议必无好结果。且无论如何，共党已得到好处，本党已受害。……中国如行多党政治，照现在党、政、军均未健全之际，颇有陷覆辙之可能。请临崖勒马，另行途径。"① 说到底，国民党当权派对实行民主化后有可能失去其独占权力十分担忧，对通过和平竞选方式与中共竞争也心存疑虑，因为国民党组织系统及其效率之

---

① 《蒋中正"总统"档案·革命文献·戡乱时期（政治协商与军事调处）》（上）第5册，46页；徐泳平：《陈果夫传》，935页，台北，正中书局，1978。

低下涣散,显然无法与中共高度严密的组织效能相比。阎锡山认为:"协商愈久,祸患愈大,调处结果是助共选举,毛得政权,华南三之一,华北十之九有选举把握。"国民党中央则认为:今后中共一面将以合法活动,作议会之竞争,一面以秘密活动,作群众之暴动。此种情势将来必扩大至各都市农村,中共之政治溶解力远较本党为大,乃不可讳言之事。① 与反对政协的意见相比,国民党内支持政协的意见主要来自高层的对共温和派,如孙科、王世杰、张群、张治中、邵力子等人,他们多在蒋介石左右效力,为蒋多年的亲信,通过与蒋的个人沟通,主导了国民党在政协开会期间的妥协让步政策,但他们的人数有限,其主张在国民党内没有得到多数认可。政协结束后,他们仍然在为政协辩护,主张国民党应积极为通过民选保持政权而努力。蒋介石的谋士之一陶希圣专门向蒋呈递了《对政治协商会议及其后政局转变本党之政策》条陈,提出:"政治协商会议为政局转变之开端。本党之政策固以开放政治而统一军权为基点,然即令军权不能如愿统一,甚至再决裂而用兵,政治之开放亦为定局。盖必如此,始可在国际获得谅解,在国内致共党于孤立也。"为了应对政治开放后的局面,他向蒋献言:"基本方向为转化由上而下之统治,为由下而上之竞争。党必施用压力及助力,使党员向实业、文化、地方自治、国防建设数者投身。尤期其各守社会的立足点,从事选举运动,以争取各级民意机关之地位。"② 由于国民党的决策体制是总裁决断,因此党内意见分歧之两派都在寻求蒋介石的支持,蒋的态度将决定国民党未来政策的走向。

蒋介石对政协实际上并无多少好感,因为政协推动的民主化进程不仅对国民党独占权力不利,而且势必将直接影响到他个人长期以来说一不二的独裁权力和地位,所以他才会称政协是他"一生中最痛苦的时期"。但是他又不能不同意召开政协会议,并解释其原因:(1)军队疲劳与空虚;(2)官兵精神松懈,志气消沉;(3)民众痛苦,经济凋零,社会困苦,大家希望安定,厌倦战争;(4)美国希望中国统一,不希望一

---

① 《徐永昌日记》,1946 年 4 月 15 日,台北,"中央研究院"近代史研究所,1991;《党务革新方案》,国民党党史馆,6.2/8.13—1。
② 《蒋中正"总统"档案·特交档案·分类资料(防共):国共协商卷》015 卷第 10 号。

党专政,如果先动武,国际舆论必有不利反响。因此,政协于蒋不过是"委曲求全"的权宜之计。① 正因为蒋介石视政协等为"一种政策",所以他对召开政协本为敷衍,对政协通过的各项决议并不重视,也没有打算照单实行,但政协决议客观上对他和国民党又形成了较大压力,使他不能不考虑如何应对这种压力。蒋介石在战后交替运用温和派与强硬派为其政策服务。温和派在重庆谈判和政协会议期间的表现,为蒋争得了若干民意与声望,但蒋也不能忽视国民党的实际利益,尤其是不能容忍对他个人的独裁权力和地位的挑战,国民党强硬派对政协的反对意见,为蒋介石提供了最好的借口。政协闭幕后,蒋介石迅即从支持政协转而反对政协。此时,轮到蒋介石运用强硬派登场,实现其不便公之于众的企图了。

政协闭幕后,国民党内反对政协的声浪一浪高过一浪,并以宪草决议为攻击重点,从法理角度攻击政协宪草与"五权宪法之精神大相径庭,而且十之七八皆根本欠妥",尤其是"对于中央政制之拟议,几无一是处";声称"如果曲解了五权宪法的原则而制定的宪法,也不是我们所需要的宪法"。他们坚持国民大会应为有形的存在;五院行使治权,不与政权相混;省长可以民选,但不主张省宪。这些主张实际即反对政协宪草的国会制、责任内阁制和省自治原则,而主张中央集权、大权独揽的总统制,以利于国民党和蒋介石个人独裁集权。同时,国民党舆论声称,政协只能代表党派意见,不能代表全体国民意见;国民党只能"还政于民",不能"还政于党";政协决议没有法理效力,不过供政府采择,应该由国民大会决定;等等。为了对政协及全般情势作出评估,并决定国民党的政策,国民党筹备召开六届二中全会。全会召开前,2月10日,蒋介石约请国民党高级干部谈话,对政协宪草决议提出了系统的反对意见,认为其"不合党纲,不适国情","不足以服党内同志之心,亦不能保证国民大会代表之不反对",因此"深望今日在座之各位老同志,于此次宪草审查委员会开会时,尽保障三民主义五权宪法之责任"。② 蒋此

---

① 《张发奎日记》,Chang Fa-kuei Collection,Rare Books and Manuscript Library, Columbia University, New York。
② 三民主义宪法促成会:《宪草修改原则批判集》,116、118、57、63页,1946;孔繁霖编:《五五宪草之评议》,87—88页,南京,时代出版社,1946;《"总统"蒋公大事长编初稿》卷六(上),41—43页。

次谈话之深意,当然为在座者所领会,政协宪草协议由此成为国民党修正乃至推翻政协各项决议的突破口。

1946年3月1日,国民党六届二中全会在重庆开幕,虽然全会的主题报告多达17个,但有关政协和国共关系的报告与讨论成为会议的重点,并引起了与会者的激烈争论。在孙科所做关于政协的报告中,说明"政治协商会议的召开,完全是秉着本党多年来以政治方式解决国是的一贯政策",并对政协各项决议进行了解释;强调"所有的协议,都在不违背革命主义,与不动摇国家法统之下,来容纳各方面的可行的意见"。

在随后的讨论中,强硬派对政协决议进行了全面的攻击,政协宪草案则成为强硬派反对之中心。①

在全会上发言反对政协决议的以老资格反共派——西山会议派的戴季陶、张继、居正以及CC系委员为主,他们认为:政协就是"容共",结果是政权中心发生动摇,事关国民党之存亡,应请重新考虑,把政协协议根本推翻;政协的召开,完全是由于我们不能有效地解决共产党问题,时至今日,应该解决共产党问题了。他们的意见代表了国民党内对政协和对共政策的极端反对派,主张不承认政协决议,即使为此与中共决裂亦在所不惜。他们在发言中充满了国民党长期垄断政权而形成的自大与傲慢,言辞激烈地声称:"在抗战胜利的今天,我们反变成革命的对象,你们说,我们服气不服气?""虽然政府不免有缺点,由纯洁的同志出来批评还可以,绝不应由强盗、军阀、走狗、官僚来批评。"

会上的另一种意见则主张承认政协决议的现实,但须有一定条件,对宪草决议则绝不承认。他们认为:政协的召集是总裁的苦心孤诣,我们应尊重和谅解,但政协事实不但变更了政府的根本性质,而且动摇了党的法统,宪草案修改了总理遗教,是国民党的羞耻,结果是助长了异党气焰,减低了同志斗志,增加了党内离心力,鼓励了政客投机取巧,侥幸分子造反作乱,使国民党面临最大的危机。他们认为:政协协议既经本党代表参与审议,总裁亲任主席名义,自不便全部推翻,除宪草案外

---

① 全会发言及提案见《国民党六届二中全会速记录》,6.2/6.12—1,6.2/6.19,6.2/6.26—29,国民党党史馆。

之各项,均可以共产党交出军队为条件而接受,最重要的宪草及国大问题不可让步。这部分发言者数量最多,其中有赖琏、谷正鼎、任卓宣、张道藩、刘文岛、程天放等。所谓有条件地接受政协决议,由于在关键的宪法问题上否定了政协决议,中共绝不可能同意,因此实际也等于不接受。反对政协最为积极的代表人物之一、CC系大将谷正纲在会上做了声泪俱下的发言。他认为:政协是国民党最大的耻辱,最大的失败。让步是有一定限度的,本党的理论及思想绝对不能被曲解及缴械,什么都可以让步,唯独对于五权宪法,绝对不可以让步。刘文岛还声称,国民党应该全党一致,跟共产党拼命。

会上只有极少数人对政协和中共较少批评,而着重于主张从国民党自身缺点找问题。他们认为:政协的结果,国民党有失败,但失败的原因宁可说是我们过去不努力或努力不够的结果。如果我们单是暴露了一身的毛病,而不认真医治,外面的医生们在跃跃欲试,恐怕我们最大的失败还在后头。检讨失败的原因,比检讨失败更为重要。如果我们党的组织仍是松懈,政治仍不清明,要是再不革新,将来的失败定比今天还更厉害!但这极少数人在国民党内没有多少地位,他们的发言不代表国民党的主流意见。

在强硬派的猛烈攻击下,即使是主张对共妥协、实行政协决议的人士,如孙科、王世杰、张群、张治中等,在反对派的强大声势和压力下,均噤口不言,以免成为被攻击的对象。会场形势几乎是一边倒。唯有邵力子出面为政协决议做了正面辩护,说明当时所以委曲求全,前提是为了国家和平,停止军事冲突,恢复交通,使人民安居乐业,国家可完成经济建设。不让步就得破裂,本着良心,我们认为不能破裂,只能在宪草等问题上让步。

除了会上的发言外,与会者还就政协与中共问题提出了若干提案,其中有张继等提出《请确定接受政治协商会议议决事项之基本条件案》和杨森等提出《请纠正此次政治协商会议之"修改宪法原则"并制定适合国情之宪法案》的秘密提案,李培基提出《五五宪草在未提交国民大会以前不能由任何党派加以修改案》。张继等案提出实施政协决议的先决条件:(1) 应先励行军令、政令之统一,凡恃军队为政争工具者,应俟彻底改编,并取消割据后,始得实施政协议决案;(2)宪法应由国大根据建国大纲及国父遗教自由制定,不得以协议之修正案拘束其通过。李培基案则提出:(1)各地中共部队完全停止进攻,一律实行统编时,国民政府方可改组;(2)国民政府改组时,中共边区政府应即撤销;(3)改组后之政府,须负责保证中共部队依整军方案所定时限、地区完成统编及配置。与全会对政协和中共的攻击相呼应,许多发言者还对战后国民政府的对苏、对东北政策进行了强烈的批评,要求采取强硬措施,加派军队,武力接收东北,彻底消灭中共在东北建立的政权及武装部队。

不仅如此,以CC系为主干的所谓国民党"革新派",以"救国必先救党"为由,提出在党内实行民主革新,"肃清官僚主义",实则企图通过自己掌握的组织系统,控制选举,取得更多的实际利益。他们的"革新"主张甚而指向了蒋介石的"总裁决定权",提出:总裁最后决定权只能在中央执行委员会会议上行使,而不能以面谕或手令方式变更中央决议;总裁最后决定权只能在议案经过充分讨论并付表决后认为必要时行使,不能在议案尚未表决前先作决定,致妨碍自由讨论;中央常务委员应由中央执行委员会以无记名方式投票选举(以往是总裁指定),中央各部会首长应由总裁提名经中常会通过任命;今后中央会议一律采取无记名投票制。他们得到一批尚未握有实权的国民党少壮派的支持,在全会中十分活跃。贺衷寒提出:我们对于问题在未决议之前应该广泛讨论,充分发扬民主精神。过去党内有很多决策,没有经过讨论,直接呈总裁决定了,有许多问题总裁也没有经过慎重考虑,结果实施时发生问题。对于这样的言论和这种限制总裁权力的提议,处在有独裁决定权地位的蒋介石当然很不以为然,他狠狠训斥了"革新派"。由于蒋的反对,革新派的主张终未如愿。①

对于二中全会上发生的激烈争论,蒋介石一方面不希望因此而影响国民党主张和平的公众形象,需要加以控制;另一方面又企图借此达到其修正政协决议的目的,对之不无放任。因此,蒋介石在会议期间的

---

① 《国民党六届二中全会第十七次会议速记录》,6.2/6.26—29,国民党党史馆;程思远:《政海秘辛》,188—189页,哈尔滨,北方文艺出版社,1991。

讲话所传达的信息可以被对立双方各取所需。他一方面告诫代表不能"徒逞感情,执持成见,各行其是","凭幻想和主观来决定行动,以致破坏整个的政策和终极的目的";另一方面,他又强调"政治协商会议对'五五'宪草修正的原则,违反三民主义五权宪法与党纲的地方,我们自然不能接受,我个人将来到国民大会里面,也一定要负责力争,总要依据三民主义五权宪法和党纲来加以修正"。对于会上表现的强烈反共情绪,蒋介石表示,"我们的一切行动和措施,必须忍耐,决不可只顾一人一党的权利和地位,漠视全国人民的需要,故步自封";同时又声称,"本党的力量比之二十年前,已大过好几十倍,尤其是军事力量,实足以敉平国内任何的叛乱";"万一我们本着这种和平忍让为国的精神,还不能避免反动势力的叛变,我们自然可以采取有效的对策"。① 这种表示既照顾到国民党内温和派和社会的观感,而重点又在安抚国民党内强硬派,并表示出蒋内心否定政协决议的真实想法。在蒋介石的打压与操控下,国民党六届二中全会有关政协和对共政策的争论暂告止息。

3月16日,国民党六届二中全会通过《对于政治协商会议报告之决议案》,表示"在协商进程中,凡属国家民族利益所在,本党均不惜以最大之容忍为多方之退让,委曲求全,俾底于成";对于政协决议,"自当竭诚信守,努力实践"。然而,对于政协决议所要解决的国家未来发展的政治、军事诸般问题,该案独责中共,要求中共"使政治民主化之原则不致因任何障碍而不能普遍实现";对于整军协议,"务须切实履行。尤其目前一切停止冲突,恢复交通之成议,必须迅确实现;封锁、围城、征兵、扩军及军队之调动,必须即刻停止。"此种指责,显然只能恶化本已脆弱的国共互信。更关键的是,决议明确提出:"所有对于五五宪草之任何修改意见,皆应依照建国大纲与五权宪法之基本原则而拟订,提由国民大会讨论决定。"这种实际推翻政协决议的主张,势将引起中共的强烈反弹,从而危及政协决议实行的前途。该决议案在文字上对政协决议并未多有涉及,却用了大段文字指责中共,并对宪草问题做了鲜明表态,而这样的决议还是在蒋介石亲自坐镇掌控下才得以通过,于此亦

---

① 秦孝仪主编:《先"总统"蒋公思想言论总集》卷二十一,261—277页,台北,中国国民党中央委员会党史委员会,1984。

可见国民党内反对政协决议呼声之高。但此决议既未对政协表示公开反对，维持了国民党的对外形象，敷衍了党内温和派；又对中共严加斥责，并在宪法问题上推翻了政协决议，满足了党内强硬派的要求，也为蒋介石所乐观其成。二中全会还将对宪法草案的修改意见具体化，要求：(1) 宪法应以建国大纲为依据；(2) 国民大会应为有形组织，用集中开会方式行使职权；(3) 立法院对行政院不应有同意权及不信任权，行政院亦不应有提请解散立法院之权；(4) 监察院不应有同意权；(5) 省无须制定省宪。这就将国民党反对政协通过的宪法原则之意见公开化。全会还在蒋介石的建议下，决定国府委员由国府主席提请国民党中央执行委员会选任，在中执会闭会期间，提请中常会选任；在国防最高委员会撤销后，恢复设立中央政治委员会，作为国民党对于政治的最高指导机构。这两项决定着眼于即将进行的政府改组，以保证国民党仍可控制政府的人事与决策。①

3月17日，国民党六届二中全会在通过宣言后闭幕。此次全会反映出国民党对其未来地位的深重担忧及其对共政策的重要转变。随着中共力量的不断增长，如何处理国共关系，已经成为国民党战后施政的中心内容，并决定着国民党未来的政策走向。

在国民党六届二中全会开幕前和进行中，社会各界多对国民党抱有期望，望其"接受政治协商会议的各项协议，循和平民主之路向前进步"。但是，社会各界对国民党能否实行政协决议也有不少担心，如民盟领导人罗隆基所言："为中国前途着想，倒是先把政协所决定的先实行了，再开党的全会不迟。万一有个党全会不赞成政协所决定，那怎么办呢？难道再从头打起来，推翻政治协商的效果吗？"结果为罗隆基不幸而言中，国民党六届二中全会未能如社会各界所期待，向扩大政治民主化的方向继续迈进。相反，其对政协决议实际的否定，引来其他党派与社会舆论的诸多批评与担忧，认为国民党仍企图维持一党专政，无助于民主化进程，表明国民党内"握有实权之强硬派人士，正猛烈抨击目前若干从政之进步派人士，责渠等执行之外交经财等政策均有错误，并

---

① 《中国国民党第六届中央执行委员会第二次全体会议记录》，145—147页，中国国民党中央执行委员会秘书处，1946。

对政协表示不满"。就连从旁观察的美国人也强调:"二中全会破坏协商会议改组政府之原则为极大错误,使政府担负破坏会议之责,而使马歇尔不能向全世界人士宣布主持反协议者属于共党,并使马歇尔以政会方式解除中共武装支援中国之计划失败。"①尤其是一直关注着国民党政策动向的中共,更对二中全会的结果表示强烈不满,因政协而造成的国内政治和谐气氛因此而有了变化。

政协决议的实行,对于中共争取自身地位和政治参与是有利的,并且由于中共强有力的组织能力,还可创造以合法手段、通过选举掌握政权的可能性,因此中共对政协的评价较为积极,并准备力促其实行。②1946年2月1日,中共中央发出《关于目前形势与任务的指示》,指出:"中国革命的主要斗争形式,目前已由武装斗争转变到非武装的群众的与议会的斗争,国内问题由政治方式来解决,党的全部工作,必须适应这一新形式。"为此,中共应学习合法斗争、上层斗争和大城市的斗争,反对"一部分同志中的狭隘的关门主义"。指示明确提出:"由于这些决议的成立及其实施,国民党一党独裁制度即开始破坏,在全国范围内开始了国家民主化。这就将巩固国内和平,使我们党及我党所创立的军队和解放区走上合法化。这是中国民主革命一次伟大的胜利。从此中国即走上了和平民主建设的新阶段。"中共一向注重对形势的总体估计,并根据这种估计提出中共在一段时期内的总任务。"和平民主新阶段"就是中共对政治协商会议之后中国形势的总体估计,和平民主取代战争对抗,成为中共在政治协商会议后一个短时期内的总体政策基调。也就在中共中央指示发出的同一天,刘少奇在延安对中共高级干部作报告,对这个指示及"和平民主新阶段"做了进一步的解释。他认为,这次是苏、美、英三国,国、共、民盟三党,工农、小资产阶级、中等资产阶级三个阶级合作,使中国走上民主化道路,条件和环境比过去好,因此是

---

① 1946年3月4日《大公报》,天津;中国第二历史档案馆编:《中华民国史档案资料汇编》第5辑第3编政治(2),8页,南京,江苏古籍出版社,1999;1946年3月7日《益世报》,天津。

② 据胡绳的看法,1946年的政协是近代中国有可能走上资本主义道路的一次机会,中共"当时做了国民党实行这个协定的准备,所以提出和平民主新阶段,这不是假的。……如果国民党不撕毁协定,那就势必会成立联合政府。在这个政府里,当然不会是共产党占主导地位,即使加上第三势力,也只有相当的地位,主要的还是国民党。"(《胡绳论"从五四运动到人民共和国成立"》,13页,北京,社会科学文献出版社,2001)

有希望的;中共的工作要适应新的形势,从武装斗争为主转变到非武装的政治斗争,这是一个带基本性质的变化,而且牵扯得很广泛,牵扯到党的全部工作需要转变。由于中共长期以武装斗争对抗国民党,而整军协议规定中共军队将被整编和缩编,在中共内部引起较多疑虑,刘少奇在报告中用了不少篇幅进行解释,认为实行军队统一整编是中共的必要让步,好处是换来了中共军队的合法化和国家的民主化,合乎中共以及人民的利益,而且丝毫没有改变中共军队的本质。他认为,中共以后主要依靠搞群众斗争、议会斗争、合法斗争,这方面中共比国民党要好一些,熟练些。刘少奇在报告中强调了反对狭隘的"左"的关门主义的重要性,批评中共内部许多人不相信内战可以停止、和平可以到来,因此不愿与国民党合作、不重视合法斗争的倾向是危险的,与新的形势、新的任务是不适合的。① 次日,刘少奇在中共中央书记处会议上再度强调应与国民党诚意合作,力求解决问题;认为政协成功很大,整个和平民主趋势是确定的,但民主过程必然很慢,还须寸土必争,针锋相对。因毛泽东身体不适告休,刘少奇当时正在主持中共中央的工作,他的几次讲话、中共的若干指示和政策,以及中共重庆代表团在这一时期的活动,反映出中共对政协的基本态度。周恩来还告诉马歇尔:"我们认为中国的民主要走美国的道路,因为中国今天没有社会主义化的条件,虽然我们在理论上是主张社会主义的,但在今天不打算且不可能把它付诸实施。我们要学习美国的民主和科学,要使得中国能进行农业改革和工业化,企业自由,发展个性,以达成建立一个独立自由富强的国家。"② 应该说,当时中共对形势的估计是乐观的,对实行政协决议的态度也是有诚意的、坚决的。但是,中共对于保持自身政权和军队的独立性,避免其被完全纳入国民党体制仍然有相当的警惕,尤其是毛泽东特别强调独立性的问题,认为中共要统一而不被消灭,只有对付好才能摆脱危险,并强调中共与法国等西欧共产党不同,不能交枪,实行军队统一要看具体情况。这一方面说明,当时法国、意大利等西欧共产党交枪参政的情况对其他国家的共产党起到了某种示范作用;另一方面也

---

① 《中共中央文件选集》第 16 册,62—67 页;刘少奇:《时局问题的报告》,抄件。
② 《周恩来一九四六年谈判文选》,92—93 页。

说明,中共有长期独立进行武装斗争的历史,对国民党始终抱有警惕,不会轻易交枪参政,融入既有体制。

2月1日,周恩来在重庆会见蒋介石,转达毛泽东关于军党分立、长期合作的意见,并告毛泽东将参加政府。2日,中共中央电告陈毅,中共中央机关准备迁苏北淮阴办公。6日,中共中央将预备参加改组后之国民政府的中共委员名单电告周恩来,这一名单包括了中共主要领导人毛泽东、周恩来、刘少奇以及林伯渠、董必武、张闻天、吴玉章、范明枢(如范不能去则提彭真)等,并提出以周恩来任行政院副院长,林伯渠、董必武、王若飞任部长。7日,中共中央向各地发出指示,提出:"我们的方针是争取蒋介石国民党继续向民主方面转变,以实现国家民主化,孤立国民党内部的反动派。我们现在应谨慎地与蒋介石、孙科、王世杰、邵力子及政学系等人合作,进行民主化工作,而反对西西复兴两系中的坚决反民主分子。"为此,"决定暂时与国民党成立宣传休战,停止对于国民党的宣传攻势"。① 以中共在重庆的舆论喉舌《新华日报》为中心,中共当时的宣传对蒋介石和国民党在政协期间的表现予以肯定,对"在蒋主席领导下"实行政协决议寄予期望,并强调各党派长期合作,民主协商解决中国问题。2月下旬,整军协议的达成,使自政协开始的民主化进程达到高峰。这一时期,中共对形势的估计较为乐观,总体工作部署基本是围绕如何适应"和平民主新阶段"的要求,如何将工作中心由武装斗争向和平竞争方向转变而进行的。

但是,政协之后政局的发展并不如中共最初预计的那么乐观,在和平的大环境下,不谐和的音调屡有出现。国民党内反对政协的声音不仅没有停息,反日渐增高。2月间,在上旬发生重庆较场口案,下旬又在各大城市发生大规模反苏游行,并有指责中共的口号与行动。这些均引起了中共的警惕,认为这是国民党内反动派企图撕毁政协决议的阴谋,应予以一定的反攻。但中共并未因此而改变对形势的基本判断,仍对国民党通过中央全会首肯并实行政协决议的可能性表示期待。

国民党六届二中全会的结果,实际否定了政协决议,最终使中共改

---

① 《中共中央文件选集》第16册,72—73页。

变了原先对形势的估计,并因此调整自己的政策;而中共的政策调整又将影响国民党政策的再调整。本已缺少互信的国共两党,刚刚因停战和政协而建立起的脆弱互信再次出现危机。国共两党的关系,也由政协期间及其后短时间的良性互动,转向国民党二中全会以前的观望与猜疑,再至二中全会后的基本回复原状。国民党六届二中全会开幕后,公开传出的信息多对实行政协决议不利,引起了毛泽东的高度重视。3月15日,毛泽东在中共政治局会议上分析了时局,提出反苏、反共、反民主的反动势力是当前和今后的主要敌人,中共的路线是联合广大人民和资产阶级的中、左派,打倒法西斯残余势力和资产阶级中的反革命势力。他强调"不管风浪多么大",也要把握住,否则"就会觉得天下太平、四方无事,那就危险得很。我们的军队是要缩编的,但不是缩编得越少越好,一些同志不知道这些,需要说清楚。"国民党六届二中全会闭幕后,毛泽东即指示重庆代表团"应展开批评攻势,针锋相对,寸土必争",并批评二中全会是"先军队国家化,吞并异己,大权在握,永远也不国家民主化;对国民党军国家化,一字不提,明欲保存党派军队。凡此皆为规外行动,另生枝节。我们坚主即刻开始政治民主化,使整军后之两党军队均交民主政府;必须两党齐交,希望国民党勿作规外行动,勿另生枝节。"18日,中共中央在给各地负责人的指示中,通报了国民党六届二中全会的情况,认为:"最近时期一切事实证明,蒋介石反苏、反共、反民主的反动方针,一时不会改变的,只有经过严重的斗争,使其知难而退,才有作某些较有利于民主的妥协之可能。"这一指示实际上改变了中共前此对国内形势处在"和平民主新阶段"的估计,并提出:"我们反对分裂,反对内战,但我们不怕分裂,不怕内战,我们在精神上必须有这种准备,才能使我们在一切问题上立于主动地位。"[①]此后,中共公开批评国民党六届二中全会是对政协的倒退与反动,中共与国民党在政协决议上的分歧由此而公之于众,而中国政治的特点决定了,没有国共两党的合作,中国的和平是不可能的。

政协结束后,国共两党与当时由民主党派势力形成的第三方面就

[①]《毛泽东文集》第4卷,97—98页;《胡乔木传》编写组编:《胡乔木书信集》,5页,北京,人民出版社,2002;《中共中央文件选集》第16册,97—98页。

实行政协决议进行了一系列商谈,但因为国共意见不一,商谈未能在政协决议的基础上取得新的进展。

关于宪法草案问题。政协结束后,由参加政协的五方面各出5名代表,并聘请宪政专家10人,组成宪草审议委员会,根据政协宪草原则,负责制订宪法草案,提交国民大会。由于国民党已经将政协宪草协议作为修正政协协议的突破口,因此在宪草审议委员会的讨论中,国民党方面主张对政协宪草原则进行修改,尤其强调国民大会应恢复为有形、立法院不应对行政院有同意权、省不得制定省宪,意图保持行宪后国民党对政局的控制。张君劢曾撰文批评国民党的主张:国民大会三年开会一次,会期仅一月,名为有形,实为虚设,其去中山先生主权属于国民全体之意义,不啻十万八千里,实假中山先生之名,以行专制之实。① 但此时正值国民党召开六届二中全会,其党内对政协的反对声浪高涨,尤其对上述几点更为坚持,如果坚持原案,则政协决议的实施势将搁浅,周恩来担心国民党中央全会可能否决政协决议,将影响大局走向。有鉴于此,他审时度势,为了争取国民党多数认可政协决议,稳定大局,指示中共代表团于3月15日同意作出重要让步,即将国大由无形改为有形,删去宪草中如立法院对行政院全体不信任时,则行政院或辞职或提请总统解散立法院条文,省得制定省宪改为省自治法。中共代表团同时要求国民党承诺对宪草不再提出其他修改要求;各党派应约束其党员在国大投票赞成此项宪草;国府委员之选任,除国民党员外,不应提请国民党中常会通过;国民政府组织法应依政协协议制定,其一切施政之准绳,即为和平建国纲领,此外不受其他任何约束。但这些让步并未在国民党六届二中全会通过的有关决议中得到应有的回应,中共中央因此于18日指示周恩来,对上述让步"必须迅速加以挽救","国民党二中全会是坚决反对国家民主化的,他们必然坚持要修改宪草原则,国大代表名额他们又擅自增加,我与民盟在国大保持否决权将不可能。在这种情形下,我们决不能参加国大,参加政府。"② 如此一

---

① 三民主义宪法促成会:《宪草修改原则批判集》,116—118页;孔繁霖编:《五五宪草之评议》,309—315页。
②《甲乙致丙丁电》,1946年3月18日,中央档案馆抄件卷90第10甲号。

来,本已达成原则妥协的宪草又成悬案,有形国大的组织及职权、行政院与立法院的关系、省的地位问题,成为各方争论的焦点。宪草审议委员会最后整理出一个宪法草案,在行政与立法关系方面,规定任命行政院长须经立法院同意;行政院对立法院负责,行政院如不同意立法院的决议,得经总统核可后,交立法院复议,如经立法院出席者2/3复议维持原案,行政院长或接受或辞职,但立法院没有对行政院的不信任投票权,行政院也不能解散立法院。这样,立法院的复议权受总统核可和出席者2/3的限制,保留了较大的行政权力。在地方自治方面,规定省自治法须根据省县自治通则拟订,并须送司法院认可,为其设置了若干障碍。[1] 该案虽然对国民党的修改意见并未照单全收,是个折中方案,但仍因违反了政协宪草原则的实质,因而中共声明采取保留态度。

关于改组政府问题。3月10日,陈布雷、张治中将他们研究拟订的改组政府案呈蒋介石,认为为确保国民党在政府中的主导地位,除慎选参加政府的国民党成员之外,在策略上必须提高无党派人士之声势,增加他们的名额,并选择绝对同情国民党之无党派人士担任。他们将行政院的十一部三委员会分为三类,甲类为国民党必须掌握,如军政、财政、教育、经济、交通、外交、内政、司法、社会部;乙类可让同情国民党之友党或无党派者担任,如粮食部、蒙藏委员会、侨务委员会;丙类在万不得已时可让中共担任,如农林部、水利委员会。如果此方案各党派不认可,他们提议增加行政院部会单位,乙类增加商务部、地政委员会,丙类增加卫生部、公共工程部,以便有更多的职位分给各党派。国民党考虑让出的职位以非要害的边缘行政部门为主,与中共和中间党派的要求尚有一定距离。当时中共要求担任的行政院副院长、交通部长、经济部长以及军政、财政、内政部次长,全未在国民党可以让出的政府职位方案之中。改组政府难产的最关键问题在于,政协对改组后的国民政府委员会中非国民党成员的名额分配未作明确规定,但中共和民盟要求合占1/3名额(14名),以保证对于重要事项的否决权(重要事项须有国府委员会2/3多数赞成为通过),并得到了国民党方面的谅解;而

---

[1] 黄香山主编:《国民大会特辑》,24—25页,南京,东方出版社,1947。

在改组政府的谈判中,国民党方面否认有此谅解,不愿让中共与民盟得到否决权,使国府委员名额分配又成悬案,行政院改组无法提上日程。①

由于在宪草和改组政府问题上国共两党无法达成一致意见,政协决议的实行于无形中停顿。国民党摆出急欲改组政府、还政于民的姿态,催促各党派提出国大代表和国府委员名单,并于4月15日由蒋介石召集各党政协代表座谈,亲自出面敦请。中共认为"决无考虑之余地",并在4月21日正式通知国民党方面:关于参加政府及国大之名单问题,在政协决议、停战协议及整军方案被破坏,内战重新扩大、民主毫无保障之情况下,中共目前已无提出之可能。民盟亦于同时将东北停战、改组国民政府和行政院、由改组后的政府召开国大,作为提交名单的条件,并称如果不能满足这3个条件,民盟将不提名单。为此,蒋介石不得不决定将原定于5月5日召开的国大再度延期,但政协综合小组和宪草审议委员会会议从此均再未举行,政协决议实际已被束之高阁。此后,在表面的和平气氛下,政治紧张度在不断升高,武力冲突的因素在迅速集聚,国共两党的角力扩大至全方位,并最终由潜流而涌动至台面,由唇枪舌剑而剑拔弩张并刀兵相见,并以东北问题作为爆发点。战后经由政协而倡的民主的实验终为昙花一现,国内和平的前景又转黯淡,中国政治最终回复以武力争胜的传统格局。

根据整军协议,国共双方均须进行军队的整编复员,此项工作本应由军调部监督进行,但因为形势的变化,整编复员未提上军调部的工作日程,而由国共各自进行。2月16日,国民党在南京召开军事整编会议,蒋介石在致辞中称:因为军事上之弱点,所以政治协商会议有此失败,所以我们不得不忍耐,不得不避战!我们必须改正过去庞大空虚的军制之思想观念而整军建军,重质不重量。国民党军的整编方法是,将现有部队的军缩为师,师缩为团或先缩为旅。在具体实施过程中,国民党军将3师9团制的军缩编为2旅6团制或3旅6团制的师,裁掉1/3员额。自3月份开始,国民党军队陆续实行整编方案,4月底完成第一

---

① 《蒋中正"总统"档案·特交档案·分类资料(防共):国共协商卷》012卷第4号;《蒋中正"总统"档案·革命文献·戡乱时期(政治协商与军事调处)》中(一)第6册,171—174页。

期陇海路沿线27个军67个师的缩编计划；6月底基本完成第二期长江以南30个军84个师的缩编计划；第三期计划缩编陇海路以北的32个军，因全面内战爆发而停止。国民党军缩编后，造成实战中一线攻击兵力的薄弱，不利于发挥战斗力，在内战进程中，整编师又陆续恢复军的编制。在整编裁员的过程中，由于不能保证复员官兵的待遇与工作，使得大量复员官兵流落社会，生活无着，从而使不少复员官兵对当局心怀怨恨，也影响到整编部队的作战士气。围绕整军问题，国民党军队内部曾发生争论。蒋介石手下的重要将领陈诚、白崇禧等虽都坚决反共，但对整军的态度却有不同。陈诚主张整军，白崇禧则认为内战不可避免，反对整军。实际上，蒋介石虽同意陈诚的整军主张，但并非不准备内战，他们正是看到了国民党军队数额庞大，冗员众多，层次重叠，开支浩大，在实战中表现不佳，因此主张实行精兵主义，汰弱留强，裁减冗员，精简层次，减少开支，以适应未来作战之需要。① 蒋介石要求负责整军训练的徐州绥署主任顾祝同和郑州绥署主任刘峙："对整编业务切勿以寻常视之。又望一面缩编，一面训练，以期随时可以应战也。"② 至于实际执行的成效，则又为另一问题。

  国民党整编军队的另一重要举措，是重组中央军事指挥机构，将过去以军事委员会为中心，以军政、军令、军训三大部为主干的军事指挥机构，仿照美国军事制度，改组为今后以国防部和参谋本部为中心的军事指挥机构，以实行对全国军队统一而有效的指挥，并适应即将进行的政府改组之需要。5月29日，国防最高委员会通过《国防部组织法》，决定裁撤军事委员会及所属各部会和行政院之军政部，另于行政院设国防部，"承国民政府主席之命，综理军令事宜；并承行政院院长之命，综理军政事宜"；国防部设参谋总长和陆、海、空军及联合勤务司令部。根据这个组织法，参谋总长实居军事指挥的核心地位，其职责为"掌理军事之一切计划准备及监督实施，并有关国防之各种建议"；国防部所属各厅局处"均承参谋总长之命，分掌业务"；各总司令部"承国民政府主席之命，参谋总长之指导，分掌军事实施"；而国防部长的职责不过是

---

① 《在蒋介石身边八年》，591页；《郭汝瑰回忆录》，237页，成都，四川人民出版社，1987。
② 《蒋中正"总统"档案·筹笔（戡乱时期）》第15823号。

审定参谋总长所提之军事预算及人员物资计划,提交行政院决定,并审议总动员之有关事项。① 改组后的国防部实为军事行政机关,参谋本部则为军事指挥中枢,正因为国防部长不过是虚衔,蒋介石才能放心地将第一任国防部长的职位给了桂系白崇禧,而任命自己最为亲信的大将陈诚为参谋总长,同时以顾祝同为陆军总司令,陈诚兼海军总司令,周至柔为空军总司令,黄镇球为联合勤务总司令。

中共也根据整军协议,决定在3个月内完成第一期复员整编计划,先精简部队1/3的员额,第二期再精简1/3,并以"裁减老弱及无职务、无武器人员,合并机关,减少单位,充实部队,减少财政支出利于作长期打算为目标"。但中共内部对复员整编也有不同看法,不少将领认为,裁编不利于中共保持其武装力量,对武装斗争不利,从而对执行复员整编计划有所保留。中共中央一直强调保持军队的独立自主。随着政治形势的迅速变化和整军协议的实际被搁置,为做好应付内战的准备,中共也不再强调实行复员整编计划。② 在复员整编过程中,中共部队已裁减者主要是地方部队和老弱病残人员,全军人数由138万人减少为127万人。③ 只有晋察冀是个例外,在复员整编过程中,晋察冀部队从抗战胜利时的9个纵队(26个旅)20万人及地方部队11万人,锐减为1946年6月的4个纵队(9个旅)5万人及地方部队15万人。后来中共将领在总结中认为,晋察冀部队在内战之初几次作战失利的原因,就是因为精简整编大大削弱了野战军力量,伤了部队的元气,影响了部队的士气。④

---

① 《国防部改组纪要》,12页,国防部史政局,1947。
② 《中共中央文件选集》第16册,86、93—94页,北京;逄先知主编:《毛泽东年谱(1893—1949)》下卷,59页,北京,人民出版社、中央文献出版社,1993。
③ 《毛泽东年谱(1893—1949)》下卷,59页。
④ 北京军区《华北第三次国内革命战争史》编写组编:《华北第三次国内革命战争史》附件三,石家庄,河北人民出版社,1990;郑维山:《从华北到西北》,21—22页,北京,解放军出版社,1985。

第五节　东北局势的演进

东北问题在战后中国政治中扮演着一个特殊而重要的角色。蒋介石认为："国民党命运在东北,盖东北之矿产、铁路、物产均甲冠全国,如东北为共产党所有,则华北亦不保。"无独有偶,毛泽东亦在中共七大提出："从我们党,从中国革命的最近将来的前途看,东北是特别重要的。如果我们把现有的一切根据地都丢了,只要我们有了东北,那么中国革命就有了巩固的基础。"美英方面亦认为："国党最大危险,莫如共党全力挺进东北,借苏联暗中掩护占据东北,利用日军武器武装军队。"① 因此,不仅是国共两党将东北作为争夺的重点地区,美苏两国也因各自的利害关系而参与其间,围绕着东北问题,三国四方牵扯纠缠,上演了一幕又一幕大剧,使东北局势的发展演变成为战后最为国内外关注的焦点之一。

日本宣布投降后,1945年8月31日,国民党中常会暨国防最高委员会通过了《收复东北各省处理办法纲要》,决定在长春设立军事委员会委员长东北行营,"处理东北各省收复事宜",并"就近指挥监督东北各省区内行政机关",同时将东北行政区划改为辽宁、安东、辽北、吉林、松江、合江、黑龙江、嫩江、兴安九省。② 其后,任命熊式辉为东北行营主任,并兼政治委员会主任委员,张嘉璈为经济委员会主任委员,蒋经国为外交特派员,关麟徵(后为杜聿明)为东北保安司令长官。10月1

---

① 刘武生主编:《从延安到北京——解放战争重大战役军事文献和研究文章专题选集》,88页,北京,中央文献出版社,1993;《毛泽东文集》第3卷,410—411页;《中情部关于东北问题的通报》,1945年9月20日。
②《国民政府公报》,1945年9月4日,南京。

日,苏联驻华大使彼得罗夫通知中方,苏军已开始自东北撤离,并将于11月底撤完,请中方接收人员到长春与苏军统帅接洽接收事宜。国民党对东北的接收似乎有个顺利的开端。

但实际情势的发展完全不如国民党之预期。10月12日,熊式辉、张嘉璈、蒋经国等接收大员飞抵长春。次日,熊式辉等与苏军总司令马林诺夫斯基首次会见,马氏对国民党最关心的海运部队在东北登陆等问题作出了否定的答复。此前,由于国民党决定以美国舰船运送军队前往东北,使苏联疑心美国将介入其传统势力范围东北的事务,因此拒绝国民党军队在东北各港口登陆,而此时中共军队已经占领了山海关,阻断了国民党军进入东北的陆路通道,并在东北迅速发展。国民党原本寄希望于根据中苏条约,在苏联协助下接收东北,对具体接收方案并未详加考虑。熊式辉等到东北后才发现,在中共部队已经进入东北的情况下,没有军队随同的接收事事处处受到牵制,实等于无,而苏联的态度则完全出乎国民党的意料,使国民党措手不及,极为被动。虽经与苏方多次交涉,苏联拒绝国民党军在东北登陆的立场毫无松动。不仅如此,自10月下旬起,苏方对国民党的态度,"显有急激之变化"。25日,苏军搜查了长春国民党党部,还一度切断了行营电话,同时放任中共在东北的发展。11月5日,马林诺夫斯基告诉熊式辉,苏方对国民党军登陆事"不能负责",苏军"撤退后之地方情形,苏方概不负责,亦不干涉"。熊式辉深感事态严重,因此报告蒋介石,建议由外交部或蒋介石本人与苏方直接交涉,"请苏方对于东北措施,重行考虑,加以改善"。①

由于苏联对国民党东北接收的不合作态度以及中共已在东北有相当发展的现实,国民党无法如预期顺利接收东北,其党内对如何接收东北也有种种不同意见。张嘉璈等主张继续外交交涉,作"忍耐为有限度之妥协",以求得苏联对国民党接收东北的谅解与协助。但主持外交政策的宋子文与王世杰担心过度妥协将背上骂名,而且也无法预知妥协至何种程度才能得到苏联的协助,因此否决了这一方案。军令部部长

---

① 《中华民国重要史料初编——对日抗战时期》第7编第1册,126—127、138、141—142页,1981。

徐永昌等主张中断中苏交涉，将东北问题公诸国际，首先集中兵力解决华北问题。但是对苏决裂不仅使接收东北将更加遥遥无期，而且苏联放手支持中共在东北发展的前景也使国民党担忧不已，因此从中央的宋子文、王世杰，到东北的熊式辉、张嘉璈、蒋经国等都反对此案，认为不可轻易放弃东北。杜聿明等军事将领主张立即循陆路打进东北，乘中共军队立足未稳，先解决东北问题，但国民党此时可用于进攻东北的兵力有限，增援需时，在苏军尚未撤退之时，打进东北亦须承担相当的外交风险，此案因此未被采纳。

上述方案既不可行，蒋介石只能重新考虑东北接收计划。11月7日，蒋决定"先收复关内与内蒙，而后再图东北"。13日和14日，蒋介石召集陈诚、白崇禧、何应钦、王世杰、张群、熊式辉等讨论东北局势，通过暂时搁置东北问题、撤退行营的决定。14日，蒋介石函告在长春的蒋经国："照目前局势以及根本之计，只有将东北行营迁移于山海关，决由山海关循铁道进入东北之一途，而对苏联仍与之继续周旋，不取决裂形势，不过明示其我政府在事实上已无法接收东北，行使主权，故不得不迁移行营地点，暗示其责任在彼而不在我也。"15日，外交部照会苏联驻华大使馆称：兹因运兵至东三省事，遭遇诸种阻碍，以致东北行营及其随行赴东北接收各项行政之人员，不能达成其任务，故中国政府决定，东北行营全体迁移至山海关，派行营副参谋长董彦平为军事代表，在马林诺夫斯基元帅之总司令部所在地，随同进止，以资联系。① 至此，国民党接收东北计划遭受重大挫折。

与国民党接收东北之受挫相比，中共对东北的经营则相当成功。抗战刚刚胜利，中共冀热辽军区即派第16军分区司令员曾克林率领4 000多人，于1945年8月底从山海关以北绕道进入了东北，并在30日占领山海关，卡住了由陆路出关之必经咽喉要道，占据了进入东北的天时与地利。此时，因为苏军尚未完全控制东北，东北情况还不明朗，中共对能否大举派军队进入东北一时尚不能断定，因此中共的态度较为谨慎。但先期进入东北的中共人员传回的情报，对中共在东北的发

---

① 《"总统"蒋公大事长编初稿》卷五(下)，878页；《中华民国重要史料初编——对日抗战时期》第7编第1册，146—147页。

展前景均持乐观态度。中共判断苏联虽因中苏条约有将东北交给国民党之义务,但对中共的活动"将会采取放任的态度并寄予伟大之同情",而且国民党在东北向无基础,调派军队困难多多,中共"有很好的机会争取东三省和热、察"。因此,中共对进军东北的态度趋向积极,决定增加派往东北的部队和干部数量,并要求迅速出发,以非正式方式进入东三省。①

9月中旬,中共决定了"向北发展,向南防御"的战略方针,由此使进军并经营东北成为中共战后战略布局中最重要的一着棋。为了经营东北,中共决定组成由彭真任书记的东北局,并先后派林彪、罗荣桓、高岗、陈云、张闻天、李富春等,包括21位中央委员和候补中央委员(其中有4位政治局委员),占中共七届中央委员会人数超过1/4的高级干部前往东北。9月18日,中共在东北的最高领导机构——东北局负责人彭真、陈云等到达沈阳。当时正值苏联对国民党企图依靠美国海运部队接收东北不满,并对国民党的接收行动有所阻挠。彭真等在与苏方交涉后报告中共中央:苏方已下最后决心,大开前门,此间家务全部交我;他们建议中央下最大决心,立即从各区抽调主力赶进,用尽一切办法控制此间;认为这是决定全局的一环,宁肯牺牲其他地区,使之化为游击区,即使暂时丧失都值得。② 中共因此进一步坚定了向东北发展的决心,随后即调派大批部队日夜兼程赶赴东北,而此时国民党接收东北的最高领导机构——东北行营尚在组建之中,东北尚无国民党的一兵一卒。到1945年底,中共出关部队总数已近11万人,其中以山东军区6万余部队为出关主力,其他还有新四军第3师3万余人,以及部分陕北、冀中、晋绥的部队,加上2万干部,以及到东北后扩充的部队,中共在东北已组建了13个军区3个纵队5个师17个旅,共27万余人。1946年1月14日,中共东北人民自治军改称"东北民主联军",林彪任总司令,彭真任第一政委,罗荣桓任第二政委。在苏联的支持与默许下,中共先后成立了滨江、奉天、安东、辽北、黑龙江、合江、嫩江省政府和大连、哈尔滨市政府,控制了东北近一半的县份,初步建立了一套自上而下、相当完整的党

---

① 《中共中央文件选集》第15卷,257—258页。
② 《彭真传》编写组编:《彭真年谱》上卷,292页,北京,中央文献出版社,2002。

政军领导体系。中共进军东北之迅捷效能与国民党接收东北之迟缓拖沓恰成对比,双方战后经营东北之成败得失亦于此可知。

国民党在接收东北情势不利,被迫撤退行营之后,一方面在外交上继续与苏联交涉,并取得一些进展,接收了若干省市的行政权;另一方面企图以武力打入辽西走廊,为未来的武力进军预作部署。10月间,国民党第13军、52军在美军运输和掩护下,于秦皇岛登陆,迫近山海关。蒋介石命令杜聿明首先占领山海关,以控制出关交通线。中共认为,如能将山海关控制在手,在苏联不许国民党军于东北各港登陆的情况下,即可将国民党军拒于东北之外,而由中共独占东北。因此,中共中央多次指示东北局,改变过去分散发展的方针,守住东北门户,争取时间,"竭尽全力霸占东北,万一不成,亦造成对抗力量,以利将来谈判"。①在此形势下,国共两军在关内外通路——北宁路沿线发生了较大规模的武装冲突。

国民党第13军、52军共7万余人,均为美械装备,而中共防守山海关的部队只有6个团1万余人,无论人数与武器装备均远不如国民党军。杜聿明令2个师对山海关进行正面攻击,2个师迂回攻击山海关侧背,2个师为预备兵团,自11月15日起,首先向山海关侧翼九门口和义院口攻击并占领之;次日,又向山海关正面发起攻击。中共部队经过一天的抵抗,无力支持,当晚撤离阵地。杜聿明随即下令国民党军沿铁路和公路快速向前推进,19日占领绥中,22日占领兴城、锦西与葫芦岛,26日占领锦州。受命指挥东北部队的林彪认为,部队疲惫涣散,战斗力甚弱,不宜与国民党军硬拼,因此并未部署坚守,而是率主力退往辽西。此时正值国民党撤退东北行营,苏联出于外交战略之考虑,对中共在东北的活动有所限制,中共原定"独占东北"的战略无法实现,中共中央同意林彪的部署,并在28日电告东北局:"我主力初到,且甚疲劳,不能进行决战……又东北问题已引起中、美、苏严重的外交纠纷,苏联由于条约限制,长春铁路沿线各大城市将交蒋介石接收,我企图独占东北,无此可能……目前你们应以控制长春路以外之中小城市、次要铁

---

① 《彭真文选》,634页,北京,人民出版社,1991。

路及广大乡村为工作重心。"①

国民党军占领锦州后,杜聿明对继续前进跃跃欲试,他向蒋介石请调10个军,夸口可在3个月解决东北问题,然后再回师华北,肃清察绥。蒋介石因对苏联的态度没有把握,唯恐出关部队"中途再受其胁制,陷于进退维谷之境",因此对杜部的进止"特别慎重"。一些国民党高级将领,如白崇禧、徐永昌等亦认为"欲保东北,必先固平津,欲固平津,必先定热察","东北军事因运输困难,增援补给均属不易,加以关内绥包之围未解,奸匪主力尚未击破",因此,杜部"后援不继,侧背暴露,似不可过于深入"。他们建议"此刻只能巩固锦州",同时"应速增兵沿平绥路,先占南口、万全,速解绥包之围","竭力打通徐州以北之津浦段,以便运输及肃清冀鲁之匪"。美国顾虑与苏联的关系,对国民党军此时进入东北亦不表示支持,魏德迈建议蒋介石应该首先控制华北。美国军事顾问认为,全面接收东北之前提为:华北已告稳定,苏联态度友好,国共冲突保持现状。具体实施须先控制华北要点及交通要线,使用兵力至少需15个师,并有详尽之运输补给计划方可进行。蒋介石因此不得不暂停对东北的进攻,严令杜聿明:"我军进驻锦州后,应先占领义县及其以西地区,建立周围强固工事,严防朝阳方面之来袭击也。待占义县后,切实整顿后方交通线路,非有命令,不得向大凌河以东地区进占。"②国民党军暂时停止于锦州附近,东北问题转入国共的外交与政治斗争。

国民党在东北接收不利,遂企图寻求美国的帮助。11月17日,蒋介石致电杜鲁门称:"当前之东北局势不仅危及中国之领土完整与统一,实已构成东亚和平与秩序之重大威胁。窃意此种局势,需待中美双方之积极的与协调的动作,以防止其继续恶化。"驻美大使魏道明也对杜鲁门表示:"东北问题不能视为中国问题,乃系整个世界问题之一面……望美国尽量与吾人可能之协助。"但美国虽不满意苏联在东北的作为,也对国民党给予了运兵、武器等一定的支持,但美国深知东北于

---

① 《中共中央文件选集》第15册,447页。
② 《蒋中正"总统"档案·革命文献·戡乱时期(接收东北与对苏交涉)》上(二)第1册,224、240、279—280、287—288页。

苏联之切身利害关系,不希望自己过多卷入,以避免与苏联发生直接冲突。因此,杜鲁门只能表示对"苏联此种态度,甚为失望",对国民党的求援"频表同情",然并未再有进一步的行动。但无论如何,国民党撤退东北行营的举动还是给了苏联一定的压力,在当时的国际背景下,苏联也要顾忌条约义务和与美国的关系,从而对国民党作出缓和姿态。11月17日,苏联驻华大使照会外交部,表示苏军"对于中国政府将予应有之协助",对于中共部队"未曾予以任何帮助"。① 与此同时,据中共东北局向中共中央的报告:"长春路沿线及城市全部交蒋,有红军之处不准我与顽作战,不准我存在,必要时不惜武力将我驱散。"中共中央为此指示东北局:苏联"既如此决定,我们只有服从,长春路沿线及大城市让给蒋军,我们应作秘密工作布置",要求"迅速在东满、北满、西满建立巩固的基础",作长久打算。② 11月23日,东北局撤离沈阳,进驻本溪。其后,因各种主客观因素的作用,中共中央和东北局之间以及东北局内部,对东北形势的估计各有不同。因为东北的特点,城市化比例较高,现代工矿业和交通相对发达,城市工作在东北具有特殊的意义,也是中共争夺东北面临的新情况。如何争夺城市,如何兼顾城市工作与农村工作,如何在东北的具体环境下建立根据地,都是中共需要思考的新问题。随着形势的变化,中共的认识也在深化。1945年底,刘少奇电告彭真:"你们今天必须放弃争取东北大城市的任何企图。……你们今天的中心任务,是建立可靠的根据地,站稳脚跟。"③毛泽东则在给东北局的指示中提出:"我党现时在东北的任务,是建立根据地,是在东满、北满、西满建立巩固的军事政治的根据地。"④这些指示的精神被概括为"让开大路,占领两厢",即避开强势国民党军之锋,以中共擅长的建立农村根据地的战略,从长远着手,发动群众,打好基础,与国民党争夺东北。

东北行营撤退后,国民党对如何处理与苏联的关系也无明确定论。国民党能否顺利接收东北的关键在于苏联的态度,如蒋经国给他父亲

---

① 《中华民国重要史料初编——对日抗战时期》第7编第1册,149、153—156页。
② 黄瑶主编:《罗荣桓年谱》,462页,北京,人民出版社,2002;《中共中央文件选集》第15册,431、434页。
③ 《刘少奇选集》上卷,374页。
④ 《毛泽东选集》第4卷,1079页。

蒋介石的信中所言:"苏方对我国如不能谅解,则东北不但今日,即今后亦不得安定。盖苏联对于所谓道义感情,并不重视,所要求者,乃现时之利益也。"东北是苏联的"现实利益"所在,自然不会轻易交由具有美国背景并与苏联有交恶历史的国民党接收。如何才能消除苏联对国民党的疑虑,蒋经国认为:"大问题之处理,既不可意气用事,亦不可专讲面子,而必须走一步是一步,争一点是一点也。"①但蒋介石沿用其传统思维,寄希望于苏联撤军后用武力解决问题,无意做积极的外交努力,如此一来,国民党对东北问题的对苏外交交涉态度消极,只有张嘉璈和蒋经国还在做着一定的努力。12月30日,蒋经国抵达莫斯科与斯大林会谈,他代表蒋介石表示,希望双方彼此谅解,加强关系,并请斯大林劝告中共与国民党合作。斯大林则反复表示,苏联不干涉中国内政,支持国民政府,但在东北问题上,斯大林没有作出任何使国民党满意的承诺。蒋经国此行可谓一无所获。

国民党撤退东北行营后,于11月底与苏联达成协议,决定苏军延期1个月至12月底撤离;至12月底,又将苏军撤离时间再延至次年2月1日,从而缓解了苏军立即撤离而国民党军未至、东北将由中共接管的尴尬局面。苏联还同意国民政府接收东北若干城市与省份的行政权力,国民党因此先后接收了长春、沈阳、哈尔滨、四平、齐齐哈尔市和辽北、松江、嫩江省,但因为没有武装随行,国民党接收人员大多坐困于这些所谓接收省市,无法真正开展工作。

在接收东北期间,国民党还和苏联就东北经济合作问题进行了艰难的交涉。此事本为中苏国家关系问题,事关中国国家利益,但因在战后东北美、苏、国、共矛盾的交织,此次交涉不可避免地与中美、国共关系等纠缠一体,有着较为复杂的内涵。苏军进入东北后,将东北日本产业视为"战利品",提出与中方合办,以控制东北的经济,维护苏联的国家利益。因为东北接收头绪众多,国民党起初对此并未重视,只是令外交部研究交涉步骤。中方撤出东北行营后,苏联一方面表示缓和,表面上支持国民党接收东北;另一方面,正式提出东北经济合作问题,企图

---

① 《"总统"蒋公大事长编初稿》卷五(下),876—877页;《蒋经国自述》,165页,长沙,湖南人民出版社,1988。

以此控制东北的经济命脉,不使美国介入东北事务,并牵制国民党的对美关系。国民党认为苏联的要求没有法理依据,本不愿谈这个问题,但主持东北经济接收的张嘉璈认为,苏联对国民党接收东北具有关键的作用,拒绝苏联的要求对接收不利,主张与苏联谈判,尽可能满足其要求,以换取苏联对国民党接收东北的支持。11月20日,苏方正式提出组织中苏合办之股份公司,经营原日本满洲重工业株式会社和满洲电力株式会社的产业,中苏双方各占一半股份,并暗示苏方将以此决定对国民党接收东北的态度。主持国民政府外交的行政院院长宋子文和外交部部长王世杰坚决反对苏方要求,认为其已超出中苏条约范围之外,而且将引起民众和社会舆论的反感,只有等东北接收完成后,才能考虑这一问题。他们的意见得到国民党内多数人的支持,因此中方对苏方的要求反应冷淡,采取拖延态度。苏方对此很不满意。12月9日,苏军总司令马林诺夫斯基亲自出面,向张嘉璈和蒋经国要求迅速解决东北经济合作问题。在苏联的压力下,蒋介石同意先进行非正式交涉,但坚持在苏军从东北撤退前,不进行正式交涉并签约,东北经济合作交涉因此久无进展。① 就在中苏经济合作交涉停顿之际,美国出于其自身政治、经济利益的考虑,不愿见到苏联独占东北的局面,反对中国对苏让步。2月11日,美国大使馆照会中国外交部,转达美国政府的意见,表示中苏如在东北进行经济合作,"将被认为违反门户开放之原则,明显地歧视美国企望获得参加满洲工业发展机会之人民,并可能对于树立未来满洲贸易关系上,置美国商业利益于显著的不利地位"。3月1日,美国国务院又发表声明,并于5日致函苏联政府,"不承认'战利品'之解释为包括工业或其组织要素,如东北之日本工业与设备等在内";重申日本资产应由各战胜国共同处理,中苏如成立协定,美国不能承认。② 美国的表态使得国民党内"主张对苏采强硬态度者,觉得吾可借美国助力以抗苏联,使谈判益增困难"。③ 中苏东北经济合作交涉尚未正式开始即告中断。

---

① 《中华民国重要史料初编——对日抗战时期》第7编第1册,395—396页;张嘉璈:《东北接收交涉日记》,1946年2月4日, Chang Kia-ngao Papers, Box10, Hoover Archives, Stanford University, California。
② 《中华民国重要史料初编——对日抗战时期》第7编第1册,453—454、247—248页。
③ 《东北接收交涉日记》,1946年2月14日。

1946年春,国民党与苏联的关系处于僵持局面,其党内强硬派为了反对政协和民主化进程,利用民众对苏联迟迟不自东北撤军(2月1日本来为苏军自东北撤退完毕之期),并在东北以占领军自居而发生的劣行之不满与反感,于2月下旬挑起全国范围的反苏反共游行,并在3月举行的国民党六届二中全会上猛烈批评对苏外交之软弱,使得中苏关系因此而急剧恶化,苏联对国民党接收东北更持不合作态度,并支持中共接收东北各大城市与交通干线,希望中共"放手大打"。3月中旬,苏军在没有预先告知的情况下,自沈阳开始向北撤退,其后于4月14日自长春撤退,25日自哈尔滨撤退。5月23日,苏联大使照会中国外交部,宣布苏军已于5月3日自东北撤退完毕。

随着苏军的撤离,国民党军步步跟进,先后进驻沈阳、辽阳、抚顺、铁岭等地,并准备沿长春铁路向北进军。中共亦不能坐视国民党军的冒进,采取相应应对政策。3月18日,东北民主联军攻占四平,长春铁路往北的交通为中共所控制,国民党军无法再向北进。此时正值国民党六届二中全会之后,其战后政策走向有重大改变,主战的强硬派势力占据上风,国民党在东北问题上失去了应有的弹性,加上全副美械装备的国民党新1军、新6军、第71军等部由美国军舰陆续运抵东北,其在东北的军事实力大大增强,动武的冲动大涨。东北问题的中心从国民党与苏联的矛盾向国共矛盾转化,在全国局势的相对平静中,东北成为各方关注的焦点。

政协结束后,中共一度对和平前景估计较为乐观,希望与国民党谈判解决东北问题,争取中共在东北的合法地位。因此,中共认为此时"对东北的方针,应该是力求和平解决,力求国民党承认我党在东北一定合法地位的条件下与国民党合作",提出"企图独占东北,拒绝与国民党合作的思想,是不正确的,行不通的,必须在党内加以肃清"。周恩来过后还谈道:如果对方肯以东北交换,当时党内一定会赞成做更大的撤退,甚至可以完全撤出苏北。① 但国民党坚持东北接收为中苏国家关系问题,拒不承认中共在东北的地位,企图独占东北。由于国民党的坚

---

① 《中共中央文件选集》第16册,57—60页;钱江:《日内瓦会议的重要转折点》,载《百年潮》2000年第10期。

持,停战协议未将东北包括在内,当马歇尔意识到东北将是停战能否持久的关键,提议派出军调小组前往东北时,却遭到了国民党的强硬拒绝。蒋介石特别指示军调部国方委员郑介民:"如有人提议派执行组到营口等处,我方应绝对反对,万勿同意。"经过美方的调停,3月9日蒋介石对马歇尔表示,向东北派出军调小组的条件:小组只管军事不管政治,小组随政府军行动,小组有权去双方冲突的一切地点,政府军有权接收中长路及两侧30公里内的全部地区,中共军撤出矿区和铁路。这实际是要求将东北交给国民党,因此理所当然地为中共所拒绝。① 周恩来曾向马歇尔表示:中共要求在东北先停战,再谈其他;外交与内政应分开,内政要协商;军事与政治问题同时解决,军事上国民党在东北只保留5个军,同时实行政治民主、地方自治。② 中共希望美国能够压国民党作出让步,但美国在东北问题上另有考虑,他们虽然也希望国民党作出一定改变,但同时也希望由国民党接收东北,以确保美国的战略利益,并遏制苏联在东北亚可能的势力扩张,因此马歇尔对东北停战等问题并未坚持,也未采取什么压迫国民党让步的实际举动,而于3月11日离华回美,使调处工作失去了最初的势头,又值国民党六届二中全会的召开,国共关系不断恶化,东北形势亦开始向战争方向急速演进。

　　本来,中共准备在东北对国民党作出一定的让步,只是需要一些交换条件,这是由当时东北的实际情况决定的。自中共进入东北后,发展十分迅速,占据的地盘大大超过国民党,如果实行东北停战,与国民党谈判解决东北问题,势必让出若干地方给国民党接收,与关内现地停战,中共并不损失实际利益的情况有很大不同,因此东北的中共领导人对此有不同意见,他们"不了解为什么要让出许多地方给国民党,东北全党全军都是这种心理"。中共中央认为在这个问题上,"最难说服同志,而可能造成党内纠纷"。正因为如此,中共一方面准备在东北对国民党作出一定让步,另一方面认为"此种让步须有交换条件",即国民党应承认:(1) 改组东北行营,容纳各党各派参加;(2) 承认中共军队在

---

① 《蒋中正"总统"档案·革命文献·戡乱时期(政治协商与军事调处)》中(一)第6册,78页。
② 《周恩来一九四六年谈判文选》,132页。

东北的地位;(3)实行民选,并承认现已存在的民选政府的合法地位;(4)国民党军进入东北须有数量限制。直到3月中旬,中共实际上仍准备将长春铁路的主要部分让给国民党。但国民党不仅没有善意的回应,而且准备大规模的军事进攻,东北形势日渐紧张。如此一来,中共不能不相应改变自己的对策,认为"必须打几个胜仗,弄得蒋军在东北处于困难的情况下,蒋军才会在我们所能接受的条件下和我妥协"。3月24日,中共中央指示东北局:"我党方针是用全力控制长哈两市及中东全线,不惜任何牺牲,反对蒋军进占长哈及中东路,而以南满、西满为辅助方向。"随后,中共中央又强调"尽一切可能不惜重大牺牲","必须使用主要力量,并须迅赴事机",据此"部署力量,指导工作"。① 于此表明中共东北方针的重大变化,即从准备适度让步、承认国民党的接收权、与国民党在东北和平合作,转为不承认国民党的接收权,与国民党的部署针锋相对,争取控制东北若干大城市与铁路线,力争东北,加强在东北的实力地位,使自己处在东北争夺和全国争夺中的主动地位。

3月27日,国、共、美三方就向东北派出军调小组达成协议,将小组任务仅限于军事调处,而将其他紧迫的军事、政治问题留待以后再谈。但就是这个协议,也因国民党的阻挠而无法真正实行。蒋介石指示熊式辉:"凡我军工作有妨碍之处,如执行组有前往视察之要求,亦可暂为婉谢。"即便美方代表白鲁德告诉熊式辉:军调小组的作用在于"可使国军顺利接收","可暴露苏、共勾结情形于世界",但熊仍答复"不便与小组会议",使得原定派出的执行小组无法到达战地执行任务。4月1日,蒋介石在国民参政会四届二次会议上发表演讲,声称东北问题在本质上是一个外交问题;在东北九省主权的接收没有完成以前,没有什么内政问题可言。蒋此言表明东北和平已不可能,国共双方只能以实力在东北较量,以此决定东北未来的前途与归属。②

自3月中旬苏军自沈阳撤退起,东北形势即日渐紧张,国共双方均在调兵遣将,为大规模战争作准备。4月上旬,蒋介石指示熊式辉,对南满暂取守势,而用全力向长春挺进。根据蒋的指示,熊式辉将东北作

---

① 《中共中央文件选集》第16册,55—56、100—105页。
② "总统"蒋公大事长编初稿》卷六(上),82、88页;1946年4月2日《中央日报》,南京。

战部署分为南北两条战线,北线由代理东北保安司令长官郑洞国指挥新1军和第71军担任(时杜聿明正在养病休息),南线由熊式辉直接指挥新6军和第52军担任。因为东北未接收地区集中在北满,长春又是东北首府,具有重要的象征意义,因此蒋介石指示以北线为进攻中心;但南线对沈阳后方的威胁较大,因此熊式辉对南线较为重视。结果,就兵力部署而言,国民党军实际摆出了平分兵力、齐头并进的阵势。中共方面,中共中央指示东北"必须集中绝对优势兵力"作战。东北局据此调整部署,一改以往运动作战的战法,"集中全东北一切可能调用之兵力,在沈阳与长春之间铁路沿线上进行反复的争夺战,大量消灭敌人,力争阻止敌人于四平以南地区"。① 四平由此成为国共东北之战的中心。

3月中旬以后,国民党在南线以沈阳为中心向周边扩展,先后占领辽阳、抚顺、鞍山、营口等城,并沿中长路北进,先后占领铁岭、开原、昌图等城,4月中旬进至四平外围。中共则于4月18日进占长春,24日进占齐齐哈尔,28日进驻哈尔滨,控制了全部北满。国共双方部队在前线已处于直接对峙状态,大战一触即发。

国共东北战事自南满而起。4月上旬,国民党军首先发起对南满本溪的进攻,但使用兵力不过两个师,难以发挥集合战力之作用,在中共部队的阻击下,两次进攻均受挫,于4月10日被迫中止进攻。东北战事的重点在四平,因为四平扼北上铁路要冲,不拿下四平,国民党军就无法继续北上长春,因此蒋介石一直指示以四平为进攻重点。从4月17日开始,国民党由新1军的3个师分左、中、右三路担任对四平的正面主攻,另以第71军的2个师由西面向四平迂回进攻。中共东北民主联军则先后集中了14个师(旅),由林彪直接指挥,在四平正面构成蜿蜒百里的防线,阻击国民党军。进攻四平的国民党军为其精锐主力,全部为美械装备,机械化程度及重装备配备为前所未有,陆有坦克大炮,空有战机支持,机动化程度高,后勤供应强,构成了全方位的立体进攻态势,而且阵地战的方式更便于他们发挥优势火力的作用。中共部

---

① 《彭真文选》,124—125页。

队的配备虽然已好于初出关时,并经过了一定的训练,但仍然不及对手,但能以其所擅长的政治工作鼓舞部队高昂的士气与精神,并以后方的有力支援而坚守阵地。双方部队在四平前线一攻一守,反复争夺,战况空前激烈。战至4月底,国民党军的进攻始终未有大的突破,形成胶着状态。

因为国民党军的攻势顿挫,其内部对于进攻东北利弊得失的争论再起。苏联撤军虽使国民党在东北的作战不必再有投鼠忌器的顾虑,而且由于美国的海运帮助,此时国民党在东北的兵力已达7个军,装备也远胜于中共部队。但东北地域广大,除去必要的守备等用途,国民党实际可用于前线作战的不过4个军,人数较中共方面并不占多少优势,而且随着占领地域的增多,这种人数优势还有继续下降的可能。面对军事进攻的胶着局面,熊式辉一反先前之主战态度,改而主张只有等援军开到,才能继续进攻。国民党统帅部方面,何应钦认为,主要兵力不宜伸出过远,以免后防空虚;军令部则一直认为不宜孤军深入。4月21日,蒋介石召集军事幕僚讨论东北战局,军令部部长徐永昌坚持其一贯主张,认为"国军既受运输限制,更防苏联破脸的助共,我孤军深入,今已为甚,奈何开进";"军事力量只能以锦州为主,沈阳左近为最大限"。但这些反对意见并未动摇蒋介石对东北用兵的决心,一是因为此时国民党内对共强硬的政治大气候已经形成,蒋介石亦须照顾强硬派的意见,使国民党在东北问题上已难有回旋余地;二是"九一八"之丢失东北,长期为国民党之耻,收复东北因此成为国民党对外宣传的基本目标之一,事关其政治地位与公众形象,国民党无法承担不能收复东北的政治压力;三是4月18日中共军队进占长春,使国民党颜面尽失,主战喧嚣压过了理智判断,认为只有拿下长春才能显示国民党的力量;四是国共关系起伏不定,蒋介石一直准备在适当时机对中共动武,正可以东北战场作为检验国共战力之实验场,并以此对国民党军队的战略、战术、后勤、训练等方面之缺失有所矫正。正因为如此,蒋介石并未因东北战局之胶着而改变其战略部署。21日,他指示熊式辉:"四平街会战,国军应彻底集中兵力,一举击破共军之主力。"①

中共内部对四平作战也有不同的看法。负责指挥东北作战的林彪一向反对集中兵力与国民党军打阵地仗,而主张以运动战为主,不计较暂时之得失,作长期作战打算。他审时度势,于四平战前致电中共中央,认为根据东北形势,固守四平,迅速实现东北和平的可能性不大,因此东北工作方针似应以消灭敌人为主,而不以保卫城市为主,建议以便于消灭敌人有生力量为主作为当前行动的基本方针。身处东北一线的中共党政军领导陈云、高岗、黄克诚等,也对当时形势有较深认识,认为在优势兵力的国民党军进攻下,不宜采取固守城市的战略。但中共中央的意见与东北前线领导人的建议显然有所不同,他们要求东北前线必须集中绝对优势兵力,必须作充分的精神准备与军事准备,坚守四平一线,表示了打大战的决心。之所以如此,主要原因是他们对外界和美国可能之反应估计较高,对国民党坚持拿下四平、长春的决心估计较低,认为国内舆论和第三方面均要求停战,美国也不会听任东北战火蔓延而影响全局,只要能够守住四平,便可逼国民党停战,并在停战时确保以长春、哈尔滨为中心的北满全部控制在中共手中,争取主动,更便于此后与国民党的谈判交涉。因此,毛泽东连续致电林彪,要求"鼓励坚守,挫敌锐气,争取时间";并以"东北战争,中外瞩目"为由,要求东北方面"必须在四平本溪两处坚持奋战,将两处顽军打得筋疲力尽,消耗其兵力,挫折其锐气……便可能求得有利于我之和平"。同时,中共驻重庆代表团根据与国民党和美国谈判的情况,数次建议应"打得顽痛,以利谈判","如东北冲突能停,和平有望,则关内问题有法解决","请东北以最大之力守住四平、公主岭,大举破路,夺取铁路一二城市,以保长春,而促停战成功"。② 因此,中共中央强调东北应集中兵力,打大战,打硬战,"化四平街为马德里",是多种因素综合作用的结果,实际是将四平之战作为国内和平能否实现的关键,主要反映了中共中央的政治意图,但中共部队当时尚不具备与国民党军进行持久阵地抗衡的能力,

---

① 《徐永昌日记》,1946年4月21日;《熊式辉日记》,1946年4月25日,Hsiung shih-hui Collection, Rare Books and Memuscript Library, Columbin University, New York。
② 《毛泽东年谱(1893—1949)》下卷,73页;《中共中央文件选集》第16册,149页;《周恩来一九四六年谈判文选》,189、230、241、282页。

这也是东北前线中共领导和将领的担忧所在。因此,如何实现目标和手段、政治和军事之间的协调平衡,是中共通过当时东北的军事斗争将要解决的问题,也考验着中共领导层的政治智慧和领导能力。

正因为国共双方对于东北作战都有各自深远的战略考虑和现实谋划,使得四平作战并非仅仅是一次孤立的军事战役,而反映出相当的战略和政治意义,其战役规模越来越大,使之具有了一定的决战的意味。国民党方面如蒋介石所言:"此次东北作战如果一地略遭挫失,则全局皆危,国脉将断。"中共方面如东北局所言:"此次作战为决定我党在东北地位之最后一战,望空前动员全党全军以最大的决心,不惜任何牺牲,争取这次作战的决定胜利。"①

东北战事开打之时,国民党东北保安司令长官杜聿明因病住院,由熊式辉指挥东北作战,熊式辉并非军事长才,又多年脱离军事指挥一线,而杜聿明则属于国民党后起军事将领中较为有胆、有识、有才干者。上年冬,杜聿明指挥国民党军初进东北,在山海关和锦州与中共部队交手占了一些便宜,对中共部队有所轻视。4月中旬,正值东北前线胶着之时,杜聿明病愈出院回到沈阳,从熊式辉手中接过东北军事指挥权。他对东北战事之胶着颇不以为然,认为熊式辉未能集中兵力于一点消灭中共主力,方才导致如此局面。他认为己方在四平战线动用了2个军,但在兵力数量上仍未居绝对优势,而在本溪战线的2个军只动用了一半不到,如果全部投入作战,将对本溪形成包围,在攻下本溪之后,既可确保沈阳后方安全,又可抽出兵力北上增援四平,确保己方在四平的绝对优势,尽快结束东北战事。因此,他制定了先攻本溪,再及四平的作战方案。虽然这一方案与蒋介石先拿下四平的命令相违背,也与熊式辉四平与本溪并重的意见相左,但杜聿明认为其部署更符合战场实际。果然,当杜聿明下令新6军和第52军集中兵力于4月底再度攻击本溪时,中共在本溪前线只有4个旅的兵力,攻守双方实力相差悬殊,中共部队在寡不敌众之形势下,于5月3日被迫撤离本溪。

国民党军攻下本溪,更使杜聿明自信其作战方案正确,认为对手经

---

① 《"总统"蒋公大事长编初稿》卷六(上),101页;《彭真文选》,126页。

此次打击之后,战力难以在短期内恢复,南满可保无虞,遂大胆转用兵力于四平方面。5月10日,他下令仍以新1军为中路,另以新6军为右路,第71军为左路,取大弧形合围之势,三面同时齐向四平发起攻击,并以右路的新6军为奇兵,重点攻击四平侧翼,威胁中共后方补给线,企图包围并歼灭中共在四平的主力部队。部署在四平正面的中共部队进行了顽强阻击,战况空前激烈,国民党军进展甚为缓慢。但由于国民党在此次攻击中投入重兵,不仅在重装备上,而且在人数上也占据了明显优势,尤其是廖耀湘指挥的右路新6军,利用中共部队刚自本溪退出,调整与部署未周之机,发挥机械化优势,以宽正面跃进方式迅速进至四平外围,对四平形成合围之势。此时,中共在四平的部队已经多日战斗,伤亡减员甚大,战线过长,兵力分配捉襟见肘,已处于被动状态,再守下去有被优势国民党军围歼的危险。林彪审时度势,毅然决定不再坚守,于18日夜下令部队全线撤出四平。

5月19日,国民党军进入四平,杜聿明认为中共军队受到重挫,已无力再战,遂命令下属沿长春铁路分左、中、右三路,迅速向长春攻击前进。中共中央在林彪率部退出四平后,仍要求他继续督战,坚守公主岭,不成则坚守长春,以尽量保住中共在东北据有之地盘,并据此与国民党在谈判中讨价还价。但中共东北前线部队经多日苦战,此时已甚为疲惫,仓促退出四平后,在国民党军的快速追击下,队形散乱,来不及调整部署及防线,部队士气亦受到严重影响,实际无力达成再坚守城市之任务。中共在东北的党政军负责人林彪、彭真、罗荣桓、陈云、高岗等,此时对于东北的实际情况有更深切之体认,认为东北部队目前亟须休整,以待再战,并经过讨论后电告中共中央,决定放弃坚守长春的作战计划,下令部队于21日撤离公主岭,随后继续向松花江北撤退。由于中共部队主动大踏步后撤,国共部队实际脱离了接触,国民党新6军遂于23日占领长春,28日占领永吉(吉林);新1军于29日占领德惠,进至松花江南岸,与中共部队隔江对峙。

这次四平战役历时1个月,国民党出动了在东北的21个师中的10个师,中共则动员了东北主力39个团中的20个团,国共双方动员的兵力均占其在东北战场兵员总数的近半,而且精锐尽出,进行大规模、全方位的实力较量。就军事意义而言,中共因在一段时间里成功地在四平阻击了国民党军北上,从而得以基本夺取北满,对中共至关重要的东北根据地的建设和巩固具有重要意义。中共在东北的部队组建时间不长,但在四平前线仍然表现了高昂的士气与战斗力,同时领略了现代作战方式,在后勤、训练、动员等方面均有进步,对于其后的发展获益匪浅。但中共部队对于阵地战尚无实际经验,在防守四平的过程中,战线过宽,防御纵深过浅,兵力部署不当,兼之装备欠缺,未能达成战前坚守四平、阻止国民党军北上的预期目的。国民党军占领长春,基本完成了其战前的预定目标,对内对外均可交代。通过四平战役,国民党军表现出在配备了新式重武器装备并经过一定训练作战实践后,在协同作战以及阵地战和进攻战方面有了一定的提高,因此对蒋介石企图通过战争一举解决中共问题产生了重要的推动影响。但国民党军此次进攻仍以占领城市为主要目标,并采取宽正面推进战术,虽迫使中共部队后退,但未达到歼灭中共部队主力的企图;国民党军的进攻最终停止在松花江南岸,由于江北的广大地区始终掌握在中共手中,从而为中共部队的休养生息提供了基地,创造了条件,在不长的时间内中共部队即恢复了战斗力;最关键的是,国民党军的兵力不足与东北辽阔地域之间的矛盾,对于国民党维持其在东北的统治几乎是致命的弱点,国民党军兵力始终未达理想数量,最后占领的地区仍然局限于东北部分大中城市的点和主要铁路的线,用于守备的兵力部署也只能以团甚至以营为单位,中共部队仍然可以利用东北的广大地域自如活动,并一步步消耗国民党军的实力,逐步使双方在东北的攻守易势成为现实。

四平战役不仅具有重要的军事意义,而且具有突出的政治意义。中共当时全力动员,在东北作战的目的主要还不是为了从根本上推翻国民党统治,而是为了迫使国民党坐下来谈判,以实力地位讨价还价,解决东北问题,完成政协之后的总体战略布局。但国民党以攻下长春为基本目的,此时无意谈和;美国方面在马歇尔走后无人可作决定,也在观望。关于东北问题的谈判由此处于停顿之中。4月18日,马歇尔结束美国之行,回到中国。此时正值东北战火纷飞,他深知再打下去势必牵连关内,导致好不容易得来的和平局面的破裂,并意味着他个人使命的失败,而此时又正值中共军队进占长春,无论是从美国控制东北、遏制苏联的战略利益考虑,还是从国民党政治、军事的现实需要出发,他都不能拒绝国民党接收长春的要求。23日,马歇尔拿出了一个调停方案,主要内容:国共双方在东北停战,根据整军协议确定双方军队的位置,国民党军对东北的接收,根据军调部的指令进行,政治问题暂时维持现状。由于该方案未提国民党军队的无限制进兵权,蒋介石因此很不满意,认为这是"予我政府以多方面之限制,且有承认共党伪地方政权之无理拟议",坚持长春铁路两侧30公里内之地区必须由政府军接收。①由于对中共占领长春不满,马歇尔此时在调处中较为偏向于国民党,在29日他与周恩来的会谈中,他表示已尽其所能,而且其立场因中共的行动受到了严重的损害,他不知道还能做些什么,只能退出调停。5月13日,他在与周恩来的会见中,又指责中共过分重视武力,使军调小组美方代表无法工作,并表示除非中共撤出长春,他无法再向蒋进言。他的态度当然引起中共的强烈不满,认为马歇尔已失去当初的公正立场,是为国民党拉偏架,而国民党对马歇尔的态度也未必完全满意。从此,马歇尔在调处中便很难再如当初那样得到国共双方的信任。

在马歇尔对东北战事袖手旁观的同时,第三方面因担忧东北战火将破坏国内和平而发起了对东北战争的调停,并提出了种种以长春为筹码的调停方案。毛泽东也曾有以中共让出长春,国共双方在长春均不驻兵,由中间派任长春市市长,与国民党达成有条件妥协的意图。但国民党自恃其军事实力,无意停止在东北的进攻,随着国民党军攻占长春,以长春为筹码的调停终未成功。而且由于国民党军攻占长春,使蒋介石认为中共不足惧,要价随之提高。24日,正随蒋介石在东北视察的宋美龄致函马歇尔,提出东北谈和的条件:中共不得阻碍政府接收东北主权,不得阻碍政府修复铁路,履行停战、整军与恢复交通协议,并在国共对执行以上协议有分歧时,赋予美方代表最后决定权。蒋介石此举无疑是企图独占东北,使原来在东北问题上本偏向国民党的

---

① *FRUS*,1946,Vol. IX,pp.792—796;《"总统"蒋公大事长编初稿》卷六(上),116页。

马歇尔亦处境尴尬。他担心东北战事如扩大到华北,局面将不可收拾,因此不得不在一定程度上改变态度,向国民党施加压力,要求在东北停战,并表示由于政府军在东北不断向前推进,使他的调停工作遭遇极大困难,他将因此而退出调停。尽管宋子文和王世杰等均认为蒋的要求过于"硬性",并担心军事进攻引发其他问题,因此向蒋建议不妨同意马歇尔的停战要求,但蒋仍未改变其态度。面对如此局面,6月4日,马歇尔不得不使出撒手锏,向蒋介石表示:在东北停战问题解决之前,美方不再安排为国民党运输军队和补给到东北,以此迫使蒋接受其停战方案。

马歇尔的态度不能不使蒋介石对其东北战略再作考虑。国民党军攻占长春后,蒋介石面临着是命令国民党军继续北进还是暂停进攻的抉择。受到国民党军胜利的影响,蒋一度有意命令部队继续北进,认为:"东北共军主力既经击溃,应速定收复东北全境之方针,令杜聿明长官部向哈尔滨兼程挺进,必先占领该战略据点,东北军事方得告一段落,然后再策定第二期计划。至于调处执行部自以不来东北对我为有利,以免共军借其掩护,获得喘息之机会。"但是,北进不仅是军事问题,而且将牵涉与美、苏的关系,苏联对国民党北进至北满是否仍将无动于衷,美国是否在国民党可能与苏联发生冲突时仍将予以支持,蒋介石对此并无一定的把握,因此他决定:"东北与对美对俄外交,皆有微妙之关系,稍一不慎,将受重大影响,故当马歇尔未谅解以前,不能不委曲以求和平解决也。"当马歇尔通知国民党,美国将在东北停战前停运其军队及补给,表明他对国民党的继续北进没有"谅解",蒋也因而不得不决定暂时停止国民党军在东北的进攻,以对美国人有所敷衍。6月7日,蒋介石宣布,自当日正午起,政府军以 15 日为期,停止追击、前进及攻击。① 东北战场总算因此而暂时平静下来。但东北停战并不意味着国共双方就此罢战言和,相反,东北战事对国共关系和战后中国政治都产生了重要影响。东北战事使国共双方本已十分脆弱的互信几至无存,东北战事之后的国共关系再也无法回复至之前的相对缓和与平静。而

---

① 《"总统"蒋公大事长编初稿》卷六(上),151—152 页;1946 年 6 月 7 日《中央日报》,南京。

过去的历史与当时的现实都决定了,只有国共两党当时具有决定和战的实力与可能,国共不能谈和,中国的和平亦不可能,战后中国政治及其走向也走到了由和而战的转折点。

第二章
全面内战的烽火

战后国内和平的基础是脆弱的。国共两党之间的矛盾,不仅不因抗战的结束而消失,反因抗战结束失去共同敌人后的政治异见而不断扩大。国民党始终不愿容忍中共的存在及政治参与,不愿作出必要的政治让步,自抗战结束后,蒋介石就在准备以军事手段解决中共,暂时的和平也就成了战争的准备阶段。面对国民党的战争威胁,中共当然亦不能就此退缩,在不能获得国民党对等让步的情况下,中共只能坚守其政治底线,准备以武装斗争相对抗。停战期间,国共双方在政治上和军事上均未能获得进一步向缓和关系迈进的动力,相反,双方的关系因种种因素而迅速恶化。军事调处失败后,国民党自恃其军事实力,向中共发起全面军事进攻,一时间,战争风云再起,国共关系最终破裂,中国重又陷入内战之中。但国民党军的全面军事进攻,因其战争目标之广大、兵力之有限、后方支持之不及而产生力不从心之危机,尤其是中共部队的自卫防御作战,在多条战线上造成国民党军的相当损失,迫使其不得不由全面进攻转入重点进攻,战场形势开始发生变化。

第一节　军事调处的失败

1946年1月停战实现后,中国大地出现了一段短暂的和平时光。根据停战令的规定,由国、共、美三方在北平设立军事调处执行部,负责执行已经商定的停战政策,提出有关建议,增订必要的附属协定,以确保停战令更有效地实施;军调部发出的所有命令,应由三方一致同意;军调部通过的一切协定、建议及指示,只涉及停止冲突所引起的直接问题;执行小组为军调部的执行机构,实地监督各种协议的执行;军调部的工作将延续至国民政府主席或中共中央主席通知对方废除此协定时为止。军事调处执行部对保证停战令的切实执行,曾经起到了重要作用。

1946年1月13日,军调部在北平正式成立,军令部二厅厅长郑介民出任国方委员,第18集团军参谋长叶剑英出任共方委员,美国驻华使馆代办罗伯逊出任美方委员,美方白鲁德担任执行主任。5月间,军调部又增设副委员,分别为国方蔡文治,共方饶漱石,美方吉伦。军调部下设联合参谋部(参谋长为国方蔡文治,共方先后为耿飚、罗瑞卿、陈士榘,美方为海斯凯)及其执行小组。根据三方同意及军调部规章,军调部的工作主要为停止冲突、恢复交通、受降日伪、遣返日俘、整编军队5项。但在实际工作中,因为国民党不承认此时还有受降问题,遣返日俘则主要由国方负责,军调部均无法插手;恢复交通问题,因为牵涉国共双方的实际利益,在大局尚未明朗的情况下,只能是国共在各自区域内进行恢复交通的工作,双方区域之间的互通则很难实现;整编军队问题,根据整军协议,在协议公布后的3个星期内,国共双方应交出拟保留部队表册和最初两个月部队复员之次序,由军调部制定实施计划。但由于形势变化,中共认为国民党未能履行政协决议,交出整编表册的时机尚不成熟,整编复员工作未能循序开始。上述4项任务基本上均无事可做。军调部的工作实际有如救火队,集中在停止冲突方面,执行小组也是军调部工作最为繁忙的部门。军调部最多时辖有36个执行小组,主要分布在华北地区,东北停战之后,又向东北派出了若干小组。

在军调部成立之初的几个月内,由于国共缓和的大环境,国、共、美三方尚能互相合作、互相让步,遇有矛盾时表现较为克制,因此达成了若干协议,制止了可能的冲突。在军调执行小组的监督下,关内的国共武装冲突基本上停止了。在对伪军的缴械受降和遣返日俘的问题上,中共作出了让步。中共原本坚持其有权解散被包围的伪军,并参与日俘遣返工作,但在国方的坚持和美方的调停下,军调部2月9日决定,所有部队(不论其是否称为伪军)均应保持在1月13日的位置上,这样可使被中共部队包围的伪军免受攻击。2月18日,军调部又决定将遣返日俘的责任归之于国民政府。在中共东江纵队的撤退问题上,国民党作出了让步。东江纵队是抗战时期成立的由中共领导的广东地区的抗日武装力量,停战令下达后,广州行营主任张发奎不承认东江纵队的合法性,下令继续围攻东江纵队。后在美国的调停下,4月初国共达成协议,将东江纵队的人员集中至指定地点大鹏湾,再由美国方面负责协助运送北撤。6月30日,东江纵队由美国军舰运送,自大鹏湾启程北上,7月5日到达中共山东根据地的烟台港。

军调部成立之初,国、共、美三方的矛盾斗争,尤其是国共之间的矛盾斗争,因为涉及各自的利害关系也很难避免。1月21日,军调部决定所有冲突部队立即停火并予隔离,隔离方法为一方应从另一方占领的城市或冲突地点撤离一日路程(至少为30公里)。在国方所占城市明显多于共方的情况下,如实行此一规定,则共方军队将不得不撤出许多地方。中共因此认为该项规定"不公道",指示各地应依照情况灵活执行。在中共的坚持下,2月4日,军调部发出对此项命令的修订指示,规定隔离办法可由双方根据情况就地决定,随后又将"城"的含义解释为"城、镇或乡村",使中共部队亦有理由要求当面的国民党部队撤离,不至于在停战令执行过程中过于吃亏。但如何界定国共双方部队的隔离及撤离问题仍为难题,在具体实行过程中,军调部亦无力强制执行。为此军调部于3月19日决定,国共双方军队必须停驻于1月13日位置,"任何部队曾越过上述位置者,应立即退回";否则,"将以违反停战命令论罪"。① 此后,如何恢复1月13日的军事位置又成为争论的焦点。

在军调部的诸项工作中,国民党特别注重恢复交通带来的军事利益,尤其是铁路交通的恢复,将为国民党利用其运兵带来极大的方便;中共虽不反对恢复交通的必要,但强调恢复交通的全面性及拆除对中共根据地封锁线的重要性。2月9日,张治中、周恩来和马歇尔曾达成恢复交通的原则协议,规定"各指挥官应立即进行协助恢复各交通线工作,所谓交通线包括所有道路、铁路、水道、邮政、电话线、电报线或无线电设备。各指挥官应立即撤去或平毁在交通线上及沿交通线之一切地雷碉堡封锁防御工事,及其他军事工程之妨碍交通线运用者";"政府或中共任何一方,均不得借修复交通而获取军事上之利益。除非经执行部特准,重行开放之各运输线,均不得运输军队及武器军火"。但在恢复交通的具体实行过程中,中共建议仿军调部之例,成立由国、共、美三方组成的铁路管理委员会,在军调部监督下行使对铁路的管理权,以保证国民党不会将铁路用于运兵;而国方在这个问题上毫无通融余地,坚持铁路交通只能由交通部统管,以保证其对铁路交通的控制权。双方在这个问题上无法达成共识,恢复铁路交通的方案因此搁浅。至于中共坚持的平毁封锁线碉堡问题,国民党提出只拆毁妨碍铁路交通的碉堡,但对于"保护"交通的碉堡则主张保留,实为既保证铁路交通的畅通,又可以继续以此封锁中共根据地。双方在这个问题上也无法达成妥协。②

军调部的工作原则为国、共、美三方一致同意。实际在当时的情况下,国、共、美三方完全一致的可能性较低,国、美一致而不同于共方者居多,共、美一致而不同于国方者很少,国、共一致而不同于美方者几

---

① 《军事调处执行情况汇编》,26、45—46页,晋察冀日报资料科,1946。
② 《军事调处执行情况汇编》,32—35页;《执行部谈判总结》,21、215—217页,藏军事图书馆。

无,也有三方意见不一、各执己见者。由于需要三方意见一致才能实际执行,因此除了少数程序问题外,在军调部及各执行小组的实际工作中,三方终日处于各种不同意见的争吵之中,常因意见不一而无法开展工作。为了解决这个问题,3月31日,美方曾提出对三方一致同意原则加以适当修改,建议当调查因违反停战令事件而对派出小组不能达成一致意见时,由美方委员以主席资格作出决定,但只牵涉小组派往何处的问题,而不牵涉调查的结果或采取的行动。结果国方同意,共方反对,因为在当时的情况下,任何违反三方一致原则的规定无疑首先有利于国民党,因而不能不为中共所反对。

东北战火燃起之后,军调部在中共的强烈要求下,企图找出平息冲突之道,以免东北战事影响关内,但因为国民党的反对和美国的暧昧态度而终未如愿。在东北战事的刺激和全国政治环境持续恶化的影响下,关内的军事形势亦开始紧张。中共为报复国民党在东北的军事进攻,在关内若干地区发起反击作战,全面恢复交通更遥遥无期,国共双方在军调部和各执行小组内互相指责对方违反停战令,军调工作已很难进行。尤其是相对孤立的中共中原根据地被国民党大军包围,中共要求移动中原部队,以免被国民党军包围,重演皖南事变的悲剧;而国民党已经拟订了进攻计划,一心指望以大军围歼这支孤立于外的中共部队,坚决不同意其移动,形势呈一触即发之势。为了保持军调部的权威,控制战火蔓延至关内的趋势,马歇尔作出了一定的努力。5月初,徐永昌、周恩来、白鲁德前往中原实地调停,暂时缓和了那里的紧张局势。14日,国、共、美三人会议又给军调部下发指令,要求:(1)国共双方应对执行小组的行动给予一切可能的帮助,而不得强加以任何延迟与限制;(2)国共双方应保证执行小组成员的个人自由与安全;(3)国共双方将在任一执行小组区域内得到同等的调查机会;(4)前往调查地区和调查事件的次序由小组的美国代表作为主席而决定,并经小组成员一致同意;(5)若有关于调查违反协定事项的虚假报告呈送小组,应将其提交三人小组采取制裁办法。① 虽然如此,由于全盘局势的恶

---

① *The China White Paper*, Vol.2, pp.640—641.

化,军事调处工作已不复当初之动力,执行小组也由监督执行机构退而成为报告机构。

东北战事发生后,国共关系更趋紧张。尤其是国民党军攻下四平后,国民党上下从原先"感觉苦闷万状""焦虑万分",一变而为迷信"军事之影响有决定性之作用""主战派不止抬头,且特别抬头"。5月20日,蒋介石召集国民党党政最高小组会议,"决定对中共采取严厉态度"。5月25日,蒋介石致函宋子文说明其态度:"只要东北之共军主力溃败,则关内之军事必易处理,不必顾虑共方之刁难与叛乱也。"与此相呼应,军调部国方副委员兼参谋长蔡文治于6月1日函呈蒋介石,提出中央目前似应向马歇尔、周恩来严正表示,如中共对和平有诚意,应即:(1)限期整军;(2)限期修复交通,否则旷日持久,长此拖延,适中共党之计。① 但实际上,中共方面不仅完全不似国民党预期之将"瓦解",反而因四平战役之失利而解除了原来在和战问题上的一些顾虑与约束。四平战后国民党趾高气扬的表现,使中共认为全面内战已不可避免,并因此而布置开战的准备。由于长期的对立和战争,国共双方本缺乏互相信任,政协前后曾经表现出的一定互信亦非常脆弱不稳,并受到国民党六届二中全会的强烈冲击,直至四平之战,则使这种互信荡然无存。四平战役结束后,中共决定在关内对国民党进行局部报复,指示陈毅所部在山东攻击津浦路之德州、泰安、兖州地区和胶济路之张店、周村地区,山东全境几为中共所占。蒋介石因此感到中共在华东对京沪地区的威胁,加强了他在关内动武的决心,他之所以在6月间的停战谈判中突出强调苏北和胶济路问题,实际是在向中共摊牌,为战争准备借口。全面内战的阴影正在积聚,战争一步步地迫近。

尽管国共双方都在为已经不可避免的战争加紧准备,但在马歇尔的调停下,停战谈判仍在继续进行。6月7日,蒋介石下令东北停战,同时提出应在15天的停战期中商定停止东北冲突、恢复国内交通及实施整军协议的办法,并要求"对以上三事之协定,必须同时签字,不可再

---

① 唐纵:《在蒋介石身边八年》,608—609、619页,北京,群众出版社,1991;秦孝仪主编:《中华民国重要史料初编——对日抗战时期》第7编第3册,129—131页,台北,中国国民党中央委员会党史委员会,1981;《蒋中正"总统"档案·特交档案·分类资料(防共):国共协商卷》014卷第11号,台北,"国史馆"藏。

有先后之分,以免共党继续拖延"。①国、共、美三方在前两个问题上较快达成了妥协。6月24日,三方草签了《恢复华北华中交通线指令》《解决执行小组交通小组北平军调部及长春军调分部中某些争执之条款》和《终止东北冲突之训令》,规定:(1)立即恢复华北、华中的一切交通,立即修复铁路并规定各路的修复期限;(2)当国共两方对军调意见不一时,美方代表可单独提出报告,请求指示,决定在何时何处进行调查,命令停战及实行隔离部队,实际增加了美方权限;(3)在东北实行完全停战,15日内交出国共双方部队清册,中共因此而认可了1月停战令以后国方多达数个军的部队进入东北的事实。由于中共当时毕竟尚处于弱势,与国民党进行全面对抗的实力与准备仍然不足,因此希望尽可能推迟战争的爆发,以争取更多的时间,所以在谈判中作出了重要让步。但因为蒋介石坚持只有在修订后的整军方案达成协议后,国民党才能在这些协议上正式签字,余下的谈判进行得异常艰难。

对于整军方案规定的国共军队数额,双方此时并无太大的异议,关键在整编后中共军队的驻地,双方有明显分歧。国民党提出的中共军队驻地方案为:东北1个军(3个师)分驻于兴安、黑龙江和嫩江省,或兴安、黑龙江省和延吉地区,哈尔滨至满洲里铁路沿线由中央护路宪警进驻;关内5个军,集中于陕北、察北、山西上党、河北大名、山东临沂地区;国共双方在山东恢复6月7日的位置,中共军队退出胶济路两侧30公里。如此一来,中共军队不仅在东北将退出所有重要地区和交通沿线,局促于北满边远偏僻地区;在华北将退出热河全省及察哈尔省大部,优势地位被严重削弱;尤其还要退出自抗战中期起就是中共重要根据地的苏北地区,失去苏北丰富的人力、物力资源。就全盘战略布局而言,中共军队将被分割隔离,部署在若干孤立而互不联系的地区。国民党以这种极其苛刻的方案作为签订其他协议的前提条件,更有挟东北胜利之优势,迫中共作城下之盟的意义。难怪周恩来见到蒋的方案后痛斥为"混蛋之至,战意已大明"。他深知,如果此时屈服于国民党的压力,则将为中共的前途和发展带来严重后患和威胁。因此周恩来明确

---

① 秦孝仪主编:《"总统"蒋公大事长编初稿》卷六(上),189页,台北,中国国民党中央委员会党史委员会,1978。

告诉马歇尔,中共要求东北驻军增加为 5 个师,驻安东、牡丹江、齐齐哈尔、洮安和哈尔滨;关内军队驻地另行商谈;至于退出所占城镇,原则上应是国共双方均退出 1 月 13 日后所占之地。同时,他建议中共中央命令各地,"尤其是苏北、山东、东北、热河速作各种准备,迎接蒋方进攻"。①

调停中立一方的美国特使马歇尔,由于未能阻止东北战事的发生及扩大,已在中共眼中失去了他曾经有过的公正形象;国民党方面,由于马歇尔并不主张其放手大打,并时不时地强调所谓美式"民主",对马歇尔也未必十分满意。马歇尔虽已感觉其使命之艰难,但仍勉为其难,仍在继续努力,希望至少可以使战争不至于立即扩大到关内,以在确保美国利益的同时,也保住他个人的面子。在 6 月停战期的谈判中,他一方面企图说服蒋介石降低要价,另一方面又极力压中共在华北驻军问题上让步。他的表现更使中共确信,美国已经站在了国民党一边,故对马歇尔调停态度冷淡;而国民党也没有因为马歇尔的态度改变自己的高调立场。马歇尔在停战期的忙碌一事无成,由和平至战争的形势发展已无可挽回。6 月中旬,蒋介石多次对国民党高级官员和高级将领发表演讲,声称有人以为中共问题军事不足以解决,此乃大谬不然。过去军事不能解决的原因,是由于日本掩护中共捣乱,今日人已经投降,军事解决为极容易之事;又有人以为中央经济困难,不能用兵,殊不知中央财政之准备,足以维持两年有余。蒋如此讲话实为进行战争动员,出席听讲者也不会不明白蒋的意思,都认为蒋的讲话"充满剿匪意味,并坚定大家之信心"。②

面对国民党的军事威胁,中共也在进行战争的准备与动员。中共中央在给林彪的电报中明示中共方针:"(一)国民党一切布置是打,暂时无和平希望。(二)谈判破裂,全国大打,不限于东北。(三)全靠自力更生。(四)半年至一年内如我打胜,和平有望。(五)友邦在将来可能在外交上给以援助。(六)我党在南京谈判中,当尽最后努力,付出最大

---

① 中共中央文献研究室、中共南京市委员会:《周恩来一九四六年谈判文选》,442—443 页,北京,中央文献出版社,1996。
② 唐纵:《在蒋介石身边八年》,623 页。

让步,以求妥协。但你们不要幻想。"①6月26日,中原战事爆发,国民党进一步提高要价。28日,蒋介石提出新的条件:中共军队驻地问题应整个解决,进入防区的时间不得超过3个月,达成协议后10天内,中共军队自山东、山西6月7日后攻占的地区及胶济路、临(城)枣(庄)支路和临(城)徐(州)路沿线撤出,30天内自承德、古北口和苏北撤出。周恩来在谈判中愤愤不平地告诉马歇尔:"蒋介石是要绞死我们。我用一切力量让,而我让一步他即迫一步!"但为了争取时间做好准备,并获得政治上的主动,中共仍然希望尽量推迟战争爆发的时间,故同意再作相当让步,将中共军队撤出国民党所要求的苏北淮安以南、皖东北、胶济路沿线、承德和张家口以南地区,条件是"政府军队决不开入这些地区,而这些地区的地方政府及其保安部队仍应当于原地维持治安,实施行政"。中共可谓已经作出了所能作出的最大让步,因为这些地区多数已为中共控制多年,有了一套相对完整的政治、经济制度与统治架构,如果同意国民党可以在中共退出后进驻,则前功尽弃不说,也不易说服地方干部与民众,不利于中共未来与国民党的政治角逐。但国民党独占政权、垄断统治之心态也已经多年养成,不能容忍中共力量的存在,不愿作出必要的让步,仍坚持中共应交出所有退出地区的地方政权。对这种近似于最后通牒式的要求,中共无论如何都不能接受,因为"与其不战而失如此广大地方,将来不能收复,不如战而失地,将来还可收复"。②谈判毫无进展。

6月底,停战将届满(6月20日,蒋介石决定将停战期由15天延长至当月底),蒋介石于28日和29日连续召集国民党高层会议,商讨对共政策方针。会上,多数人主战,只有王世杰等少数人仍主张"成立协定,即令协定不能完全解决问题,亦可避免局势之恶化"。蒋介石最终决定动武,不过迫于政治环境而不能公开宣战,因此决定对共方针:在军事"进剿"的同时,宣布"和平之门不闭,惟待共党之回头"。停战令到期的30日,国民党中央宣传部部长彭学沛发表声明称:"今停战命令虽

---

① 中共中央文献研究室、中国人民解放军军事科学院编:《毛泽东军事文集》第3卷,295页,北京,军事科学出版社等,1993。
②《周恩来一九四六年谈判文选》,492—493、503页;《毛泽东军事文集》第3卷,333页。

已期满,政府对于和平统一之方针决不变更,除非共党进攻国军……则国军不仅为自卫计,且为保卫人民生命财产和维持地方安定秩序,职责所在,不能不加以抵抗和驱除。"①7月2日,蒋介石在还都后首次会见周恩来。周恩来提出,在全面停战的同时,一面谈判军事问题,一面恢复政协综合小组会,谈判政治问题。但蒋对此毫无兴趣,只是一味要求中共退出国民党要求的各地方,并强调如中共继续占据苏北,"政府实已无安全可言",因此中共退出苏北"为政府与中共和平谈判之基础,倘此点不能实现,则一切无法再谈"。从2日到10日,国民党代表陈诚、王世杰、邵力子和中共代表周恩来、董必武就未决问题进行了多轮会谈,国民党仍反复要求中共完全退出其要求的各个地区,但周恩来坚持中共的基本立场是不交出退出地区的地方行政。双方的立场始终无法接近,在10日进行了最后一次会谈后,国共高层代表的接触暂告终止。7月11日,蒋介石会见马歇尔,"劝其暂作静观态度,并告以三十年来处事之经验,凡事至无能为力时,只有暂时搁置,听其自然,但终有解决之一日,非至时机成熟,则徒劳无益也。至于政府现所采取有限度之军事自卫行动,实有助于彼之调解工作,而决无任何妨碍。"②此言表明蒋介石已决定"搁置"谈判。13日苏北战事爆发,14日蒋介石携其妻宋美龄以避暑为名赴庐山,"静观"内战之进行,全面内战又一次降临中国大地。

---

① 《王世杰日记》1946年6月29日,台北,"中央研究院"近代史研究所,1990;1946年7月1日《中央日报》,重庆。
② 《"总统"蒋公大事长编初稿》卷六(上),207—208、217页。

第二节　国共双方的军事动员

国民党之所以敢于破裂国共关系,发动全面内战,自然有其本钱,因为在与战争直接关联的军事力量的对比上,国民党大大超过了中共。全面内战爆发前,国民党军队计有陆军86个军(师),248个师(旅),200万人;非正规部队74万人,特种兵36万人,后勤、后方机关和军事院校101万人;海、空军19万人,海军编为3个舰队,有各型舰艇129艘,空军编为5个军区,有各种飞机443架。总兵力达到430万人。而中共军队总数不过为127万人,其中野战部队为24个纵队(师)11个旅(师),61万人,地方部队66万人,特种兵只有炮兵1个旅14个团17个营38个连,没有海、空军。国民党的海、空军对中共具有绝对优势,而陆军野战部队,不仅数量超过中共两倍以上,装备更为中共部队所远不及。国民党部队已有39个军(师)换用美械装备,重装备火力与机动性大大提高。以其主力整编第11师为例,配备枪11 520支(其中冲锋枪2 370支),火炮440门(其中105榴弹炮8门),汽车360辆。而中共装备最好的东北第一纵队,配备枪13 991支(其中冲锋枪92支),火炮46门(其中75山炮12门),没有汽车。国民党军队的后勤补给能力也强于中共,其下属的18家兵工厂月产步枪9 000支、机枪1 430挺、火炮875门;而中共下属的65家兵工厂月产步枪只有1 000支,不能生产重武器。① 因此,蒋介石自信地认为:"比较敌我的实力,无论就哪一方面而言,我们都占有绝对的优势,军队的装备、作战的技术和经验,匪

---

① 军事科学院军事历史研究部编著:《中国人民解放军全国解放战争史》第1卷,338页,第2卷,1—6、13页,北京,军事科学出版社,1993—1997。

军不如我们,尤其是空军、战车以及后方交通运输工具,如火车、轮船、汽车等,更完全是我们国军所独有,一切军需补给,如粮秣弹药等,我们也比匪军丰富十倍,重要的交通据点、大都市和工矿的资源,也完全控制在我们的手中。"所谓"一切可能之条件,皆操之在我,我欲如何,即可如何"。①

正因为国民党拥有强大的战争机器,因此其对打胜与中共的战争曾有充分的自信。停战的实现,并未影响国民党的战争部署。蒋介石特别要求各部队在整编期内注重攻击、防御、侦察等方面的训练。1946年1月14日,停战令刚刚生效,副参谋总长白崇禧即召集各部门主要官员开会,提出:(1)陆军方面以整训名义,迅速整编,充实粮弹,赶运各师武器,并多制游动铁丝网,俾适于北地作战;(2)空军方面,应多储油、弹于各重要基地;(3)海军方面,第一舰队已在渤海口游弋,继续阻绝"奸匪"海运。以上各项系密为准备,如中共听命,则国军各师固应趁此时机,充实整训;如其背信抗命,则我有充分准备,宁未雨以绸缪,亦可毋临渴掘井。2月间,军方拟订的方案将未来的军事行动分为三步:第一步攻占热河之赤峰、承德及察哈尔之多伦、张家口,同时以数军由海道运至连云港登陆,以拊苏北鲁南共军之背而歼灭之;第二步打通津浦线;第三步击灭冀南、豫北的共军。对于延安,则认为在政治全面破裂之时,应一举而攻略之。蒋介石将此案"批交军政、军令、军训三部秘密研究准备"。同月,白崇禧到北平与李宗仁、孙连仲等商讨军事,认为"停战前途既毫无把握,如即开始整军,军队一经改编,非半年不能恢复战力,拟请将整军计划缓二三个月后实行"。他建议目前应完成平津地区之粮弹准备;集中兵力于京沪,准备向华北增援;准备几个军于秦皇岛、山海关地区,以备适时出关。② 东北战事开始后,国共关系日趋紧张,随着国民党的军事进展,军方动武的主张亦日渐抬头,形成了动武的大气候。6月1日,李宗仁致函蒋介石,认为"不应再受协议之拘束,确保主动,运用军政,导时局于有利,即一面进行协议,一面部署准备军

---

① 秦孝仪主编:《先"总统"蒋公思想言论总集》卷二十二,135页,台北,中国国民党中央委员会党史委员会,1984。
② 《中华民国重要史料初编——对日抗战时期》第5编第4册,387页,1985;《蒋中正"总统"档案·革命文献·戡乱时期(政治协商与军事调处)》中(一)第6册,108页。

事。"如协议进行顺利,则以政治为主、军事为辅,完成北方各省区之守备计划,监督共军之改编,恢复交通,推行政令。如协议不能进行时,则以军事为主、政治为辅,迅即增调兵力于华北,先"扫荡"热河,解除平津北面之威胁,隔断张垣与东北之联络;然后以津浦南北段与胶济路及鲁西方面四路进军,"扫荡"山东之共军主力;再以新乡、德州、石门三路进攻磁县、邯郸,封锁太行山区,打通平汉交通;最后由南口、归绥、大同三方面夹击张家口,打通平绥路,再回师会攻延安,以摧毁其根据地。他建议"迅速完成各要点要线之守备计划及坚固工事","尤其作战准备及小规模之绥靖行动,可不受协议之限制,其各主要线之进攻,则依政府之命令再行实施"。此项进行全面内战的建议实与蒋介石内心的想法不谋而合。早在 2 月 3 日,蒋介石就致电军训部长徐永昌,将 5 月 31 日作为参与绥靖部队师长以上军官轮流训练竣事的日期。及至国民党军队在东北四平取得一时的胜利,更使蒋介石颇为自得,认为已有资本与中共进行实力较量。5 月中下旬,蒋介石连续给负责国民党军队整编训练的顾祝同和刘峙发去极密电,要求陇海路沿线已整编之部队,"尽速补足其依照编制所应装备之器械及通讯运输卫生等设备工具",战车部队与步工兵联合作战及陆、空军联合作战之训练工作,"应即筹备实施",并由各绥署先指定担任出击最重要方面任务之两个至四个师进行演练,"限六月底训练完成"。① 这说明蒋介石已将 6 月底作为开战之期,命令下属进行全面准备。

对于如何打赢与中共的战争,蒋介石有他自己的逻辑和想法。他认为:"现代作战最紧要的莫过于交通,而要控制交通就先要能控制都市,因为都市不仅是经济政治文化的中心,一切人才物资集中之所,而且在地理形势上,他一定是水陆交通的要点。我们占领重要都市之后,四面延伸,就可以控制所有的交通线,交通线如果在我们控制之下,则匪军即使有广大的正面,也要为我所分割,所截断,使其军队运动的范围缩小,联络断绝,后勤补给都要感到困难,终至处处陷于被动挨打的地位。"而且,"没有大城市作为根据地的匪军,就永远只能流窜,永远只

---

① 《蒋中正"总统"档案·特交档案·分类资料(剿匪):全般措施》002 卷第 6 号;《蒋中正"总统"档案·特交文卷·交拟稿件》第 23 册第 1981、1998—2000 号。

能算是流寇,不能使别人相信他的力量。"因此,蒋制定的军事战略是,第一步必须把"匪军所占领的重要都市和交通据点一一收复,使共匪不能保有任何根据地;第二步要根据这些据点,纵横延展,进而控制全部的交通线",通过"先占领据点,掌握交通,由点来控制线,由线来控制面,使匪军没有立足的余地"。蒋介石固执于中国的历史和传统,将中共视为"流寇"。他认为中国历史上"流寇"的生存方式无非是两种,一种是"流窜",一种是"负隅";但在现代条件下,由于交通的发达,"不能流窜",只要国民党军能够攻占中共的根据地,使其"不能负隅,那他就不能持久"。① 正是因为蒋的战略,国民党军在全面内战开始后将进攻重点始终放在中共根据地的城市和交通线,但中共部队惯用运动战,甚少固守城市,因此蒋的攻其"负隅"便成无的放矢;而当时中国的现代交通并未成网(只有东北是唯一的例外,但国民党军兵力又不足),国民党军的机动性与作战能力也不足以凭交通线封锁中共部队的运动转移,蒋的阻其"流窜"又成了空谈。

内战爆发之初,国民党军采取的是全面进攻战略,如蒋介石所部署,"第一是要占领匪军的政治根据地,使他不能建立政治中心,在国内外丧失其号召力。第二是要摧毁其军事根据地,捣毁其军需工厂与仓库,使其兵力不能集中,补给发生困难。第三是封锁其国际交通路线,使之不能获得国际的援助。"②但在实际运用中,政治上由于外部环境压力(马歇尔尚在中国调停,国共谈判仍在进行,国共关系尚未完全破裂)和外交关系顾虑(苏联对东北战事可能之反应),国民党迟迟不能进行全面动员,进入完全的战争状态,而是在所谓"自卫""恢复交通""难民还乡"等口号掩护下进行军事攻势;军事上,由于兵力动员的困难(整编训练未及完成),以及军队兵力调配在中共军队的阻击下迟迟未能完全到位,只能就现有部署行动,将进攻重点放在华北和华东部分地区,尤其是苏北到山东一线。6月13日,参谋总长陈诚在国防部作战会报上提出,东北应军事、政治、经济、外交平衡

---

① 秦孝仪主编:《先"总统"蒋公思想言论总集》卷二十二,20、112—113页,台北,中国国民党中央委员会党史委员会,1984;蒋介石:《剿匪战役之检讨与我军今后之改进》,1947年2月19日,军事图书馆藏档。
②《先"总统"蒋公思想言论总集》卷二十二,292页。

发展,长江以北应以军事为主、政治经济为辅,长江以南则以政治为主,但仍配合军事要求。参谋次长刘斐具体解说国民党军的作战计划:"关内重于关外。关内首先打通津浦、胶济两铁路,肃清山东半岛,控制沿海口岸。"①根据这样的部署,国民党军在战争之初并未能全面行动,战场实际是由南向北,自中原向苏北,再向华北,复向东北推进,成逐次用兵之势,最后以进攻延安和山东为政治、军事配合之枢纽。全面内战爆发之初,国民党军用于一线的攻击部队不过26个整编师72个整编旅,约为其正规军总兵力的30%;最高峰时也不过为43个整编师117个整编旅,约为其正规军总兵力的一半。这个数字比防守一方的中共部队只多一倍左右,对于进攻一方而言,尚不能形成必胜的绝对数量优势。在华东、华北,尤其是东北地区,国民党军时有兵力缺乏之感,而在中共力量最为薄弱(只有2个纵队)的陕北,国民党军则部署了10个整编师,却不能一鼓而下。国民党资深将领程潜曾抱怨说:"不知蒋先生对这个仗是如何打法?最高的战略如何策定?重点摆在哪里?是关内?抑或关外?是由内往外打?还是由外往内打?由南往北打?或者由北往南打?实在令人无法揣测。"如此一来,虽然国民党认为以其优势兵力和装备,在战争打响后可以速决,而且其所面临的国内外政治经济环境也必须速决,但国民党军队战略不明、战术欠周的表现,与其速决战的预期完全背道而驰,不仅没能速决,反而在消耗战中拖垮了自己。即便是国民党高级军事将领在经过实战后也认为:国民党军"无计划,无准备,处于被动,常犯逐次使用不充分兵力之过失";"多行全面攻击,兵力分散,攻防均无重点";"以各个战场比较优势之兵力,发动攻势,固不能获致重大之战果。同时,散布各战场之兵力,因种种关系,抽调转用,多不自由,以致每每发现良机,而不能捕捉。"②

在战场作战方面,国民党军表现出较强的优势炮火、较好的步炮协同能力、较为迅捷的交通运输能力和较为完善的筑工守备能力,尤其是

---

① 《国防部作战会报记录》,军事图书馆藏档。
② 王禹廷:《胡琏评传》,57页,台北,传记文学出版社,1985;军事科学院军事历史研究部编著:《中国人民解放军全国解放战争史》第2卷,263页,北京,军事科学出版社,1993—1997。

其老牌主力部队,如在十年内战期间与中共交过手的第 5 军、18 军(整编第 11 师),在抗日战争时期编成并经过若干重要战役磨炼的第 74 军(整编第 74 师)、新 1 军、新 6 军等,均表现出相当强的综合战力,使其可以在内战之初占据优势,四平攻击战和南麻守备战即为其战力之表现。但如与中共部队相比较,国民党军的战术运用亦表现出以下较为明显的弱点:

1. 由于抗战时期长期守势作战的影响,相当部分的国民党部队攻击力较为低下,过于依赖武器装备的作用,尤惧中共部队夜战、近战和白刃战;对于上级指示的理解近于教条,在作战时缺乏主动性与灵活性。"只知呆板地沿一定进路,战备行军,无敌则进,有敌则战,不预判遭遇何种状况,亦不预筹因应对策,纯就临时状况作应急处置,行动完全追随敌人,无主动之作为,无至当之行动方案,更无全程作战构想。"①中共部队则依靠强有力的政治工作,使部队具有高昂的士气与精神,并充分赋予和发挥前线部队及其指挥官在作战中的主动性与灵活性,强调应时而变、应地而变,不恪守成规,中共中央"不为遥制",在相当程度上弥补了装备欠缺的劣势。

2. 过于注重占领地盘,而忽视消灭对手的有生力量。由于前述蒋介石对城镇和交通线的重视,国民党军统帅部多要求部队于某日占领某地,"多以城镇为作战目标,故使匪主力得以逃走"。结果,国民党军虽然在内战初期占领了若干城镇,却使自己背上了守备的沉重包袱,导致占地越多则被牵制的兵力也越多,反而给对手以灵活运用、任意打击的目标,所谓"败固败,胜亦不胜,盖每发动一攻势,胜后即将能机动之部队悉供于驻守,则尔后即无再主动能力"。② 相反,中共并不在意一城一地之得失,其统帅部很少要求部队占领某一地方,而是要求部队消灭对手的有生力量。为此,中共还将应该歼灭的国民党进攻部队的数额分给各个战区,最初要求在 6—8 个月内歼灭国民党军一线部队的 1/3,其后基本确定为每年歼灭其 100 个师(旅)。这样,算上其征补,中

---

① "三军大学":《国民革命军战役史》第五部第 2 册,150—151 页,台北,"国防部史政编译局",1989。
② 《徐永昌日记》,1946 年 12 月 3 日,台北,"中央研究院"近代史研究所,1991;《第二期军事小组讨论结论汇集》,军官训练团,1947。

共估计在5年之内可以基本消耗并歼灭国民党的军队。内战的进程表明中共的算度相当精确,亦收到了实际的成效。

3. 国民党军有较为复杂的派系渊源,在所谓黄埔嫡系的"中央军"和由地方军阀收编的"杂牌军"之间、在"中央军"指挥官的不同出身与人脉关系之间,存在着或大或小的复杂矛盾。1946年上半年的精简整编更加剧了这种矛盾。加之国民党军统帅部的指挥层次过多,叠床架屋,"建制常被分割,指挥系统重复而紊乱",军以上的指挥架构竟有多至四五级者,更有不少指挥官非有蒋介石手令不肯积极行动,而蒋个人的精力与能力总是有限的。这就导致国民党军的协同行动多不成功,各战场之间,各战场内部,军与军、师与师之间,少有协同配合的成功范例,以致形成恶性循环,固守部队对增援部队缺乏信心,不敢坚持,总在仓促突围中被歼;而增援部队则认为固守部队不会坚守,救援缓慢,又成为中共部队围点打援之对象。连蒋介石也不得不承认:"我们一般赴援部队因为在未出发的时候不先加研究,更没有切实的准备作积极的行动,而只怕在中途被匪军伏击或包围,这样一开始便没有信心,就存着不能达成任务的心理。同时被围的部队因援军不能及时达到,又不相信援军能达成其增援目的,因而不敢持久固守,宁可冒险突围,以致全部覆灭。"①在这些方面,中共部队胜于国民党军。经过抗战的实战磨合,中共基本形成了在中共中央领导下的既有高度集中统一,又在一定程度上照顾到历史渊源的战区指挥系统,原先的地域界线已渐为战区内部的统一指挥所消融,战区内部部队之协同配合甚少发生问题;发展到1948年底至1949年初的三大战役时,中共已可在相距千余里的全战区范围内进行成功的协同配合。

4. 虽然国民党军有不少新进指挥官,如杜聿明、胡琏、孙立人等有较突出表现,并已崭露头角;但亦有平庸之辈,如胡宗南因蒋之宠信一直手握重兵,占据战区高层职位,可是在内战中除了占据延安空城外几无表现;更因论资排辈并照顾人事关系,使得刘峙这样的老朽无能之辈仍占据着关键性的岗位,在其因定陶战役指挥失误被免去郑州绥署主

---

① 《剿匪战略战术的总检讨》,1947年4月20日,军事图书馆藏档。

任后,又在关键性的徐蚌会战前被委以徐州"剿总"总司令之重要职位,这对于国民党军之失利不能不有重要影响。中共则在注重发挥彭德怀、刘伯承等老一代战将作用的同时,放手让经过实战磨炼的年轻一代战将指挥作战,40岁左右的林彪、粟裕、陈赓等成为中共在内战中崛起的新一代将领的代表人物,他们独当一面,运用大兵团进行机动作战的出色指挥能力为中外军界所公认。

5. 国民党军的情报工作,尤其是对中共的战略性情报工作可谓毫无建树,几乎未得到中共统帅部和战区一级有价值的重要情报。但中共对国民党的情报工作却极其成功,不仅国民党军的多位高级将领或是中共秘密党员,或与中共早有联系,在战场上发挥了重要作用;而且中共情报人员还打入了国民党统帅部的核心,如胡宗南的机要秘书熊向晖和国民党中央党部机要速记员沈安娜等,他们接触的均为国民党核心机密——国民党军的战略决策、兵力部署与作战方案,国民党军进攻中原、苏北、延安、山东的情报均为中共事先所获,令国民党军处于非常被动的地位。如徐永昌所称,国民党军是"通信不能密,截电不能译,敌测国军如指掌,国军对敌在敷衍"。①

为了应付内战之需要,国民党军必须维持一定的兵员数量,为此不能不依赖于高强度的征补。但因为国民党缺乏全面而得人心的社会政策配合(农村不实行土改,城市则有高通货膨胀),国民党部队基本仍靠强迫征补即所谓"抓伕"维持兵员数量,结果,士兵不知为谁而战,缺乏作战积极性,并不断在战争中投向中共方面,使国民党难以维持一支稳定而有战斗力的部队。相比之下,中共发展出以一线部队(野战部队)、二线部队(地方部队)、三线部队(民兵)逐级迅速递补的完整机制,并特别注重以实际利益(如土改)鼓励农民参军,同时争取国民党军士兵的投诚反正,做到了使国民党军俘虏"即俘、即补、即战"。在中共部队中,出身于国民党军的士兵占了相当比例。以华东野战军为例,一些部队的"解放战士"(国民党军被俘参加中共部队后的称呼)占到总人数的一半以上,多的达到了2/3,技术兵种则基本是解放战士。中共部队的武

---

① 《徐永昌日记》,1947年1月6日。

器装备,尤其是重武器,相当部分来自缴获国民党军的装备,同时也注重打造自己的军火工业。如中共山东根据地在1948年生产了迫击炮499门、炮弹122万发、子弹504万发,而仅仅在济南战役中,一次就缴获炮892门、炮弹55.6万发、子弹1 121万发。据不完全统计,在三年半的全面内战期间,国民党军计有180余万人起义、接受和平改编和投诚,中共部队缴获和接收火炮5.4万门、机枪31.9万挺、长短枪316万余支、海军舰艇74艘、空军飞机26架。① 难怪当时中共的宣传将国民党军队比喻为"运输大队长"。中共还特别注重组织和宣传,通过强有力地组织动员和富有成效地宣传鼓动,不仅大大提高了部队战斗力,而且对于后方支援前线也发挥了重要的作用。

除了军事战略战术的失误之外,战后国民党在政治上纷争不已,经济上无力控制恶性通货膨胀,社会上因其接收舞弊而广受批评,外交上受国际大环境的牵制,所有这一切,均不利于国民党进行一场全面的内战。但国民党及其领袖蒋介石对此并未深思熟虑,而是沿袭以武力解决问题的传统思维,只想凭国民党的军事实力解决中共问题,之后再及其他。但战争不仅仅是军事实力的较量,更是包含了政治、经济、外交、社会等各方面目标的综合行为,而蒋介石"从未能成功地为他的统治创造一个广泛的社会基础和一个牢固结合的、对抗共产党的反共力量的共同战线。他可以操纵个别的政治家,但中共却驾驭着民众支持的浪潮。他只能依靠军事力量镇压民众革命。"②

与国民党相比,中共虽然在军事力量上处于明显的劣势,但全党都富有积极进取的精神,兢兢业业,上下一致,战略上藐视对手,战术上重视对手,强调协同配合,通过精心算度,在实战中不断将总体劣势转化为局部优势,又由局部优势逐步积累为均势,最终超过对手变为优势,获得战争的胜利。

自东北战事发生后,中共就开始对各根据地进行战争动员,要求各

---

① 王东溟:《山东人民支援解放战争史》,221、232页,济南,山东人民出版社,1991;《少小离家老大回——童小鹏回忆录》,303页,福州,福建人民出版社,2000;中国社会科学院近代史研究所编:《划时代的历史转折——"1949年的中国"国际学术讨论会论文集》,176页,成都,四川人民出版社,2002。

② Tsou Tang, *America's Failure in China*, *1941—1950*, pp.437—438. The University of Chicago Press, Chicago, 1963.

地迅速行动,充分准备,从和平状态转入战时状态,以"能够于国民党发动内战时坚决彻底粉碎之"。5月29日,中共中央军委对各军区发出指示,要求"各战略区应于电到半月至一月内完成侦察敌情、配备兵力、配备武器弹药(例如黄色炸药)及预拟作战计划等项准备工作,不得有误",说明中共对战争爆发时间的估计相当精确。6月19日,在全面内战即将爆发前夕,中共中央指示各地负责人:"观察近日形势,蒋介石准备大打,恐难挽回;大打后,估计六个月内外时间如我军大胜,必可议和;如胜负相当,亦可能议和;如蒋军大胜,则不能议和。因此,我军必须战胜蒋军进攻,争取和平前途。"至此,中共全党上下对即将来临的战争已经有了心理和实际的准备。① 为了扩大统一战线,争取一切可能争取到的支持,中共还制定了一系列相关政策,尤其注重发动城市工运、学运,扰乱国民党的后方阵线,同时团结城市中间阶级,争取舆论同情和支持,成功地在城市发展出反对国民党统治的第二条战线,配合了战场上的军事斗争。

面对具有绝对军事优势的对手,中共在军事战略战术的运用方面强调打运动战、歼灭战,集中优势兵力,各个歼灭敌人,而不以保有城市为目的。中共军事战略的主要决策人和军队实际指挥者毛泽东提出:"战胜蒋介石的作战方法,一般的是运动战。因此,若干地方,若干城市的暂时放弃,不但是不可避免的,而且是必要的。暂时放弃若干地方若干城市,是为了取得最后胜利,否则就不能取得最后胜利。"他将集中优势兵力、各个歼灭敌人的作战方法概括为:在战役方面,必须集中至少三倍于敌的兵力,选择敌军中较弱的,或者是较少援助的,或者是其驻地的地形和民情对我最为有利而对敌不利的一路歼灭之;在战术方面,当我军集中优势兵力包围敌军后,不应平分兵力,处处攻击,而应集中优势兵力,选择敌较弱的一点,猛烈攻击之,务期必克。他强调:"这种战法的效果是:一能全歼,二能速决。"全歼,方能最有效地打击敌军,最充分地补充自己。在敌,则士气沮丧,人心不振;在我,则士气高涨,人心振奋。速决,使我军有可能各个歼灭敌军的增援队,也使我军有可能

---

① 中央档案馆编:《中共中央文件选集》第16册,146、180、196页,北京,中共中央党校出版社,1991—1992。

避开敌军的增援队。在战术和战役上的速决,是战略上持久的必要条件。因此,"集中兵力各个歼敌的原则,以歼灭敌军有生力量为主要目标,不以保守或夺取地方为主要目标","只要我军能够将敌军有生力量大量地歼灭了,就有可能恢复失地,并夺取新的地方"。① 在作战部署方面,中共特别强调各战区之间和战区内部的配合,并随着战争的进程而不断改变自己的部署。全面内战爆发前,中共以人数不多的中原部队吸引了大量国民党军在其周边地区,减少了其他地区的压力。战争爆发之初,中共最初曾设想以太行(晋冀鲁豫)部队出击陇海路徐(州)开(封)段,山东部队出击津浦路徐(州)蚌(埠)段,华中部队出击津浦路蚌(埠)浦(口)段,再视情形由太行和山东部队出击大别山,以外线作战方式,"逐步向南,稳扎稳打",与国民党军由南而北之推进相反,将战争引向国统区,以利保持各根据地之实力。但当时中共的军事实力与这样的任务要求之间显有距离,根据国民党军全面进攻的现实,并总结粟裕部队在内线作战的成功经验,中共很快改变了原定的外线作战方针,而以"先在内线打几个胜仗再转至外线,在政治上更为有利",并将整个战争进程分为内线与外线作战两个阶段。实践证明,中共部队依托根据地内线之有力支持,虽在国民党军进攻时失去了若干地区,但换来了消耗对手机动兵力的成功,因此10月间中共又将外线作战的时间推迟至次年春。直至1947年3月,中共中央明确指示:"考虑行动应以便利歼敌为标准。不论什么地方,只要能大量歼敌,即是对于敌人之威胁与对于友军之配合,不必顾虑距离之远近。转入外线之时间现亦不必顾虑。"②这说明中共能够根据形势的变化而不断调整自己的战略部署,着重先发挥内线作战的优势。

虽然中共对内战的爆发从上到下都有了较为充分的心理和实际准备,但与国民党相比,中共毕竟仍处于弱势,决定与国民党完全破裂,打一场全面战争亦非易事,中共党内对战争的前景也不无担心者。因此,当时中共还是希望"使全国性内战爆发的时间尽可能推迟,方对我有利。如不能推迟半年,即推迟三个月两个月以至一个月的时间爆发,亦

---

① 《毛泽东选集》第4卷,1187、1197—1200页,北京,人民出版社,1967。
② 《毛泽东军事文集》第3卷,320、484—485、530页,第4卷,1页。

将使我之准备比较充分。因此,我在目前对时局的基本方针,是避免挑衅,拖延时间,积极准备。"①这也是中共在6月间的南京谈判中仍不惜作出重大让步的主要原因。但国民党不愿给中共以准备的时间,结果毛泽东"反复思考了很长时间才下了决心"。面对强大的对手,毛泽东有敢于破裂、坚持到底的决心与气魄,他告诫中共干部:"对美蒋的压力与要求,我们应当有所让步;但主要的政策不是让步而是斗争,如果我党既有相当的让步,而对其无理压迫和无理要求又能出以坚决的斗争,则其结果比较付出更多更大的让步反而要好些;如无坚决斗争精神,则结果将极坏。"②为了鼓励中共全党和根据地全体人民战胜强敌的士气,毛泽东对美国记者安娜·路易斯·斯特朗发表了如下的著名论断:"一切反动派都是纸老虎。看起来,反动派的样子是可怕的,但是实际上并没有什么了不起的力量。从长远的观点看问题,真正强大的力量不是属于反动派,而是属于人民。"③

---

① 《中共中央文件选集》第16册,168页。
② 中央统战部、中央档案馆编:《中共中央解放战争时期统一战线文件选编》,110页,北京,档案出版社,1988。
③ 《毛泽东选集》第4卷,1195页。

第三节 国民党的全面军事进攻

一 中原战场

国共全面内战以中原战事为其开端。抗日战争胜利后,新四军第5师李先念部、河南军区王树声部和自广东北返的八路军第359旅南下支队王震部,在平汉路西的鄂北、豫南地区会合,组成中原军区,李先念出任司令员。中共在重庆谈判中曾提议让出这一地区,作为向北发展的交换,但后来因为形势的变化,又要求中原部队在现地坚持,以吸引国民党军,策应中共在北方的发展。不过,中原根据地建立时间不长,地域狭小,回旋余地有限,数万大军云集于此,致使后勤供应不继,处境相对困难。1945年12月,中原部队开始越过平汉路,向东移动,目的是与苏皖地区的中共华东部队会合。停战令发布后,因为禁止长江以北所有部队移动,中共中原部队不得不停止在鄂东北、豫东南以宣化店为中心的狭小地区内待命。此地孤悬于中共其他根据地之外,无法取得他们的呼应与支持,且为移动途中临时停留,并非中共长期发展之根据地,人力、物力动员困难,尤其是粮食供应较为短缺,无法满足部队的需求。因此,中共多次提出中原部队的转移问题,但为国民党所坚决拒绝。实际上,国民党早已将孤立在外的中共中原部队当作其围歼的对象,调动大军予以层层围困,只等待动武时机的到来。实力远不如国民党军的中共中原部队的处境非常危险,有重演皖南事变新四军一部失败悲剧之可能。

东北战事发生后,中原实际上已成为关内最有可能爆发战争的热点地区。1946年5月5日,国、共、美三方代表前往宣化店实地调查,10日在汉口达成协议,要求立即停止该地区的战斗和冲突,立即停止部队调动,并确定对峙部队之界线。该协议只是暂时缓解了中原地区的紧张局势,但并未使国民党放弃围歼中共中原部队的计划与准备。正如陈诚对俞大维所说:政府不能同意放一条路让李先念部去延安,李部逃得脱,算伊本领好,政府不能打,算政府不行。①其后,随着东北战事的进行、国共武装对峙的加剧,中原地区的紧张局势也在日渐升温。6月7日,蒋介石下令东北停战,同时将注意力转移至关内,准备在关内动武,蒋频繁在国民党党、政、军高层各种场合进行战争动员。18日,他电令由郑州绥靖公署主任刘峙统一指挥第五、六绥靖区的部队,围歼中共中原部队。为此,刘峙动员了数倍于中共部队的8个整编师18万人(后来又增加了6个整编师,总数达到30万人),准备一举歼灭中共中原部队。20日,刘峙下达了作战计划,采用"四面对进,将匪分割为三部分,同时击灭"的作战部署,以防守部队"堵匪流窜"、"肃清收复区潜伏残匪";以进攻部队"依急攻猛打、穿插分割,先将匪截成数段",以"分别包围而歼灭之";以机动部队"准备适时截击企图逃逸之匪"。他要求"各部队应于6月25日前,进抵指定地区,完成攻击准备,待命开始进剿"。21日,蒋介石再次电令刘峙,将完成进攻准备的时间提前至22日,要求在此之前,担任攻击各部队按既定方案,秘密完成包围形势及攻击准备,待令实施攻击,并于攻击开始之日起,将中共部队一举包围歼灭。②

国民党军的部署很快即通过秘密情报渠道为中共获悉。6月23日,中共中央指示中原部队"立即突围,愈快愈好"。中原军区遂在十分秘密的情况下集结部队,准备以突然行动的方式突围,以避开国民党军的进攻。中原部队四面均为国民党军所围,在突围方向的选择上,向东、向北、向南均有种种困难,东边的津浦路国民党控有重兵,北边因正值雨季,有众多不能徒涉的河川,向南则有长江天险阻隔,中原军区负

---

① 《郭汝瑰日记》,1946年7月9日,成都,四川人民出版社,1987。
② 中国科学院历史研究所第三所南京史料管理处编:《中国现代政治史资料汇编》第4辑第15册;《国民革命军战役史》第五部第3册,395—398页。

责人果断决定,以主力部队调头向西,越过平汉路,从国民党军部署的薄弱处突围而出,再转向豫、陕、鄂交界处的山区活动。6月26日,国共双方军队在对峙前线已有交火,当晚,中原军区部队开始向平汉路方向运动。6月29日和7月1日,李先念部、王震部和王树声部分别在平汉路信阳南之柳林和花园北之王家店成功越过平汉路。担任牵制任务的皮定均部采取声东击西战法,向东突围,吸引并牵制国民党军围攻部队,并成功地利用国民党军的空隙突出包围,向苏皖地区疾进。

中共中原部队的突围行动及其方向大大出乎国民党军的意料,原定的围歼计划落空。6月30日,刘峙下令所属各部以主力分途堵击"追剿",另以一部兵力进行"清剿"。此后,中共部队突破国民党军之"追剿",李先念部到达陕南之商南县,王震部到达陕南之商县(后继续长驱千里回到延安),王树声部到达鄂西北地区,皮定均部到达中共淮南根据地。中原部队因为是在劣势情况下作不得已之突围,因此在国民党军的围追"清剿"中遭受相当的损失,减员过半数以上,但他们毕竟以迅捷的行动,在占有绝对优势的国民党军之包围堵截中突围而出,保持了基干力量;而数十万国民党军事先未能有所察觉,事后只能临时改变部署,且兵力调度迟缓,部署亦有不周,没有完成其全部围歼中共中原部队的预定计划。

停战令颁布后关内相对平静的局面终于为中原战事所打破,内战战火自东北烧向关内。紧接着中原战事,国共之间的大规模战争在苏中、苏北和皖中、皖北爆发,华东战场为举国所瞩目,并成为国共全面内战爆发之初的关键战场,对战局的发展具有重大影响。其后,其他战场亦逐次开始大战,中国大地重又笼罩在全面内战的战火之中。

二 华东战场

内战爆发之初的华东战场,一般指位于长江以北、主要沿津浦铁路和大运河两侧的东战场(江苏中部北部地区)、西战场(安徽淮南淮北地区)、北战场(山东胶济铁路沿线地区)。自全国抗战中期开始,中共陆续在这些地区建立了较为巩固的根据地,几乎控制了全部农村和多数城镇,并经过较长期的经营,基础已经稳固,其人力、物力与战略地位对中共有重要意义。但这些地区多靠近国民党统治的中心地带,尤其是苏北紧邻一江之隔的沪宁地区,对国民党政权形成较大威胁,故为国民党志在必得。6月停战谈判之未有成果,关键在于国民党以强硬态度要求中共退出苏北,但为中共坚决拒绝。在此之前,第一绥靖区司令汤恩伯5月初即拟订了进攻苏北的方案,但此时东北战场正在激战之中,蒋介石因顾虑"全面冲突多处无把握",没有批准这个方案。东北停战后,蒋的注意力转向关内,国民党判断:"奸匪总兵力号称八十六万人,民兵除外,其中实力较强者,不过陈毅(约廿二万)刘伯承(约十四万)两股约卅六万,如将其主力分别击溃,不难乘势收复整个华北,控制关内交通,与东北围剿主力会合,再求彻底肃清残部。"苏北遂成为国民党动武的主要目标。徐州绥靖公署主任薛岳指挥第一(无锡)、第二(济南)、第三(徐州)和第八(蚌埠)绥靖区负责实施华东作战方案,计划"以徐、蚌地区国军,极力向东、西发展,在第一绥区及第五军北进支援下,合力规复苏北、皖东,彻底歼灭地区之匪军。同时打通胶济路,并准备继续向鲁境进击,寻求华东陈匪主力,实施决战";并以"稳扎稳打,步步为营,逐次完成碉堡线,防匪反扑,确保既得成果"为具体作战指导。① 中共对华东战场亦极为重视,决定由新四军及山东军区陈毅负责统一指挥华东战场,具体部署则由陈毅指挥山东野战军负责淮北作战,粟裕指挥华中野战军负责苏中作战。中共中央起先要求粟裕以主力出击淮南,彻底破坏铁路,配合刘伯承、邓小平和陈毅部,争取将战争引向国统区。但粟裕经认真思考后,提出了不同意见。他认为淮南国民党军实力较强,中共部队应避实就虚,而苏中主力如出击淮南,征粮征夫必超过当地负担,不仅影响当地人心,而且亦影响战斗力,同时主力出击后,苏中被国民党军占领的可能性极大,对群众、对部队均难说服,对政治、军事、经济影响均不利,因此他建议首先在苏中作战。此建议得到了重视下属意见的中共中央的首肯。

内战初期,担任华东战场东线——苏中作战任务的国民党军主要

---

① 陈诚:《对当前作战之指示》,军事图书馆藏档;《国民革命军战役史》第五部第3册,37—39页。

是第一绥靖区李默庵指挥的4个整编师、2个整编旅及2个交通警察总队,约12万人。7月4日,徐州绥署发出第二号作战命令,以确保京沪、津浦和长江交通,拱卫南京安全为目的,肃清长江以北之东台、兴化、高邮、盱眙以南地区以及津浦路南段铁道两侧地区,作为第一期作战计划。但由于国民党的进攻计划事先为中共侦知,并在军调部提出交涉,使马歇尔不得不向蒋介石施加压力,迫使蒋下令暂缓行动。此一延误正使中共部队抓住了战机。为了打好首仗,粟裕选择了主动出击的战法,首先集中2个师的兵力,以6比1的绝对优势,攻击分散驻扎在苏中宣家堡、泰兴一带的国民党军整编第83师的2个团。7月13日,华中野战军出其不意地对国民党军发起攻击,这一大胆的行动完全出乎对手的意料,正在部署对中共进攻的李默庵来不及调整部署、派出增援,结果国民党军的2个团至15日基本被歼。

苏中战斗打响后,国民党统帅部急令各部按原计划发动进攻。获知国民党军的行动方向后,粟裕再次作出出乎对手意料的决定:他命令正面部队避开向前推进的国民党军队,由西转东奔袭进攻如皋的整编第49师。国民党军仓促间由攻转守,损失甚大,7月19日,第26旅被歼,第79旅受重创。其后,华中部队在海安坚守5天;8月10日,在李堡乘国民党军整编第21师新7旅和整编第49师105旅换防交接之际,歼灭其3个团;21日,在丁堰、林梓歼灭战斗力不强的5个交通警察大队;25日,又在如皋、黄桥公路上围歼增援如皋的国民党整编第69师99旅和自如皋接应的整编第65师187旅,经两日激战,至27日全歼该2个旅及增援的1个团,迫使李默庵下令暂时停止进攻,巩固已占地区,休整和补充部队。国共两军苏中作战,国民党军在恢复地盘方面有所收获,但付出了损失5万余人的代价。粟裕以灵活的用兵方式、机动的作战方法,成功地指挥中共部队以弱击强,连续作战,遏制了国民党军的进攻势头。在国民党重兵压境的苏中地区,粟裕初战之胜成功及其成功的战术运用,对中共在内战初期鼓舞各根据地军民对国民党军战而胜之的军心士气,制定内线作战战略方针,以及集中优势兵力各个歼灭敌人的战术运用具有重要意义。苏中作战被中共称为"七战七捷",称其"对于今后的战局的发展,是有重大影响的","已奠定解放区军民之胜利信心"。① 毛泽东总结说：华中部队每战集中绝对优势兵力打敌一部，"故战无不胜，士气甚高；缴获甚多，故装备优良；凭借解放区作战，故补充便利；加上指挥正确，既灵活，又勇敢，故能取得伟大胜利。这一经验是很好的经验，希望各区仿照办理，并望转知所属一体注意。"②

在华东战场东线激战正酣之际，国民党军在西线对淮南、淮北的进攻取得了较大进展。担任进攻淮南的国民党军是其精锐主力第5军和整编第74师58旅，作战目的是"确保津浦南段交通及首都安全"。7月16日，国民党军在淮南发起进攻，中共守卫淮南的部队只有1个师，兵力与装备远不及对手，处境亦相对孤立，在优势国民党军的进迫下被迫撤退，转进至苏北淮安。国民党军于当月底占领了天长、盱眙，解除了中共部队对津浦铁路南段和国民政府首都南京的直接威胁。国民党军在淮北的进攻由徐州绥署直接指挥，动用了1个军和3个整编师，从西、北两面直指中共华中根据地的首府淮阴。7月18日，国民党军开始进攻行动，南路第7军先后占领了灵璧、泗县、五河；中路整编第58师占领濉溪口，整编第69师占领朝阳集；北路整编第28师占领曹八集。中共方面，由陈毅指挥山东野战军担任淮北作战，以寻机歼灭国民党军一部，巩固苏北根据地为作战目的。陈毅部于27日初战朝阳集，歼灭整编第65师92旅。随后陈毅决定以主力攻击泗县，虽然华中方面和山东野战军内部对先打泗县有不同意见，但陈毅认为北路国民党军兵力密集，难有战机，而泗县相对地处孤立，攻下后可再觅机打其他部队，遂定下攻城决心。8月7日，国共双方部队在泗县城下交手，泗县防守部队为桂系第7军172师，作战较为顽强，而山东野战军攻城部队分散攻击各点，难以形成绝对优势，在守城部队阻击下伤亡严重，虽一度突入城内，但无力扩大战果，形成对峙局面。更出乎意料的是，此时因正值雨季，连降大雨，火炮、辎重的运输及运用大受影响，后续部队为河水所阻，无法投入攻城作战，而第7军增援部队171师突破阻击，逼近泗县，陈毅遂于9日决定停止对泗县的攻击，后撤休整。山东野战

---

① 《苏中七战七捷》编写组：《苏中七战七捷》，236页，南京，江苏人民出版社，1986。
② 《毛泽东军事文集》第3卷，438页。

军在泗县作战伤亡较大,且攻城未果,被迫退出淮北,对部队的战斗力和作战心态均产生了一定的影响。

华东战场北线作战以胶济路为中心。全面内战爆发时,国民党军在山东只据有济南、青岛和潍坊三市,以第二绥靖区王耀武指挥的 5 个军担任作战任务。中共几乎控制了山东全省,国民党军处境孤立,后勤不继,一时尚无力发动全面进攻,只能将其作战目标定为确保济南、青岛,另以部队分由胶济路两端东西对进,先打通胶济路,沟通济南与青岛之间的联系,并以一部兵力自徐州出击鲁南,建立前进基地,俟苏皖战场的战事结束后再会攻山东。国民党军在东北攻下四平、长春之后,中共为采取报复行动,命令山东部队发起反击作战,国民党军亦以此开始胶济路作战,山东战事早于中原、苏北而开始。1946 年 6 月,第二绥靖区命令以第 12 军防守济南,第 54 军扫荡胶东,另以第 8 军军长李弥指挥东兵团,第 20 集团军总司令夏楚中指挥西兵团第 73、96 军,自 6 月 25 日开始,分由东端昌乐和西端济南发起胶济路作战,7 月 6 日在张店西会合,打通了胶济路西段。9 月底,第 8 军为西路自坊子,第 54 军为东路自胶县,东西对进,于 10 月 10 日打通全部胶济路。鲁南方面,整编第 59 师于 9 月 2 日占领台儿庄,10 月 8 日占领峄县、枣庄,获得了进一步攻击的前进基地。此后,国共双方在山东战场均暂时转入休整,以等待苏北战事的发展。

直至 1946 年年底,国共双方在华东的主战场仍在苏北。由于淮北攻势的顺利,徐州绥署自 9 月开始实施第三期作战计划(第二期作战计划以陇海路为攻击中心,见华北战场之叙述),将淮北部队 1 个军 3 个整编师全部转用于苏北,由徐州绥署副主任李延年指挥,以整编第 74 师为主力,正面攻击中共苏北根据地的中心城市淮阴和淮安,另以第 7 军掩护其侧翼,整编第 69 师守备宿迁,整编第 28 师为预备队。中共方面,由于山东野战军在淮北作战失利,遂东移至泗阳休整待机,与华中野战军的作战地域相邻,但双方在如何部署作战以应付国民党军进攻方面有不同意见。陈毅倾向于向北打整编第 69 师和第 74 师,希望华中部队配合行动;而粟裕倾向于坚持苏中,认为山东野战军在现地甚至更南的地区作战为有利。双方的不同意见实际反映了不同的利益考量;陈毅所带的部队来自山东,对于保持山东根据地更为重视,而且陈毅身为中共在华东的最高指挥官,山东又是中共在华东最重要的根据地,不能不重视;粟裕指挥的部队则多年征战苏中,与苏中根据地之关系较为密切,家乡的子弟兵自然更愿意为保卫家乡作战。如何协调不同根据地之间的利益关系并非易事,因此自华东战争爆发后,陈毅和粟裕在作战方向的重点放在何处的问题上有不同看法。由于粟裕在苏中作战的胜利,最初中共中央支持了粟裕的意见,指示华中野战军利用苏中的各种有利条件继续在那里作战。就在中共讨论苏北作战方针之际,9月10日,整编第74师自运河西岸南下,会同第7军进攻泗阳。此时,山东野战军由于对整编第74师的行动路线判断失误,正在离开泗阳北移的途中,来不及调整部署,中共中央急令粟裕率部自苏中北上增援,然缓不济急,12日泗阳失守。次日,整编第74师向淮阴发起猛烈攻击,并在优势炮火、坦克支援及空军掩护下,于19日攻下淮阴,22日又占领淮安。由于部署失误,两淮失守较为突然,事先缺乏必要的准备,撤退较为混乱,造成相当的损失,并使中共苏北根据地的处境转为被动。

自内战开始后,陈毅指挥的山东野战军几次作战均未达预期目的。陈毅坦承:山东野战军"在淮北未获连续胜利,既未完成截断津浦的任务,内线亦未歼敌,而且丧失五个城;部队撤退多,前进没有转移多,疲困病苦;与各兄弟兵团如刘、邓、粟、陈赓等比较相形见绌,因而生长失望情绪,因而对领导不满"。这"主要是我这个统帅犯两个错误,一个是先打强,即不应打泗县;一个是不坚决守淮阴。……我应以统帅身份担负一切,向指战员承认这个错误。"① 由于内战开始后山东野战军和华中野战军在作战地域与战术应用方面发生了一些分歧,影响到协同作战能力,对华东战场的继续作战不利,粟裕率华中野战军主力北上后,建议集中两个野战军共同作战,陈毅表示赞成,并建议将两个指挥部合而为一,军事上多由粟裕下决心。此时,中共中央"对陈毅在淮北仗没

---

① 1981年12月16日《人民日报》,北京。

打好,也有些不满",一度有派徐向前到山东负责鲁南作战的动议。①实际上,陈毅和粟裕各有所长,陈毅的政治地位高,更具有大局观,善于统领全局;粟裕具有卓越的军事才能,在指挥作战方面表现突出。粟裕是陈毅的老部下,两人长期合作,配合默契,虽在内战开始后对战略战术有一些不同意见,但粟裕对陈毅仍极为尊重,陈粟合作对中共在华东之战局具有不可替代、不可或缺的作用。中共中央审时度势,决定由陈毅和粟裕继续指挥华东作战,9月22日,指示由陈毅担任司令员,粟裕担任副司令员,集中两个野战军统一指挥,"在淮海地区打几个大仗,开展局面","歼灭东进之敌"。中共中央还特别要求:华东各负责同志"团结协和极为必要。在陈领导下,大政方针共同决定……战役指挥交粟负责。"②但实际上,中共在华东战场作战重点的问题仍未完全解决。陈毅认为:如山东不保,全军供应困难,华中也难恢复,主张山东野战军回鲁或全军回鲁作战。粟裕则认为:苏北如不能坚持,则将使大军局促于鲁境,更为不利,也将造成山东莫大困难,主张继续在苏北作战。自9月两淮失守到12月宿北战前,中共部队的作战重点一直在苏北还是鲁南之间徘徊,"部队南调北移数次,虽也组织过一些战斗,但均未获得大量歼灭敌人的战果。部队打得很艰苦,也有不少损失,思想波动很大。"③直到国民党军在苏北继续发起进攻,苏北局势已对中共不利,客观形势要求中共部队集中兵力作战,此一问题才得以最终解决。

两淮失守,国民党军楔入中共苏北根据地的中心地带,并从南向北对其形成了半弧形包围,使其处境非常不利。而粟裕率部北上后,中共在苏中的兵力单薄,李默庵所部自10月初起再次发动进攻,至当月底先后攻占高邮、东台、兴化等地,向北压迫中共部队。中共苏中根据地尽失,部队撤至苏北以盐城为中心的狭窄地域。国民党军乘战局变化对己有利之机,继续向中共苏北根据地中心推进。整编第74师攻下两淮后甚为骄傲,10月中旬起倾全力向东攻击涟水。涟水位于中共苏北

---

① 王昊:《一个老兵心目中的陈毅元帅》,326—328、347页,上海文艺出版社,1996;王德:《华东战场参谋笔记》,13—18页,上海文艺出版社,1996;《陈毅传》编写组编:《陈毅传》,344页,北京,当代中国出版社,1991。
② 《毛泽东军事文集》第3卷,522、525页。
③ 陈士榘:《天翻地覆三年间——解放战争回忆录》,32页,北京,中共中央党校出版社,1995。

根据地的中心,涟水如失,不仅将危及整个苏北根据地,而且自盐城北撤山东的后路也将被切断,因此粟裕部署华中部队坚守涟水。自 19 日至 27 日近 10 天时间里,整编第 74 师在强大的地面及空中火力支持下,分三路猛攻涟水,守城部队则顽强抵抗,双方反复拉锯,并以白刃战相拼。23 日,整编第 74 师一部突入城内,但在守军反击下未能扩大突破口。24 日,华中野战军十纵司令员谢祥军战死城下,成为内战期间直接亡于战场的唯一一位中共野战部队纵队级指挥官。经过反复争夺,守城部队以伤亡 6 000 多人的代价,终于迫使整编第 74 师暂停进攻。此时正值国民党筹备召开国大,亟待以军事胜利提高声势,压迫中共就范。10 月 26 日,蒋介石致电陈诚,严词指斥:"苏北军事滞钝如此,殊所不料。应督促急进,务望于本月底能收复沭阳与新安镇也。东台与兴化至今亦尚未收复,该两路之国军指挥官应严加督责,如至月底仍未收复,则必须处治矣。"①

尽管华中野战军守住了涟水,但国民党军在苏北毕竟已占据了优势。经过一段时间的休整后,12 月间,国民党军对中共苏北根据地继续发起进攻,以期彻底控制苏北。徐州绥署部署以绥署副主任吴奇伟指挥整编第 11、69 师进攻沭阳,绥署副主任李延年指挥整编第 74、28 师和第 7 军进攻涟水,第一绥靖区李默庵指挥整编第 65、83、25 师进攻盐城。12 月 3 日,整编第 74 师改以侧翼攻击的方式再攻涟水,并经多日苦战,于 16 日攻占涟水。与此同时,整编第 83 师于 18 日攻占盐城,整编第 25 师于 27 日攻占阜宁,基本控制了苏北全境。因苏北所余地域有限,中共华中野战军和山东野战军此时已会集一处,实行统一指挥,联合作战。为避免更大的损失,陈毅与粟裕决定不与国民党军在阵地战中硬拼,而是选择在宿迁北面的整编第 69 师作为打击对象。整编第 69 师原建制不一,合编后的战斗力及协同作战能力均较差,加之师长戴之奇言过其实,未有实战历练。15 日,粟裕指挥山东和华中野战军 3 个纵队 2 个师的绝对优势兵力,隐蔽开进,突然出击,切断了整编第 69 师与整编第 11 师之间的联系,并将整编第 69 师分割包围于宿北

---

① 《蒋中正"总统"档案·筹笔(戡乱时期)》第 15950 号。

人和圩。19日晨,整编第69师2万余人被全歼,师长戴之奇自杀。此役是中共华中与山东野战军统一行动后进行的第一次大规模作战,结果以全歼整编第69师而创下内战以来的胜利记录,为华中与山东两大野战军实现统一指挥、协同作战、积累大规模歼灭战的经验、提高民心士气都具有重要意义。粟裕认为:宿北战役"可以说是华东战区第一个转折的开端……是胜利实现这一转折的标志"。① 陈毅则"长期抑郁的心情为之一扫",认为"由于要尽量保持华中盐阜地区,我未能贯彻集中大兵力的主张,数月来,用于钳制的兵力太大,今后当可多用兵去突击(由于华中城镇沦陷,包袱放下)……过去的问题是山东部队常不安心南下作战,华中部队亦不肯入鲁作战。数月来的矛盾,由于战局演变,现已解决,今后可集中从鲁南向南打。"②

宿北战后,苏北作战基本结束,国民党军收复了苏北全部县以上城镇,解除了中共部队对津浦铁路和南京、上海一带的直接威胁,并将中共部队压至陇海路北,华东主战场即将转入山东。国民党军用于苏中苏北、淮南淮北作战的部队数倍于中共,但多头出击,主攻方向不明,互相之间亦缺乏良好的协同策应,加之作战主要目的在于收复地盘,各部队均以占领实地为完成任务,未能在野战中消灭中共部队的有生力量。反观中共方面,虽然失去了苏中苏北和淮南淮北根据地,但作战部队实际损失不大,基本上是主动有序地撤往山东,并在这一转战过程中保持了部队的高昂士气与战斗力,并实现了山东和华中部队的统一指挥,为山东战场的作战准备了条件。

三 华北战场

华北是战后国共争夺的主战场之一,其地域包括河北、山西、绥远、察哈尔的全部和热河的部分地区、河南北部,以及豫、皖、鲁、苏交界地域。

冀、晋、察、绥四省是华北战场的北线,国民党军由第二战区(山西,

---

① 《粟裕战争回忆录》,425—427页,北京,解放军出版社,1988。
② 《陈毅军事文选》,359页,北京,解放军出版社,1996。

司令阎锡山)、第十一战区(河北,司令孙连仲)、第十二战区(绥远、察哈尔,司令傅作义)担任作战任务。但由于国民党军在这些地区的兵力相对较弱,因此当内战爆发之初,除了第一战区胡宗南派出部队自陕西进入晋南发起攻势外,国民党军在其他地区均暂取守势。中共赋予华北部队的任务则较重,要求他们夺取"三路四城",即首先集中晋察冀部队出击平汉路北平石门(石家庄)段,相机占领保定与石门两城;然后以晋察冀主力入晋,会合晋绥部队夺取正太、同蒲两路,相机夺取太原与大同两城。这样可使中共华北各根据地基本连成一片,孤立并包围华北最大的城市北平与主要工商业城市及出海口天津,确立中共在华北的战略优势。但这个作战计划在相当程度上脱离了当时的实际,既高估了己方力量,也低估了对手的实力。

担任华北北线作战任务的是中共晋察冀军区聂荣臻部和晋绥军区贺龙部,他们在分析情况后认为,如果同时出击三路四城,恐兵力不足;根据国民党军有保存实力、协同不好的弱点,他们建议先打国民党在华北三个战区结合部的大同,打通晋绥到晋察冀根据地的交通,然后再出击平汉路和正太路。此建议得到了中共中央的同意。大同为山西北部重镇,由于其地处孤立而又地位重要,阎锡山派第8集团军副总司令楚溪春坐镇大同,指挥3个师2万余人负责守城。楚溪春对大同将被攻击早有困守的心理准备,命令在大同城池内外布下四郊、外廓和内城三道防线,并主动放弃城外据点,收缩至城郊,准备依托核心据点和坚固工事,逐渐消耗攻方力量,争取时间以待援兵。中共攻打大同的部队为晋察冀的5个旅和晋绥的4个旅,其中以4个旅攻城、5个旅打援,攻城部队总数不到2万人,略少于大同守军的人数,不能确保以多数优势压过对手;而且作战准备时间较短,武器装备欠缺,尤其是用于攻坚的火力严重不足,又是两个方面军联合作战,联络协同有所不周,为攻击不利埋下了伏笔。8月初,中共部队开始攻击大同外围,国民党军陆续收缩至城郊。自中旬开始,中共部队对城关外的各据点发起攻击,国民党军"依托坚固工事、充足的弹药和复杂交错的碉堡群进行抵抗";而中共部队"由于没有攻坚经验,火力不强,仅用手榴弹和梯子攻敌人的碉堡","每前进一步都要付出很大代价,许多据点得而复失,形成拉锯",①结果用了20天的时间,直至9月初才攻至城垣。

大同被围后,楚溪春连电请求增援。大同虽属于阎锡山的地盘,但因为阎锡山在战后初期的上党战役中损兵折将,此后不得不固守太原,无多兵可派,他虽不愿别人的势力渗入自己的地盘,但又不能眼见大同落入中共手中,只能请求蒋介石设法增援。华北其他地区距离大同较远,又被中共控制区所阻隔,因此蒋介石将大同划归第十二战区傅作义统属,以此促成傅作义派援兵解大同之围。傅作义接令后行动积极,9月1日,傅部以集宁为目标,开始自归绥向东攻击前进。中共事先估计援兵将来自大同东面的第十一战区,因此将阻击重点放在东面,而未充分估计到傅作义部队会自西面增援大同,且行动较为迅速,暂三军已于5日进至卓资山。中共大同前线指挥部不得不决定暂停对大同的进攻,集中7个旅4万余部队重点打击傅军。自7日开始,暂三军和中共部队陆续到达集宁四周,展开激战,因为中共部队占据了兵力优势,战况渐对傅军不利。12日,傅部头等主力第35军101师后续跟进增援,中共前线指挥部临时又决定转移兵力打击第35军,结果导致兵力分散,未能予第35军以严重打击。集宁战场的傅军也稳住阵脚,准备反攻,中共部队有腹背受敌之危险。在此情况下,中共前线指挥部于13日决定撤出集宁。集宁既撤,傅部援军逼近,再打大同之坚城已属不利,中共随后又于16日撤围大同,将部队转移休整。大同作战,中共部队未达预期目的,主要原因是对攻击坚固设防城市的困难估计不足,准备不周全,而又未能集中兵力形成绝对优势,以致久攻不克;同时,对国民党军守城决心与增援之速判断失误,又多次分兵作战,使得战场形势逆转。这次失利直接影响到后来的张家口作战。大同作战的指挥者之一罗瑞卿事后总结,"大同战役,实际上是一次败仗";"这是起了战略性的影响的。主要的还不是影响了张家口的过早失守,主要的是影响了冀察晋地区在大半年时间内,在对敌作战中,都处于被动地位。"②

中共部队攻击大同受挫,使国民党军在华北的进攻声势渐涨。9

---

① 《张宗逊回忆录》,299页,北京,解放军出版社,1990。
② 黄瑶、张明哲:《罗瑞卿传》,182—183页,北京,当代中国出版社,1996。

月中旬,北平行辕制定张垣(张家口)会战计划,集结重兵于平绥路两端,东线由第 34 集团军总司令李文指挥,以南口的第 16 军、怀柔的第 53 军进攻张家口,另以第 94 军进攻怀来南侧,形成对张家口的包围之势;西线由第十二战区傅作义部负责。此举企图东西对进,打通平绥路,收复张家口,巩固华北和平津地区。9 月 30 日,第 16 军进占康庄;10 月 11 日,第 53 军占领延庆,第 94 军亦进至怀来南,但因中共晋察冀军区以 2 个纵队顽强阻击,东线进展较为缓慢。蒋介石为此颇为恼怒,以致曾有暂时停战、再作打算之议。他致电在北平督战的陈诚说:"此次对察作战,如此滞钝延误,殊所不料。可知平时一般将领,对于张家口之各种作战准备与地形兵种,以及敌情工事毫无研究所致。而且我军作战计划多为匪部侦获,更可知保密组织之疏忽。……如此中途顿挫,必使匪部之气焰骤增,我军之声威消失,殊于我最为不利。"①

负责平绥西线作战的傅作义在东线激战之时却按兵不动,以借机提高要价。蒋介石遂故技重施,将张家口划入第十二战区管辖范围,使傅作义为扩张地盘而积极向张家口进兵。傅作义乘中共主力与第十一战区部队在怀来方面作战、张垣西侧防务空虚之机,部署尽速秘密移师东进,夺取张垣。他以声东击西之法,一方面大张旗鼓地布置自大同沿平绥路东援,实际命令以董其武指挥第 35 军的 2 个师和暂三军的 1 个师及骑兵集团作为第一梯队,秘密集结于集宁地区,绕道经由长城外之偏僻荒凉地区直扑张北;另一方面以第 35 军和暂三军各 1 个师作为第二梯队,在大同待命随时准备跟进增援。中共估计傅军增援将循常规走平绥路,并将打援重点放在平绥路上,对张家口北翼的防卫十分薄弱。但傅部援军避开铁路,以骑兵打头,以迅捷而出人意料之速度自北面奔袭张家口,9 月 27 日占领兴和,10 月 6 日占领尚义,8 日直下张北,距张家口不过百里之遥。中共部队因没有准备,无法急速增援张家口,在张家口已处于傅部直接威胁的情况下,中共晋察冀各机关只能紧急动员,于 10 日晚仓促撤离。11 日,傅部进入张家口。此后,中共在平绥路的阻击部队主动撤退,14 日国民党军东西两线部队会师于宣化东,打通了平绥路。

---

① 《蒋中正"总统"档案·筹笔(戡乱时期)》第 15933 号。

因为华北中共部队自内战开始后几次作战均告失利,"有些同志震惊于张家口之失,议论纷纭","由此产生的埋怨情绪,甚至对战胜蒋介石缺乏信心"。中共其后总结失利原因:远则因为"和平幻想,备战不足,和的工作做得太多了,备战工作太少了,复员过多直接影响到战争,练兵工作我们没有抓紧";近则因为"主要是在军事指导上,初战没打好,因为当时有轻敌思想,对集中优势兵力各个歼灭敌人的思想,在战役指导上和战术指挥上均存在问题"。① 在内战初期的华北战场,第十二战区傅作义的部队对国民党军攻势之成败发挥了至关重要的作用。傅作义长期局促于绥远偏僻荒凉之地,心有不甘,积极图谋向华北中心地区发展,大同、张家口之战正好给了傅作义实现自己谋划的机会,蒋介石将两地划归傅作义管辖的做法,明显调动了傅作义的积极性。傅作义的部队自成系统,由傅多年指挥训练,上下一心,协同能力较强,指挥运用得当,保密工作比较成功,几次作战采取出其不意、声东击西的战法,收到了预期成效。也正是由于傅作义在华北内战初期的表现,使其在国民党中的地位迅速上升,直至成为华北"剿总"总司令,成为少数被蒋介石信任并委以重任的非黄埔系将领之一。

国民党军攻占张家口之后,蒋介石即准备扩大战争,命令陈诚在华北准备由平汉路南北对进,进攻冀南邢台,打通平汉路;在东北于半月内收复安东与通化,再专心筹划北满之收复;对山东烟台收复之计划亦要求积极进行。陈诚在北平对记者自负地表示:如果继续作战,也许3个月,至多5个月,便能解决中共问题;对于交通,任何一线均可于两周内打通。② 而中共一直以国民党军停止攻击张家口作为继续维持国共关系的重要条件之一,张家口之失使中共再无对国民党妥协的余地,国共关系接近于完全破裂之境地。

热河是华北战场的东线,但由于热河地处华北与东北之接合部,国共双方均由东北方面负责热河作战。国民党东北保安司令长官部调动了其属下的第13、第93军和第十一战区的第53军担任热河作战,以

---

① 《聂荣臻回忆录》(下),638—639页,北京,解放军出版社,1984;《中国人民解放军全国解放战争史》第2卷,121页。
② 《蒋中正"总统"档案·筹笔(戡乱时期)》第15944号;1946年10月17日《中央日报》,上海。

第13军担任主攻,由凌源沿锦承路进攻承德,第53军和第93军担任策应,分由绥中进攻都山(今青龙)、由锦西进攻凌南(今建昌)。担任热河作战的中共部队只有冀热辽地方部队的7个旅,实力上无法与国民党军硬拼,国民党军的进攻行动未遇太大的抵抗。8月28日,第13军占领热河省会承德。第53军和第93军会同北平第十一战区出动之第16、92、94军及整编第62师进攻中共冀东根据地,以安定平津侧翼。至9月底,基本占领了冀东各县城。10月,东北保安司令长官部又令第13军和第93军出动,配合张家口作战。10月10日,第93军占领了热河的中心城市与交通枢纽之赤峰。12日,第13军占领多伦,打通了与察境国民党军之联系通道,此后国民党军转入"扫荡"作战。

华北战场南线位于华北、华东、中原诸战场的接合部,以豫北、豫东北、鲁西南为中心,并包括晋南部分地区。国民党方面以郑州绥署担任此地域作战,并可得相邻之徐州绥署和第二战区的支持。中共方面则以晋冀鲁豫野战军刘伯承、邓小平部担任该地域作战任务。全面内战爆发前,中共赋予刘邓部队的任务是配合华东战场,以豫东为主要作战方向,主动出击陇海路,切断国民党军徐州和郑州两大集团间的联系,并沟通中共晋冀鲁豫和华东两大根据地间的联系。8月10日,刘伯承、邓小平率晋冀鲁豫野战军主力3个纵队出击陇海路豫东段。由于国民党军在此兵力部署单薄,只有战斗力不强的前西北军刘汝明部的整编第55、68师,且地处徐、郑间之接合部,缺乏协调,刘邓部的行动较为顺利,在半个月之内连续破路300多里,直接威胁徐州侧翼安全。

8月,徐州绥署实行第二期作战计划,集中2个军3个整编师,包括精锐主力第5军、整编第11师和第74师,将作战重点由苏北暂时转移至以徐州为中心的陇海路东西两侧,以期改善徐州当面态势。8月19日,整编第11师在徐州西翼占砀山,21日第5军继占夏邑,刘邓部队主动撤退。但蒋介石却判断刘邓部是"向北溃退",下令徐州、郑州两绥署继续发起对中共冀鲁豫根据地的攻势。徐州绥署遂令第32集团军总令王敬久率第5军、整编第11师及新编第21旅,自东面的虞城、砀山向北攻击;郑州绥署令第五绥靖区孙震率整编第3、47师为左兵团,第四绥靖区刘汝明率整编第55和第68师119旅为右兵团,自西面的考城、兰封向北攻击,另以整编第41师自长垣东进,目标直指中共冀鲁豫根据地的中心城市菏泽和定陶。8月底9月初,国民党军各部开始攻击行动。由于郑州绥署担任进攻的部队除整编第3师外均为非中央系部队,实力不及徐州绥署派出的部队,内部矛盾较多,协同能力较差,刘伯承、邓小平遂集中了晋冀鲁豫部队的主力4个纵队,准备在鲁西南歼击整编第3师,以瓦解国民党军的攻势。正在此时,指挥西线国民党军作战的郑州绥署主任刘峙却命令原为齐头并进、会攻定陶的整编第3师和整编第47师分头攻击菏泽和定陶,使两部间的距离拉大到20余公里,与其他部队的距离至少也在30公里以外。刘邓抓住战机,决定改变原定作战时间与作战地域,将整编第3师诱入定陶西南的预设地区,于9月3日开始分左右两路实施向心攻击。刘峙得知整编第3师被围后,急令各部增援,但被晋冀鲁豫部队所阻击,且因内部矛盾,各部之增援并不积极。在晋冀鲁豫部队的猛烈攻击下,9月6日,整编第3师全军覆没,师长赵锡田被俘,晋冀鲁豫野战军随后又歼灭退却中的整编第41、47师各1个旅。此役国民党军损失1个整编师及2个旅,共1.7万余人,为内战开始以来所仅有。刘峙因其指挥庸碌无能,于9月14日被免去郑州绥署主任职务,改由陆军总司令顾祝同兼任郑州绥署主任。为避免鲁西南作战地域分属郑州与徐州两个绥署在指挥上的不便,此后鲁西南之作战全部划归郑州绥署指挥。

由于刘邓部队的攻击重点在西线,东线国民党军的行动较为顺利,基本完成了预期作战目标,于9月12日攻占定陶,20日攻占菏泽。接着,第5军和整编第11师沿菏泽、济宁公路之北、南两侧,继续自西向东攻击巨野、嘉祥。由于整编第11师态势稍为突出,晋冀鲁豫野战军遂集中了3个纵队歼击整编第11师,并以1个纵队阻击第5军的增援。自9月29日至10月7日,在近10天的时间里,晋冀鲁豫部队以龙崮集为核心,顽强抵抗了第5军的增援,但对张凤集整编第11师的围攻却未能一鼓而下,致该师得以突围而出。第5军和整编第11师(其后恢复为第18军)为国民党军传统之头等精锐主力,内战期间一直是中共在华东和中原战场最强硬的对手,此役表明他们有较强的战斗力。后国民党军方对此役总结认为:"国军两绥署投入之兵力达三十余万,以优势战力居外线之有利态势,对匪实施分进合击,惜因缺乏统一之指挥、齐一之行动,虽屡有斩获,但亦损兵折将,逸失捕歼刘匪主力之好机。最后,国军在迫匪退返黄河北岸,广领鲁西南要域,却未获致决定性战果之状况下,结束本次作战。"①

豫北战场,郑州绥署命令整编第26军军长王仲廉指挥4个师,于9月底占领了平汉路东的道口、浚县,再于10月占领了平汉路西的焦作、博爱、沁阳、鹤壁等地,扩大了国民党军在豫北据有之地域。

晋南战场由郑州绥署所属第一战区胡宗南部担任作战任务,胡部4个师渡黄河自运城入晋后,沿同蒲路北进,连占闻喜、侯马、曲沃等地,企图与自介休南下的第二战区阎锡山部会合,打通同蒲路南段。中共方面,以晋冀鲁豫野战军第四纵队陈赓部担任晋南作战,自7月中至9月底,在同蒲路南段三战三捷,连克多座县城。直至10月间,国民党军集中兵力南北对进,方才打通了同蒲路南段。

全面内战爆发后,经过半年的攻势作战,国民党军占领了原先由中共控制的不少地盘及若干城市,打通了津浦、胶济、陇海、平绥、同蒲等铁路,改善了其统治区大城市如沪宁、平津地区受中共部队威胁的态势,有利于其后之作战行动;但它未能消灭中共的大多数野战部队,自己却背上了守备包袱,机动兵力下降,攻击锐气已挫。毛泽东认为:"在军事上,蒋军战线太广与其兵力不足之间,业已发生了尖锐的矛盾。此种矛盾,必然要成为我胜蒋败的直接原因。""敌人的野战军,一方面,不断地被我歼灭,另方面,大量地担任守备,因此,它就必定越打越少。"②毛泽东以此鼓励中共各根据地军民士气,并将消灭国民党进攻部队作为各野战军作战最重要的目标。但国民党统帅部并不认为得城占地为其失。1946年12月1日,蒋介石致电陈诚,认为国军正按预定计划取得进展,提出继续作战的基本设想:以北满,太行山之长治、晋城与涉县,鲁南,胶东之烟台、威海卫与龙口,五台山之涞源、灵丘与阜平,冀南,晋北,陕北八个地区为今后作战之重点;每区以1个军或1个整编师进行整补、装备与训

---

① 《国民革命军战役史》第五部第3册,479页。
② 《毛泽东选集》第4卷,1205—1206页。

练,准备此后之进攻;期于次年 3 月 15 日前完成作战准备。① 这说明蒋介石仍企图以全面进攻方式从速解决问题,并注重发挥国民党军重装机械化部队的优势,战争仍将在更广大的地域内展开。

---

① 《蒋中正"总统"档案·筹笔(戡乱时期)》第 15955 号。

第四节　国共关系的最终破裂

全面内战爆发后,国共双方一方面在战场上进行着激烈的交战,另一方面也在谈判桌上进行着唇枪舌剑的交锋,即所谓的"边打边谈"。不同的是,此时的谈判已经不是为了和平,而是为了争取舆论及民众支持,为了将对方推上战争责任者的审判台。蒋介石在对其下属的演讲中称:国民党真正的敌人是中共,"要彻底消灭共党,必须从政治、经济、文化、教育、社会各方面对共党发动全面的斗争"。① 中共则认为,"今后将有一个相当时期是大打大闹时期,而主要是靠打得好,消灭蒋力量来解决问题",谈判的目的在于"揭露蒋及逼美表明态度"。②

作为调停者,美国深深地卷入了战后中国政治,但对于中国国内形势的发展,美国实际上也缺乏有效的干预手段。中共与美国对立自不待言,即便是将美国人引为盟友的国民党,其自身利益与美国的利益也未必那么完全一致,因而对美国人的主张并非言听计从。7月15日,"中国通"司徒雷登出任美国驻华大使,期望以其对中国的了解推动美国调停能有所成就。鉴于此时内战正酣,国共双方谈判已告中止,8月1日,司徒雷登向蒋介石建议,由他本人加上国共双方各两人,组成五人非正式小组,继续进行相关谈判。蒋介石企图"用军事解决,然后再收抚之",因此8月15日同意了司徒雷登的建议,但开出了谈判条件:中共必须让出苏皖边区、胶济路、承德及其以南地区和鲁、晋两省6月

---

① 《"总统"蒋公大事长编初稿》卷六(上),221页。
② 《中共中央文件选集》第16册,272页;中共中央文献研究室编:《周恩来年谱(1898—1949)》,689页,北京,人民出版社、中央文献出版社,1989。

7日以后所占地区,东北在10月15日以前退至黑龙江、兴安、嫩江和延吉。① 接受这样最后通牒式的条件,意味着中共将与国民党订城下之盟,向国民党投降,这是有武装、有实力、有根据地,在战场上与国民党对抗多年而不馁的中共绝不可能答应的。周恩来对蒋介石所提条件的答复:绝对不能接受,一条也不行;美既为调解人,应主持公正。② 国共双方毫不妥协的态度令司徒雷登颇感无奈。为了向国民党施加一定的压力,8月10日,美国总统杜鲁门通过中国驻美大使顾维钧向蒋介石转交其亲笔信称:"除非短期内能见明证,使人确信中国内部问题之和平解决已有真正进展,否则欲期美国舆论继续对贵国持优容态度已不可能。进而本人必须重新确定美国立场并向美国人民加以说明。"18日,杜鲁门以行政命令禁止对华输出军火(该禁令于1947年5月撤销),以此作为促使国民党"作出某些合理妥协的惟一手段"。面对美国人的压力,蒋介石决定"坚持我一贯之政策,决不为任何环境压迫而有所动摇";同时也为敷衍美国人,于19日复函杜鲁门称,将"竭尽所能,排除万难,与马将军取得合作";并说明"政府方面,亦不免有少数分子曾有错误之行动,但比较共产党之公然破坏协定,其程度相去甚远",表示"切盼共党方面能接受余之意见,政府方面必将尽一切可能使此等达到和平民主之步骤,迅速成为事实"。③ 8月29日,在美国调停下,由国民党代表吴铁城、张厉生,中共代表周恩来、董必武,及美国代表司徒雷登组成非正式五人小组。但国方表示只谈改组政府问题,不谈军事和停战问题,并在停战问题上坚持蒋介石的五项条件,因此非正式五人小组一直无法正式坐下来谈判。同时,由于国民党军自全面内战开始后连续占领中共控制区之地盘,中共中央认为,在这种情况下,无条件停战可使国民党军获得休整以利再战,而中共则不能恢复失地,因此指示周恩来改变谈判策略,将恢复1月13日停战令生效时的"地区和军队原状"作为停战的基本要求,如果"这一问题不解决,其他一切皆不能谈"。国共双方的立场渐行渐远,调停只是徒具形式而已。

---

① 《"总统"蒋公大事长编初稿》卷六(上),230页。
② 《周恩来一九四六年谈判文选》,583—584页。
③ 《顾维钧回忆录》第6分册,18页,北京,中华书局,1988;《中华民国重要史料初编——对日抗战时期》第7编第3册,213页,1981。

国民党军对张家口的进攻将国共关系逼至绝境。张家口是当时中共在东北之外据有的唯一一个省会城市,国民党以前在谈判中对张家口属于中共的地位也一直未表异议。自9月下旬开始,国民党军自东西两路向张家口进攻,并提出只有在中共提交国府委员和国大代表名单,规定中共军队驻地并限期进驻后才能停战。基于这样的形势,中共中央书记处于10月上旬连续开会,讨论应对方案,认为中共对国民党应采取强硬立场,国民党如不同意停攻张家口,不同意恢复1月13日的军事位置,中共则应表示一切不谈,对美国调处亦不必表示挽留。为此中共公开声明:如果政府不立即停止对张家口及其周围的一切军事行动,中共不能不认为政府业已公然宣告全面破裂,并已最后放弃政治解决的方针,由此造成的一切严重后果,当然全部责任均应由政府方面负之。① 为了挽回局面,10月9日,马歇尔亲至上海促周恩来回宁谈判。但周重申了中共的原则立场,马歇尔的努力在国共双方针锋相对的立场前毫无结果,他再也找不出既满足国民党独领中国之意愿,又使中共接受并让步的办法。在中国特色的政治面前,美国人的作用毕竟有限,马歇尔调停从此渐趋淡出。

10月11日,国民党军占领张家口,消息传来,蒋介石非常得意,"骄气正盛",当天即宣布如期在11月召开国大。16日,蒋介石挟国民党军胜利之势发表声明,提出处理时局的八点办法,主要内容为:实施6月达成的有关恢复交通、军调部调处办法和东北军队驻地方案等协议,华北、华中国共军队暂驻现地以待三人小组商决,五人小组成立之协议交政协综合小组处理,关内地方政权问题由改组后之国府解决,宪草委员会商定宪法草案后交国大讨论,在中共同意以上各点后下令停战,同时中共交出国大代表名单,参加国大。18日,中共中央发表声明,针锋相对地提出:必须承认停战、政协两协定的效力,即承认恢复1月13日国共双方军事位置为军事商谈的准则,承认实行政协决议为政治商谈的准则,毫不妥协地拒绝了蒋介石的条件。② 为了显示其解决问题的诚意,蒋介石曾

---

① 中共中央文献研究室编:《任弼时年谱(1904—1950)》,528—529页,北京,人民出版社,中央文献出版社,1993;1946年10月12日《解放日报》。
② 1946年10月17日《中央日报》,南京;1946年10月8日《解放日报》,延安。

想重施重庆谈判的故技,并拟出了邀毛泽东到南京谈判的电文。其实蒋介石也并不真的认为毛泽东会南来订城下之盟。10月18日,蒋介石指示正在北平的陈诚,令其在"华北部署妥当以后,望即回京为盼",因为"总须作中共不接受停战条件之准备"。这反映了蒋之真实想法。①

蒋介石宣布将如期召开国大后,政局转入围绕国大召开与否之纵横捭阖。国民党为了给国大营造和平统一气氛,10月17日派出吴铁城、邵力子和雷震亲至上海,邀周恩来回南京谈判。中共此时明知谈判不会取得进展,并已声明国民党将为单方面召开国大承担所有政治责任,但为了争取第三方面与中共一致抵制国大,在第三方面的请求下,周恩来同意回宁。21日,周恩来回到南京。但果不其然,蒋介石多次指示国民党谈判代表必须坚持其提出的八项条件不得退让,而中共则坚持自己提出的两项条件,谈判根本没有成功的可能。11月15日,由国民党主导的制宪国大在南京开幕。次日,周恩来在南京举行记者招待会,声明中共坚决反对及不承认国民党一党包办的国大,并对记者表示:"自国民党召开所谓一党国大后,已经把政协决议破坏无疑,政协以来和谈之门已被最后关闭","政府如继续进攻,中共将坚决抵抗到底"。② 19日,周恩来飞离南京,回到延安,国共谈判实际中断。

随着国共关系的日趋恶化,美国特使马歇尔再也无事可做。全面内战爆发后,他已几次表示退出调停之意,如果说起初这种表示尚有作秀成分,是企图以此迫使国共接受其调停,但随着形势的发展,这样的表示越来越成为马歇尔的真实想法,他深感自己陷中国政治之泥潭而不可拔,终将一事无成,并有损其二战之"英名"。10月5日,他致电华盛顿,表示自己已不可能继续作为调处者而发挥作用。11月13日,他向周恩来表示,如果中共对他不信任,他继续留下来则完全无用,而且

---

① 《蒋中正"总统"档案·筹笔(戡乱时期)》第15944号。蒋邀毛的电函称:"握别经年,想念殊殷,此一年来国事纷纭,靡有宁息,和平建国之始愿迄未达成,锋镝余生之同胞更增痛苦。兴念及此,昕夕不安。中共驻京代表于政治协商会议以后,对各项实际问题,均未能与政府为具体确定之解决,致使枝节丛生,纷争无已。遂令时日迁延,国家蒙受巨大之损失,良堪怅惋。中认求得从速解决纷争,达成和平建国,团结一致,惟有赖于先生之来京一行,与彼此罄谈面商一切,庶几披沥肺腑,增加谅解,促成问题之解决。国计民生,均所利赖。切望早日命驾,并祈电示行期,以便派机迎迓,不胜盼盼立至"(《蒋中正"总统"档案·特交档案·分类资料(防共):国共协商卷》014卷第6号)不过因为中共毫不妥协的态度,邀请毛泽东到南京谈判的建议极不现实,此函似未发出,而且即使发出,中共的反应也可想而知。
② 1946年11月17日《新华日报》,重庆。

反而过多于功。周恩来并未对其表示积极挽留。即便是国民党,也对马歇尔继续调停没有积极表示。国大召开后,周恩来返回延安,国共谈判完全停顿,马歇尔不能不考虑结束调停。

12月18日,美国总统杜鲁门继上年12月的声明之后再次发表对华政策声明。他回顾了一年来中国形势的发展,认为中国一直未能用和平方法达成团结目的,实为一大遗憾,表示仍然希望找到和平解决的路径,重申美国无意干涉中国的内部事务,美国的立场是明确的,美国将维持他们帮助中国人民在其国家内争取和平与经济复兴的政策,同时避免卷入中国的内部冲突。这个声明既为美国的调处政策辩护,避免对国共双方作直接的批评,力图表示美国对中国的内部冲突持中立立场,同时也显示了美国对马歇尔调处失败的失望。马歇尔也曾经向国民党高级官员表示了他的失望,出于其对中美两国的了解和对形势的观察,他一再告诫蒋介石及国民党官员:期望美国为军事领袖决心以武力解决问题而造成的经济空洞注入金钱是不现实的,同时期望美国为执着于垄断政府权力的反动派系所控制的政府注入金钱也是不现实的;共产党的军事和政治力量已经到了不可忽视的地步,不可能靠军事力量去消灭,抵御共产党的最好办法,就是中国现在的政府实行改革,以获取人民的支持。① 但是对正陶醉于军事胜利的蒋介石和国民党而言,马歇尔此番言论不过是"言者谆谆,听者藐藐"而已。

1947年1月8日,已被任命为美国国务卿的马歇尔自南京登机回国。时值寒冬,与他一年多以前也是寒冬时到达中国所感受到的融融暖意及其自信相比,此时的马歇尔感受更多的是浓重寒意以及发自内心的沮丧。他的中国之行,无论如何都说不上是成功的,而他的黯然离去,似乎已经预示了三年后美国势力不得不退出中国大陆之无奈。这不仅是马歇尔个人的失败,更是美国对华政策的失败。马歇尔行前发表声明,将其调处之未成功归于"中共和国民党彼此间完全的、几乎是压倒一切的猜疑心,政府领袖深信,中共愿意参加政协所规定之政府完全出于破坏性的目的;中共则感觉政府并无实行政协决议、组织新政府

---

① *The China White Paper*, Vol. 2, pp. 210—213, 649.

的诚意。因此,双方对各自的立场,对每一项建议和可能性,都心存偏见和戒心。"他在声明中对国共双方均有批评,认为"最近谈判破裂的最重要原因在于,国民政府亦即国民党方面,有一居于优势地位的反动集团,反对我促成真正联合政府的一切努力,他们公开坦率地声称,与中共在政府中合作是不可想象的事,只有实力政策才能解决问题,这个集团包括军事和政治领袖。中共方面,也有极端分子,他们完全不信任国民党领袖,确信政府的每一项举措都是为了摧毁中共。"①这个对国共各打五十大板的声明,表现出马歇尔对民国政治特质的认识,并表示出美国的"中立",但结果却是两面不讨好,中共严厉批评他支持国民党"反动派",而国民党对他没有放手支持自己也不无怨言。为了对马歇尔表示安慰,蒋介石曾在他走前提议聘其为总顾问,但被马歇尔所拒绝,因为他在中国一年多的经历已经使他认识到,自己作为美国政府全力支持的调处人尚且不能完全影响国民党政府,就更别指望作为顾问能发挥什么有益的作用了。

马歇尔走了,由国、共、美三方组成的军事调处执行部也到了解散之时。全面内战爆发后,军调部已经失去其功用,对制止战争束手无策。美方曾提出由国共双方前线高级军事指挥官进行直接会谈并在双方冲突地点建立中立区的建议,但被中共认为是单方面对国民党有利而未能实现。1946年7月29日,中共部队在距北平东70公里的平津公路上之安平镇与载有美军的运输车队发生冲突,美方伤亡15人。此事使得本是调处中立方的美国被牵扯进国共冲突,更使美国的调处不被中共信任。此时,停战、调处、恢复交通诸问题已不能列入军调部的工作日程,相反,军调部工作人员自身的安全已成为问题。7月23日,军调部国方委员郑介民竟向各地军法机关发出密令:"如中共方面组员与非法密探人员有关,而证据充足时,则当地之最高军事机关将以间谍罪审理之。"8月21日,军调部国方参谋长蔡文治又向美方声明:"凡有执行小组之中共方面人员被发现为密探时,则即失去代表资格,且受法律制裁。"如此则军调部及执行小组共方人员的安全毫无保障,引起中

---

① *The China White Paper*, Vol. 2, pp. 686—688.

共方面的强烈反应。9月10日,军调部发出命令,重申保障各方人员之安全。① 但实际上调处工作已很难进行,军调部也在缩小编制,准备结束。9月27日,军调部三方委员决定,关内除保留太原等6个小组外,其余小组均撤回北平;11月21日,东北小组全部撤离;1947年1月,关内各小组全部撤离。此时,除了北平总部和长春分部还有少数工作人员维持日常工作外,军调部已无执行小组在战地,监督停战的功能已失,军调部自身也已名存实亡。1947年1月29日,美国驻华大使馆发表声明,宣布美国政府决定结束其与三人会议及北平军调部之关系。30日,国民政府宣布因美国退出调处而解散三人小组和军调部。随后,军调部中共人员开始陆续撤离北平和长春。2月21日,军调部中共委员叶剑英率最后一批工作人员离开北平。至此,曾在战后国共冲突中扮演过调处角色并一度有所成功的军调部风流云散,完成了其历史使命。

1946年底,国民党一党主导的制宪国大,以通过宪法、准备实施"宪政"而告结束。为了配合新宪法的通过,显示民主姿态及以政治方式解决中共问题的"诚意",争取国内外舆论的支持,国民党发起了新一波和平攻势。1947年1月1日,蒋介石在元旦文告中声称:"政府对中共问题的处理,仍然要一秉以政治方法解决政治问题的方针,如果有任何机会,政府的政治解决能够实现,政府决不放弃那种机会。"其后,孙科、张群、吴铁城、彭学沛等负责处理国共关系的国民党高级官员均放出了和平风声。② 15日,蒋介石召集上年出席政协的国民党代表商谈,决定派张治中前往延安,或请中共派员来京,继续进行商谈,或举行圆桌会议,邀请各党派及社会贤达参加。谈判方案为:政府与中共双方立即下令就现地停战,并协议关于停战之有效办法;政府仍愿根据过去协议之原则,继续商谈军队驻地、整编程序以及恢复交通之实施办法;在宪法实施以前,对于有争执区域之地方政权,政府愿意与中共商定公平合理之解决办法。此决定于次日通过美国大使司徒雷登转达中共,并在20日由国民党中央宣传部对外声明公布。现地停战,意味着中共承

---

① 《执行部谈判总结》,64—65页。
② 万仁元、方庆秋:《中华民国史史料长篇》第70册,5页,南京大学出版社,1993。

认上年以来国民党通过军事进攻占据大片中共控制区的既成事实。中共自上年9月以后即反对这样的停战方式,现在更不可能同意。中共坚持重开谈判的基本条件:恢复1946年1月13日停战令生效时国共双方的军事位置并全面实行政协决议;制宪国大召开后,中共不承认其合法性,谈判条件又加上取消国大与宪法。虽然国民党开动宣传机器,制造和平声势,但中共不为所动,反应冷淡。1947年1月16日,中共中央致电尚在南京的董必武,认为"根据目前形势,恢复和谈,只利于蒋方重整军队再度进攻,并利于三月莫斯科会议,美方好作交代,粉饰太平。故我们对美蒋所谓恢复和谈认为全是欺骗,绝不信任。我们方针,应使这种有利于美蒋的完全欺骗性的和谈恢复不成。"①26日,中共中央宣传部部长陆定一发表声明,强调中共的和谈条件,而这样的条件又是国民党所不可能接受的,国民党此番和平攻势就此收场。

实际上,中共拒绝国民党重开谈判的提议,并不仅仅是为了宣传的需要,更是因为中共对国内形势和国共关系的判断已经有了重要变化。上年中共主张实现国内和平,是因为承认国民党的优势地位,并希望通过实现政治民主化,逐步削弱国民党的优势地位,壮大中共的力量,最终目的仍是建设新民主主义的新中国。但国民党的所作所为使中共丧失了对国民党起码的信任,全面内战爆发以来的形势发展也未完全如国民党原先所预期——国民党军事虽有较大进展,但也损失了相当的有生力量;制宪国大并未能实现整合社会力量、统合全国舆论与人心之作用;经济更是毫无起色,通货膨胀愈演愈烈,引发城市社会动荡。而中共在面临国民党军事、政治的猛烈攻势时,表现沉着,有条不紊,并在顶住其最初的进攻后,自信可以与国民党周旋到底,从而相应地改变自己的战略战术。

1946年11月,周恩来结束国共谈判,自南京回到延安,其后中共高层在几次会议中检讨以往因应之得失,分析未来形势之发展,相应决定了中共的战略方针。11月21日,毛泽东、刘少奇和周恩来在延安枣园开会讨论形势。毛泽东认为:"前一段时间,在中国人民中间以及在

---

① 《中共中央文件选集》第16册,388页。

我们党内都存在着内战打不打得起来的问题,人们都希望国共不打仗,现在这个问题已经解决了……剩下的便是我们能不能胜利的问题了";"我们的统一战线是宽广的。我们只要熬过明年一年,后年就会好转。""蒋介石的进攻是可以打破的,经过半年到一年消灭他七八十个旅,停止他的进攻,我们开始反攻,把他在美国援助下七八年积蓄的力量一年内打破,使国共两党的力量达到平衡。达到了平衡就很容易超过它。那时我们就可以打出去……"①周恩来认为:经过谈判,中共的和平民主方针与蒋介石的独裁内战方针为群众所认识,蒋集团中除极少数外都缺乏对前途的信心;我们的方针是坚定不移的,和平、民主、团结、统一,而以武装斗争为根本。②刘少奇认为:在一二月间是糊涂了一下,但现在证明和平是不可能了;打的方针是定了,从国际国内分析,胜利是可能的,但要经过较长的困难时期,要提倡克服困难。③当晚,中共中央全体扩大会议决定采取"打"的方针,即蒋要灭共,我必倒蒋,但现在尚不公开提"打倒蒋介石"的口号;认为共产党能够战胜蒋介石集团,预计用三年到五年,也可能十年到十五年可以实现这个目标。④

1947年2月1日,毛泽东主持召开中共中央政治局会议,通过了《关于时局和任务的指示》,提出:"目前各方面情况显示,中国时局将要发展到一个新的阶段。这个新的阶段,即是全国范围的反帝反封建斗争发展到新的人民大革命的阶段。现在是它的前夜。我党的任务是为争取这一高潮的到来及其胜利而斗争。"⑤中共领导人在会上的发言均肯定了形势的变化及革命高潮的即将到来。毛泽东说:"和国民党打的结果,有打得大、中、小三种可能,现在看来,打小的可能性是很小了,打大的可能性是很大了","我们现在的口号还不是打倒美蒋,但实际上是要打倒他们"。⑥刘少奇认为,最近我们在军事上取得许多胜利,全局即将变化,在政治上国内外形势也有利,蒋的国大宪法、和平攻势均未

---

① 中共中央文献研究室编:《毛泽东文集》第4卷,196—198页,北京,人民出版社,1996。
② 《周恩来一九四六年谈判文选》,695—699页。
③ 刘崇文、陈绍畴主编:《刘少奇年谱(1898—1969)》下卷,56—57页,北京,中央文献出版社,1996。
④ 《任弼时年谱(1904—1950)》,533页,北京,人民出版社、中央文献出版社,1993。
⑤ 《毛泽东选集》第4卷,1211页。
⑥ 《毛泽东文集》第4卷,220—221页。

达到目的,蒋区群众运动大发展,这些都表明中国大革命高潮要来。①周恩来分析了蒋管区的人民运动,指出这是第二战场,认为从现在看,蒋介石是可以打倒的,但在宣传上要有保留,关键是自卫战争的胜利。② 朱德认为,现在到了快打出去的时候了,准备工作要做好;我们内无后顾之忧,外有发展之途。③ 所有这些都说明,中共已经最终改变了战后初期一度实行的与国民党合作建国的方针,对中共而言,现在已经不是与国民党谈和的问题,而是迎接革命高潮,打倒国民党蒋介石的统治,另起炉灶,实现自己的建国理想。这是中共高层多年来第一次明确提出打倒国民党蒋介石,并在中共高层内部获得了一致的共识,再由中共中央会议将此确定为中共的战略方针。当时不仅国民党正处于其政治、军事进攻的巅峰时刻,而且即便是中共党内也还有不少人对前途存有某些疑虑,然而中共中央已经敏锐地观察到形势将要起变化,提出革命高潮论,并决定相应的战略战术,动员全党为之奋斗,的确表现出中共领导层的成熟及其远见卓识。

中共战略方针的变动当时经由高层讨论决定,并通过一定的渠道传达到各地各级领导干部,同时也通过传媒公开透露其端倪。1947年2月1日,中共中央发表公开声明:"对于一九四六年一月十日以后,由国民党政府单独成立的一切对外借款,一切丧权辱国条约及一切其他上述的协定谅解,与今后未经政治协商会议通过或未经征得本党和其他参加政治协商会议各党派同意的一切同类外交谈判,本党在现在和将来均不承认,并决不担负任何义务。"④ 此声明实际上等于公开否认国民党政权的合法性,使蒋介石得知后深觉"痛矣",遂下令驱逐南京等地中共代表,导致国共关系的最后破裂。

自制宪国大开幕、周恩来离开南京后,中共代表团由董必武领导,仍留守南京,并在重庆和上海留有办事处,以期最大限度地利用这块阵地,在国统区进行宣传、组织与联络工作,促进中共领导下的国统区反

---

① 《刘少奇年谱(1898—1969)》(下卷),64—65页。
② 中共中央文献研究室编:《周恩来年谱(1898—1949)》,718页,北京,人民出版社、中央文献出版社,1989。
③ 中共中央文献研究室编:《朱德年谱(1886—1976)》,292—293页,北京,人民出版社,1986。
④ 1947年2月4日《解放日报》,延安。

战民主运动,并逼国民党"负最后破裂之责"。当马歇尔离华、美国决定撤离军调部、国民党发动的和平攻势未得中共之回应、国民党军正准备发动对延安的进攻时,国民党再也无法容忍中共在其统治区保留这样的公开机构,进行宣传鼓动,国共关系的最终破裂势成必然。2月27日,重庆警备司令孙元良致函中共驻重庆代表吴玉章,令其于3月5日前撤离。2月28日,南京首都卫戍司令部致函中共代表团称:"自贵党拒绝和谈,关闭和平之门,贵党军队在各地公开叛乱,处处攻击国军,而贵党人员又在各处散播谣言,鼓动变乱。本部为维持地方治安,应请贵处将居留本京人员,于本年三月五日前全部撤退。"同日,上海淞沪警备司令宣铁吾亦致函中共驻上海办事处,要求中共驻沪人员撤离。① 各地中共人员遂陆续撤回延安(由于技术方面的原因,最后撤离时间推迟了两天)。3月7日,中共驻南京代表团董必武一行最后离开南京。行前,董必武发表书面谈话称:"十年来从未断绝之国共联系,今已为国民党好战分子一手割断矣!""内战显将继续,人民之灾祸必将更大更深。然而,此种以千百万人性命为赌注之极大冒险,因其违反全体爱好和平人民之愿望,终必失败无疑。"② 他登机前自信地对送别者说:再见之期,当不在远。至此,以全民团结、联合抗战为契机,维持了近10年之久的第二次国共合作,也因抗战结束使国共双方失去了合作基础而最终结束,决定未来中国命运的角斗场已由谈判桌转至战场,国共双方将继续在全国战场进行决定自己,也是决定对手命运的生死大战。

---

① 1947年3月1日《中央日报》,南京。
② 《董必武选集》,124页,北京,人民出版社,1985。

第五节　国民党军的重点军事进攻

自1946年年中全面内战开始后,华东一直为国共双方的主要战场。进入1947年,随着华东中共部队在国民党军优势兵力的逼迫下自苏北逐步退向山东,山东已经成为华东战区的主战场。国民党军为配合苏北作战,扩大防区,并便利其后之攻势,1946年12月中旬于鲁南的4个整编师奉令向前推进。其中整编第26师进展最快,当进至鲁南向城时,师长马励武有感于己部"前进位置过于突出,兵力极感薄弱,形势极为孤立",建议暂时后撤,以接上友邻各部,但未得徐州绥署同意,使其"孤军久暴,既不进又不退,前后左右皆空"。① 陈毅抓住此次机会,集中山东和华中野战军主力,于1947年1月2日晚突然出击,包围了集结于向城的整编第26师和第1快速纵队。此时正值新年,师长马励武在后方峄县师部休息,前方群龙无首,军心涣散,无力坚守待援,4日决定突围。但恰逢天降大雨,道路泥泞不堪,辎重车辆均陷泥淖,行动倍增困难,快速纵队的战车在泥泞中根本无法发挥作用,不仅不能快速突破,反成挨打目标。突围当天的下午,整编第26师和第一快速纵队被全歼。中共部队继续作战,向国民党军在鲁南的孤立据点峄县和枣庄发起进攻,并于11日攻占峄县,俘获马励武;20日又攻占枣庄,全歼整编第51师,俘师长周毓英。全部战役过程历时近20天,国民党军损失2个整编师和1个快速纵队,共5万余人。

鲁南马励武部被歼前后,苏北作战尚未最后结束(1月中旬中共部

---

① 枣庄市出版办公室编:《鲁南战役资料选》,152—153页,济南,山东人民出版社,1982。

队才放弃苏北最后一座县城沭阳),徐州绥署可能是对中共部队的动向判断不明,故未作出及时反应,未令正在陇海路南的主力部队北进增援,致路北部队遭受重大损失。及至战役结束后,国民党统帅部判明中共部队主力已转移山东,认为决战之机已至,故积极策划鲁南会战,期望一举拿下中共华东根据地的政治和军事指挥中心临沂,并歼灭中共在山东的主力部队。蒋介石认为,"关内土匪计有四大股,为贺龙、聂荣臻、刘伯承、陈毅等,现贺聂已无大能为,如陈刘两股能一举击灭,则中原大局可早安定",故指示陆军总司令顾祝同:"此次陇海东段与鲁南之决战,实为堵遏共军成败之惟一关键……必须先集中我主力对付陈毅一股以后,再肃清刘伯承股,此为既定不易之方针。"2月初,蒋介石先后亲至徐州、郑州部署作战,"责令前方将领乘此有利形势,把握战机,督率所部继续前进"。参谋总长陈诚亦认为,华东中共部队"大势已去,不得不作困兽之斗",而鲁南"为主要战场所在地,同时更为匪我决战所关",故亲临济南部署鲁南会战,命令整编第19军军长欧震指挥整编第11师、第74师等8个整编师(军)组成南兵团,担任主攻,由南面陇海路出发,沿沂河、沭河分三路北进,目标直指临沂;第二绥靖区副司令李仙洲指挥第73军等3个军(师)组成北兵团,担任助攻,由北面胶济路出发,南下进占莱芜、新泰一带,切断中共部队后路。他们企图以优势兵力南北对进,在沂蒙山区夹击中共部队聚而歼之。1月底,国民党军各部开始按计划行动。①

1月30日下午5时,鲁南会战计划在国防部作战会报通过,半个小时之后,此份机密情报即通过中共情报内线传递,已放在陈毅的案头,所以中共应对国民党军鲁南会战可谓从容不迫。就在大战前夕,2月3日,中共将山东野战军与华中野战军正式合编为华东野战军,由陈毅任司令员兼政治委员,粟裕任副司令员,谭震林任副政委,所辖部队编为11个纵队及1个特种兵纵队(其中有2个纵队仍留在苏北作战),总兵力达到30万人,成为中共部队中实力最强的一个战略集团。自上年10月以后,中共华东部队的两大集团——山东野战军和华中野战

---

① 《郑州绥署鲁豫边区作战经过概要》,见《中国现代政治史资料汇编》第4辑第18册;《"总统"蒋公大事长编初稿》卷6(下),362、380页。

军,由于客观形势所迫已逐渐会合一处联合作战,并收到了较好的成效,为最终完全合编打下了基础。当此山东将成为华东主战场之际,中共华东部队的合编,使华东战场中共部队分头指挥之困扰与不利完全消除,部队实现了完全的统一指挥,更有利于统一运用,为打大战创造了条件。中共中央也将山东视为与国民党军作战、歼灭国民党军有生力量的主要战场,对山东战场的形势较为关注,在战前指示陈毅和粟裕:不要轻动,而要休整部队,充分准备,创造战场,一切以打大歼灭战为目标。山东战场成为国共两军实力较量的主要战场。

  国民党军对鲁南的攻势开始后,华东野战军因为主力集中在南线,并希望尽可能保有临沂,最初曾企图在南线诱使对方深入,然后寻歼其一部,打破其进攻。但南线国民党军可能是因为有苏北、鲁南几次失利的教训,此次攻势开始后,行动非常谨慎,二三十万部队在几十里宽的正面,以密集平推方式向北攻击前进,稍遇阻击即停止不前,而且各部互相观望,都不愿过于突出,没有暴露出明显的薄弱环节。在此情况下,华东野战军如果出击,最多也只能击溃对手,而很难达成歼灭目的。北线国民党军虽实力较弱,但因尚未与中共部队实力较量,不知利害,故表现冒进,2月1日开始行动后进展甚速,4日到达莱芜,8日整编第46师已前出至新泰,3个军(师)的兵力脱离胶济路后方支持,沿莱芜、新泰公路自北向南分莱芜、颜庄、新泰三地摆放,形成了一字长蛇阵,处境孤立分散,缺乏互相照应,较有利于分割围歼。陈毅、粟裕研究此种情况后,改变原定作战部署,下决心将华东野战军主力转移至北线,先打北线国民党军,南线只作牵制配合,并不惜放弃临沂。2月10日,华东野战军指挥部发布命令,集中全部9个纵队的优势兵力投入此次作战,其中以4个纵队自临沂北上,3个纵队由胶济路南下,围歼北线国民党军,只以2个纵队在南线担任牵制任务。兵贵神速,当天,南线参战部队即秘密撤离临沂一线,急速北上,北线参战部队也开始向南运动。为了不使国民党军判明华东野战军的真实企图,部队运动采取了严格的保密措施,同时部署南线留守部队在临沂外围伪装主力,节节抗击,迟滞国民党军的进攻。

  2月9日,徐州绥署令南线各部向临沂地区攻击前进,企图歼灭当面中共部队,完成鲁南会战任务。在中共主力部队已北移的情况下,南线国民党军因为不明底里,面对中共少量部队的阻击,行动仍较谨慎,直至中共部队主动撤离后,方于 15 日占领临沂空城,却虚报战果,声称消灭共军数万人。蒋介石为此得意非常,认为形势正按其设想发展,山东决战计划已接近成功,"陈毅已失其老巢,就再不能发生过去一样大的作用了","国军占领临沂以后,如果我们计划周密,部队努力,则鲁南、胶东不难收复,以后的问题,都在黄河以北了"。蒋认为中共自临沂主动撤退的说法是不明事实,声称中共"退出老巢,放弃军事重镇,便证明他们是受了严重的打击,不能不出此穷途末路的一着了"。①倒是负责指挥北线作战的第二绥靖区司令王耀武得到了中共部队北移的情报,判断"由南向北急进之匪军,应为其主力之转用,显有打击北路兵团之企图",急令北线各部向胶济路收缩。李仙洲得令后即于 16 日下令北线 3 个军(师)依次后撤,以靠近胶济路后方。但国民党军统帅部的判断与王耀武正相反,陈诚认为中共部队"无足顾虑",已"无力与我军主力作战,有北渡黄河避战的企图",故命令王耀武坚决执行南北夹击的作战方案,严令李仙洲部回防,否则将以抗命论处。结果李仙洲只得又令正在后撤中的各部重回原地,使部队来回运动,疲于奔命。②临沂至莱芜距离将近 200 公里,南线华东野战军近 10 万大军转移北上,在近 10 天的时间里,不可能不露出种种蛛丝马迹,至少其电信联络可以为国民党军侦听,国民党空军的空中侦查也可以发现种种非常情况。可是在这段时间里,国民党统帅部却始终未能判明中共部队的真实企图,可见国民党军战场情报工作之差,并终将为此付出沉重的代价。

2 月 19 日,李仙洲发现中共大部队出现在其四周,中共部队的动向终于被判明,王耀武等不及南京统帅部的批准即命李部火速后撤,但是国民党军多日来在部署上的动摇与延误,已经注定了李仙洲部的覆灭命运。2 月 20 日,华东野战军首先在莱芜以北歼灭了由博山南下莱芜归建的第 73 军 77 师,并封闭了李仙洲部队向北的退路,占领了莱芜城外各要点,完成了对李部的大包围。次日,自新泰北撤之整编第 46

---

① 蒋介石:《剿匪战役之检讨与我军今后之改进》,《先"总统"蒋公思想言论总集》卷二十二,21 页。
② 《文史资料选辑》第 8 辑,121 页。

师到达莱芜,与第 73 军会合。王耀武认为李部处境孤立,粮弹缺乏,且援军无望,下令李部突围,先北进至吐丝口与第 12 军新 36 师会合,再向北靠近胶济路。莱芜至吐丝口之距离不过 20 余里,王耀武认为以 2 个军(师)的强大力量,在空军掩护下作短距离战斗前进,绝未料其会失败。但李仙洲本非军事长才,其属下的 3 个军(师)临时配置成战斗集团,互有矛盾;更关键的是,整编第 46 师师长韩练成早在 1946 年冬即面见中共南京代表团负责人董必武,与中共建立了联系。1947 年初,山东军区政治部主任舒同亲临第 46 师驻地,与韩建立了直接联系。战斗开始前,韩练成向华东野战军透露了国民党军的行动部署,并领受了任务。战斗开始后,韩以种种借口拖延部队的行动,在李仙洲接到突围命令后,韩仍坚持准备不及而要求将突围时间推后一日,使华东野战军有了更充分的攻击准备时间,也使李部进一步陷于不利境地。李部突围开始后,韩练成脱离指挥岗位,在中共安排下秘密出走,使得整编第 46 师指挥混乱,并牵连到李部其他部队。韩练成因是秘密出走,无人知其与中共的关系,后来在他本人的要求下,中共又安排他以突围而出的身份回到南京,居然得到蒋介石的夸奖,安排他为侍从室武官,并以此教训下属向韩学习,使韩得以继续潜伏在蒋身边为中共工作,直至一年多以后方才因暴露而出走香港。国方在情报工作上真可谓不知彼亦不知己。

2 月 23 日晨,李仙洲命令第 73 军和整编第 46 师并列出莱芜城向北突围。李部出城后逶迤而行,因行军路线两侧为山地,部队正面狭窄,行军队伍拉得很长,为中共部队提供了极好的攻击机会。华东野战军以 1 个纵队在李部北进必经之地设伏,另以 4 个纵队分别部署于李部北进之路两侧,又以迅速动作在李仙洲部刚刚离开莱芜之后即派兵占领莱芜城,切断了李部后路。此时,李仙洲北进之路被堵,后退回城也已不可能,又未派有力部队占领行军路线两侧山地要点作掩护,全军数万人被华东野战军分割包围攻击,无法展开队形,被迫向内收缩至东西六七里、南北三四里的狭小范围内,互相拥挤,指挥大乱,迅速瓦解,4 万余人的部队,不过 4 个小时即被全歼,李仙洲和第 73 军军长韩浚等多名高级将领被俘。当晚,驻守吐丝口的第 12 军新 36 师见态势危险,不得不弃城向胶济路方向退却,又遭华东野战军伏击,大部被歼。而在北线激战之时,南线欧震兵团数十万部队因对华东野战军动向判断不明,在占领临沂后滞留多日未有行动,对下一步主攻方向徘徊不定。当他们最终判明中共部队的意图后,因为距李部太远,根本来不及北上增援。直到23日李仙洲部被歼,徐州绥署才命令南线主力向临沂西北费县、曲阜、汶上、东平等地"进剿",但已无法挽回莱芜之失。

国民党军统帅部精心策划的鲁南会战,以大张旗鼓地占领中共华东区政治军事中心临沂为其兴高采烈之开端,以无声无息地在莱芜损失7个师(旅)5万余人为其消沉惨淡之收场。这样数万人整装配置的大兵团被歼,实为国民党军自内战开始以来空前之失败,"其对双方战力与士气之消长,影响尔后作战者甚巨,所以此次作战,实为双方在主战场上胜败之转捩点所在",被蒋介石认为是"国军无上之耻辱"。① 国防部为此多次举行检讨会报,总结此役得失,结果上下之间对失利责任互相指责。王耀武认为:"共军放弃临沂后,本部即已判断共军必打击我南进兵团,以挽回其颓势,故一再要求机动作战,但层峰因有整个计划,始终未能采纳";部队"旋进旋退,轻进轻退,举棋不定,措置乖方,涣散了军心,打乱了步骤,以致造成了不可收拾之局"。参谋本部则认为:"第二绥区未能恪遵本部迭次指示,使新泰莱芜我军坚守待援,反饬令其退却,致于半途遭优势匪军截击,蒙受重大损失。"参谋总长陈诚则将失利原因归于前线指挥官的无能与轻敌,事前事后毫无处置,粗疏轻率,致一被袭击即成混乱之局,虽欲展开战斗而不可能。为了维护统帅部的威信,2月24日,蒋介石亲飞济南部署善后,将失利原因推之于下属,认为此次失利"全在于李仙洲司令官指挥部署之错误及其怕敌心理所造成"。他训斥王耀武:莱芜既已被围,你为什么又要撤退,遭到这样大的损失,你是不能辞其咎的;这次你选派的将领也不适当,李仙洲的指挥能力差,如派个能力好的人指挥,还不致失败。② 为了对此次失利作出交代,徐州绥署主任薛岳被免去职务,成了替罪羊。3月3日,国民党下令撤销徐州与郑州绥署,设立陆军总部徐州司令部,由陆军总司令顾祝同坐镇徐州,统一指挥华东

---

① 《国民革命军战役史》第五部第3册,218页。
② 山东省莱芜市政协文史资料委员会编:《莱芜战役纪实》,287、162页,北京,中国文史出版社,1995;《一年来剿匪重要战役之检讨》,39页,军官训练团,1947;《文史资料选辑》第8辑,124—129页。

战事,另设陆军总部郑州指挥所,由范汉杰担任主任。

在鲁南会战之同时,国民党军在各个战场的进攻均已渐趋停顿。在华北战场北线,国民党军于攻占张家口后,继续向南进攻中共晋察冀根据地,但到1947年2月,对易县的4次进攻均未得手,进攻被迫停止。自5月起,中共晋察冀部队重组野战军,由杨得志任司令员,罗瑞卿任政委,并连续发起正太、青沧、保北战役,攻占了冀晋两省交界处之要点娘子关,控制了正太路大部分路段,切断了津浦路天津至济南段和平汉路北平至保定段。在华北战场南线,1946年12月,王仲廉指挥的整编第26军和王敬久指挥的整编第27军向冀南发起攻势,一度逼近中共晋冀鲁豫根据地的中心城市邯郸。刘伯承、邓小平指挥的晋冀鲁豫野战军遂发起巨金鱼战役,出击鲁西南,调动国民党军自冀南回援,结束了冀南攻势。此后,晋冀鲁豫野战军发动局部反攻,在豫北迫使国民党军收缩到安阳、新乡等少数孤立据点,在晋南则迫使国民党军收缩到临汾、运城两城。在东北战场,自1946年6月停战后维持了4个月的平静局面,在10月被打破。杜聿明根据蒋介石的指示和东北国民党军兵力不足,并须顾忌苏联可能之反应等情况,制定了"南攻北守,先南后北"的作战方针,先集中兵力进攻中共南满根据地,解除北进的后顾之忧,再全力向松花江北的中共北满根据地进攻。10月下旬,东北国民党军开始进攻中共南满根据地,并于10月25日占领安东,11月2日占领通化,达到其攻势的顶点。虽然中共南满根据地的地域大大缩小,领导层内部对是否继续坚持南满根据地也有不同意见,但中共东北局认为坚持南满意义甚大,可以使中共在东北仍能保有广大土地与人口,并可使南北互相依存,使国民党不能全力向北进攻,因此决定在东北实行坚持南满、巩固北满、南打北拉、互相配合的作战方针。中共派东北局副书记陈云兼任辽东(南满)分局书记,领导南满根据地的斗争。从1946年12月中旬到1947年4月上旬,杜聿明先后派兵4次进攻中共南满根据地,但在南满根据地的坚持和北满根据地的配合下,国民党军的进攻未达预期目的,由于兵力不足,至开春后其攻势基本中止。

经过1946年7月至1947年2月的全面进攻,国民党军在向中共控制区推进的过程中,得到了占有地盘之收获,但由于机动兵力的损失及转用于守备,渐渐失去了兵力运用的优势与便捷。随着全面进攻的扩大及其暴露出的问题,国民党军前线指挥官对全面进攻的利弊得失有所检讨。11月15日,参谋总长陈诚主持国防部作战会报,检讨军事形势,提出为争取主动,应取战略攻势、战术守势、分区扫荡的原则,先肃清苏北、鲁南地区,再准备解决刘伯承部主力,进一步再解决聂荣臻部。为此,陈诚专门飞往北平,召集华东、华北、东北各战场主官于18—19日举行秘密会议,总结战争开始以来国民党军进攻之成败得失和经验教训。对于未来的作战方针,陈诚归纳总结为四点:兵力转用免化众为寡,与空军密切协同,发挥特种兵效用,各战区协力。国防部和高级军事将领在作战检讨中认为,"国军因受政略影响及局部状况之诱惑,致将主力逐渐分散于各战场,遂使主战场之陇海方面,无法集注绝对优势及精锐之部队,以致进展迟缓",建议今后"确实控制战略要点,控置战略机动部队,迅速以围歼匪之主力,不计其他点线得失"。①

面对国民党军进攻势头渐失之状况,为了尽快以武力解决中共问题,速战速决,在全面进攻已取得相当进展的情况下,蒋介石决定集中兵力,改行重点进攻方案。他认为,中共在关内有三个重要根据地,即以延安为政治根据地,以沂蒙山区为军事根据地,以胶东为交通供应根据地。他强调:"最要注意的是分清主战场与支战场。我们在全国各剿匪区域中,应先划定匪军主力所在的区域为主战场,集中我们部队的力量,首先加以清剿,然后再及其余战场。同时在这个主战场中,又要先寻找匪军兵力最强大的纵队进攻,予以彻底的歼灭。"根据蒋介石的设想,国民党军的重点进攻目标为山东和陕北,前者是企图捕捉并消灭中共军事主力及摧毁其后方基地和补给通道,后者是企图一举摧毁中共首脑机关,使中共陷于群龙无首之境,从而便于国民党军各个击破。在这两个战场中,蒋介石更注重山东战场,因为在他看来,"照现在的战局来观察,匪军的主力集中在山东,同时山东地当冲要,交通便利,有海口运输,我们如能消灭山东境内匪的主力,则其他战场的匪部就容易肃清了。所以目前山东是匪我两军的主战场,而其他皆是支战场。在主战

---

① 《中国人民解放军全国解放战争史》第2卷,第263页;《第二期军事小组讨论结论汇集》,军官训练团,1947。

场决战的时期,其他支战场惟有忍痛一时,缩小防区,集中兵力,以期固守。"①国民党军重点进攻的基本计划:

1. 西北第一战区及徐州绥署同为本反击作战之主攻,分别于西安、徐州地区向北发起攻势。(1)第一战区为西翼主攻,首先反击延安,摧毁中共党政军神经中枢,动摇其军心,瓦解其战志,削弱其对外声势;然后荡平陕北,东渡黄河,连系第二、第十二战区,续向北平亘石门之线进击,会合徐州绥署部队,协同郑州绥署,捕歼刘伯承部于晋、冀、豫、鲁边区地带。(2)徐州绥署为东翼主攻,首先摧毁沂蒙山区陈毅根据地,消灭陈毅主力,控领山东,截断共军来自东北之外援;尔后再北渡黄河,除以主力继续进出天津及其以北地区外,另以一部左旋,于石门附近地区会合第一战区部队,协同郑州绥署,捕歼刘伯承部,肃清关内共军。

2. 郑州绥署应与华东、西北战场切取连系,以有限攻势拘束刘伯承部,并准备于后期作战中协同友军,围歼共军于晋、冀、豫、鲁边区。

3. 第十一战区(北平)确保冀境要点、要线,对当面聂荣臻部相机发起攻势,策应主攻作战。

4. 第十二战区(归绥)及第二战区(太原)准备协同第一战区在晋、冀之作战。

5. 东北保安司令部暂采战略持久,以待国军主力移师关外后,随同转移攻势,彻底歼灭共军,规复东北。②

根据其重点进攻规划,1947年3月之后,国民党军向中共根据地的进攻以山东和陕北为中心,其中尤以山东战场投入兵力最多,战斗规模最大。重点进攻开始后,参谋总长陈诚下令将原徐州、郑州两个绥署的绝大部分机动兵力共计24个军(师)45万人,集中使用于山东,山东成为当时国民党军各战区中兵力最为雄厚、精锐主力集中最多、实力最

---

① 《先"总统"蒋公思想言论总集》卷二十二,114、117页。
② 《国民革命军战役史》第五部第3册,334—335页。至今为止,国民党方面并未发现所谓重点进攻的原始档案资料,据时任主管作战的国防部三厅厅长郭汝瑰的回忆:"蒋介石本人在战略上就根本还未着眼到重点进攻,更未想到钳形攻势。他进攻陕甘宁边区,初意也只是想压迫解放军东渡黄河进入山西,以便转用兵力,但兵力转用何处也并无定见。""进攻山东,是他主观以为进攻延安后,就可抽调主力在山东寻求决战,是进攻延安后的临时决策而不是预定计划。"(《郭汝瑰回忆录》,243—244、420—421页)但无论如何,自1947年3月起,国民党统帅部在陕北和山东战场投入重兵发起进攻当为事实。

强的地区。这些部队被编组为3个攻击兵团,其中第1兵团司令汤恩伯指挥整编第74师等6个师,以临沂为基地,预备自南向北向鲁中山地推进;第2兵团司令王敬久指挥第5军及整编第70师等4个师,自宁阳、汶上东向攻击大汶口、泰安等地;第3兵团司令欧震指挥第7军及整编第11师等3个师,自曲阜、邹县东向攻击新泰、蒙阴地区。这三路兵力以集结在鲁中山地的中共部队为攻击目标,构成半月形攻击态势。第二绥靖区司令王耀武指挥第8军等5个军,第三绥靖区司令冯治安指挥整编第59师等2个师,徐兖绥靖区司令李玉堂指挥整编第20师,担任现地守备与牵制任务;整编第9师为总预备队。其基本目标是"迫匪于蒙山与沂山地区,与我决战,抑或迫匪放弃沂蒙山区老巢,向胶济路以北、东北地区退缩,以利我尔后之围剿"。① 鉴于以往多次作战均因缺乏协同而被各个击破之教训,此次国民党军在军(师)之上编组兵团,强调统一指挥和行动;基本战法则改为加强纵深,密集靠拢,稳扎稳打,逐步推进,强调纵深配备与兵力密度,以免重蹈孤立推进而被歼灭之覆辙。

4月1日,国民党军各部开始进攻行动,首先打通了津浦路济南至兖州段和临沂兖州公路,为大兵团调动创造了条件;继由东进之欧震兵团于当月底先后攻占蒙阴、新泰,逼近集结于鲁中山地的华东野战军及其指挥中心。但国民党军各部此次行动均较为谨慎,大军麇集抱团,稳扎稳打,并不以一地之得失而轻易变更进攻计划,使华东野战军几次诱使对手犯错误的企图均未达成。尤其是担任正面主攻的汤恩伯兵团一直徘徊不前,一旦发现华东野战军对其稍有威胁,即调整部署,向后收缩,使华东野战军无法实现其一向拿手的分割围歼战法。中共中央军委因此指示华东野战军:"敌军密集不好打,忍耐待机,处置甚妥。只要有耐心,总有歼敌机会。"②华东野战军遂将主力部队集结待命,同时以假动作迷惑国民党军,等待并创造作战时机。果然,当国民党军得到华东野战军"损失甚重,刻已北窜"的情报后,5月3日,蒋介石亲飞徐州、

---

① 《陆总徐州司令部鲁中会战经过概要》,见《中国现代政治史资料汇编》第4辑第17册;《国民革命军战役史》第五部第3册,250页。
② 逄先知主编:《毛泽东年谱(1893—1949)》下卷,187页,北京,人民出版社、中央文献出版社,1993。

济南,部署汤恩伯兵团自南向北攻击莒县、沂水、坦埠一线,欧震兵团和王敬久兵团自西向东推进,配合汤兵团行动,以围歼鲁中山地的中共部队为战役目标。在蒋介石亲临部署督促之下,国民党军各部于10日开始全面进攻。汤恩伯令所部6个师(军)并行,自临沂、蒙阴公路上的垛庄经孟良崮向北攻击前进,以华东野战军指挥中心坦埠为攻击中心目标,其中整编第74师处于中心位置,其左翼为整编第25、65师,右翼为整编第83、48师及第7军。由于各部进展略有快慢之别,战线由平推渐成弧形,又由于整编第74师的行动最为迅速,处于此弧形战线之弧顶位置。整编第74师战斗力较强,抗战时期在江西德安、上高和湖南常德会战中都有较好表现。部队为全美械,装备有榴弹炮、山炮、战防炮及各式迫击炮,火力强大,机动性强,合成战力水准及官兵素质在国民党军中堪称一流。自全面内战开始后,整编第74师在苏北与中共部队多次交手中都占了便宜,尤其是涟水作战,使中共部队受到较大损失,因此志满而骄,师长张灵甫刚愎自用,自信于己部之强大战力,不待友邻各部协同,即指挥整编第74师于12日进至坦埠南,独立展开攻击,与友邻两翼均拉开了一段距离,犯下了孤立轻进的致命错误。

整编第74师的动向立即引起了中共华东野战军指挥员陈毅和粟裕的注意。陈毅和粟裕原准备以位于汤恩伯兵团右翼的桂系第7军为打击目标,但因整编第74师进展甚速,威胁甚大,而且态势突出,正处于华东野战军主力当面,便于将其从汤兵团各部中分割而歼之。虽然华东野战军此时正处于国民党军重兵环伺之中,整编第74师周边的友邻部队多达10余个师(军),距离也都不远,其本身战斗力又较强,一旦华东野战军对其攻击不能于短时间内获取战果,胶着后将处于被围境地,处境极其不利。但因为,一则国民党军发起此次攻势后始终未出现适宜之战机,整编第74师的冒进可谓稍纵即逝之机,不能放过;二则国民党军判断中共部队不敢在其大军云集之地进行决战,整编第74师也无被攻击的准备,此种轻敌心理正可利用,而且该师的重装备在山地地形下不能发挥应有的作用;三则华东野战军上下均有歼灭整编第74师以报仇雪恨之心,可用来激励部队士气,所谓"气可鼓而不可泄",而整编第74师与其友邻部队有很多矛盾,当其被围后未必全力援救。因此，陈毅和粟裕经过周密考虑，定下了先打整编第74师的决心。他们根据主客观形势，改变了中共部队先打弱敌的传统战法，舍弱取强，以出其不意之势，攻对手于不备，造成强弱易势，充分体现了决心的坚定性和战术的灵活性。对于华东野战军的作战选择，中共中央军委于5月12日致电陈毅和粟裕，明示"究打何路最好，由你们当机决策，立付施行，我们不遥制"。① 战场形势正可谓瞬息万变，一切决定于战区指挥员的即时判断和行动，中共中央的指示表现了对下属战区军事指挥员的高度信任。此前鲁南会战和这次鲁中会战的事实均说明，战争的胜负成败往往决定于深思熟虑之后的即时决策和行动，而非仅仅决定于兵强械精。

5月13日，华东野战军各部以整编第74师为目标的作战行动全面展开。陈毅和粟裕集中了华东野战军全部主力部队，以2个纵队自侧翼割裂整编第74师与其他部队的联系，以1个纵队封闭其退路，以2个纵队担任正面进攻，同时以4个纵队阻击并牵制援军。国民党军统帅部此时尚未判明华东野战军的真实意图，蒋介石当日令进攻各部队同时行动，汤恩伯部进占莒县、沂水，欧震部进占南麻，王敬久部进占淄川、博山，以"达成包围歼灭淄博山地共匪之目的"。汤恩伯随即命令整编第74师尽速攻占坦埠。但战场情况完全不似国民党军统帅部之判断。14日，前出较远的整编第74师正面遭到华东野战军的攻击，并发现华东野战军部队正向其两侧运动，而其左右两翼友邻部队已在华东野战军打击下后撤，己部陷于孤立境地，师长张灵甫"乃确信解放军有积极企图，已成包围我师之态势，乃决心撤退"。此时，整编第74师的后方通路畅通，如果行动迅速，尚可脱离包围，但整编第74师的美械重装备在山地运动不便，耽误了后撤时间；更出乎张灵甫意料的是，部署在战场南面200余里之遥的华野六纵，在接到命令后昼夜兼程，2天时间里急行军200余里赶到战场，用他们的双脚跑过了整编第74师的汽车，于15日拂晓攻占垛庄。此地为整编第74师后撤必经之要点，原先留有一个团守备，被占后整编第74师退路已断，张灵甫没有当机立

---

① 《毛泽东年谱（1893—1949）》下卷，190页。

断下令突围,而是决定全师退踞孟良崮,固守待援。他认为孟良崮居高临下,四周大军云集,己部可以以逸待劳,等待援军,反击进攻。实战经过却证明,这是他犯的致命错误,因为退守山地之后,"各种火炮以俯角全失,效力降低,且阵地毫无遮蔽,全受共方火制。而山地概系岩石,匪方射击威力倍增,人马损害更大,尤以我军骡马及杂役兵夫,受敌炮击惊扰奔窜,引起部队混乱,致使掌握困难。"双方接战后,虽然张灵甫指挥所部顽强抵抗,"战斗空前激烈,官兵伤亡重大,骡马、非战斗人员多漫山遍野,通讯机构时断时续,已成混乱状态;且因石地无法构筑工事,伤亡特大。"经15日一天的战斗,整编第74师大部已失去抵抗能力。①

整编第74师被围后,国民党统帅部认为决战时机已至,企图以整编第74师为中心拖住华东野战军,同时调周边各部队增援孟良崮,对华东野战军实行反包围,一举达成歼灭华东野战军主力的决战任务。第1兵团司令汤恩伯一面致电张灵甫,命其固守孟良崮,"协同友军予匪痛击,以收预期之伟大战绩";一面令驻桃墟的整编第25师、驻青驼寺的整编第83师、驻汤头的第7军和整编第48师、驻蒙阴的整编第65师,以及驻新泰的整编第11师速向孟良崮增援,并令孟良崮外围的第5军和整编第9、20、64师向孟良崮运动,对华东野战军形成强大压力。上述部队距离孟良崮至多不过一两天的路程,但在华东野战军的坚决阻击下,并未用尽全力,多则前进十几公里,少不过三五公里,再次暴露出国民党军缺乏协同、不能互救之顽疾。担任山东作战任务的国民党军各部,原有指挥系统不一,战场配合亦不无矛盾扞格。5月13日,蒋介石曾致电临时配置于第5军指挥的整编第85师师长吴绍周,要他处理好国民党军内部的矛盾:"惟闻我方将领间有不睦情事,殊为系虑","此次淄博之战,不能不增厚邱军(第5军邱清泉部)实力,而将弟师编入于该路,暂归邱军长之指挥。务希以大局为前提,不以阶级位置是论,时时遵从上级命令,达成所赋之任务。"然而尽管有蒋介石之耳提面命,每临实战之时,许多高级军官首先考虑的仍是己部之安危,对于救援他部总欠积极。战场主官对下属的如此作为亦时感无可奈何。

---

① 中共山东省委、临沂地委党史资料征集委员会编:《孟良崮战役》,251—253、421、432—433页,济南,山东人民出版社,1987。

自全面内战开始后,张灵甫指挥所部自苏北一直攻至山东,自视甚高,对其他部队之每每企图保存实力啧有烦言。此役开始前,张灵甫有感于此,在给蒋介石的电报中愤愤不平地说:"以国军表现于战场者,勇者任其自进,怯者听其裹足,牺牲者牺牲而已,机巧者自为得志,赏难尽明,罚每欠当,彼此多存观望,难得合作,各自为谋,同床异梦,匪能进退飘忽,来去自如,我则一进一退,俱多牵制,匪诚无可畏,可畏者我将领意志之不能统一耳。"①此役恰恰证明了张灵甫的担心。不过张灵甫万万没有想到的是,以己部之强大实力,会在周边数十万友军之坐视中被歼。直至整编74师被全歼,离孟良崮最近的整编第25师仍徘徊于10里开外的界牌,张灵甫终为其自信轻进付出了惨重代价。

5月16日,华东野战军对整编第74师发起总攻,全歼其部3.2万余人,师长张灵甫、副师长蔡仁杰等多名高级军官被击毙。中共华东野战军司令员陈毅和副司令员粟裕在国民党军重兵环伺的巨大压力下指挥若定,终于战胜对手,实现了他们战前所发"百万军中取上将首级"之豪言。当天,蒋介石手令山东各部:"竭尽全力,把握此一战机,万众一心,共同一致,密切联系,协力迈进,各向当面之匪猛攻……如有萎靡犹豫,逡巡不前,或赴援不力,中途(停顿)以致友军危亡,致使匪军漏网逃脱者,定以畏匪避战,纵匪害国,贻误战局,严究论罪不贷。"②面对优势国民党军的进逼,华东野战军迅速脱离战场,蒋介石的决战计划再次落空。5月19日,蒋飞抵徐州,与陈诚、顾祝同等商讨山东军事,决定各部暂驻原防,实施全面整训,改正战术,期做最后决战之准备,国民党军在山东的攻势暂告一段落。

以整编第74师之实力,以其友邻部队相距不远之事实,结果仍被全歼,震动了国民党上下。蒋介石"悲哀痛愤","尤增愤激",痛责"高级军官已成了军阀,腐败堕落,自保实力,不能缓急相救","各级指挥官每存苟且自保之妄念,既乏敌忾同仇之认识,更无协同一致之精神,坐是为敌所制,以至各个击破者,实为我军各将领取辱召祸最大之原因"。③

---

① 《"总统"蒋公大事长编初稿》卷六(下),446页;《蒋中正"总统"档案·筹笔(戡乱时期)》第16003号。
② 《孟良崮战役》,428—429页。
③ 《"总统"蒋公大事长编初稿》卷六(下),462—467页。

为追究此役失败之责任,整编第 83 师师长李天霞被"革职拿办,交军法审判"(次年被重新起用);整编第 25 师师长黄百韬被告诫;第 1 兵团司令汤恩伯被撤职,由范汉杰接任。在山东的国民党军将领大半被召到南京,检讨此役得失以及军队战术、精神、纪律等方面的缺失。蒋介石自信其指挥正确,将失败责任完全诿于下属,批评他们对其手订之军事计划没有遵照实行,认为"这就是你们一切失败的总因"。此后,一直负责指挥作战的参谋总长陈诚失去指挥权,并在 8 月份被打发到东北,接替熊式辉担任东北行辕主任。国民党军的作战改由蒋介石直接指挥,重要作战行动"必受到蒋先生亲署命令方生作用",从而更进一步养成了前线将领对所谓"手令"的依赖,不利于他们适时因应瞬息万变的战场情况,发挥作战的积极主动性;而那些出于正宗嫡系的"天子门生",更是非有"手令"不肯行动,也加剧了军队内部的派系矛盾,不利于需要高度配合协同的军事作战行动。而蒋"远隔前方,情报不确,判断往往错误",即便亲令,也是"一曝十寒,无甚效果";何况,蒋介石既为国民党内独揽大权的最高领袖,党、政、军决策事务集于一身,可谓"日理万机",个人精力毕竟有限,很难对每次作战都进行具体的指导,而其指挥之错误,又造成军队内部对其信任的下降。① 蒋介石亲自指挥军事的结果,并未从根本上改变国民党军事由攻转守的不利局面。

经过一段时间的检讨总结,蒋介石将山东作战的方针定为"并进不如重叠,分进不如合进",决定继续集中部队,重点进攻鲁中沂蒙山区的中共部队,以实现其肃清山东中共军队及其后方基地的目标。6 月 24 日,国民党军发起对鲁中的进攻,企图压迫中共华东野战军主力脱离沂蒙山根据地而就歼。此次攻势,由第 2 兵团王敬久部和第 3 兵团欧震部分别担任左右侧翼掩护,而以范汉杰指挥第 1 兵团自南向北担任正面主攻。范汉杰以第 5 军和整编第 25 师居左,整编第 11、64 师居中,整编第 9、65 师居右,三路兵力在宽不过百余里的战线上密集向北推进。由于范汉杰兵团的兵力优势,华东野战军部队未作坚守打算,范兵团先后占领南麻、鲁村,并于 7 月 11 日攻占华东

---

① 《先"总统"蒋公思想言论总集》卷二十二,30 页;《徐永昌日记》,1947 年 5 月 29 日、7 月 30 日、9 月 28 日、11 月 22 日。

野战军在鲁中沂蒙山区的核心基地沂水。此时中共晋冀鲁豫野战军在刘伯承、邓小平指挥下,已于 6 月 30 日渡黄河南进,进行外线作战;在鲁中国民党军麇集一团、内线作战没有合适战机的情况下,为了配合刘邓部队的行动,华东野战军亦于 7 月初实行分兵作战,5 个纵队转至外线,余下 5 个纵队由陈毅、粟裕指挥,继续在鲁中寻歼进攻的国民党军。由于此次分兵,华东野战军内线部队实力明显下降,又因为孟良崮战役的胜利,对己部战斗力估计过高,对国民党军战斗力有些轻视,致使内线作战未获预期胜利。

7 月中旬,因为国民党军自鲁中抽调部队对付华东野战军外线部队在鲁西南的攻势,其鲁中部队暂时据守各点,华东野战军以此为歼敌之机,首先集中 4 个纵队发起对南麻的攻击。据守南麻的整编第 11 师(第 18 军)为国民党军头等精锐主力,也是陈诚赖以起家的基本部队,自江西"剿共"时期起,即与中共部队多次交手,具有丰富的作战经验。师长胡琏机敏精干,上年 9 月鲁西南张凤集作战时,整编第 11 师在一部被围的情况下,靠自身实力救出被围部队,与中共晋冀鲁豫野战军打成平手。此次进占南麻后,胡琏有感于态势较为孤立,立即下令筑工守备,构成了以地堡为中心的完备防御工事。7 月 17 日,华东野战军以 3 个纵队发起对南麻的进攻,遇到整编第 11 师的顽强抵抗,攻坚不利,进展甚慢,时值天降大雨,装备受潮,更对攻击不利。此时,国民党援军 4 个军(师)逼近南麻,担任阻援的只有华东野战军 1 个纵队,受命参战的外线叶飞、陶勇 2 个纵队因天雨泥淖、路途险阻而被国民党军困于鲁南,无法赶到战场。攻击南麻的华东野战军已处于国民党军夹攻的危险之下,21 日被迫放弃攻击。此时部队已较为疲惫,亟待休整,但华东野战军指挥部思虑不周,又命部队在转进途中攻击临朐第 8 军。第 8 军军长李弥亦为国民党军悍将,十年内战时期曾在江西参加"剿共",具有与中共作战之经验。他率所部于 21 日刚刚进占临朐即奉命进援南麻,时值南麻解围,中共部队移师转进,李弥自觉态势危险,立即督率所部赶筑工事,稳固防务。自 24 日至 29 日,华东野战军对临朐连续发动猛攻,并一度攻入城内,进行巷战,李部则顽强据守,并得到空军的大规模轰炸支持。华东野战军在大雨中多日攻击不克,终以疲师而无法持久,只能在国民党援军的威胁下再次被迫撤离。

在南麻、临朐两次内线作战中,华东野战军对对手的战斗力有些轻视,投入攻击的兵力为3个纵队,未能形成绝对优势,而且第二次还是未经休整的疲惫之师,阻援部队仅有1个纵队,不能阻挡对手的增援(孟良崮战役投入5个纵队攻击,4个纵队阻援);尤其是对整编第11师这样一支与中共有交手经验、装备精良,又是以逸待劳的精锐部队,轻敌的结果导致未能一鼓而下,形成被动局面;再加上事先未料到连续大雨的天气,大大影响了部队的后勤供应和战斗力。华东野战军内线部队在这两次作战中损失近2.2万人,并被迫撤离鲁中,转至胶济路北和胶东一带休整,外线部队亦在鲁南几临险境,减员近3万人,从而在华东野战军内部引发争论和疑虑,认为是"打了败仗"。粟裕为此专门解释,这"不是败仗,也不能算胜仗,只是打了个平手仗、消耗仗"。华东野战军在战后对此两役的经验教训进行了认真的总结。粟裕认为,几仗"均未打好,影响战局甚大",原因主要是"对当前战局亦过分乐观,而对蒋顽继续维持其重点进攻之判断错误","随之发生轻敌",加以"七月分兵,失去重点"。陈毅和谭震林则认为,主要是由于"军事部署上的错误与战术上的不讲究"。尽管他们对失利原因的看法不尽相同,但粟裕坦诚地表示,他对所有战略指导和战役组织的缺点错误均应负全责,并自请处分。陈毅为此致电中共中央军委,表示"我党二十多年来创造杰出军事家并不多。最近粟裕、陈赓等先后脱颖而出,前程远大,将与彭(德怀)、刘(伯承)、林(彪)并肩前进,这是我党与人民的伟大收获";并表示此次"事前我亦无预见,事中亦无匡救,事后应共同负责"。中共中央军委复电完全同意陈毅的意见,宽慰陈粟:"几仗未打好并不要紧,整个形势仍是好的。请安心工作,鼓励士气,以利再战。"①

由于华东野战军分兵及内线作战不利,使国民党军较为顺利地进占鲁中沂蒙山区,并于8月中旬打通了胶济路,蒋介石认为他规划的重点进攻目标——占领中共政治根据地延安和摧毁中共军事根据地沂蒙山区均已实现,唯余最后一个目标——捣毁中共交通供应根据地胶东

---

① 《粟裕传》编写组:《粟裕传》,623—630页,北京,当代中国出版社,2000;王辅一:《华东军区第三野战军简史》,239—241页,北京,中共党史出版社,2002。

地区仍待实现。因此,虽然中共中原野战军已南渡黄河,进入大别山区,华东野战军和陈赓兵团亦发起大规模外线作战,但蒋介石起初并不十分重视,认为这"完全是被迫的临时决定的",是其进攻战略的成功,因此仍命令山东部队"照原定目标与任务,专心挺进,勿为中原匪情所炫惑动摇"。① 范汉杰随后指挥第 1 兵团的 6 个军(师),以"锥形突进,分段攻击"为作战方针,发起胶东攻势,企图一举摧毁中共胶东根据地,然后再转用兵力于其他战场。胶东为中共华东根据地的后方基地,集中了大批后方机关和物资储备,地位重要,但三面临水,地形由宽而窄,不利于防守和机动。此时,陈毅、粟裕已率华东野战军西兵团出击外线,留在胶东的是华东野战军东兵团(山东兵团)4 个纵队,由许世友任司令员,谭震林任政治委员,且分散在两处,实力远不及当面国民党军。因此,他们并未准备固守胶东,而是以运动防御作战迟滞国民党军的进攻,转移人员物资,再伺机发起反攻。9 月 1 日,国民党军以第 8 军为左翼,第 54 军为右翼,整编第 9 师和第 25 师居中,自胶济路出发,向中共胶东根据地发起攻击。华东野战军东兵团在节节防御后,按照预定计划转进国民党军后方。国民党军一路占领胶东城镇,并于 10 月 1 日占领烟台,达到其攻势的顶点。由于中共在胶东的土改对地主冲击较大,不少地主逃亡他乡,在此次胶东作战过程中,大批逃亡地主组成还乡团,跟随进攻的国民党军回到胶东,进行报复。

　　山东是国民党军事重点进攻的主战场。1947 年上半年,国共两军在山东对垒,国民党军屡遭挫折,使蒋介石及国民党上下均颇为沮丧;7 月至 9 月,因为中共华东部队主力分兵转进,国民党军在山东的攻势进展较为顺利,又使蒋介石及国民党上下均盲目乐观。蒋介石对胶东攻势评价甚高,认为是"国家转危为安,革命事业转败为胜的关键";"在整个剿匪战事中有极其重大的价值,占极其重要的地位"。他认为,从此以后,战局转入"新的阶段",中共军队既无根据地,也无目的地,只是窜到哪里就算哪里,已经完全陷于被动的地位了,国军下一步目标为"追剿",进一步断绝中共军队的兵源和粮源,

---

① 《"总统"蒋公大事长编初稿》卷六(下),559、564 页。

并转用于其他战场。① 不过,战争的实际进程远非蒋介石估计的那样乐观。胶东攻势是全面内战开始后国民党军发动的最后一次像样的进攻,也是国民党军攻势的终点。此后,国民党军在全国所有战场均转为防守,并在中共部队的进攻下步步退缩。因此,蒋介石所称"新的阶段",已经不是国民党军可以"追剿"中共,而是国民党军由攻转守并步步退缩,中共部队由守转攻并步步进击的新阶段,所谓"胜利"对国民党已经是遥不可期了。

在国民党军重点进攻的另外一个战场陕北,其攻势相对顺利,达成了预期目标——占领中共中央首脑机关所在地延安。早在全面内战爆发前,自抗战中期开始就担任封锁中共陕甘宁边区及延安任务的第一战区司令长官胡宗南便企图攻打延安,实现其"建功立业"目标,但他命部下所拟进攻陕北的作战计划,"因碍于政治因素,未蒙批准"。全面内战爆发后,胡宗南重提进攻延安计划,并为此于10月间到南京,"力言进攻延安之时机,逾此,天候限制、地形限制、补给限制,不可为矣"。但因国民党与中共的关系尚未最后破裂,延安为中共中央所在地,还驻有美国军事观察员,蒋介石仍认为攻打延安的时机未至,要胡宗南先出兵晋南,打通同蒲路,解除西安侧翼之威胁。直到1947年2月底,蒋介石下令驱逐中共驻南京等地代表,国共关系最后破裂,进攻延安已不再有政治上的障碍。2月28日,在南京卫戍司令部下令中共代表限期撤离之同日,蒋介石在南京召见胡宗南,商讨陕北作战方案。此时,国民党军刚在鲁南会战中失利,陕北作战关系中外视线,蒋介石对胡宗南的进攻计划并不放心,连问胡"陕北作战有把握否",胡"列举匪我兵力以对,并称极有把握",使蒋下定进攻延安之决心,并令胡宗南具体组织实施。胡宗南对进攻延安早有准备,在其进攻计划得到批准后,立即部署各部按计划进行。他令整编第29军军长刘戡指挥2个师1个旅为左兵团,自洛川北攻甘泉、延安;整编第1军军长董钊指挥3个师为右兵团,自宜川北攻临镇、延安;整编第36师副师长顾锡九指挥1个旅及6个团为陇东

---

① 《剿匪军事之新阶段与新认识》,军事图书馆藏档。

兵团,自甘肃合水向东行侧翼攻击;整编第76师为预备队,总兵力约为15万人,作战指导是"彻底集中优势兵力,由宜洛间地区直捣延安,以有力一部突入敌后而奇袭之"。① 3月13日,各部开始全线进攻,自领命、部署到攻击,时间不及半月,行动相当快捷。

延安虽为中共中央多年之驻地,但并无大军拱卫,直至战前,陕北甚至还没有野战部队的统一指挥机关,即使算上接邻的晋西北地区,中共在这一地区的军事力量仍是中共各大战区中最为薄弱的,陕北作战开始后才编成的西北野战兵团(司令员彭德怀),不过2个纵队2万余兵力,装备亦甚差,这也使陕北成为国共双方兵力悬殊最大的一个战区。因此,中共中央自始就没有固守延安之意,而是计划有秩序地退出延安,"以边区地域之广,地形之险,人民之好,有把握钳制胡军并逐渐削弱之,保持广大地区于我手,以利它区作战取得胜利"。② 国民党军发动进攻之前,胡宗南的机要秘书、中共地下党员熊向晖将此绝密情报传回延安,使中共得以从容准备,部署撤离等事宜,这是中共在全面内战时期最为成功的情报杰作之一。国民党军发起进攻之后,中共陕北部队进行多日阻击作战,以掩护中共中央机关撤离。3月18日傍晚,毛泽东、周恩来等中共领导人离开延安。次日上午,中共部队主动放弃了延安。其后,为了更好、更有效、更方便地指导全国各战场的作战并领导中共的工作,29日晚,毛泽东在清涧北枣林子沟主持中共中央会议,决定由毛泽东、周恩来、任弼时率中共中央及军委机关留在陕北,主持中央工作;由刘少奇、朱德、董必武组成中央工作委员会,以刘少奇任书记,前往晋西北或其他适当地点(后进驻河北平山县西柏坡),进行中央委托的工作。4月11日,中共中央又决定,中央和军委机关大部分工作人员留驻晋西北临县,组成以叶剑英为书记、杨尚昆为后方支队司令员的中央后方委员会,统筹后方工作。这样,中共中央在面对国民党军进攻时,主动撤离其多年驻地延安,处变不惊、有条不紊地安排了今后的工作,确保了中共中央对各根据地工作领导的连续与高效,尤其是

---

① 於凭远、罗冷梅等编纂:《民国胡上将宗南年谱》,177、186页,台北,台湾商务印书馆,1980;中国第二历史档案馆编:《中华民国史档案资料汇编》第5辑第3编军事(2),597页,南京,江苏古籍出版社,1999。

②《中共中央文件选集》第16册,426页。

对各战场作战的统一指挥。当时,中共内部对毛泽东是否继续留在陕北有不同意见,不少人出于安全考虑,建议毛泽东不必留在陕北,但毛"力排众议,坚持要把党中央留在陕北",体现了他对这场战争的充分自信。①

国民党军占领中共中央所在地及其政治中心延安,实现了蒋介石对陕北作战的预期目标,完成了蒋之驱赶中共中央首脑机关出延安的夙愿,并可使国民党获得宣传利益,蒋介石颇为满意。21日,蒋介石致电胡宗南称:"延安如期收复,为党为国雪二十一年之耻辱,得以略慰矣,吾弟苦心努力,赤诚忠勇,天自有以报之也,时阅捷报,无任欣慰!"②但胡宗南部进占延安,所得不过为一空城,既未歼灭中共陕北部队,更不知中共中央之去向。胡宗南判断中共部队已向安塞"北窜",遂令部队向安塞攻击。3月25日,中共西北野战兵团利用胡部整编第27师31旅孤立行进于安塞东南青化砭之机会,设伏歼灭之。4月13日,国民党军在多日求战不得后再向蟠龙西北进击,西北野战兵团集中4个旅的部队,在羊马河伏击并歼灭了自瓦窑堡南下策应的整编第15师135旅。5月2日,西北野战兵团又乘胡部大军据不实情报北上绥德企图求歼中共部队之机,以主力4个旅南下,避实就虚,攻击胡部后方补给基地蟠龙,并于4日歼灭守军整编第1师167旅,缴获大批物资,既充实了己方实力,又使胡部之后勤供应更加困难。中共西北部队以弱旅而三战三捷,初步度过了撤离延安后的困难时期。

胡宗南部队占领延安后,急于寻找中共主力决战,并企图一举消灭中共中央首脑机关,但为避免再遭伏击,他令所部采取"方形战术",将各部排成方阵,不走大道平川,专走小路爬山;不就房屋设营,多为露天宿营;不作单独行进,改为数路并行;在缺乏植被、黄土遍布的陕北裸露山梁上,胡部行进队列浩浩荡荡,蔚为壮观,被中共讽之为"武装大游行"。中共中央机关以几百人的小分队,利用陕北的地形与多年形成的群众基础与胡部十数万大军周旋,其间几次遇险,亦得迅速脱离而安然

---

① 《胡乔木回忆毛泽东》,481页,北京,人民出版社,1994。据周恩来1960年7月在中共中央北戴河工作会议的报告,当时苏联曾来电要毛泽东到苏联去,但毛坚持留在陕北,连黄河也不过。(吴冷西:《十年论战》,324页,北京,中央文献出版社,1999)

② 《民国胡上将宗南年谱》,190页。

无恙。结果,胡部来回奔走,每每扑空,人困马乏;加之陕北人烟稀少,偏僻荒凉,胡部后勤全待后方补给,时有供应不及之虞,"伤落倒毙日渐增多,战力消耗极剧。人马时致枵腹,故不特军纪日衰,且士气已远非昔比。"①毛泽东将此比喻为"蘑菇"战术,即将对手磨得精疲力竭后再消灭之。国民党过后承认:"陕北追剿作战,因无全程之指导,加以情报失灵,不仅使追剿作战捕风捉影,往返奔驰,徒劳无功,全陷被动,反而受匪欺骗,堕入陷阱,为匪所乘。"曾经对胡宗南攻占延安大为嘉许的蒋介石,此时才发现陕北战况并不如其所预期,由希望一变而为失望。5月25日,他直截了当地问胡宗南:"陕北军事何时可以结束?"胡宗南无以答复,蒋令其在两个月内肃清陕北。但"肃清"时间一延再延,终成遥遥无期。胡宗南为蒋介石的得意门生,蒋寄予厚望,在国民党军系统内升迁甚速,属部众多。自抗战中期起,其部队被部署在陕北周边,封锁中共边区,然一经与中共交手,战斗力并未显出过人之处,被中共讽为"野心十足,志大才疏"的常败将军。胡部占领延安,国民党除了可以借此对外大加宣传外,并未获得多少实际利益,相反却被牵制了大量兵力,并由强师被拖成弱旅,最后师老兵疲,胡宗南的几十万部队在内战中基本未能发挥什么大的作用。当时国民党内部即有人对攻占延安的行动不以为然,如徐永昌认为此举使国军"被抑留数万,不能将所有包围陕北者调出使用";延安被占后,"陕北共党若折回扰胡宗南之后,则可征其有力,如被迫仅至扰晋,则无能为矣(吾将以此测中共前途)"。②胡宗南部占领延安后,中共部队并未"扰晋",而是频频"回扰胡宗南之后"。可见中共前途之"有力",是国民党高级官员也不能不承认的。

---

① 第一野战军战史编审委员会编:《中国人民解放军第一野战军战史》,62页,北京,解放军出版社,1995。
②《国民革命军战役史》第五部第3册,782页;《徐永昌日记》1947年3月19日、4月11日。

第三章
战后社会的动荡与纷扰

抗日战争胜利之后,国内局势持续动荡不安。国民党通过接收获得了大批资财,成为其统治的有力物质支撑。但国民党在接收中普遍的贪污腐败行为,造成民怨四起,严重损害其政治形象。以学生为主力的反战民主运动在战后此起彼伏,并得到社会各阶层的广泛认同与支持,动摇了国民党的统治基础,成为呼应中共军事作战行动的第二条战线。中间势力在战后一度十分活跃,他们主张在美苏、国共之间走中间道路,虽然缺乏现实的可能性,但对国民党企图继续维持其一党统治仍具有冲击作用。为了因应社会各界对民主的强烈要求,国民党被迫召开国大,通过宪法,在名义上开放政权,但并未改变国民党垄断政权、抗拒民主的统治实质,也无法起到在政治上缓和社会矛盾的作用。战后的中国仍然面临着复杂多变的地方与边疆问题,而面对美苏等大国强势下进行的外交努力亦尽显弱势。战后的经济重建困难重重,国家资本急速膨胀,而经济危机及恶性通货膨胀则急速发展,国民党对此几陷于束手无策之境地。经济危机及通货膨胀的恶化,更进一步激化了社会矛盾,使社会始终处在动荡与纷扰之中,大大不利于国民党的统治。

第一节　怨声四起之接收与复员

对抗战胜利的不期而至,国民党本无充分准备,缺乏合理可行的接收规划,又没有强有力的各级监督,结果导致战后在复员与接收问题上弊端百出,从而激化了社会矛盾,使国民党因抗战胜利而得之不易的威望和信誉迅速由高峰而降至低谷,并直接影响到国民党执政的稳定性,为其在内战中因失去人心而迅速失败埋下了伏笔。

抗战胜利之初,蒋介石下令由陆军总部"指导监督并得全权处理收复区内一切党政各事务"。为此,1945年9月5日,陆军总部成立党政接收计划委员会,由总司令何应钦兼主任委员,参谋长萧毅肃和社会部长谷正纲担任副主任委员。但该委员会实际上不过是"幕僚性质之机构","陆总对于全国收复地区的一般政务,无权亦无力处理,军与政,既不能配合,党也未曾发生作用,而我行政院各部会对伪组织中央各部会的机构与事业的接收,不但事前没有'敌情观念',而且也没有一张蓝图,可供我各部会间彼此分工合作的参考"。各战区的接收基本上是各自负责,自行其是。何况接收日伪留下的庞大产业,对机关和个人而言,本身就有不少油水可捞,各级主管机关及其负责人也不愿意统一接收工作,以免妨碍其既得利益。如此一来,各级接收官员因为缺乏强有力的约束,难免贪赃枉法。结果,"接收办法公布既晚,且复一再变更,致敌伪事业,先经军事机关接收,复经地方机关接收,又经主管机关接收,接收一次,损失一次,至于不肖官吏军警勾结地痞流氓,明抢暗盗,所在多有,损失更所不赀","丧失人心,莫此为甚"。①

接收中普遍存在的混乱与贪污,引起了社会各界的广泛不满与批评,也不能不引起国民党当局的关注,从而将统一接收的问题提上议事日程。9月22日,行政院院长宋子文结束对苏联、美国和欧洲的访问,回到重庆,开始部署由行政院统一主管全国的接收工作,同时也以此为名,将接收日伪财产的巨大利益归于行政院系统。10月12日,宋子文首先在上海设立了行政院院长驻沪办事处,接着在10月下旬,正式成立了由副院长翁文灏主持的行政院收复区全国性事业接收委员会。11月23日,行政院公布《收复区敌伪产业处理办法》,明文规定:敌伪产业接收处理以全国性事业接收委员会为中心机关,在重要区域设立敌伪产业处理局,办理敌产接收处理事宜;原有接收及处理敌伪产业机关一律撤销,移交处理局。为此,行政院先后成立了上海区(后改为苏浙皖区)、河北平津区、山东青岛区和两广区敌伪产业处理局,武汉、河南区敌伪产业处理办公处(湖南、江西两省委托省政府处理),东北、台湾接收处理委员会。此后,多头接收的混乱状况有所改变,敌伪产业,尤其是经济产业开始由敌伪产业处理局负责接收变卖事宜,但因各地的敌伪产业先前多已被层层接收,各个有实权的军政机关以种种借口,对其接收的敌伪产业或拒不交还,或交还时漏报少报,或交还后仍继续占有,敌伪产业处理局对此亦无可奈何。至接收告一段落后,全国性事业接收委员会于1946年7月撤销,其后由中央信托局负责敌伪产业处理未尽事宜。

关于接收日伪产业的数量,因为接收的混乱,兼以内战的影响,难以确切统计,而且因为战后法币币值的急剧变动,接收产业变卖后的收入,其价值也在不时变动之中。据1947年3月的统计,全国接收日伪产业总数折合法币为95 897亿元(不包括东北和台湾),如按当时官价法币12 000元兑1美元折算,为79 914万美元。今人统计,全国接收日伪产业总数(包括东北与台湾)折合战前法币为230 155万元,如按战前法币1元兑0.295美元折算,为67 896万美元。1946年11月赔偿

---

① 邵毓麟:《胜利前后》,175页,台北,传记文学出版社,1967;《国民参政会第四届第二次大会提案原文》下册审4第134号,国民参政会秘书处,1946。

委员会第一次估计为38 992万美元,1947年7月第二次估计为33 496万美元,英国方面估计约为4亿美元,美国顾问估计约为35 000万美元。历经3年之处理,到1948年10月,未处理的日伪产业仍有相当庞大的数量,估计价值金圆券33 274万元,如按金圆券与美元4比1的法定比例,则值8 319万美元。① 考虑到接收初期的混乱与接收官员之贪渎,有不少日伪产业在接收中未予统计,或为接收官员个人所得,难以计入接收总数,因此,无论何种接收总数的估计可能均较实际为低。但无论如何,几亿美元的接收数额实为国民党当政以来一次性获取的最大一笔财富,为国民党扩大由其掌控的国营工矿业奠定了基础。但是,国民党对这一笔财富并未善为运用,其中的不动产多成为国营企业的资产,结果效率低下,运营状况不佳;动产则多变卖后用于支持内战,甚或为官僚贪占。

　　收复区城市,尤其是沪、宁、平、津、穗、汉这样的大城市,战前即为中国经济较为发达的地区,虽经历了战争的破坏,但经济和生活水准仍较西南后方为高。战后到收复区接收的国民党官吏,在经历了后方八年的艰苦生活之后,一到收复区,便为各色花花世界所迷,滥用权力,牟取私利,被时人讽为"五子登科"〔即房子、条子(金条)、票子、车子、婊子〕,给收复区人民留下了极坏的影响。接收官员中的胆大者毫无顾忌地公开占据敌伪财产,胆小者则先以单位名义接收日伪财产,再化公为私,据为己有。除了接收官员个人的贪污之外,政府对接收产业的标卖实际上也是变相将日伪产业化公为私的一种方式。接收日伪产业的标卖由敌伪产业处理局下设的评价委员会负责资产估价、投标人资格审查、竞标出售等项工作。由于售出时的价格多低于市价,并由指定商家竞标,这就给了接收官员上下其手、收受贿赂、"合法"贪污的机会。在国民党六届二中全会上,有中央委员提出:东西卖了,表面上是登批标卖,究竟是哪些人标买的? 有没有限制? 什么时候发卖的? 为什么没有在报纸上公布? 日伪产业是在日本侵略战争期间掠夺中国人民的财

---

① 万仁元、方庆秋主编:《中华民国史史料长编》第70册,122页,南京大学出版社,1993;许涤新、吴承明主编:《中国资本主义发展史》第3卷,604页,北京,人民出版社,1993;《日本投降与我国对日态度及对俄交涉》,106—107页,台北,"中华民国外交问题研究会",1966;朱汇森主编:《中华民国史事纪要》,1948年10月13日,台北,"国史馆",1998。

富、压榨中国人民的劳动而形成的,本应为全国人民所有,如今其中的相当部分却因为国民党接收中的贪污腐败而"合法"地转化为各级官僚的私人财产。尤有甚者,不少日伪产业是强占中国人民的私人财产而形成的,胜利后本应归还其合法所有者,但接收官员却以种种理由,动辄加人以"汉奸"罪名,以"敌产"或"逆产"为名查封,据为己有,无视其合法所有者归还产业的要求。蒋匀田以其亲身经历认为:"国民党的地方党部到处科人民以经济汉奸、文化汉奸的罪名,以满其榨取之欲,引起民间广传收复失土,丧尽人心的民谣,到处可以听到,此乃国民党在大陆所以失败如彼之速的主因。"①

战后接收中最为恶劣、最为收复区民众反感的政策,是有关法币与伪币兑换率的规定。南京受降的当天,9月9日陆军总部发布命令,要求政府机关暨国营事业以及一切税款之收支,此后即应完全使用法币,不得再用伪钞;自9月12日起,各银行一切往来交易,应一律使用法币。此时,政府当局尚未规定法币与伪币的兑换比例,接收官员正好利用这一点,压低伪币价值,大发其财。9月27日,财政部公布《伪中央储备银行钞票收换办法》,将法币与汪伪中储券的兑换率定为1比200;11月22日,又公布《伪中国联合准备银行钞票收换办法》,将法币与华北伪联银券的兑换率定为1比5。如按当时伪币的实际购买力,法币1元约合伪币(中储券)50元,黑市兑换价也不过1比80。因此,1比200的兑换比例,无异于政府公开地以合法手段掠夺收复区的财富。法币在后方本已不值钱,但在这种极不合理、几近公开掠夺的兑换比例公布后,法币价值大大超出其本来价值,接收官员携法币去接收区,个个大发横财,甚至有人动用军用飞机运送法币至接收区倒买倒卖。结果,"大大地苦了收复区同胞,大大地发了后方去的人。可怜收复区同胞,他们盼到天亮,望见了祖国的旌旗,他们喜极如狂,但睡了几夜觉之后,发觉了他们多已破家荡产,手上所仅有的财产筹码——伪币,差不多已分文不值。"②

---

① 《国民党六届二中全会第四次会议速记录》,国民党党史馆,6.2/6;蒋匀田:《中国近代史转捩点》,16页,香港,友联出版社有限公司,1976。
② 1945年9月27日《大公报》,重庆。

接收中的大量贪污腐败行为引起社会舆论的广泛批评,不能不引起国民党当局的注意,他们承认"目前民众对本党最大的反感,就是贪污"。陆军总部进驻南京后,连续发布布告,要求不得擅自封占汉奸及日侨产业,不得强占民房逆产或日侨住宅。9月25日,蒋介石分别致电陆军总司令何应钦和北平行营参谋长王鸿韶,要求对接收人员"应即严加督饬,务须恪守纪律,以维令誉。如有不法行为,准予从严究办,毋得宽假。"10月24日,陈诚和张群在蒋介石官邸会报中报告"接收人员花天酒地,以及贪污受贿等种种不法情形",使蒋"闻而怒甚"。他致电京、沪、平、津四市军政长官称:"各地军政官员,穷奢极侈,狂嫖滥赌,并借党团军政机关名义,占住人民高楼大厦,设立办事处,招摇勒索,无所不为……希于电到之日,立刻分别饬属严禁嫖赌,所有各种办事处之类大小机关名称,一律取消封闭,凡有占住民房招摇勒索情事,须由市政当局负责查明,一面取缔,一面直报本委员长,不得徇情隐匿,无论文武公教人员及士兵长警,一律不得犯禁,并责成各级官长连带负责,倘再有发现,而未经其主官检举者,其主官与所属同坐,决不宽贷。"尽管有蒋介石的严令,但因接收中的贪污腐败行为波及面甚广,在官官相护之下,并未得到有效的遏止。为了缓和社会舆论的强烈批评,1946年6月,由国民政府监察院出面,联合国民党中央监察委员会和国民参政会,共同组织接收清查团,分赴各地清查接收工作。然而,各地方官员以种种借口对清查设置障碍,使清查工作很难深入,与社会和舆论的期待相距甚远。但各清查团在清查报告中都承认贪污腐败行为的广泛存在,认为接收工作"既未先设整个统一之机构,亦无统一指挥接收之大员。……各不相谋,各自为政,明为接收,实为抢攘。"①

自1927年以后,国民党长期实行一党训政,垄断政权在既缺外界有力监督又无有效党内监督的情况下,各级官员的奋斗之心日薄,贪污腐败之风日长。抗日战争时期,国民党虽曾一度努力振作,但随着长期困守后方,缺乏进取,贪污腐败风气有增无已,日渐失去民心。抗日战争的胜利,给了国民党修复自身形象的最好机会,使其在民众中的声望

---

① 秦孝仪主编:《"总统"蒋公大事长编初稿》卷五(下),858—859页,台北,中国国民党中央委员会党史委员会,1978;《接收处理敌伪物资工作清查报告书》,南京,中国第二历史档案馆藏档,五三六—56。

一度达到了执政以来的高峰,享受到胜利带来的"红利"。可是,国民党没有善为因应,呼应民众对和平发展的强烈期待和对稳定生活的最低要求,却因接收弊端百出、贪污腐败盛行而致在不长的时间里便丧失了民心,"红利"一变而为"赤字"。当时的社会舆论对此有大量的公开批评。《大公报》多次发表社评,呼吁当局"收复失土,千万不要失去人心",批评当局"二十几天时间,几乎把京沪一带的人心丢光了"。《时事新报》在社评中说:"老百姓的希望,说起来实在是极其简单而起码的。他们恨日本人,恨汉奸,他们希望中央来了之后能够把日寇汉奸所作所为的坏事一律革掉,而切切实实地替老百姓做一点好事。"但是,"政府究竟替老百姓做了些什么?"由于接收期间种种不尽如人意之实际,加上舆论报道的渲染,国民党在民众中的声望很快由高峰而至低谷。有如当时舆论所说:"在这短短期间内所揭发的舞弊案,几乎充满了报纸每天的篇幅。舞弊的角色包括不只一方面,舞弊的花样更是光怪陆离,使人头昏目眩。这究竟是何等社会?何等政治?真不能不叫人心痛心寒。"而"想中央,盼中央,中央来了更遭殃"更成为流行歌谣,反映着民心的向背,进而对国民党统治造成严重的负面效应。[①]

  在各地接收的同时,战时迁往后方的国民政府各机关、各事业单位、教育文化机构、工矿企业等,也开始准备复员,回到迁出地。1945年8月17日,国民党中央执行委员会决定,由各单位分别拟定复员计划,准备实行。随后,行政院拟定了《收复区各项紧急措施办法》,分部门拟定了接收要点,着重于迅速恢复地方行政、警察机构;分区供应钞券,恢复银行系统,处理敌伪金融机构,接收敌伪财产;接管敌伪陆海空交通、邮电通信机构,并照常运营;迅速接收并恢复工矿业务,根据处理原则,或发还原主或由政府经营;督饬教育文化机关恢复工作,学校照常上课。由于复员准备工作不够充分,缺乏科学合理的详细规划,再因交通工具的制约和指挥管理的混乱,复员工作的进行并不顺利。

  为了加速复员工作的进程,1946年2月21日,行政院发出《中央党政机关还都办法》,对各部会还都人员、运输工具及经费预算做了具

---

① 1945年12月15日《时事新报》,上海;1945年9月14日、27日和1946年9月25日《大公报》,重庆。

体规定。4月底,国民政府及各院、部的还都工作基本完成,开始在南京恢复办公。4月30日,国民政府发出还都令称:"兹者国土重光,金瓯无缺,抗战之任虽繁,建国之责加重,政府爰定于本年五月五日凯旋南京,以慰众望。"5月5日,国民政府还都大典在南京隆重举行,蒋介石在大会演说中提出:"我们今后共同一致、努力建国的方针:就是一要戒浪费;二要尚节约;三要明礼义;四要知廉耻;五要负责任;六要守纪律。"①演说中闻不到内战正在发生的战火硝烟,没有提出对民众普遍关心的现实问题的解决之道,却散发出国民党当政后一直鼓吹的所谓固有传统的保守气息。国民党在还都之际提不出什么新的口号、新的方针,而是以20年不变的礼义廉耻之宣传与突出宣传追求革命性变革的中共争夺民众的支持,其在宣传竞争中败阵也是事出必然。

接收工作还包含对日伪的处理。1945年8月15日,蒋介石在抗战胜利演讲中提出了"以德报怨"的对日政策,表示对日本"不念旧恶及与人为善","只认日本黩武的军阀为敌,不以日本的人民为敌"。②蒋介石提出这一政策的目的,主要是为了稳住在华日本军队,减少接收中的阻力,并防止日军投向中共方面,以有利于处理国共关系等更为紧迫的问题。为了体现"以德报怨"的政策,国民政府对于在华日军和侨民都采取了较为宽大的政策。对日军官兵,保留了其原有的指挥体系,让他们集中接受教育,并从事修复交通通信设施和战时被毁工程的劳动;对各地日侨,在指定区域集中后,由当地省市政府管理,对于其中有技能、技术者,可以征用工作,并发给生活费。1945年10月,中国和美国达成协议,由中方负责将中国战区(包括越南北部)的日俘、日侨集中后,由美方安排船只运送回国。自当年11月至1946年底,共遣返日本军人123万人、日侨175万人。

1945年11月6日,军政部、军令部、外交部、司法行政部等联合组织战争罪犯处理委员会,负责对日本战犯的审判处理工作(1946年6月国防部成立后,此项工作由国防部主持)。因为蒋介石提出对日"以德报怨"政策,因此对日本战犯的处理亦较为宽大。1946年10月25

---

① 《国民政府公报》,1946年4月30日;1946年5月6日《中央日报》,重庆。
② 《抗战胜利后重要文告》,3页,中国国民党河北省党部,1945。

日,战犯处理委员会举行对日战犯处理政策会议,决定"对日应高瞻远瞩,处理战犯宜从大处着眼,不必计较小节"。根据此项原则,决定除对与南京及其他各地大屠杀案有关的重要战犯应从严处理外,对日本普通战犯的处理,应以宽大、迅速为主;若无重大罪证者,予以不起诉处分,释放遣送返日。1947年10月15日,停止对日本战犯的检举;当年底,基本结束对日本战犯的审判,撤销各地军事法庭;1948年7月,战争罪犯处理委员会解散;1949年4月,国防部战犯审判军事法庭最后结束。到1947年底,各军事法庭共判处日本战犯有期徒刑167人,无期徒刑41人,死刑110人(其中将官6名,校官4名,尉官21名,士兵44名,其他35名)。被判死刑的战犯中,最为中国人民所切齿痛恨者,为南京大屠杀的直接责任者、前日军第六师团师团长谷寿夫。1947年3月10日,国防部军事法庭以谷寿夫将"残酷行为加诸徒手民众与夫无辜妇孺,穷凶极恶,无与伦比,不仅为人类文明之重大污点,即揆其心术之险恶,手段之毒辣,贻害之惨烈,亦属无可矜全",判处谷寿夫死刑,并于4月26日在南京执行。由于"以德报怨"的对日政策,日本战犯在战后中国所受的处罚,与他们在中国犯下的罪行相比,量刑偏轻,多数高级军官并未被追究责任。前日本中国派遣军总司令冈村宁次,因为在接收期间遵从国民党的指令,使国民党军队顺利受降而被从轻发落。1949年1月26日,军事法庭判决其"既无触犯战规,或其他违反国际公法之行为,依法应予谕知无罪,以期平允"。① 30日,冈村宁次以及仍在上海战犯监狱被关押的全部日本战犯被遣送回日本。

在对汉奸的处理方面,因为国民党需要利用他们稳定收复区局势,配合接收,因此最初并未涉及。蒋介石在给何应钦的指示中,特别要求"逮捕汉奸消息及逮捕条例,概勿发表,必须由本委员长批准后,方得正式公布"。②直到在南京受降之后,国民党迫于舆论的强烈反应,才开始逮捕及审判汉奸的法律程序。1945年9月26日,何应钦下令对伪政府文官荐任以上、武官少将以上官员,以及职位虽低但罪行重大者,一

---

① 《日本投降与我国对日态度及对俄交涉》,458—469页;"南京大屠杀"史料编辑委员会:《侵华日军南京大屠杀史稿》,225、233页,南京,江苏古籍出版社,1987;《传记文学》第2卷第2期,37—38页,台北,传记文学出版社。
② 《中国战区中国陆军总司令部处理日本投降文件汇编》下卷,196—198页,中国陆军司令部,1946。

律拘捕，听候处置，并陆续拘捕了南京伪政府的首领。11月23日，国民政府公布《处理汉奸案件条例》，规定曾任伪简任职以上公务员或荐任职机关首长，特务机关人员，专科以上学校校长，金融实业机关首长，新闻出版、宣传文化、社会团体重要工作者等应被检举。12月6日，国民政府重行公布《惩治汉奸条例》，规定了对汉奸的判刑依据，最高可至死罪，并规定曾任伪职而未判罪者，在一定年限内不得为公职候选人或任用为公务员。至1947年10月，共判处汉奸死刑369人，无期徒刑979人，有期徒刑13 570人。被处死刑的伪部长、伪省长等曾任特任级官员的汉奸中有南京伪政府代主席陈公博、外交部长褚民谊、内政部长梅思平、宣传部长林柏生、立法院长梁鸿志和副院长缪斌、华北治安督办齐燮元、华北政务委员会委员长王揖唐、冀东自治政府主席殷汝耕、参谋总长胡毓坤、陆军部长叶蓬、海军部长凌霄、湖北省长杨揆一、浙江省长傅式说等。汪精卫的妻子陈璧君、伪司法院长温宗尧、考试院长江亢虎、华北政务委员会委员长王荫泰、安徽省长罗君强等被判无期徒刑，伪华北教育督办周作人被判14年徒刑。

在审判汉奸的过程中，如何处理南京伪政府的第三号人物、行政院副院长周佛海和社会部部长丁默邨，成为社会关注的焦点。日本投降后，为了顺利接收对国民党至关重要的南京、上海地区，军统负责人戴笠曾致函周佛海，令其："联络各方共同负责，而由兄主其事务。请兄于此紧急艰巨之时期，于任务能秉承领袖之意旨，鼎力以支持之也。"周佛海随后出任上海行动总队总指挥，为国民党顺利接收上海立下了汗马功劳。戴笠曾称赞周佛海："伪府数十万伪军之向背，与东南财富及通都大邑之掌握，不费一枪一弹，而能顺利接管，关系大局极巨。"①因此，就在各级大小汉奸受审之时，周佛海等仍被戴笠安置在重庆而无事，引起舆论的强烈批评。迫于舆论的压力，周佛海和丁默邨被先后起诉。1946年11月7日，首都高等法院以周佛海"纵树微功，难掩巨过；偶施小惠，莫蔽大辜。权衡轻重，量刑未便从宽"，判处其死刑。1947年1月20日，最高法院复判仍为死刑。还在周佛海被审期间，即不断有各

---

① 南京市档案馆编：《审判汪伪汉奸笔录》(上)，180页，南京，江苏古籍出版社，1992；朱汇森主编：《中华民国史事纪要》，1945年8月18日。

方面党政要员为其说项,甚至陆军总司令部和国民党中央组织部亦向法院专函说明周之"功绩",请求从宽处理。周佛海被判死刑后,陈果夫和陈立夫兄弟亲笔致函蒋介石,称周"在京沪杭一带暗中布置军事颇为周密,胜利后使江浙两省不致尽陷于共党之手,国府得以顺利还都,运兵至华北各地,不无微功"。蒋批示"该犯似可免于一死"。2月26日,国民政府以周佛海"既在敌寇投降前后能确保沪杭一带秩序,使人民不致遭受涂炭,对社会之安全,究属不无贡献",下令将其原判之死刑减为无期徒刑。1948年2月28日,周佛海病死于南京狱中。1947年2月8日,丁默邨亦被判处死刑,虽也有各方为其说项,但5月1日最高法院复判其"虽不无微功,究不能掩其罪恶之万一,因此不予轻减"。7月5日,丁默邨被执行死刑。①

在对伪军的处理方面,国民党为应对反共内战的需要,自始之处理方针即为"视其对国军协助与贡献之成绩,本宽大之旨分别处理之",并以所谓"投诚自新"名义,区分不同情况,对伪军予以编遣运用。在华北,国民党因面临中共的直接威胁,而且自身兵力不足,运兵受阻,伪军因而被较多地以原编制保留运用,如伪第二方面军孙良诚部、第三方面军吴化文部、第四方面军张岚峰部、第六方面军孙殿英部、徐州绥署郝鹏举部等,均在大体以原编制改编后直接投入反共内战第一线。在南方的伪军,因为国民党尚无须急切利用,因此多被遣散,而以其士兵拨补国民党军各部队。国民党对伪军的处理方针,受到舆论的广泛批评,即便在蒋介石身边工作的唐纵亦认为,"所有伪军均予收编,利用暂时维持地方秩序。伪军察知政府之处境,恬不知耻,向政府要挟需索",使政府"蒙莫大之羞"。②

---

① 《审判汪伪汉奸笔录》(上),238、272—273、862页;秦孝仪主编:《中华民国重要史料初编——对日抗战时期》第6编第4册,1625页,台北,中国国民党中央委员会党史委员会,1981。
② 1945年12月27日《大公报》,天津;唐纵:《在蒋介石身边八年》,540、579页,北京,群众出版社,1991。

第二节　此起彼伏的学潮

自抗战后期起,由于国民党政府在政治、军事方面的种种失误,后方各界已有对国民党强烈的批评声浪。社会各界对国民党的批评起初虽因胜利而有所节制,但很快即因国民党的种种不当作为而又趋激烈。由于胜利后国民党一度迫于舆论压力而放松了言论管制,此种批评的广度和深度均在扩大,并因此而使社会矛盾有发展和激化之趋势,其突出表现就是战后遍及各大城市的学潮。

抗战胜利之初,战时迁往后方的各大学均面临复员回迁的繁重任务,青年学子满怀"青春作伴好还乡"的热情,纷纷准备复员,后方各学校的学生运动一时较为沉寂,取而代之的是收复区学生对国民党"甄审"政策的不满与抗议。1945年9月,教育部公布《收复区专科以上学校学生甄审办法》,规定凡敌伪所办专科以上学校的学生,一律需经过甄审合格后,才能承认其学历,敌伪政治性学校学生及赴敌国留学者不予登记。此令一出,立即引来收复区各学校学生的强烈不满,以北平的原北京大学和南京的原中央大学学生为中心,发起了"反甄审"运动。留平北京大学全体学生向社会发出公开呼吁:"固然沦陷区的行政机构是伪组织,有政治性的训练班或学校应予以解散,然而在学术机关的学校读书的学生,因为无力赴内地求学,又无力入私立学校,不得已而委曲求全,这种只以求知识为目的的学生,是不能指其为伪的。"清除日伪汉奸教育的影响固为正当,但将"汉奸"的概念扩大化,比附为不能不求学谋生的学生,确为过分;何况国民党在对汉奸的处理方面尚多有宽容之处,而独苛求于学生,亦甚为不妥,难免引起社会各界的非议。

收复区学生"反甄审"运动遍及南京、上海、北平、天津、武汉、广州、青岛等原沦陷区各大城市，并得到了社会各界的广泛同情。抗战胜利后，面对后方学生运动的暂时沉寂，中共地下党正在寻找新的斗争机遇，而国民党的"甄审"则为素有组织与发动学生运动经验的中共地下党提供了突破口。当时有以"解放区学校联合会"名义发布的传单，号召说："我们要反对这些不合理的措置，我们要联合全国公正人士来打倒这些摧残教育、摧残青年的败类。同时我们还告诉青年同胞们，不要悲观，不要徘徊，现在解放区的大学中学都向你们寄予无限同情，欢迎你们到这里来读书。"甚至连国民党的情报系统也对"甄审"做法的合理性表示质疑，因为"奸伪及民主同盟则针对学生隐痛，以谦虚、和蔼、忍苦、耐劳之态度，在学生群内争取领导地位，收获颇大"。[①]鉴于各方的强烈反对，1946年1月，教育部先后公布了修订后的《收复区专科以上毕业生甄审办法》和《收复区中等学校员生甄审办法》，取消了甄审集中考试，但仍须研读"国父遗教"和蒋介石的《中国之命运》，并写出心得报告，连同所修专业论文送甄审委员会审核，合格者发给证明，不合格者准予投考相当学校。所谓"伪校"学生，最终或升入各大学继续求学，或拿到毕业证书后就职。由"甄审"问题在收复区学校和学生中引起的动荡至此告一段落，但已经给国民党带来了不小的负面影响。

各级学校，尤其是各大学，其学生一向是国共两党争夺的重点对象。抗战期间，国民党在后方各大学逐渐强化"党化"教育，并以训导处和三青团为主干力量，和中共争夺学生。中共则以严密的地下组织为主干，加强学生工作，提出一整套切中学生思想脉络的政策方针，尤其注重以国民党的贪污腐败、专制独裁为事例，开展对学生的宣传，颇具成效。抗战胜利后，国共两党为争夺未来中国的主导权，对学生运动均较为重视。在战后学运进程中，国民党以苏联在东北延不撤军为借口，在1946年2月下旬操纵重庆和全国各校学生举行反苏反共游行，但除此之外，其余大部分学生运动，都是在中共领导下，以国民党为反对对象，而且学运规模越来越大，波及面越来越广，

[①] 北京市档案馆编：《解放战争时期北平学生运动》，3—10、24—26页，北京，光明日报出版社，1991。

对国民党统治的负面影响也越来越严重，最后成为国民党不得不实行"戡乱动员"的起因之一。

抗战胜利后不久，国共武装冲突接踵而至，引起社会各界的不安。谁是内战的责任者，成为国共双方宣传战的重点之一，也是国共两党争取学生支持的重要方面，而中共因其组织和宣传的有效配合，在这方面占据着明显的优势。1945年11月底，在中共云南地下党的策动下，昆明各大学学生自治会组织多次时事演讲会，反对内战，并对国民党有所批评，结果招致云南军政当局派出军警干扰。如此一来，更引起学生的不满，各校相继罢课，要求查办责任人。云南军政当局认为罢课学生背后有"共党煽动"，态度强硬，在各校策动组织反罢课委员会，与罢课学生发生正面冲突。12月1日上午，国民党云南省党部主委李宗黄召手下集议，决定"以宣传对宣传，以流血对流血，进行还击"。当日中午，即有身穿军服、佩有"军官总队"徽号的人员闯入云南大学和西南联大，对在校学生大打出手，甚或投掷手榴弹，致使西南联大学生等四人身亡，数十人受伤，引起举国震动，并招致社会各界和舆论的强烈抗议。

昆明"一二·一"惨案引发的学潮，是战后首次政治性学潮。它既是中共地下党组织领导学生运动的结果，又给了中共在学运相对沉寂的情况下发动学生之机遇。中共以收复区学生"反甄审"运动和后方学生反内战运动相配合，基本恢复了其领导的学生运动之势头，而国民党则以内战责任者的负面形象广受社会各界的批评。国民党内一些身处学校第一线的官员过后对军政人员之鲁莽行事不无抱怨。西南联大常委傅斯年认为，"地方当局荒谬绝伦"，"此等惨案有政治作用者岂有不充分利用之理"。身历其事的西南联大国民党党团负责人、三青团中央干事姚从吾认为，云南军政当局"热心有余，见识太差"，"指挥既不统一，见识又甚卑陋，实在没有政党的组织，也没有政治斗争的能力，就这次的学潮而说，C. P.（中共）可能完全胜利了"。对青年学生因反对内战而死伤的惨剧，国民党当局难辞其咎。为了缓和社会各界的压力，12月10日，国民党当局以云南警备总司令关麟徵"负地方治安职责，究属防范欠周虑，以致学生竟有死伤"为由，将其停职议处，由霍揆彰代理其职务,后又将云南省党部主委李宗黄调离云南。①

1946年年初,国共双方达成停战协议,并在随后召开的政治协商会议上,就召开国大、制定宪法、改组政府等问题达成协议,国内一度出现多年少有的和平民主气氛。但国民党内的反共强硬派对国民党在政协做出的让步极为不满,企图修改政协决议,维持一党训政体制。此时正值中苏关于东北问题的交涉僵持不下,中国民众和舆论对苏联利用占领东北之机拆毁机器设备、拖延撤军、要求经济合作、军纪废弛等种种作为颇为不满。1946年2月11日,上年2月由美、英、苏三国秘密订立的《雅尔塔密约》正式公布。此等牺牲中国利益,满足大国私利的秘密外交,引起中国社会各界和舆论的强烈批评,谴责苏联的作为"完全违反对侵略的法西斯国家共同作战的目的,违反列宁先生与中山先生共同建设的中苏友爱的新基础,违反苏联多次的对外宣言,尤其是对华放弃帝俄时代不平等条约的宣言",要求"政府披露中苏签订条约以来,一切有关东北问题的谈判经过,并拒绝再作妨害主权的任何协商;政府与苏联均应忠实履行中苏协定,苏联应尽速撤退在我东北驻军,归还一切工厂设备与资源,不得有超出中苏条约范围以外之任何行动或措施"。②中国人民在第二次世界大战中付出重大的民族牺牲,支持同盟国作战,结果中国的国家利益却被同盟一方的少数大国作为交换筹码,苏军在进军东北后又有损害中国利益的作为,中国人民对《雅尔塔密约》以及大国交易和苏联作为的不满与抗议,当然是合理的。但是另一方面,国民党反共强硬派也正是利用此种情绪,挑起反苏运动,并企图将运动引向反共方面,实现其改变国民党对共政策和政协决议的企图。

知识界和学生对政治一向较为敏感,自《雅尔塔密约》公布后,重庆学生就在酝酿举行抗议密约、要求苏军尽早撤出东北的示威游行活动。国民党得到相关情报后,由CC控制的党务系统决定利用学生运动达到其反共目的,因此一反过去警惕、约束、反对学生运动的常态,而是派

---

① 中共云南省委党史资料征集委员会、中共云南师范大学委员会编:《一二·一运动》,409—413页,北京,中共党史资料出版社,1988;1945年12月11日《中央日报》,昆明。
② 1946年2月22日、23日《中央日报》,重庆。

出人员到各学校频繁活动,诱导学生发动游行,并导向其预定轨道。重庆学生游行的前夕,陈立夫和吴铁城在2月20日和21日分别主持国民党党政小组临时谈话会,要求各学校当局和教职员工也参加游行,并由党部负责人坐镇中央党部,"以便应付一切"。国民党中央执行委员会还致电各省市政府与党部,称对学生行动"制止恐不可能,但本党只宜善为引导",而"引导"方向为"避免正面攻击苏联",同时提出"东北问题乃是共党阻挠国军接收问题","应痛加指责","予以驳斥",并要求各省市"特加注意,妥为运用,并将该省市情况随时电报为要"。陈立夫和吴铁城还电告正在杭州的蒋介石,说明学生游行"为青年民族意识国家观念之自动自发,学校中反共空气之浓厚,出于自然",兴高采烈之情溢于言表。①

2月22日,重庆各大中学校学生及教职员工两万多人举行"重庆市各校学生爱国运动游行大会",并发表《告全世界人士书》《告全国同胞书》《对苏联抗议书》《质中共书》等,要求苏军立即撤出东北,苏联应切实履行中苏条约,尊重中国领土主权的完整,并进而提出反对东北"特殊化",反对"割据东北",质问"中共对东北所抱的见解及政策,无疑的是个莫大的错误",提出"中共应彻底实行停战协定中对东北之协议""拥护政府接收东北"等矛头指向中共的口号。当游行队伍经过民生路中共所办的《新华日报》营业部时,一些参加游行的国民党派出人员煽动捣毁了该营业部,并打伤职员数人。自此后直至2月底,重庆和全国各地持续发生类似的游行示威活动,并曾提出要求"中共勿再假借东北人民名义,组织军队及政府",反对"阻挠国军开赴东北","肃清间谍,打倒赤色汉奸"等反共口号。

此次学生游行,一方面表现了青年学生的爱国热情和反对苏联霸权主义的情绪,应予肯定。中共亦将学生的爱国热情与国民党的反共煽动分开处理,认为"学生游行,表示爱国热忱,吾人极感佩",学生"这种自发的爱国心是纯洁的,可贵的";同时对国民党借游行而反共的做法表示了强烈的不满与抗议。另一方面,国民党对此次学生

---

① 《中华民国重要史料初编》第7编第1册,638—643页。

游行之利用亦为事实。为了将学生游行的目的导向反共方面,除了派人参加鼓动提出反共口号外,国民党的宣传工具在此前后推波助澜,说东北问题"只是共党割据东北问题,只是内政问题,与雅尔达秘密协定无关,与中苏友好同盟条约无关";解决东北问题,就是"要以解决内政问题的方法来解决"。① 虽然如此,国民党的宣传并未能发挥长久的效力。一方面,随着苏军逐渐撤出东北,对于苏联在东北作为的抗议逐渐亦沉寂,国人的注意力集中到更为紧迫的如何制止内战的问题;另一方面,中共在各大中学校有相当完整的地下组织,可以组织动员学生运动转向反内战方面,并以国民党发动内战得到美国支持为由,提出反美口号。而内战的发生及美国对国民党的支持又为现实,国民党于此显然处于不利地位。因此,1946年2月受国民党利用的学生运动就成昙花一现。此后的学生运动,基本上是由中共主导的反对国民党的政治运动,并成为中共在与国民党武装斗争之外开辟的城市斗争的第二条战线。

1946年年中,国共全面内战烽烟再起,国内局势更加动荡。当年底至次年初,因抗议美军士兵侮辱北京大学女生而发生的全国性反美学潮,是战后学生运动的大爆发,也是战后波及面最广的学潮之一。美军在战后大规模登陆中国沿海地区,尤其是在华北地区,多达数万美军,据守若干重要战略地点,支持并协助国民党接收。不少美军士兵以胜利者的姿态自居,在离开军营后缺乏自律,行为不检,经常惹是生非,恃强凌弱,对中国民众时有不当举动,使舆论啧有烦言。随着苏军完全撤离中国,社会各界和舆论对外国在华驻军不当行为的关注点转向美军,要求美军尽早撤出中国的呼声时有出现。正值此时,北平"沈崇案"发生,使民众和舆论对驻华美军的不满得以爆发。

1946年圣诞节前夜,12月24日晚,美军士兵皮尔逊酗酒惹事,在北平市中心长安街东单广场附近,侮辱并强奸了北京大学先修班文法组女生沈崇。此事发生在素称文化古都的北平,受辱女生又出身于中国最著名的北京大学,从而使事件有了非常的象征意义,成为美

---

① 1946年2月23日、25日《新华日报》,重庆;1946年2月25日《民国日报》,重庆。

国强权凌辱弱势中国的表征。案发后,北京大学学生立即发动全校规模的抗议行动,并在抗议美军暴行大会上发表《告全国同胞书》,称"我们中国的国民在自己的国土上都得不到平等的法律保障,犯罪的美军们一直逍遥法外,受迫害者却无从申诉,这表明了不但中国人的民族尊严已被糟蹋无余,而且连生杀大权也完全操在外国人的手里了"。学生们提出严惩凶手,并由美军当局公开道歉等要求,同时要求美军立即撤出中国。① 北平"沈崇案"和北大学生的抗议行动,很快即通过传媒报道而为全国所知,由此引发了全国规模的抗议美军暴行的学潮,学生运动迅速由北平而蔓延到全国各地。12月30日,以北平最著名的北京大学、清华大学、燕京大学为主导的各大学学生万余人走上街头,举行抗议美军暴行的示威游行。接着,天津、南京、上海、杭州、武汉、重庆、广州等20多个城市的大学生也都举行了支持北平学生、抗议美军暴行的示威游行。学生的抗议行动还得到了各校教授和社会各界的广泛支持,要求美军撤出中国成为社会各界的一致呼声。北平各校主管当局亦对学潮表示同情,处理方针均较为温和。北京大学秘书长郑天挺表示"北大四五十年一贯作风,向无干涉学生运动之成例";清华大学校长梅贻琦和燕京大学代校长陆志韦均对学潮表示同情,梅贻琦还主持召开北京大学、清华大学、燕京大学三校联席会议,决定对学生游行不加阻止,并联络有关当局请求保护。在南京参加了制宪国大刚刚回到北平的北京大学校长胡适也认为:对此案"国人当然同具愤慨。学生间的开会游行,亦属理之常情"。② 社会舆论亦多对学潮表示同情与支持,各传媒所发消息及评论,有不少是对学潮的正面报道,不仅推动了学潮的扩散,而且形成了对国民党因应学潮的压力,使国民党当局处于颇为尴尬为难之境地。

　　反美学潮的爆发,是国民党当局不愿见到而又不得不处理的难事。国民党在战后面临着中共越来越大的挑战,执政地位受到强烈冲击,而美国则是国民党最主要的支持者,驻华美军又在国民党顺利接收收复

---

① 中共北京市委党史研究室编:《抗议美军驻华暴行运动资料汇编》,137—138页,北京大学出版社,1989。
② 1946年12月31日《新民报》,重庆;1946年12月31日《大公报》,天津;1946年12月30日、31日《益世报》,北平;1946年12月31日《世界日报》,北平。

区各大城市,尤其是华北平津地区的过程中起到了重要作用,因此国民党对反美学潮可能对其与美国关系产生的负面影响十分敏感。反美学潮发生后,参与者不仅是就事论事,而是进一步批评国民党对美外交软弱,要求美军立即撤出中国,进而要求和平,反对内战,从而呼应了中共的政治主张,表现出强烈的政治诉求,使得国民党更不能容忍。但是,反美学潮因美军士兵的不法行为而起,其理由出之正义,表现出强烈的民族主义情绪,并得到社会各界的广泛同情与支持,而且学生在游行抗议活动中并无过激举动,其有理、有利、有节的态度与立场和高度的组织性,又使国民党无法下手予以公开镇压。反美学潮爆发时,正值制宪国大刚刚通过宪法,国民党亟须对外表现其民主形象,也可抵御美国要求其实行民主政治、结束一党训政的压力。因此,对于反美学潮,国民党当局既不能听任其无限扩大以致影响其对美关系,尤其不能容忍其向反政府的政治方向发展,但又不能完全站在反对的立场,以避免给社会各界留下批评的口实。对此,国民党的对策是,尽量控制反美学潮的规模,将其约束在就美兵个人行为而抗议的层面,防止提出其他反美的政治诉求。

对于此次反美学潮,蒋介石提出其处理原则为:(1)"对共党扰乱我后方社会,应指明其叛国害民之罪恶";(2)中美国交与关系,不能以美兵个人罪行,而妨碍破坏;(3)统一我内部之言论行动。①这几项处理原则表明,蒋极为看重国民党与美国的关系以及此次学潮的政治性,企图约束学潮的政治方向,极力避免其扩大化和政治化,并对中共与学潮的关系和国民党内部对学潮可能出现的不同看法极为敏感。根据蒋指示的原则精神,12月28日,北平市政府就"沈崇案"向美方提出严重抗议,要求严惩凶手,道歉赔偿,并保证今后不再发生类似事件,但是为了避免刺激美方,又强调"此案系一纯法律问题,酒后失检,各国均所难免"。1947年1月4日,行政院对各地军政机关发出指示称:"此事为该犯事美兵之私人行为,犯事者自应受法律制裁。至中美两国间之友谊,自不应因此而受损害,任何人亦不应以此种私人行为为借口,而有

---

① 《"总统"蒋公大事长编初稿》卷六(下),353页。

损侮我友邦或友邦人民之行动。"这是国民党处理此次反美学潮的基本方针,即将美军暴行归于其个人行为,而避免与其他方面联系,尤其避免"影响中美友谊"。但是面对学生、民众和社会舆论对美军暴行的激愤情绪,国民党官员不善以技巧性操作化解应对,而是出语生硬,伤及民心。负责国民党青年工作的高官陈雪屏荒唐地训斥学生说,"该女生不一定是北大学生,同学何必如此铺张";后来又说什么"该女生亦有不是处,为什么女人晚上要上大街,而且还是一个人"。陈雪屏的言论完全无视美军违法的基本事实和学生反美的正当情绪,当即引起学生与社会舆论的愤慨,反而使他们的反美情绪转向反政府方面,实为国民党当局不能妥为因应学潮的例证。虽然反美学潮随着学生放寒假离校和美军士兵被处理而渐趋结束,但学生中涌动的反美反政府情绪实不容忽视。《大公报》认为:"政府首先不要把学生的行动认为是异党煽动。假使异党果真有此能力煽动这大群学生,那么这作为煽动借口的题目,其本身就必然是个问题了。"[①]离任前夕的美国特使马歇尔曾告诫国民党官员,反美示威实际是间接反对国民政府的,而且是普遍的反国民党情绪的信号,在不久的将来,这种情绪将转到直接反政府一面。不出几个月,马歇尔的告诫就为反政府学潮的全面兴起所证实。

根据1943年6月9日中美双方达成的《处理在华美军人员刑事案件条例》,美国军人在中国犯罪后,由美军军事法庭及军事当局审判。"沈崇案"发生时,该条例尚未失效。因此,沈案案犯皮尔逊于1947年1月17日由驻华美国海军陆战队军事法庭开庭审判,并于22日被判犯强奸罪;3月3日被开除军籍,处以15年劳役。但同年8月11日,美国海军部在皮尔逊被押送回国服刑后宣布,原判证据不足,应予撤销,皮尔逊宣告无罪并恢复职务,再次激起了中国民众对美国当局以强权凌驾于正义的非公正性的抗议。

与国民党对反美学潮处理的左右为难相比较,中共对反美学潮则是全面支持,并在相当程度上通过其地下组织参加发起和领导,成为战后中共领导的一次成功学运,并为中共进一步发动全国性反国民党反

[①] 1947年1月5日《申报》,上海;1946年12月29日《华北日报》,北平;1947年1月9日《大公报》,上海。

内战的学运准备了基础和条件。抗战胜利,各大学陆续复员开学后,中共就在北平各校建立了较为完善的地下组织,以各种各样的形式宣传中共的主张,批评国民党的政策,掌握了学运的领导权。"沈崇案"发生后,北平各大学的中共地下党认为,这是发动学运非常有利的时机,具有完全合理合法的动员基础,应当放手发动群众,组织学生运动,通过学运打击美蒋,并进一步组织动员学生,为下一步行动打下基础。他们派出地下工作人员,在各大学进行广泛、深入和细致的动员工作,发动学生并将其情绪引向要求美军撤离中国、反对美国支持国民党内战的方向。中共中央指示国统区地下组织,要求组织各地学生的反美示威、请愿及组织后援会等,扩大运动的声势和影响;同时,"依据情况联系到美军全部撤离中国,反对美国干涉内政,出卖军火,进行借款,助长内战,及废除中美商约,抵制美货等口号","造成最广泛的阵容,并利用国民党所宣布的元旦起实行宪法人权条文,采取理直气壮的攻势,使国民党不敢压迫,并达到暴露国民党之媚外卖国及其国大制宪全系欺骗之目的"。对中共而言,更重要的是,在全面内战爆发以及制宪国大召开之后,中共亟须在国民党统治区发动公开的群众运动,扰乱国民党的后方阵线,打破国民党政权合法与正统的外部形象,动摇其在城市的统治基础,而反美学潮之合理和正义及其得到社会各界的广泛支持与呼应,则为中共发动国统区的群众运动提供了极好的突破口。中共中央认为,此次学潮表明"民主爱国运动的基础正日益扩大,与解放区自卫战争的胜利已渐能起着配合作用","标志着全国性的革命高潮已经接近。对于这一事变的重大意义必须充分估计"。中共中央指示:"我党在各地的领导同志,必须注意纠正对群众运动与民主来潮估计不足的右倾观点,方能有足够勇气与正确方针,领导这一运动的高涨。"① 此后,中共加强了在各大中城市尤其是大中学校的地下组织和宣传工作,以推动学运的继续高涨。在中共的直接领导下,1947年5月,各大城市爆发了锋芒直指国民党当局的大规模的反饥饿反内战学潮。

  1947年5月学潮的动因源于经济危机。1947年2月,上海爆发黄

---

① 中央档案馆编:《中共中央文件选集》第16册,366—367、378、383—385页,北京,中共中央党校出版社,1991—1992。

金风潮,导致物价急剧上涨,随后国民党实行强力经济管制政策,物价稍有稳定。但由于总体经济状况恶化,自4月下旬开始,物价再度急速上涨。尤其是关系民生的重要物品——大米的价格上涨更为惊人,5月份上海的米价较4月翻了一番还多,一些城市甚至出现了米店关门、无米可购的现象,并因米价狂涨而引发抢米风潮,使得全社会表现出不安与动荡之势。正如《大公报》社评所言:"因物价腾昂,生活不定,人心浮动,几乎处处都在闹事,事事都有风波,一种阴霾恐慌的气象遍布各地。"①

因物价高涨而引发的社会危机首先表现为学潮的再度风起云涌。自抗战时期实行公费制度后,大学生的生活来源由政府经费提供,基本生活得以保证,在社会各阶层感受通货膨胀之苦、生活水平日渐下降之时,大学生却在某种程度上因生活较有保证、不必为生计操心而成为较为特殊的社会群体。但是,由于战后经济形势日趋恶化,通货膨胀进入恶性发展阶段,政府对大学生支出的定额公费远远追不上物价的急速上涨,从而严重影响到大学生的生活,使得本来不担心温饱的大学生们也受到饥饿的威胁,连每天两干一稀的伙食标准都很难维持。因为生活水平下降,大学生也开始感受到社会上一般人早就感受到的通货膨胀之影响,而且这种感受对他们的刺激较之对其他阶层更为敏感与强烈,使得原本应该是平静的校园里开始涌动着对政府的强烈不满情绪;同时,因为公费制度的存在,学生的生活水平同升同降,无论是哪个阶层出身的学生,对生活水平下降的感受是大体相同的,他们对政府的不满情绪因而有了共同点,使得最大多数的学生可以为了同一诉求而走上街头;加之学生集中生活于校园中,一呼百应,较易产生群体效应与社会影响。所有这些因素,均为1947年5月学潮准备了基础条件。

与反美学潮的突发性不同,1947年5月学潮的发生与扩大,与中共有计划的、强有力的组织、发动和领导工作是分不开的。自全面内战爆发后,中共即加强了在国统区的地下工作,以"隐蔽精干,长期埋伏,积蓄力量,以待时机"为总的工作方针,并以有理、有利、有节作为一般

---

① 1947年5月13日《大公报》,上海。

行动策略。反美学潮发生后,为了在组织上加强对学生运动的领导,中共要求各地地下组织"依据实况在学生组织多的学校,加强其政治领导与联系,在学生组织少的学校,发展与巩固其组织,在没有学生组织的学校,设法建立适应当地当时环境的组织",为下一步斗争准备条件。在反美学潮逐渐平息后,中共确定其今后在国统区的工作方针:"扩大宣传,避免硬碰,争取中间分子,利用合法形式,力求从为生存而斗争的基础上,建立反卖国、反内战、反独裁与反特务恐怖的广大阵线。""同时在斗争中要联系到、有时要转移到经济斗争上去,才能动员更广大群众参加,而且易于取得合法形式。有了经济斗争的广大基础,也易于联系到反特务反内战的斗争上去。"①学潮因学生生活困难问题而起,正体现了中共以经济斗争发动学生,并以大多数民众都可以接受的"反饥饿、求生存"口号为诉求,进而将学潮推向社会,提出"反内战"的政治性口号,将其引向反国民党的政治斗争,目的是利用国民党各项政策的不得人心,发动民众运动,造成国民党统治区的社会动荡,扰乱国民党的后方阵线,从而配合战场上的军事斗争。在中共的强力宣传和组织运作下,身为执政党的国民党在大学里却无法动员学生支持政府,甚至在中央大学和湖南大学学生自治会的选举中,国民党党团"尽了最大努力","集中力量竞争",仍然未能选出中意的人选。国民党官员承认:"北方学生对我们的观感,已经像民国十三年时学生看北洋军阀一样。"②

　　进入1947年5月,各大学校园便处于动荡不安之中,学生们酝酿以请愿方式向政府提出改善生活的请求。5月13日,国民政府所在地南京的中央大学学生派代表集体向政府请愿,要求增加副食费,解决吃不饱肚子的问题。虽然学生的要求是合理的,但当时全国享受公费待遇的大学生有数十万人,公费开支已经是政府财政支出中一笔不大不小的负担,如果按照学生的要求将副食费增加一倍,则每月又要多支出相当数目的经费。对于捉襟见肘的政府财政而言,实在是心有余而力不足,而且如果由此引起公教人员要求改善生活待遇的连锁反应,则更

---

① 《中共中央文件选集》第16册,384页;《周恩来选集》上卷,269页,北京,人民出版社,1980。
② 《国民党六届三中全会第五次会议速记录》,国民党党史馆,6.2/38—1。

使脆弱的政府财政无法承受。但是,面对青年学子要求吃饱饭的合理要求,出面接待的各级国民党官员不是温语劝慰、解惑释疑、缓和学生的情绪,而是态度生硬,一派官腔,一味搪塞敷衍。行政院秘书长甘乃光对学生说:你们吃不饱,是实在的情形,可是全国人民都吃不饱,我也吃不饱,我的儿女也吃不饱。言外之意,学生吃不饱也是应该的。这一番官僚言词使本来对政府还抱有一些希望的学生颇为失望,中央大学学生遂决定联合其他大学的学生一起走上街头,向社会呼吁,解决温饱问题。自5月15日起,南京各大学学生连续到政府有关部会门前举行饥饿请愿游行,但国民党政府官员对情势的发展及其严重性缺乏认识,对学生的要求仍是敷衍其事。教育部部长朱家骅表示,提高公费"为绝对办不到的事"。学生追问"钱哪里去了",行政院副院长王云五表示,"头可断亦无力答复"。① 这样的答复不仅使学生极不满意,而且难免使学生将政府财政无钱可支的状况归于其他方面,尤其是归于国民党的内战政策,结果反而将学生的情绪从要求改善生活待遇引向反内战的政治化、激进化方向。

中央大学的学生因为请愿未达预期目的,遂决定举行无限期罢课,直到政府同意学生的要求为止。他们的行动很快得到各地学生的支持。上海的复旦大学、同济大学、交通大学和杭州的浙江大学等学校都派出学生代表前往南京,参加向政府的联合请愿行动。北平各校学生则从17日起先后开始罢课,18日北平学生走上街头,向市民宣传反内战,因为受到国民党组织的人员围攻,学生有多人受伤,从而进一步刺激了学生的情绪。其他城市的学潮也开始兴起,学潮日渐扩大化。

此次学潮之起,本来已有明显征兆,但其发展之速、波及之广、势头之猛,多少出乎国民党的意料。国民党各级官僚机构对此次学潮事先既无防范,事起则反应迟钝,迟迟拿不出有效对策,有关部门多次开会,但"对处置办法及处置程度均未有明确决定,致执行极感困难"。他们一方面极力企图控制学潮的发生和扩大,但另一方面他们又无法满足学生的要求,其官僚式的处理方式使学生极为不满,更刺激了学潮的扩

---

① 1947年5月16日、17日《文汇报》,上海。

大和激烈化。面对学潮的迅猛发展,5月16日行政院开会讨论因应方案,教育部长朱家骅"主张采严厉办法",但外交部长王世杰认为,学潮"一因经济的压迫遍及各校员生,一因内战之结束无期,人心苦闷","学潮之解决,究非警察所能为力也"。可是王世杰也提不出有效的解决办法,国民党对学潮仍只能沿用其一贯的高压政策。18日,国民政府委员会匆忙通过了《维持社会秩序临时办法》,规定了对于游行示威请愿的若干管制措施:不得越级请愿;请愿代表以十人为限;如有学生罢课、民众罢业、罢工及游行示威等情事,各地行政主管机关应采取必要措施予以解散;凡不遵守以上规定者,当地政府应采取紧急处置,做有效之制止。随后,教育部即通令各大学,要求"已罢课者,即日复课,并查明滋事分子,分别主从,从严惩处,为首者一律开除学籍"。①

国民党的高压政策并未能有效地压制学生运动,反而激化了矛盾,使学潮越发扩大和激烈。5月20日,以南京中央大学学生为主体,联合了南京各高校和上海、苏州、杭州地区高校派出的学生代表,在南京举行大规模"反饥饿反内战"示威游行,并提出"反对内战""遵循政协路线""反对征兵征粮"等政治性口号。是日,国民党派出大批军警宪特上街,以水龙和棍棒阻止学生游行,并与学生发生冲突,致数十名学生受伤,酿成"五二〇"流血惨案。同一天,在全国一些大城市均发生了学生反饥饿、反内战示威游行,北平的大学生在游行宣言中声明:"目前中国社会一切混乱不安的局面,都是因为政治上不民主及打内战的关系,所以我们更要求政府,立即停止内战,恢复政协路线,实行民主政治。"这些口号和要求,使此次学潮越出了当初为解决生活困难问题而起的经济层面,而定位于反内战求和平的政治层面,并将国民党置于破坏和平、发动内战的被告地位,从而使此次学潮发展成为反对国民党统治的政治运动。②

在学潮由经济层面向政治层面的发展和转变过程中,中共地下组织的工作居功至大。学潮兴起后,中共认为"蒋管区要饭吃、要和平、反对

---

① 《王世杰日记》,1947年5月16日、18日,台北,"中央研究院"近代史研究所,1990;1947年5月19日《中央日报》,南京。
② 中共北京市委党史研究室编:《反饥饿反内战运动资料汇编》,160页,北京大学出版社,1992。

借外债打内战的任何一种斗争,不管其主观想法如何,其客观意义都在搞垮蒋介石统治……所以我们尽管放手动员群众进行反饥饿、反内战、反借款的斗争,向蒋政权要饭吃、要和平、要自由"。① 在中共中央的指示下,中共在各大中城市的地下组织对学潮进行了强有力的领导、组织和动员工作,并针对学生的动向、学潮的特点和国民党的政策,随时提出各种对策,最终促成了学潮由经济要求向政治要求的转向,加剧了国民党统治区的社会动荡,使国民党政府陷于内外夹攻之困难处境,因而得到了中共中央的高度评价。5月30日,新华社发表毛泽东亲笔撰写的评论《蒋介石政府已处在全民的包围中》,提出:"蒋介石进犯军和人民解放军的战争,这是第一条战线。现在又出现了第二条战线,这就是伟大的正义的学生运动和蒋介石反动政府之间的尖锐斗争。"②由于中共在国民党统治区地下工作的不断深入与成熟,使得国民党苦于应付其统治区各大中城市此伏彼起的学潮、工潮与市民斗争,社会生活的动荡使国民党缺乏稳固的后方阵线,不能不影响其前方作战的情报、供应、军心与士气,第二条战线已真正成为中共与国民党斗争不可或缺的组成部分。

1947年5月学潮的发生,因经济问题而起,而追根寻源,经济问题实源于内战耗费了大量的资财,因此,"反内战,反饥饿,是人民一致要求,无论何人,登高一呼,自会万众响应,群起支援"。学潮首先得到了各大学教职员工的支持。大学教师战前本为社会高收入阶层,过着相对优裕的生活。由于战时通货膨胀的发展,大学教师的实际收入不断下降,战后通货膨胀的恶性化,更使大学教师的生活沦为与一般民众无二的境地。他们也有提高生活待遇的强烈要求,因此与学生站在同一阵线。学潮起后,平、津各大学教员在宣言中声明:"默察当前情势,无论政治、军事、经济、文化,俱已临于崩溃之边缘,危机迫于眉睫。政府如仍长此敷衍支吾,不迅采釜底抽薪之有效办法,最后势必同归于尽而后已!继续战争,决不能解决困难,而只有引起更大之困难。党政军各方面欲图自救救民,惟有立即停止内战,以诚意谈判并实现和平,迅速依照政协路线,成立联合政府,办理善后,此外别无他途。"战时曾猛烈

---

① 《中共中央文件选集》第16册,455页。
② 《毛泽东选集》第4卷,1224—1225页,北京,人民出版社,1967。

抨击官僚资本和国民党政府贪污腐败的著名学者马寅初,在中央大学演讲时将一切问题归之于"内战造成的恶果",认为"内战不停不得了,内战一天不停,风潮一天不息"。即使是一向站在拥护国民党政府立场、避免公开批评政府的北京大学校长胡适,对学潮虽未公开表态支持,而是呼吁学生"以理智抑制住感情之冲动",但同时也希望当局能够"保护青年安全"。他认为:"所谓学生受共党煽惑,此说不甚公平,应当说是青年在困难无路中的烦闷较为合适,一个国家政治未上轨道,政治不满人意……学生必然要干涉政治。"表示了胡适对学生的同情。①

1947年5月的"反饥饿反内战"学潮,得到了社会各界的广泛同情与支持。因为经济问题关系着千家万户,一般民众深受通货膨胀、生活不安之苦,学生的要求实际代表并传达了社会各阶层的共同呼声。学潮发生后,各地学生多次走上街头,向市民表达自己的诉求,寻求他们的支持,而国民党军警在大批市民围观的情况下,对学生滥用武力,大打出手,尤使市民对政府不满。更令人关注的是舆论动向。传媒在现代社会发挥着极大的影响力,并在相当程度上左右着政府的形象和公众的判断。学潮发生后,各传媒均予以大幅报道,其中不少传媒的立场站在同情学生的方面,他们发出的新闻、特写和通讯报道,将学潮的情况传播给社会大众,并以自己的倾向性影响着市民大众对学潮和政府的看法。学潮期间,上海《文汇报》因其报道"连续登载妨害军事之消息,及意图颠覆政府破坏公共秩序之言论与新闻",5月25日被淞沪警备司令部下令停刊。《文汇报》立场一向左倾,对学潮的支持不出意外,而素有中国民间舆论喉舌之美誉、政治立场一向较为中立的《大公报》,此次一反常态,在报道中态度鲜明地站在同情学生的立场上。5月中旬,《大公报》总编辑王芸生正在北平、天津公干,他要求《大公报》天津版对学潮站在"居中而偏左"的立场,并在平、津各大学演讲,提出与学生反饥饿、反内战要求相一致的主张。《大公报》在学潮前后发表的多篇社评中,强调"争取和平,务求迅速实现"。就在一年以前,《大公报》对东北内战的报道还倾向于国民党,而此时此刻的《大公报》却站在同

---

① 中国第二历史档案馆、中共南京市委党史办公室编:《五二〇运动资料》第1辑,391—392页,北京,人民出版社,1985;《解放战争时期北平学生运动》,160页。

情学潮的立场,对国民党提出批评,反映出社会舆论及其代表的中间势力和市民阶层对国民党政府的离心倾向,确实值得国民党的反省与关注。但国民党对此缺乏应有的认识,反而认为"对于大公报应该想办法,应该给以无情的批评,无情的打击,用以判裁他的错误,采取办法来制裁他"。对《大公报》的言论一向较为注意并予以适度包容的蒋介石,有感于《大公报》之转向,亦责备"《大公报》言论,几全为共党宣传,已丧失其昔日之公正立场,至为惋惜"。其实,应该"惋惜"的恰恰是蒋介石本人,他没能反省《大公报》立场的转变正反映了民心之所向。负责国民党学生与青年工作的青年部部长陈雪屏承认:五月的学潮弄到全国骚然。我们分析学潮为什么容易发生,学生不满现状是根本原因之一。我们派几个人到各学校侦察,或者逮捕几个异党分子都没有用,党团多吸收一些分子也没有用。再进一步说,拿着手枪在那里工作,也没有法子把一般人的思想改变。①

1947年5月,学潮从国民政府所在地南京发端,波及上海、北平等诸多城市,得到社会各界的广泛呼应和支持,使国民党统治的稳定性受到很大影响。此时又正值国民党军队在山东和东北遭遇连续的失利,加上经济危机和社会动荡,使国民党政权切实感到了自身统治的危机。为了维持其统治,蒋介石对学潮态度强硬,指责学潮是受"共产党直接间接之策动","以达成其夺取政权,推翻中华民国之企图",因此"决非政府所能许可,亦决不能有所姑息",表示对学潮"将不能不采取断然之处置"。② 然而高压政策的结果却使学潮更为激烈,以致国民党内部也出现了对学潮处理方式的不同意见,尤其是处于应付学潮第一线的国民党官员,感同身受,对于形势的认识与国民党中央有一定的差别。5月24日,蒋介石致电北平行营主任李宗仁称:"共匪捣乱我后方各都市,期以其军事相配合,先由罢学而后暴动与占据之阴谋已经显著。各地军政当局应从速准备,肃清其市内外所有之反动共产分子,方可防制祸乱之蔓延。望召集平津两市党团军政负责人员,严密准备,待命行

---
① 《国民党六届四中全会及中央党团联席会议第一次会议速记录》,国民党党史馆,6.2/73.2;《"总统"蒋公大事长编初稿》卷六(上),228页。
② 1947年5月19日《中央日报》,南京。

动。"次日,李宗仁在复电中称:"目前仍拟先责成校院当局负责约束学生,避免施用军警力量。因如遽行逮捕,不但难于肃清,且恐惹起非左倾学生及教授方面之反感,益使扩大为全国学校之联合运动,增加政府困难。如校院当局无力约束,而学生越出常轨,扰害社会秩序者,政府自可再予制裁。尤以平津环境特殊,必须先求多数学生之安定,暂时不宜持之过急。"①在李宗仁的影响下,北平市市长何思源对学潮也持较为温和的态度。北平市政府在致蒋介石的电文中承认:"综观此次学潮,社会人士明知学生系受奸匪煽动,但生活不安,人同此感,仍不免寄予同情。客观情势如此,强制消弭,似难奏效。"军统局负责人郑介民在给蒋介石的报告中认为:"政府对学潮之处置,似应避免以整个学生群众为对象,而应以少数奸伪学生为对象。"②这些建议对蒋介石决定处理学潮的方针有着一定的影响,国民党对学潮的政策也从一味高压转为软硬兼施、分化瓦解,以期尽快平息学潮,并防止其进一步向社会扩散。

5月23日,国民政府通过《追加公费学生膳费》和《调整文武职人员待遇》案,在一定程度上满足了学生和公教人员提高生活待遇的要求,同时下令对各地学潮严加防范与镇压,严厉禁止学生的示威游行活动。在国民党政府软硬兼施的措施之下,兼之学潮发动已有若干时日,本身也不能无限期继续,进入6月后学潮渐趋低落。总而言之,此次学潮之兴起及其得到社会各界和舆论的广泛支持,表明国民党在城市的统治基础已大为动摇。当时即有论者谓:国民党"一党孤行,发动内战,加之官吏贪污,特务横行,祸机四伏,险象环生……革命政党,一变而为革命对象。此足贾生所谓'可为长叹矣'。"③

---

① 《蒋中正"总统"档案·革命文献·戡乱时期(戡乱军事概况——一般匪情)》第11册,34—38页。
② 《五二〇运动资料》第1辑,345页。
③ "总统"蒋公大事长编初稿》卷六(下),472页;中共江苏省委党史工作委员会、中共南京市委党史资料征集编研委员会、中共代表团梅园新村纪念馆编:《中共中央南京局》,238页,北京,中共党史出版社,1990。

第三节　中间势力的活跃与分化

抗战胜利后的中国一度出现了和平民主的气象,尤其是在政协召开前后,国民党为了改善自己在国内外的形象,争取社会各界和美国的支持,政治管制一度有所放松,言论和组党曾经有过一定空间,从而使得党派活动空前活跃,出现了100余个大大小小的党派,使战后初期的中国成为继民国初年之后出现的第二个党派活动的活跃时期。这些党派的政治态度和立场各有区别,但其政治地位大体处于国共两党之间,因此当时被称为国共两党之外的第三方面,也即习惯所称的中间势力或中间党派。

中国民主同盟是中间势力在政治上最重要的代表性力量。1941年,中国民主同盟在重庆成立,成为"国内在政治上一向抱民主思想各党派一初步结合"。民盟成立后,提倡实践民主精神,加强国内团结,厉行法治,尊重自由,并站在反对党的立场上,对国民党的政策多有批评,着重在要求国民党结束一党训政,开放政权,实行民主政治。民盟自称是"一个具有独立性与中立性的民主大集团。所谓独立性,是说它有它独立的政纲,有它独立的政策,更有它独立自主的行动。所谓中立性,是说它介在中国两大政党对峙的局面中,是两大对峙力量组织中间的一种,要求它保持不偏不倚的谨严态度,不苟同也不立异,以期达到国家的和平、统一、团结、民主。"抗战胜利后,面对国内新的政治形势,民盟在1945年10月召开的临时全国代表大会上提出:"我们当前惟一的责任是实现中国的民主,是把中国造成一个十足道地的民主国家。"大会通过的民盟纲领,全面阐述了民盟的各项主张。政治上,提出保障人民基本自由,实行宪政,厉行法治,实行地方自治,并实行国会制、内阁制、普选制的政治制度;经济上,提出保障人民经济平等,发展社会生产力,制定统一经济计划,以渐进方式完成土地国有,独占性企业概以公营为原则,其他一切企业均可由私人经营;军事上,提出军队属于国家,禁止军队中成立党团组织,现役军人绝对不得干预政治,并不得兼任行政官吏等主张。大会选举张澜、黄炎培、张君劢、左舜生、罗隆基、梁漱溟等18人担任民盟中央常委,并推举张澜担任主席,左舜生担任秘书长(青年党退出民盟后,梁漱溟担任秘书长)。此后民盟组织有较大发展,至1947年11月民盟被迫解散前,共有总支部5个,分支部46个,盟员总数22 000多人。罗隆基认为:"这时候的民盟已经初步地走上了中国资产阶级单一的独立的政党的途径了。它在中国资产阶级知识分子中有它的代表性,亦有它相当的影响。除国民党和共产党以外,它的确是中国惟一的有代表性的政治集团。"①

民盟最初是由所谓三党三派联合组成。三党为青年党、国社党和中华民族解放行动委员会(即第三党,1947年5月改称农工民主党),三派为救国会、职教派和乡建派。各党派成员以个人身份加盟,其原有组织仍得以保留,民盟决议实际上对加盟各党派并无严格的约束力。随着盟务的发展,无党派盟员的数量也在增加,但最早组成民盟的三党三派在盟内仍有较大的影响力。如何处理盟内各党派之间的关系,是民盟面临的重要问题,也是民盟不同于其他政党的特点之一。在民盟最初成立时,青年党有较大的力量,他们也因此在盟内占据着重要地位。抗战胜利后,出于历史和现实的考虑,青年党倾向于与国民党合作,在国民党既有统治下获得政治参与权,而民盟不少领导人倾向于与中共合作,共同迫使国民党结束训政,开放政权,实行民主,民盟内部的政治立场出现分歧。同时,为了实际的政治利益,青年党亦不愿作为民盟成员而影响自己在参政时的席位,因此,1945年底,青年党退出民盟,独立活动。为了解决民盟内部之党派关系问题,1946年4月,民盟中常会通过《调整盟内党派问题施行办法》,规定加盟党派应负下列义

---

① 《民主同盟文献》,40—64页,中国民主同盟总部,1946;《文史资料选辑》第20辑,200页。

务:(1)接受本盟之政治主张,并遵守组织规章,服从决议;(2)对政治上之重大意见向政府提出者,应建议本盟提出,不得以其党派之名义自行向政府交涉;(3)所主持之言论机关,对于本盟或盟内党派不得有所诋毁或攻击;不得在盟内收揽盟员参加其组织。① 尽管如此,由于民盟还未将加盟党派完全融合为一体,组织基础不够稳固,而且参加民盟的各党派之间对各种问题的认识不尽一致,难免有不同的声音出现,又无法完全以纪律约束盟员的行动,为民盟的稳定发展留下了隐患。直到民社党(原国社党)因参加制宪国大而退盟,导致民盟又一次分裂后,民盟的内部关系才得以稳定,逐渐发展成为单一性政治党派。

战后出现的一大批党派中,与民盟政治主张相似的中间党派主要有:

中国民主建国会。以迁川工厂联合会为中心的部分工商界人士和以中华职业教育社为中心的部分文教界人士组成,于1945年12月16日在重庆成立。政策主张为:政治上主张和平统一,民主集中,政府充分尊重人民自由,各党派以国家利益为前提,相忍相让,通过政治民主化达成军队国家化;经济上主张有民主的经济建设计划,在计划指导之下的充分企业自由,用和平合理的手段解决土地问题;组织上不采领袖制,而采分工负责制,重大事宜以合议制决定;推胡厥文、章乃器、黄炎培、施复亮、李烛尘等为民建理事。

中国民主促进会。以上海文教界人士和部分工商界人士组成,于1945年12月30日在上海成立,"以发扬民主精神推进中国民主政治之实践为宗旨",推马叙伦、陈巳生、王绍鏊为常务理事。

九三学社。由部分文教科学界人士发起组成,于1946年5月4日在重庆成立,主张发扬五四时期民主与科学的精神,认为"中国今日,舍和平团结,实无救济之策,而和平团结之能实现与否,端赖民主宪政之实施,故政治的民主与宪政的实施,实为救国要着",并推潘菽、褚辅成、许德珩、涂长望等为理事。

三民主义同志联合会和中国国民党民主促进会。这两个组织与那

---

① 中国民主同盟中央文史资料委员会编:《中国民主同盟历史文献》,157—158页,北京,文史资料出版社,1983。

些由国民党党外人士组成的党派不同,主要是由国民党内民主派组成的,分别于1945年10月28日和1946年4月14日在重庆和广州成立。前者由谭平山、陈铭枢、杨杰、柳亚子等任常务干事,后者由李济深任主席(在李未到任前,由蔡廷锴代理主席)。1948年1月,这两个组织合并,在香港成立中国国民党革命委员会,由宋庆龄担任名誉主席,李济深担任主席。他们主张改造国民党,恢复其革命精神,并利用在国民党内的各种老关系,联系与策动国民党内的反蒋人士共同行动,并进行了一些军事策反和建立武装的工作。

一些战前旧有的政党,主要是青年党和民社党(原国社党),战后的活动一度亦较为活跃。

青年党。成立于1923年,是除了国共两党之外,历史最长、组织较为健全、党员人数也较多的政党,并一度加入民盟,在其中占据着重要地位。抗战胜利后,青年党提出"对于时局的主张",要求"从速召集建国会议(或政治会议),以奠定团结基础。其权限不必动摇国民党之领导地位,但必须是以解决问题";国民大会之召开,须在政治协商会议作详密之协商;切实保障人民之基本自由。① 12月2—12日,青年党在重庆召开第十次全国代表大会,通过新党章,提出"本党本国家主义之精神民主政治之原则,内求统一与自由,外保安全与独立,以建设全民福利的现代国家,并促进平等合作的世界为宗旨"。大会选举曾琦为主席,李璜、左舜生、陈启天、余家菊等为中央常委,陈启天为秘书长。青年党自称是国共之外的中国第三大党,有20余万党员,但实际党员人数不过万余人,组织分布主要在四川、西康、云南、贵州等西南诸省,尤其是在四川,活动较多,组织亦较为健全。青年党中央领导层长期奉曾琦、李璜、左舜生为三巨头,其中曾琦在抗战时期一度留在沦陷区,态度暧昧,形象欠佳,战后"力主脱离民主同盟";李璜多年来实际领导青年党,"在党内之势力相当雄厚,该党参加民主同盟及与中共采取联系,多为李璜所主张,故有左派之称";"左舜生则依违于曾、李之间,曾经联李以排曾,复因不满李之左倾领导,又联曾以排李"。② 在战后中国政坛,

---
① 1945年10月7日《新华日报》,重庆。
② 方庆秋主编:《中国青年党》,243、306页,北京,档案出版社,1988。

青年党一度颇为活跃,他们频频发表政治主张,时而批评国民党,时而又对共产党表示不满,并于1945年底退出中国民主同盟,极力与民盟争夺中间势力代言人的角色。在内战爆发前,青年党主张实行民主政治,满足自己的参政渴求,对国民党的批评居多;然而内战爆发后,随着国共关系的恶化以及青年党和国共两党关系的变化,加之历史的因素和现实的考虑,青年党的政治态度逐渐向国民党倾斜,党内在如何处理国共关系问题上的原有分歧渐趋消失。国民党出于政治利用的需要,极力拉拢青年党,允诺其若干政治利益,而青年党出于争取更多参政席位的实际考虑,对国民党也不再有公开批评。

民主社会党,简称"民社党"。该党虽为战后新成立的政党,但其前身国家社会党(领导人张君劢、张东荪等)和民主宪政党(领导人伍宪子、李大明等)早已存在。1946年8月,国社党和民宪党在上海召开代表大会,决定合并成立民主社会党,并推举张君劢任主席,伍宪子任副主席。民社党主张实行民主社会主义,按其解释,就是在国家本位的基础上,实行英美式的政治民主和苏俄式的经济平等。民社党的领导核心实为张君劢,他个人多年从事政治活动,但发展空间屡屡受阻,并受到国民党的打击迫害,最感痛苦者为"人民权利毫无保障",因此,在政治民主和经济平等两者间,张君劢更看重前者,极力主张实行政治上的民主自由。在政协会议期间,张君劢力主限制国民党的政治特权,实行西式议会民主政治,并主持起草政协宪草原则,将其定位于实行国会制、内阁制和省自治的民主制度,颇受国民党之外的与会各方好评。张君劢本人一度成为战后中间势力的代表性人物之一,在争取政治民主化的浪潮中起到了重要作用。正因为如此,民社党也一度为国民党所看重,张君劢更是成为国民党拉拢的主要对象之一。民社党曾经企图在国内政治斗争中保持中立。对国民党,提出反对其一党专政,指出其政治腐化,如国民党实施政协决议,则予赞助,如在各地不阻碍本党之发展,与之取友好态度。对共产党,在目前力避文字上之攻击,忠告其停止军事行动或缩小范围,在反对一党专政、取消特务等方面取同一态度。对青年党,保持以往私人往还及友好态度,在文字上对其取静观态度。对民主同盟,视为联盟而非为政党,暂不退出,唯须保持本身独立,如有共同行动,应以明文约定者为限。① 随着形势的发展变化,民社党同样不能保持自身的中立,也无法逃脱在国共两党之间作选择的命运。除了与青年党相似的历史因素和现实考虑之外,张君劢还因其弟张嘉璈为国民党高官而有了与国民党无法摆脱的个人关系,在蒋介石内外交加的极力拉拢下,民社党最终还是选择了支持国民党。民社党决定参加制宪国大后,民盟认为"与本盟的政治主张显有出入",决议要求民社党退盟。

中间势力及其党派的发展实际上伴随着国共冲突而起。自国共两党在1927年分裂后,两党有着激烈的武装斗争,同时两党对于中国社会及其发展道路也有各自不同的分析和认识,代表着不同的阶级、阶层的利益。而在截然对立的国共两党之间,客观上存在着第三方面,即中间阶层或中间势力,他们是中间党派的社会基础。按中间派理论家施复亮的解释:"中国是一个落后的、农业手工业占优势的小生产制的社会,阶级分化还不十分尖锐,中间阶层还占着全中国人口的绝大多数。民族企业家、手工业者、工商业从业员、知识分子(公教人员及自由职业者)、小地主、富农、中农(自耕农和一部分佃农)等,都是今天的中间阶层。简单说,民族资产阶级和小资产阶级,都是今天中国的中间阶层。这些中间阶层,都是中间派的社会基础。"中间派就是在这样的社会基础上,要求在政治上实现英美式的民主政治,在经济上发展民族资本主义,在思想上采取自由主义,在行动上追求和平改良,同时用民主的方式解决中国的问题。他认为:"国共问题的合理解决,中国政治的全面安定,和平、民主、统一的真正实现,经济建设的顺利进行,都必须有一个强大的中间派在政治上起着积极的甚至决定的作用。"②张东荪则对中间势力的立场和责任做了更为详尽的解释。他认为,因为国际上存在着美苏对立,反映到国内即存在着国共对立,中间势力的责任就是进行调和折中,使国共两者之间的对立趋于软化。他提出:"中国必须于内政上建立一个资本主义与共产主义中间的政治制度,虽名为政治制度,当然亦包括经济教育以及全体文化在内,自不待言。这个中间性的

---

① 方庆秋主编:《中国民主社会党》,167—172页,北京,档案出版社,1988;《中国政党》,44页。
② 1946年7月14日《文汇报》,上海。

政制在实际上就是调和他们两者,亦就是,在政治方面比较上多采取英美式的自由主义与民主主义,同时在经济方面比较上多采取苏联式的计划经济与社会主义。从消极方面来说,即采取民主主义而不要资本主义,同时采取社会主义而不要无产专政的革命。"对于国共两党的对立和斗争,他希望将"偏右者稍稍拉到左转,偏左者稍稍拉到右转,在这样右派向左,左派向右的情形,使中国得到一个和谐与团结,并由团结得到统一"。① 为了给自己的存在和所能发挥的作用寻找理论和现实的依据,中间势力有这样的看法并不足奇,但这样的看法实在是有些脱离实际的理想主义,他们对西式制度和苏式制度的本质及其优劣的理解有不少偏差,以为实行了西式民主加苏式计划经济,就可以实现政治民主和经济平等,这无疑是空想,然而这却是在当时的中间势力及其党派中颇为流行的空想,而这种空想注定了中间势力及其党派对世界大势尤其是中国国情认识之隔膜,注定了他们不可能有自己独立发展的空间。

尽管中间势力有其发展的理论依据,但在国共两个大党以武装争天下的情况下,在国民党实行一党训政而不容其他党派合法存在的政治环境下,中间势力的政治结合在实际上受到强大的阻碍,无法得到自由发展的空间。战后中间势力一度有较大发展,是在较为特殊的情况和条件下出现的特例。因为刚刚经过八年战争,和平民主在战后成为人心所向,国共冲突一度有所缓和,两党斗争的战场一度由军事转移至政治,因此,国共两党都希望争取中间势力及其代表党派的支持,以扩大自己的政治同盟,孤立对手。与此同时,美国为了确保其在东亚和中国的长远利益,希望国民党政权稳固,要求国民党实行民主改革,开放政权,容纳反对党参政。这些因素一度为中间势力的发展创造了较为有利的环境,甚至在某种程度上膨胀了中间势力的政治意识和政治企图,他们以国共之间的调人自居,幻想可以调和国共,实现自己的政治参与愿望。在政协会议召开期间和国共两党围绕召开制宪国大问题而争执不下时,恰是中间势力最为活跃的时期,而也只有在这时,他们对

---

① 《再生》第 118 期,3—4 页,上海,《再生》周刊社。

国共两党的同盟军作用才得以较多地发挥。如时人所论:"近因共党滋事,而美国又力主中国政治须为民主,故其他党派逐级抬头。现除国共两党外,民主同盟已成为第三个有力量之组织。如中国确向民主之途发展,民主同盟颇有前途。"①

中间势力企图以调和国共矛盾和冲突,在国共两党之间左右逢源,为自身的发展和政治参与争得一席之地,虽是在当时情况下唯一可行的抉择,然而这一事实本身就说明了夹在国共两强之间的中间势力的无奈。20世纪上半叶中国历史的发展,已经形成了国共两党相争的大格局,而且国共两党各有自己较为完善的组织和社会基础,尤其是两党均有自己的武装力量,在讲求实力的政治原则之下,其他党派难有活动的空间。从中国历史的发展进程观察,改朝换代往往伴随着暴力冲突,近代中国由传统向现代转型之艰难和各种矛盾交织纠葛之复杂,更加剧了这种冲突的激烈程度,使得中国当时缺乏引进西方民主制度的环境与条件。在这种特定的环境下,无论中间势力有多么美好的理想,在现实面前也难免碰壁。中间势力提出的种种政治、经济、文化方面的建设主张,因为他们的在野党特性而未能进入实践过程,也无法获得下层民众的认可。他们多在上层活动,与下层民众脱节,缺乏广泛的群众基础,尤其是缺乏基层组织,很难影响政局的发展。何况,国民党长期实行一党训政,不容其他党派存在,也使中间势力在过去的较长时间里难以组成党派进行实际的政治活动,在民众中扩大影响。中间党派多为战后匆匆成立,缺乏政治斗争的训练,格于实际环境,也只能周旋于国共两党之间,并受制于国共两党的斗争。战后中国的特殊环境,客观上造成了中间势力活动的空间,也在一定程度上提高了中间党派的政治地位,但这不过是暂时现象,中间势力的发展实际并不决定于他们自身的努力或进取,而是取决于国共两党的态度、关系和力量对比,国共两党的政策走向实际上都不会受中间势力的左右。在国共两党维持着合作关系并相持不下时,中间势力及其党派有其存在的必要。一旦国共两党的关系决裂,无论是否心甘情愿,中间势力都必须在两党中作一选

---

① 《张歆泰致张歆海》,1946年5月13日,*Chang Hsin-hai Collection*, Box. 1, Hoover Archives, Stanford University.

择,方才可以有所依靠,其独立发展的空间大大受限于此。他们自己对此也不无认识,如时人所论,"倘使内战长期继续下去,中国问题只有依靠武力来解决,那么中间阶层和中间党派在中国政治上都不会有重要地位,也不会起什么独立的作用。""盖惟国共两方具有力量,而此外则没有。大局为此矛盾之两大力量所支配,其他的人皆莫如之何。"①

就战后国共两党对中间势力的争取而言,由于国民党长期实行一党训政,形成了唯我独尊的理念,对于其他党派一副居高临下的态度,轻易不言让步,因此中间党派对国民党具有戒心,至少也是敬而远之。如章伯钧所说:国民党专政多年,优越感太浓。我敢武断地说,他们的一切筹策,还是保持一党专政。他们早已认定我们这些中间人都是左倾的,不要说我们不愿右倾,就是你想投靠,他们也不会容纳你。国民党在其所拟对中间党派的对策中曾提出应付各党派的三项原则:(1)必须拆散各小党派与中共联盟之形势,当尽力疏隔其与中共之关系,不使有任何形式之反政府联盟可以产生;(2)采取对各小党派开放,对中共抑压政策;(3)拉拢各小党派,增我外围实力,以孤立中共。为此,应加强联系,有限度地满足其要求(如言论自由、活动公开、参加各级民意机构)。② 但在实践中,国民党仍以老大自居,处处表现出对他党的傲慢态度,即使是已经成为国民党政治盟友的青年党和民社党对此亦颇多抱怨,在参加政府的名额和国大代表、立法委员选举方面,对国民党的一党独大做法屡屡表示批评。因此,中间势力及其党派在实际政治活动中更多地感受到国民党的压迫,争民主是他们的一致要求。他们虽然在一些问题的看法(如实行和平土改还是发动农民)和追求的建国目标(西式民主还是新民主主义)方面与中共并不一致,但因为要求国民党实行民主的现实政治的一致性,在实际政治斗争方面,他们往往与中共合作,批评国民党。尤其是中间势力在政协期间与中共较为成功的合作,给国民党造成了相当的政治压力。

随着形势的发展和大规模内战的爆发,在国共两党截然对立之下,

---

① 李华兴编:《中国现代思想史资料简编》第5卷,302—303页,杭州,浙江人民出版社,1983;梁漱溟:《忆往谈旧录》,211页,北京,中国文史出版社,1987。
② 蒋匀田:《中国近代史转捩点》,70—71页;《各小党派之言论分析与对策》,见《中国现代政治史资料汇编》第3辑11册。

中间势力也无法再保持中立,出于自身不同的利益考虑,他们的政治立场和态度也在不断分化和变化。政协之后,青年党即与中共拉开距离,在诸多问题上支持国民党,其后参加制宪国大和政府,成为国民党的政治盟友。1947年9月,曾琦在青年党第十一次全国代表大会的政治报告中声称:"自政协会议以来,共党存心破坏,无所不用其极。青年党力谋团结,与国民党政策固无二致。因而参加国大,参加政府,在与国民党合作之下,而使国家臻于富强之境。"民社党成立后,政策方针也逐渐脱离民盟路线,虽然在参加制宪国大和政府方面几经犹豫,但最后仍决定参加。民社党领袖张君劢历史上与国民党有过节,本人虽没有参加制宪国大和政府,但仍公开指责"共产党不合作之心已昭然若揭,必诉诸武力而后快,吾辈局内人,孰为戎首,未能为之讳也"。继青年党之后,民社党成为国民党的又一政治盟友。①

作为整体的党派组织,民盟与中共日渐接近,并在诸多问题上与中共保持一致立场,反对国民党,其最明显的表现是拒绝参加制宪国大。这其中既有民盟自身的因素——因为青年党和民社党的退出,民盟组织的总体构成有较大变化,与中共有历史关系的第三党和救国会派占据了重要领导地位;也有中共的因素——中共对民盟做了大量的争取工作,并在有关实际利益的问题上(如政协和国大代表的席位)对民盟表示支持;还有国民党的因素——国民党将民盟视为中共的政治盟友,予以打击迫害,促使民盟为其自身利益而不断向中共靠拢。

自民盟成立之日起,国民党对其一直保持着警惕,并根据加盟党派的立场态度,要求"加速其分化过程,孤立其对外关系,并加强本党对其之压力。譬如民盟内部已有左右两派之斗争,即应加速挑起国社党村治派等对救国会派第三党之斗争,扩大其矛盾"。② 由于民盟与中共的合作关系,国民党对民盟以压迫为主,怀柔其次。全面内战爆发前,蒋介石特别指示"对民盟不必姑息",尤其对罗隆基、沈钧儒、章伯钧等"应施打击"。为了争取民盟中态度较为温和的一派,国民党特地派陶希圣前往上海,征求黄炎培对时局的意见。但因为黄炎培坚持民盟立场,认

---

① 《中国青年党》,310—311页;《中国民主社会党》,308页。
② 《国民党对应付民盟之策略》,南京,中国第二历史档案馆藏档,十三—279。

为对中共必须合作,只有政协会议决案可以解纷;若舍政协会,别寻门径,决非国家之福。结果使国民党非常不满。陈立夫为此指责黄炎培说:国民党不能容许共产党并存,第三者以国共并称,忽视国民党之为正统,从事调解冲突,即延缓对中共问题之解决。① 此后,国民党即不断对民盟施以打击迫害,企图压迫民盟放弃其原有的政治立场。1946年4月30日,民盟成员、著名教育家李敷仁遭国民党特务绑架枪杀,幸免于难后辗转逃至延安;5月3日,由民盟中常委兼西北支部主委杜斌丞担任发行人的西安《秦风工商日报》被迫停刊。这些不过是对民盟更大规模打击迫害的前奏,真正震动了民盟以及国内外政坛和舆论的,是发生在1946年7月的昆明"李闻案"。

1946年7月11日晚,战前即以"七君子"而闻名的民主人士李公朴,在看完夜场电影后的回家途中遇刺身亡。15日下午,昆明各界举行李公朴追悼会,李之好友及反战和平民主运动的战友、西南联大教授闻一多参加了追悼会。因闻风声对其不利,事前已有人劝闻一多暂避,但他坚定地表示:"今天跨出大门,就不准备再跨进大门。"结果一语成谶。就在闻一多于李公朴追悼会上深切悼念亡友并痛斥杀人者之际,杀人者已埋伏在他回家的必经之地。追悼会结束后,闻一多在回家路上以身殉言,倒在了暗杀者的枪口之下。"李闻案"震惊国内外,案发地昆明形势更是空前紧张,民盟负责人潘光旦、费孝通、张奚若、楚图南等不得不避走美国领事馆,民盟刊物《民主周刊》等亦被查禁。

"李闻案"发生于昆明,而昆明由于得云南地方实力派龙云之庇护,以民主同盟为主的各种民主活动较为活跃,且西南联大成为反对国民党的民主派大本营之一,早已为国民党所不满。抗战胜利之后,蒋介石逼迫龙云下台,云南政局为一些对共产党有强烈敌意的军人控制,西南联大学生及教职员工又因复员而陆续离开昆明,民主活动的环境发生重大变化。1946年年中,随着国共内战的爆发,云南军政当局刻意打击民盟及民主运动,通过各种宣传手段,造谣说民盟成员就是共产党员,民盟要组织暴动,闻一多正组织暗杀团并得李公朴携款资助等,情

---

① 唐纵:《在蒋介石身边八年》,622页;中国社会科学院近代史研究所中华民国史研究室编:《中华民国史资料丛稿·增刊》第5辑,112—113页,北京,中华书局,1979。

节虽然离奇到令人难以置信之地步,但此等谣言广泛传播,说明其有幕后策划。上年的"一二·一"惨案已经说明国民党云南军政当局行事鲁莽操切,唯因未有有力约束,更长其邀功请赏之心。"李闻案"案发地点附近,均为军警机关密布之地,但事发时无人过问,使凶手得以从容离去,可见绝非一般凶案。事后调查亦证明,国民党云南军政当局对"李闻案"有不可逃脱的关系及责任。

"李闻案"案发当时,正值国共和谈停顿,国共全面内战爆发,而李、闻一直大声疾呼,反对内战,要求和平,争取民主。因此,李、闻遇刺引来社会各界和舆论的强烈反应,认为"如此杀人,对中国民主前途,威胁至大"。李、闻均为民盟成员,积极参加了民盟的政治活动,他们的遇刺当然被民盟解读为国民党对民盟政治立场的不满及其对民盟的政治迫害,认为这是国民党"恨民盟是共产党尾巴"而蓄意"破坏民盟,打击民盟"。民盟政协代表致函国民党政协代表并请其转蒋介石,声明此案"是直以恐怖手段对付在野党派,实可骇异。且本同盟始终坚持以和平方式争取民主,自身从未利用武力,并坚持各政党均应放弃其武力,今乃以暴力残杀无武力之在野党派如同盟者,则尤可异讶,因是不能不向政府当局提出严重质问与抗议。"① 民盟本为主张在中国实行西式议会民主制度的政党,虽对国民党不断有批评,但不过是希望以和平方式实行民主改革,并无以武力和暴力革命推翻国民党之企图与行动。但国民党的所作所为,使民盟日渐感到压迫,迫使其出于自身利益之考虑,不断向中共靠拢,对国民党的批评日益激烈。因此,"李闻案"对国民党而言,并无实际政治利益之可得,相反却导致其公众形象的进一步下降,并失去城市中间阶层、中间势力的支持。再以李公朴、闻一多论,他们本为潜心于学问的知识分子,在良好、民主的社会环境下,他们本可不问世事,一心专注于书斋。李公朴因为不满于战前国民党的对日妥协政策而成为名噪一时的政治活动家;闻一多则为自由主义知识分子,精通西典,与共产主义和共产党本无关系,也不怎么关心政治,但因为国民党在抗战期间压迫民主、漠视民生、贪腐盛行、抗战不力的一系列

---

① 1946年7月16日、8月27日《大公报》,上海;《民主同盟文献》,123页。

做法,使他颇为不满,从而投身于政治运动,思想日趋激进。民盟和李、闻的政治转变,说明国民党在长时期一党训政的体制下,固守成局与既得利益,已经失去了统合社会各阶层支持之动力与创见。国民党政权如此举动,不能不使支持他们的知识分子感到寒心,而批评他们的知识分子更有人人自危之感,在政治上对国民党更为疏远,正无异于"为渊驱鱼,为丛驱雀"之古训。如马叙伦所称,国民党"看到意见和他不同的,都认为是反对他,都认为被他的敌党利用……张开眼睛,见的都是你的敌人,你会把忠于你的都和你分手,或者竟被你驱逐到你的敌党那方面去。"①

"李闻案"发生后,引起社会各界及国内外舆论的强烈反应,甚至连国民党的主要支持者美国亦表示"严重关切"。美国特使马歇尔和驻华大使司徒雷登都在会见蒋介石时提及此案,希望他采取一定的补救措施,以免"政府在知识分子和大众中逐渐失去号召力"。为此,蒋介石不能不表示对此案必切实查究,当局派出陆军总司令顾祝同、宪兵司令张镇和警察总署署长唐纵先后到昆明查办此案,并于8月25日下令将云南警备总司令霍揆彰革职看管,由何绍周接任,同时开庭审判两案凶手,判云南警总特务营3连连长汤时亮和该连排长李文山死刑。但负责调查此案的民盟正、副秘书长梁漱溟、周新民认为,审讯过程既非公开,又无证人,因而颇多疑问,并且完全掩盖了其后是否有指使者的问题,批评国民党对此案"必要一手包办到底,其情虚胆怯,处处可见";"国民党何止百口无以自解,他们直悍然不求自解了"。②"李闻案"对内战时期自由主义知识分子政治立场的变化及其对国民党统治的负面影响有长远的作用。

"李闻案"后,国共内战规模越打越大,国共关系的最终破裂不过是时间问题。在民盟内部,对于国共关系破裂后应采取什么立场虽有不同意见(如有人主张坚持"中间性的政治路线",对内"调和国共",对外"兼亲美苏";也有人认为在民主与反民主的斗争中,"没有调停两可的余地,只有勇往直前,以斗争解决我们的生存问题"),但是,国民党不断

---

① 中国民主促进会中央宣传部编:《马叙伦政论文选》,166—167页,北京,文史资料出版社,1985。
②《李闻案调查报告书》,28、31页,中国民主同盟总部,1946。

打击民盟而中共努力争取民盟的客观现实,使得民盟只能向左转。制宪国大召开之际,民盟拒绝了国民党的一再劝诫拉拢,与中共站在同一立场,拒绝参加,表示"今后只有民主与反民主之分,第三方面这一名词应成过去",表示其与国民党分道扬镳。1947年1月,民盟主席张澜在民盟一届二中全会报告中对国民党有直率的批评,认为"国民党方面的反动分子有彻底推翻政协的阴谋",并且因为"政府撕毁了政协决议"而致政协失败,召开制宪国大则是"政府用任何言词不能掩饰这是彻底撕毁政协决议的行为";同时,报告对中共则有肯定的赞扬,认为中共"确实有了与国民党合作的诚意"。民盟对国共两党的不同态度在报告中表露无遗。为了对外界和盟内成员解释民盟政治立场的转变,张澜在报告中提出:"站在政团的立场,对国共两党的党争,民主同盟是个第三者,我们应保持不偏不倚的态度。但民盟既是一个独立自主的政团,我们依据我们的政纲政策以争取国家及人民的福利,民盟对国事自然应该明是非辨曲直。是非曲直之间就绝对没有中立的余地。民主同盟的目的是中国的民主,是中国的真民主。民主与反民主之间,真民主与假民主之间,就绝对没有中立的余地。"① 国民党既然应为反民主、假民主承担责任,民盟既然以争取真民主为己任,当然就应该反对国民党。这样,民盟政治立场的转变得到了合理的、合乎逻辑的解释。全会通过的民盟"政治主张",虽然还提到"继续推进与国共两党的合作",但同时提出彻底反对内战、重新举行政治协商、成立全国一致的联合政府等主张,更为接近中共的立场,而远离国民党的立场。至此,民盟的第三方面或中立立场亦难以保持,国民党对民盟的公开活动日渐不能容忍,最终发展至压迫民盟解散。

---

① 1946年12月24日《文汇报》,上海;《中国民主同盟历史文献》,266—277页。

第四节　国民党一党制宪之纷争

自1927年国民党建立其统治后,在"训政"理论架构下制定的"约法"始终是国民党赖以维持其一党统治的法理基础。随着国民党统治下社会矛盾的发展,其独裁专制日渐受到外界批评,国民党也不能不在内外压力下宣称准备向宪政过渡,着手制定宪法,但国民党并不想放弃其专断统治,其主导的制宪遂始终难产,一直停留在草案的阶段,国民党仍堂而皇之地以一党"训政"而继续其对国家政治权力的垄断,维持其独裁专制。这种局面不利于动员全民实行抗战,自抗战中后期起已广受社会各界和舆论的批评,越来越难得到社会各界的认同,要求实行民主宪政的呼声日渐高涨。国民党长期垄断政权,各级官员多已失去当初的奋斗精神,而沉迷于以权力谋取私利,贪污腐败现象屡禁不止,愈演愈烈,这使得国民党官员更不愿放弃垄断权力,而是无视社会呼声,极力抵制民主潮流。但是,国民党面对的内外环境在不断发展变化。抗战时期,中共力量的成长壮大已经成为对国民党统治最大的挑战,而应对这一挑战,需要国民党广为获取社会各界的支持;中间势力及其代表党派的逐渐兴起及其民主诉求,以及美国出于建立中美稳固的战略同盟关系之考虑,希望国民党实行美式民主和多党竞争体制。这些都对国民党继续其一党"训政"构成了不小的压力,使其面临着越来越大的困难,而且国民党当政近20年仍未能订立宪法,使国家体制处于不确定状况,从而孕育着社会不安与动荡的因素。证之以中共在抗战后期提出的联合政府主张,得到社会舆论的广泛支持,亦可知制宪已为国民党无法再拖下去。为了应付这种局面,国民党在抗战后期重新筹备召开搁置已久的制宪国民大会,企图在其主导下制定宪法,实行由"训政"向"宪政"的过渡,树立可以继续其统治,并能为社会各界所认可和接受的法理依据,完成在国民党统治下的社会整合工作。但是,与战前国民党可以主导制宪议题相比较,此时的中国政治已非国民党一党所可完全控制,如果没有中共的认可,任何政治议题的提出和解决或者不可能,或者没有实际意义,国大与制宪问题亦然。制宪国大最主要的任务就是制定宪法,但制定一部什么样的宪法,不仅国共两党有很大的分歧,民主同盟等中间党派也有自己的主张。出于反对国民党垄断政权的客观需要,民盟已在事实上成为中共的盟友,而任何一部宪法如果得不到中共和民盟的认可,不仅无法形成国民党期待的社会整合效应,反将引来"正伪"之纠纷,造成社会的分裂,不利于国民党继续其统治。如何解决这一问题,成为困扰国民党的政治难题,召开国大、制定宪法,以及结束"训政"、实行"宪政"的计划,不能不再三变更,一拖再拖而无定期。

1946年1月召开的政治协商会议对制宪原则几经争论之后,终于得到了与会各方都能接受的结果。按照政协决议,应该在政协通过的宪草协议的基础上起草宪法,并交制宪国大通过。但政协宪草决定的国会制、内阁制与省自治等项民主原则,偏重于立法权对行政权的制约,与国民党设计的五权宪法制度以及偏重行政权独大的预想有相当距离,不利于国民党长期维持其统治,因而为国民党内多数人所不满和反对。政协结束后,由各方参加的起草宪法的进程一波三折,最后由于国民党六届二中全会通过的对政协宪草原则进行修改的决议遭到中共的坚决反对,导致制宪进程搁浅,改组政府之事也因而无法提上议事日程,原定5月5日召开的制宪国大又成悬案。迫于形势,国民党不得不再次决定国大延期,并在7月4日宣布,改于11月12日召开制宪国大。

国大召开再度延期后,国内政治形势不断恶化,政协后一度出现的和平气氛消失于无形。国共内战由东北而至关内,规模越来越大,国共分裂已临无可避免之境地。但国共双方在以军事争高下的同时,也在进行政治上的斗争,何时召开国大,如何召开国大,便成为国共政治斗争的中心问题之一。国民党实际上并不愿意放弃一党"训政"及其对政权的垄断,但"制宪"和"还政于民"却是国民党完成确认其统治合法性的必要步骤和有力的宣传口号,因此,国民党希望早日召开国大,并以实行宪政而向国内外展示其改革形象;同时,国民党召开国大的日期因中共和民盟之反对和牵制一拖再拖,自感有失面子,为维持其"信用",国大亦非开不可。所以,国民党一方面在军事上和政治上向中共施加强大压力,以迫使中共就范;另一方面极力拉拢中间势力及其代表党派,促其参加国大,以准备在中共不参加的情况下仍可以显示全国一致,从而在政治上孤立中共。中共凭多年与国民党打交道的经验,深知国民党召开国大的用意,因此坚持在实行政协决议的基础上,在解决了制宪原则、改组政府等问题后才能召开国大,以此逼迫国民党作出必要的让步。为此,中共在军事上坚决抵抗国民党军队的攻势,在政治上坚持以政协决议为原则,提出各种民主要求,争取中间势力,尤其是民盟的支持与合作,以准备在国民党最终召开由其主导的国大时,促成民盟与中共共同抵制,使国大成为没有各党派一致参与的残缺不全的国大,不使国民党因召开国大而获取合法性的政治利益,并由国民党承担和平破裂的责任。处于国共两大党之间的中间势力及其党派,虽然态度各有差别,但多希望以召开国大、制定宪法、实行宪政而实现中国的民主化,并以此实现其政治参与,但又不希望因国大问题而致国共彻底破裂,使他们失去在国共间左右周旋的影响力及其在和平环境下才能有的发展机会,因此力图调和国共关系,寻求各方都能满意的解决方法。这样,各方均有其考虑和打算,国大问题遂成各方矛盾、冲突、调和、折中的重要筹码,各方政治势力围绕其纵横捭阖,使国大召开与否一度成为战后中国政治的中心问题之一。

　　国民党于7月间宣布国大召开再度延期之际,国共大规模内战已经爆发,双方的政治谈判趋于停顿。为了实现停战,各方面提出了各种解决方案,但都无法缩小国共之间的距离,战争规模仍在不断扩大。在战火纷飞的情况下,召开国大的问题似乎也无法提上议事日程。但是,10月11日,国民党军队攻占中共华北根据地的中心城市张家口,使蒋介石非常得意,认为中共的军事抵抗已不足惧,遂于当天下午宣布,将于11月12日如期召开国大,俾便国民党一鼓作气,以军事胜利压迫中共在政治上屈服,而如果中共拒不妥协,则国民党可以召开国大,制定宪法,使自己居于当然之合法统治地位,并以此最终解决中共问题。中共的态度则非常明确,即不惜以破裂国共关系而反对由国民党一党主导召开国大,在其他争议问题未解决前,中共绝不参加国大。此时此刻,仍在为参加国大与否而徘徊难定的只有中间势力及其代表党派,他们因此成为国共双方竞相争取的主要力量,一时间成了中国政治舞台的聚焦点。

  蒋介石宣布国大将于11月12日如期举行,虽为国共关系发展变化之势所必然,但仍使夹在国共两党之间的中间势力及其代表党派左右为难。理论上,他们希望开国大制宪法,以实现其合法的政治参与;但实际上他们也知道,在国共内战的情况下,企望国民党实行真正的宪政犹如镜花水月,他们自身独立的政治地位也很难得到保证。因此,他们极力希望为国共两党找出一条妥协之道。此时,国共两党虽已对对方的态度和立场十分了解,并不希冀对方能够接受己方的要求,但为了争取政治盟友,影响社会舆论,塑造道义形象,将破裂的责任加之于对方,国共两党对争取中间势力及其党派的工作都很看重。而中间势力及其代表党派明知国共两党之矛盾对立已难缓和,但因为对自身地位的认识和调和国共关系尚存某种幻想,认为还可以有所作为。照梁漱溟的说法:"国民大会大家都不来是国民党在政治上的大失败;反之,各党派如果参加国大而共产党不参加,共产党顿形孤立。"①他们认为,这种客观需要给了他们调和国共两党关系的机会。何况除了以和平方式进行调和工作外,中间势力及其代表党派也确实没有其他方法可以影响时局。这样,国民党希望中共之外的所有党派都参加国大,使国大成为体现全国民意的舞台,展示其"民主"形象;中共希望国民党之外的所有党派都不参加国大,使国民党在国大自拉自唱一幕独角戏,映衬其独裁依旧;中间势力及其代表党派则希望哪怕有百分之一的机会也要尽可能努力,进则实现制宪与民主,退则调和与维持国共关系不致立即破

---

① 梁漱溟:《忆往谈旧录》,210页。

裂,以创造其自身政治参与的机会。围绕召开制宪国大问题,历史为国共两党和中间党派提供了舞台,供他们展示自己联友对敌的政治智慧、才能与技巧。

国共内战于1946年7月间大规模爆发后,国共两党谈判停顿,第三方面中间势力及其代表党派一时难有作为,美国调人亦感束手无策,有抽身而从中国政治的泥潭中退出之势。而国民党宣布国大的如期召开,国共两党由此对第三方面中间势力及其代表党派的极力争取,却给了第三方面重出担任调停的难得机会。以民盟为中心,包括青年党、民社党和无党派的第三方面知名人士,如黄炎培、梁漱溟、罗隆基、章伯钧、张君劢、李璜、左舜生、陈启天、莫德惠、缪云台等,几乎全体出动,在国共两党之间穿梭调停。虽然他们的立场和态度并不完全一致,青年党和部分无党派人士更接近于国民党的立场,民盟和部分无党派人士更接近于中共的立场,民社党和部分无党派人士则依违于两者之间,但就总体而言,第三方面还是希望国共和解,顺利召开国大,以获得自己合法的政治参与机会。10月17日,国民党谈判代表吴铁城、邵力子和雷震亲至上海,明为邀请留在上海的中共代表周恩来回宁谈判,实为在第三方面身上下功夫,与在沪第三方面代表频频接触,意图获得他们的支持,为他们参加国大预做铺垫。中共明知此时的谈判根本不可能有结果,但周恩来考虑到目前"中心的环节是争取第三方面,揭穿蒋的和平攻势,虽不能争取到全部不参加'国大',如能争取民盟大部不参加就是胜利",所以,当第三方面的代表出于调停之目的劝说周恩来回宁谈判时,周恩来表示同意,将这个面子给了出任调停的第三方面,以获取他们的好感和支持。[①]

10月21日,周恩来和第三方面代表同行到达南京。此后,由第三方面代表担任调人,先与国共两党代表就有关问题分别商谈,听取意见,然后再向国共双方转达彼此的意见,进行艰难的调停工作。国共两党的立场都是公开的、明确的。国民党坚持10月16日蒋介石声明提出的八点办法,其主旨在于:现地停战,恢复交通,中共交出国大代表名

---

① 中共中央文献研究室、中共南京市委员会:《周恩来一九四六年谈判文选》,677页,北京,中央文献出版社,1989。

单,参加国大,以维持国民党对中共的政治军事优势。蒋介石还特意多次致电参加三人小组谈判的陈诚,指示"应待共党先同意八项原则,然后再谈内容,此一方针切勿变更"。① 中共则坚持10月18日中共中央声明提出的两条,即以恢复1月13日国共双方的军事位置,并实行政协决议为谈判之基础,绝不作城下之盟。国共双方的立场毫无松动和接近的迹象,使得担任调停的第三方面代表"愈跑愈觉得这个中间派难做,总找不着双方要价还价的眉目来"。但国大召开在即,为了早日结束谈判,10月28日,第三方面代表提出其拟订的方案,希望国共双方"衡情酌理,互相让步"。该案提出:全国军队一律就地停战,依据政协决议及程序,商定改组政府、召开国大、制定宪法等问题,然后一致参加政府和国大。除此之外,方案后来还加上了关于解决东北问题的设想,提出中共军队在东北驻齐齐哈尔、北安和佳木斯三地,长春路沿线各县政权除中共已接收者外,由国民党派县长和警察接收。这个方案在现地停战和东北中共军队驻地等方面明显有利于国民党,而且第三方面自作主张提出该案,事前并未征求各方意见,尤其是未征求利益将受损害的中共方面的意见。结果,在和第三方面交往时一向温文尔雅、具君子风度的周恩来,在见到这个方案后也少有地发了脾气,斥责第三方面代表不守信义,落井下石。而且出乎第三方面意料的是,该方案所提改组政府等意见也不为国民党方面所接受,甚至被国民党认为是"代表中共说话,为中共而向政府办交涉,完全丧失其公正立场"。② 如此一来,第三方面可谓吃力不讨好,遂提议退出居间调停,而由国共两党和第三方面组成非正式综合小组,讨论政治问题,同时由陈诚、周恩来和马歇尔三人小组讨论军事问题。直至国大开幕前夕,非正式综合小组和三人小组会议一直在断断续续地进行,但谈判毫无进展。

鉴于国大开幕在即、谈判陷于僵局之现状,国民党谈判代表孙科、吴铁城、张厉生、邵力子、陈布雷、王世杰等判断,"目前形势希望中共提出国大代表名单固不可能,第三方面单独提出名单在势亦有不能";他们认为:"此次国民大会原为制宪,而宪法为百年根本大法,自不宜在战

---

① 《蒋中正"总统"档案·筹笔(戡乱时期)》第15947、15950号。
② 梁漱溟:《忆往谈旧录》,215页。

争尚未停止之局势下开会议制。为此,拟建议将大会日期再行延缓,一俟大局好转,再行召集。"他们的建议出于现实的考虑,希望国民党通过制宪可以做到真正的长治久安。但蒋介石否决了这样的建议,因为接受中共的条件,召开统一的国大,为蒋所不能;而不接受中共的条件,则统一的国大恐永无开会之期,为蒋所不甘。蒋介石决定国大如期开幕,但为了诱惑第三方面提交国大代表名单,敷衍国大的门面,11月8日,蒋介石下令自11日起停战,同时声明:"现国民大会依法选出之代表,均已如期报到,国民大会实不能再予延期,以增加政治、军事之不安,而加深人民之痛苦,且召开国民大会,为政府还政于民惟一合法的步骤,亦不能再有稽延,因此政府已决定国民大会于十一月十二日如期开会。"①

  第三方面调停失败后,国民党如期召开国大的决心已定,而中共拒绝参加国大的态度也已经明朗,各方关注的焦点转至第三方面是否参加国大。国民党为此"拼命拉第三方面,真是无孔不入",甚至表示"只要第三方面提供保证,交一部分国大名单,那怕三五个人都成"。因为青年党已经决定与国民党合作,因此民盟,尤其是民社党成为国民党争取的重点对象。在国民党的拉拢下,民社党的态度开始松动。张君劢提出,如果国大可延期至12月1日开幕,并在此期间解决各项问题,则可以考虑参加国大。他将此项意见打印成函,提议民盟代表在函上签名,并以此作为参加国大的提名名单,送交国民党方面。因为民社党此时仍为民盟成员,民盟代表或出于尊重,或出于情面,在这封信上签了名。国民党收到此函后,11月11日,蒋介石宣布将国大延期三天举行,作为国民党的最后让步,并表示其尊重民意。周恩来得知此事后则向第三方面表示:国民党的用心很清楚,请大家进国大,为的是在脸上搽粉,而把中共踢开。我们有武装,可以同国民党周旋,而诸位将难免受压迫,希望有一天仍能在一起为和平民主奋斗。周恩来恳切的表示打动了民盟多数代表,结果除了张君劢之外所有民盟代表退出签名,国民党对民盟的拉拢以失败告终。由于国民党压迫民盟的现实和民盟

---

① 《蒋中正"总统"档案・革命文献・戡乱时期(政治协商与军事调处)》下(二)第6册,630—631页;1946年11月9日《中央日报》,南京。

与中共的历史关系，民盟决定与中共保持一致，表示"不能放弃自己的意见和立场，不怕一切威胁利诱，绝不参加"。国大开幕前夜，11月14日，民盟总部秘书处发布紧急通告，声明民盟维护政协决议，在政协决议关于国大开会之各项手续完成后将参加国大，未完成前则暂不参加。① 第三方面终因参加国大问题而分裂。

青年党、民社党和多数无党派代表最终决定参加国大，但正如王世杰所说："实际上彼等之参加恐不能有何贡献，惟国民党则可以宣布此次之国大并非一党之国大矣。"青年党早已决定与国民党合作，在国大召开前提出代表名单，并声明："吾人为促成民主宪政之实施，并与若干社会贤达表示一致之行动，更不愿引起全国日益水深火热之人民发生过度失望之感，始将本党代表名单，毅然提出。"②民社党内部对是否参加国大出现分歧意见。张东荪、叶笃义等反对参加，并表示一旦民社党参加国大，他们即退出民社党；蒋匀田等主张参加，获得政治参与权。不过，民社党参加国大与否的关键在于主席张君劢的态度。张君劢多年来为建立民主政治奔走，屡受国民党的打击迫害，在战后民主化浪潮中出力甚多，也因此而颇受各方尊重。故民社党参加国大较青年党更有对外宣传的意义，张君劢遂成为国民党争取的重点对象。11月1日，正在长春忙于接收的东北行营经济委员会主任委员张嘉璈，突然接到蒋介石密电，令其速飞南京，全力劝其兄张君劢"宣布独立主张，勿随共方"。蒋允诺，如民社党提交国大名单，则宪法可照政协宪草原则通过，政府亦可停战，并俟国大后改组。蒋还捧张君劢"可举足轻重，做一历史上有意义之举动"。张君劢本不认同共产主义和共产党，他对民盟与中共的关系早已有所不满，民盟代表在他拟的有关参加国大的函件上签名后又退出，更使他认为民盟已成中共的"尾巴"，表示民社党此后将自由行动。终于，在蒋介石的拉拢、张嘉璈的反复劝说和亲情关系的化解下，在民社党内部部分渴求参政的成员鼓动下，张君劢的态度有了变化。11月20日，张君劢致函蒋介石称："倘宪草能一本政协之决议，

---

① 李维汉：《回忆与研究》（下），650—651页，北京，中共党史出版社，1986；《中国民主同盟历史文献》，241—242、246页。
② 《王世杰日记》，1946年11月17日；1946年11月16日《中央日报》，南京。

而同时政府能迎之于机先,早日自动表示结束党治,一面彻底执行停战命令,一面彻底实现政协决议之精神,则民主社会党同人虽深以各党不克共聚一堂为缺憾,然在此还政于民之日,自当出席以赞大法之完成。"此函实为民社党参加国大找台阶,蒋介石当然明白其意,随即顺水推舟,次日即复函称:"函中指示各点,或为政府所已办,或为政府方在实施,要皆真知灼见,与政府不谋而合。……故此国民大会,甚盼贵党人士出席,共同参加制宪工作。"23 日,张君劢发表谈话称:"承蒋主席之答复,实为施行宪法前之重大表示。本党同人本此精神参加国大,以赞大法之完成。"①民社党至此完成了参加国大的手续,但张君劢决定个人不搅"浑水",不参加国大,虽蒋介石派出多人劝驾,亦未动摇他的决定。

1946 年 11 月 15 日,国民大会在南京开幕,国民党宣传多年的制定宪法、实行宪政、"还政于民"等总算进入了既定程序。国民政府最终公布的国大代表名单为1 745人,最终到会代表为1 701人。虽然为了对外显示统一,国大开幕时决定保留中共和民盟代表的名额,但中共代表190 人和民盟代表 80 人(不包括民社党代表)自始至终未出席国大,原定分配给中共的地区代表 250 人和由中共提名的无党派代表 17 人由国民党包办提名,从而确保了国民党及其控制的代表在国大的绝对人数优势。民盟未参加国大,使国大并不具备国民党本来所期待的包容除中共之外所有党派的广泛代表性,而且造成了中间党派的分裂,不利于国民党争取中间势力,而没有中间势力的全面支持,至少国民党在城市的统治基础就是不稳固的。不过对于国大而言,最重要的缺席者是中共。中共有自己的武装,占据着广大的地区,拥有众多的人口,这部分地区和人口不能纳入所谓"宪政"框架,则这样的"宪政"势必是残缺不全的。换句话说,以当时中国的现实,一个没有中共参加的国大,根本就没有多少实际的意义。更何况,中共的力量仍在继续上升之中,国民党实无以武力解决中共问题的把握,而其一党包办国大的事实,却给了中共反对国民党的政治动员以宣传武器,即称其为"伪"国大,并因中

---

① 《张嘉璈日记》,1946 年 11 月 4 日,*Chang Kia-ngao Collection*, Box 18, Hoover Archives, Stanford University;《中国民主社会党》,336—339 页。

共力量的成长及胜利,而由宣传的"伪"成为事实的"伪"。

按照《国民大会组织法》的规定,此次国民大会的任务只是制定宪法并决定宪法施行的日期,因此也称"制宪国大"。在国大开幕演说中,蒋介石表示:"宪法是全国共循的法典,一方面必须有远大的理想,一方面又必须顾及国家现实的情况,我们的理想就是国父遗留的三民主义和五权宪法,我们国家的现实,就是国家社会自抗战以来经过长期间的演变和进步,惟有理想与现实兼顾的宪法,才是适合国情而完善可行的宪法。"所谓"理想与现实兼顾",即既要照顾到国内外各方观瞻,展示民主形象;又要保证国民党继续垄断政权,尤其是保证蒋介石本人的独断权力。为此,国民党颇费了一番努力,在明面上以制定一部民主宪法为追求,并尽量使制宪与政协宪草原则保持一致,以获得各方的认可。政协闭幕后,宪草审议委员会曾对宪法草案进行过多次讨论,最后由张君劢拟出一部宪法草案,但因国共两党意见不一及政治形势的变化,此一草案并未得到各方一致的认可。制宪国大开幕前,为使大会讨论有所依据,国民党先将此份草案交由王宠惠、吴经熊等宪法专家作文字上的整理校正,再由孙科、王宠惠、吴铁城等人就校正稿加以研讨,决定基本维持原案。制宪国大开幕后,孙科复邀请原政协宪草审议委员会成员(中共与民盟未参加)对此份草案再度进行审议,并经国民党中常会"原则通过",再经立法院"照案通过",最后于11月28日提交大会讨论。在将此份草案提交大会时,蒋介石特意强调,这个草案是"根据政协的修改原则,再加审订整理和补充,成为完整的草案";"中国共产党虽没有参加,而当时参加政协的大多数党派是经过同意的"。[①] 以此向外界表明国大制宪对政协宪草原则的尊重。

按国民党原先设计的五权宪法体制,立法、行政、司法、监察、考试五院均为总统之下的执行机构,而以国大为名义上的最高权力机关,拥有选举、罢免、创制、复决等项权力。但因国大代表人数众多,召集不易;国大会期间隔时间较长,开会时间又很短,实际无法对行政权力进行有效的监督和制约;再加上总统的紧急处分权,因此在这样的体制

---

① 黄香山主编:《国民大会特辑》,3、21页,南京,东方出版社,1947。

下,总统拥有几乎不受限制的权力。政协开会期间,各方面对此有强烈的批评,并在会议通过的宪草原则中,定下了国会制、内阁制和省自治的政治体制,以矫正五权宪法中行政权过大之缺失。因为国民党内强烈的反弹,提交制宪国大的宪法草案已经对政协宪草原则做了若干重要修改,如将无形国大改为有形国大、取消立法院对行政院的不信任权、降低省的自治地位等。不过因为需要向外界表示民主和统一,也需要照顾到参加国大的青年党和民社党以及部分无党派人士的意见,这一草案仍不能不留有政协宪草原则的痕迹,其中尤为国民党代表不满的主要是,国大权力较小,职权只限于选举、罢免总统和副总统以及复议宪法等事项;立法院权力较大,行政院的权力受到立法院的诸多制约和牵制;与国民党原先设想的以总统行政权为主导的国家体制相差较大。部分国民党籍的国大代表因此在会中提出,国大权力应予扩大,国大应为常设的国家最高政权机关,代表全国人民行使选举、罢免、创制、复决四权;同时应削弱立法院的权力,维护行政院的权力。此举实质就是维护已被外界广泛批评的五五宪草原案,他们的理由主要是,如果立法权力过大,行政权力将受牵制,政务不能顺利运转;而且立法院人数众多,又由选举产生,以中国之地域广大和人民之程度,恐不易运作。他们还以五权宪法和国大制度为孙中山所定为由,强调不能违反"国父遗教",并以此作为自己论点的护身符。国民党代表的意见,引起参加国大的部分非国民党籍代表和社会舆论的异议。他们提出,既然数百人的立法院尚不易运作,则两千人以上的国民大会又如何运作?何以民选的国大可以代表民意,而同样是民选的立法院就不能代表民意?说到底,国民党代表的主张,无非是以国大之大而无当更便于其操纵而已。甚而国民党籍的制宪国大副秘书长雷震也承认:"如以国民大会为代表人民的机关,立法院为纯粹立法技术的机关,那么,顾名思义,国民大会仍属于代议的制度。可是代议制度之下,经由立法程序来控制行政权活动的手段,国民大会几乎完全没有,故此种民主政治,实际上连代议制度都不如了。"①

---

① 雷震:《制宪述要》,16页,台北,桂冠图书股份有限公司,1989。

在制宪国大关于宪法草案的讨论中实际形成了两种不同意见。"一部分国民党籍代表以遗教及五五宪草为依据,希望尽量修改宪法草案。而非国民党籍代表则认为宪法草案系各党派意见调和折衷的结果,内容比较合于民主,宜尽量予以维持。"①由于国民党籍代表和国民党可以控制的代表占据着国大的多数席位,因此如果他们一意孤行,联合行动,不仅将使国大无法通过这部宪法草案,而且还将使本已因中共和民盟拒绝参加而分裂的国大,又将因部分参加代表对国民党的不满而再度分裂,那将有违国民党以召开国大而对外展示其民主的初衷。面对这样的前景,蒋介石不得不亲自出面,在国大的公开讨论和会外聚会中训示国民党代表:"为适应目前政治的现状,我们不能不通达权变,因时制宜";"这次国民大会如果失败,就等于是共产党胜利,所以要特别注意!"蒋还特别表示:"我们要解决中共问题,必须使国际上了解我们,至少要不误解,不妨碍我们,然后才能达到目的。而国民大会的召开,即是为了促进国际对于我们中国的了解。"所谓国际"了解"或"误解",实际是指美国的压力。国大开幕后,马歇尔曾希望其"确实可以通过一部可尊重的宪法"。蒋介石的表态,就是做给美国人看的,以此缓和美国的批评,并得到美国的进一步支持。国民党领导人经过多次长时间讨论,认可了蒋介石的决策,决定对提交国大的宪法草案的基本内容维持不变。为了保证宪法草案可在不做更大修改的情况下通过,蒋介石决定在国大成立综合审查委员会,由其亲信将领陈诚主持,以军方力量控制党务系统CC系之嚣张,并直接领受其意图,对各审查委员会提出的修改意见予以综合平衡后再予定案。蒋介石还特别指示国大中的国民党代表:凡综合审查委员会提出的意见,除中央另有指示者外,应依照通过;除临时指定必要者外,其他代表不必发言。但为了平息国民党内强烈的反对意见,也为自己未来获得不受限制的总统权力预留退步,蒋介石同时强调:"任何宪法都有修改的规定的,这次宪法草案通过之后,如果将来发现有不妥的地方,我们在下届国民大会,仍旧可以提出修改,使之符合我们的理想。"在蒋介石如此煞费苦心、软硬兼施的运作下,国大

---

① 陈启天:《寄园回忆录》,210页,台北,台湾商务印书馆股份有限公司,1965。

代表最后总算没有对这部宪法草案说"不"。①

提交制宪国大的《中华民国宪法草案》经一读、二读,最后在12月25日三读通过,并决定于一年后的1947年12月25日正式实施。

12月25日,制宪国大在完成其使命、通过《中华民国宪法》后闭幕,困扰国民党多年的召开国大与制定宪法问题总算暂时告一段落,国民党可以借此宣传其"还政于民"的"功绩"。蒋介石宣称:"这一部宪法的精神,是荟萃全国各方面的意见,是根据政治协商会议所定的原则。""宪法的内容,兼顾到理想和现实,对于国内各民族,汉满蒙回藏及国内其他各民族的一律平等,各政党在法律上一律平等,以及人民权利自由的积极保障,都有确切的规定。"②如果就条文的字面意义而言,制宪国大通过的这部《中华民国宪法》,在一些方面较五五宪草有些进步。例如,在对人民自由权利的保护方面,五五宪草采行限制方法,实际为以法律名义限制人民自由权利大开方便之门,而在这部宪法中对限制规定了一些原则条件。在争议最大的有关行政与立法的关系方面,这部宪法采行的国家行政体制,既非完全的总统制,亦非完全的责任内阁制,而是折中平衡了立法与行政的权限,但立法权享有控制地位,总统的行政权力得到一定的限制,如总统发布命令必须经行政首长副署,总统发布的紧急命令须经立法院同意等。因此,一些国内舆论肯定这部宪法"较五五宪草为进步",但也批评其"从时代性格与立法技术上看,尚非理想的架构","思想上有矛盾,因之在制度上欠和谐,而条文尤其粗陋草率"。再就国民党最在意的美国人的态度而言,马歇尔认为,这部宪法可称为一部民主宪法,其主要部分符合政协决定之原则。司徒雷登认为,这部宪法比十年前的草案要民主得多,标志着委员长自身思想的进步。③

虽然如此,制宪国大通过的《中华民国宪法》在立意上不够完善,在技术上和具体条文规定方面有若干缺陷,如立法和行政的关系因其折

---

① 秦孝仪主编:《先"总统"蒋公思想言论总集》卷二十一,459—461、484—489页,台北,中国国民党中央委员会党史委员会,1984。
② 《中华民国史史料长编》第70册,3页。
③ 1946年11月23日、24日《大公报》,上海; "The China White Paper", Vol. 2, p.688; Stuart, John Leighton. "Fifty Years in China——The Memories of John Leighton Stuart", p. 171. *United States Relations with China, with Special Reference to the Period, 1944—1949*, Stanford University Press, California, 1967。

中而留下隐患,使立法权和行政权之间易生摩擦;更重要的是如何将这部宪法的精神和规定由理论而落实到实际。1947年7月,国民党因在内战中不断失利而决定实行"戡乱动员",并以此为名,加强了对异己力量和异议声音的镇压。在这样的形势下,宪法赋予人民的自由权利被不断缩减。1947年12月25日,《中华民国宪法》正式实施。就在同一天,国民党政府公布《戡乱时期危害国家紧急治罪条例》,其后又在1948年4月通过"特种刑事法庭"条例,在各地普遍设立特刑庭,以严酷手段压制反对声音,以稳定其统治,使得宪法中规定的人民自由权利几成空文。事实上,国民党内部分固守传统思维的顽固派对这部宪法实施后将对国民党一党统治可能造成的影响非常担忧与不满,对其有强烈的批评。而蒋介石与其说如司徒雷登所言是因思想的"进步"而主张通过这部宪法,还不如说是因其面对客观现实而需要这部宪法,他的个人独断权力并不以这部宪法的通过而得到有效的限制。鉴于外界对总统权力过大的担忧与批评,尤其是对所谓总统"紧急处分权"的反对,蒋介石曾声称:"总统的紧急处分权,我以为也可以删去,以避免外人的误会。"制宪国大通过的这部宪法确也对总统的"紧急处分权"做了较严格的限制。但蒋之言犹在耳,1948年的行宪国大即通过了《动员戡乱时期临时条款》,以"戡乱"和"临时"的名义,将总统的权力扩张到了极限。一切仍如过去一样,蒋介石仍是手握国民党党政军大权并可独断专行的唯一"领袖"。

不仅如此,如同舆论所言,制宪国大通过的这部《中华民国宪法》"最大缺点还不在它的本身,而是这次的制宪国大缺少了一个和平团结的规模。一个主要的党派未参加,而半个中国还在打内战,因此大大减损了这部宪法的尊严性。"国民党本希望通过召开国大,制定宪法,完成社会整合,确定其长期统治的法理基础。但是,因为中共和民盟拒绝参加国大,而一个分裂的国大则不能达成国民党之预期,反而在国民党的旧困扰未及完全消除之际,又产生了新的困扰,即国大的正与伪的问题,成为其无法摆脱的政治包袱。正如部分国大代表所言:"各党皆为会议中主体。必须主体完全存在,始终遵守,由此会议产生之宪法,方能有效。今共产党及民盟,皆不来参加制宪,是政治协商会议之主体,已不完全存在,由此产生之宪法,安能期其有效。"①宪法通过后,中共嘲讽"蒋介石打出了最大的一张牌,但是他既不能满足人民,又不能压倒对方,却只把曾弄假成真的国大再弄真成假。一切历史学家都会看出,这乃是蒋介石一生中最大的政治失败。"民盟则声明:"此次宪法所依据的宪草乃国民党片面提出的草案,在法律上与事实上均非政协宪草","与本同盟之主张根本违背,更与全国人民之利益根本冲突,本同盟愿唤起全国人民共起坚决反对"。②

制宪国大落幕后,开始了由"训政"到"宪政"的过渡,即"在政治形态上,就要由一党负责的时期过渡到各党派和全民共同负责的时期"。所谓"共同负责",就是改组政府,容纳其他党派入阁,共同处理政务,以消融国内外对国民党一党垄断政权的批评。根据既定程序,1947年3月1日,国民政府宣布增加立法委员名额50人,监察委员名额25人,国民参政员名额44人,并将增加的名额主要分配给青年党、民社党和无党派人士。3月15日,国民党召开六届三中全会,讨论有关结束训政事宜。23日,全会通过《宪政实施准备案》,向外公开宣示:"本党之政治设施,应以从速扩大政府基础,准备实施宪法为中心……本党与国内其他和平合法之政党,应切实合作,共同完成宪法实施之准备程序。"③31日,国民政府公布行政、立法、司法、监察、考试五院组织法,为改组政府确定了法律依据。

1946年5月,行政院曾进行局部改组,已有所谓无党派人士王云五、俞大维(实为国民党秘密党员)入阁。此时政府全面改组,重点在于延引其他党派人士入阁,因为只有这样才能以"民主"装点门面。所谓其他党派,实际也只有青年党和民社党,因为民盟既不参加国大,当然更不会参加政府;而对其他小党派,国民党根本不承认他们的地位,他们即使愿意参加政府,亦不可能让其参加。围绕改组政府的问题,国民党与青年党和民社党又有一番争执。表面上,国民党和青年党及民社

---

① 1946年12月26日《大公报》,上海;《国民大会代表对于中华民国宪法草案意见汇编》,76—77页,国民大会秘书处,1946。
② 1946年12月28日《解放日报》,延安;《中国民主同盟历史文献》,259页。
③《中国国民党第六届中央执行委员会第三次全体会议记录》,6、54页,中国国民党中央执行委员会秘书处,1947。

党对改组政府的分歧在于实行什么样的施政纲领。青年党和民社党为了向外界和舆论显示他们对和平民主的追求以及独立地位,更在意施政纲领的民主性,同时力图避免在文字上提及对中共用武,主张以政治方式解决中共问题。但该两党提出的施政纲领草案关注的重点也有不同:民社党更强调实行民主政治,要求试行行政院负责制;青年党因为在地方的组织较民社党健全,因此更强调开放地方议会和政权,力图获得更多、更实际的利益。除了在如何解决中共问题方面,国民党与青年党和民社党看法不一外,对两党提案本身并未有太多异议。

1947年4月16日,国民政府主席蒋介石与青年党主席曾琦、民社党主席张君劢、无党派社会贤达人士代表莫德惠、王云五等签署《共同施政纲领》,其基本内容:(1)改组后之国民政府,以和平建国纲领为施政准绳,由参加之各党派及社会贤达,共同负责完成宪法实施之准备程序;(2)以政治民主化及军队国家化原则,为各党派合作之基础;(3)外交政策,应对各友邦一律平等亲善,无所偏倚;(4)中共问题仍以政治解决为基本方针,只需中共愿意和平,铁路交通完全恢复,政府即以政治方法谋取国内之和平统一;(5)提前试行行政院负责制,行政院依国府委员会之决策,负执行全责;(6)行宪前之行政院院长人选,国民政府主席在提出任用时,应征求各党之同意;(7)对各省行政,本军民分治与因地制宜原则,作彻底之检讨与改革;(8)凡因训政需要而设立之法制与机关,应予废止或裁撤;(9)彻底整理税制及财政,减轻人民负担;(10)严格保障人民各项自由,严禁非法逮捕与干涉;(11)今后所举办之外债,应专为稳定并改善人民生活及生产建设之用;(12)各省市县参议会及地方政府,应尽量使各党派及无党派人士共同参加。这个施政纲领在文字上满足了青年党和民社党的要求,但实际上对于国民党、青年党和民社党而言,关于施政纲领的讨论不过为敷衍舆论的表面文章,青年党曾坦白地承认是"作一姿态而已"。施政纲领对中共问题"政治解决"的"基本方针",在"戡乱动员令"通过后就被束之高阁,无人再提了。①

---

① 《宪政实施参考资料》,266—268页,中央训练团,1947。

如何利用国民党展示民主的需要作为自己的筹码,在改组后的政府中占得更多、更重要的席位,才是青年党和民社党真正关注的问题。尤其是青年党,将政府改组视为政治分肥、获取实惠的好时机,胃口甚大,几近于赤裸裸地伸手要官。青年党要求在国民政府和行政院的职位均要比民社党多一席,所得部会须有实际利益,如要求获得经济部的职位而不同意卫生部的职位。青年党还对未来的政治参与有更长远的规划和布局,担心将来举行大选时仍难于立足,故企图"借政权在手,吸引下层群众,争取乡镇保甲长,以为竞选之准备"。所以,他们不仅要求参加中央政府,而且要求参加省、市、县地方政府和参议会,并要求在四川、江西、河北、安徽、辽宁有至少一名省政府委员,四川、湖北、湖南、江苏、福建、广东有至少一名厅长;甚至提出,中央与地方各级军事机构、所有中央地方及海外之宣传机构、中央及各省市县金融机构及国营事业,亦应由各党派及社会贤达平等参加。① 民社党的情况则与青年党有所不同。因为对未来政治的走向看法不一,张东荪、叶笃义等主张与民盟合作,反对参加国大,更反对参加政府,并最终决定退出民社党;以副主席伍宪子为首的一派人,对张君劢在参加国大和政府等问题上的自行其是很不满意,要求改变领导体制,由中常会决定大政方针后再谈入阁问题;徐傅霖、蒋匀田等则主张全面参加政府。作为民社党的决策人,张君劢曾对外表示,民社党参加政府要"待之全国各党一致协力于和平民主之日",而且他认为,自制宪以来国民党实际上并无变化,对他党之行动也并无平等和公平竞争精神,因此对参加政府并不积极。但考虑到党内要求参加政府一派人的意见以及实际的利益,张君劢最后决定民社党部分参加政府,即只担任国民政府委员和行政院政务委员,但不出任部长,他本人则不参加政府。张君劢的决定加剧了民社党内部的意见分歧,反对派指责他"受少数人的把持,竟一意孤行,前后翻覆,置大多数同仁意见于不顾"。1947年5月,以中常委孙宝刚为首的一派人成立民社党革新委员会,另立山头。8月间,副主席伍宪子及其追随者亦参加革新委员会。结果,民社党和民社党革新委员会均召开

---

① 《青年党参加政府方案》,见《蒋中正"总统"档案·革命文献·戡乱时期·实行宪政与蒋"总统"就职》(上)第10册,158、162—163页。

代表大会,自称只有自己才能代表民主社会党,民社党最终分裂。

即使是青年党和民社党对政府职位的要求并不多,也不涉及军事、外交、内政等关键部门,但国民党内仍有强烈的反对声浪。在1947年3月举行的讨论政府改组问题的国民党六届三中全会上,不少中央委员重弹"还政于民非还政于各党派"之老调,提出训政时期仍未结束,国民党仍负主要责任,政府改组不能听命于他党之要求,反对给予青年党和民社党要求的职位。更有人指责青年党得寸进尺,要求各种事业机关的位置,如果其全部党员都要做官是不合理的。国民党中央只能安排专人向反对者解释,请青年党和民社党参加政府,是为了表示国民党不是一党专政,同时可以合作构成反共联合阵线。① 经过争执与解释,4月17日,国民党中常会通过修改后的《国民政府组织法》,决定了国民政府主席、副主席和五院院长人选,同时恢复设立中央政治委员会,作为国民党对政治的指导机构。18日,《国民政府组织法》正式公布,国民政府委员会成为法定的国家最高国务机关。改组后的国民政府由蒋介石任主席,孙科任副主席,张群任行政院院长,孙科任立法院院长,居正任司法院院长,戴季陶任考试院院长,于右任任监察院院长。上述最重要的岗位全由国民党人占据。国民政府有委员28人,其中国民党17人,包括五院院长和张继、邹鲁、宋子文、翁文灏、王宠惠、章嘉呼图克图、邵力子、王世杰、蒋梦麟、钮永建、吴忠信、陈布雷;青年党4人,为曾琦、陈启天、何鲁之、余家菊;民社党3人,为伍宪子(他表示在党内纠纷未决前暂不就职,8月15日国务会议免去其委员职务)、胡海门、戢翼翘(6月6日,民社党徐傅霖被任为国府委员);无党派4人,为莫德惠、陈光甫、王云五、包尔汉。23日,国民政府发表五院中最重要的行政院组成人员名单,其中国民党占据16席,包括院长(张群)、内政(张厉生)、外交(王世杰)、国防(白崇禧)、财政(俞鸿钧)等关键性的部门;青年党3席,为经济部长李璜(一直未上任,后改由陈启天担任)、农林部长左舜生及政务委员常乃惠(5月18日改任国府委员,另由郑振文、杨永浚任政务委员);民社党2席,为政务委员李大明(因其滞留美国未

---

① 《国民党六届三中全会第八次第九次会议速记录》,国民党党史馆,6.2/41—1、6.2/42—11。

归,不久又参加民社党革新派,8月15日被国务会议免职)、蒋匀田;无党派4席,为行政院副院长王云五、交通部长俞大维、卫生部长周诒春和政务委员缪云台。5月1日,改组后的行政院院长张群首次向立法院报告施政纲领,称新政府的基本施政方针:(1) 多方努力迅速结束军事,早日实现政治解决国内纠纷,恢复统一;(2) 力求收支平衡,努力整理通货;(3) 遵守宪法精神,保障人民自由,严惩贪污。①

政府改组完成后,国民党在对外宣传中极力为自己贴金,表示其一党训政已为所谓多党合作执政所代替。蒋介石在对记者的谈话中称:"我国之政府权力,以往属于国民党负责,此次改组以后,将由国民党、民社党、青年党及社会贤达所共同行使。国民政府委员会将在此过渡时期行使其职权,执行国民大会之决议,而完成本年十二月二十五日开始行宪之准备工作。"然而,修改后的《国民政府组织法》仍以《训政时期约法》为蓝本,国民政府委员会名为最高国务机构,实受国民党中央政治委员会指导,所有重要决策仍由国民党决定,不过是在程序上交由国民政府通过,然后付诸执行而已;国民党控制了政府所有重要的关键性职位,只留下几个非关键部门作为"民主"点缀,使得青年党和民社党即便参加了政府,也不过只有结束一党统治的象征意义,而没有多少实际权力;至于地方政权等,国民党仍然把持在手,而军事机关则更非他党所能染指。蒋介石曾就政府改组后国民党对政府的领导方式作过如下指示:"本党对于政府指导之方式理应加以更正,以期适应改组后之新情势,至少应在表面上不露痕迹。中常会及中政会所有关于政府之重要决策及人事决定,均必须通过行政院会议或国务会议,事先自不宜公布,且应保守秘密,以免招致国内外批评本党一党专政,且同时刺激少数党之情形。"②可见,即使在政府改组后,国民党中常会和中政会仍是实际的最高决策机构,不过是"表面上不露痕迹"而已。因此,国内外舆论对此次政府改组评价不高,认为改组后的政府并无新意,"在形式上纵然是多党政府,而实质仍是一党负责"。中共和民盟对政府改组更持

---

① 《中华民国史史料长编》第70册,97页。
② 《中华民国重要史料初编》第7编第2册,798—799页;《蒋介石致中常委函》,国民党党史馆,6.3/107.19。

强烈的批判态度,中共将政府改组斥为"不过是继承袁世凯旧筹安会的一个新筹安会,其媚外、残民、打内战、走死路诸特点,将无一而不相像";民盟则认为政府改组"实与民主和平团结统一的途径背道而驰"。① 因此,国民党不仅在事实上,而且在形式上都没能通过此次政府改组,确定自己民主、开放的形象。

---

① 1947年4月19日《大公报》,上海;《新华社社论集(1947—1950)》,8页,北京,新华通讯社,1960;《中国民主同盟历史文献》,321页。

第五节　地方与边疆问题

由于国共武力对峙和政治经济环境的动荡,战后中国不仅中央政治不能走上有序的轨道,地方政治也多半处于不稳定的状态之中。中共治下的根据地,实行着与国民党统治体制相异的政治、经济体制,并且由于中共力量的成长和根据地地域范围的不断扩大,其政治、经济体制的影响也在逐渐由边缘而中央,成为对国民党既成统治体制的最大挑战。在国民党治下的各省,得益于抗日战争时期的中央集权化以及战后的中央统一接收,中央政府的支配力得以基本伸展到各省,地方与中央分裂的状况有所改观。国民党面对的地方问题主要来自边疆省份。

云南。还在民国北京政府时期,西南边陲省份云南便因其偏远和闭塞而形成了对中央政府的半独立局面。国民党上台后,云南名义上已统属于南京政府,但实际上仍自行其是,它有自己的军队和一套政治、经济体制,南京政府对云南省政可谓鞭长莫及。云南省政府主席龙云自1927年就任,直至1945年抗战胜利,仍在省主席位置上,成为国民党上台后任职时间最长的省主席。蒋介石对云南的半独立状况久已不满,早有更替龙云之心。尤其是龙云为了长期保持自己和云南独立于中央的地位并抗衡国民党的压力,对于抗战时期以昆明为中心的西南联大和民盟发起的民主运动采取默认与放纵态度,更引起蒋介石忌恨,必欲去之而后快。自抗战中后期开始,由于日军对缅甸的进攻危及云南安全,也由于其后编练新军、滇缅战役和对日反攻的需要,国民党中央军源源不断地开入云南,人数和装备的实力远远超过云南地方军队,为蒋介石彻底解决云南问题准备了条件。为了顺利解决问题,又不使龙云公然以武力抗拒,蒋介石准备了软硬两手。软的一手是调动龙云的职务,使其脱离云南,失去权力基础,同时故示尊崇,委以高位虚职,弃置闲散;硬的一手则是以武力解决,而以中央军在云南的实力,做到这点并不难,只是由于抗战尚未结束,不宜祸起萧墙,需要顾及国内外观瞻而选择合适的理由与时机。1945年4月,蒋介石秘密召见昆明防守司令杜聿明,告诉他已决定调龙云任军事参议院院长,但考虑到龙云可能不服从命令,故令杜聿明做好军事解决的准备。接着,蒋介石又在7月召见国民党中执委、云南人李宗黄,告诉他已准备由他回滇接任龙云的云南省政府主席和省党部主任委员职务。在云南的陆军总司令何应钦和杜聿明都认为,如果能够避免动武,说服龙云自动让位更好。但无论何、杜两人如何暗示龙云见好就收,龙云则装聋作哑只当不知,蒋介石只能因此在极端秘密中紧锣密鼓地策划倒龙。

抗战胜利为蒋介石解决云南问题提供了最好的时机。因为越南北部被划入中国受降地域,而云南紧邻越南,蒋介石便名正言顺地下令由龙云的头号大将卢汉率第一方面军入越接收,并带走了龙云的基本部队第60军和第93军,使龙云在云南失去了武力依靠。国民党此时认为:"苟不能适时处置,政府东迁,民主同盟与龙云勾结,借云南之武力,行西南之割据,中央投鼠忌器处理惟艰。此事之解决,对于大局裨益匪浅。"①为此,蒋再次召见杜聿明,令他从速部署,准备武力解决龙云;并派何应钦去河内,就近安抚并监视卢汉所部。在一切准备妥当后,10月2日,国民政府发布命令,免去龙云的云南省政府主席职务,调任军事参议院院长,同时任命卢汉为云南省政府主席,在其未到职前由民政厅厅长李宗黄代理。同日,军事委员会委员长蒋介石下令撤销委员长昆明行营,免去龙云的行营主任兼陆军副总司令职务。当天下午,空军总司令王叔铭和李宗黄一行飞抵昆明,会同杜聿明秘密部署,准备以武力执行上项命令。因为杜聿明事前已对中央军在昆明的部署做了周密计划,因此3日凌晨行动开始后进展顺利,龙云的部队小有抵抗,即因

---

① 唐纵:《在蒋介石身边八年》,547页。

实力不济而缴械。龙云本人于事起后仓促避入五华山官邸,杜聿明因奉蒋保证其生命安全的指示,只能包围五华山官邸,而龙云则因杜部已控制了昆明所有交通和电信的对外联系通道,无法与外界联系,双方形成僵持局面。

虽然蒋介石决心撤去龙云的职务,但格于内外环境,不能也不敢危及龙云的人身安全,在龙云避入五华山官邸后,因为不能使用武力强攻,蒋介石只能指示各方加大对龙云的压力,迫其早日听命。10月3日,蒋介石指示杜聿明:对于往来越南之陆路交通应暂时停止,凡可通往越南之各路要点,皆应有严密防范;昆明附近各机场以及云南全省机场皆应特别警戒;除美国盟军官兵外,凡中国人非有本委员长亲签证书,一律不准起飞;对龙云本人及其住地,只严密注意,不必有监视之形式,而应待之以礼貌。4日,蒋介石又指示杜聿明,只要龙云遵命如期到渝就职,则一切皆无问题;否则中央当以违抗命令、别有企图视之,不能不另行处理。5日,蒋介石致电何应钦,令其"即约志舟(龙云字)兄同机来渝,以正视听,免除中央同志误会。为志舟计,万不可稍事迁延,其行营职务应即遵命移交杜总司令接管。"为了迫其速速离职,蒋介石还亲笔致函、致电龙云,又打又拉,既缓和龙云的对立情绪,又加大对他的压力。4日,李宗黄至五华山官邸,向龙云递交蒋的亲笔函称:"当兹建国开始,重在中枢,故特调兄入长军事参议院,参赞戎机,辅导统一,甚望兄能树立楷模,为党国与共休戚也。"此为故示尊崇。但同日,蒋介石又通过杜聿明将其亲笔电交龙云,令其"速遵中央明令,即将省政交李代主席,军事概交杜总司令接管,如期飞渝,宣誓就职,以正视听,万勿滞迟行期,致误前途。中为公为私,皆不能不负责成全,务希勿稍迟延,致失中央国人之望也。"此为威胁施压。① 然而,龙云在如此压力下仍迟迟不愿交卸职务,或许他还寄希望于在越南受降的云南部队回师救主。当蒋介石逼迫龙云离职的消息传到越南后,确实引起了在越云南部队的震惊、不满和激愤,对这支部队的统帅卢汉也是考验。他们"有的要求卢汉下令打回去,有的要求连名发电,强求蒋收回成命,还有

---

① 朱汇森:《中华民国史事纪要》,1945年10月2日;《蒋中正"总统"档案·筹笔(戡乱时期)》第15756—15759号。

的说应忍辱负重,以待时机"。卢汉权衡利害之后,认为云南部队的装备及战斗力远不如中央军,既无准备,又远在千里之外,救援不及,而蒋令已发,木已成舟,很难改变此一既成事实,"故力排众议,告诫部属,千万不可轻举妄动"。当然,这其中也不排除蒋介石决定任命其掌管云南省政之拉拢和允诺所起的作用。①

经过数日僵持,龙云被困于五华山官邸,眼见无法挽狂澜于既倒,被迫同意交卸职务。10月6日,蒋介石特派行政院院长宋子文和陆军总司令何应钦到昆明迎驾,使龙云对外保住面子和有台阶可下。当日,宋子文和何应钦陪同龙云离开昆明飞抵重庆,蒋介石总算如愿以偿地解决了云南问题。但蒋介石企图由中央派人控制云南的图谋并未实现,为了后方的稳定,他不得不任命卢汉担任云南省政府主席,以卢汉为代表的云南地方势力仍然控制着云南省政并保持着相当的独立性。

新疆。新疆是另外一个让国民党中央颇为头疼的省份。盛世才统治新疆多年,实行高压政策,埋下了民族矛盾的种因。1944年,盛世才向国民党输诚,调离新疆,吴忠信继之主新,新疆在表面的平静下涌动着反抗的暗流。11月7日,新疆发生伊宁事变,其西北部的伊宁、塔城、阿山三区相继起事,围攻政府机关和国民党军队。至抗战胜利之时,伊犁、塔城、阿山三区已全部为起事者所占,三区军队一度兵临省府迪化(今乌鲁木齐)城下,全疆震动。他们还成立政府,通过施政纲领,与省政府对抗。

新疆与苏联毗邻,新疆问题一向与苏联有千丝万缕的关系,三区起事也有明显的苏联背景。因此,处理新疆问题,很大程度上就是处理对苏的关系问题。国民党既不能容忍新疆动乱,威胁后方稳定,又不能轻易实行武力镇压,以免得罪苏联,影响大局。正所谓投鼠忌器,左右为难。权衡利弊之后,9月11日蒋介石决定对新疆的方针为"只可暂时忍受,不能立即作积极之抵抗","对新疆政治与宗族之改革,则作积极之准备"。② 9月13日,军事委员会政治部部长张治中衔命飞往新疆,了解当地情况,并与吴忠信等探讨解决新疆问题的办法。经过一番调

---

① 《抚顺文史资料选辑》第8辑,106页。
② 《"总统"蒋公大事长编初稿》卷5(下),831页。

查研究,张治中认为:新疆与内地路途遥远,增兵不易,补给困难,不能动武;新疆与苏联有历史渊源,关系密切,不能反苏,因此只能用和平的方法解决问题,否则迪化一失,则局势全非,今后即使能恢复,亦须费极大力量与极长时间。他的意见得到蒋介石的重视与认可,蒋授权他全权处理新疆问题。

1945年10月,张治中以中央政府代表的身份飞往迪化。经过苏联方面的调停,他与三区方面的代表阿合买提江、赖希木江等,就如何解决新疆问题进行了接触和商谈。张治中将其所拟《中央对新疆局部事变的提示案》交给三区方面,其中提出:扶助新疆人民政治、经济、文化之平衡发展,尊重各族之宗教信仰及固有文化风俗习惯,保障各族人民身体、财产、行动、居住、出版、集会、结社自由,减轻赋税并严禁摊派;3个月内进行乡镇保甲选举,6个月内进行县参议会选举;县参议会成立6个月后,可选出2人,由省府择一为县长;各区行政专员由省府保荐,中央任命,亦可任用地方人士。提示案同时要求三区应于1个月内恢复事变前状态,取消不合法组织,参加人员资遣回籍或考核任用,免予追究。①三区代表经过讨论,认为中央提示案"未能满足吾人之要求",11月间提出对"中央提示案"的对案,要求各级行政官吏由选举产生,并规定省府的组织形式,还要求组织军队。经过反复谈判,张治中同意县级选举时间可提前为3个月,三区部队可以团为单位编为保安部队;其后又在省府组成方面作出重大让步,同意将省府委员名额扩大1倍,其中地方可保荐6/10(三区可占4/10),包括副主席1人及厅长2人(三区可保荐厅长1人);最后又同意增加1名副主席,由三区方面代表担任。1946年1月2日,《中央政府代表与新疆暴动区域人民代表之间以和平方式解决武装冲突之条款》在迪化签字,主要内容:事变解决后3个月内进行县参议会选举,县长由县参议会选举,副县长由县长委用;区专员由当地保荐,省府核定;省参议员由县参议会选举;省府委员25人,其中中央直接派定10人,各区保荐15人。此条款的附文(一)规定,三区可保荐省府委员6人,包括副主席、副秘书长、厅长、副

---

① 张大军:《新疆风暴七十年》第12册,6810—6814页,台北,兰溪出版社有限公司,1980。

厅长各1人。关于军队问题,该条款规定三区部队将进行改编,具体办法由附文(二)决定[6月6日,双方签订附文(二)《关于事变部队改编与住地的补充条款》,规定三区部队编为步、骑兵各3个团,人数以12 000人为限,指挥官兼省保安副司令,住地以三区为限]。①这些条款基本满足了三区方面提出的要求,同时也基本保证了中央政府对新疆省政的控制权,是当时情况下解决新疆问题的可行方案,也为谈判双方所认可。

1946年3月29日,国民政府任命张治中为西北行营主任兼新疆省政府主席,主持西北并兼新疆政务。7月1日,根据新疆和平条款改组的新疆省政府成立并宣誓就职,张治中任省主席,三区方面的阿合买提江和地方民族人士包尔汉任副主席。这是当时全国独一无二的联合省政府,组成成员既有中央派出的官员,也有地方民族人士;既有革命派,也有中间派,还有保守派。而张治中则以中央大员身份居于所有人之上,维持着中央和地方以及省府内部各派之间的大体平衡。

新疆联合政府成立之初,尚能保持大体合作局面。但不久之后,国民党就与三区方面在三区地位、地方选举等一系列问题上产生矛盾。此时,国共内战已经爆发,三区方面已和中共建立了联系,实际呼应着中共领导的反国民党斗争,而国民党也对三区的状况很不满意,双方的冲突不可避免。1947年2月,迪化连续三天发生三区方面策动的示威请愿,向省府要求国民党中央军撤离新疆、重新举行选举等。其后,国民党亦在迪化操纵举行拥护中央、要求取消地方特殊化的游行示威,并与支持三区的群众发生冲突,互有死伤。省府随即宣布迪化全市戒严,新疆的政治空气趋于紧张。5月间,张治中去南疆巡视,受到民众围攻。张治中认为,这是出于三区方面的支持。这使原本在两派冲突中态度较为超然中立的张治中也开始对三区不满,联合政府的处境岌岌可危。为了摆脱新疆的事务,也为了与三区方面的自治要求相抗衡,张治中提名与三区处于政治对立立场的国民党籍维吾尔族人麦斯武德担任新疆省政府主席,结果引来三区方面的强烈反应。5月28日,麦斯

---

① 1946年1月3日《新疆日报》,迪化。

武德宣誓就任省主席,但三区方面的省府成员拒绝出席麦氏的就职仪式,此后更进一步拒绝出席由麦氏主持的省府会议。由于在省政府主席应由何人担任的问题上意见不一,民选产生的省参议会经过一个多月的协商仍无法正常开会,结果只能宣告休会。7月中旬,迪化以东的吐鲁番、鄯善、托克逊三县发生武力袭击军警事件,得到三区的支持。国民党不能容忍三区势力向新疆内地蔓延,张治中命令新疆警备总司令宋希濂"坚决镇压,彻底肃清"。吐、鄯、托暴动被平息后,三区方面有感于其地位受到威胁,8月12日,担任省府副主席的阿合买提江离开迪化回伊宁,三区方面参加省政府的其他成员随后亦陆续撤离,新疆省联合政府宣告破裂。此后,三区方面无力出击新疆内地,而国民党亦不愿和不能在新疆大动干戈,新疆局面处于不战不和的僵持状态中。

台湾。台湾因中国在甲午战争中失利而被迫割让给日本。1943年11月,在国际反法西斯战争进程迈向胜利之时,美、英、中三国首脑在开罗聚会,决定有关战后安排。会后发表的《开罗宣言》提出:"我三大盟国此次进行战争之目的,在于制止及惩罚日本侵略。""三国之宗旨在剥夺日本自1914年第一次世界大战开始以后在太平洋所夺得或占领之一切岛屿,在使日本所窃取于中国之领土,例如满洲、台湾、澎湖群岛等,归还中华民国。"《开罗宣言》关于台湾、澎湖群岛回归中国的决定,确定了台湾是中国领土主权完整而不可分割的一部分的国际法地位。此后,这个原则又在1945年公布的《波茨坦公告》中加以重申和确认。根据这些原则的规定,中国政府筹划了收回台湾的准备工作。

1945年8月29日,国民政府任命陈仪为台湾省行政长官公署长官,后又兼任台湾警备总司令。9月4日,《台湾省行政长官公署组织大纲》公布,规定台湾省行政长官公署隶属于行政院,依据法令综理台湾全省政务;行政长官于其职权范围内,得发署令,并得制定台湾单行条例及规程;行政长官得受中央委托办理中央行政,对于在台湾之中央各机关有指挥监督之权。10月25日,台湾日军投降仪式在台北举行,台湾省行政长官公署长官兼台湾警备总司令陈仪接受了前日本台湾总督兼第十方面军司令官安藤利吉的投降证书,并宣布:"从今天起,台湾及澎湖列岛已正式重入中国版图,所有一切土地、人民、政事皆已置于中华民国国民政府主权之下。"台湾从此正式回归祖国,成为中国领土不可分割的一部分。当天,"台北四十余万市民,庆祝此具有重大历史意义之日,老幼俱易新装,家家遍悬灯彩,相逢道贺,如迎新岁,鞭炮锣鼓之声,响彻云霄,狮龙遍舞于全市,途为之塞。"①

陈仪主政台湾,宣示治台政策为:修明政治,铲除贪污和弊政,三年内完成县市自治;在农村实行耕者有其田,公营事业以商业化为原则,实行统制贸易和专卖制度,继续使用台币。他要求台湾各界同胞通力合作,上下一心,共同努力,建设美好的新台湾。但是,陈仪的治台政策在实践中的成效并不如其预期。台湾行政长官公署的组成人员以接收官员为主,各地方行政机关的重要职位亦为接收官员占据。据1946年底的统计,在台湾全省行政机关担任荐任以上官职者,台湾本省人不到1/5。这就使台湾本地人士的参政机会,尤其是向上升迁的机会较少,从而压抑了他们在摆脱了日本殖民统治后要求自己当家做主的强烈参政热情,不少接收官员"或行为不检、能力薄弱,或贪污渎职,尤以经建及公营事业更不乏借权渔利之不良现象,予台胞以深切之反感"。更使台湾同胞反感的是陈仪的经济政策。陈仪提出"以计划经济的方法建设新台湾",在台湾实行以公营事业为主的经济体制,将台湾绝大部分产业以公营名义控制在长官公署手中,并延续了日据时期的专卖贸易制度,由政府统一管理若干重要物品(如樟脑、酒、烟草、火柴等)的生产和销售,由贸易局"专办重要物资进出口及其配销业务,并兼理有关行政"。公营事业和专卖制度成为台湾财政预算收入的支柱,占年度预算收入的2/3。但这样的制度压抑了民间投资置业的积极性,影响到台湾的经济发展,甚至影响到一般人民的生活,因为"以工商企业之统制,使台湾拥有巨资之工商企业家不能获取发展余地;因贸易局之统制,使台湾一般商人均受极端之约束;因专卖局之统制,且使一般小本商人无法生存"。以至于国民党中央也承认:"日人统制素称严密,尚且留台胞有经商余地,俾得谋生,而我政府在台措施反不顾及人民福利,连日人留予台胞谋生之商业亦剥夺净尽,此使台胞感觉祖国之剥削有甚于日

---

① 陈鸣钟、陈兴唐主编:《台湾光复和光复后五年省情》(上),162页,南京出版社,1989。

寇,而动摇其对祖国之信心,实得不偿失。"① 光复后的台湾,物价上涨程度虽远不及大陆,但也较战前有较大幅度的上涨,尤其是米价的暴涨,大大影响了普通百姓的基本生活。在如此政策不当、人谋不臧、上下疏离、内外隔阂的情况下,国民党接收台湾不过一年多,岛内民众当初对其之欢迎和热情已有明显下降,而社会矛盾也累积至相当程度,岛内政情呈动荡不安之势。但由于陈仪严峻固执的个性,或不能正视已经累积的社会矛盾,或因下情不能上达而有所不知,仍然自信地对记者表示:"一切新政的推行,在实施之初,必定有许多障碍……似此阻碍,乃意料中事,余并未惊悸,然余所欲言者,设余实验民生主义之事业,可立足五年,余信一切事实,均可胜乎雄辩矣!"② 然而,就在他上任不过一年多时,发生了席卷台湾全岛、造成惨重损失的"二二八"事件。

1947年2月27日晚,台湾省专卖局的查缉员在台北市南京西路查缉香烟私贩时,与被查缉的小贩发生冲突,引来围观市民的不满与围攻。查缉员为驱散群众、摆脱被围困境,贸然开枪示警,结果误中市民陈文溪,致其伤重而亡,激起民众更大义愤,群起追至警察局,要求惩办凶手。此案本为一偶发的孤立事件,如果处理得当,对民众情绪予以安抚,尚不至于蔓延扩大。但当局循平常做法,未予足够的重视。民众在未得满意答复的情况下,情绪愈加激愤,并且以群体行为而产生对外的强烈感染力,影响了更多原本置身事外的民众。结果星星之火,终至燎原,事态迅速扩大,由孤立事件演变成全岛风潮,由自发行动演变成有组织反抗,官民对立加剧,最终酿成一出悲剧。

由于对官方处理此案迟缓拖沓不满,2月28日,台北全市罢工罢市,市民至长官公署请愿,并在公署外与守卫士兵发生冲突,死伤多人,冲突因此而不断扩大与激化。为了弹压民众的起事,台湾警备总司令部宣布实行戒严,事态急剧恶化。台北事件的消息很快传到全省各地。因为对当局一年多以来的统治有普遍的不满,各地群起响应台北的行动,不少地方民众起事的激烈程度更超过台北,台中、嘉义、高雄等地出

---

① 《台湾光复和光复后五年省情》(上),162页,(下),639—640页;台湾省行政长官公署机要室:《陈长官通知辑要》第1辑,20、26、34页,台北,台湾省印刷纸业股份有限公司,1946。
② 《陈公洽与台湾》,19页,南瀛出版社,1947。

现了民众与国民党军队的武装对抗,造成较大伤亡。台中全市一度被起事民众所控制。各地还先后成立了"二二八"事件处理委员会,声明"以团结全省人民,改革政治,及处理二二八事件为宗旨",成员主要由本省籍的国大代表、国民参政员、省市县参议员、地方士绅、知识分子和人民团体及学校代表组成。3月5日,台北处理委员会提出《政治根本改革草案》,要求台湾行政长官公署秘书长及各处处长的半数以本省人充任,公营事业由本省人经营,即刻实施各县市长民选,撤销专卖制度,取消贸易局及宣传委员会等。随着形势的发展,处理委员会提出的要求也在不断增加,至7日已有42条,其中难免有一些过激内容,如对台湾自治地位的过分要求,以及事件当中对外省人的一些过激举动等等。不过,此次事件并非少数人所为,以其波及面之广、涉及人数之多、事起之迅速而言,说明其发生有广泛的群众基础,主要还是出于对国民党在台湾专制、腐败统治的不满,目的是追求台湾在祖国大家庭中的平等地位,追求民主政治和经济发展。处于运动领导核心的"二二八"事件处理委员会在3月6日发表的《告全省同胞书》中明确声明:此次运动的目标是"肃清贪官污吏、争取本省政治的改革"。台中地区时局处理委员会发表的宣言,也提出了"建设新中华民国,确立民主政治,拥护中央政府,铲除贪官污吏,即刻实行省县市长民选,反对内战,反对专制"等要求。① 他们提出的这些政治主张,反映了"二二八"事件中最为普遍的要求,也体现了整个事件的基本政治倾向。

台湾事件发生后,省府当局颇为紧张。陈仪认为,事件"完全由于少数乱徒希图谋叛,决不是民众要求改良政治与改变专卖贸易等经济制度的运动",将之归因于"奸党、日本御用绅士、海南岛、南洋、东北各地遣回之台籍日兵、热中之野心家勾结流氓地痞及少数私立学校之学生合串之叛乱行为"。② 此时正值国共关系彻底破裂,国民党军在山东作战中失利,国民党统治区又因黄金风潮导致经济危机,社会本已动荡不安,国民党不能容忍因台湾事件的扩大而致其后方更为不稳的情况出

---

① 二二八事件研究小组:《二二八事件研究报告》,66、90—91页,台北,时报文化出版企业有限公司,1994。
②《台湾光复和光复后五年省情》(下),597页。

现,并在省方报告的影响下,将此次事件定性为"暴民暴动"。由于事件发生时,台湾岛内的正规军数量很少,陈仪曾对起事者表示缓和态度,同意将查缉员交付司法审判,抚恤死伤者,并解除戒严;同时,表示将实行政治改革,向中央请示将行政长官公署改为省政府,成员尽量任用本省人,县市长定期民选。但当蒋介石决策以"军力平息叛乱",并派来增援部队,第21师于3月9日在基隆登陆后,长官公署即重新宣布戒严,并于10日下令解散各地处理委员会及一切"非法组织",在岛内对起事者实行严厉的镇压,并伤及一定数量的无辜人士,造成惨重损失。在国民党的镇压之下,台湾岛内局势得到控制,形势渐趋平静,但台湾社会因此而遭受之深重创伤却久久不能平复,国民党也将为此付出相当的代价。

台湾事件基本平息后,为了缓和岛内的不满与对立情绪,4月22日,行政院决定撤销台湾行政长官公署,成立台湾省政府,任命魏道明为台湾省政府主席,并任命若干本省人士担任省政府委员和厅、处长;同时,将台湾警备总司令部改为警备司令部,任命彭孟缉任司令;专卖局改为烟酒公卖局,贸易局改为物资调节委员会。自信五年可见治台成效的陈仪,因此次事件而不得不承担责任,黯然下台,回大陆蛰居。5月16日,台湾宣布解除戒严,结束了因"二二八"事件造成的非常时期。

第六节　经济恢复重建之困难

从1945年抗战胜利,到1949年国民党在大陆失败,在短短几年时间里,国内局势急剧变化,中国经济也因此走过了一段十分艰难的历程。虽然国民党在战后提出了经济恢复与重建计划,但不稳定的政治经济环境,使这样的计划难以付诸实施,实成一纸空文。在近代中国长期战乱的特定条件下,稳定的环境对经济发展具有更重要的意义。抗战胜利后,国民党没有把握国内人民望治心切的历史契机,没能以求实的态度实现国内和平,内战重启之后,大量资财被耗于战争,政府财政捉襟见肘,以至于基本上依靠发行钞票维持开支,通货膨胀恶性发展,维持正常的生产活动非常困难。日渐残破的经济无法支持国民党的战争,随着国民党军事由盛而衰,其统治区日渐缩小,不仅经济恢复与重建成为泡影,而且国民党统治的经济基础也已濒临崩溃边缘。

由于多年的战争对中国经济造成了严重的破坏,经济体系被割裂,生产力水平低下,资金短缺,发展停滞,抗战胜利后亟待恢复与重建。战后经济恢复与重建的有利因素,首先是接收日资产业和物资价值颇巨,加以美援和进口物资,有利于政府对经济之调节;其次是多年战争之后的旺盛市场需求,有利于刺激经济之恢复;再次是外资对华资的压迫有所减轻,有利于华资的发展。但不利因素亦非常之多,首先是政局不稳,社会不安,内战重起,交通受阻,不利于经济之恢复;其次是东北和华北工矿业集中地区本已因战争影响而损失严重,复又为内战战地而不利于基础工矿业之恢复;再次是通货恶性膨胀,币值变动剧烈,不利于投资意愿之培养。比较而言,经济恢复与重建的不利因素胜过有利因素,经济困难重重,形势不容乐观。

国民政府主管经济的部门为经济部,抗战胜利后,1945年11月又设立最高经济委员会,统管全国经济工作,并由行政院院长宋子文兼任该会委员长,以示政府对经济的重视。宋子文与国民政府的财政经济政策有长期的渊源,本人又自诩为财经专家,他在行政院院长任内的主要工作就是负责经济恢复与重建。在宋子文的主导下,国民政府的战后经济政策纲领为:(1) 扶助民间事业,协调国营民营关系,使它们的配置轻重合理;(2) 平衡政府收支,协调各部门利益;(3) 与友邦进行经济合作,坦白互惠。然而实施过程则全不似宋之预期,民营事业未得扶助,而是国营事业独大;政府收支非但未能平衡,反而赤字愈增,几至无法维持;友邦经济合作偏于美国,互惠其名,对美单惠其实。宋子文也深知在当时环境下实现经济恢复与重建的困难,他在国民参政会答复质询时,一方面为自己的经济政策辩解,认为"今后如能照目前所施方针,力行下去,二三个月后,比现在决可缓和";另一方面,他对未来经济恢复与重建之前景并无把握,所以坦白地告诉参政员:"我没有离奇巧妙的办法,不过无论任何办法,必须切合国内外情势环境,如国内的团结,交通复员,国外物资能源输入。"[①]事实验证了宋子文的担心,他的经济政策在现实面前不断碰壁,不过一年多的时间,他就在黄金风潮引发的经济危机中下台。

战后工商业经济的恢复与重建,集中在部分轻工业部门和沿海大城市。轻工业第一大产业、中国经济支柱产业的棉纺织业恢复较快,并有一定发展,成为战后华资工业表现最好的部门。曾在棉纺织业中占据重要地位的日资纺织厂因战败被接收,低价美棉大量进口,复员、军需和投机囤购等因素,均刺激了华资棉纺织业的复苏和发展,"是以凡能开工的纱厂,无不利润累累"。1947年,华资纺织业拥有纱锭438万锭,布机5.4万台,分别为战前的1.59倍和2.1倍;生产棉纱170万件,棉布4763万匹,分别为战前的1.17倍和4.3倍,达到了民国年间的最高峰(棉纱总产量仍低于战前华资和外资企业的总产量)。同一时

---

① 1945年11月27日《大公报》,重庆,《中华民国史史料长编》第68册,930页。

期，外资在棉纺织业中所占比例已下降至不过1%，影响已微不足道，棉纺织业成为华资占据绝对主导地位的产业。华资集中的另一主要产业是与棉纺织业同为中国经济支柱产业的面粉业，虽华资厂数及其生产能力均超过战前，但由于战乱导致的原料缺乏，加上大量廉价美国面粉的进口，产量反逐年下降，1947年生产5 565万包，不过为战前的1/3左右。重工业的恢复情况则远不如轻工业，主要因为采矿、冶金工业地处东北与华北战地，不仅未有预期之恢复，还受到内战的影响，产量急速下降，生产指数不及战前的一半，尤其是本就不高的钢铁产量，更低落至战前的1/10左右。唯有以供应城市为主的电力工业，因轻工业之恢复及人口快速流入城市而恢复较快，产量超过战前的最高水平。略有积极意义的是，一向极为薄弱的华资重工业战后有了一定的发展，产量全面超过战前（虽然绝对值仍不高），尤其是华资电厂的发电量已超过战前的3.8倍，这主要得益于没收日资产业和外资因战乱原因之退出。总体而言，战后轻工业尚未完全恢复到战前水平，而重工业距战前水平的距离更大。就地区而言，由于复员对消费的刺激和资金的流入，加上原有的经济基础较好，沿海大城市的经济恢复较快。上海、天津、广州、青岛的华资工厂与工人数占全国总数之比例，由战前的41%增至战后的70%，1947年上海新登记的工厂数更创下民国年间之历史记录，达到9 285家。经济活动进一步集中至沿海大城市，地域经济发展之不平衡较战前尤为明显。抗战时期曾有较大发展的后方工业，则因不少厂商复员清货，资金紧缺，发展状况一落千丈。在经济大幅度萎缩的同时，金融业却有畸形发展，全国商业银行的数量从1936年的132家增加至1947年的1 210家，猛增到8倍以上，还有超出此数两倍以上的银号和钱庄，说明金融交易在不事生产的投机刺激下之活跃。在中外经济关系方面，美国取代英国和日本，成为对中国经济影响最大的国家。价廉物美的美货倾销导致中国外贸的严重入超，1946年入超额高达47 430万美元，除了棉纺织业得益于廉价美棉外，其他工业多受不利之影响。①

---

① 许涤新、吴承明主编：《中国资本主义发展史》第3卷，456、584、640—671、722—723页，北京，人民出版社，1993；严中平等编：《中国近代经济史统计资料选辑》，143、146—147页，北京，科学出版社，1955。

战后农业经济的恢复与重建也受到内战的强烈影响。大规模战争对生产环境的破坏、国统区征兵拉伕对劳力的占用、田赋征实对农民生产物的低价以致无偿占有等等,均对农业生产的恢复和发展非常不利,农业生产力和生产量均徘徊不前。1947年,水稻、小麦、高粱、小米、玉米、大豆等主要粮食作物总产量为22.5亿市担,与1936年的产量大体持平,但最重要的经济作物棉花的产量下降为不到1936年的一半,只有743万担。廉价美棉之大量进口(美棉居战后进口物品数额之首,超过进口总值的1/5)压抑了自产棉花之种植,同时自产棉花产量之大幅度下降,又进一步刺激了美棉之大量进口,更压抑了自产棉花之种植,使得战后的棉花种植业始终未能真正复苏。农业生产的低水平,使战后的粮食问题愈加严重。由于战争的影响,粮食产量徘徊不前,而大量人口涌入城市,则扩大了粮食的消费,加上交通受阻,调配困难,各地粮价均因此而不断上涨。1946年,全国粮食消费亏空高达446万吨,同时期国外援助及进口粮食只及亏空数的1/10。民以食为天,而各地粮情紊乱,粮价暴涨,使得城市民心不稳、社会动荡,更不利于国民党后方之稳定。为了保证军粮和都市的供应,国民党在战后农村仍然采用征实、征借、征购政策,但因为全盘政治经济形势的恶化以及其统治区面积的减少,实行此种政策的阻力在增加,实征数也在不断下降。1945—1947年度实征7 210万石,1948年度则剧降为2 000万石,说明在法币崩溃之后,实物征收制度也难以为继。①

由于经济恢复与重建之困难,更由于重工业部门生产的大幅度下降,战后资本主义经济在工农业总产值中的比重由战前的21.81%下降至战后的19.7%。降幅虽不过两个百分点,但对原本就不够发达的中国资本主义经济而言,仍表现为现代化进程之后退。较有积极意义的是,由于战争的因素,日资被没收,外资在退出,战后在华外资尤其是外国直接投资有较为明显的下降。1948年,在华外资总额只有战前1936年的81%,其中直接投资下降更多,只有战前的48%。外资在中国经济中的地位亦随之而明显下降,只占中国全部资本总值的8%(战

---

① 《中国近代经济史统计资料选辑》,360页;杨荫溥:《民国财政史》,197页,北京,中国财政经济出版社,1985。

前为36%),其中占产业资本的11%(战前为57%),商业资本的4%(战前为25%),金融资本的6%(战前为19%)。① 因此,外资对华资发展之挤压已不明显,华资发展之主要困难在于国内政治经济环境之恶化。战后时期,国民党的注意力全在如何对付共产党,根本无力顾及经济。由于内战重起,军费剧增,政府经费几乎全部被战争所吞噬,用于经济的经费少得可怜,还不到军费支出的1%,根本无法支持经济的恢复与重建。通货膨胀的恶性发展,极大地阻碍着经济的正常运行,急剧贬值的法币,使得投资者无法得到正常的回报,企业虚盈实亏,导致投资停滞,投机盛行,尚存的经济活力亦被销蚀尽净。

对于经济恢复与重建,国民党曾对美国寄予很大的期望,宋子文以知美和亲美著称,战时曾在美国从事争取援助的工作,战后自然也希望在经济方面得到美国的援助。他向美国提出贷款20亿美元的要求,美国进出口银行也曾有贷款5亿美元给中国的计划。国民党要求美国贷款的目的,不仅是为了经济恢复与重建,还为了显示美国的支持,安定国内人心。蒋介石曾告宋子文:"此款于我完全为对内政一时之作用,如果此借款成,则政局当可比较稳定,关于国民大会与改组政府,皆可如计完成,至少亦可增加美国协助我政府形式上之效用。"然而,美国的贷款并非国民党预期之易得,对于数亿甚至数十亿美元的庞大贷款数目,美国不可能让其有去无回,所以"特别注意于适合当地政治环境",并附有指定用途之条件。② 中国国内形势发展的不稳定,没有合理可行的贷款偿还担保,都使美国贷款给中国的意愿不高,态度也随着国民党在内战中的不断失利而变得"不如以前积极",最终没有下文。战后美国以租借、捐助、转让等名义对国民党政府的物质支持数额虽高达近16亿美元,但以实物形式为主,而且多被国民党用于内战,可以自由支配的金融贷款数额不多,对经济重建的作用也不大。

战后国民党经济政策最受诟病的方面是国家资本的急速膨胀。由于接收日伪产业中的大部分以自营、转让、标售等方式处理并转入国营单位之手,战后国家资本数量已超过中国资本总数量的一半(54%,战

---

① 《中国资本主义发展史》第3卷,600、743—747、793—796页。
② 《中华民国重要史料初编——对日抗战时期》第7编第3册,104—107页,1981。

前为32％),其中产业资本占64％的优势(战前为22％),金融资本占89％的压倒优势(战前为59％),发展到民国时期的最高峰。除了原以中央、中国、交通、农民银行和中央信托局、邮政储金汇业局等为代表的国营金融企业,以资源委员会统管的国营重工业企业之外,战后国家资本的势力还伸入一向以民营资本为主的轻工业企业,新建的中国纺织建设公司、中国蚕丝公司、中国盐业公司等,均为在本行业中具有垄断性的国营企业。以1945年12月成立的中国纺织建设公司为例,其下有85家企业,囊括了纺织业的几乎所有部门,拥有纱锭176万锭、线锭35万锭、布机3.6万台,占全国总数的一半,棉纱产量占全国总产量的40％,棉布占70％。在政府的特许之下,中国纺织建设公司享有获取低息贷款、官价外汇、低价美棉、免于政府限额收购等特权,具有民营纺织企业无可企及的特殊优势地位。资源委员会则基本上垄断了中国的重工业。1946年5月,资源委员会由原隶属于经济部改为直属行政院,以创办开发及管理经营国营基本重工业,办理政府指定之其他国营工矿事业为其经营方针;下属96个单位291个厂矿,有员工22.3万人,控制了国内全部的石油生产,绝大部分的钢铁和有色金属生产,一半的电力生产和1/3的煤炭生产。[①] 除此之外,还有以国民党党营名义经营的文化企业,如中央通讯社、中央电影股份有限公司等。历经掌握政权后20余年之经营,国民党已经建立起由其掌控并集中在党政官僚经营下的遍及各个行业的经济体系。

  战后国家资本的发展有多方面的原因。客观上,接收的日伪产业转由国家控制,增强了国家资本的实力;主观上,国民党以"节制"私人资本作为发展国家资本之口实,并受到国际上以计划经济追求现代化理念的影响;现实中,国营企业可以为政府提供税收与实物支持,如中国纺织建设公司1947年上缴国库利润4 000多亿元,无偿供应军用布匹300余万匹。但是从经济角度而言,国家资本企业机构庞大、人浮于事、管理混乱,生产效率远不如民营企业。1947年,国家资本占全部产业资本的64％,而产值只占全国总产值的42％。因此,"国家垄断资本

[①]《中国资本主义发展史》第3卷,600页;《资源委员会档案史料初编》上册,82、131、142页,台北,"国史馆",1984。

虽然因接收了巨额的敌伪产业和美国的援助而高度膨胀,但并没有发挥生产力的作用,而是处于瘫痪状态。它像一个充气的巨人,貌似强大,内部却是孱弱的。"①

毋庸讳言,国家资本企业名为国家所有,但因为国民党长期实行一党"训政",垄断了全国政权,而且缺乏有效的监督,国家所有的企业便因此而成为官僚豪门可以任意处置的产业,名为国家所有,实为官僚私营,以国家的资源谋个人之私利,成为招致当时舆论广泛批评的官僚资本。正如时论所批评:"官僚资本往往假借发达国家资本,提高民生福利等似是而非之理论为掩护,欺骗社会。社会虽加攻击,彼等似亦有恃无恐。盖官与资本家已结成既得利益集团,声势浩大,肆无忌惮也。"②

自抗战中后期起,社会舆论对官僚资本的批评声浪日渐升高,战后官僚资本更成为众矢之的。主管战后国民党经济政策的行政院院长宋子文,本人就是多家公司的股东,与官僚资本有千丝万缕的联系,他在战后垄断了接收产业和物资的处理权,并以此扶植国营经济,被认为是偏向官僚资本,并为自己谋利,不仅受到社会舆论的批评,而且由于利益分配不均而引起国民党内其他派系尤其是CC系的不满,国民党内因而发起了对官僚资本和宋子文及其经济政策的批评。在1946年3月召开的国民党六届二中全会上,以CC系中委为主,一些与会中央委员指名道姓批评宋子文和官僚资本,认为战后生产低落,经济凋敝,通货膨胀,物价高涨,可说民穷财尽,水深火热,主要原因就是官僚资本作祟。他们提出,凡是利用政治地位,运用公家资金及其他力量,操纵物价,阻碍农工建设与商业发展,把持国营事业,破坏国家信用的,就是官僚资本;要求实行官商分开,实行官吏财产登记,绝对不许官吏经商。更有人认为,宋子文本人就是官僚资本的代表,应承担相应的责任,要求他辞职下台。③ 由于CC系控制了国民党文宣系统,所以他们还将对官僚资本的批评公之于传媒,在其控制的国民党党报《中央日报》上频发言论,抨击"官僚资本操纵整个的经济命脉,且官僚资本更可利用其

---

① 陆仰渊:《中纺公司的建立及其性质》,载《近代史研究》1993年第2期,北京,中国社会科学院近代史研究所;《中国资本主义发展史》第3卷,603、625、666页。
② 彭明主编:《中国现代史资料选辑》第6册,402页,北京,中国人民大学出版社,1989。
③《国民党六届二中全会速记录》,国民党党史馆,6.2/6,6.2/6.19—25.4,6.2/11.5—15.2。

特殊权力，垄断一切，以妨碍新兴企业的进展。所以代表官僚利益的官僚资本，如果不从此清算，非仅人民的利益，备受损害，抑且工业化的前途，也将受严重的影响"，要求"实行一次大扫荡的运动，从党里逐出官僚资本的渠魁，并没收其全部的财产，正式宣告官僚资本的死刑"。① CC系头面人物陈立夫还曾当面指责宋子文经济政策之不当，以致惊动了蒋介石的关注，特意告陈"以后对外不可再发表对于经济财政有关之言论，须知此时无论任何人或任何政策，担任财政与经济必无良效，只有增加党团之艰危，尤其是社会纷乱，敌党环攻之时，更不能自相攻讦，以加张敌方之力量也"。② 国民党内对官僚资本之批评有出于利益分配不均之矛盾，CC系对宋子文的批评，也不能说明他们没有自己的官僚产业，中国农民银行、交通银行和中央合作金库等金融产业即为CC系所控制。但对于官僚资本的批评可以公开见之于传媒，并引起社会各界之广泛共鸣，诚为官僚资本引发的社会矛盾所致。但是，各级大小官僚的既得利益很难从根本上予以触动，因为他们毕竟是国民党统治的重要基础。因此，从国民党六届二中全会到三中全会、四中全会，每次全会虽都不乏对官僚资本的声讨，并提出封闭官僚资本公司，没收其财产的主张，但始终是雷声大雨点小，从未见此类言辞化为实际行动，所谓"事实如此，无可谁何"，"徒增加人民失望的感观"。③ 官僚资本可谓与国民党统治始终如影随形，成为招致社会不满并导致国民党最后失败的重要因素之一。

与经济恢复重建之困难相伴随的，是战后通货膨胀的恶性发展以及由此造成的社会不安和动荡，已成为影响国民党统治稳固的最重要因素之一。从根本上说，物价上涨是通货膨胀的结果，即纸币发行超过市场吸纳的限度，又没有相应的硬通货或物资作后盾，必然造成物价之上涨。而通货膨胀则源于政府收入来源之匮乏，不得不靠发行货币填补财政赤字。这样，货币发行越多，物价上涨幅度越大，而物价上涨幅度越大，又迫使货币发行越多，致使物价更进一步上涨，形成恶性循环。

---

① 《中国国民党第六届二中全会辑要》，114、123页，青年远征军第208师政治部，1946。
② 《蒋中正"总统"档案·筹笔（戡乱时期）》第15895号。
③ 《国民党六届四中全会速记录》，国民党党史馆，6.2/74。

战后国民党政府所面对的物价上涨与通货膨胀,较抗战时期更为剧烈,尤其是政治形势不稳定,内战导致军费大涨,使政府财政愈加依靠发行货币维持。如何解决通货膨胀问题以及由此产生的社会动荡是国民党政府面临的严峻考验。但是,国民党政府在战后拥有的数亿美元黄金外汇储备和价值巨大的接收及援助物资,也为稳定物价、解决通货膨胀问题提供了有利的条件,关键是如何以此为基础,采取适当的政策措施,尤其是避免内战重起,以对通货膨胀釜底抽薪。

宋子文素以金融专家自诩,并曾对国民党的金融政策多有贡献。他出任行政院院长后,手握黄金外汇储备和接收物资之筹码,一度对解决通货膨胀问题颇具信心,其经济政策也更偏重于金融方面。宋子文实行以金融开放为中心的经济自由化政策,作为解决通货膨胀问题最重要之举措。通过开放金融市场,稳住法币与美元比价,稳定法币币值;通过开放黄金市场,出售黄金,回收泛滥于市的法币,减少市场通货之流通;通过大量进口和出售接收物资,缓解市场物资供应的不足,压抑物价。他认为这样"对外贸易便可畅通,各项物资尤可随人民的需要而增加;游资之流入投机市场,以助长物价之波动者,亦可纳入商业正轨;国外原料及机械,也可因对外贸易之恢复,源源进口,来配合国内工业之发展;足以使增加生产,并收平定物价的效果"。在他多管齐下的措施作用下,1946年上半年的物价上涨势头趋缓。然而作为金融专家,宋子文深知上述种种不过是治表之策,解决通货膨胀的关键是解决政府收支不平衡,只有做到政府预算收支的大体平衡,才能少发通货,稳定物价。他承认:"胜利以后,健全财政,实为首要,而必须求收支趋于平衡之途径,则通货膨胀,自可逐渐遏止,一切金融经济等问题,始可获得解决。"因此,他将"安定物价,平衡国家预算"作为其需要解决的首要任务。宋子文当政后,大幅度增加了货物税税率,并提高了进口货税率,以增加政府财政预算收入,但因为法币币值的剧烈变动,预算收入与军费开支相比较,不过是杯水车薪。以往用于填补财政亏空的重要手段——公债,由于法币信用的低落难以发行。政府实际收入的大部分依靠出售黄金外汇和接收物资的非税收入,一旦此项收入枯竭,则填补财政赤字的唯一办法就只有印钞票,法币信用的完全崩溃即在预期之中。宋子文因此提出,在战争结束以后应积极减少军费,但是他知道问题的症结所在,却无力改变现实,拿不出合理可行的解决办法。因为国民党坚持以战争解决中共问题,军费便不可能减少,庞大的军费开支没有真实可靠的来源,只能靠中央银行的垫款,也就是靠无限量发行纸币来解决。宋子文也承认:"预算外之支出,为数过巨,且多系临时支出,事前难以预计,收支相较,差距巨大,仍不能不赖于中央银行之垫借。此种超额之支出,则以军费为最巨。"① 由于军费开支之庞大,军费和以特别支出名义支付的军费已占到政府财政支出的60%以上,实际支出则更多。军费事实上成为一个无底洞,消耗了政府几乎所有可用的资源。在这种情况下,宋子文力求实现政府财政预算平衡的打算只能是不具现实意义的空想而已。根据政府编列的预算,1946年收入19 791亿元,支出55 672亿元,为收入的2.81倍;1947年收入138 300亿元,支出409 100亿元,为收入的2.96倍。实际上,因为通货膨胀的因素,政府预算也失去了控制与反映收入和支出的真实意义,实际收入虽因通货膨胀而增加,但实际开支增加的数额更大,政府财政已成为完全依靠发行钞票应付开支的赤字财政,所谓管制物价、平衡预算,结果都不过是纸上谈兵而已。如时论所言,"根本上讲,物价的病根在于通货,通货的病根在于内战。内战不停,生产不能进展,通货不能停发,物价便无法收拾。"②

因为有限的收入无法应付庞大的支出需要,政府只能动用发行手段,增加法币的发行量。1945年8月抗战胜利时,法币发行额为5 569亿元,为战前的395倍;到1947年2月,已达到48 378亿元,为战前的3 430倍;每月的增发额也从1946年的1 000亿元达到了1947年4月的10 000亿元。在这样巨量的货币发行刺激下,物价的上涨幅度增加更快,1946年法币每月发行数增加11.3%,而同期物价指数每月增加16.9%,1946年的物价上涨倍数已经是法币发行倍数的1.1倍,而且这种差距还在继续扩大,说明发行的增加和物价的上涨交相刺激,螺旋

---

① 吴景平:《宋子文评传》,484、488页,福州,福建人民出版社,1992;《中国国民党第六届二中全会辑要》,17—21页。
② 杨培新编著:《旧中国的通货膨胀》,77—78页,北京,三联书店,1963;严仁赓:《检讨黄金政策》,见《世纪评论》第8期,南京,世纪出版社。

上升,通货膨胀已进入恶性化阶段。尽管法币发行已达天文数字,但其具有的支付功能日渐萎缩,几成废纸。普通民众尤其是城市市民阶层的生活水准因此而不断下降,严重影响到社会的稳定。为了缓解法币币值的急剧下降对工薪阶层生活的影响,维持城市的安定,国民党政府实行了按生活费指数发放薪金的办法,但在大多数情况下,生活费指数的增加远远追不上物价指数的上涨幅度。胜利初期上海的物价指数为战前的346倍,生活费指数为299倍,此后物价指数与生活费指数互有涨落,但自1947年5月到1949年5月,物价指数始终高于生活费指数,说明工薪阶层收入在绝对下降。即使在物价指数低于生活费指数的情况下,因为指数编制的滞后效应(按季或按月进行)以及编制时的人为操作(如按较低价格而不按基准价格编制),由名义薪金可得之实物仍在减少。另据统计,上海的生活费指数与物价指数之比,如以1937年为1,则1947年12月降至0.49,表明以指数计算的生活水平下降幅度之大,是工薪阶层难以承受的。[①] 为了解决这个问题,国民党政府从1947年3月开始对部分城市的公教人员实行以低价配售实物的供应方法,但是这一措施不过在部分城市实行,供应对象与数量均有限,未能从根本上解决问题。

通货膨胀对于社会各阶层的影响,程度不同,意义也不同。基本上靠工薪生活的公教人员,即政府公务员、事业单位职员和大中学校教师受影响最大。据统计,1945年下半年,昆明大学教授的月工资水平为战前的300倍,但同期生活费指数为战前的6 000多倍,因此实际收入只及战前的1/20。大学教授在战前本为高收入阶层,然而他们在战后的生活却下降至一般水准甚至不及一般水准,难怪清华大学校长梅贻琦在蒋介石召见时,将一些知识分子反政府态度的激进化归结为他们"生活特困难,而彼等又不欲效他人所为在外兼事,于是愁闷积于胸中,一旦发泄,火气更大"。战时生活水平的下降,尚可因顾全抗战之大局而为多数人所理解;战后生活水平的下降,则是多数人不能理解以致不

---

① 吴冈编:《旧中国通货膨胀史料》,95、153页,上海人民出版社,1958;中国科学院上海经济研究所、上海社会科学院经济研究所编:《上海解放前后物价资料汇编(1921—1957)》,50、84、168—170、335—337页,上海人民出版社,1958。

能忍受的。所谓公教人员,是维持政府工作正常运转的重要环节,本应是政府最主要的支持者,但他们的生活水平如此大幅度的下降,必然使他们心怀怨气,从而在感情上和事实上对自己服务的政权发生态度变化,并因此威胁到这个政权统治基础之稳定。何况公教人员"以此可怜之薄薪,维持五口之家之生活,其清苦情形,可以想见。欲其工作情绪之提高,与为官操守之清廉,当非易事。"①因此,战后贪污腐败盛行,政风日下,吏治败坏,不完全是官吏个人品质和严刑峻法所能解决的问题,也与经济状况尤其是恶性通货膨胀有密切的关系,并在国民党统治由盛而衰的过程中起着重要作用。

为了解决通货膨胀问题,宋子文曾经试图通过开放金融市场,通过自由买卖黄金与外汇,回收泛滥于市的法币,减少市场通货之流通,最终达到稳定法币币值,恢复经济活力,重建经济之目的。但这一政策实行的结果,在耗费了巨额黄金外汇储备之后,非但没有解决通货膨胀问题,反而使其进一步发展,最后引发了震动全国的黄金风潮,造成经济的更大危机,宋子文也因此而被迫下台。

抗战时期,国民党实行金融管制政策,将法币与美元的兑换比例定为 20 比 1。由于通货的膨胀、法币币值的跌落,这一长期不变的兑换比例已完全脱离了市场实际,黑市兑换价超出其近百倍,不仅失去了调节经济、平衡外贸之作用,而且也为权势者倒买倒卖、大发国难财提供了条件。宋子文认为,只有开放金融,鼓励流通,才能刺激贸易与市场,有利于战后经济的恢复和重建。因此,他在战后提出金融开放政策,将法币汇率由固定不变改为随市场供给自由浮动,同时开放黄金市场,以中央银行库存黄金的买卖,配合汇率自由化政策,回收过量发行的法币,稳定通货,平抑物价,以最终达到经济恢复与重建的目的。战后国库拥有的 8 亿多美元的黄金外汇储备和价值上万亿法币的接收物资,为宋子文实行金融开放政策提供了有力的物质基础。在发行一时难以控制的情况下,以此作为回收通货的手段,也不失为可行的途径,加上国内当时出现的和平气氛,使宋子文对实施金融开放政策一度颇有信

---

① 黄延复、王小宁整理:《梅贻琦日记》,232 页,北京,清华大学出版社,2001;陈启天:《寄园回忆录》,238 页。

心。国民党最重要的支持者美国,战后急欲以其经济实力在世界范围内推行经济自由化市场化政策,以利美国的资本扩张和货物输出。国民政府经济顾问、美国人杨格由此极力鼓动宋子文实行金融开放政策。素来亲美并奉行西方经济理念的宋子文,与美国的要求一拍即合,加上美国可能提供的贷款,更增加了宋子文实行金融开放的底气。

1946年2月25日,国防最高委员会通过《开放外汇市场案》,规定将进口物品分为三类:一类为工业及民生需要物品,可以自由进口;二类为烟草、汽油、汽车、纺织品等,可以经许可进口;三类为奢侈品,禁止进口。废止官价外汇汇率,由中央银行根据供求情形,指定若干银行买卖外汇,随时调节;对于外币现钞及黄金买卖,依同样原则办理。① 3月4日,中央银行开放外汇市场,将法币与美元的比价定为2 020比1;同时,公布《黄金买卖细则》,规定上海各金号银楼每天可向央行申购黄金,即明配;另外由央行委托上海的几家指定金号,随时抛售黄金,即暗售。中央银行即以这样的方式控制市场黄金买卖的平衡。3月8日,中央银行开始以每条(10两)165万元的价格对外卖出黄金。

黄金外汇市场开放之初,黄金外汇即为卖出多于买进。4月份,黄金净卖出674条,美元净卖出837万元,数量尚不大。但至6月份,黄金净卖出19 580条,美元净卖出2 492万美元,买卖已完全失去平衡,表明市场对未来预期之悲观及对法币之不信任。不过因为中央银行通过大量抛售调节市场,黄金外汇价格上涨幅度不过20%左右,金价升至每条190余万元,法币兑美元升为2 500比1,指数分别为战前的756倍和1 663倍,远低于同期上海物价4 072倍的涨幅。② 正因为如此,黄金外汇买卖实际是低进高出,获利颇丰,这导致大量资金涌入黄金外汇市场,使市场面临巨大的压力,并为官吏贪渎创造了条件。

实行金融开放政策,需要市场心理的稳定,才不至于引发过多的投机行为;而市场心理的稳定,又需要政治经济大环境的稳定作为保证。可是,内战重起,政治形势不稳,经济环境更是江河日下,通货膨胀愈演

---

① 《国民政府公报》,1946年2月26日。
② *T. Y. Pei to T. V. Soong*, July 22, 1947, Arthur Young Collection, Box 116, Hoover Archives, Stanford University;杨培新:《旧中国的通货膨胀》,75页。

愈烈,市场对未来之预期颇为悲观。在这样的环境下,黄金外汇买卖不再是为了正常的支付需要,却成为保值或投机的手段。人们希望将手中不值钱的纸币换成硬通货,从而刺激了对黄金外汇的需求,导致其价格的上涨;黄金外汇价格的上涨,又造成市场的恐慌心理,使更多的人卷入其买卖之中,刺激其价格的进一步上涨。央行本试图通过买卖黄金外汇回笼货币、平抑物价,实行的结果,不仅不能平抑物价,反而成为物价上涨的示范;货币虽在不断回笼,但也因发行的不断增加而再度出笼,黄金外汇买卖也因此而失去其本来意义。加上军政官员和投机商人借机兴风作浪,上下其手,更使黄金外汇买卖成为贪污腐败、投机谋利之渊薮。

宋子文之所以能够实行金融开放政策,是因为有大量黄金外汇储备的支撑,但在市场的投机抢购之下,黄金外汇储备的消耗速度十分惊人,中央银行因此感到了沉重的压力。外汇市场首先因为进口大增、出口不畅、入超严重、购汇压力过大而动摇。8月,美元净卖出已达3262万元,迫使央行于8月19日将法币与美元的比价调高为3350比1,法币官价骤然贬值66%。央行实行此举的理由,明为减少进口,鼓励出口,激导侨汇,扶助生产,实际则为减低售汇压力,以维持法币的官价体系。央行的决定公布后,市场对未来的预期更为悲观,不仅导致美元十分抢手,黑市卷土重来,而且金价亦随之大涨,首度越过每条200万元关口,金融形势日趋恶化。为了打击外汇黑市,10月4日中央银行与上海市政府决定,美钞买卖价格不得超过官价的5%,如有巨额买户高价收买,可由上海市钱兑商业同业公会向市府密告,以凭究办。但市场经济规律的作用是无情的,央行既无法以官价供应充足外汇,则黑市的出现即无可遏止,而且黑市美元兑换价已超过官价的1/3。即便如此,央行售汇压力仍未解除,至11月中旬已净卖出3.8亿美元,外汇储备下降至警戒线,迫使政府不得不动用行政手段解决外汇供应问题。11月17日,政府通过修正进出口贸易办法,实行输入许可与出口补贴制度,大幅度放宽出口限制,同时严格限制进口,除禁止进口的物品外,所有其他物品的进口亦需申领许可证,以此缓解外汇供应压力。这一措施实行后,外汇需求确实大幅度下降,此后三个月央行净卖出的美元锐减为2 000万,但是这也表明宋子文的金融开放政策受到重大打击,实际已难以为继。何况这一措施实行后,在外汇买卖受到严格限制的情况下,大量资金更蜂拥而入黄金市场,刺激黄金价格的暴涨,黄金市场亦继外汇市场而动摇。

在外汇买卖受到严格限制后,巨量资金麇集于黄金市场,尤其是权势机关、权势人物和大投机者对市场走向更有恶劣之影响。一些军政机关收到预算资金现钞后投入黄金买卖,甚至有机关部队以紧急支付命令或以种种威胁方法胁迫提款,用以炒买黄金。在币值变动剧烈、生产无利可图的情况下,工商企业也以大量资金投入炒买黄金。加之上海金价低于外地,游资因此向上海集中,抢购黄金保值。在数量多至数千亿元资金的疯狂炒买之下,中央银行有限的黄金储备无论如何也难以抵挡,黄金价格每日都在飞涨。12月12日,上海金价突破每条300万元关口,24日又突破400万元大关。进入1947年,由于政府实行棉纱棉布管制,并发行大额关金券,进一步刺激了物价上涨,黄金更成为抢购对象,价格已难以控制。2月5日,国防最高委员会决定对进口货物征收50%的附加税,导致物价上涨更为猛烈。6日,上海金价达到每条550万元的高位,法币兑美元的黑市比价突破1万大关。由于上海金价因央行抛售仍相对较低,招致"全国各地游资麇集上海,群以黄金为投机对象,央行如不大量抛售,则金价日高,刺激物价。如拟以全力与投机者相搏,则牺牲甚大,徒使牟利者益增利润。于是政府运用黄金政策,不得不改弦易辙。"2月8日,中央银行决定停止黄金暗售,10日停止黄金明配。当日,上海金价和法币兑美元的黑市价均涨至最高峰,黄金每条720万元,法币兑美元比价为16 000元,分别为一年前的4.36倍和7.92倍。此时中央银行的黄金外汇储备,也由一年前高峰时的83 359万美元(其中黄金568万盎司)下降为37 987万美元(其中黄金237万盎司),分别为一年前的46%和42%。[①]

黄金外汇市场开放之初,价格上涨较为平稳,有助于增强市场信心,平抑物价的上扬。而黄金外汇价格的大幅度上涨,使市场信心动

[①]《财政部长俞鸿钧在国民参政会报告》,载《银行周报》第31卷第24期,上海;*Strictly Confidential, Arthur Young Collection*, Box 116, Hoover Archives, Stanford University。

摇,反而刺激了物价的上涨。1946年年中之后,黄金外汇价格和市场物价两者之间,就陷入了互相刺激、互为影响、螺旋式循环上涨的恶性循环。1946年3月至12月,上海的物价指数在10个月中上涨了123%,而1947年1月至2月,央行抛出黄金近8万条,相当于黄金售出总数的1/4,但物价指数仍大幅度上涨了86%。及至央行停售黄金,除了消耗大量黄金外汇储备由官方所有转为"民间"所有之外,宋子文的金融开放政策完全未如当初之设想,反致市场一片混乱,所有物价均大幅度上涨,并因此引发了全国范围内空前的经济危机和对国民党政权的信任危机。

金融开放政策实行后,中央银行指定同丰余等5家金号银楼作为市场代理人,每日以明配和暗售方式进行黄金买卖。黄金买卖的决策由宋子文作出,再由中央银行总裁贝祖诒下令业务局局长林凤苞和副局长杨安仁执行,但决策与执行过程高度机密,外人不得与闻,不仅是财政部长俞鸿钧,即便蒋介石也对实际情况不明底里。1947年1月,因为市场形势急剧恶化,央行才开始向蒋介石和财政部呈送黄金外汇买卖情况报告。央行停售黄金后,蒋介石得知情况严重,从2月11日起连续召见宋子文并主持国民党中常会,讨论经济形势。宋子文虽然意识到形势严重,但仍不甘心,力图做最后一搏,要求蒋介石核减预算,节约开支,以对物价釜底抽薪,挽救危局。他还搬出美国顾问杨格一同会见蒋介石,提出改变外汇汇率、继续抛售黄金的方案。但蒋介石认为宋子文的做法"决难持久","期期以为不可"。他决定实行经济紧急措施,对经济严加管制。

2月16日,国防最高委员会通过《经济紧急措施方案》,决定自即日起禁止黄金买卖及国外币券在境内流通,将法币与美元比价调整为12 000比1,废除出口补助进口附加税办法,严格管制物价,日用必需品按评议物价实施办法严格议定价格,职工薪金以1月为最高指数,粮、布、燃料亦按1月平均零售价定量配给于职工,禁止罢工怠工、投机垄断、囤积居奇。《取缔黄金投机买卖办法》《禁止外币流通办法》《加强金融业务管制办法》《评议物价实施办法》等同时公布,规定持有黄金外币者必须按公布价在指定行局兑换为法币,违者处5年以下徒刑;各行局应严控放款,5 000万元以上放款必须经四联总处核定,多余款项一律存放中央银行,机关单位用款一律使用支票;一律不准新设银行钱庄;在全国重要地点设立物价评议会,评议主要民生日用必需品售价,协助检举违反议价行为。国民党当局企图以此严厉之规定,遏制投机风潮,稳定急剧恶化的经济形势。①

宋子文的金融开放政策实行不到一年即告惨败,引发黄金风潮、经济危机和社会动荡,以致舆论哗然,他也因此而成为众矢之的。傅斯年连续发表《这个样子的宋子文非走开不可》和《宋子文的失败》两文,以尖锐犀利的文辞痛责宋子文的经济政策"简直是彻底毁坏中国经济,彻底扫荡中国工业,彻底使人失业,彻底使全国财富,集于私门,流于国外";呼吁国民党"要做的事多极了,而第一件便是请走宋子文",因为"国家吃不消他了,人民吃不消他了,他真该走了,不走一切垮了";要求"彻底肃清孔宋两家侵蚀国家的势力,否则政府必然垮台"。②傅文发表后轰动朝野,黄金风潮不仅引发经济危机,而且已经越出经济领域,在国民党内复杂的派系矛盾作用下,激化了国民党统治集团内部的矛盾,早就对宋子文的经济政策颇为不满的国民党CC系和其他派系借此发起倒宋潮。傅文的公开发表,宋子文以行政院长的身份而成为舆论公开攻击的对象,预示着他的政治生涯岌岌可危。

2月13日,监察院院长于右任主持院会,决定派何汉文等四位监察委员前往上海彻查黄金风潮案。次日的立法院会议更对宋子文发起猛烈攻击,要求他"辞职以谢国人"。宋子文与蒋介石虽为姻亲,并与孔祥熙同为蒋手下主管财政经济之大员,有长期的密切关系。但在经济政策方面,宋较具西方理念,主张政策的规范化,不能如蒋所愿任意动支。在他担任行政院院长期间,多次拒绝了蒋介石派陈诚催索军费的要求,使蒋甚为不满。黄金风潮爆发后,蒋介石痛心于黄金外汇储备之大量消耗,其赖以维持统治的经济本钱大受损失,于震怒之下决定换马。2月29日下午,蒋介石召见宋子文,以次日的立法院会议将对其大加攻击为由,对他表示关心,并要求他考虑是否不必出席立法院会,

---

① 1947年2月17日《中央日报》,南京。
②《世纪评论》第7、8期。

实际即暗示其提出辞职。宋答如不出席,必须辞职,但并未明确表示自己的态度。当晚,蒋再见宋,告他以不必出席为宜,宋谓如此则只好辞职,蒋允之。这表明宋尚有恋栈之意,他的辞职实为蒋逼迫的结果。①

1947年3月1日,国防最高委员会议决,行政院院长宋子文辞职照准,由蒋介石兼任行政院院长,张群任副院长;同时免去贝祖诒职务,任命张嘉璈为中央银行总裁。一年以前,宋子文提出金融开放政策,企图振兴衰颓残破之经济;如今经济状况未见丝毫改善,反而日渐恶化,直至发生黄金风潮和经济危机。他之黯然下台亦为必然,但舆论和国民党内其他派系对其在黄金潮中应负之责任仍不依不饶。3月间,监察院派往调查黄金风潮案的四位立委对宋子文提出弹劾案,认为宋"接任行政院长以来,其误国失职多端,尤以此次黄金风潮,使社会骚动,影响国计民生至深且巨";因"依法提出弹劾,即请提付惩戒,以正纲纪"。蒋介石虽对宋子文的经济政策不满,但也不愿因此而过于影响国民党的公众形象,在他的授意下,监察院院长于右任主持监察院会议,通过对弹劾案的审查意见:"本案所举弹劾宋子文之事实,均属政策运用问题,尚未举出有何犯罪情事。该宋子文于金钞风潮发生后,既经自请去职,应毋庸再付惩戒。"但久已对宋子文不满的CC系仍不甘罢手,在3月份举行的国民党六届三中全会上,谷正纲要求彻查此案,认为金钞案不仅造成少数人的发财机会,而且影响全国民心,动摇国本,无论前方后方军心民心均为之沮丧,本党的威信为之丧失,如果不办,影响民心很大。黄宇人在发言中矛头直指宋子文和孔祥熙,认为不能含含糊糊地过去,不是马马虎虎表决了就完事,要求中央常会负责办理,对全党负责,对全国四万万同胞负责,不要弄得三年五年办不了。会上有100多名中央委员临时动议,提出《请惩治金钞风潮负责大员及彻查官办商行账目没收贪官污吏之财产以肃官方而平民愤案》,要求对宋子文及贝祖诒等责任大员,"自不能即以辞职或免职为了事。……亟应一面催促政府,依法提付惩戒,一面转咨中央监察委员会,从速查明议处,以肃党纪而彰国法。"还有一些委员提出成立调查委员会,彻底调查宋子文和

---

① 吴景平:《宋子文评传》,506页;姚崧龄:《张公权先生年谱初稿》,801页,台北,传记文学出版社,1982。

孔祥熙的财产。宋子文也因此而未能继续当选为中央常委。为了化解党内矛盾,蒋介石不得不亲自出面,表示宋"依法执行任务,不知何故加以谴责";辩称"宋子文在行政院长任内,并不贪污,如谓余见贪污而不知,则由余负责"。查办宋子文的声浪就此停息。①

黄金风潮案发后,中央银行前总裁贝祖诒亦被监察院提出弹劾,后经央行新任总裁张嘉璈通过行政院秘书长甘乃光找司法行政部部长谢冠生疏通,对贝祖诒只予申诫处分。与黄金风潮案直接有关的中央银行业务局局长林凤苞、副局长杨安仁和上海金业公会主席兼同丰余金号经理詹莲生三人则被逮捕,因为央行对出售黄金行号"任意决定,漫无标准,已属不当,益以此五家均系由詹莲生一人介绍,则显然央行出售黄金事宜在市场方面故任詹莲生一人把持操纵,谓为官商勾结,实非过分"。② 在上海地方法院开庭审理配售黄金"舞弊嫌疑"案时,林凤苞和杨安仁均称"一切都是奉命办理",詹莲生亦称所有买卖黄金的决定都由局长和总裁作出,"我丝毫不能参加意见"。7月12日,法院以"对于主管事务直接图利",判处杨安仁有期徒刑7年,詹莲生有期徒刑4年,林凤苞则无罪释放。至此,震动全国的黄金风潮案以对各方均有所交代的结局而落幕。

宋子文的金融开放政策,实际上是国民党企图以经济手段解决日益严重的通货膨胀问题的尝试,而黄金风潮的爆发,标志着这一政策的彻底失败,其中虽有诸多因素的作用,但根本上是通货恶性膨胀、政治形势不稳、内战烽烟四起、国民党政权的政治经济信用大大下降所导致的必然结果。如时论所言:"今天中国的经济财政病症,任何专家设计,任何医生开药方,其前提只有一个,就是停止内战,实现和平。"著名金融家陈光甫认为,除非政府改变对中共的政策,否则经济注定无法长期维持,黄金政策的失败不在于中央银行的错误,而是错误的政治政策的结果。③ 但是,国民党无意结束对中共的战争,因此继宋子文之后的历

---

① 《监察院对宋子文黄金舞弊案的弹劾书及审查报告》,南京,中国第二历史档案馆藏档,八—1362;《国民党六届三中全会速记录》,国民党党史馆,6.2/39—2,2/42—11,6.3/89—2。
② 《监察院对宋子文黄金舞弊案的弹劾书及审查报告》,中国第二历史档案馆藏档,八—1362。
③ 《由上海市场看国家需要》,见1947年2月6日《大公报》,上海;Memo of Chen Kuang-fu, February 13, 1947, Chen Kuang-fu Collection, Columbia University。

任阁揆,经济更无确切政策可循,只能是头痛医头、脚痛医脚,拆东墙补西墙,企望以此维持经济的基本运行。继任中央银行总裁张嘉璈上任后,将能否平衡预算、获得外援及军事胜利作为稳定财政经济的三个必要条件,但外援迟迟不来,军事胜利遥不可期,平衡预算又因"法币增发,物资日趋缺乏,距离紧急措施之平衡预算与稳定物价两目标,相去日远",因此"思之几于寝食不安"。他向蒋介石要求,中央银行的垫款应有限度,紧急支付命令应经过审核后再付,但财政部长俞鸿钧认为:"军费支出,无法拒绝,何能规定中央银行垫款限度。主席(蒋介石)亦以俞部长所言为然。"[①]在此情况下,因经济紧急措施的行政手段所致之市场稳定,不过维持了两个月,从4月中旬开始,各地物价再度急剧上涨,新一轮经济危机又在酝酿之中,而国民党当局对解决经济危机已经束手无策,只能听任其发展,直至不得不以国家政权的强力推行金圆券币制改革,从而彻底失去民心。

---

① 姚崧龄:《张公权先生年谱初稿》,805—828页。

第七节　胜利后的弱势外交

因为中国的弱国地位,近代以来中国外交一向多为被动应付,而少积极作为。第二次世界大战期间,中国加入同盟国阵营,因此而废除了近代以来严重压迫与束缚中国独立与发展的不平等条约体系,并在外交诸多方面颇有积极主动的作为。中国参与发起了战后最重要的国际组织——联合国,成为联合国的创始国和安全理事会拥有否决权的常任理事国,跻身世界五强之列;中国还成为若干国际组织的发起国和重要成员;中国与中小国家尤其是周边国家的关系有所发展。战后中国外交延续了战时的努力,继续在这些方面有所推展。

1946年3月,国民党六届二中全会通过《对于外交报告之决议案》,声明中国为联合国安理会常任理事国之一,所负责任特别重大,今后自应根据一贯政策,与美、苏、英、法诸大盟邦及其他爱好和平的国家密切合作,积极参加联合国及其他国际组织的活动,以求国际间各项问题合理解决;同时继续废除尚存不平等条约,广订友好条约,以开展邦交;谈判通商条约,以树立新的商业关系。① 循此方针,在抗战结束后的不长时间里,中国先后与法国、瑞士、丹麦、葡萄牙签订平等新约,西班牙根据1928年《中西商约》的规定放弃其在华特权,英国自治领澳大利亚和南非因英国已下令取消自治领在华特权而停止行使其特权。至此,列强强加于中国百年之久的不平等条约体系被完全废除,诚为中国外交的一大成就。中国积极参加了联合国及其附属机构(如联合国经

---

① 《中国国民党第六届中央执行委员会第二次全体会议记录》,119页,1946。

济及社会理事会、联合国粮食及农业组织、联合国远东经济委员会、国际法院等)和其他国际组织(如国际货币基金组织、国际民用航空组织等)的活动,并有所作为。中国在战后积极拓展国与国之间的外交关系,与中国有大使级外交关系的国家从战前的8个增至战后的24个,中国还和厄瓜多尔、暹罗(泰国)、沙特阿拉伯、阿根廷、菲律宾、意大利等国家签订了友好条约。这些均体现了战后中国外交努力进取的方面。

但是,战后中国毕竟仍是一个弱国,国际地位不高,外交缺乏强有力的实力支持,虽是联合国安理会常任理事国,但只能以配角身份参加战后国际外交活动,甚至被完全排除在战后欧洲和平进程之外,体现了国际政治游戏讲求实力的原则。在不平等条约体系废除后,有些新签订的条约仍含有一些对中国不平等的内容,如战争结束之际签订的《中苏友好同盟条约》;而一些字面上平等的条约,仍对中国有不利的不平等结果,如《中美友好通商航海条约》(也称《中美商约》)。国内的内战重起和政治纷争,使中国的对外发言缺乏统一性和实力支撑,影响到中国的国际地位,甚至连中国的国内问题也被列入国际会议讨论的议程之中。因此在诸多方面,中国并未成为国际大家庭的平等一员,所谓"五强地位"实在是有些名不副实。亲历民国外交全过程的资深职业外交家顾维钧认为:我国政府未能解决国内的政治问题,实在是所有过失的根源,甚至在中国没有参加的国际会议上,把中国的国内局势作为议题,使我国在国际领域内蒙受耻辱。更令人寒心的是,与祖国有千丝万缕关系、对祖国经济有诸多贡献的东南亚华侨,在二次大战期间因战争而颠沛流离,生命财产遭受重大损失,但是战后不仅没有享受到战争胜利的成果,反而受侨居国内部冲突以及排华风潮之牵累,生活不能回复正常,生命财产再度遭受严重损失,"华侨所望国家强盛,以解除过去痛苦者,竟成幻影"。[①]

在战后中国的国与国外交方面,大国外交仍是重点,其中主要又是对美和对苏外交,因为美苏两国已成战后世界两强,又深深介入中国国

---

① 《顾维钧回忆录》第5分册,608—609页,北京,中华书局,1987;1947年2月4日《大公报》,上海。

内政治,分别支持中国国内政治斗争的对立双方——国共两党,因此对美、对苏外交不是单纯的外交关系,而与中国国内政治有着密不可分的纠葛与牵涉(见本卷相关章节)。英国和法国虽同属五强,但其因战争导致实力下降和战后国内经济重建所牵制,除了在一些关系两国实际利益的问题(如香港和越南问题)方面与中国有过争执外,对中国外交的影响力明显减弱。战前影响中国外交的关键国家之一日本,因为战败投降而退出中国外交的重点行列,并成为中国应予处置的对象。中国与周边国家的关系在战后较战前密切,与其他邦交国则维持着正常的国家关系。

经济关系在战后中美关系中占据着重要地位。第二次世界大战结束后,美国因基本未受战争影响,并得战争之利,占据着世界经济的重要份额,对中国经济的影响力不言而喻;而中国在战争中受到严重破坏,战后又面临着艰巨的复兴重建工作,并寄希望于美国的经济援助和支持。在废除不平等条约体系后,如何建立中国与其他国家之间的正常经济关系并从中获取应有的利益,也是战后中国面对的新问题和新机遇。正是在这样的背景下,战后中美商约谈判广受中外工商界瞩目,因为中美商约谈判是中国与外国废除不平等条约后进行的第一次新商约谈判,其结果不仅将界定中美两国的经济关系,而且将成为中国今后与其他国家签订类似条约的范本与参照,对中国经济发展和对外经济关系都将产生重要影响。美国对中美商约谈判可谓有备而来,其主旨:为适应战后美国向全球经济扩张之需要,要求中国完全开放市场,以保证美国商人实现在这个潜在而庞大的市场中的经济利益。因此,美国方面提出的商约草案,内容几乎无所不包,"范围之广,内容之详,为以往美国对外商约所未有"。中国方面经过研究,认为美方要求过高,尤其是美方要求的国民待遇和无条件及无限制的最惠国待遇,将因中美双方经济发展程度之极大差距而只片面有利于美方,因此而对美方提案持保留意见。但国民党统治在战后受到中共强有力的挑战,执政地位极不稳固,经济形势亦日渐恶化,不得不依赖于美国政治、经济全方位的支持,使其在中美商约谈判中自始至终均处于弱势与不利的地位,难以抵挡美国的压力。

为了迫使中方接受其提案,美国还有意无意地将中美商约谈判与美国对华贷款等经济援助问题相联系,甚至"理直气壮"地认为,蒋介石应为美国的政治经济支持付出这样的代价。国民党深知美方的要价正在于"我所赖于美者急,而美所求于我者缓",虽然在谈判中有所抗争,并对美方强势态度表示不满,但为了"不致因小失大",最终也只能被迫作出重大让步。①

1946年2月5日,中美双方在重庆开始商约谈判。谈判以美方提案为基础,中方主动表示:为中美友好全面合作起见,我们已对贵方所有建议均加以最优惠的考虑,并尽可能立即按原有形式接受美方条款。在双方争执最烈的国民待遇和最惠国待遇问题上,中方同意给予美方以"除缔约彼方法律另有规定外"之国民待遇,同时表示中国在事实上已采用无条件最惠国待遇,但为避免舆论反对及他国援例要求,反对将该项条文列入条约,并在反复争执后得到美方的同意。11月4日,《中美友好通商航海条约》在南京签字,该约的具体内容多达数十项条款,所涉不仅限于通商航海,而且包括了文化、教育甚至宗教等各个方面,从而"为美中两国的关系提供了一个全面的法律框架"。该约的主要内容可以概括为两条:(1)缔约双方国民在彼方领土内居住、旅行、经商、金融、科学、教育、宗教及慈善事业、购置动产、进出口关税等方面,彼此享有国民待遇;(2)缔约双方在进口关税、采矿、内河及沿海行船与通商、购置不动产等方面,彼此享有最惠国待遇。② 就条文本身的规定而言,中美商约基本上可以视为平等条约,因为其中所有规定对于双方都是平等和互惠的。近代中国订立了许许多多只对缔约一方单方面优惠的不平等条约,因此,中国能和世界头号大国美国订立基本上是平等互惠的商约,应该说具有积极的意义,也是废除不平等条约体系的成果。但中美商约订立后,引来国内工商界和舆论几乎是一致的批评,其中关键在于,美国是当时最发达的经济大国,而中国仍是不发达的经济弱国,互惠平等对于中美两

---

① 《外交部上行政院呈文》,见《经济部对"中美友好通商航海条约草案"意见书》,南京,中国第二历史档案馆藏档,十八—3034;FRUS,1946, Vol. 10,pp. 920—921,927。

② 《中美友好通商海航海条约初步谈判报告书》,南京,中国第二历史档案馆藏档,十八—3034;王铁崖编:《中外旧约章汇编》第3册,1429—1451页,北京,三联书店,1962。

国具有完全不同的意义,美国人可以根据该约条文充分享受的优惠,如在华开矿设厂等等,中国人由于经济发展程度所限,根本不可能享受。因此,中美商约只有形式上的平等意义,而这种形式的平等恰恰掩盖了其实质的不平等,所谓平等互惠仍然不过是镜花水月而已。舆论认为:"中国当年的不平等条约中的最惠国条款,是片面的,现在则是双方的,自然是平等的了。但事实上中国的国力太差,于是所有的互惠都变成了单惠。"[①]为了向美国示好,并获得美国进一步的支持,国民党不顾工商界和舆论的强烈反对,在中美商约签订后的一周之内就完成了批准该约的全部法律手续。11月6日,国防最高委员会批准该约。9日,立法院表决通过该约。但是得了便宜的美国人对该条约仍不满意,如指责中国规定所有外籍货轮均不得载货驶往非指定中国口岸,从而因转运而增加了美国进口货物的运输成本,并违背了普遍的国际惯例。美国人希望得到无条件和无限制的自由贸易权利以及国民待遇,因此美国国会迟迟未批准中美商约。直到1948年11月,美国国会才批准该约。30日,中美双方在南京交换了批准书。但此时国民政府在内战中全面失利,已经无力根据中美商约的规定给予并保护美国商人的在华利益。除了中美商约之外,中美两国还在战后订立了一系列条约、协定和换文,由此界定了美国与国民党政府之间的特殊关系,并保证美国在中国具有政治、经济、军事、文化等方面的绝对优势的特殊地位。

抗战胜利后的中英关系,在一般外交关系之外,最主要的矛盾是香港问题。抗战胜利之时,国民党内曾有借此时机收回香港的议论,为了避免与英国发生冲突,尤其是避免因此而影响与美国的关系,蒋介石对这样的提议十分谨慎。8月24日,他在国防最高委员会解释中国对香港问题的立场:我们不愿借此派兵接收香港,引起盟邦间误会。关于香港的地位,从前是以中英两国条约为根据,今后亦当依中英两国友好的关系协商而变更,我们的外交方针和国际政策,主张尊重条约,根据法律以及时代要求与实际需要,求得合理的解决。现在

[①] 1946年11月6日《大公报》,上海。

全国各租借地均经次第收回,九龙的租借条约自非例外。但是我们亦必循两国外交谈判的途径,以期收回领土,行使主权。同日,宋子文亦致电蒋介石,询问有关香港问题的处理办法,蒋介石表示:"香港问题应与九龙问题分别办理,我方应先提九龙租借地交还问题,对于香港问题,作为附属问题,只要九龙问题能解决,则香港问题自可随之解决也。"①但英国不仅根本无意与中国谈九龙问题,更无意谈香港问题,甚至连起码的面子也不给蒋介石。香港本已划入中国战区的受降范围,但日本投降后,英国立即向美国要求由英军接收香港,而曾在香港问题上支持中国的美国,出于自身利益的考虑,出尔反尔,竟然也同意香港由英军受降,这使得蒋介石大失颜面。他强烈要求美国信守前令,由中国军队接受香港日军的投降。但美国总统杜鲁门告诉蒋介石:香港受降不过是个军事问题,无关主权,中国应该与英国进行合作。美国的态度使蒋介石被迫再让一步。8月23日,蒋介石电告杜鲁门,提出香港由中国战区统帅委派英军代表进行受降。但即便是对于这种纯为挽回面子的举动,英国人也不以为然。8月29日,蒋介石授权英国第11舰队司令、海军少将哈考脱代表中国战区统帅接收香港及九龙日军之投降,同时,中国陆军新1军第50师于9月8日先于英军进驻香港、九龙地区。9月16日,香港日军举行投降仪式,由英国哈考脱将军接受日军投降,中国代表潘华国将军参加了日军投降仪式。此后,英军进驻香港,新1军移驻九龙,后于11月下旬登轮开赴东北,英国完全恢复了对香港的殖民统治。

抗战胜利之时,在北纬16度线以北越南北部的日军由同盟国划归中国战区受降,中国军队进入越南。同时,作为战前越南宗主国的法国也急于重回越南,恢复其殖民统治。中法关系一度因为越南问题而波折重重。在历史上,越南与中国曾有过长期的密切关系,20世纪20年代以后,越南独立同盟领导人胡志明、越南国民党领导人武鸿卿和越南革命同盟会领导人阮海臣等越南独立运动领导人,均长期在中国从事越南独立活动,越南国民党和革命同盟会的活动还

---

① 《蒋主席最近言论》第1辑,9—10页,上海,国际出版社,1945;《蒋中正"总统"档案·特交文卷·亲批文件》第46册3398号。

得到国民党的大力支持。反之,法国驻越当局和军队在抗战期间曾与日本合作,1945年3月因日军接管越南而退入中国云南,战后又企图重回越南,为中国当局所不满,不少负责官员对越南独立颇表同情,甚至陆军总部、赴越受降的第一方面军和行政院驻越顾问团亦支持越南独立的主张。日本投降后,胡志明于1945年9月2日在河内宣布越南独立,成立越南民主共和国,与企图恢复对越南殖民统治的法国形成尖锐的矛盾,并希望得到中国的支持。但是,英国为其自身殖民利益坚决支持法国重回越南,并允许法军在越南南部登陆;美苏两国已与法国达成默契,同意法国成为联合国五强之一,不再支持越南的独立。因此,国民党最高当局权衡利害,不希望因为支持越南独立而与法国或进一步与其他大国发生矛盾,从而影响到他们对国民党的态度,最终决定军队赴越只为受降,对越南的内部纷争和越法关系保持中立,不予介入。9月19日,行政院院长宋子文在巴黎会见戴高乐时声明"中国政府不以任何方式反对法国对印度支那所享有的权利",给法国人吃了一颗定心丸。[①] 然而即便如此,急于恢复对越南殖民统治的法国,对于中国军队赴越受降仍充满疑虑,中法之间在越南问题上难免发生一定的矛盾。

日本投降后,中国陆军第一方面军陆续开入越南。9月28日,在河内接受驻越南北部日军的投降。同时,行政院组织驻越南顾问团,由外交、军政、财政等部代表组成,负责拟定受降期间的行政命令,并与法方协调接收问题。如何处理越南独立和越法关系是中国驻越军政当局面对的主要问题之一。10月1日,陆军总司令何应钦赴越视察,指示"对于越南现有临时政府之态度,必须审慎,但宜保持友好立场"。此后,外交部代表凌其翰也于10月上旬传达重庆的指示:对于越盟党政权,采取不管立场,惟我国驻军必须切实掌握铁路与港口;我军受降缴械遣回日军工作完毕,即行撤回;对于越南民政机构,不必接管。第一方面军司令卢汉为此指示下属:对法越纠纷严守中立,越军进入我防区即须解除武装,对越党不干涉亦不警戒,对法人生命

---

① 凌其翰:《在河内接受日军投降内幕》,38页,北京,世界知识出版社,1984。

财产尽力保护。① 由于中方的谨慎态度,中法双方在越南大体上相安无事。1945年9月,法国军队在英国支持下开入越南南部,为了尽快开入尚由中国军队占据的越南北部,全面恢复对越南的殖民统治,法国在对华关系上作出了若干姿态。1945年8月18日,法国与中国签订《交收广州湾租借地专约》,同意将广州湾租借地提前交还中国。11月,中法两国开始平等新约谈判,并于1946年2月28日签订平等新约和中越关系协定。法国同意交还上海、天津、汉口和广州法租界,放弃在华治外法权以及其他特权;尊重在越华侨的历史传统和习惯性权利(如使用中文等),给予其居住经营等方面的最惠国待遇,并享受与法籍居民相同的法律待遇;将海防港划出自由区,中国过境物资运输可不经检查直接通过,并免缴关税和过境税;中国可提前赎回滇越铁路云南段,赎款由清算日本财产中补偿。与此同时,中国同意将在越南北部受降的军队于3月底前全部撤出。② 对法国而言,放弃在华特权是大势所趋,给予中国在越南一些利益也不过是口惠而实不至,在越华侨不断受到虐待和迫害即为法国不能实行其承诺的例证之一,而中国军队撤出越南,对于法国重新确立其在越南的殖民统治却有实际的重要意义,难怪法国人对此"至可满意"。

中法就越南问题达成协定后,法军接防心切,3月4日即向驻越中国军队要求自6日起在越北海防登陆。驻越中国陆军总部代表、行政院驻越顾问团和驻海防的第53军指挥官等,均以未接到命令为由反对法方要求,拒绝法军登陆。结果,法军竟在6日晨开炮轰击海防码头,遭到中国守军的还击,法国军舰被击沉1艘,击伤2艘。事件发生后,中法双方都以低调处理。法方表示:"双方利益在树立以后友好关系,应避免事态扩大,以中法友谊为重,地方误会宜解不宜结,不必过于追究。"中国外交部则电令卢汉:"海防事件移向外交途径处理,交防任务仍不变更。"在重庆当局的指令下,驻越中国军队同意交防,法军遂于3月18日开入河内。3月底,行政院驻越顾问团结束在越工作,并自4月上旬起陆续撤离。入越接收的第一方面军各部随后亦陆续登轮开赴

---

① 朱偰:《越南受降日记》,31、35页,上海,商务印书馆,1946。
② 《中外旧约章汇编》第3册,1362—1375页。

东北。实际上,中国入越部队及行政院顾问团一直对越南独立表示同情,对法国企图恢复对越殖民统治不以为然,对中法协定规定中国撤军而由法军接防并不积极。为免节外生枝,4月9日,蒋介石致电卢汉,指示其中法交防"未竣者希饬属即予办竣。我军撤退事,希并督促办理。至于业经交防之我军,法方颇虑其干预地方政治或行政,此层希严饬所属避免,以全国信。"①6月上旬,中国入越受降部队全部撤离越南,中国入越受降工作最后结束,中法两国恢复正常的国家关系。

在战后中国的周边关系方面,中国承认了外蒙古的独立。外蒙古问题本为中苏两国间的悬案,但外蒙古"早经成立蒙古人民共和国,所有政治经济文化教育等,均仰苏联之鼻息,且外交与苏联订立互助协定,而军事之实力,则完全操诸苏联之手。此种情况之下,欲其取消蒙古人民共和国,废止苏蒙互助协定,殊非易事。"因此,根据《雅尔塔协定》,中国在中苏条约谈判中,承认了外蒙古独立的现实,并规定了外蒙古以公民投票方式实现独立的途径。1945年9月13日,蒋介石就外蒙古独立问题指示外交部长王世杰,对"承认以前之手续应早协商。甲、外蒙投票定期后,由我政府派员往外蒙监察投票;乙、投票手续完后,外蒙政府派代表来渝,与我政府正式订约,然后再由我宣布承认其独立,建立国交,互派使节,以履行我应尽之义务。"②1945年10月20日,外蒙古举行决定是否独立的公民投票,凡年满18岁的公民均有权参加,在外蒙古全境共设投票点4 251个,采用公开记名签字的方法投票。据公布,在有资格参加投票的494 960人中,有487 409人参加投票,结果百分之百同意外蒙古独立。由中国内政部次长雷法章率领,有蒙藏委员会、军政部和内政部官员组成的代表团,在外蒙古观察了此次投票过程。其实,投票不过是形式。在大国强权外交的压迫下,外蒙古独立的事实在《雅尔塔协定》之后已经无法由贫弱的中国改变了。11月15日,中国外交部部长王世杰收到蒙古人民共和国总理兼外交部长乔巴山的电文,通告蒙古人民共和国代表会议主席团11月12日关于

---

① 吴东之主编:《中国外交史》(中华民国时期),651页,郑州,河南人民出版社,1990;《蒋中正"总统"档案·特交文卷·交拟稿件》第23册第1988号。
② 夏维松:《外蒙问题》,*Victor Chi-tsai Hoo Collection*, Box2, Hoover Archives, Stanford University;《蒋中正"总统"档案·筹笔(戡乱时期)》第15736号。

蒙古独立之决议案及关于蒙古独立之公民投票的结果,以此作为中国政府承认蒙古独立的正式文件。12月10日,国民党第六届中常会第十六次会议决定承认外蒙古独立。1946年1月5日,国民政府发表公告,根据国防最高委员会的审议结果,决定承认外蒙古独立。2月间,蒙古人民共和国副总理苏伦扎布率代表团访问重庆,完成了中国承认外蒙古独立的最后手续,双方并商定建立外交关系,互派公使。①

中国的周边国家多为列强在亚洲的殖民地,那里的有识之士一直进行着各种形式的独立运动,并在一定程度上得到中国的支持。二战后,这些殖民地纷纷独立建国,并与中国建立了正常的国家关系,但也在一些问题,诸如华侨和边界方面有矛盾纠纷。中国一向支持朝鲜(韩国)的独立运动,朝韩独立运动领导人也多在中国活动,并曾在上海成立大韩民国临时政府。抗战期间,中国曾制定《扶助韩国独立方案》,支持朝韩在战后脱离日本殖民统治实行独立。但二战结束后,美苏两国分别军事占领朝鲜南北部,中国对朝韩问题毫无发言权。在南北朝鲜由美苏两国支持,于1948年8月和9月分别建国后,国民政府追随美国,承认了南方建立的大韩民国并与之建立外交关系。中国还与战后独立的周边国家——前美国殖民地菲律宾、前英国殖民地印度和缅甸以及战时一度成为日本同盟国的暹罗(泰国)建立了外交关系,并与菲律宾和暹罗签订了友好条约。但是在菲律宾和暹罗战后出现排华风潮时,国民党态度软弱,处理不力,华侨在这两国的地位并无明显改观。中国与印度的矛盾主要在对西藏的态度以及有关中印边界问题的争执,虽然中国一直支持印度的独立运动,但独立后的印度政府企图继承英国在西藏的侵略权益,并对中印边界问题提出种种无理要求,中印两国关系的发展并不顺利。由于菲律宾和韩国当政者同属反共阵营,蒋介石与他们的关系较为密切,1949年7月和8月,蒋介石下野后以国民党总裁身份分别访问菲律宾和韩国,与菲律宾总统季里诺和韩国总统李承晚举行会谈,并发表联合声明,声称"太平洋各国尤其远东各国,今日由于共产主义威胁所遭遇之危机,较世界任何其他部分均为严重",提出以中、菲、韩为核心建立

---

① [苏]伊·亚·兹拉特金:《蒙古人民共和国史纲》,374页,北京,商务印书馆,1972。

"亚洲反共联盟"。① 但国民党统治此时已是日薄西山,不到半年,国民党即失去对大陆的统治,所谓"亚洲反共联盟"亦胎死腹中。

日本是中国的重要邻国,由于其战败投降,日本在战后中国外交中已不复往日地位。战后中国的对日政策循蒋介石之"以德报怨"方针,对日本"不采取报复手段","基本原则仍为宽大",因此而于中国的国家利益不无损失。国民党当局追随美国,没有要求废除对日本发动对外侵略战争负有责任的天皇制,而是支持保留天皇制度;中国本拟派荣誉第2师(第67师)参加对日军事占领,后又因内战爆发及美国对日占领政策的变化而未派出;中国也没有在处置琉球群岛的地位问题上采取积极行动。中国派出立法院外交委员会委员长梅汝璈为审判官、上海特区法院首席检察官向哲浚为检察官,参加了在东京举行的对日本甲级战犯的审判,并在审判中据理力争,严词驳斥对战犯宽大处理的论调,最终将以东条英机为首,包括南京大屠杀祸首松井石根在内的日本甲级战犯送上了断头台。中国还派出以顾维钧兼任团长的驻远东委员会代表团和以朱世明任团长的驻盟国对日管制委员会代表团,参加这两个委员会的工作,推动战后日本的非军事化和民主化进程。但由于中国的实力所限,中国代表团并不能参与并决定对日处理的重要决策,在许多方面只能追随美国,实际成为美国对日政策的附庸。

中国在要求日本进行战争赔偿方面作出了积极的努力,但未达预期成果。日本对中国长达14年的侵略战争,给中国造成了巨大的生命财产损失。还在1944年筹备成立联合国的敦巴顿橡树园会议期间,国民政府即指示出席代表:鉴于中日战争时间之长久及日本对华经济破坏之深刻,日本当按其实际支付能力,对我支付相当数量之赔偿,以抵补中国战时之一般损失;除金钱支付外,可以实物支付,如军需工业所余之机械与原料以及船舶。抗战胜利后,国民政府成立了行政院赔偿委员会,负责对日赔偿的调查、处理等项工作。1946年底,中国向远东委员会提交《责令日本赔偿损失之说帖》,强调中国所受日本侵略战争之损害最为惨重,中国在日本赔偿总额内至少应占40%的份额,并有

---

① 邵毓麟:《使韩回忆录》,载《传记文学》第32卷第3期,台北,传记文学出版社。

优先取得权。但由于与赔偿问题有关的各国利益不同,各有主张,争执不下,都强调应增加本国获得赔偿的比例,以致各国提出的赔偿比例相加超过100%,因此,在这个问题上始终难以达成一致意见。实际主导战后对日处理的美国,因为国际环境的变化,对日政策从处理敌国变为扶植盟国,对日本的赔偿要求也相应从多赔转为少赔以致不赔。结果,受日本侵略损害最大的中国完全没有得到应有的赔偿,除了合法接收中国境内的日本公私产业外,中国只得到了价值2 500余万美元先期拆迁的日本兵工厂的设备和24艘共2万余吨位的日本旧军舰。①

---

① 许倬云、丘宏达:《抗战胜利的代价》,177—189页,台北,联合报,1986;《战后国际和平机构及其他有关问题》, Victor Chi-tsai Hoo Collection, Box 2, Hoover Archives, Stanford University。关于中国在抗战中的生命、财产损失及索赔情况,请参阅孟国祥、喻德文《中国抗战损失与战后索赔始末》,合肥,安徽人民出版社,1995。

第四章
国共两党攻守态势的转换

全面内战爆发后,国民党军因其战争目标与手段之间的不协调及其战略战术的失误而屡屡失利,中共军队则因其不重保守实地而重消灭对手有生力量的战略战术的运用,逐步扭转了战争初期的不利态势。当基本打破了国民党军的重点进攻后,中共适时主动地在中原战场发起战略进攻,从而由守转攻,实现了战争进程的转折。面对逐渐于己不利的军事局面,国民党被迫实行"戡乱动员",企图动员全部力量,与中共做殊死较量。但由于国民党在政治上和组织上的种种弱点,已经无法从根本上扭转不利的形势,其统治正在急速衰颓之中。至国民党发动的币制改革失败,经济已显崩溃之象,社会极度动荡,基本失去了与中共相争的政治与经济主动权。中共通过土地改革,成功地获得了广大农民的支持,通过宣传发动,获得了城市市民与知识分子阶层的认同和支持,同时通过有效的组织运作,保持了政治军事的高效能。中共的力量正在战争中全面崛起,胜利的天平正在向中共倾斜。

第一节 国共军事攻守之易位

1946年大规模内战爆发后,国民党处于全面的军事攻势,中共则处于全面的军事守势。但是国民党军的攻击力量在战争中不断被消耗,攻击势头也在逐渐减弱。到内战爆发一年之际,国民党军除了在山东战场还能保持攻势外,在其他战场的攻势已全部停止,战争即将进入转折点。

据中共公布的数字,第一年作战歼灭国民党军97个半旅78万人,连同非正规部队共112万人,自己损失36万人;至1947年中,中共部队共有112个旅90万人,此外还有地方部队60万人,军事机关40万人。另据国民党公布的数字,1946年,国民党军伤亡21万人,被俘2.3万人,中共军队伤亡52万人,被俘5.4万人;1947年,国民党军伤亡41万人,被俘12万人,中共军队伤亡160余万人,被俘11.6万人;至1947年中,国民党军共有465万人(中共统计为370万人),其中陆军349万人,空军16万人,海军4万人,联勤部队57万人,机关及警备部队25万人,二线兵团14万人。①虽然战争中的对峙双方在战报中都难免夸大对方的损失、减少己方的损失,但是国民党公布的共方损失数字,实在是太过夸张,因为1947年中共军队的总数也不过200多万人,如果照国民党的说法,则中共军队已经损失了4/5以上,那何以还能在战场上节节进取?总体而言,国民党的军事力量相对于中共仍占有明

---

① 中共中央文献研究室编:《毛泽东文集》第4卷,260—262页,北京,人民出版社,1996;《中国人民解放军军事文集》第2册,540—550页,中国人民解放军总部,1951;《第一届国民大会实录》第1篇第4章,147—152页,南京,1948;中国第二历史档案馆编:《中华民国档案资料汇编》第5辑第3编军事(1),282页,南京,江苏古籍出版社,1999。

显优势，但是由于需要分兵把守城镇，机动兵力的运用难免受到影响，整体优势并不如数字差距表现得那样明显。

在国共双方军事较量的诸战场中，东北具有一定的特殊性。对国民党而言，最关键的不利因素是东北地域辽阔和兵力不足之间的矛盾。国民党在东北有7个军约20万人，加上特种部队和地方部队，总共不过40万人，但经战争之消耗以及分兵守卫已占地区，机动兵力减少，不仅无力发动大规模攻势，而且多数城镇只能以团、营为单位守备，极易被各个击破。东北与关内处于相对隔离状态，增兵受限于诸多不利条件，况且由于国民党军在关内作战不利，一时亦无力向东北大举增兵，国民党军只能依赖东北现代交通尤其是铁路交通较为发达的优势，将部队集结在交通要点，随时机动增援，以弥补兵力不足之窘境。中共则在主力部队退到北满后，有了比较稳固的根据地，部队战力迅速恢复并有较快增长。1947年4月，东北民主联军总兵力为45万人，其中野战部队20万人，总数已经超过国民党军。东北较为发达的现代工业基础和便捷的交通，使中共部队可以得到充分的后勤补给，保障程度位居中共各战区前列。由于战后缴获日械、苏联支持和后方兵工厂的赶制，中共的部队装备有较大改善，而且既可自北满主动出击，又可在作战疲惫时退回北满休整补充，并在南满保有一块根据地，用以牵制和分散国民党军力量，在战略上具有相当的主动性；加以中共的着力经营以及军事指挥战略战术之运用得当，其战争能力在东北得以淋漓尽致地发挥，使东北成为中共最早转守为攻的战场。

负责指挥东北国民党军作战的杜聿明，对其处境有深切认识。1947年5月上旬，杜聿明派郑洞国去南京，向蒋介石要求增兵，但蒋表示，现在各个战场的兵力都不够用，没有多余兵力派往东北，指示采取"收缩兵力，重点防御，维持现状"的方针。[1] 据此，杜聿明将作战方针由攻改守，将新1军、第60军、71军、52军、207师和93军部署于长春、永吉（吉林）、四平、本溪、抚顺和锦州，确保固守这些战略要点及其周围地域；另以新6军作为机动兵团，部署在沈阳附近，准备随时利用

---

[1]《我的戎马生涯——郑洞国回忆录》，446页，北京，团结出版社，1992。

铁路运输之便捷,支援各点。

在国民党军对中共南满根据地的最后一次进攻被击退后,林彪审时度势,认为在东北发起反攻的时机已经到来,立即部署主动出击,"实行连续攻势作战和规模日益扩大的歼灭战,以根本改变东北战局"。① 他将主攻方向定在南满,首先集中北满的 14 个师,于 5 月 8 日渡松花江南下,目标直指长春、吉林周边地区;与此相配合,在南满和西满动用 9 个师,分别出击沈吉路和四平周边地区,攻击兵力之众与攻击地域之广大大出乎对手的意料。国民党军不得不放弃若干由小规模建制部队分散驻守的城镇,向铁路沿线中心城市收缩。东北保安司令长官杜聿明此时因旧病复发,处于半休息状态,无法全身心投入军事指挥,而东北行辕主任熊式辉本非军事长才,面对中共的大规模攻势顿失方寸,不知如何应付。5 月 20 日,熊式辉匆匆飞往南京求援。此时正值国民党军在山东孟良崮失利,而山东又是蒋介石最重视的战场,蒋无法派出更多兵力增援东北,但同意增调第 53 军出关,并指示"各据点必须固守外,其他至不得已时,皆可放弃"。30 日,蒋介石亲临沈阳视察,手书"淬励所部,沉着固守",为部下打气。②

1947 年 6 月初,东北民主联军先后占领长春路沿线的公主岭、开原和昌图,沈吉路梅河口,南满重镇通化与安东,西满重镇通辽与郑家屯,打通了东、南、西、北满各根据地之间的联系。其后,东北民主联军的攻击锋芒指向孤城四平。四平位于沈阳与长春之间,为多条铁路交会之咽喉要点,战略地位极其重要,向为四战之地。如果攻下四平,犹如在东北中心打入一个楔子,北进可包围并孤立长春、吉林,南进可威胁沈阳、锦州。东北民主联军以 3 个纵队共 7 个师的兵力担任主攻,另以 8 个师部署于四平东南之西丰,3 个师部署于四平以南之昌图,1 个独立师部署于昌图以南之开原,准备阻击由沈阳北上的援军;以 5 个独立师部署于四平以北,准备阻击由长春南下的援军。

担任四平防守的是陈明仁指挥的第 71 军和第 13 军 54 师及保安

---

① 《萧劲光回忆录》,363 页,北京,解放军出版社,1987。
② 秦孝仪主编:《"总统"蒋公大事长编初稿》卷六(下),457、464—467 页,台北,中国国民党中央委员会党史委员会,1978。

团队共3万余人。陈明仁毕业于黄埔一期,自恃"平生以打胜仗著名",1933年即升任师长,其时杜聿明还只是副师长。面对四平危局,他不甘坐以待毙,从以往的经验出发,认为坚守较有把握,因此要求"依都市防守要领及要塞配备方式,依核心内外复廓之细胞组线构筑坚强工事,大量储积粮弹而死守之"。他将全城划为核心守备区及外围守备区,各守备区"除在指定之地区构成复廓及核心工事外,并在内外复廓及核心工事间,构成据点严密之纵深工事"。整个部署强调层层设防,以点控面,纵深配备,依托坚固工事,以交叉火力杀伤攻方力量。①

6月10日,东北民主联军开始攻击四平,林彪要求部队"力求乘胜猛烈扩张战果,须准备数天解决战斗之精神"。14日,部队攻至城区,守军利用坚固楼房工事顽强抵抗,双方展开逐屋争夺之巷战,战况空前激烈。19日,第71军在猛烈攻击下不支,陈明仁率军部退往铁路以东城区坚持。为了加强攻击力量,林彪调来原准备打援的2个师投入攻城作战。战至22日,第71军已再无机动兵力可用,陈明仁督率残余部队退至城区东北隅死守。中共部队一向长于野战和运动战,较少城市攻坚战经验,并在胜利之中滋生了一定的轻敌心理,对于四平守军之死守准备不足,未能乘胜一鼓而下,致陈明仁于坚守中获得了生机。

这次四平战役是国共两军在四平的第三次交手,战役打响后,东北震动,国民党当局极为紧张。四平如果失守,东北国民党军南北联系将被阻断,长春、吉林态势孤立,东北防御体系将不复完整。因此,熊式辉和杜聿明立即部署派兵增援,企图以南北夹击解四平之围。南路援军以第93军及第52军1个师沿中长路正面向四平攻击,以骑兵第1军掩护其左翼;以新6军沿中长路右侧向四平东南迂回,对四平采包围态势,以第207师掩护其右翼;另以刚自关内调至东北的第53军为预备队跟进。北路援军以新1军自长春南下,抄四平后路。增援部队采取纵深配备,以逐段跃进方式稳步前进。6月22日,南线占领开原和昌图,北线逼近公主岭。面对新的情况,林彪决定"对四平采取佯攻方针,吸打增援",抽调部分攻城兵力,集中在四平以南阻击援军,并着重寻机

---

① 高永昌:《四战四平》,433—438页,长春,中共吉林省委党史工作委员会,1988。

打击新6军。但国民党援军吸取了以往的经验教训,行动较为谨慎,东北民主联军未能捕捉到战机。此时四平久攻不下,攻击部队减员较多,攻势已显疲惫,难以为继,在国民党援军南北逼迫之下,态势更显不利。6月30日,林彪果断决定停止攻击,令部队后撤休整。

内战开始后不过一年,四平再度成为全国瞩目之战争要地,只是国共攻守易势,说明东北战局发生了重要变化。此役东北民主联军以伤亡13 000人的代价,未能攻下四平,主要是因为事先对守军力量估计不足,因此未能形成绝对优势;对守军的坚守决心估计过低,因此急躁冒进;对城市攻坚战,尤其是巷战和步炮协同演练不够,因此伤亡较大;加上东北夏季昼长夜短的天候,对擅长夜战的中共部队不利。此次四平作战,是林彪所部在东北首次进行城市攻坚战,对"建立攻坚信心关系甚大",而最后未达预期目的,在一定程度上影响到林彪对城市攻坚战的看法,他在以后仍更多地运用其得心应手的运动作战战法,对坚固设防的大城市则多围而不打。

1947年四平战役结束后,东北已成为中共在全国范围内第一个位居全面优势的战区,国民党军在东北只控制了不到1/10的地域,兵力大部退至铁路沿线及少数大城市,完全处于守势,且已基本处于与关内隔离的局面,态势极为不利。国民党内有人主张放弃东北,以在关内集中兵力。但蒋介石认为,放弃东北则华北失去屏障,势将影响全盘战场,坚持固守东北。为稳定战局,统一权责,他决定撤销东北保安司令长官部,由东北行辕直接指挥军事,并在1947年8月任命陈诚为东北行辕主任。陈诚到任后,主张由关内抽调有力部队增援东北,以打破现况,形成优势,争取主动。但国民党并无有力部队可调往东北(1947年8月从苏北调来第49军,9月即被歼大半),陈诚只能就现有部队大力扩充,将保安团队编为暂编师,将原有部队拆开,增编若干军,如新3军(以新6军14师为骨干)、新5军(以第52军195师为骨干)、新7军(以新1军38师为骨干)等,使东北国民党军扩充至30个师和13个暂编师共58万人。但新编部队的战斗力不强,而老部队由于被拆开,战斗力反有下降,对作战并不有利。

国共第一年作战,双方最为关注的是苏北至山东一线。国民党军以实力优势,步步进逼中共山东根据地,虽在进攻中多次失利,损兵折将,但仍维持着优势地位。在沂蒙山区纵横百里的地区内,国共双方投入的兵力多达百万,"人力物力的消耗空前巨大"。中共其他根据地的情况亦或多或少有所相似。如果长期继续下去,根据地势难持久,因为有些地方"农民的鸡、猪、牲口看见的不多了,村里的树也少了",而且"地里种不上粮食,部队没饭吃,怎么能打仗"。总体而言,中共的军事力量还未超过国民党,内线作战的余地在缩小,人力、财力、物力亦难以供应大规模战争的需要,主其事者已有"长期下去实在养不起"之感叹。① 因此,在中共顶住了国民党军的全面攻势、实力已有明显上升的情况下,如何彻底打破国民党军的进攻,将战争和战争负担转向国统区,减轻中共根据地尤其是山东和陕北根据地所受的破坏和压力,是中共中央和毛泽东一直在考虑的重要问题。从军事角度而言,当时中共已经在一定程度上具备了反攻的实力与条件,华东和晋冀鲁豫两大野战军有机动兵力可用,国民党军的机动兵力主要集中在山东和陕北,而在两地之间的漫长战线上则兵力空虚,成为其实力相对薄弱的软肋。作为卓越的军事战略家,毛泽东敏锐地注意到这种军事格局,经过一段时间的酝酿,决定在中共的总体军事力量尚处弱势的情况下发起反攻,并将反攻的战略突破口选在国民党军事防御的薄弱环节和威胁其统治安危的纵深地带——中原地区。

  1947 年 5 月 4 日,中共中央致电刘伯承、邓小平等,提出以刘邓部队进军中原,以陈(赓)谢(富治)部队增援陕北,以打破国民党军对山东和陕北的进攻。其后,根据战场形势的变化,中共中央在 6 月 29 日指示陈毅和粟裕,华东野战军"不应再继续采取集中兵力方针,而应改取分路出击其远后方之方针";7 月 19 日,决定以陈赓集团出击豫西,从而将刘邓部队独立进军中原的战役计划扩大为三支部队合作共进的战略性行动。7 月 23 日,中共中央军委指示刘邓,"下决心不要后方","直出大别山","发动群众,建立根据地,吸引敌人向我进攻,打运动战",并指挥陈谢部队的行动;同时要求华东野战军在鲁西南外线的 5

---

① 《陈再道回忆录》(下),122—123 页,北京,解放军出版社,1991;中共中央文献编辑委员会:《邓小平文选》第 1 卷,98 页,北京,人民出版社,1993。

个纵队,策应刘邓部队的行动。至此,中共中央的指导方针较战役计划之初已有了重大变化,战役目标不再仅仅局限于打破国民党军对山东和陕北的进攻,而是以三路大军进军中原,"总的意图是将战争引向国民党区域,使我内线获得喘息机会,以利持久"。至 8 月中旬,中共的军事战略基本成型,即以刘邓部队出击中原,实行无后方跃进式的中央突破,并以陈粟部队出击豫、皖、苏,以陈谢部队出击豫西,跟进在刘邓部队两翼,形成品字阵。这样,中共就将主要战场由山东转到中原,将战略重心由内线移至外线,从而置山东和陕北的国民党重兵于无用武之地,打乱了国民党的军事部署,在相当程度上解脱了内线的沉重压力。刘邓、陈粟、陈谢部队三路大军进军中原,也从战役计划转为战略行动,并因此成为中共部队转入全国性战略性反攻的起点。①

1947 年 6 月 30 日,刘伯承和邓小平指挥晋冀鲁豫野战军 4 个纵队 12 万人,在鲁西南张秋至临濮间长 150 余公里的黄河河段强渡黄河。由于国民党军主力正集中在山东作战,鲁西南黄河河防兵力空虚(只有第四绥靖区的 2 个整编师驻守,另有 1 个整编师机动),且分布零散,国民党统帅部事先对刘邓部队的动向缺乏准确判断,没有充分准备,因此刘邓部队顺利渡河后连获胜利。7 月 8 日至 28 日,连续在郓城歼整编第 55 师,在定陶歼整编第 63 师 1 个旅,在六营集歼整编第 70 师及整编第 32 师 1 个旅,在羊山集歼整编第 66 师。其时,整编第 32、66、70 师之间的距离不过 20 余里,但 3 个师未能互相救援,结果被刘邓部队分割歼其大半。负责指挥的第 2 兵团司令王敬久因此役之败而灰头土脸,从此赋闲家居;第 4 兵团司令王仲廉率 3 个师救援第 2 兵团,但徘徊不前,作战不力,战后被押解南京军法处听候处理(1949 年初被汤恩伯保释)。

刘邓部队渡河南进的行动,吸引了国民党自鲁中前线调出 4 个整编师,另自他处调动部队,共集中了 8 个整编师,以分进合围方式,准备在鲁西南围歼刘邓部队,或将其驱回黄河以北。此时,刘邓部队因连续

---

① 中央档案馆编:《中共中央文件选集》第 16 册,442、465、481—484 页,北京,中共中央党校出版社,1991—1992;中共中央文献研究室、中国人民解放军军事科学院编:《毛泽东军事文集》第 4 卷,189 页,北京,军事科学出版社、中央文献出版社,1993。

作战,已感疲劳,原决定休整一段时间之后再逐步向南发展。但是,7月29日,毛泽东电告刘邓,"陕北情况甚为困难",如不能有效调动胡宗南部队,"协助陕北打开局面,致陕北不能支持,则两个月后胡军主力可能东调,你们困难亦将增加"。① 刘邓接电后立即于次日果断决定,提前结束休整,向大别山进军,实行宽大机动的无后方作战。8月7日,刘邓下令部队分三路行动,以迅捷跃进态势,直指大别山区。从鲁西南到大别山,路途千里,一马平川,适合大兵团行动,但沿途需要经过多条河流和黄泛区。此时正值酷暑雨季,下雨时河水暴涨,道路泥泞,不利于快速行动;天晴时则头顶烈日,酷热难当;沿途又非根据地,补给困难,刘邓部队的行进十分艰苦。国民党起初没有估计到刘邓部队的战略意图是坚决南下,而以为是在其大军压境之下被迫"南窜",因此只命各部随后紧追,而没有在其前方以重兵布防。8月11日,刘邓部队越过陇海路,18日走出黄泛区,其后又渡过沙河。此时国民党才发现刘邓部队的战略意图,除令追兵加快速度追赶外,紧急调动1个师及1个旅,在汝河南岸布防。为了加快行军速度,刘邓决定实行轻装,将部分重装备埋藏或炸毁,全军赶在国民党军在汝河南岸坚固布防前,已有3个纵队渡河成功,但还有1个纵队和刘邓司令部及各机关被挡在汝河北岸。此时,尾追之国民党军3个师距此不过几十里,如果不能迅速渡河,势将陷入腹背受敌之险境,形势十分险恶。刘伯承和各级指挥员亲自指挥部队突击,终于在对手的防线上打开了缺口,于24日渡过汝河。8月27日,刘邓部队摆脱了国民党军的围追堵截,渡过淮河,到达鄂豫皖三省交界处的大别山区,实现了外线出击、中央突破的任务。

中共外线出击的东线是华东野战军。6月30日,华东野战军根据中共中央的决定,实行分兵作战,由陈毅和粟裕率5个纵队留守内线,另以华东野战军参谋长陈士榘率3个纵队出击鲁西,第1纵队叶飞和第4纵队陶勇部出击鲁南。华东野战军出击外线的意图,既为配合刘邓部队的行动,也为调动集中在山东战场的国民党军,以便寻找战机。但华东野战军作出分兵的决定十分仓促,头天接到命令,次日即付诸行

---

① 《毛泽东军事文集》第4卷,158页。

动,部队缺乏必要的思想和物质准备,导致分兵后的作战出现了一系列意料不及的情况。外线部队在鲁西和鲁南连续进行攻城作战,起初作战顺利,连克数城,后因兵力分散,连攻滕县、邹县、济宁、汶上均未克,内线部队亦在攻击南麻和临朐时受挫。此时又逢连降大雨,不利于部队的运动和补给,尤其是外线的第1、4纵队,处境孤立,面临国民党军的包围攻击,东归受阻,一度面临险境,损失较多,后经拼死向西突围,终于8月1日与陈士榘部在济宁附近会合。蒋介石认为:"此乃天赐我灭匪之良机,战略上所预定之先分散后围剿,使之各个就歼之企图,完全形成。惜乎所部不力,亦为气候与地形所限,不能穷追密围,一网打尽,不胜遗憾。"①此时,刘邓部队正准备进军大别山,6日,中共中央军委决定,由陈毅和粟裕统一指挥华东野战军外线兵团(又称"西兵团",并从内线兵团中增调3个纵队加入)在鲁西南地区作战,以策应刘邓部队的行动。刘邓部队进入大别山后,国民党军调动20多个旅的兵力紧逼其后,"情况异常紧迫",毛泽东又将华东野战军外线兵团的作战地域从鲁西南外推至黄河以南、淮河以北、平汉路以东、津浦路以西,紧邻刘邓部队的豫皖苏地区,使之成为进军中原战略行动的又一组成部分,并可起到分散国民党军兵力、保障刘邓部队后方的作用。但华东野战军外线部队因7月苦战损失甚大,亟待休整,至8月下旬仍无动作,毛泽东"十分感觉焦急",连续致电陈粟,希望他们尽速赶至鲁西南,指挥华东野战军外线部队"兼程急进,不惜疲劳,不要休息,不要补充,立即渡河",以缓解刘邓部队所受的压力。30日,毛泽东又以绝密电告陈粟,国民党军"向刘邓压迫甚紧,刘邓有不能在大别山立脚之势",要求"立即渡河,并以全力贯注配合刘邓"。②

9月2日晚,陈毅和粟裕率华东野战军司令部及3个纵队在鲁西寿张渡过黄河,与在南岸的5个纵队会合,集结于郓城地区。因为分兵后几仗均未打好,华东野战军的士气多少受到一些影响,外线部队一直盘桓在鲁西南得不到休整;国民党军则一反常态,不再忌惮分兵,有时居然可以1个师的兵力尾追华东野战军。根据战场当面情况,陈粟决

---

① 《"总统"蒋公大事长编初稿》卷六(下),523页。
② 中国军事博物馆:《毛泽东军事活动纪事》,660—662页,北京,解放军出版社,1994。

定首先集中3个纵队,于9日在沙土集歼灭冒进之国民党军整编第57师,振奋了全军的作战士气,也使国民党军不敢再分兵轻进,赢得了休整时间。此后,外线兵团自9月底开始南下豫皖苏地区,并根据中共中央的指示精神,"只打小仗不打大仗",着重于摧毁国民党统治基础,发动群众建立政权的工作,在不长的时间里建立了有1 000多万人口的豫皖苏根据地。①

中共外线出击的西线是晋冀鲁豫野战军陈赓、谢富治集团。7月27日,中共中央指示由陈赓指挥晋冀鲁豫野战军3个纵队和1个军(后改为2个纵队1个军),自晋南渡黄河,出击豫西,并归刘邓直接指挥。8月上旬,陈谢部队完成南进准备,22日晚起,全军8万余人分左右两路在黄河垣曲和茅津渡间渡河。因为国民党军在黄河这个段落的南岸基本没有部署正规军,陈谢部队的渡河行动较为顺利。及至陈谢部队渡河之后,国民党军才匆匆赶调12个旅的兵力,组成第5兵团和陕东兵团,分从东西两线夹击陈谢部队。陈谢部队遵从中共中央的指示,以在豫西、陕南、鄂北建立根据地为目标,首先在豫西洛阳潼关间连续作战,其后在平汉路西、伏牛山东麓完成了战略展开,打下了建立豫陕鄂根据地的基础,并与在大别山区的刘邓部队相呼应。

在外线作战的过程中,中共部队曾经遇到过不少艰难曲折,但都能以"狭路相逢勇者胜"的精神,克服困难,完成任务。就连蒋介石也承认:中共"之所以可怕,即在于他们的干部大多数都有自动的精神和能力,能够自动的发挥力量,达成任务",刘伯承部"自动作战,千回百折,达到目的",华东野战军叶飞部"四围是水,无粮无弹,又受到我们空军的轰炸,围师的追击,可以说已经走入绝境,但他东奔西突,终于逃脱一部,可见他们独力作战,自力求生的精神,实在是我们国军之所不及"。② 就军事意义而言,中共部队转入外线作战,并非完全意义的战略进攻,因为当时国民党军在陕北和山东的进攻尚未完全停止,所以中共最初将外线作战称为反攻,而"反攻带着防御意味",政治意

---

① 《毛泽东军事文集》第4卷,236页。
② 秦孝仪主编:《先"总统"蒋公思想言论总集》卷二十二,285页,台北,中国国民党中央委员会党史委员会。

大于军事意义。然而,中共刘邓、陈粟、陈谢三路大军出击外线的行动,标志着全国战局的重大变化。9月1日,毛泽东提出,中共在"第二年作战的基本任务是,举行全国性的反攻,即以主力打到外线去,将战争引向国民党区域,在外线大量歼敌,彻底破坏国民党将战争继续引向解放区、进一步破坏和消耗解放区的人力物力、使我不能持久的反革命战略方针"。①

中共三路大军挺进中原,最后终止了国民党军在陕北和山东的攻势。8月初,为了吸引胡宗南军北上,减轻陈谢部队渡河南进的阻力,西北野战军(7月31日以西北野战兵团改名)集中全部主力2个纵队4个旅发起榆林战役,攻打陕北长城线上连接陕西、绥远、宁夏诸省之要道门户、国民党晋陕绥边区总部所在地榆林。为了救援榆林,8月7日,蒋介石亲飞延安部署,令胡宗南派主力北上援榆。胡以第1军、29军自安塞、保安向榆林南面的绥德、葭县方向推进,同时以整编第36师组成快速兵团,轻装急进,经安塞、靖边出长城后直进榆林。西北野战军于8月7日完成对榆林的包围,但因攻坚能力所限,多次攻击未能奏效,12日,彭德怀决定撤围待机。13日,整编第36师进入榆林后,因胡宗南误判中共部队将在葭县东渡黄河,令该师离榆林南下,准备与北进之第29军夹击"溃退"的中共军队,不料却正好落入正在榆林、米脂间隐蔽待机的西北野战军伏击圈中。20日,西北野战军在沙家店以1个纵队阻击北进的第29军,以2个纵队2个旅围歼整编第36师并全歼之。此战是中共部队在陕北首次歼灭胡宗南部一个整编师,因此成为扭转陕北战局的关键一役。毛泽东在得知沙家店战役胜利后兴奋地说:最困难的时期已经过去了。用我们湖南话来说,打了这一仗,就过坳了。而国民党军在山东的进攻,以10月1日占领烟台为标志亦达到其顶点,此后即转入保守城镇的防御作战,并丢失了之前所占的不少城镇。由于刘邓、陈粟、陈谢部队大举出击外线,迫使国民党不能不从山东调兵至大别山,自陕北调兵至关中,已无力继续维持对这两地的攻势。10月8日,中共中央在致华东局电中指出:"自从你们转入反攻

---

① 《毛泽东选集》第4卷,1230页,北京,人民出版社,1967。

后,我军业已无例外地全面转入反攻。敌人已没有任何一处再能进攻。"①至1947年底,中共在军事上的主动地位已经基本确立,外线作战的性质已然明了,毛泽东因此提出:"以前,我们把转到外线作战称为反攻,不完全妥当,以后都要叫进攻。"②此后,中共在军事上需要解决的问题已经不是如何打破国民党军的进攻,而是如何以大兵团作战消灭国民党军的主力部队并攻克其坚固设防的大城市。

---

① 逄先知主编:《毛泽东年谱 1893—1949》下卷,221、241 页,北京,人民出版社、中央文献出版社,1993。
② 《毛泽东文集》第 4 卷,328 页。

第二节　国民党实行"戡乱动员"

国民党之所以敢打全面内战,全在于其军事优势。内战之初,国民党高级军事将领对战争前途大多具有相当的自信,对中共则表现出轻视与傲慢,认为战争将很快以国民党的胜利和中共的失败而告终。1946年底,国民党召开制宪国大,通过其主导制定的宪法,继之于1947年3月断然破裂国共关系,继而占领延安,表现出政治与军事的强势。然而不出数月,国民党即为山东战场之挫败及中共在东北的大规模军事反攻所震撼。在全面内战爆发一年之际,国民党不得不承认:国军"以优势之装备及兵力,未能一举击破匪军主力,且于各战场屡遭局部重大之失败",国军"始而失之骄,继而失之惧,遂致因惧而处处被动,由指挥过失所招致之失败,益影响战斗精神及士气之低落"。[1] 国民党不仅在军事上未达预期目的,在政治上,未能整合社会各阶层的支持,反而疏远了部分中间势力;在经济上,未能控制通货膨胀的恶性发展,经济重建步履蹒跚;在社会上,未能有效应对各种矛盾,致使学潮频起,社会动荡,民众不满;在外交上,对美、对苏外交均无重大突破,国际支援不及其预期;在其党内,重重矛盾,派系纷争,不断激化。这些都反映出战后中国政治、社会形势发展之急速,大大出乎国民党原先之预料,引起了国民党内部深重的危机感。

1947年年中,中共转守为攻,战场形势已不容国民党乐观,其党内不仅没有人再提所谓3—5个月"消灭"中共的夸张之词,而且弥漫着对

---

[1]《一年来剿匪重要战役之检讨》,51页,军官训练团,1947。

其自身命运的浓重悲观气氛。一年前极力主张打内战的一些国民党高级军政官员此时亦意志消沉,别有表示。阎锡山认为"依现在情况,三个月后局面恐有大变化",傅作义"谓以如此政治如此军队剿共,直不知何年才能告一段落",白崇禧"讲到剿共军事屡摇头,表示无把握",胡宗南直言"当前战场我军几均处于劣势,危机之深,甚于抗战",负责军事指挥的参谋总长陈诚由于屡屡失利而"颇露消极之意"。军队将领的态度既如此消极,党政官员对战争前途更无信心。陈立夫感叹"不想军事已到此地步",孙科直称如此"剿共决无把握",张继认为形势发展"江河日下",王世杰感觉"大多数人均有重大恐惧心"。但对如何挽救危局,国民党高层并无明确的主张和有效的办法,其中一些人如孙科等主张退出东北,力保关内不失;另一些人如梁寒操等建议在东北实行和苏政策,以支撑东北局势;还有更多的人将希望寄托于美国援助,但由于国民党战后执政的表现不佳,美国对国民党政权的态度也不如以往积极。美国驻华大使司徒雷登在发给国务院的报告中,认为国民党的政治地位由于经济和军事状况的加速恶化而更为虚弱,社会不安与失望日见增长,共产党的威望因为华北和东北的军事胜利而大大加强,他甚至已经预见到国民党内其他派系上台或中央政府瓦解的可能性。①

作为国民党的最高领导人,蒋介石深知国民党面对的局势之不利与严重性,他以"危急存亡之秋""濒危阶段""非生即死"等词语形容1947年年中的局势,认为:时局逆转,人心动荡,军、政、经、社均濒危殆,本党同志大都苟且自全,多失信心,顿呈忧惶之象。他在对国民党高级将领训话时颇为不甘地问道:"剿匪军事到现在已经荏苒一年了,我们不但尚未把匪军消灭,而且不能使剿匪军事告一段落,这究竟是什么缘故呢?"他又质问:中共"何以能用劣势装备而且毫无现代训练的部队来击败我们整师整旅的兵力?此其原因何在?症结何在?"蒋认为:"主要的必然不在物质方面,而是在士气精神上面。"②实行"戡乱动

---

① 《徐永昌日记》,1947年2月25日、5月20日、28日、29日、6月8日、18日,台北,"中央研究院"近代史研究所,1991;《王世杰日记》5月31日、6月18日,台北,"中央研究院"近代史研究所,1990;*The China White Paper*, Vol. 1, pp. 238—241。

② "总统"蒋公大事长编初稿》卷六(下),459、479页;军事科学院军事历史研究部编著:《中国人民解放军全国解放战争史》第3卷,17—18页,北京,军事科学出版社,1993—1997。

员",以强力手段处置危局,就是在蒋介石心目中提高"士气精神"的重要举措。

战争确乎不是单一的军事行动,还牵涉到政治、经济、社会等各个方面,但全面内战开始后,由于种种原因,国民党迟迟未能进行公开的战争总动员。战争之初,为了对外维持"和谐""和平"之表象,国民党的动武名义是"恢复交通"、保证"难民还乡"等。1947年3月以后,国民党虽然断绝了国共关系,但用兵名义表面上仍为"绥靖",即清除地方之"不靖",以缓和舆论要求和平之压力。因此,一方面是国民党在前方对中共进行军事进攻,另一方面是国民党在后方面对各种批评和学潮、工潮,社会动荡不安。如果说在内战初期国民党军事胜利之时,对这种状况尚可有一定的容忍,那么在国民党军事不断失利并由攻转守之际,便再也无法容忍这种状况的继续。蒋介石深感有调整政策、实行总动员、加强统治之必要,即所谓"剿匪军事,不仅为一单纯的军事问题,且有其政治性与经济性……如仅以军事力量作战,而其他力量不发生作用,就战争之立场言,则为战力分散,乃军事上之孤军深入,即为被匪各个击破之态势"。①

1947年3月,国民党举行六届三中全会,如何集中力量"讨伐"中共成为会议的主题之一。张继领衔提出《请对共产党问题重行决定态度以维统一而保民生并利宪政之实行案》,要求对中共采取强硬态度。萧铮、任卓宣等提出:共产党问题是今天最重大的问题,我们的军事行动感受威胁,在舆论上受到压迫,应该转变空气。大连市党部、重庆市党部等向全会提出议案,要求下令否认中共为合法政党,并予明令讨伐。在一片反共声浪中,全会公开宣示:对中共"军事叛乱自不能不采取坚决迅速之措置,而予以遏止"。其后,国民党在山东和东北战场接连失利,各大城市发生大规模学潮,对国民党统治造成强烈的震撼。实行总动员、以全国之力与中共作殊死之搏的呼声在国民党内日渐强烈。白崇禧上书蒋介石,建议政府应变成战时体制,使能担任全国总动员之任务,以全面之力量,攻击全面叛乱之敌人。徐永昌和贾景德也向蒋介

---

① 《剿匪战事之检讨》,1—2页,军官训练团,1947。

石提出:"现在我方是以经常应付非常,应以非常应付非常,一切以灭共为目标。吾人应承认,今日之中国,可能成为共党之中国,吾人应利用一切人力物力以灭共。"蒋介石亦认为:若不早下决心,用斩钉截铁手段拨乱反正,则因循延误,更难挽救,故决定先肃清后方,安定社会。①

6月30日,国民党中常会和中政会举行联席会议,蒋介石在演讲中为与会者打气说:"实际上军事并未失败,经济基础亦毫未动摇,而我们完全是为共产党宣传所摇动,亦全由我们自己党员不听命令、不实做、不努力,换言之,我们并未失败,完全是我们自己动摇。"他"提醒大家,如不于此可为之时努力好作,努力厉行改革,若一旦至共党胜利,我们全党再无立足之地,亦更无恢复之时"。他提出对中共明令讨伐,"如其他党派反对,虽至其完全的退去,亦不姑息,主要在实行全国总动员。"7月3日,蒋介石又召集国民党高层讨论此事,与会者多未表反对。4日,国民政府通过蒋介石提交的"厉行全国总动员案",声称"和平建国之国策,已非以政治方式所能求得解决",表示"政府决心戡乱,实出于万不得已",决定"实行全国总动员,号召全民,一致奋起,淬励进行"。"戡乱动员"由此成为国民党的"国策"。与此相配合,8月20日,国民党中央常务委员会通过《戡乱建国动员方案》,强调"使用一切力量,支援前线,争取胜利,在此过程中,绝不容有任何和平之幻想";要求加强国民党各级组织大力组训民众,协助征兵征粮,确立国民党对各级政府和民意机关的领导地位,发起"戡乱建国"总动员运动。②

"戡乱动员案"通过之后,对于如何实行"戡乱动员",国民党内部有不同的意见。有人认为,可继续实行1942年公布的《国家总动员法》,"集中全国人力物力,达成军事第一胜利第一之目标";也有人认为,《国家总动员法》是为应对对日抗战而制定,继续沿用于"戡乱",有使中共成为交战团体之顾虑,不如另订"实施纲要"较为方便与灵活。结果后一种意见得到多数人的支持。7月18日,国民政府公布《动员戡乱完

---

① 《国民党六届三中全会速记录》,国民党党史馆,6.2/42—11;《蒋中正"总统"档案·革命文献·戡乱时期(戡乱军事概况——一般策划与各方建议·三)》第14册,512、516页,台北,"国史馆"藏;《"总统"蒋公大事长编初稿》卷六(下),459页。

② 《徐永昌日记》,1947年6月30日;《国民政府公报》,1947年7月5日;秦孝仪主编:《中华民国重要史料初编——对日抗战时期》第7编第2册,922—927页,台北,中国国民党中央委员会党史委员会,1981。

成宪政实施纲要》,规定在"戡乱动员"时期,应积极动员兵役、工役及各项资财,凡有规避妨碍之行为均应依法惩处;怠工、罢工、停业、关厂及其他妨碍生产及社会秩序之行为均应依法惩处;对于日用品价格、工薪及物资、资金、金融业务,得加以限制或管理;对于煽动叛乱之集合及其言论行动,应依法惩处。根据这个纲要,随后出台了一系列有关实行"戡乱动员"的具体政策措施。27日,国防部命令各地警备司令部,对游行、请愿、罢工、罢课之处理,除出动警察外,必要时可出动宪兵、警备部队协助;如发生暴动抗乱情事时,警备部队可在请示当地最高军事长官后出动镇压。11月1日,行政院公布《动员戡乱期间劳资纠纷处理办法》,规定禁止罢工怠工,遇有劳资纠纷,由县市政府设立劳资纠纷委员会裁决,并得强制执行。12月6日,教育部公布《学生自治会规则》,规定学生自治会不得参加校外团体活动或有校际联系组织,校方可审核撤换其负责人,并可在其违反规定时撤销解散之。9日,行政院公布《动员戡乱完成宪政国防军事实施办法》,规定实行征兵征粮;征调、征用或租用企事业单位员工和民间运输工具器材;必要时得停止或酌减客货运输;国营工厂生产应优先供应军用;民营工厂生产应以军需为要求,可以征用改造等。[1] 当局制定这些办法的目的,在于稳定后方形势,控制反对力量,动员社会资源,进行反共战争,其中军事动员和经济管制方面的规定基本得以实施,但对于学运、工运的控制和民营经济的动员成效则不如预期,尤其是中共领导的城市学生和工人运动仍然此起彼伏,动摇着国民党后方的稳定,其中主要有1947年11月浙江大学学潮、1948年1月上海同济大学学潮、4月北平学潮、6月全国性反对美国扶植日本的学潮、1947年9月上海电力工潮、1948年2月上海申新工潮等。

"戡乱动员"实行之后,国民党是否可以此挽救其统治危机,正如孙科所言,"无法估计,除非上帝,谁也不晓得",可见国民党高层对实行"戡乱动员"的成效并不敢抱过高之期望,对战争的胜利也不再有必胜之信念。由于国民党组织涣散,内斗激烈,中央缺乏强有力的集中领

---

[1]《国民政府公报》1947年11月4日、12月10日,南京;《中华民国史档案资料汇编》第5辑第3编政治(1),132—145页。

导,不能不影响到"戡乱动员"的实际成效。在"戡乱动员"实行了一年之后,国防部长何应钦还在抱怨:"过去剿匪失败,由于没有实行总动员,仅系纯军事的剿匪,虽有完备之总动员法令,但无执行机关,以至政治经济各方面均未动员。"①但"戡乱动员"令发布后,国民党统治日趋严酷,异议声日渐受限则为不争之事实。

"戡乱动员"在社会层面的最大影响在于对人民各项自由权利的限制。考虑到当时拉拢各方力量的需求,制宪国大通过的《中华民国宪法》对人民自由权利的限制本来相对宽松,抗战胜利后,国民党也在外界的强烈要求下废除了若干限制人民自由权利的法令法规。但随着民间反战运动的高涨,尤其是中共对反战运动的支持和领导以及1947年5月反战学潮的发生,国民党后方局势动荡,直接影响其统治的稳定,迫使国民党不能不加强统治,更多地限制人民的自由权利,"戡乱动员"则为这样的限制提供了"合法"依据。1947年12月25日,在《中华民国宪法》施行的当天,国民政府公布《戡乱时期危害国家紧急治罪条例》,规定如有将军队、军事要塞、军械及一切军需品交付"匪徒"者,投降"匪徒"者,煽惑军人叛逃者,泄露军事秘密者,为"匪徒"间谍,及招募兵工、募集钱财、供给军用品及其他物资者,意图妨害"戡乱"、扰乱治安及金融者,可处死刑或 10 年以上有期徒刑;以文字、图画、演说为"匪徒"宣传者处 3 年以上 7 年以下有期徒刑。该"条例"的施行区域,由国民政府以命令定之,起初只限于所谓"匪区"或"绥靖区",1948 年 11 月 4 日,在国民党统治全面动摇之际,由蒋介石下令施行于全国。②

为适应宪法实施后既要对外维持"民主"形象,又要加强镇压、稳定统治之需要,蒋介石于 1947 年 12 月 13 日向立法院长孙科提出:现行法令与宪法抵触者众多,如"后方共产党处置办法"等,概对中共采取以军法审判之严峻处置,虽经国民政府备案,究未能悉符法定程序,且与宪法中人民不受军法审判之规定不免抵触。因此,他要求将有关处理中共人员的办法统一整理为特别刑事法,专设审判中共案件的特别法

---

① 《中国人民解放军全国解放战争史》第 4 卷,20 页。
② 中国第二历史档案馆编:《国民党政府政治制度档案史料选编》下册,742—743、762—763 页,合肥,安徽教育出版社,1994。

庭,在系统上隶属于司法机关,而由各级军法机关兼理其事,其审判程序与军法相同。根据蒋介石的指示,经过立法院的讨论,1948年4月,在国民党召开行宪国大、对外极力展示"民主"形象的同时,国民政府公布了《特种刑事法庭组织条例》和《特种刑事法庭审判条例》,规定在首都设立中央特种刑事法庭,在若干地点设立高等特种刑事法庭,专门审理与"戡乱"有关的案件;判决后不得上诉或抗告,但处5年以上徒刑者可向中央特种刑事法庭申请复判。国民党设立特刑庭的目的,就是"与戡乱建国相辅而行,审判案件应与国策配合",避免出现一般司法审判须经多级审理、需时较长的情况,以迅捷强力之手段镇压民主运动,安定后方形势。为了保证特刑庭的审理能够配合"戡乱建国"国策,蒋介石指示应尽量由军法机关人员兼办特刑庭的业务,各地军政机关和军警部队并应切实协助特刑庭的工作。军事当局甚至主张,不仅在每一绥靖区所在地,而且在每一兵团司令部所在地设立特刑庭,并随军队进止而随时判案,只是由于司法当局不赞成而未实行。根据1948年6月5日国民党中央党政军干部联席会议的决定,各地国民党干部联席会议于必要时得邀请当地特刑庭负责人参加,并随时提供情报供其参考;特刑庭于承办案件发生困难时,亦得商请各单位予以协助。① 特种刑事法庭因此成为国民党镇压反抗、维持稳定的重要工具。

还在《特种刑事法庭组织条例》和《特种刑事法庭审判条例》正式公布之前,上海特刑庭已于1948年3月12日开始办公,表明面对日渐严峻的形势,国民党对形式上的程序公正亦无暇顾及了。第一批特刑庭设在南京、上海、北平、汉口和广州,其后又陆续在天津、青岛、西安、杭州、福州、安庆、兰州、迪化(乌鲁木齐)等地设立。从此以后,凡非军人身份,触犯《戡乱时期危害国家紧急治罪条例》的案件,一律送特刑庭审理,并在很短时间内结案执行。中央特刑庭成立的第一个月,仅审理南京、上海两地的复判案件即有两三百件,可见特刑庭的判案数量不在少数。但即使是在这样严厉的镇压之下,国民党统治区各城市的"危害治安"案件仍层出不穷,社会动荡有增无减。为

---

① 《中华民国史档案资料汇编》第5辑第3编政治(2),869—870、910—919页。

了加强镇压,8月17日行政院又发布命令,规定:(1)司法警察机关于情形紧迫时可无搜索票而径行搜索住宅或其他处所;(2)对于罢工及其他妨害生产之行为严予禁止,违者移送特刑庭;(3)对于学生罢课游行、聚众请愿、扰乱治安或文字鼓动、口头煽惑、破坏秩序者,切实禁止或解散,重要者送特刑庭;(4)各机关团体学校负责人应切实负责维持秩序,发现违法者应向治安机关陈报,并尽可能协助侦取证据,违者应予惩处。① 此时,中共的全面胜利已经在望,为了避免不必要的损失,保留更多的人才用于未来的建设,中共中央指示:"在城市方面,应坚决实行疏散隐蔽、积蓄力量、以待时机的方针。""一切蒋管区的城市,尤其是上海,应实行有秩序的疏散。不论党内党外,凡是已经暴露或为敌特注意的分子,都应设法离开岗位,首先向解放区撤退。"② 此后,中共在国民党统治区各城市转向以组织护厂护校、策动起义、准备接收为中心的斗争策略。

国民党实行"戡乱动员"首先是为了对付中共。"戡乱动员"令发布前后,国民党发布了一系列严厉镇压中共尤其是中共在国统区地下活动的通令,其中以1947年9月5日行政院公布的《后方共产党处置办法》为代表。该法下令后方中共党员应限期申请登记,脱离党籍,并得施以感训或劳役;不登记者一律予以逮捕,移送有关机关审判惩处;中共在各地组设之机关团体一律予以封闭,其房屋及一切财物,除属于他人所有,经查明得发还外,悉交当地政府依法处理。③ 该法颁布后,国民党在其后方各地加强了对中共地下活动的镇压,并对被捕的中共地下党员施以各种刑罚,直至处以死刑。但是,中共地下活动并不因"戡乱动员"而中止,在国民党后方各地,尤其是各大城市的中共地下活动仍然极具组织和成效,并已渗透至各行各业,甚至是国民党赖以维持其统治的主要力量——军警宪特部门,直接动摇和威胁到国民党统治的稳定。

国共两党自全面内战爆发后即处于交战状态,1947年3月,两党

---

① 《总统府公报》第77号,南京。
② 《周恩来选集》上卷,311页,北京,人民出版社,1980。
③ 《国民政府公报》,1947年9月8日,南京。

断绝公开关系,国民党宣布中共为"非法政党"。"戡乱动员"令发布时,中共在国民党后方各地早无公开合法的组织与活动,而在"戡乱动员"令发布前,国民党对被捕之中共地下党员也未处以"宽大"。因此,"戡乱动员"令的发布,对国共关系并无多少实际的影响。受"戡乱动员"影响最大的,是那些在严酷的战争和国共对立中仍然企图保持中立地位的党派团体和舆论以及国民党后方各地的民主运动,首当其冲的就是中国民主同盟。

国共全面内战爆发后,在国共两党之外的其他主要党派中,中国青年党和民主社会党先后站到了国民党方面,参加国民党主导的制宪国大和政府改组,并因此以政府成员的身份,支持"戡乱动员",成为国民党的友党。中国民主同盟则反对国民党的内战政策和一党专制,拒绝参加制宪国大和政府改组,要求实行政协决议,从而成为中共的盟友。但出于客观现实的考虑,民盟及其领导人同时也还与国民党维系着一定关系,仍然参加一些由国民党主导的机构如国民参政会的活动,并且主张实行西式民主,在政治理念上与中共有一定的距离。因此在内战初期,当国民党自信可以武力在短时期内解决中共问题时,虽对民盟亲中共的立场颇为不满,但为对外显示其"民主"形象,仍对民盟保持了一定的容忍。但是,随着国民党在内战中接连失利,而民盟又不断批评国民党的战争政策,尤其是在"戡乱动员"令发布后,民盟公开表示异议,使国民党再也无法容忍,对民盟的打击迫害骤然升级,并以"孤立上层,打击下层"为重点,民盟一直企图保持的中间立场为严酷的现实所不容。

"戡乱动员"令发布后,7月7日,有记者问国民政府副主席孙科:"政府对于反对内战派如民盟,今后态度如何?"孙科当即表示:"动员令颁布后,反对内战等于反对国策,亦即反对政府,当然要取缔,不容其存在。"孙科在战后一度是国民党内主张对苏对共采取温和态度的主要人物之一,他对民盟如此决绝之表示,预示着国民党对民盟态度的重大变化。其后,国民党内又有人提出,"民盟是反动集团之一,应严拿究办"。7月29日,民盟领导人黄炎培、罗隆基、张东荪、章伯钧在南京会见美国特使魏德迈,特意表示民盟一贯主张和平统一,是独立政党,外传与中共关系,是有意造谣。但即便如此,也并未缓解国民党对民盟的压力,民盟的活动空间日渐缩小,生存更趋艰难。10月1日,行政院新闻局局长董显光发表谈话,指出:"政府颁布总动员令后,若干民盟盟员仍不知自爱,公然担任匪区工作,参加叛乱,其海外总支部复尽量宣传,号召人民以行动反抗政府,凡此事实益足使人深信民盟殊非独立政党,实为中共之附庸。"在民盟领导人黄炎培和罗隆基为此作出解释后,董显光又进一步指责民盟"不仅承继中共遗下之产业,且中共之地下工作所付托于民盟者亦殊为明显,政府对于民盟鼓动各地学潮种种阴谋,更获有确切证据。总之,此事已非文字辩论之问题,而为一事实问题。"董显光的公开谈话实为对外制造舆论,预示国民党已准备以"事实"为由镇压民盟。更有甚者,10月7日,民盟中央常委兼西北总支部主任委员杜斌丞等,被陕西省戒严总司令部以"勾结共军,密谋暴动"等罪名处以死刑。民盟南京办事处也受到警察的监控,民盟成员的人身安全已不能得到保障。如此种种,均表明民盟处境岌岌可危。①

面对国民党的打击迫害,民盟领导人张澜、黄炎培、沈钧儒、章伯钧等在上海连日召开会议,讨论对策。鉴于国民党对民盟的镇压已不可避免,而民盟为公开活动之党派,如被镇压,普通盟员势将蒙受重大损失。为了保护民盟成员的安全,他们在10月27日决定,派黄炎培赴南京交涉,要求国民党不下令解散民盟,民盟则通告盟员停止政治活动。但国民党为了以镇压民盟而警告反对派噤声,已经等不及民盟的表态,于27日由内政部发布公告,以民盟"勾结共匪,参加叛乱"为由,声明"政府对此不承认国家宪法,企图颠覆政府之非法团体,不能坐视不理","已将该民主同盟宣布为非法团体,今后各地治安机关对于该盟及其分子一切活动,自应依据'妨害国家总动员惩罚暂行条例'及'后方共产党处置办法'严加取缔"。国民党宣布民盟为"非法"之命令既下,黄炎培亦到南京,与已在南京的罗隆基等,连日与张群、吴铁城、邵力子等国民党高级官员交涉,提出解决问题的善后办法。黄炎培提出由民盟自行宣告停止活动,解散总部,领导人辞职,但政府不追究民盟成员的

---

① 1947年7月8日,10月2日、4日《大公报》,天津。

责任,并保证他们的自由权利。虽然民盟因其追求民主的言论行动为国民党所强烈不满,但民盟在社会上,尤其是知识界有广泛的影响,其领导人多为有地位、有声望人士,其中一些人还与国民党领导人和美国方面有一定的个人关系,国民党对镇压民盟多少有些投鼠忌器之感。已经退出民盟,并且与民盟有不同政治主张的民社党和青年党领导人张君劢与李璜亦专函致行政院长张群,希望"政府适可而止,不必株连,以安人心"。在民盟愿意自行停止活动、国民党借此警告所有反对派之目的已达的情况下,国民党亦考虑对民盟保持一定的余地,以拉拢反对派人士。10月31日至11月1日,行政院长张群和黄炎培谈话,表示经过其疏通,政府可以同意民盟自行结束,不再下解散令;黄炎培则要求,民盟成员一律免除登记,被捕者不援用"后方共产党处理办法",得张首肯。11月5日,民盟领导人在上海开会,讨论与国民党商谈结果及民盟发表停止活动公告等事宜。就在他们开会场地的门外,国民党派出的特务云集,监视着他们的一举一动。讨论当中,沈钧儒、史良等对公告有异议,但"终以大局被迫至此,已无否认之余地,乃决照原稿付公表"。民盟公告回顾了黄炎培等与国民党的交涉情况,声明"最近政府宣布民盟为非法团体,禁止活动,同人已不能活动";决定民盟盟员自即日起一律停止政治活动,总部同人即日起总辞职,总部亦于即日解散。① 至此,曾在战后民主运动中发挥过重要作用的中国民主同盟在国民党的政治高压下停止公开活动。

  作为信奉西方民主理念、以公开合法活动为张本、追求议会民主政治的政党,民盟以这样的方式停止活动,虽引起盟内一些人的批评和非议,亦无可厚非,因为民盟本非武装集团,无力抵御国民党的镇压,其领导人有责任为普通盟员的人身安全负责。经过民盟领导人与国民党的交涉,虽然不能避免国民党宣布民盟为"非法",不能完全避免国民党对民盟成员个人的打击迫害(黄炎培的儿子、民盟盟员黄竞武亦于国民党失守上海前夕遇害),但毕竟使盟员的人身安全得到一定的承诺,减少

---

① 中国民主同盟中央文史资料委员会编:《中国民主同盟历史文献》,360页,北京,文史资料出版社,1983;中国社会科学院近代史研究所中华民国史研究室编:《中华民国史资料丛稿·增刊》第5辑,157—161页,北京,中华书局,1979。

一些不必要的损失。何况,民盟及其领导人并不因此而失去对民主的信念与追求。民盟主席张澜声明,停止活动为"迫不得已",声明"个人对国家之和平民主统一团结之信念及为此而努力之决心绝不变更",希望全体盟员"继续为国家之和平民主统一团结而努力"。① 其后历史的发展表明,民盟仍不失为在中国实现和平、推进民主的重要力量,并最终走向与中共亲密合作、共同反对国民党统治的政治道路。

国民党镇压民盟的事实证明了中共对中间势力及其党派在中国的历史命运的判断,如周恩来所言:"民盟由于抗战特别由于政协的机缘,客观上一时造成了他在全国的第三党地位,使他中间许多领导人物代表着中产阶级的想法,企图在国共对立的纲领之外,寻找出第三条道路。但一接触到实际斗争,尤其是内战重起,就使他只能在靠近共产党或靠近国民党中选择道路,而不能有其他道路。"②国民党对民盟的镇压,固然使其统治少了公开的批评者,舆论也更为一律,但在政治上大大丢分,严重影响其极力对外展示的"民主"形象,并未获得多少实际的利益,反使民盟此后更义无反顾地站在中共方面,增加了反对其统治的力量。而在民盟被国民党宣布为"非法"以后,所谓中间路线、第三条道路的理论与实践不复战后曾有的声势,在国民党打出的所谓三民主义旗号的声誉江河日下之时,中共主张的新民主主义便日渐成为多数人唯一的选择。

民盟本由多个党派团体组成,其内部在政治理念以及对局势的看法方面有一定的差异,第三党的章伯钧和救国会的沈钧儒等更倾向左翼。对民盟发表停止活动之通告,章、沈等人是有不同意见的。民盟总部宣布自行解散并停止活动后,沈钧儒、章伯钧等陆续转移至香港,与在香港的民盟领导人柳亚子、邓初民等,积极酝酿民盟重新打出旗帜,恢复总部活动。1948年1月5日至19日,由沈钧儒、章伯钧等主导,在香港召开了民盟一届三中全会。全会首先通过《紧急宣言》,否认国民党政府宣布民盟为"非法"及民盟总部解散声明。全会通过的宣言和政治报告,将国民党政府定位为"反动政府",提出中国人民的斗争目

---

① 四川师范学院《张澜文集》编辑组编:《张澜文集》,326页,成都,四川教育出版社,1991。
② 《周恩来选集》上卷,283—284页。

标：彻底推翻整个国民党反动集团的统治，彻底驱逐美帝国主义出中国，彻底消灭封建性的土地制度，实行耕者有其田，建立民主联合政府，保障人民完全自由。在这一斗争中，民盟的政策方针：站在人民方面，跟人民公敌斗争到底，支持以人民武装反抗反动武装；不能有所谓中立的态度和中立路线；与中国共产党和其他民主党派实行密切合作。全会将民盟的组织工作方针，由"和平合法公开"改变为"革命性和群众性"，实行民主集中制，严密地方组织，建立高度的组织纪律，进行地下工作。全会决定在香港设立民盟临时总部，同时在上海设立驻沪执行部，仍以张澜为民盟主席，暂由沈钧儒和章伯钧主持临时总部的工作。[①] 民盟一届三中全会的诸项决定，得到了留在上海的张澜、黄炎培、罗隆基等人的同意与支持。此后，民盟正式恢复政治活动，但因为国民党已经宣布民盟为"非法"，因此除在香港和海外的民盟可以公开合法地活动外，在国民党统治区的民盟组织只能进行地下活动。在此前后，农工民主党、民主建国会、民主促进会、九三学社等民主党派，为了避免国民党的镇压，也陆续停止公开活动，转入地下活动。可以说，国民党宣布民盟为"非法"是战后中间道路政治走向的转折点，从此以后，民盟等中间党派在路线、方针和政策方面，基本放弃了中间立场，拥护中共的政治主张，逐渐接受中共的领导，成为中共反对国民党统治的同盟军；而青年党和民社党也抛弃了所余不多的"中间"立场，与国民党同乘"戡乱"战车，终至倾覆。

[①]《中国民主同盟历史文献》，363—400页。

第三节　国民党统治之衰颓

"戡乱动员"令发布之时,正值国民党当政20周年。在20年执政期间,国民党统治走过了一条由上升而下降的曲线。抗战以前,国民党基本上收服了各地方的反对势力,奠定了统治的基础,确定了政治、经济各项基本政策,在治国方面有一定的进展,处于上升态势,但也面对着日本侵略、失地分裂、社会不满等严峻挑战。抗战爆发后,日本侵略从根本上危及中国的独立与生存,国民党实行国共合作,坚持抗战,加入国际反法西斯同盟国阵营,运筹大国外交,并因抗战的胜利,而在国内外得到赞誉。但也正是在抗战期间,中共励精发奋,上下一心,迅速崛起,成为国民党的有力挑战者,而国民党则因退居西南后方,不思进取,对抗战军事渐趋消极,原有的奋斗理想与信念受到持续战争的磨蚀,专制独裁、贪污腐败、效率低下、组织涣散、派系矛盾等等不利其统治的负面因素日渐增长,统治力和影响力与中共恰成此消彼长之势。国民党在社会上的形象甚至已经"低落到使每一个党员不敢在群众之前暴露他的面目,低落到使社会上一般洁身自爱的人,听到党这个名词便生厌倦"的地步,令其党内有识之士颇为担忧。[①] 抗战胜利后,国民党虽因接收而获广大物质资源,因胜利而曾得人心,并以实行"民主宪政"为社会整合之号召,但旋又因腐败而尽失人心,因战争而无谓地耗尽资源,因不愿放弃垄断权力和经济危机而致社会纷歧动荡,其统治势力急速衰颓已成为党内外公认之事实。"戡乱动员"令的发布,表明国

---

① 王奇生:《派系、代际冲突与体制内的自省》,见中国社会科学院近代史研究所编《划时代的历史转折——"1949年的中国"国际学术讨论会论文集》,成都,四川人民出版社,2002。

民党统治已处于非高压不足以维持的"生死存亡"的危急关头。

面对国民党的衰颓,其最高领袖蒋介石确是"忧心如焚",因为他深知"军事成败,全系于后方之能否妥定与政府党员之主张是否纷歧与一致,一致则胜,纷歧则败而亡"。为此,蒋介石于奔走各地、筹划战争的同时,几乎是不厌其烦,甚或有些喋喋不休地对党内各级官员耳提面命,告诫他们团结一致,同心协力,共同奋斗。但令蒋介石深感无奈的是,面对危急的形势,国民党内不仅没有形成上下一致、力挽危局之信念与共识,相反却是人心涣散,各自为己,弥漫着对未来前途浓重的消极悲观气氛,而且党内派系矛盾依旧,"不顾大局"之纠纷屡伏屡起,与中共全党团结一致、奋发向上之作为恰成鲜明对照,以致蒋介石也不能不在党内演讲中多次要求大家向其对手和"死敌"中共学习。他提醒国民党各级干部:中共"斗争的方法和技术,也有长足的进步。反观我们自己,无论组织、训练、宣传或调查,则不但没有进步,反而有了退步"。"我们今天如果还是蒙着眼睛,不看他真实的内容,而武断的说他们没有力量,并不可怕,以为打倒他们是很容易的事,实在是最大的错误。"①

还在抗战后期,国民党内敏感于其统治危机的一批中青年干部即有改革的呼声。战后,这批中青年干部以 CC 系为中坚,联合黄埔系和三青团系,发起"党政革新运动",一时形成了颇为引人注目的国民党"革新派"。他们认为,由"贪官污吏、土豪劣绅、官僚奸商种种反革命的横行无忌,官僚主义、派系主义、财阀主义几乎隐晦了三民主义"的现状,可以说"国民党的本身,已经腐化堕落",因此大声疾呼:"非大刀阔斧,不能挽救。"他们批评国民党执政 20 年,工人、农民没有得到一点利益;节制资本、平均地权的主张不仅未能实行,反而一个号称要实行民生主义的政权,实际上连资本主义都不如。这是国民党执政最对不起人民的地方,也是最失民心和最不让人原谅的地方。"革新派"的认识和主张甚至在一定程度上得到了一些国民党高级官员的共鸣。在 1947 年 3 月召开的国民党六届三中全会上,不少中央委员均指陈国民

---

① 《先"总统"蒋公思想言论总集》卷二十二,236—238 页。

党已暴露出严重病态,如党的本质恶化、党的工作空虚、党员意志纷歧错杂、党与党员脱节、党与政治及社会隔离等等。长期负责国民党党务工作的组织部长陈立夫和秘书长吴铁城,在他们拟订的《党务革新方案》中提出:国民党在建国最基本之经济问题上,思想混乱纷歧,政策彷徨暧昧,事实既未能以减租或土地利益与农民,未能以社会立法保障与工人,亦未能以经济保护与中产以上之阶级,遂使政府成为不能解决人民问题之政府,党即成为不能解决人民问题之党,失去各阶层之广大同情与拥护。党无社会基础,既不代表农民,亦不代表工人,又不代表正常之工商,甚至不代表全体官吏,而只代表少数人之利益。但是,"革新派"批评国民党的目的是继续维持并大力加强和巩固国民党统治,坚决反对政协决议的民主化变革原则,力求排除其他力量的政治参与,名为"革新",实为"保守";他们的聚合仍不无派系特色,并以党内民主为由,力图通过选举方式跻身于国民党中央领导层,表现出追求权力的私心。他们以票选代替指定中央负责干部的要求,直接触犯到蒋介石的个人权力,为蒋介石所不容。因此,"革新运动"持续的时间甚为短暂,也未能解决国民党的任何实际问题,最后只能无疾而终。①

派系纷争是国民党长期以来一直无法解决的顽症,其党内派系林立,互相争执,党同伐异,有时甚至不惜牺牲党的整体利益以满足派系利益,从而在相当程度上影响到国民党的执政能力。此种派系矛盾与冲突在战后仍然继续存在,主要表现为代表党务系统利益的CC系和代表行政官僚利益的政学系之间的矛盾。此外,出于对形势的不同考虑,CC系又和代表军方利益的黄埔系联手,主张对中共持强硬态度,反对主张对共缓和的政学系和在蒋介石身边有一定影响的部分高级官员;出于对官僚资本把持国营企事业获取巨额经济利益之愤懑,国民党内多数派别均反对官僚资本之代表人物宋子文、孔祥熙等。派系间之纵横捭阖,往往随形势的变化和利益的转换而重新分化组合,更加剧了派系纷争的长期性和复杂性。蒋介石本人对派系矛盾纷争的态度常常暧昧不定,他唯一需要保持的是自己在所有派系之上的独尊地位,为此

---

① 王奇生:《派系、代际冲突与体制内的自省》,见《划时代的历史转折——"1949年的中国"国际学术讨论会论文集》;《国民党六届二中全会、三中全会速记录》,国民党党史馆,6.2/8.13—1,6.2/55—8.2。

他需要保持派系之间的平衡,运用派系,而非完全消灭派系。他的任人唯亲的举措,对国民党派系之形成和凝聚力之涣散也有着不容忽视的影响。战前表现十分明显的中央与地方派系的矛盾,随着抗战时期国民党中央对西南、西北的经营,战后有所缓解,而以隐性化面目存在;但随着国民党统治能力的急剧衰颓和蒋介石个人声望的持续下降,至蒋介石下野前后,又得以凸显,并以桂系和中央系的矛盾为焦点。就战后国民党内的派系纷争而言,因为多发生在高层,外人不得其详,影响多涉及国民党的决策,而对基层活动的影响尚未十分彰显。真正从上而下广泛影响到国民党各级组织及其活动的是所谓党团之争。

抗战初期成立的三青团,本为蒋介石因应战时需要,并有感于国民党渐失活力,企图以此刺激国民党"新生"的举措。三青团自始即对国民党的官僚政治、效率低下、贪污腐败等等有所批评,至战后此种批评更趋扩大,甚而有了"弃党造党"的主张,即放弃老朽之国民党,另以三青团为主体创造新党。其实三青团成立后,在树立清新形象、支持抗战方面并无特别表现,而其干部多为缺乏政治资源和实际权力的年轻一代,他们急欲进入国民党的权力系统,获取一己之利。所谓"弃党造党"主张,即为利用社会各界和党内对国民党老朽腐败之不满,为三青团干部扩张权力、获取个人晋身之阶的张本。而且由于三青团与国民党的同质性,三青团扩大组织和权力的行动,只能以蚕食国民党的地盘为代价,影响到党方的利益。三青团此种咄咄逼人的主张和举动,当然引起国民党干部的强烈不满。结果,同以三民主义为信奉之理论、以蒋介石为拥戴之最高领袖的国民党和三青团之间却发生了愈演愈烈的矛盾和冲突,三青团不仅与国民党发生"工作矛盾,甚至群以党部为对象,从事种种斗争,同室操戈",党团之间在湖南甚至发生了流血冲突。如时人所论,"在同一主义与领袖下之党团员,其相互仇视斗争情状,且远较对他党尤激烈,实创古今万国政党政治之恶例"。 由于三青团自国民党派生而出,有从中央到地方与国民党平行的一套组织系统,有大量合法性资源可以利用,其干部与国民党干部间有交叉任职,使得双方的矛盾

---

① 王良卿:《三民主义青年团与中国国民党关系研究(1938—1949)》,367页,台北,近代中国出版社,1998。

冲突更为复杂难解,党团之争已成为令国民党上下颇为头疼的一大问题。

对于党团之争,国民党内多数人从党的利益出发,均主张取消三青团,将其合并于国民党,或使其完全脱离国民党而成为单纯社会性组织,以消弭日趋激烈的党团矛盾。1946年3月,白崇禧致函蒋介石,认为"青年团与本党之关系未能明确划分,而工作亦多重复,必须立即加以调整,乃能避免相抵相消之病"。蒋介石将白之意见交给国民党中央常会讨论,唯因意见分歧,未得结果。在1947年3月举行的国民党六届三中全会上,有多位中央委员提出重新确定团的地位并澄清党团关系,否则党团关系若即若离、含混不清,省级以下的党团摩擦日益显著,长此以往实为自杀。全会决议由国民党中央秘书长、组织部长和三青团中央书记长共同拟议具体办法。全会结束后,国民党中常会推朱家骅、谷正纲、康泽等会同吴铁城、陈立夫、陈诚等共同研议办法,但因为党团两方面都有各自的利益考虑,都希望未来的改组于己有利,因此他们一直拿不出令双方都满意的方案。①

根据国民党的"行宪"日程,将于1947年底举行国大代表和立法委员选举,随着选战的升温,党团均投入了大量人力、物力,并且互以对方为对手,彼此竞争,消耗着国民党原本有限的资源;同时,"戡乱动员"令实施后,党团之间仍然纷争不已,势将影响"戡乱动员"之成效。如何解决党团之争已不容久拖不决。由于国民党的决策体制,最终解决党团之争,仍然只能由蒋介石作出决策。1947年6月27日,蒋介石召见党方陈立夫和团方陈诚,决定实行党团合并。30日,蒋介石发出手令,指示成立党团统一组织委员会,以两个月为限实行党团合并统一,以将三青团融入国民党的方式解决党团之争。蒋介石的决定在7月9日得到国民党中常会的认可。同一天,蒋介石在三青团团庆日致辞,解释了他的党团合并决策。他认为:"我们党和团没有基层组织,没有新生的细胞,党员和团员在群众间发生不了作用,整个党的生存,差不多完全寄托在有形的武力上面,这是我们真正的危机。"他批评三青团提出今年

---

① 《国民党六届三中全会速记录》,国民党党史馆,6.2/55—12,6.2/55—8.2,6.2/55—11。

的中心工作是参加国大代表和立法委员选举并主张与国民党保持不即不离的关系是两大错误,因为"党与团如保持不即不离的关系,其结果只有相互摩擦,相互牵制,力量相互对消。今天党团的关系,已经弄到这种地步,现在如再不合并统一,则革命必然失败。"①7月23日,国民党中常会决定,成立中央党团统一组织委员会,以代表国民党的吴铁城、陈立夫和代表三青团的陈诚、刘健群为召集人,并将统一原则定为:现任各级三青团部干事、监察,一律改任为各级国民党部执、监委员。此后,党团统一进入实际操作进程。

9月9日,国民党六届四中全会及党团联席会议在南京开幕。12日,全会通过《统一中央党部团部组织案》,决定三青团中央干事和候补干事改任国民党中央执行委员和候补执行委员,中央监察和候补监察改任国民党中央监察委员和候补监察委员;扩大国民党中央常务委员和常务监察委员名额,以容纳三青团干部;国民党中央执行委员会增设青年部。13日,六届四中全会选出中执委常委55人、中监委常委19人,属于三青团系统的贺衷寒、赖琏、刘健群、萧铮、邓文仪、康泽、蒋经国、程思远等成为新科常委。在全国抗战热潮中成立、历经10年的三青团,终因形势变化而结束其历史使命。当年因满怀抗战热情与建国理想而参加三青团的热血青年,或因屡屡碰壁而失望,或因久弊成习而麻木,至此均被融入国民党官僚体制之中,少数人因缘时务而在政治上崭露头角,成为国民党体制内的新贵,但在国民党高层复杂的派系与人际关系中,他们所能发挥的作用仍然有限。国民党和三青团的统一,总算在形式上解决了党团纷争的弊端,但对解决国民党面临的重大危机并无多少实际作用,而且由于三青团方面多对团合并于党不满意,使他们在国民党内仍屡屡有反对党方主张的作为。

六届四中全会通过了《中国国民党当前组织纲领》,决定整饬党内纪律,改进党员作风,并实行党员重新登记。但与国民党此前和此后实行的多次党员总清查、党员总宣誓和党员财产总登记相似,所谓党员重新登记不过是以轰轰烈烈、上下鼓吹开场,再以人人过关、无疾而终收

---

① 《先"总统"蒋公思想言论总集》卷二十二,204—215页。

场,何况在国民党统治风雨飘摇之际,不少党员对登记与否也不再有兴趣。据统计,1947年9月国民党员和三青团员总数为669万人,重新登记工作应在自10月15日起的一个半月内完成。但到1948年11月,登记工作仍未完成,登记者只有132万人。国民党这部庞大的官僚机器,到了内战的后期,由于惰性与惯性,任何革新动议提出后都如石沉大海,难以付诸实施。蒋介石认为:"权利是个个人都要享受,责任是没有一个人肯来分担。对于公家的事情,不是袖手旁观,不闻不问,就是争权夺利,互相防范,甚至对同志的斗争比对共产党的斗争还要激烈。"他不禁感叹:"我们为什么会弄到这种地步,为什么会弄到人人束手无策,人人失去信心。""本来在很好的环境,具有很好的条件,一到我们的手里,就毫无办法,这真是最耻辱最可痛的问题。"蒋介石对国民党员提出的一些具体要求也屡屡碰壁。当时政府的财政非常困难,发行公债因信用低落和通货膨胀而乏人问津,蒋介石号召国民党员多买公债,提出:我们有钱为什么不捐给党,为什么不募集公债,以取信于一般民众。我觉得有钱最好是买公债,既有补于国家,又于个人有利,这样的事我们为什么不做?① 然而蒋介石的号召无人理会,国民党员有了钱不是投机发财,就是存在国外,因为他们知道买公债并不"于个人有利"。国民党当政后,党员一直不交党费,无所谓党内存在感,连蒋介石也认为这是国民党最糟糕的一件事。如果连党员交党费这样具体而微的事都解决不了,一叶知秋,何谈其他! 面对国民党"生死存亡"的危机,国民党从上到下毫无团结奋斗、力挽狂澜的决心与信念,一般党员麻木不仁,得过且过,有权有势者更是只图个人利益,以致虽拔一毛利其"党天下"而不为。难怪非国民党员的傅斯年这样说道:"古今中外有一个公例,凡是一个朝代一个政权要垮台,并不由于革命的势力,而由于他自己的崩溃!"②

衰颓的国民党无法振作,只能将挽救危局的希望寄托于美国的支持。马歇尔调停结束后,美国对华政策的基调仍维持在有条件支持国

---

① 《国民党六届四中全会速记录》,国民党党史馆,6.2/71.3;王良卿:《三民主义青年团与中国国民党关系研究(1938—1947)》,351、363页。
② 《世纪评论》第7—8期,南京,世纪出版社。

民党而不直接大规模卷入中国内战的基础上。马歇尔回国后出任国务卿,负责美国的对外政策,他在华期间与国民党打交道的经历,使他对国民党的腐败无能有较多的负面看法,从而对援助国民党政权并不十分积极;而且在美国的全球战略中,中国和亚洲地位的重要性毕竟不如欧洲。因此,虽然马歇尔提出了大规模援助欧洲复兴的"马歇尔计划",但是并未相应提出加强对国民党政权援助的计划。不仅国民党在1947年5月提出的10亿美元贷款要求没有得到美方回应,而且就连先前已经批准的5亿美元信用贷款也迟迟未予拨付。在美国国会内外,反共亲蒋议员和院外活动集团的态度则较行政当局为积极,他们要求大规模援助国民党,并通过各种途径向行政当局施加了一定的压力。为了对抗苏联,稳定东亚形势,美国在中国仍然有着重要的战略利益,国民党军事的不断失利及其面临的政治经济危机,也引起了美国当局的关注。1947年7月11日,美国总统杜鲁门决定派前中国战区参谋长魏德迈前往中国,"就中国之政治、经济、心理及军事各方面情形,作一估量",并在此基础上,考虑美国的援助计划。魏德迈对国民党的态度较马歇尔积极,因此蒋介石对他来华表示欢迎,希望由此获得美国的大规模援助。①

7月22日,魏德迈抵达南京,8月24日离开中国。他的足迹遍及国民党统治区主要地域,访问了东北、华北、华东、华南各大都市以及台湾,与各方人士广泛接触,并注意听取中间派人士和自由派知识分子的意见。魏德迈的考察结论与马歇尔的看法并无重大区别,他认为国民党面对的情势已较前更为恶化,党内普遍失去信心,仅仅依靠军事力量并不能消灭共产党,希望国民党立即实施全面彻底的政治经济改革。美国对国民党的政策并未因魏德迈的考察而发生国民党所期待的变化,不仅如此,魏德迈在考察期间还对国民党多有批评,并在国民党高级官员云集的场合,严厉指责国民党的腐败无能,使国民党颇为不满。行政院长张群对记者表示,政府将不因魏氏意见而改变政策,许多事情必须等待,必须逐步实行。9月14日,外交部发表的声明认为:"批评

---

① 《顾维钧回忆录》第6分册,132—135页,北京,中华书局,1988;《"总统"蒋公大事长编初稿》卷六(下),509—510页。

中国之人士，往往忽视中国幅员之广袤、政治经济及社会组织基础之薄弱及其内在各种问题之复杂，其观察及判断每根据某一时期之特殊情势，而未适当顾及其背景。"①

国民党视美国为其主要支持者，依赖美国的援助，但国民党的一党专制与美式民主格格不入，其腐败无能与效率低下也令美国人每每不满意。司徒雷登常常"痛责"国民党"不长进"，美国也一直在要求国民党为其支持提供所谓"道义上充分之理由"，也就是"民主进步之证据"，从而使国民党认识到，"美国实有憎于共党，但亦无爱于我国，彼等以我国情形不佳，故取旁观态度"。② 在国民党最需要美国援助的时候，美国并未如国民党所期待的那样慷慨。蒋介石曾经感叹："凡我政府所有措施，彼等皆认为系迎合美国意向，所以讹诈美国援助，因谓我毫无诚意与自主自立之精神。尤可痛者，美国舆论不仅以中国与韩国并论，而且其对待中国之态度，尚远不如对待其仇敌之日本。"③但是，无论国民党自觉在美国方面受到什么"羞辱"，也不能不依赖美国；而美国无论对国民党有什么不满，但出于其自身利益的需要，仍不能不给予必要的支持。

1948年初，国民政府派前中央银行总裁贝祖诒率领技术代表团访美，游说美国援助。为了说动美国人，他们特别强调反共"关系到美国的切身利益，如何及早与顺利地实现这个利益就需要美国的大力协助"，"为了有效地抵抗共产党，中国需要美国的军事援助"，提出一项为期3年、总额为15亿美元的信用贷款计划。但是美国最后提出的援助计划远未达到这个规模。2月6日，美国国务院宣布，请求国会通过57 000万美元援华法案，以期达到中国经济稳定和复兴的目标，并在美国断定援助使用不当时保留停止援助之权力。在美国国会讨论援华问题时，美国行政当局的态度并不积极。国务院认为，中国的情形颇为悲观，援助不仅无裨于中国，反将有损于美国；陆军部认为，中国内部扰攘不息，欲求援助收效非拨巨款不可，而美财力有限，宜集中援助欧洲；魏

---

① China White Paper, Vol. 1 pp.258-261；1947年9月1日《申报》，上海；1947年9月15日《大公报》，天津。
② 《中华民国重要史料初编——对日抗战时期》第7编第1册，790—791页。
③ 《"总统"蒋公大事长编初稿》卷六(下)，522页。

德迈在作证时认为,中国大局已难挽回,此时援助等于浪费,不能收到实效,反必牵涉美国有损国际威信(他以发言关系机密为由,要求不作记录)。在美国国会亲蒋议员和院外活动集团的大力推动下,援华法案仍于4月1日被参众两院联席会议通过。此项援助总额定为46 300万美元,其中12 500万美元为军事援助,其余作为购买食品、原料及复兴建设用途。美方还要求"必须确定若干办法,监督此项基金的使用,以确保其有效",具体做法是由中方提出购买物品的清单,说明用途,经美国审查同意后予以拨付,以免无谓消耗或贪污中饱,并在采购物品时有利于美国商品的对华输出。5月15日,行政院成立美援运用委员会,由院长兼主任委员。7月3日,中美在南京签订双边协定,规定美国援华资金的使用目的与范围等事宜。[①] 此项"大半为赠与性质"的美国援助,对于正处在全面危机之中的国民党政权不失为有力的支持,但是此项援助的金额未及使用完毕,国民党政权就垮台了。

[①] 中国人民银行总行参事室编:《中华民国货币史资料》第2辑,565—571页,上海人民出版社,1991;《中华民国史档案资料汇编》第5辑第3编外交,625页。

第四节 "训政"终结与"行宪"开场

1947年12月25日,《中华民国宪法》正式施行,但国民党的一党"训政"仍在继续,必须等待选出第一届国民大会代表,召开国民大会(即行宪国大)并选出总统之后,才能宣告"训政"终结,实现"还政于民"。所以,在实行"戡乱动员"、加强"剿匪"军事和镇压异己的同时,国民党还在紧锣密鼓地筹备进行民意代表选举,准备召开行宪国大,完成由"训政"向"宪政"的过渡。

国民党认为"宪政"可以为其一党统治立下合法性基础,"争取选举之胜利,俾以民主方式,取得民众之信托,掌握政权,实行本党主义,贯彻本党之政纲政策"。但"宪政"与"训政"毕竟有区别。在"宪政"体制下,总要做些民主的表面文章,因此"戡乱"与"行宪"本不无矛盾之处。"戡乱"要求限制人民自由,加强全面统制;而"行宪"则要求保障人民权利,放松对社会的控制。正因为如此,国民党内不少人担心因"行宪"而影响"戡乱",对"行宪"态度消极。白崇禧建议:行宪国大应予展期,俟军事胜利后再开。戴季陶认为:"在全国动员之时期,是否宜于举行大选,是宜详加考虑,不可视为手段,更不可视为儿戏。"不少地方机构,如浙江、广东、河南、台湾、热河省参议会等亦致电蒋介石,主张不必"在内乱未息之际,粉饰太平",建议暂不召开行宪国大。国民党中常会经过研究后认为:用党、政、军全力办选举,不可不慎重;以各地竞选情形,选举完毕后,本党内部一定分崩离析,民青两党因不满选举结果而横生枝节,何能集中力量"戡乱";再者,一切问题均决定于"剿匪"之胜败,胜则迟选亦无妨,败则选举虽十分美满亦无补于土崩瓦解。但他们也认为:

宪法实施程序由国大通过，政府无权变更，延期无异违宪；而且国内外舆论因解散民盟而怀疑本党是否有行宪诚意，如果宣布停止选举，将使怀疑益深；再者，党内问题由来已久，如因此而蒙违宪之名，本党地位将益形低落。11月4日，国民党秘书长吴铁城将中常会的意见呈报蒋介石，请其做最后决定。蒋介石的想法不无矛盾之处。他一方面认为，"本来就现在的情形而说，共产党如此嚣张，社会民生如此不安，我们惟有集中力量，消灭共匪，根本就不应举办选举，以分散剿匪的注意力"；但另一方面，实行所谓宪政又是国民党多年宣称追求之目标，社会各界有较大压力，美国亦总以"民主"为由对国民党有所指责，继续"训政"不无困难，因此"为要适应环境，不得已而举办选举"，演一场给人看，尤其是给美国人看的政治秀。蒋介石因此决定：选举不能停办，应如期举行为宜。①

"行宪"的基础是进行各项选举，1947年下半年要办理国大代表、立法委员、监察委员和各地方参议会的选举。就一般意义而言，中国地域辽阔，经济不够发达，交通不便，短期内办理如此之多的选举，资源与技术条件其实不够。具体表现在：选举前并无确切的人口统计，选民人数难以确定；人民的平均文化水准较低，文盲众多，加以社会动荡，生活不安，选民投票意愿不高；以往甚少举行选举，缺乏经验，技术条件不足；东北、华北的多数省份处于战区，根本无法办理，只能指定代表；国民党长期执政，独占政权，中共和民盟被排除在外，国民党在选举中没有真正有力的竞争者。但对国民党而言，这些并不是难题，因为办理选举的目的就是为了展示"民主"而非真正实行民主。真正使国民党感到难办的问题，一是如何协调党内竞争，二是如何与青年党和民社党协议代表名额的分配。

由于国民党的一党独大地位，所谓竞选，基本就是国民党的党内竞争。蒋介石在国民党六届四中全会上曾就选举提出指导方针，强调必须由党提名，不能自由竞选，但选举必须公开。为此，国民党中央确定

---

① 《蒋中正"总统"档案·革命文献·戡乱时期（戡乱军事概况——一般策划与各方建议·三）》第14册，512、529—530页；《中华民国重要史料初编——对日抗战时期》第7编第2册，813—815页；《先"总统"蒋公思想言论总集》卷二十二，204—215页。

竞选的基本方针:党内相互竞选只在提名阶段行之,一俟候选人决定,不得再有自相竞争言行;候选人必须由党提名登记,本党党员必须投本党候选人之票,违者将受处罚。① 但是,不能"自由竞选"与"公开选举"本身即不无矛盾,不少有心参选的国民党人对不能"自由竞选"非常不满,便借"公开选举"为由自行其是;国民党各派系和各地方集团均企图争取在选举中获得更多席次,不满竞选事务由CC系的组织系统控制。结果,在大半年的时间里,国民党上下为选举牵扯了众多精力,并因选举结果的"公平"与否而矛盾四起,甚至影响到对行宪国大副总统一职的激烈竞争。其实国大代表、立法委员等所谓民意代表并无多少实际的权力,可是国民党内部却为此在竞选中争得不可开交,甚至不顾"戡乱之大局",说明国民党中央的控制力急剧减弱。

国民党党内在竞选上有着激烈的竞争,在协调选举中与青年党和民社党的关系方面,更是矛盾重重。青年党与民社党担心,在国民党长期垄断权力资源的情况下,他们无法以"自由竞选"获胜,因此提出国民党应给他们分配一定的代表名额并确保其当选。早先青、民两党在制宪国大和改组政府时对席次所提要求,本已引起国民党内不少人的反对,认为他们对国民党执政并无多少实际帮助,却屡屡提出过高要求。此次青、民两党提出分配代表名额的要求后,更引起国民党内强烈的反对意见,指责青、民两党的主张违背"民主"原则,是要求政治"分赃";尤其是国民党各级地方党部,因为代表名额直接关系到他们的切身利益,故反对声浪更为强烈。就理论而言,选举本应采取"自由竞选"方式,青年党与民社党的要求确近乎"无理",但如果进行"自由竞选",在国民党垄断了几乎全部执政资源的情况下,青、民两党必败无疑,所谓多党"民主""合作"执政便无从谈起。因此,国民党为避免演独角戏,只能同意分配部分名额给青、民两党,以非"民主"的方式行"民主",使"行宪"这幕戏能继续演下去。

1947年8月6日,国民党中常会决议,先由青年党和民社党提出参选名单,并允诺在选举中尽量协助。此后经过孙科等研究,提出了代

---

① 《国民党六届四中全会速记录》,国民党党史馆,6.2/71.3;《中华民国史档案资料汇编》第5辑第3编政治(2),654—658页。

表名额的分配方案:友党名额最多不超过代表总数1/4,其中青年党提名国大代表250—300名,立法委员70名;民社党提名国大代表150—200名,立法委员50名。但此方案与青年党和民社党的要求相去甚远。青年党要求在各项选举中均占1/5比例,民社党要求国大代表名额在民社党、青年党、无党派和国民党中按1∶1∶1∶2分配。为了解决这个难题,经过吴铁城、陈立夫、张厉生等与青、民两党反复商谈,最后决定分配方案为:(1)国大代表,青年党400名,民社党300名,国民党2 000名,无党派500名;(2)立法委员,青年党120名,民社党80名,国民党400名,无党派120名(青、民两党实际提名人数与此有出入)。①

10月30日,国民政府公布《修正国大代表与立法委员选举罢免法》,规定:国大代表,50万人以下之县市选举1人,超过者每增加50万人增选1人;立法委员,300万人以下之省市选举5人,超过者每增加100万人增选1人;经政党或500人以上提名,可竞选国大代表;经政党或3 000人以上提名,可竞选立法委员。11月21—23日,由47个省市及蒙古18盟旗、西藏3选区和职业团体的2.5亿选民投票选举国大代表,凡绥靖区不能办理投票者,在邻近区域或指定处所照规定程序办理。结果选出国大代表3 045人,其中县市及同等区域2 177人,蒙古地方57人,西藏地方40人,边疆地方34人,海外侨民65人,全国性职业及妇女团体291人,地方性职业及妇女团体364人(职业团体包括妇女、农业、工业、渔业、商业、工矿、教育和自由职业界团体),生活习惯特殊之国民17人。

此次国大代表和立法委员采用直接与无记名单记法选举,选民需要在选票上写出被选举人的姓名,在当时识字普及率不高的情况下,不懂书写的选民势必要请人代书,既违选举之秘密原则,又使舞弊之举较易发生;选民凭选举权证领取选票,投票时并未严格核对选票与其本人是否相符,更为舞弊大开方便之门;在广大的小城镇与乡间,普通民众对选举之事懵懂无知,只能任人代办或操纵。据时人揭露,在选举中

---

① 《国民党中常会速记录》,国民党党史馆,6.3/101.10,6.3/107.19。

"操纵把持以及偷天换日之丑态,不一而足",难怪与国民党合作参选的民社党领导人张君劢"强调此次选举仅是骗人戏法,包办选举,扣留选票,涂改选票违法事,不胜枚举,此实盗窃民主"。尽管国民党与青年党和民社党事先已经达成了名额分配的协议,并将两党的名额分配至各选区,要求各地党部确保其当选。但在选举中,不少地方的国民党党部对此置之不理,布置手下只投自己中意的国民党候选人的票。在国民党基本控制了地方政权和政治资源的情况下,青、民两党在竞选中有劲使不上,结果两党候选人落选者甚众,未能占满事先分配的名额。青年党党魁曾琦在家乡四川隆昌参选,尚须张群、陈立夫和国民党四川省党部主委黄季陆亲自出马为其说项拉票,方才勉强当选,而青年党四川省党部主委姜蕴刚则无此"幸运",他在彭县本籍竞选时还是以落选收场。由于地方利益之所在,一些国民党中央提名候选人的选票也落后于地方支持的未提名候选人,由此又加剧了国民党内部的地域和派系矛盾。①

国大代表选举前,青年党和民社党本以为经过党派协议的选举应可保证其利益,但选举结果却与他们的期望相差甚远,令他们甚为不满。他们认为国民党违背事先所作的诺言,要求兑现两党的代表名额。对于国民党而言,实行"宪政"就要对外表现非一党垄断政权,实现多党"合作",而所谓多党"合作",当时也只有青年党和民社党捧场,因此对他们的要求,国民党内纵有诸多反对意见,但为了不破裂与两党的关系,也不能不勉予同意。11月28日,国民党中常会决定,国民党、青年党和民社党国大代表、立法委员和监察委员的竞选均须由各自政党提名。此案交国务会议通过时,青、民两党为确保不再出现意外情况,临时动议加上了三党候选人没有被其所属政党提名者即便当选亦无效之规定。12月5日,国民党中常会通过《政党提名补充办法》,决定在分配给青、民两党的选区,已当选的国民党代表须让予青、民两党,未经提名之党员当选者亦须退让。这些规定通过后引来国民党内一片哗然,在竞选舞弊的丑闻之外,动用行政方式改变选举结果成了此次选举中

---

① 《中华民国史资料丛稿·增刊》第5辑,162页;金冲及《转折年代——中国的1947年》,465页,北京,三联书店,2002。

又一出滑稽剧,并为国民党的内部矛盾火上浇油。若干已当选为国大代表但又被要求让出的国民党员向国民党中央陈情请愿,表示他们当选的资格不能由政党或行政机构撤销。在接见他们时,孙科承认"此次选举太迁就事实,精神上已与宪法相违背";负责选举事宜的"行宪国大"筹备委员会秘书长洪兰友则说:"依国法,诸君可称理直气壮,但依党纪,诸君实应牺牲退让。"12月29日,国民党中常会再度开会,讨论此一棘手问题。孙科、陈布雷、邵力子等均认为,国大代表已经选出,如果硬性改变,则于政府不利,可在即将举行的立法委员选举中照顾青、民两党的要求;梁寒操等提议:办理已选出的国大代表的退让应以劝导方式,不可强制执行,以免引起党内意见;还有人竟然异想天开地提出,已当选的国民党员可以加入青、民两党,或与青、民两党代表各任若干年,以免纠纷;但多数人主张严格纪律,执行与青、民两党的协议,以免失信于人。会议决定维持既有决定,即凡未经中央提名当选者必须放弃,否则撤销其当选资格,开除党籍。① 但是,国民党的所谓纪律处分,此时已不能压服党员对权位的追求,在国民党中央开除党籍的严令之下,诸多未经提名的当选代表仍不愿退出,此事一时悬而未决。

国大代表选举之争执已成僵局,立法委员之选举又至。有了国大代表选举的前车之鉴,青年党和民社党对国民党更不放心,强烈要求国民党诚意履行分配名额之承诺。为了缓和青年党和民社党对国民党的不满,国民党决定将原定于12月21日至23日举行的立法委员和监察委员选举延期1个月举行,以便有更充分的时间达成党内外之妥协。12月7日,国民党中常会决定,在立法委员选举中,各选举事务所应严格审查,凡签署提名候选人为国民党籍但未经中央提名者一律不予公告,或虽公告亦予撤销。1948年1月21日至23日,立法委员选举在各地举行,最后选出773人,其中各省市622人,蒙古地方22人,西藏地方15人,边区6人,海外侨民19人,职业团体89人。监察委员则由各省市议会、蒙藏地方议会(尚未成立)及海外侨民团体选举。至1948年4月,除新疆、西康、绥远省外,其余省市共选出监察委员150人。在

---

① 1947年12月26日《大公报》,天津;1947年12月30日《申报》,上海;《国民党中常会速记录》,国民党党史馆,6.3/137.23,6.3/138.1。

此前后,还进行了全国各省市县地方参议会选举。至1948年4月,除安东、兴安、黑龙江、合江、嫩江、松江省和西藏地方外,各省均已成立省参议会或临时参议会;除大连和哈尔滨市外,各院辖市均已成立市参议会;此外,已有1478个县市成立参议会,322个县市成立临时参议会。

与国大代表选举相比,立法和监察委员选举的结果更是大大出乎青年党和民社党预料。虽然选举前青年党和民社党已经多次要求,国民党中央亦有严厉的指示,但青、民两党当选为立法和监察委员者各不过10多人,远远不及事先协议的名额,使青、民两党难免有受骗上当之感。他们公开指责国民党是"私重于公","若惟恐一党之失其专政,则又何必开国大办选举"？民社党人用一则比喻辛辣地形容了国民党的态度:"有人约你吃饭,说是诚意相邀,请他到家一叙,等到饭罢起身,忽然索讨饭账,你问他不是来约你去吃的吗？他说不管,吃饭还有白吃的吗！"①这确是在国民党独裁统治之下,那些甘为政治帮闲的青年党和民社党形象与地位的真实而生动的写照。

国民党中央对青、民两党代表名额事亦颇为头疼。他们本希望通过分配名额的方法,在一定程度上满足青年党和民社党的要求,但从中央到地方对此都有相当多的反对意见,尤其是地方党部在中央决策后的所作所为,表明国民党中央的控制力已有明显下降。当选举结束后,再欲改变更为困难,有进一步引发党内分裂的危险,且有违背"民主"原则之讥;而不予改变,又可能进一步刺激青、民两党的异议,使所谓多党合作更为名不副实。对于此种颇为尴尬的局面,国民党中央权衡利弊,决定尽量满足青、民两党的要求,以便使"行宪"不至于半途而废。1948年1月30日,国民党中常会决定,当选之国民党员非经正式提名者,均由中央指派委员召集谈话,切实劝让。2月4日,中常会又决定,退让者可得总裁或中央党部的书面奖励和一定的经济奖励,否则将予以党纪处分。此次选举中由签署当选的代表共600多人,需要国民党让予青、民两党者为160多人,但国民党当选代表就是不愿"顾全大局",直至"行宪国大"召开在即,已被下令退让的国民党国大代表,仍拒不理会

---

① 方庆秋主编:《中国民主社会党》,366页,北京,档案出版社,1988。

中央命令,径行向国大报到,而青年党和民社党代表则以不出席国大相威胁。为了解决这个难题,国大主席团建议增加若干名职业代表,然为立法院以"不合法"所否决。为避免破裂与青、民两党的关系,3月27日,蒋介石对国民党代表训话,表示他将"根据党的协议,依照党的决策,信守党的诺言,执行党的纪律,对于本党同志应否当选代表,能否出席大会之问题,行使党章所赋予总裁之最后决定权"。他决定由选举总事务所直接颁发当选代表证书,以免纷争;同时,"深望诸同志体念党的决策,遵守党的纪律,牺牲小我顾全大局"。① 在蒋介石表态后,青年党和民社党就势下台阶,同意出席国大。但不少国民党代表这次对蒋介石也不给面子,多位被要求退让的代表发起绝食抗议,还有代表准备抬棺冲击会场,另有1 322名代表联署提议,要求接受这部分代表参加国大。最后,大会主席团决定将他们作为列席代表,享有正式代表的权利,但不得参加表决与投票,总算使这个喧腾多时、闹得沸沸扬扬的代表名额问题最终得以收场。就是为这样的"假"民主,国民党从上到下有大半年时间被牵扯其中,结果非但没有加强党内团结、转变内外观感,反使党内外对选举结果均不满意,加剧了各种矛盾冲突,甚而"军中的特别党部忙于办选举,就在前线也是如此","对剿匪军事不能不分了心"。选举结果不是加强而是削弱了国民党的执政力量,实为得不偿失。②

3月29日,第一届国民大会在南京国民大会堂开幕。会议法定代表总额为3 045人,共选出代表2 961人,总计报到代表2 878人。本次国大的唯一任务是选举总统与副总统,但是国民党籍代表总嫌国大的权力过小,亟思有所修正,在国大开幕后,他们首先动议修改国大"议事规则",增加了国大"得听取政府施政报告,检讨国是,并得提出质询建议"的规定。为此,国大连续多日听取国民政府各部门负责人的施政报告,并进行质询。

4月9日,蒋介石向大会报告国民政府的施政方针。针对与会代表最关心的经济和军事问题,蒋介石在报告中做了重点说明。在经济

---

① 1948年2月5日、3月28日《大公报》,上海。
② 贾廷诗等《白崇禧先生访问纪录》,848、854—856页,台北,"中央研究院"近代史研究所,1984。

方面,他承认情况"确系相当严重","大多数人民生活穷困,生产萎缩,而形成经济失调的现象",并表示"这是我应该负责的";但他又声称:"法币的准备非常充足,金融的基础非常巩固。金融基础的巩固,就证明我们经济的基础并未动摇。现在人心惶惶,以为经济即将趋于崩溃,这完全是受了共匪及其工具宣传的影响,对国家失了信心,因而造成了自己害自己的恐慌心理。"在军事方面,他仍以占领胶东和陕北为两大"成功",但承认自战争开始后已损失了17个师,不过他解释这些部队的战斗力不强,"无异于自归淘汰,于整个国军实力,可说是无所损失"。蒋介石的本意是缓解代表们对军事形势的"恐慌"心理,为代表们打气,所以他一再强调,"我本着二十余年来统兵作战的经验,省察军事实际的情形,对于剿匪军事,确实非常乐观";"大家应该信任我的计划,加强胜利的信心"。可是言犹在耳,4月22日中共部队重占延安,令蒋介石一直以此为重大军事"成功"的说法又告破产。除蒋介石之外,国防部、财政部、经济部、交通部、粮食部、外交部、内政部、教育部和社会部部长,均就本部门工作作报告,但内容均较为低调以致灰暗,这也是当时国民党面临的实情。①

  对于上述报告,与会代表提出若干质询,但对如何才能真正解决问题,代表们也拿不出什么办法。与会代表对东北局势的恶化态度最为激愤,强烈要求惩办陈诚等负责人,甚至有"杀陈诚以谢国人"的鼓噪。不过,陈诚为蒋介石头号心腹大将,蒋介石虽在东北易将,以卫立煌代陈诚,但并不表示对陈诚的不信任,而是令其暂避风头,待机重出。与会代表对此无可奈何。会议还通过了246件议案,但多为老调重弹,无济于事。

  此次国大在是否行使创制与复决权问题上又有一番争吵。根据宪法的规定,国大行使创制与复决权须俟全国有一半以上县市行使此二权后再定,但国民党籍代表不甘寂寞,在修改了议事规则后,又在4月15日由张知本等871人联名提出修改宪法案,要求增加国大创制立法原则和复决有关人民权利义务法律之权力,同时将国大每6年集会一

---

① 《第一届国民大会实录》第一篇第四章,116—119、147—175页。

次改为每 2 年集会一次,并成立驻会委员会,处理日常事务。他们的目的就是扩大国大权限,缩小立法权限,便于国民党继续控制权力。本来蒋介石在国大开幕词中已经说明:"宪法甫告施行,利弊得失之所在还没有具体的经验可供修改的参考。因之,大会的使命只是行使选举权,以完成中华民国政府的组织。"但国民党籍代表仍然节外生枝,引起了青年党和民社党的反对。张君劢批评说:"国大职权,明明载在宪法,你嫌权小,就要修改宪法,为什么嫌自己权小,就来修改宪法?这种国家,真是不得了。"[①]为了保持与青、民两党的关系,国民党和青年党、民社党经过紧急协商,决定留待两年后再讨论宪法修改的问题。但主张修宪者仍不依不饶,与反对修宪者在会上唇枪舌剑,吵得不可开交,以致连不少国民党高级官员也看不下去了。王世杰和王宠惠均劝告代表应遵守秩序和三党决议,慎重考虑再作决定。谷正纲提出"巩固反共战线",要求代表们顾及现实。但这些仍然无法平息国民党代表的喧嚣。4 月 17 日,蒋介石亲自出马,召集国民党籍国大代表聚会,要求大家明了当前除对于"戡乱"有关者可予补充临时性条款外,宪法条文均以不修改为宜。修宪问题决定两年后再议。

修宪动议虽被搁置,但宪法内容仍因"临时条款"之通过而大有变动。国大开会期间,由莫德惠等 1 202 名代表联署,提请制定《动员戡乱时期临时条款》,授予总统"紧急处分权",以保证"戡乱动员"令的实行。总统权之大小原为制宪时争执的主要问题之一,国民党始终主张扩大总统权力,但没有约束的总统权无异于变相独裁,故为非国民党籍代表所反对。格于内外形势,制宪国大通过的宪法对总统权有较多的限制,但国民党,尤其是蒋介石本人对此一直不能忘怀。因为如照宪法之规定,总统基本上为虚职,权力主要在行政院,蒋介石做总统即无意义。但蒋介石本意要当总统,而又不愿当虚职总统。为此,国民党绕了个弯子,以"戡乱动员"为"非常时期"、需要权力集中、以便令行禁止为由,提议制定"临时条款",既赋予总统更大的权力,又避免修宪之批评,而且要求"必须通过"。青年党和民社党对其违反宪法精神、削弱立法

[①]《中国民主社会党》,356 页。

职权、增加总统权力等等纵有不满,但既已登上了"戡乱"战车,便不能提出反对意见。4月18日,国大通过《动员戡乱时期临时条款》,规定:"总统在动员戡乱时期,为避免国家或人民遭遇紧急危难,或应付财政经济上重大变故,得经行政院会议之决定,为紧急处分……动员戡乱时期之终止,由总统宣告,或由立法院咨请总统宣告之。"①此一修改"以寥寥数语之特别规定,动摇整个宪法之精神",因为经此修改后,总统实际可以行政命令的方式,直接决定一切重大事宜,等于拥有几乎是无限的权力;而且因为"动员戡乱"时期的终止与否由总统决定,所以也就是说,只要总统愿意,他可以无限期地拥有"紧急处分权"。"临时条款"的通过,为蒋介石出任总统扫清了障碍,也满足了蒋介石继续独揽大权、个人专断的愿望。

本次国大的重头戏是选举总统和副总统。3月25日,国民政府公布《总统副总统选举罢免法》,规定国大代表100人以上即可联署提出总统或副总统候选人,以无记名投票形式选举,并以代表总额之过半数为当选;如在首轮投票中无人过半数,则就得票多之前三名投票;如经两轮投票仍无人过半数,再就得票多之前两名投票,并以得票多者当选。②

关于总统人选,无论就实力、就关系、就人望,自非蒋介石莫属,本无悬念。只是蒋本人故作姿态,在选举前提出请胡适为总统候选人。还在上年改组政府时,蒋介石就曾邀请胡出任国民政府委员,被傅斯年讽为"借重先生全为大粪堆上插一朵花",而胡适也表示"不愿参加政府,但愿以私人地位匡辅国家,协助政府"。此次蒋介石又提出请胡适竞选总统,名为谦逊,实为以退为进之举,而胡适居然认为蒋的提议"很聪明,很伟大","很诚恳","可以一新国内外的耳目",使他的自由主义知识分子代言人的形象多少打了个折扣。③ 4月4日,在国民党中执会临时全会讨论总统候选人问题时,蒋介石表示自己将不参选,提出总统

---

① 1948年4月19日《大公报》,上海。
② 1948年3月26日《中央日报》,南京。
③ 中国社会科学院近代史研究所中华民国史研究室编:《胡适来往书信选》下卷,190页,北京,中华书局,1980;《胡适的日记》(手稿本)第16册,1948年3月30日至4月8日,台北,远流出版事业股份有限公司,1990。

候选人最好是非国民党员,并为胡适量身定做了参选5项条件,即富有民主精神及民主思想、对中国历史文化有深切了解、对宪法能全力拥护并衷心实行、对国际问题国际大势有深切了解、忠于国家及富于民族思想。但与会者多知此不是蒋的真心话,因为蒋同时表示,他将尊重党之决策,接受党之命令。言外之意,不是他要当总统,但如果党一定要他当,那又另当别论。蒋介石在私下里就总统权力问题对张群说了真心话,张群心领神会,告诉中央全会的与会者:"不是总裁不愿意当总统,而是依据宪法规定,总统是一位虚位元首,所以他不愿处于有职无权的地位。如果常会能想出一个补救办法,规定在特定期间,赋予总统以紧急处置的权力,他还是要当总统的。"所谓"补救办法",就是后来国大通过的"动员戡乱时期临时条款"。有了此项条款,总统可以为所欲为,蒋介石便再也不提不当总统了。事后他还作态向胡适表示"歉意",将胡适未能成为候选人归结为"不幸党内没有纪律,他的政策行不通"。4月6日,国民党中执会临时全会继续开会,蒋介石未出席以示回避。戴季陶在会上有长篇发言,说明蒋之"伟大"及出任总统之"义不容辞"。结果全会一致通过决议,以代表依法联署提名的方式推举蒋介石为总统候选人。[①] 值得注意的是,原三青团系统的中常委曾同意蒋介石不参选,虽然他们最后并未反对中央的决定,但他们与CC系的较劲却对副总统选举发生了重大影响,但他们的举动此时尚未引起蒋介石的特别关注。

4月16日,国大公告有2 489人联署提名蒋介石为总统候选人。为避免由蒋一人自说自话唱独角戏,又有109人联署提名资深国民党人居正为总统候选人。选举的结果当然毫无悬念。19日,蒋介石以2 430票(过半数为1 523人)当选为中华民国总统,居正以269票落选。

与总统竞选的波澜不惊相比,副总统竞选却是一波三折,上演了一幕本次国大最为"民主"的好戏。根据宪法的规定,除了在总统缺位时继任,或总统因故不能视事时代行其职权外,副总统没有其他权力,不过为总统的虚职副手。国大开幕前,蒋介石一是关注总统权力的宪法

[①]《"总统"蒋公大事长编初稿》卷七(上),70—71页;程思远:《李宗仁先生晚年》,5页,北京,文史资料出版社,1980。

规定,以保持他的个人专断权力;二是关注与青年党和民社党的协调,以做足民主的文章。对于副总统人选,蒋事先并未有所规划,这也是演成后来乱局的重要因素之一。

最早表示参加副总统竞选的是北平行辕主任李宗仁。李宗仁在战后虽名为华北负责大员,但华北军事有各绥署指挥,桂系军队又多部署在华中,他对军事指挥插不上手,政务处理似亦可有可无,如其所言,"事实上未能行使应有的职权"。1947年11月,傅作义出任华北"剿总"总司令之后,华北军政事务在"戡乱"名义下几乎由"剿总"负全部责任,李宗仁更无事可做,几近于坐冷板凳,故亟思挪位。由于李宗仁对学运态度较为缓和,与蒋介石的强硬态度有一定区别,形象较为清新,故得到了一些自由派人士的好感与美国人的青睐,政治上有一定的资本。随着国民党全盘形势的日渐恶化,蒋介石失败的可能性正在浮现,从而为既有军事实力,又有一定声望的桂系提供了问鼎中央的可能。所以对李宗仁而言,在旁人眼中有职无权的副总统,恰恰成了他进可攻、退可守的机会。1948年1月初,李宗仁公开表示参选副总统。其后,国民党元老于右任、军界元老程潜、东北耆老莫德惠、民社党领导人徐傅霖等先后宣布参选。李宗仁这样估计:"由于我本人洁身自处,作风比较开明,所以尚薄负时誉,党内外开明人士都把我看成国民党内民主改革的象征。我如加入中央政府,领导民主改革,自信可以一呼百应,全国改观。"而于右任已经"年迈",程潜"对党国的功勋似尚不足与我比拟";至于莫德惠和徐傅霖,其为国民党外人士,实力和名望更不足虑。因此,李宗仁宣布参选后信心十足,布置由桂系大将黄绍竑担纲,组织竞选团队,他本人则频频露面亮相,向外界说明其政策主张,成为几位副总统参选人中呼声最高的一位。[①]

经过多年的"削藩",抗战胜利后有实力与蒋介石中央系相争的只有桂系,而且桂系与蒋介石还有历史过节,蒋不能容忍其身边出现这样咄咄逼人的竞争者,眼看李宗仁竞选的风头越来越健,蒋介石方才开始部署副总统竞选事宜。他本想劝李宗仁退出竞选,但被李宗仁回以事

[①] 中国人民政治协商会议广西壮族自治区委员会文史资料研究委员会:《李宗仁回忆录》下册,873、884—886页,南宁,1980。

先已征得其同意,此时选战已发动,不便半途中止。其后,国民党内又有副总统候选人应由党提名的动议,但经国民党中央多次讨论无法达成共识。在3月11日的中央临时常会上,邵力子等主张自由竞选,政党不必提名,党内亦不必提名;孙科等则主张由政党提名,至少党内对候选人应有所决定。双方各有支持者,会议未得结论。4月4日,在国民党中执会临时会议讨论选举问题时,蒋介石公开表示,"近有人擅自竞选副总统,余认为违反党纪"。尽管蒋有这样的表示,但各派系主张不一,而几位副总统候选人已投入竞选,他们均反对以党提名的方式选举。为了避免引起分裂,最后决定总统、副总统候选人均以联署提名方式产生,但"自由竞选"的结果是演成国民党的激烈内讧,造成了国民党几近公开的分裂。①

考虑到李宗仁竞选的风头正健,其他几位候选人均无法与之抗衡,蒋介石仓促决定推出孙科与李宗仁竞争。孙科为孙中山先生的公子,托庇于乃父之名,在国民党高层占有一席之地,长期担任国民党中常委兼立法院长,1947年4月又出任国民政府副主席。他在国民党内自成一系,又与粤系有较深的渊源与关系。孙科与蒋介石的关系原来并不十分密切,甚而因为孙科种种特立独行的主张,蒋介石对孙科其实有不少恶感,但此次因为对付桂系的缘故,蒋介石却将孙科推到前台,在由党提名的主张受挫后,即下令陈立夫主持的党务系统全力为孙助选,结果在客观上形成了李宗仁与孙科对决的局面。副总统选举尚未正式投票,李、孙双方的选战已是空前热闹。

4月20日,国大公布副总统候选人名单,计540人提名孙科,512人提名于右任,479人提名李宗仁,238人提名程潜,211人提名莫德惠,132人提名徐傅霖。23日,大会进行副总统选举,发出2 790票,收回2 785票,有效2 760票,结果李宗仁得754票,孙科得559票,程潜得522票,于右任得493票,莫得惠得218票,徐傅霖得214票,均未过代表总额的半数。根据选举法的规定,24日就前次得票多数之前三人再度投票,发出2 765票,收回2 760票,有效2 724票,结果李宗仁得

---

① 朱汇森主编:《中华民国史事纪要》,1948年3月11日,台北,"国史馆",1988;《"总统"蒋公大事长编初稿》卷七(上),70页。

1 163票,孙科得945票,程潜得616票,仍无人过半数。两次投票的结果,虽然无人当选,但李宗仁均位居前列,当选前景看好。这样的结果颇令蒋介石不满,国民党中央也对李宗仁施加了越来越大的压力。蒋介石亲自出面,全力支持孙科,令党务系统发动各路人马为孙科拉票,同时暗中为程潜助选,以分散李宗仁的选票。桂系为压倒孙科,由南京《救国日报》揭出孙科与蓝妮的陈年情事,结果惹恼了粤籍国大代表,《救国日报》社被粤系鼓动一些人出而捣毁。支持孙科的代表还散布李宗仁"亲共""戡乱不力"的言论和李妻郭德洁"贪污"的谣言。为了胜选,双方颇有撕破脸皮之势。李宗仁的竞选团队多次开会研究情势发展,认为孙科有蒋的全力支持,与其在蒋方压力下败选,不如以退为进,主动宣布退出,以观其变。正在此时,程潜首先因蒋介石要其退选之表示而在24日晚宣布退出竞选。李宗仁随后召集竞选团队开会,决定以"有人以党之名义压迫统制,使各代表无法行使其自由投票之职权。以此情形竞选,已失其意义"为由,在25日晨宣布退出竞选。至此,孙科成了唯一的副总统候选人,他自觉无趣,也在25日中午宣布退出。副总统选举一时难产,大会只能暂时休会。①

几位副总统候选人相继退出,令已经当选的总统蒋介石颇难堪。缺了副总统,他这个总统角色也演不下去,蒋只能缓和对李宗仁的反对态度。他召见白崇禧,表示他并不袒护任何一方,要白崇禧向李宗仁转达他的意见,希望李继续参选。随后,国大主席团以不能在选举过程中放弃竞选为由,推胡适等敦请李宗仁等继续竞选。经此一番你来我往之较量,李宗仁、孙科、程潜三人均表示愿意听候大会决定,恢复参选。28日,大会继续进行副总统选举投票,发出2 744票,收回2 735票,有效2 711票,结果李宗仁得1 156票,孙科得1 040票,程潜得515票,仍无人过半数。根据选举法的规定,李宗仁和孙科将在最后一轮投票中以简单多数当选。29日,国大进行副总统选举关键性的最后一轮投票,发出2 766票,收回2 761票,有效2 733票,结果李宗仁得1 438票,孙科得1 295票,李宗仁当选为中华民国副总统。

---

① 《文史资料选辑》第60辑,36—42页;《李宗仁回忆录》,890—891页。

副总统选举尘埃落定之后,李宗仁派系自然兴高采烈,而蒋介石心情郁闷亦为必然。在蒋公开而大力的支持下,孙科仍然落选,说明国民党中央,尤其是蒋介石个人的权威与控制力已经严重削弱。美国大使司徒雷登认为:"作为国民党统治象征的蒋介石,已经大大地丧失了他的地位。大多数的学生甚至毫不客气地认为他是完蛋了。"李宗仁的当选也与行宪国大召开之前的民意代表选举有很大的关系。在最后一轮选举中,因为程潜已败选,不少原来支持程潜的原三青团系代表因为对党团合并不满,没有遵照国民党中央的指令支持孙科,而是投了李宗仁的票。青年党和民社党因为不满国民党在代表名额分配问题上出尔反尔,也支持了李宗仁。主持选举事宜的党务系统负责人陈立夫认为:"有很多代表对中央很不满意,本来他们不会去帮助李宗仁的,那时对中央不满的都去帮助他了。中央不希望李宗仁被选出来,大家偏要把他选出来。这一下意气用事就出了毛病。"①同时,李宗仁在选举中采取了较为灵活的竞选策略,先是高调宣传自己的主张,后又以哀兵面目出现,获得了不少代表的同情票;他既确保了广西、安徽等省的基本票,又通过他在北平任职期间的关系争取了华北代表的选票,通过白崇禧的回族身份争取了西北代表的选票,通过黄绍竑的老关系争取了浙江代表的选票,并利用东北代表对国民党中央政策的不满而争取了他们的选票。经过激烈的争斗,李宗仁在副总统选举中获得了成功。但可以预见的是,作为总统的蒋介石对不听命于自己的副手不会信任,而国民党中央两巨头之间的互不信任,使正处于危机之中的国民党更是两败俱伤。

5月1日,历时一个多月的行宪国大在完成各项议程后,举行了闭幕典礼。20日,蒋介石和李宗仁在南京宣誓就任中华民国总统和副总统。从此以后,延续了21年的"国民政府"成为历史名词,总统府成为中华民国的最高行政权力机构。

蒋介石就任总统后,当务之急是组建新一届政府,其中最重要的是行政院的组成。蒋介石原本倾向于由张群继续留任行政院长,但

---

① 《民国档案》,1991(4),102页,南京;《成败之鉴——陈立夫回忆录》,359页,台北,正中书局,1994。

受到CC系等反对；另一位蒋属意的人选何应钦，又因其军人身份而受非议。5月24日，蒋介石出人意料地提名翁文灏为行政院长并得到立法院同意，就连翁本人事先亦毫无所闻，被提名的当天才知道此事。翁文灏为知名地质学家，1933年开始参加政府工作，抗战时长期担任经济部长兼资源委员会主任委员，1945年5月出任行政院副院长，1947年4月担任张群内阁的政务委员兼资源委员会主任委员。翁文灏的长处是学者出身，清廉肯干，在国民党官僚体系中形象较为清新，具有国际声望，有利于国民党争取舆论和外援，但他以书生从政，与国民党渊源不深，又没有派系实力支撑，注定在当时的困难情况下难以持久。6月1日，翁文灏内阁组成，副院长顾孟余，内政部长张厉生，外交部长王世杰，国防部长何应钦，财政部长王云五。民社党未入阁，青年党的农林部长左舜生和工商部长陈启天因立法委员名额问题直到7月才入阁。

5月8日，新一届立法院开幕，17日举行院长选举，在副总统选举中落败的孙科以绝对优势连任院长，陈立夫以略多于半数票当选为副院长，部分对CC系不满的原三青团系委员联合其他委员反对陈立夫，提名傅斯年参选副院长，但终不敌CC系的多数优势。直至此时，青年党和民社党的立法委员名额问题仍未得到解决，国民党曾建议扩大立委名额，但被两党所拒。此时选举已经结束，总统也已选出，国民党已无所求于青、民两党，便以"民主"和"民意"为由不认账。行政院新闻局长董显光公开表示：国民党对青、民两党代表问题已经尽其所能，但"票多票少，为民意之向背"。此等言论令青年党和民社党再次感到了帮闲者的失望，他们公开指责国民党是"训政之丧钟虽鸣，独裁之幽灵未灭"，表示："这一张总结单的票，人民迟早要投出来的，且看民意到底是向？到底是背？"此固为至理名言，可是青年党和民社党"明知踏上一只漏船，但想奋不顾身作补苴罅漏之工作"，最后也只能"顾全大局"，于7月13日出席立法院会。难怪有批评者认为他们是"自取其辱，自食其果"。① 除此之外，6月9日，于右任当选为监察院院长，刘哲当选为副

---

① 方庆秋主编：《中国青年党》，334—339页，北京，档案出版社，1988；《中国民主社会党》，367—369页。

院长;24日,蒋介石任命王宠惠为司法院院长,石志泉为副院长;张伯苓为考试院院长,贾景德为副院长。至此,总统、副总统和五院正副院长均已产生,新一届民国政府完成组建工作。

6月11日,新任行政院长翁文灏前往立法院报告施政方针,强调在"戡乱"时期,军事方面应集中意志,加强力量,增强军队战力,充实地方武装,实施总体战;行政方面应建立廉洁而有效率之政府;财政方面应开源节流,增加收入,节省支出,并提到正在研究改革币制的问题。对于各界关心的通货膨胀和物价问题,翁文灏在报告中没有多说,不是他不了解这个问题的紧迫性和危险性,而是他实在没有什么高招。如时论所言,"现在一切的毛病出在内战,一切的困难出在内战,这个僵局的'结'就是内战,只有停止内战,才能救活中国","大势如此,这已不是翁氏等一两人所能支撑得了的了"。① 果不其然,不到半年,翁文灏内阁就因币制改革失败而垮台,翁本人也不能不黯然离任。

---

① 《中华民国史事纪要》,1948年6月11日;《评翁文灏内阁》,载《观察》4卷15期,上海,《观察》周刊社。

第五节　一败涂地的币制改革

自1947年2月实行经济紧急措施后,国民党的财经政策便由相对放任回复为严格管制,并动用了越来越多的行政手段干预经济,如成立金融管理局(1947年12月)、实行花纱布统购统销(1948年1月)、暂停一切贷款(1948年2月)等,但巧妇难为无米之炊,在收支不平衡日趋严重的情况下,无论何人采用何种方法,都改变不了赤字财政的现状,结果只能是钞票越印越多,通货膨胀越来越严重。也曾有人主张进行币制改革,但如何筹措相当于数亿美元的币改资金成为难题,兼以币改牵涉方面甚多,当局难以决断,故一拖再拖,未能实行。

进入1948年,国民党军事不断失利,控制地域在缩小,物资产出在减少,而货币发行还在大量增加,财政金融形势更趋恶化。据财政部长俞鸿钧的报告,1948年上半年预算收入58万亿元,支出96万亿元;实际收入80万亿元,支出340万亿元,赤字率超过3/4。[①] 其中最为浩大的是军费支出,正常预算和特别预算相加,超过了预算总额的70%。政府开支几乎全靠印钞票,法币面值最高已达500万元,发行最多时以每天10万亿元这样令人目眩的数目增长,从而刺激物价持续走高,每天甚至每小时都在变化。为了平抑市场乱象,遏制涨风,7月初,上海市长吴国桢和警备司令宣铁吾决定,检查交通运输、行庄业务和仓库存货,奖励告密检举,并将"投机取巧"的违法奸商送特刑庭处理,但仍无法遏制物价的上涨。米价从1月的每石150万元一路攀升至8月中旬

---

① 杨荫溥:《民国财政史》,170—172页,北京,中国财政经济出版社,1985。

的5 833万元,金价每两超过5亿元,法币与美元兑换价超过1 000万比1,法币已接近于失去支付功能、濒临崩溃的边缘。①

对于如此严峻的经济形势,国民党也意识到必须采取行动,否则难以为继。1948年5月新内阁成立后,币制改革问题开始提上议事日程。中央银行行长俞鸿钧指令下属提出的币改方案,认为在内战继续的情况下,不宜作根本改革;建议在不改变法币本位的前提下,发行关金券,作为买卖外汇和缴纳税收之用,以暂时稳定收入。但这个方案无法解决法币发行的极度膨胀和支付功能的急剧萎缩,因此为王云五所提废除法币、另用新币的激进改革方案所取代。②

币制改革的主要策划者王云五为无党派人士,1946年5月出任经济部长,成为国民党"开放"政权的象征之一。翁文灏内阁成立后,他担任行政院政务委员兼财政部长。自国民党当政后,财政部长的职位一向为宋子文和孔祥熙的禁脔,直至抗战后期才改换为俞鸿钧。王云五既非财政金融专家,也与财政金融界素无瓜葛,此次出任财政部长,颇出外界意外。新官上任三把火,王云五上任后的第一把火,就是进行酝酿已久而迟疑不决的币制改革,为一团糟的财政金融下了剂猛药,但结果不仅未能挽救病入膏肓之财政金融,反使其因此猛烈一击而至奄奄一息之境。

王云五上台后,认为"政府纵不想改革币制,也不得不改,则不如早为之计,而作自动的与有计划的改革";但是他也认为:"此须剿匪军事有把握,方能实施。否则军费无限制开支,而失地日多,匪患日炽,人心动摇,即断不能办币制改革。而军方首长,皆谓军事绝对有把握,并可于几个月内,即可将北方匪患肃清,于是方敢放手做去。"他拟订的币改方案,以废止法币、改用新币为主要内容,期以强力手段管制经济,一举扭转危局。7月7日,王云五将方案交给行政院长翁文灏,次日,翁、王请见蒋介石,得蒋首肯,令与中央银行总裁俞鸿钧、副总裁刘攻芸、财政部政务次长徐柏园和台湾省财政厅长严家淦等共同研究改革方案。研

---

① 1948年7月8日《大公报》,上海;上海科学院上海经济研究所、上海社会科学院经济研究所编:《上海解放前后物价资料汇编(1921—1957)》,38页,上海人民出版社,1958。
② 寿充一、寿乐英编:《中央银行史话》,63页,北京,中国文史出版社,1987。

究结果,他们认为币制改革已不容再拖,否则更难以进行,决定以金管理本位为基础,废止法币,改发金圆券,与黄金挂钩,但不能兑现。为避免重蹈法币之覆辙,王云五坚持新币发行应有十足准备,并严格限制发行数量。但讨论的结果是,将王原拟发行9亿元的计划改为20亿元,同时将现金准备由3亿美元改为2亿美元,预示金圆券前途之不乐观。① 王云五是一个成功的发明家和出版商人(他以发明四角号码字典和主持商务印书馆而知名),因其成功而养成了固执的性格,不太容易接受别人的意见,又缺乏财政金融专门知识,所拟币改方案带有强烈的行政干预色彩,本身就违背了经济规律;再者,作为党外人士,王云五对国民党内政治生态之复杂缺乏认识,以为只要有蒋介石的支持就可以大胆做去,结果铸成其在币制改革中的失败命运。

7月29日,蒋介石在避暑胜地——浙江莫干山召见翁文灏、王云五、俞鸿钧和外交部长王世杰等,讨论经济形势,决定从速实行币制改革。此后,王云五在不使外人与闻的情况下,极为秘密地进行币改操作。8月19日下午,王云五向国民党中政会报告币制改革案,称其目的为稳定物价、安定民生,控制金银外汇,平衡预算收支,结果获得通过。当晚,行政院会议通过此案。20日,蒋介石发布《财政经济紧急处分令》,同时公布《金圆券发行办法》《人民所有金银外币处理办法》《中华民国人民存放国外外汇资产登记管理办法》和《整理财政及加强管制经济办法》,宣布实行币制改革,以金圆券取代法币。主要内容为:(1) 金圆券1元含金0.22217克,折合法币300万元;发行以20亿元为限,十足准备,其中40%为黄金、白银和外汇,其余为有价证券和国有事业财产,由金圆券发行准备监理委员会检查监督;法币须在11月20日前兑换为金圆券。(2) 禁止黄金、白银和外币的流通、买卖或持有;所有个人和法人拥有之黄金、白银和外币,应于9月30日前兑换为金圆券,凡违反规定者一律没收并予惩处。(3) 存于国外的所有外汇资产,凡超过3000美元者,应于12月31日前申报登记;除保留部分用于日常生活外,均应移存于中央银行或其委托银行,未经核准不得动

---

① 王云山:《岫庐八十自述》,495—510页,台北,商务印书馆,1967;阮毅成:《与王云五先生谈金圆券》,载《传记文学》第45卷第2期,台北,传记文学出版社。

用;违反者处 7 年以下徒刑并处罚金,没收其外汇资产;告发者给予没收资产的 40％作为奖励。(4) 严格管制物价,所有物品及劳务以 8 月 19 日价格为准,不得议价;实施仓库检查并登记,从严惩处囤积居奇者;废止按生活费指数发放薪金办法;禁止罢工和怠工。此次金圆券发行的现金准备(金、银、外汇)为 2 亿美元,非现金准备(敌伪产业与国营企业资产)为 3 亿美元;金圆券与黄金、白银、银币和美元的官方比价:黄金 200 元 1 两,白银 3 元 1 两,银币 1 元兑金圆券 2 元,美元 1 元兑金圆券 4 元。①

在《财政经济紧急处分令》发布的同时,行政院于 22 日成立金圆券发行准备监理委员会,由著名金融家李铭任主任委员;又于 25 日成立经济管制委员会,由院长翁文灏挂帅,并在各重要经济区域设立经济管制督导员,其中上海区为俞鸿钧,蒋经国协助,天津区为张厉生,王抚洲协助,广州区为宋子文,霍宝树协助。为了督促币制改革的进行,蒋介石电令各省市政府,要求"同德同心,通力合作,俾此重大措施迅收最良效果";"设或阳奉阴违,怠忽职守……中央亦必严厉处分,决不稍存姑息"。同时,蒋介石发表书面讲话,希望民众"全力拥护改革币制的政策,彻底执行管制经济的法令。如有少数人不顾大局,只图私利,因袭法币贬值时期的作风,操纵新币,为投机垄断的工具,以危害其信用,那就是破坏我全国人民的生计,也就是我全国人民的公敌,政府自必依据国家总动员法令及刑事法规,视同卖国的奸匪,予以严厉的制裁。"翁文灏则在致各省市政府电中提出,对违令者除予行政处分外,并将依"戡乱时期危害国家紧急治罪条例",将严重者移送特种刑庭严加惩办。"奸匪""制裁"和"特刑庭"这样的字眼频频出现在此次币改的有关文件中,说明此次币改不能完全以经济行为视之,而是自始即具有强烈的政治性和强迫性,是国民党企图以强力社会动员应付全面危机的重要举措。②

上海是中国最大的工商业城市,集中了全国一半左右的工业生产和大部分金融业,金银外币与物资储藏也最为丰富,能否在上海回收足

---

① 《中华民国史事纪要》,1948 年 8 月 20 日。
② 《中华民国史事纪要》,1948 年 8 月 20—23 日。

量的金银外币并控制住物价,是此次币改成败的关键所在,所以国民党将币改的实施重点放在上海,并以全力推动之。8月20日,蒋介石亲临上海,会见工商金融界人士,表示此次改革有充分准备,且具有最大决心,希望各界拥护政府决策。上海市长吴国桢召集各业负责人开会,要求以19日价格为标准,不得擅自提价,并应保证正常供应,不得拒售。为了保证币改的顺利进行,上海设立了检查委员会(委员蒋经国等)、物资调节委员会(委员刘攻芸等)、物价审议委员会(委员吴国桢等),特别将工作重点放在检查方面,实行普遍搜查,取缔囤积居奇。一时间,上海的经济风云变幻莫测,并牵动政治风向,成为全国瞩目之中心。

此次币制改革,蒋经国以"太子"身份坐镇上海督导进行。抗战时期,蒋经国在赣南实施亲民"新政",小试身手,颇有口碑。但赣南毕竟为内地偏远小城,小蒋的"新政"在全国范围内的影响不大。因此,初到上海这样国内外瞩目的中心城市,蒋经国抱有大干一番的想法。他已经因在青年军任职而有了军界经历,因东北外交折冲而有了外交经历,因党团合并而有了国民党中常委身份,他所缺乏的经济历练和在全国性政治舞台的亮相,都将因此而集于上海经济管制一役之中。何况,派他到上海督导经管,不乏蒋介石培养其接班的长远考虑和良苦用心。这样,蒋经国上有"太子"身份和尚方宝剑,下有基干队伍和一套做法,内心有事业冲动,外界提供其表演舞台,名为协助,实为主管,成为上海经管实际上的主角。

此次币制改革的重头戏,一是发行新币并回收金银外币,二是严格管制物价,而前者之成功与否,很大程度上又视物价能否稳定,以重建市场信心。此前上海多次物价管制的失败,使一般人对此次物价管制并不抱什么希望,也使蒋经国深感压力之大与负担之重。蒋经国提出:"必须发动广大的群众来参加执行,只有如此,才能使政策加速生效,而获得成功的保证。"他将投机囤积、操纵物价、贪赃枉法的商人和官吏视为"后方的敌人",号召大家"共同起来制裁他们,消灭他们";强调"无论何人在法律面前应当一律平等……在上海应当做到不管你有多少的财富,有多大的势力,一旦犯了国法,就得毫不容情的请你进监狱,上刑场"。他坦承"上海的环境是复杂的,工作不易做好,但我相信只要不怕权势的压迫,金钱的诱惑,就不会有做不通的事"。他的言论最能吸引市民关注的是,他在上海只打"老虎"不拍"苍蝇",声称"我们一定要使上海不再是投机家的乐园,而为上海人民的上海"。蒋经国以"戡乱建国"工作总队第六大队为其基本工作干部,并运用其在赣南的施政经验,发动青年和社会力量支持经管工作,组建了大上海青年服务总队,下辖12 000余人的20个大队,协助推行币改,反映社会意见;还决定设立密告箱,鼓励告发,同时在每周二和周四公开接见市民,听取意见。一时间,上海的经管工作显得颇为轰轰烈烈。8月26日,蒋经国召集上海经管各部门开会,决定由他统一指挥检查工作,对违令者吊销执照,没收存货,负责人送特刑庭处理。28日,他指挥"戡建"大队检查上海商家与厂家,共查封纱布120件,扣留黄金2 000两左右。此后,上海特刑庭以从事黑市买卖、扰乱金融、妨害"戡乱"、贪污舞弊等为由,判处林王公司总经理王春哲、警备司令部科长张尼亚、大队长戚再玉等死刑,以示对投机奸商和贪赃官员的警告。① 蒋经国慷慨激昂的言辞和做法起初得到了部分市民的认同,因为他们手中的金银外币无多,更希望物价稳定,过安定的生活。币改之初,曾经一日数变的价格在严格管制下得以基本稳定,加上政府的强力宣传和运作,使得金圆券的兑换情况还算理想。金圆券首发的23日,上海收兑的金银外币约为100万美元,3天共收兑600万美元,其中大部分是平民百姓的贡献,甚至在短时间里出现排队兑换的情况。

金银外汇的大头主要掌握在大资本家手中,而他们对币改的态度显然有相当的保留,大多数人起初并未按规定兑换金银、登记外汇资产,而是在观望之中。上海因其经济发达而成为当时中国有产阶级最集中的城市,其中不乏颇具实力的经济金融资本集团。他们对国民党当政给予了多方面的支持,也曾从中获取相当的经济利益。但是,上海资本家阶级与国民党的关系在战后有了很大的变化。因为国民党的经济统制政策压缩了民营资本的发展空间,使他们满怀怨言;因为恶性通

---

① 1948年8月24日《申报》,上海;1948年8月27日、9月13日《大公报》,上海。

货膨胀严重影响到经济的正常运转,使他们对国民党的治国能力产生怀疑;加上国民党官员的贪污腐败,不以市场通行规则,而是利用特权,以权势操纵经济,也使他们啧有烦言。他们已不似过去那样对国民党有求必应,从政府几次推销公债情况的不理想,即可知他们态度变化的大致端倪,他们与国民党的关系正在疏离之中。经济紧急处分令发布后,登记外汇、严控物价的诸项规定,使他们的正常经营难以为继,而且他们深知,以当时的政治经济军事状况,币改几无成功可能,交出金银外汇只能是有去无回。因此,他们纷纷以软磨硬抗对付币改,而国民党继之以逼迫和威胁的手法令他们就范,更使他们大起反感与不满。

面对上海资本家阶级对币改的观望不定与消极抵制,9月初,蒋经国又以重拳出击,以"囤积居奇、操纵黑市交易、扰乱金融秩序"等为由,先后下令拘捕申新纺织集团负责人荣鸿元、鸿兴证券负责人杜维屏(上海闻人杜月笙的二儿子)、纸业公会理事长詹沛霖、中国水泥公司常务董事胡国梁、美丰证券公司总经理韦伯祥等,同时对油业公会理事长张超、米业公会理事长万墨林(杜月笙的总管)、永安纺织集团负责人郭棣活等予以警告。其后,杜维屏和荣鸿元均被判刑6个月,并在处高额美元罚款后,准许交保释放。蒋经国还先后约请上海资本家的头面人物,如李铭(浙江第一商业银行董事长、上海银行公会理事长)、刘鸿生(大中华企业集团董事长)、周作民(金城银行董事长)等谈话,迫他们交出金银外汇,并且觅保具结,未经允许不得离开上海。在公开场合,蒋经国对这些比自己年长若干岁的长辈口称"老伯"之类谦辞,但在个别约见时则不假辞色,颐指气使,致使李铭"面红耳赤,神色颓唐"。这些人均非等闲之辈,他们都曾是当政者的座上宾,杜月笙更是在1927年为蒋介石的"四一二"政变立下过汗马功劳,如今却落得如此下场,在上海资本家阶级中引起的震动可想而知。9月6日,蒋介石亲自出马,在中央党部的演讲中,指责上海资本家"对国家对政府和人民之祸福利害,乃如过去二三十年前,只爱金钱不爱国家,只知自私不知民生的脑筋,毫没改变。……这种行为,固然是直接破坏政府戡乱建国的国策,而其间接实无异助长共匪的内乱,彼等既不爱国家,而国家对彼等自亦无所姑息,故政府已责成上海负责当局,限其以本星期三以内,令各大商业银行将所有外汇,自动向中央银行登记存放,届时如其再虚与委蛇,观望延宕,或捏造假账,不据实陈报存放,那政府只有依法处理,不得不采行进一步的措置,予以严厉的制裁。"蒋介石还要俞鸿钧查封浙江第一商业银行,原因是蒋认为上海银行公会提议向政府交出1 000万美元出自该行董事长李铭的主意,是为了应付差事。李铭后通过上海市长吴国桢向蒋说项求情,才得无事。作为上海金融界的头面人物,李铭长期支持国民党政府,此次币改还担任金圆券发行准备监理委员会的主任委员,他对蒋氏父子如此不留情面,几近于明火执仗地攫夺他们辛苦数十年积累起来的资产深感失望,稍后即辞去金圆券发行准备监理委员会主任委员职务,准备另谋出路。① 一叶知秋,李铭的动向预示着上海资本家阶级对国民党态度的重要变化。

迫于当局的高压,上海各金融机构不得不将外汇资产向中央银行登记;上海市工业会也在理事长杜月笙主持下决定,通知各会员工厂将所有金银外汇一律缴存中央银行。实际上,这些登记外汇多数并未被没收,在放松金融管制后又陆续归还了所有者。使上海民营工商业遭到重大损失的是关于限价的规定,因为物品的生产或进货成本超过了限价的价格,按限价出售必然亏损。据估计,在限价期间,棉纱业售出棉纱5万件,布数10万匹,总值金圆券5 000万元,其中申新系统的损失约占1/10;毛纺业因出售损失金圆券2 000万元;百货业的存货基本卖光;全市工商业总计损失约2亿元,折合100万两黄金。9月9日,行政院公布《实施取缔日用重要物品囤积居奇办法补充要点》,规定个人和商家购买物品均不得超过3个月用量,违者即以囤积论;工厂商号存储之成品货品,如不尽量供应市销或抬价出售者以居奇论,物品没收并科1 000元以下罚款。② 此令公布后,工商业均叫苦连天,因为他们的存货被要求以限价出售,以维持市面供应,卖一件便赔一件,但又不能大量采购或采购不到限价的原料,生产因此而无法继续。因为限价的因素,物品价格被控制在较低水平,又因为对纸币的不信任,人们都

---

① 《中华民国史事纪要》,1948年9月6日;中国人民政治协商会议全国委员会文史资料研究委员会编:《法币、金圆券与黄金风潮》,71—73页,北京,文史资料出版社,1985。
② 《上海解放前后物价资料汇编(1921—1957)》,41—42页;《总统府公报》第98号。

希望将手中的纸币换成实物,加以大量游资麇集,因此上海市场的销售一度空前活跃,各种物品尤其是棉纺织品被抢购一空用以保值。这样,一方面是商家惜售或售空,另一方面是购买活跃,买与卖脱节,价格的攀升便不可避免,从而冲击着限价的规定。

9月30日为金银外币兑换的截止日,此时金圆券共发行95 675万元,其中用于收兑金银外币约6亿元,收兑法币及东北流通券约5 000万元,进出口结汇及侨汇约8 000万元,其余22 000多万元为国库及其他业务支出;共计约回收黄金160万两,白银801万两,银圆1 683万元,美元4 468万元,港币7 960万元。但此时已有征兆预示币改前景的不容乐观。一是财政部于10月1日通令将金银外币的兑换期限延长两个月,说明兑换情况不如当局之预期,而且使当局再一次失去了信用。10月以后的收兑数甚少,10月全月不过收兑黄金5万两,白银103万两,银圆672万元,美元329万元,港币187万元,尚不及此前兑换数的零头。① 二是自10月初起上海出现抢购潮,尤其集中在便于保值的棉纺类商品,甚至连以往购买者不多的高级毛呢料及其制成品也成为抢购对象,迫使市政府决定凭身份证或户口本购买物品。强令限价本来便完全违背了经济规律,限价后工厂因原料来源缺乏而减产停工;商店进货困难,只能以销售存货维持;外地物资和原料因限价而不愿运进上海,攸关民生的大米入沪数量从每日数千石剧降为数十石。这些情况必然导致市场和民心恐慌,造成抢购,动摇限价。面对此种情况,蒋经国认为不能轻易变更政策,影响政府信用,仍然坚持以行政手段和高压措施严格管制,维持限价;他还决定将物资检查扩大到沪宁、沪杭沿线各城市,以免物资外逃,并使用军警力量扑灭黑市。

蒋经国在上海以"打虎"自诩,虽不无以此立威、获取政治资本的考虑,但其表现"亲民",从宣传到行动,起初颇令见惯了国民党官僚做派的上海市民有耳目一新之感。小蒋承认管制物价"相当困难",但是"抱了一种决心,就是无论如何困难总应当做下去",而且口称"只要和人民站在一起,什么事都不会失败"。但是随着时间的推移,蒋经国遇到了

---

① 《中华民国史档案资料汇编》第5辑第3编财政经济(2),363—367页。

越来越大的困难。他打击的对象多为民营资本和社会闻人,并无真正背靠上层权力支撑的官僚资本,所以有不打"老虎"专打"老牛"之讥,不足以真正威慑豪门巨富;他自恃其来头,撇开原有行政官僚体系,自行其是,在国民党错综复杂的派系政治生态中引起许多矛盾,上海市长吴国桢对他依靠"戡乱建国"大队任意查抄物资的做法颇不以为然,一再以辞职表示不满,其他人亦是冷眼旁观者有之,盼其失败者也不乏其人,以致他有"商人可恶,政客更可恶"之感叹;他基本上依靠行政和高压手段实施经管,对各种复杂的关系考虑不够,行事有操切鲁莽之处,不仅得罪了大资本家,而且其手下任意查抄物资的举动,也使不少小商人有自危感;及至限价难以为继,普通市民原先对他的好感也在消失。种种矛盾的交织演变,终以扬子公司事件而使蒋经国之"打虎"遭遇重挫。

扬子公司为孔祥熙公子孔令侃所办,一向以其恃特权套购外汇、买空卖空、牟取暴利而为世人所侧目。此次蒋经国到上海实施经管,其手下多次检查扬子公司的仓库,发现存货甚多,如何处理,颇费蒋经国思量。在众目睽睽之下放过扬子公司,对外界无法交代,也影响其公众"形象";而要查处他的表兄弟孔公子,其难度亦可知。不过还不等小蒋动手,风闻小蒋要拿他开刀的孔令侃果然神通广大,他找到其小姨妈宋美龄向蒋经国说项,未能说通后,他又说动宋美龄搬出蒋介石亲自干预。在国共东北会战的紧要关头,蒋于军务倥偬之中仍不忘徇私情,于10月8日自北平飞上海,训示蒋经国放过孔令侃。18日,蒋介石又就监察委员调查扬子公司的举动致电上海市长吴国桢:"关于扬子公司事,闻监察委员要将其开办以来业务全部检查,中以为依法而论,殊不合理,以该公司为商业而非政府机关,该院不应对商业事业无理取闹。如果属实,则可属令雇聘请律师,进行法律解决,先详讨监察委员此举是否合法,是否有权。一面由律师正式宣告其不法行动,拒绝其检查,并以此意约经国切商,勿使任何商民无事受屈也。"扬子公司被查处事从此烟消云散。蒋介石格于一损俱损、一荣俱荣之关系,对孔氏家族这样的大官僚资本曲以维护,在国事和家事的天平上,他选择了偏向家事,令不少人为之失望,所谓"党国"前途不问可知。查办扬子公司未果,亦使蒋经国自感无以面对公众,"打虎""美名"不破而灭。他承认:此案"未能彻底处理,因为限于法令不能严办,引起外界的误会。同时自从此事发生之后,所有的工作都不能如意的推动了,抵抗的力量亦甚大","现在到了四面楚歌的时候,倘使不能坚定,即很快就会崩溃"。①

"崩溃"的日子确实已经不远了。自10月中旬起,上海市场的限价虽还在维持,但可售物资明显不足,商人为避免损失而更加惜售,商店货架空空落落,限价亦失去其意义,币制改革已是强弩之末,有人已经公开预见"金圆券的下场也将比法币更惨"。10月10日,财政部长王云五在美国参加国际货币基金组织大会后回国,与他20天前离开时相比,形势已今非昔比。王云五认为:"经济政策之推行,固不能不兼用政治力量,但政治压力如过分行使,或行使过久,势必引起反抗。……此种反抗,在政府强有力之时,还不致过分强烈或逾越范围,但政府威信如有丧失,则政治力量式微,在式微的政治力量下,而影响强施重大的压力,则人民之反抗力势必超越范围,一发而不可收拾。"他提议调整物价与工资,预结部分外汇以维持金圆券信用,但未得同意;而"国防费之不断追加,均以军事重要为词,急于星火,拒之不可,许之则负担并重","实为致命之伤"。国民党政府以高压手段维持的限价政策,终在无情的经济规律作用下宣告失败。10月31日,行政院通过《改善经济管制补充办法》,决定粮食依照市价交易,纱、布、糖、煤、盐由主管机关核本定价,其他物品授权地方政府管理,实际放弃了限价政策。此后,被压抑多日的市场价格立即强力反弹,平均上涨20多倍,米价一度暴涨近百倍,从1石20元直涨至2000元。11月1日,蒋经国发表《告上海市民书》,表示说:"在七十天的工作中,我深深感觉没有尽到自己应尽的责任,不但没有完成计划和任务,而在若干地方上反加重了上海市民在工作过程中所感受的痛苦……除了向政府自请处分,以明责任外,并向上海市民表示最大的歉意。"②至此,蒋经国在上海的首次亮相和"打虎"行动,以轰轰烈烈开场,以偃旗息鼓收场,他在无可奈何中离开了

---

① 《蒋中正"总统"档案·筹笔(戡乱时期)》第16280号;《蒋总统经国先生言论著述汇编》第1集,592页,台北,黎明文化事业股份有限公司,1981。
② 《岫庐八十自述》,540—541页;1948年11月1日、2日《大公报》,上海。

上海。

金圆券的起始发行数量是3亿元,但到10月底已经发行了16亿元,接近20亿元的限额。进入11月,限价被取消,金圆券发行数额便无法控制。11月10日,央行总裁俞鸿钧致电蒋介石:"现在军政需要增加极巨,急如星火,稍一脱节,深虑贻误;而金融市面,以物价高涨,需要亦多,长此以往,超出限额迫在眉睫。"他要求"必须立予解决"。次日,蒋介石公布《修正金圆券发行办法》,规定金圆券的发行数额另以命令定之,即承认原定发行限额无法维持,从而为通货膨胀的更趋恶性化打开了闸门。该项"办法"将金圆券1元的含金量改为0.044434克,即一举贬值80%,与此相适应,金圆券与各种硬通货的官价兑换比例均有较大幅度之下降。至此,币制改革实际宣告失败。币改的主要设计者王云五也成为众矢之的,不得不提出辞职,可是谁都不愿轻易再接这个烂摊子。11月7日,蒋介石只好致电中央银行总裁俞鸿钧称:"王财长坚辞,以情势论,实无法再留。此时只有望兄兼任财长,期度难关。……此时最急者为先任命财长,使财政经济急务可以如常进行,不致以无人而中断也。"①但俞鸿钧不愿再为冯妇,曾任财政部次长的徐堪被说动,于11月11日接王云五任,使财长职位不至空缺。此后,行政院长翁文灏亦因"币制改革完全失败"而请辞。11月26日,蒋介石任命孙科出任行政院长。

11月20日是法币收兑的最后期限,因为收兑点和兑换时间有限以及交通不便等因素,至17日估计共收回法币235万亿元,占发行总数的35%,东北流通券13 000亿元,占发行总数的41%,共计兑出金圆券8 287万元;估计最终仍有1/4左右,即180万亿元的法币未及收回(折合金圆券6 000万元或黄金30万两)。收兑的金银外币总数约为19 000万美元,约占国内全部保有量的1/5,其中大部分为普通百姓所兑换。②无论是部分法币最终未能收回,还是金圆券兑出后的急剧贬值,都是当政者对民众的盘剥。素有民间舆论风向标之称的《大公

---

① 《中华民国货币史资料》第2辑,608—610页;《蒋中正"总统"档案·筹笔·戡乱时期》第16298号。
② 季长佑:《金圆券币史》,65、73页,南京,江苏古籍出版社,2001;《上海解放前后物价资料汇编(1921—1957)》,40页。

报》评论说:"因为改革币制,因为限价政策,因为物价强抑而复涨,全国人民消耗的元气是太大了,上海工商业所受的损失,不过是其中较为显著的一例而已。但是从其中获到利益的究竟是谁呢?"官僚豪门并不因币改而受损失,"不是逍遥海外,即是倚势豪强如故",还可借此发一笔"国难财";资本家大户受了相当损失,但他们毕竟有一定的承受力;真正在币改中遭受难以承受的损失的仍是平民百姓,升斗小民以历经艰辛而积存不多的金银外币换回的几张金圆券,因急速而剧烈的通货膨胀转瞬即成废纸,他们的所有家当几乎在一夜之间化为乌有。著名的自由派知识分子储安平尖锐地批评了币改对百姓的盘剥:"多少老百姓的血汗积蓄,就滚进了政府的腰包里去。政府拿这些民间的血汗积蓄,去支持他的戡乱,使所有国家的一点元气,都送到炮口里轰了出去!""一个只要稍微有点良心的政治家,对此能熟视无睹,无疚于中吗?"他直截了当地批评国民党政府的统治,"七十天是一场小烂污,二十年是一场大烂污! 烂污烂污,二十年来拆足了烂污!"①

国民党进行此次币制改革,有多种复杂的因素在起作用。首先是法币濒临崩溃,不改无以为继;其次是财政一筹莫展,可借币改获取硬通货,以民间资金支持战争;再次是稳定后方经济形势,并将有产阶级拴在内战战车上。但是,不仅外界普遍不看好币改前景,认为"如内战不停,财政收支绝对无法平衡,则通货又将继续膨胀",币改即为换汤不换药,而且在国民党政府内部对币改时机与成效也有不同意见。长期主管政府财政金融,但时已不担任实际职务的孔祥熙认为,币改"既无充分准备,又未增加生产,且强征民间黄金外汇,不顾商情成本,限价勒售,强迫执行。凡此种种,均大失人心。"②因此对国民党而言,此次币制改革有明知不可为而为之意,所谓不改革是拖死,而改革不过是速死。总之,此次币制改革不仅未能挽救经济的崩溃,而且使国民党在其统治重心所在的城市中彻底失去了人心,在上自资本家下至平民百姓的眼中,国民党政权已经成了无论谁当政也较其为好的再糟糕不过的

---

① 1948年11月7日《大公报》,上海;《观察》5卷11期。
② 《经济导报》第90期,10—11页,香港,经济导报社;《孔祥熙致蒋介石函》, Kung Hsiang-hsi Collection, Reel 3, Columbia University。

政权,其垮台已经指日可待。

对于此次币制改革给平民百姓造成的痛苦,当政者也不能不承认。11月8日,蒋介石在中央党部演讲时,对于民众"将他们血汗换来的金银和外币,缴兑金圆券,现在因为物价波动,因而遭受财产的损失"而"特别表示遗憾";同时,表示"政府一定要本着取之于民,用之于民的原则,采取有效的措置,给予他们以安慰"。所谓"安慰",就是在11日公布《修正人民所有金银外币处理办法》,重新准许民众持有金银外币。19日,财政部发布公告,规定凡定期存款满一年以上者,可在到期时兑取金银,但限三个月存兑一次,每次存兑金额限黄金一两。22日,上海、南京、重庆、广州、汉口、天津、北平7城市首批办理金银存兑。因为办理单位少而兑取者众多,场面十分混乱,几至失控。12月23日,上海发生挤死7人之惨剧,黄金存兑因此暂停。在增加存兑所、加收平衡费之后,1949年1月5日,金银存兑又在上海和南京恢复。至1月16日,共兑出黄金48.6万两,银圆644万元,大约相当于币改期间收兑黄金银圆总额的1/4左右。① 1月16日以后,金银存兑又改为发行200万两黄金短期公债,直至5月20日最后停发。不过,平民百姓在币改中所受之损失并不因此"小恩小惠"而得弥补,此等出尔反尔之规定,更凸显政府之朝令夕改、不守信用,除了增加民众对政府的强烈不信任感之外,对于挽回民心毫无作用。

1948年9月24日,国民党军在黄河以北之军事重镇、山东省会济南失守;接着,国共东北会战以国民党军失败而告终,东北地盘于11月初尽失,全盘军事形势急转直下。蒋介石此时已不能不作退守台湾海岛的准备,保留更多的金银外汇硬通货,已经成为币改的重要目的,甚至不再被轻易用于前途无望的战争。11月底,蒋介石下令将币改中回收库存上海之金银外汇转运台湾。12月1日,774箱共2 004 459两纯金自上海起运去台。直至1949年5月17日国民党军自上海撤守前,还从中央银行提走黄金19.2万两、银圆147万元。当月中央银行在台湾的存金有2 294 207两。这些金银对国民党退守台湾后稳定经济形势

---

① 1948年11月9日《大公报》,上海;《中华民国货币史资料》第2辑,771页。

起到了重要作用,如蒋经国所言:"政府在播迁来台的初期,如果没有这批黄金来弥补,财政和经济情形早已不堪设想了。"①

币制改革失败后,金圆券发行数量如脱缰之马,贬值速度之快更是创下世界货币史的奇观。至国民党军自上海撤守前夕,1949年5月24日,金圆券发行数达到了679 459亿元,再加本票145 706亿元,共825 165亿元,为其最初发行限额的41 000余倍。与此相对应的是物价狂涨,1949年5月上海的物价指数为1948年9月的500多万倍,9个月的上涨幅度接近于前12年的总和。5月的最高米价为1石3亿元,黄金1两兑价接近50亿元,美元1元兑价超过8 000万元。金圆券"信用日益低落,各地纷纷自动以银圆、外币、黄金乃至实物等计值交换或流通,若干地区已视金圆券为废纸"。② 1949年1月,李宗仁出任代总统。为了解决支付问题,2月25日颁布《财政金融改革案》,规定军事费用以银圆为标准计算,军粮和军服以实物计算,进口税以关元计算(1关元合0.4美元),货物税中的棉纱、火柴、水泥、卷烟、食糖等改征实物,这意味着国民党政府也不再承认金圆券的价值。1949年4月中共大军渡江之后,国民党政府统治地域不断缩小,金圆券的使用空间也越来越有限,"多数地方已不通用,即在少数尚能通用之城市,其价值亦逐日惨跌,几同废纸"(重庆的金圆券价值惨跌至15亿元才能兑换银圆1元),"各地民众多以旧时银圆及其他硬币为交易媒介,或实行以物易物,各国营事业及税收机关亦多拒用金圆券,改用硬币"。金圆券还未及被正式废止,就已经变成了废纸。③

---

① 《民国档案》,1989(2),70页,南京,中国第二历史档案馆;《中华民国货币史资料》第2辑,631—637页;蒋经国:《风雨中的宁静》,52页,台北,黎明文化事业股份有限公司,1977。
② 《上海解放前后物价资料汇编(1921—1957)》,43—44页;《中华民国史档案资料汇编》第5辑第3编财政经济(3),920—921页;中国银行总管理处:《外汇统计汇编》,264页,北京,1950。
③ 《中华民国史事纪要》,1949年6月13日;《总统府公报》第231号,南京。

第六节　内战中的土地改革问题

农民问题是中国革命和近代转型中的基本问题之一,而解决农民问题的关键又在于解决不合理的封建土地占有制度。国民党当政后,虽然承袭了孙中山提出的"平均地权"和"耕者有其田"主张,也提出过若干解决土地问题的政策,但始终"为一种口号",从未真正付诸实行。中共则通过实践的总结,重视以解决土地问题发动广大农民,使其成为革命的基本力量,并收到了明显的成效,走出了一条以农村包围城市的革命道路。全面内战爆发前后,中共提出了明确的土地改革政策,并以此为指导,在根据地农村实行彻底的土地改革;国民党则不仅在土地问题上没有新政策,而且更没有实施政策的动力与方法。国共两党不同的土地政策,产生于双方思想认识、统治基础、依靠力量与战略战术之差别,并在相当程度上造成了国共两党力量此消彼长的变化,从而影响到战争的结局。

战后国民党的土地政策仍然沿袭了其纸上谈兵的一贯做派。抗战胜利后,1945年10月23日,行政院颁布命令,决定当年在东北、华北、华东、华中和华南地区减免田赋并实行二五减租,次年再在西南和西北地区实行。但此举遇到了地主的抵制,结果"田赋虽免,租之减否,无人过问,蒙其利者徒有地主"。据官方对华东、华中和华南9个省的调查,有8个省基本未实行,如湖南"实行减租者殆无一人,即该省关于推行减租办法亦尚未拟订,致全省农民期望政府施行保障佃农减低租额甚为迫切"。只有江苏在4个县份实行此令,其中减租户占农户之比例最高为50％,最低仅为2％。①当年减租不能实行,或有命令发布过迟、不少地区收获期已过的因素。次年,行政院对《二五减租办法》又予修正,通令各地切实执行。蒋介石并下令:"如有各省县不切实遵行者,惟该省主席与县长违令论处,一面并函请监察院属各省区监察使切实查报。"②但实际情况却是,"一般地主豪绅群谋抵制,迫令佃农更换佃约,实行增加租额或押金及规定其他苛例,如有不从,即借口撤佃,而地方调解租佃纠纷之机构,又多为地主豪绅所把持,农民痛苦无法申诉,故农民对此减租措施多未获实惠,且反先蒙其害。"③二五减租是解决土地问题诸多方法中最为温和的一种,其难以实行,说明国民党无心真正下力量解决土地问题。

国民党并非不知道解决土地问题的重要性。据当时对22个省的统计,战后佃农占农户总数的33％,半自耕农占25％,也就是说,超过半数的农村人口迫切要求解决土地问题。因此,国民党人士也认识到"土地问题是解决国民经济的中心,土地问题合理解决,政治与军事便迎刃而解"。为此,国民党在战后也曾经不止一次提出解决土地问题的政策。1946年3月,国民党六届二中全会宣言提出:即刻规定耕者有其田之实施步骤及办法,由政府发行土地债券,收购大地主土地,分配给退伍士兵及贫农,并切实扶植自耕农,保护佃农。按照宣言的精神,4月29日,国民政府修正公布《土地法》,规定私有土地实行最高限额,逾额土地、无主土地、空地、荒地等等,得由政府照价收买后,分给农民耕种,并以土地银行提供购地资金。④ 1947年4月,中国土地改革协会成立,萧铮担任理事长。9月底至10月初,在南京召开了全国地政会议,讨论土地政策等问题,并提出了若干解决方案。

国民党解决土地问题的基本思路,是在不触动地主根本利益的情况下,以和平、渐进、改良、赎买的方式解决土地问题。但是,任何方式

---

① 《中华民国史档案资料汇编》第5辑第3编财政经济(6),126—127页。
② 《蒋中正"总统"档案·筹笔(戡乱时期)》第15828号。
③ 金德群主编:《中国国民党土地政策研究(1905—1949)》,308—309页,北京,海洋出版社,1991。
④ 严中平等编:《中国近代经济史统计资料选辑》,276页,北京科学出版社,1955;《中国国民党第六届中央执行委员会第二次全体会议记录》,103—104页,中国国民党中央执行委员会秘书处,1946;《国民政府公报》,1946年4月29日,南京。

的土地改革都将或多或少触及地主的利益并引起他们的反对,而地主又是国民党在农村基层依靠的主要力量,如国民党人所坦言:"我们二十年来的政治基础,是建筑在地主身上的",农村政策"表面上是说为了改善农民生活,辅助农民经济的发展。但举办若干年以来的结果,其加深农民的灾害,比一切力量都强大。因为所有一切的措施,都找错了对象,都以土豪劣绅为农民的代表,而实际上都帮助了土豪劣绅,加强了土豪劣绅鱼肉农民的力量。"① 各级官僚,尤其是县级官僚与地主有着千丝万缕的利益联系,国民党因此难下决心克服地主的反抗并剥夺官僚的既得利益,不能强力推行哪怕是十分温和的土地改革政策。国民党官员承认:关于耕者有其田政策,拥有土地者多持反对态度;土地改革之推进,政府固须努力,尤赖全国人民之策动、地主阶级之觉悟,以及人民团体之协助。② 可想而知,期望地主"觉悟"的土改又能够走多远。因此,在各种各样冠冕堂皇的言辞和规定下,国民党总是在实行迁就和照顾地主利益的政策,对解决土地问题总是"正在拟订实施办法"而不见其何时实行,以致国民党人自己也承认:农村凋敝,农民穷苦,对于我们失望。可以说今天中国农村的现象,比本党执政二十年以前还要差得远。③

国民党在战后曾经提出对所谓"收复区"或"绥靖区"(即原中共占领区)实施较为特殊的土地政策。由于这些地区在中共治理下已经实行了土地改革或者减租减息,得到民众的拥护,因此蒋介石提出,收复区农村政策应着重解决土地问题,通过发行土地债券、设立合作社、创办农民银行等方法,实行平均地权。这明显含有与中共争夺民众支持的意思。蒋介石还训诫部下:"特别要注意土地的处理和分配,要比共匪处理土地的情形,还要表现更好的成绩出来,使一般民众皆能了解我们的土地政策是真正为民众解除痛苦,使农民得到利益。"④ 1946 年 10

---

① 王奇生:《派系、代际冲突与体制内的自省》,见《划时代的历史转折——"1949 年的中国"国际学术讨论会论文集》。
② 《国民大会代表询问案(地政部)之答复》,34—35 页,国民大会秘书处,1946。
③ 《国民党六届三中全会速记录》,国民党党史馆,6.2/41—1。
④ 《"总统"蒋公大事长编初稿》卷六(上),221 页;张其昀:《先"总统"蒋公全集》第 2 卷,1845 页,台北,"中国文化大学",1984。

月31日,国民政府公布《绥靖区施政纲领》(1947年2月19日重新修正公布),规定在绥靖区内之农地,所有权属自耕农者,得凭证收回自耕;所有权属非自耕农者,得凭证保持其所有权,但应由现耕农民继续佃耕;佃农纳租额不得超过农产物1/3;收复前欠缴之佃租一概不得追缴;绥靖区内之农地,经非法分配、地主失踪或无从恢复原状者,应由县政府征收,其地价应依法估价,由中国农民银行发行土地债券,给予合法所有人,分年偿付。但此前公布的《收复区土地处理暂行办法》则规定:"凡奸匪组织非法处分之土地,无论公产或敌伪财产或私人产业,概作无效",私人产业"一律发还原主"。① 如此做法,国民党在绥靖区的土地政策虽然提出了对现耕作者在租佃方面给予一定优惠,但其强调地归原主的原则,对已经通过中共土改而得到土地的广大乡村贫雇农而言,实为一次再剥夺。而且即便如此,这一政策的实施范围仍然非常有限,只在江苏的4个县和安徽、山东、河北、察哈尔、陕西各2个县共14个县进行实验,其中开始实行的不过5个县。内战开始后,流亡在外的地主"难民",以还乡团名义跟随国民党军回到原籍,向得到土地的农民追回土地和其他财产。据国民党官员实地所见,收复区普遍存在"查封奸匪家属全部财产并驱逐之"和"强迫佃农对半分租外并追算历年未对半分租之旧账"的情况,因为"各地方官绅均为地主官绅,既与地主打成一片,故中央各种收揽民心安定社会秩序之法令相率阳奉阴违"。有识者担心"佃农无钱无势,虽不服亦不敢诉讼。若长此以往,实无异驱民为匪,自塞剿匪胜利之路。"② 在苏北和山东,这种情况更为严重。徐州绥署曾规定,还乡团受当地县长及党政军联席会报指挥监督,必要时得派军队掩护,也即意味着地主可以在武力支持下向农民追索失去的一切。③ 蒋介石说:中共"不仅强迫没收地主的土地,而且强迫佃农接受土地。对于一个有志气而自食其力的农人,这种不劳而获的收入,无异是一种侮辱。所以现在沦陷区内,不仅地主反对匪军,就是佃农也不

---

① 《绥靖区行政法令汇编》第1辑,1页,行政院绥靖区政务委员会秘书处,1946;1946年10月4日《中央日报》,上海。
② 彭明主编:《中国现代史资料选辑》第6册,457页,北京,中国人民大学出版社,1989。
③ 《绥靖政工手册》丁编22目,1946。

满匪军。"①广大的无地少地农民听到蒋此番讲话该做何感想,是认为自己被"强迫""不劳而获"得到土地是"侮辱"呢？还是认为国民党不能通过土改给他们土地是"侮辱"呢？蒋的此番言论离无地少地的贫苦农民的真实利益诉求实在是相距太远,作为国民党的最高领导人,他既是如此认知,也就难怪国民党不能出台任何真正的土地改革政策了。

但是随着国民党军事上的不断失利,不少国民党官员"愈感有迅速实行土地改革之必要,尤其是农地改革,是防止共党扩张之重要武器"。中国土地改革协会于1948年3月20日公开发表《土地改革方案》,提出将全国土地自即日起一律归现耕农民所有,佃耕者以分年清偿地价方式取得土地所有权;地价定为现租额之7倍,分14年交纳;现租额则以不超过农地正产物37.5％计算。土改协会理事长萧铮在提出这个方案时坦率地说:"地主如再一定要保障既得利益,不肯走这条和平改革的路,恐终有一日,要保障生命安全亦不可能。现在共党所引导的农民叛乱,不是摆在眼前的事实吗？"7月4日,由萧铮领衔、张道藩等数十人联署,向立法院提出以上述方案为基础的土地改革案,要求在半年内拟订计划,一年内实施完成。立法院对此案进行了长达近3个月的讨论,反共的委员认为,"我国土地问题,根本并不严重",反对"为共产党之尾巴"。在大会讨论时发言反对者更众,"甚至有人主张本案应不予审查"。讨论结果是在10月1日以"并付审查"了结。② 这是国民党失去大陆政权前在中央层面对土地改革问题的一次具体讨论,但因为根深蒂固的反共观念和地主官僚既得利益的作祟,国民党终未能在土地问题上迈出实质性的改革步伐。

国民党在大陆统治22年,始终未能解决土地、农民和农村问题,其土地政策无论在理论上多么完善动听,但从未真正付诸实施。蒋介石承认:国民党提出的政治纲领,"并不能取信于民众,更不能号召民众,不仅不能号召民众,并且还要使民众失望","一般民众对于本党的宣言条文,他们认为宣言条文都是没有价值,没有信用的。我们自己检讨,

---

① 《先"总统"蒋公思想言论总集》卷二十二,289—290页。
② 萧铮:《土地改革五十年》,286—294、304—309页,台北,"中国地政研究所",1980。

这实在是最大的耻辱。"①与中共以土地改革为中心而动员广大农民的政策相比较,国民党以地主利益为基础的农村政策显得十分保守,难以得到占中国人口最多数的农民支持,从而也使其无法获得真正稳固的统治基础。

中共制定了与国民党完全不同的土地政策并特别重视付诸实践,又经过实践检验而不断调整,从而发动了千百万农民成为支持自己的基本力量。抗战时期,中共为了联合国民党和地主阶级共同抗日,将没收地主土地的激进政策改为实行减租减息的温和政策,经过在根据地广泛而持续地减租减息,使农民得到了实利,获得了广大农民的支持。抗战胜利之初,因为国共谈判、争取和平民主发展道路的需要,中共的土地政策"仍然是减租而不是没收土地",并要求"在一切新解放区,发动大规模的、群众性的、但是有领导的减租减息运动"。②

1946年初政协会议闭幕后,政治民主化进程因国民党的动摇而停顿以致倒退,内战阴影正在积聚。为了动员广大农民的支持,中共改变土地政策有了现实的迫切性,因为"目前国民党有大城市,有帝国主义帮助,占有四分之三人口的地区,我们只有依靠广大人民群众的伟大力量,与之斗争,才能改变这种他大我小的形势,如果在一万万几千万人口的解放区内,解决了土地问题,即可使解放区人民长期支持斗争不觉疲倦"。因此,中共适时地将减租减息政策改变为农民所欢迎的"耕者有其田"政策。5月4日,中共中央发出指示,提出:"解决解放区的土地问题是我党目前最基本的历史任务,是目前一切工作的最基本的环节。必须以最大的决心和努力,放手发动与领导群众来完成这一历史任务。"指示规定了土改的具体政策,即分配地主土地,绝不侵犯中农土地,一般不动富农土地;对于地主中的抗日军人干部家属、开明士绅和中小地主应予适当照顾。③ 指示要求各地迅速发动群众,务必在年底以前全部或大部解决土地问题。考虑到当时国共战争尚未全面开始,中间阶层对激烈土改有较多的疑虑,"五四指示"对农民获得土地的方

---

① 《六届四中全会及中央党团联席会议第二次会议速记录》,国民党党史馆,6.2/74。
② 《毛泽东选集》第4卷,1173、1175页。
③ 中央档案馆编:《解放战争时期土地改革文件选编(1945—1949)》,1—10页,北京,中共中央党校出版社,1991。

式作出了较为宽松的规定,提出采取没收、购买、让与等方式,由地主与农民书写土地契约,"使农民站在合法和有理地位"。"五四指示"对于土改的规定,既在实际上满足了农民对于土地的迫切要求,有利于中共在即将到来的战争中争取农民的支持;又对分配地主土地做了某些缓和的规定,以利于争取中间势力,稳固反对国民党的统一战线,体现了中共土地政策的原则性和具体运用的灵活性,具有自减租减息向彻底土改方向转变的过渡意义。"五四指示"发布后,中共各根据地都根据不同的情况,以不同的方式,动员广大农民,进行土地改革运动。在东北,因为土地集中,大地主多与日伪有关系,因此以没收地主土地为主;在多数根据地,通过清算地主超额剥削的方式,迫使地主将土地转移到农民手中;在陕甘宁边区,因为是中共中央所在地,政治影响较大,采用了发行公债征购的方法,将地主土地转让农民,同时给予地主以部分地价的补偿。在一年左右的时间里,各根据地都有大约 2/3 的地区进行了土改,各阶级阶层占有土地的比例与他们的人口比例趋向平衡,初步实现了耕者有其田,不仅提高了农民的生产积极性,发展了农村生产力,更有利于动员农民为保护自身利益而直接参军参战,支援战争。①

全面内战爆发后,彻底解决土地问题,争取广大农民支持,已成为中共实行全面动员、赢得这场战争最重要和最有效的手段之一。毛泽东指出:"全党必须明白,土地制度的彻底改革,是现阶段中国革命的一项基本任务。如果我们能够普遍地彻底地解决土地问题,我们就获得了足以战胜一切敌人的最基本的条件。"因此,中共各根据地的土改政策开始向彻底土改的方向变化,对地主不再给予照顾,并开始触动富农的土地,但各地土改的政策与方法未尽一致,迫切需要有统一的政策指导。正是在这样的背景下,1947 年 7 月 17 日至 9 月 13 日,中共中央工委在河北平山西柏坡召开了有各根据地代表参加的全国土地会议,讨论土改的政策方法等问题,以指导全国的土改工作。此次会议通过的各项土改政策,得到了陕北中共中央的同意。毛泽东强调:"坚持土地改革不至于吓跑民族资本家,但不坚持土地改革势必会丧失农民,从

---

① 董志凯:《解放战争时期的土地改革》,60—73、87—95 页,北京大学出版社,1987。

而丧失革命战争,也丧失民族资本家。土地改革应该采取平分土地的方针,地主不要多分,但不能不分。"①9月13日,全国土地会议通过《中国土地法大纲》,明确提出"废除封建性及半封建性剥削的土地制度,实行耕者有其田的土地制度"。在土改政策方面,因为"多数意见赞成彻底平分",故大纲以彻底平分土地为原则,提出没收地主土地,连同乡村中其他一切土地,不分男女老幼,按人口统一平均分配,同时分配地主的牲畜、农具、房屋、粮食及其他财产,废除土改前的一切债务。②10月10日,中共中央正式公布《中国土地法大纲》,成为中共在解放战争时期发布的纲领性文件之一。《中国土地法大纲》的公布及其实行,满足了千百万无地少地农民对于土地的渴求,不仅直接支持了中共领导的战争,而且大大提高了农民的生产积极性,有利于中国农村经济的现代化转型,具有革命性意义。但是,因为要满足农民对土地的渴求,大纲提出了彻底平分土地的政策,虽然"办法简单,群众拥护",但在实践中势必侵犯中农利益。在当时的战争环境下,提出这样的政策是可以理解的,但是"却没有一条,甚至一句话指明要团结中农,不要侵犯中农利益,则是过于迁就农民的平均主义。这在制定政策中是一大缺点。"③

　　《中国土地法大纲》公布后,中共在各根据地领导了一场全面彻底、轰轰烈烈的土地改革运动,在不长的时间里基本解决了根据地农村的土地问题。在进行土改较早、较彻底的山东,据渤海地区对人均占有土地情况的调查,土改前贫雇农1.5亩,富农9亩,地主24亩,土改后贫雇农3.88亩,富农3.9亩,地主2.8亩;得地户占原户数的1/4左右,得果实户超过了一半;土地和财产占有均趋向平均,大多数人成为自耕农。通过分地,鼓励了农民为保卫自己的土地而参军的积极性,这是中共在战争中可以得到源源不断的兵员补充和可靠的后勤补给的重要原因。据统计,内战期间山东根据地共有96万人参军,此外还有民兵71万人,自卫队210万人,前后动员民工担任运输等任务者超过1 000万人。农民还因为得到自己的土地而大力投入生产,提高了农地产出,在

---

① 《毛泽东选集》第4卷,1252页;《毛泽东文集》第4卷,268页。
② 《中共中央文件选集》第16册,547—550页。
③ 《解放战争时期的土地改革》,132页。

物质资源上支持了战争,也提高了自己的生活水平。内战前,山东根据地人均负担公粮100斤左右,而到1948年则下降为63斤。①

毋庸讳言,在中共土改的过程中,也曾经发生过较为严重的"左"倾偏向。还在战后初期的反奸清算期间,各地就发生了斗争地主的过激行为,部分地主因此而逃亡到大城市,自称"难民",要求"还乡",被国民党用以宣传攻击为中共的"残酷斗争",也引起了中间势力的疑虑。及至"五四指示"发布后,各地在土改和土改复查中均有过激行为的发生。要进行彻底的土改,就要广泛发动群众,由于农民的特性,在发动前一般表示犹豫,而发动后又不易控制;尤其是乡间的流氓无产者,较易动员但好走极端,在他们的示范效应作用下,易使农民的行动趋向激烈。小农经济的绝对平均主义思想和对国民党军及还乡团进攻的报复意识均可刺激过激行为的发生。在土改过程中,适度的掌握与组织控制尤为重要,但中共在各地的基层组织,或缺乏经验,或认为群众运动天然合理,或等待上级指示,在土改发动时对土改过激行为的控制不够有力。另一方面,为了在土改初期迅速发动群众,中共领导人更多地强调了激发和保护群众的斗争热情。毛泽东认为:"发生过火现象是难免的,只要真正是广大群众的自觉斗争,可以在过火现象发生后,再去改正。"②刘少奇在全国土地会议上讲话时,提出要注意团结中农,不能侵犯中农的利益,对地主的政策也应有所区别,但又强调土改在"大部分地区不彻底",原因是政策不彻底、党内不纯和官僚主义;其中党内不纯又是土改不彻底的基本原因,因为"地主富农混进来,党内阶级路线、阶级观点模糊",需要"思想打通,组织整顿,纪律制裁"。这又使"左"倾偏向发展到基层整党,错整了一些党员。刘少奇过后承认"土地改革中,各地犯了些错误,中央对此是有责任的,其中大多数与我个人有关。土地会议上主要是反右,也批评了、反对了'左',但做得不够,积极想办法防止'左'做得不够。"③

全国土地会议之后,随着土改的全面铺开,由于对土改和群众路线

---

① 山东省档案馆、山东社会科学院历史研究所编:《山东革命历史档案资料选编》第16辑,65页,第19辑,269页,济南,山东人民出版社,1986;《山东人民支援解放战争史》,140—147页。
② 《毛泽东选集》第4卷,1173页。
③ 《刘少奇选集》上卷,385—391、419页,北京,人民出版社,1981。

的片面理解以及政策执行的偏差,各地都程度不同地出现了宁"左"勿右的偏向,诸如提出"贫雇农打天下坐天下",对地主、富农"扫地出门",不给予必要的生产、生活资料;将开明士绅作为斗争对象,如长期与中共合作的晋绥边区开明士绅的代表人物刘少白被斗争;撇开组织领导,对基层干部"搬石头",清洗出身于地富家庭者,并听任一些流氓无产者乱来;出现乱打乱杀的情况,东北"一度打风盛行,死人过多",华中"打死人事情,全华中可能已有上万的数目"。结果是"家家点火,户户冒烟",造成农村社会的恐慌和动荡,事实上也脱离了大多数群众,在当时因恐惧斗争而外逃的人员中,不仅有较多的地主、富农,也有一些中农甚至贫农。土改中出现了较为严重的侵犯中农利益的情况,表现为在划分阶级成分时,将不少中农错划为地主或富农,扩大了打击面。因为以彻底平分土地为原则,难免侵犯到土地较多的中农利益,据估计被侵犯的比例在1/5至1/4左右,结果是"大大扩大了打击面,把中农当作富农,把富农算作地主,剥夺了他们所有的财产",偏离了中共一贯行之有效的争取中间阶层的策略方针。①

在发动群众参加土改的目的已经基本达到的情况下,"左"倾偏向和过激行为的发生,有损于土改的既定目标,影响中共的战争动员能力,从而引起了中共中央的高度重视,并迅速着手加以纠正。1947年12月25日,毛泽东在陕北米脂召开的中共中央会议上作报告,提出土改总方针是"依靠贫农,巩固地联合中农,消灭地主阶级和旧式富农的封建的和半封建的剥削制度",强调"必须坚决地团结中农,不要损害中农的利益";"哪怕只发生一户中农被错当作地主来整,我们也必须十分注意纠正"。② 其后,中共中央和毛泽东又在1948年春连续发出指示,要求必须避免对中农采取任何冒险政策,容许中农保有较平均水平为高的土地;区别新富农和旧富农,对老区新富农按富裕中农待遇;对开明士绅应予照顾,对大中小地主应有所区别;坚持少杀人,严禁乱杀人;明确土改的地区差别,即老区只进行适当调整,半老区按土地法大纲进

---

① 《陈云文选(1926—1949年)》,244页,北京,人民出版社,1984;《江苏党史资料》总35辑,135—137页;韩丁:《翻身——中国一个村庄的革命纪实》,643—644页,北京出版社,1980。
② 《毛泽东选集》第4卷,1250—1251页;《毛泽东文集》第4卷,331页。

行土改,新区第一步土改不触动富农;明确地主、富农和中农的划分标准(将划为地主、富农的标准提高,使他们占人口总数的比例降到10%以下);保护已分配土地的私有产权;要求纠正关于土改的"左"倾宣传等等。① 据此,各根据地在1948年内普遍进行了纠正土改"左"倾偏向的工作,主要是纠正侵犯中农利益的做法,使土改恢复到正常有序的轨道上。在此基础上,中共又区分不同地区的不同情况,对土改的实施战术作出了重要调整。

在中共各根据地中,有抗战时期建立的老区,有抗战胜利后至1947年反攻前建立的半老区,也有1947年反攻后建立的新区。新区因为没有宣传、组织和动员的基础,为了急迫地打开土改局面,常犯"左"倾急性病,如乱杀人、打土豪、分浮财等,打击面过宽,往往造成经济凋敝、工商停业,军需供应发生困难。如刘邓大军挺进中原之初,"各个区都无例外地违反政策",结果"脱离了群众,孤立了自己,在对敌斗争与确立根据地的事业上,造成了许多困难"。事实证明,当军事上没有面的控制,大多数农民没有分地要求,也没有被组织起来,干部尚未熟悉情况和联系群众时,马上土改"不仅是主观主义的,而且是冒险主义的",不仅损害了中农利益,甚至还损害到贫农利益,②结果反而使部队的生存环境和群众基础大受影响。毛泽东认为,"我们的部队打到外线去以后,与其马上没收地主的土地,不如先按阶级路线摊派征税";而且"土地革命时期打土豪办法所得不多,名誉又坏",不可再用。③ 经过对正反两方面经验教训的总结和深入的调查研究,并总结抗战时期的成功经验,1948年5月,中共中央决定在所有新区只进行减租减息,停止分田;只有具备了环境已经安定,大多数基本群众有要求,干部能掌握当地工作的条件后,才可以分配土地;在刚刚解放的地区,即便减租减息亦可暂不进行,而着重清匪反霸,使农民得以合理负担,创造发动群众、进行减租减息的条件。此决定作出后,包括中原根据地在内的各新区,均根据中共中央的指示作出相应的政策调整,停止分田,进行减

---

① 参见《毛泽东选集》第4卷,1267—1284页。
② 《邓小平文选》第1卷,102—111页。
③ 《毛泽东文集》第4卷,271、279页。

租减息,从而稳定了新区的形势,也为下一步分田土改准备了条件。①

到1949年6月,中共治理下的地区已有229万平方公里、27 015万人,其中农业人口21 509万人、耕地5 908万公顷,已有12 464万人和3 919万公顷土地完成土改,分别占农业人口和耕地面积总数的60%和66%;另有800万人和196万公顷土地实行了减租;还有8 245万人和1 792万公顷耕地未进行土改。中农在土改后已占到农户总数的70%左右,其中由贫雇农上升为中农者有相当数量。② 土地改革不仅表现在对战争的支持和生产的提高这些直接效果方面,实际上,土改也是一次广泛而深入的社会动员与组织,对中共建政具有长久的重要意义。中共在土改中派出工作队,深入乡村,发动农民,进行宣传教育,使千百年来处于自由散漫、自给自足状态的农民,有了明确的阶级意识,他们被动员和组织起来,成为中共革命的基本依靠力量之一。在这个过程中,中共的组织体系自上而下,层层深入渗透到乡村基层末梢,瓦解了乡村原有的士绅统治架构,建立起基于共产党领导的新型统治方式,从而大大有利于革命成功后在中国广袤的地域内确立完整、统一而有效的统治体系。与土改同时进行的妇女、儿童、扫盲、水利、救灾等工作,也具有推动农村现代化转型的积极意义。

国共两党在土地问题上的不同政策及其不同结果,实际反映了双方依靠力量和基础的不同,也表现了双方社会动员和施政理念的模式与方法的不同。国民党在农村依靠的主要是地主士绅,但听任其自治自理,缺乏对他们的组织动员,从而无法在农村实现有效的统治;中共在农村依靠的主要是贫雇农,通过对他们强有力的组织动员,给他们以实际利益,成功地支持了涉及广大地域与人口的革命运动。因为依靠的是地主,国民党不能不采取温和的渐进改良的农村政策,但仍因地主不愿轻易放弃既得利益而失败;因为依靠的是贫雇农,中共采取了激进的革命的农村政策,并能够根据实际情况而不断调整,在不违背原则性的情况下,在实施上有充分的灵活性,从而取得了相当的成功。近代以来,中国的现代化进程较为缓慢,且现代工业多数集中在沿海城市,中

---

① 《解放战争时期土地改革文件选编(1945—1949)》,231—232页。
② 董志凯:《解放战争时期的土地改革》,261页。

国基本上仍为以农耕经济为主体的前近代或半近代国家,这样的社会形态,对于以农村为根据地的中共领导的革命是有利的。作为执政党,国民党以城市为执政重心,更多地关注自城市获取执政资源,但城市在国家政治经济中的作用和影响则因中国经济的不发达而受到相当的制约。有如外国舆论所评论:"国军在内战中显出的最大弱点,是高估了城市在中国那样农业国家中的价值。"[①]而作为非执政党,中共则对国情有深刻的认识,成功地开创了以农村为中心,建立农村根据地,以农村包围城市的革命道路,并最终由此走上了执政道路。如毛泽东所总结:要肯定土改伟大的成绩,解放战争就是靠土改发动人民打胜的,"有了土地改革这个胜利,才有了打倒蒋介石的胜利"。[②]

[①]《中国战场现势分析》,1947年10月25日英文《密勒氏评论报》,引自金冲及《转折年代——中国的1947年》,373页,北京,三联书店,2002。
[②] 中共中央文献研究室编:《建国以来毛泽东文稿》第1册,397页,北京,中央文献出版社,1987。

第七节　中共力量的全面崛起

与抗战前相比,抗战胜利后的中共已经是一支占据广大地域、有众多人口和军队、在中共中央集中统一领导之下、富于严密组织和纪律的力量。全面内战爆发时,中共根据地约有100万平方公里的面积,近1亿人口。虽然各根据地之间仍然处于被分割的状态,占据的大城市很少,军事和经济实力远不如国民党,但仅就地域与人口这两项指标而言,已经为中共提供了与国民党对抗的相当潜力与余地。毫无疑问,在战后国共对抗之初,国民党处于强势地位,中共处于弱势地位,但强弱之势非不可易,全局之弱势未必不可以局部之强势弥补(如孟良崮之役),军事之弱势未必不可以其他方面之强势弥补(如中共宣传战之成功),组织动员能力之高下亦可决定能否充分发挥其潜力(如国共对学运运用之不同结果)。所谓运用变化存乎于心,能够从实际情况出发并作出决定,便可以把握并创造机会,造成强弱易势,最终由弱而强,这就是中共走过的成功道路。何况战争不只是直接的战场相争,军事行动后面实际蕴含着政治、经济、组织等全方位的较量。经过全国抗战的历练,国民党的力量被磨蚀,共产党的力量在上升,在战争爆发一年之后,中共已经渡过了初期的困难局面,在军事上转守为攻,表现出总体实力的全面上升。

在全面内战爆发之初,中共将己方作战称之为对国民党进攻不得已之自卫战争,但在战争进行一年之后,国民党决定实行"戡乱",而中共也相应改变了对战争性质的表述。1947年7月7日,中共中央发布纪念抗战十周年口号,将中共领导的武装力量称为人民解放军,此后,解放战争成为中共对这场战争的定性。7月21日至23日,中共中央在陕北靖边县小河村召开扩大会议,毛泽东在讲话中认为,"蒋介石在政治上更加孤立了……当然还没有到彻底孤立的地步"。他明确提出:"对蒋介石的斗争,计划用五年的时间来解决……现在不公开讲出来,还是要准备长期斗争……"随着中共在军事上转入全面的进攻,10月10日,中国人民解放军总部发布了毛泽东起草的《中国人民解放军宣言》,正式提出:"本军作战目的,迭经宣告中外,是为了中国人民和中华民族的解放。而在今天,则是实现全国人民的迫切要求,打倒内战祸首蒋介石,组织民主联合政府,借以达到解放人民和民族的总目标。"①"打倒蒋介石"是中共在战争初起时即已确定的目标,但因为主客观条件尚不成熟,民众还不易接受而未公之于众。此时公开提出"打倒蒋介石"的口号,说明中共能够适时把握形势的变化,提出最能动员军队、民众和社会各阶层的主张,并对战争前途有了充分的自信。如周恩来所解释:"一方面,我们已用事实证明给老百姓看,我们有力量打倒蒋介石;另一方面,老百姓也不要蒋介石,就连上层分子(除了少数反动集团外)、中产阶级也不想给蒋介石抬轿子了,也要推翻他了。所以这个时候提出打倒蒋介石正合时宜。"②"打倒蒋介石,解放全中国"从此成为中共最有力的战争动员口号。《中国人民解放军宣言》还提出了中共在解放战争时期的八项基本政策:(1)成立民主联合政府;(2)惩办战犯;(3)实行人民民主制度,保障人民自由;(4)肃清贪官污吏,建立廉洁政治;(5)没收官僚资本,发展民族工商业;(6)废除封建剥削制度,实行耕者有其田;(7)承认各少数民族平等自治的权利;(8)废除卖国条约,与各国建立平等互惠关系。③

随着战争形势日渐有利于中共,中共中央在政治、军事、经济等各方面提出了适应于形势发展要求的路线、方针和政策,为战争的胜利和建国的理想而未雨绸缪。1947年12月25日至28日,中共中央在陕北米脂县杨家沟召开扩大会议。此时,中共三路大军出击外线已在中原立住

---

① 《毛泽东文集》第4卷,267页;《毛泽东选集》第4卷,1235页。
② 《周恩来选集》上卷,276页。
③ 参见《毛泽东选集》第4卷,1237—1238页。

阵脚,毛泽东这样表达他的心情:"大别山各兵团没有站住脚,我们不敢开这个会,我也不敢讲这个话,不敢写这篇文章,不敢讲伟大的转折点,蒋介石可以打倒。这篇文章要等一年半载再写。因为中原的部队站住了脚,胜利靠得住,现在我们要开会分析、估计,大胆地写文章,向全国人民号召,准备在几年内取得全国的胜利。"①毛泽东在会议讲话中认为,"国内形势现在已经发生了根本性的变化",其表现一是"人心动向变了",在抗战以前"我们比较孤立",抗战时期"我们逐渐得到人心",现在人心问题已得到根本解决;二是国共力量对比变了,"二十年来没有解决的力量对比的优势问题,今天解决了"。基于这样的分析,毛泽东在会上做了《目前形势和我们的任务》报告,明确提出:"中国人民的革命战争,现在已经达到了一个转折点。……这是一个历史的转折点。这是蒋介石的二十年反革命统治由发展到消灭的转折点。这是一百多年以来帝国主义在中国的统治由发展到消灭的转折点。"毛泽东在报告中系统阐明了中共在新民主主义革命时期的总路线:政治上,在中共领导下,组成最广泛的民族统一战线,成立民主联合政府;经济上,没收封建阶级的土地归农民所有,没收官僚垄断资本归新民主主义国家所有,保护民族工商业,以发展生产、繁荣经济、公私兼顾、劳资两利为总目标;军事上,提出十大军事原则,即先打分散和孤立之敌,先取中小城市和乡村,以歼灭敌人有生力量为主要目标,集中绝对优势兵力,不打无准备和无把握之战,发扬连续作战的作风,力求在运动中歼灭敌人,先取敌人守备薄弱的据点和城市,以俘获敌人的武器和人员补充自己,善于休息和整训部队。毛泽东还在报告中特别提出,对农村的中农和城市的中等资产阶级和上层小资产阶级应注意团结和保护,不要侵犯他们的利益,"绝对不许重复"过去的"左"倾错误。毛泽东的这个报告成为中共在"建立新民主主义中国的时期内,在政治、军事、经济各方面带纲领性的文件"。其后,毛泽东将中共的新民主主义革命总路线概括为:无产阶级领导的,人民大众的,反对帝国主义、封建主义和官僚资本主义的革命。② 这是毛泽东积

---

① 第二野战军战史编审委员会编:《中国人民解放军第二野战军战史》,198 页,北京,解放军出版社,1990。
② 《毛泽东文集》第 4 卷,328、333 页;参见《毛泽东选集》第 4 卷,1243—1260 页。

其多年实践,总结中共成立以来尤其是抗战以来正反两方面的经验教训,并集中了中共全党智慧所得出的思想精华。

1947年12月会议,标志着中共已经确定了夺取全国胜利的基本路线。此后,中共中央开始"集中全力解决在新形势下面关于土地改革方面、关于工商业方面、关于统一战线方面、关于整党方面、关于新区工作方面的各项具体的政策和策略的问题,反对党内右的和'左'的偏向,而主要是'左'的偏向"。鉴于以往的经验教训,毛泽东特别告诫全党在胜利形势下应该保持谨慎态度,"现在敌人已经彻底孤立了,但是敌人的孤立并不就等于我们的胜利";"如果我们的政策不正确,比如侵犯了中农、中等资产阶级、小资产阶级、民主人士、开明绅士、知识分子,对俘虏处置不当,对地主、富农处置不当,在统一战线问题上犯了错误,那就还是不能胜利,共产党会由越来越多变成越来越少,蒋介石的孤立会变成国共两方面都孤立,人民不喜欢蒋介石,也不喜欢共产党。这个可能性是有的,在理论上不是不存在的。"中共此时已经认识到,在胜利形势下"左"倾偏向正在发展,并将有损于革命的根本利益,因此在确定了革命总路线之后,应特别注意革命的政策和策略。就是在纠正"左"倾偏向的过程中,毛泽东写下了那句日后家喻户晓的名言:"政策和策略是党的生命,各级领导同志务必充分注意,万万不可粗心大意。"①

在纠正土改"左"倾偏向的同时,中共也注意到纠正城市工作中的"左"倾偏向。因为中共长期以农村根据地和武装斗争为工作中心,干部也多来自农村,对城市工作的复杂性和重要性缺乏认识与实践,故在占领城市的初期曾不断发生违反政策和纪律的错误。如在中共最早转入进攻的东北,"除少数城市外,都曾发生过违犯城市政策和工商业政策的行为"。1947年11月,中共部队在关内攻克第一座较大城市石家庄,出现了进城部队乱拿乱搬物资、破坏生产设施的情况,城市秩序也发生混乱,"很久还不能停止,后来实行戒严,断绝交通,并枪决数人才停止下来";同时,还不恰当地以乡村清算恶霸地主的经验用于城市,提出工人、贫民当家,清产打人,"在全市引起恐慌"。中原部队对于公共建筑、工厂

---

① 参见《毛泽东选集》第4卷,1297、1286页;《毛泽东文集》第5卷,23页。

学校、文化事业、教堂庙宇等,"作了相当普遍的严重的破坏",被邓小平严厉批评:"我们许多领导同志,至今还没有真正觉悟到这种农业社会主义的破坏性是反动的罪恶的行为。"①这些情况引起了中共中央的高度重视。城市的经济社会生活和阶级关系较农村更为复杂,简单地套用农村工作的经验用以指导城市工作,已被证明不切实际。随着军事上的不断胜利,占领的城市越来越多,城市工作对中共的意义也越来越大,中共中央适时提出"将党的注意力不偏重于战争与农村工作,而引导到注意城市工作",并"使现已取得的城市的工作在我们手里迅速做好","对今后取得的城市的工作事先有充分的精神准备与组织准备"。②

鉴于各解放区"均可能在最近收复一些中等的和大的城市,而这些城市收复后又可能长期归人民所有,如何去收复城市,收复后又如何管理,这在党内一般是还没有完全解决的问题",所以自1948年初起,中共制定了一系列关于城市工作的路线、方针和政策,要求必须避免对于中小工商业者和一般知识分子采取任何冒险政策;对于"某些地方的党组织违反党中央的工商业政策,造成严重破坏工商业的现象","必须迅速加以纠正"。4月8日,毛泽东在《再克洛阳后给洛阳前线指挥部的电报》中,以"一切作长期打算"为基础,较为系统地提出了中共的城市接管政策:(1)极谨慎地清理国民党统治机构,只逮捕其中主要的反动分子,不要牵连太广;(2)对于官僚资本要有明确界限,小官僚和地主所办的工商业不在没收之列,一切民族资产阶级经营的企业严禁侵犯;(3)禁止农民团体进城捉拿和斗争地主;(4)不要轻易提出增加工资减少工时的口号;(5)不要忙于组织城市人民进行民主改革和生活改善的斗争;等等。其基本精神是以谨慎态度对待城市工作,在接管之初暂时维持现状,留待熟悉情况、稳住阵脚之后,再做进一步的打算和改革。根据城市接管的经验教训,6月10日,中共中央又批转了东北局的指示,决定在新占领的城市实行短期的军事管理,将城市接管从过去的党政军各自为政,转变为由单一机构实行集中统一的、自上而下的领导,以保证城市接管的协调有序和接管政策的切实执行。经过政策的

---

① 《中共中央文件选集》第17册,54—57页;《邓小平文选》第1卷,113—114页。
② 《中共中央文件选集》第17册,70页。

调整,中共的城市接管工作有了很大改观,摆脱了最初的某些混乱无序状况,在新占城市采取了"宁缓勿急,宁慢勿乱,争取时间进行调查研究,弄清情况,逐步的、有轻重的处理问题的稳重方针与工作态度";"在缺乏准备,缺乏把握的情况下,宁可暂时维持原状,决不轻易进行改革,以便争得时间,具体深入调查研究,进行周密部署"。中共由此基本上做到了新占城市接管后的稳定有序,使城市的正常生活和生产迅速得以恢复,对于巩固和发展中共革命胜利的形势,争取尚在国民党统治下的城市人心具有重要作用。为了避免各地在政治军事经济等方面自行其是的做法,加强集中统一领导,中共中央还要求各中央局、中央分局、野战军和军区,每隔两个月必须向中共中央做一次综合报告,上述单位向下属所发指示亦须同时报送中共中央,以"坚决地克服许多地方存在着的某些无纪律状态或无政府状态,即擅自修改中央的或上级党委的政策和策略,执行他们自以为是的违背统一意志和统一纪律的极端有害的政策和策略"。①

与国民党相比,中共的一大优势在其组织与动员能力。中共有一套自上而下完备的组织系统,并且能够深入到根据地的几乎每一个基层村庄。以山东根据地为例,全面内战爆发时,中共党员已占总人口的1%左右,几乎村村有党员。这些党员通过小组和支部的活动,组织与联系群众,向上层层经过乡、区、县、地区直至大区党委,最后集中至中共中央。中共又在其外围建立了一系列群众组织,如农会、工会、青年团、妇女会和儿童团等,将各种人口按其所属集中在组织中。还以山东根据地为例,抗战胜利时,已有农会会员133万人,工会会员15万人,青年团员36万人,妇女会员131万人,儿童团员89万人,共404万人,占根据地总人口的27%。② 长期以来,中国是自给自足的农耕型社会,历史上的组织系统,极少能够到达农村基层。近代以来列强的入侵,虽然使中国的社会形态发生了很大变化,但国民党政权基本上仍以城市为其统治重心所在,农村仍为乡绅当道,统治系统与国民党的组织联系

---

① 《毛泽东选集》第4卷,1285—1286、1323—1324、1332页;《中共中央文件选集》第17册,209—215页;《山东革命历史档案资料选编》第21辑,504页。
② 《山东革命历史档案资料选编》第15辑,442页,第16辑,65页。

并不十分密切。中共则在其根据地创立了中国历史上从未有过的,从最基层的村层层而上直至中央的一套完整的组织系统,使得原本非常松散的基层社会被有效地组织起来,服从中共的集中统一领导,上传下达,运用自如,确保中共的指示可以在短时间内从上而下,通过层层的组织系统付诸实施。中共部队在战争期间进行后勤保障的实践证明,这一套组织系统发挥了非凡的作用,非常富于成效,大大弥补了中共在物质层面相对于国民党的弱势。

对于现代战争而言,后勤保障居于十分重要的地位,没有可靠的后勤保障,战争的进行是不可想象的。中共军队与国民党军队在物质装备方面的差距甚大。内战开始时,国民党军主力整编第11师有汽车360辆,而到1948年底淮海战役期间,中共山东根据地出动运输补给的汽车也不过219辆。所以国民党从常理出发认为:"大规模会战决不是没有后方补给线的共军所能胜任的,不单是武器弹药的消耗无法补充,就是几十万人每天所需的粮食,亦会无法供应。"①但是战争的实践证明,国民党大大低估了中共以其卓有成效的组织系统所可动员的人力、物力及其成效。以淮海战役为例,中共华东和中原野战军在东起江苏海州,西至河南商丘,南起安徽淮河,北至山东临城,东西宽350余公里,南北长250余公里,在数万平方公里的地域上,进行了长达两个月的战役,共有作战部队和民工等计150万人及军马需要供应粮食及马料,日均消耗粮食及马料350万到500万斤,加上大量的武器弹药补给,后勤供应创下中共部队有史以来之最。为此,中共动员了华东、中原、华北区的543万民工(其中随军常备民工22万人,二线转运民工130万人,临时民工391万人),21万副担架,88万辆大小车,35万副挑子,77万头牲畜,8 500余艘民船,共计运送粮食96 000万斤,将前线11万名伤员转运后方。运输物资最远自千里之外起运,主要以人力运至前线(其中汽车运输415万斤,火车运输7 591万斤),其间还需克服种种自然(如道路、河川阻隔)与人为(如国民党空军轰炸)的困难。因此,淮海战役总前委领导人之一陈毅曾经说过:淮海战役的胜利是人民群

---

① 《中华民国史事纪要》,1948年11月30日。

众用小车推出来的。这并非矫情的语言,而是当时的事实。基本以人力运输的方式,完成牵涉如此众多方面、消耗如此巨大数量的后勤供应,实在是战争史的奇观,也充分说明中共的组织动员能力已经达到了当时所可达到的高度。陈毅总结说:"数十万劳动人民的组织和指挥,逐渐形成系统和秩序,这是一门巨大精深的组织科学,这是在我党领导下中国劳动人民高度的政治觉悟与组织天才的伟大表现,这是我军能保持常胜光荣成绩的有力因素之一,没有这样一支伟大劳动人民志愿运输大军,我们休想战争能够胜利。"①

中共在战争中的后勤保障多依赖于民工,民工又多来源于农村,尽管中共在农村实行的土改对动员农民具有正面和积极的意义,但对那些一向因小生产而生活习性散漫的农民,如何将他们以集体行动的方式动员起来亦非易事,其间经过了中共长期的组织动员工作。以山东根据地为例,在组织方面,设有支前委员会统一领导支前工作,下设人力、粮食、民站、人武等部,并从上到下建立相应机构,直到村一级。在动员方面,规定除荣誉军人、妇女、村长、病人及55岁以上和16岁以下者可免除劳役外,其他人均须服劳役,其中20岁以上、45岁以下者须服常备民夫。经过不断完善,逐步形成了一套较为完备的民工征集、使用和管理制度。民工被分为一线随军民工,直接保障部队供应,由纵队调度使用,服务期为半年至一年;二线常备民工,执行前后方之间的运输任务,由省级前方办事处负责,服务期2个月;临时民工,执行临时战勤任务,由当地政府组织,服务期根据具体任务而定。对于民工的生活标准、管理内容和教育方法,也都有具体的规定。为了既有利于保障部队供应,又可以节省民力,不影响农业生产,实行民工的统一调度,使用计划由军地双方共同决定,不得私自调拨,其中使用2个月及1 000人以上者,由地区行署决定;使用半月内及1 000人以下者由专署决定;使用3日内及200人以下者由县决定。一般情况下,一线随军民工约占民工总数的10%左右,每个纵队大约配备3 500人和担架、挑子各500副,二线常备民工占20%左右,三线临时民工占70%左右。对于

---

① 中共中央党史资料征集委员会主编:《淮海战役》第1册,42页,北京,中共党史资料出版社,1988;《山东人民支援解放战争史》,84、195—196、258、409页。

民工的征集,有主动的自愿报名、自报公议和轮流出工方法,也有被动的指定、摊派、雇佣和抽签方法,前者多实行于老区和半老区,后者多实行于新区。由于被动出工者纪律较差,逃亡较多,故一般不作为一线和二线民工使用。出勤民工实行军事编制,有干部带队,有中共党员分布在各队作为骨干,党员一般占到民工队伍的10%左右。为了提高民工出勤的积极性,除了采用供给制和义务制的民工外,也有实行包工制(根据运输数量予以提成)和提奖制(运输超额部分给予奖励)的民工。正是因为在充分动员的基础上实行了一系列切实可靠的方法,从而保证了战争期间对民工的需求。据不完全统计,自1945年9月到1949年底,山东共计动员了1 106万名民兵、民工,折合使用工日5.2亿个,使用非机动车147万辆,牲畜77万头,担架44万副,运送粮食11亿斤,转送伤员20万人。①

中共的组织动员能力来自可靠而有效率的组织系统。到1947年底,中共已有270万名党员,成为中国历史上空前强大的政党。虽然就人数而言,中共党员的数量仍不及号称有600多万名党员的国民党,但是与国民党"一不查成分,二不查思想",组织庞大而散漫,甚至不交党费,党员对党缺乏认同感相比较,中共集中而严密的组织系统显然更具效率,更能确保党员在中央的集中统一领导下,作为党的一分子而发挥作用。到1947年,已经有过半数的中共党员是在抗战胜利以后,尤其是在革命高潮持续发展的形势下加入中共的,在晋察冀和晋绥区的党员成分中,旧中农已占60%左右,其中不少人缺乏以往长期严酷环境的考验,也不排除有些人乘机"捞一票"的想法。为此,中共决定开展普遍的整党运动,"展开批评与自我批评,彻底地揭发各地组织内的离开党的路线的错误思想和严重现象",解决"党内不纯的问题"。中共领导人对整党问题看得很重,毛泽东认为,整去三四十万党员是必要的,否则就要失败。刘少奇则认为,"党内不纯,如果不整,就有亡党亡头之痛"。整党主要是在农村党组织中进行,在军队则结合整党进行了新式整军运动(即诉苦和"三查三整",查阶级、查工作、查斗志,整顿组织、整

---

① 《山东人民支援解放战争史》,63—64、70、119、124—126、350—357、407页。

顿思想、整顿作风)。尽管在整党中发生了"过左过火"的情况,"有把对付敌人的方法对付自己同志",伤害了一些党员,但是通过整党,要求党员在思想上、组织上与中央保持一致,"提出党的铁的纪律,谁敢违反一下,给他一个头破血流。同时要行动一致,不准自由主义",对于中共在迅速扩大基层组织的同时,确保中央的集中统一领导仍然具有相当的意义。①

经过各方面的政策调整,中共的工作"在新的政治形势和政治任务之下,走上了健全发展的轨道"。1948年初,毛泽东十分自信地总结说:自日本投降后,特别是1947年这一年发生了根本的变化,可以说是一个伟大的事变,敌我双方的形势都有了根本的改变。政治方面,人心动向完全改变,人心向我,把希望寄托在共产党身上,对蒋介石深恶痛绝。军事方面,1947年7月我们转入进攻以来,蒋介石转入防御地位,于是军事上完全改观,蒋介石要返回过去的形势,已是不可能。经济方面,蒋介石的经济1947年比1946年更严重,美国帮助也不能解决问题。我们的经济也有问题,但自转入进攻,主力移出,负担减轻,恢复了大块土地,办法更多了,我们的经济问题解决了。蒋没有土改,我有土改。1948年再搞一年,可以有根据地说,更大的胜利一定要来的。以前只能讲"有利于我",现在可以讲"胜利到手"。我们的优势已经确定了,这不是估计,而是事实。②

1948年3月,在战争形势有利于中共的情况下,毛泽东、周恩来、任弼时等中共领导人离开了转战一年的陕北,前往河北平山县,与中共中央工委刘少奇、朱德等会合。5月,中共中央领导人齐聚西柏坡,此地成为解放战争后期中共的指挥中枢,也是中共夺取全国胜利前的最后一个农村指挥所,以毛泽东为首的中共中央在此指挥了解放战争的战略决战,并部署中共夺取全国胜利的各项工作。5月9日,中共中央决定将晋冀鲁豫和晋察冀解放区合并为华北解放区,两区的党政军机构亦同时合并,成立华北中央局(刘少奇兼第一书记,薄一波任第二书记,聂荣臻任第三书记)、华北军区(聂荣臻任司令

---

① 《毛泽东选集》第4卷,1253页;萧牲:《最后的决战》,190—196、225页,上海人民出版社,1997。
② 《毛泽东年谱(1893—1949)》下卷,274—275页。

员,徐向前任第一副司令员,薄一波任政委)、华北联合行政委员会(董必武任主席),同时委托华北局办理大党校、大军校、大党报和华北大学。8月,华北临时人民代表大会在石家庄召开,华北联合行政委员会改称华北人民政府,统一管理华北、华东和西北区的经济财政工作,并准备在不久的将来再加入东北和中原两区。华北区建立的各个机构,成为后来中共在全国建政时成立的各个机构的雏形,华北区政府的实际运作,也为中共治理更为广大的地域和人口提供了经验,并为中共其后的建政所借鉴。

9月8日至13日,在国共两军的战略决战即将开始之际,毛泽东在西柏坡主持召开中共中央政治局会议,全面回顾与总结了中共在战争开始以后的工作,并对今后的工作作出一系列重要部署。毛泽东在讲话中提出:"我们的战略方针是打倒国民党,战略任务是军队向前进,生产长一寸,加强纪律性。"经过充分讨论,会议认为,在5年左右的时间内,从根本上打倒国民党统治,是有充分可能性的。因此,"必须尽一切可能修理和掌握铁路、公路、轮船等近代交通工具,加强城市和工业的管理工作,使党的工作重心逐步地由乡村转到城市";应迅速地、有计划地训练大批能够管理军事、政治、经济、党务、文化教育等工作的干部,大力恢复和发展生产;提出准备在1949年内召开各党派政治协商会议,成立临时中央政府。由于中共在以往基本上处于分散的、游击式的环境,因此比较强调各根据地独立自主的发展,并在实践中取得了成功。但是,随着全国胜利的即将到来,各根据地不少自行其是的做法不再适应形势发展的要求,出现了一些弊端。毛泽东在会上做了严厉批评:"无纪律和无政府状态在党内已到了令人不能容忍的程度。从中央机关、中央代表机关,一直到各地,报喜不报忧,瞒上不瞒下,封锁消息。村有杀人之权。一个干事可以把一个大工厂的厂长(资本家)搞死,九个照顾(指在土改中对贫雇农群体之外的若干照顾政策——本书作者注)变成了九个不照顾,搬起石头打自己的脚。"他提出:"这些状态必须改变。中央同志要以全力来做这件事,要在战争的第三年内,在全党全军克服无政府、无纪律状态。"会议提出用最大的努力克服无纪律和无政府状态,克服地方主义和游击主义,将一切可能和必须集中的权力集中于中央和中央代表机关手里。① 中共中央政治局9月会议,是在战略决战前夕,中共为准备夺取全国胜利而召开的一次重要会议。会议表明,有了经过长期胜利和挫折实践锻炼的中共中央领导集体的集中统一领导,提出了新民主主义革命时期合乎国情的一系列路线、方针和政策,纠正了"左"倾偏向,发展了最广大的统一战线,有可靠而富于成效的社会动员,中国共产党已经为夺取全国范围的胜利做好了充分的准备,即将到来的战略决战将拉开中共领导的新民主主义革命胜利的壮观序幕。

---

① 《毛泽东选集》第4卷,1312—1313、1342—1349页;《毛泽东文集》第5卷,133、138页。

第五章

国共两军的军事战略决战

  决定中国前途命运的军事战略决战需要在战场上最终完成。经过全面内战爆发后两年间一系列军事战役的较量,国共两军的强弱态势发生了重大变化,中共领导的人民解放军的力量已经有了相当的增强,中共已经有了充分的自信进行与国民党军的战略决战。1948年夏秋之间的豫东战役和济南战役,人民解放军表现出进行大规模野战和大城市攻坚战的能力,可谓战略决战的预演,战略决战的条件已经成熟。1948年秋至1949年初进行的辽沈、淮海、平津三大战役,人民解放军在正确的战略战术指导下,经过艰苦顽强的战斗,获得对国民党军的完胜,全歼国民党军若干重兵集团,全部占领了东北,基本占领了华北。至此,人民解放军在数量上和实力上全面超过了国民党军,国民党失去了与中共在战场上继续较量的本钱。三大战役奠定了中共领导的革命胜利的军事基础。

第一节　战略决战前的国共两军争夺

1947年中,中共刘邓、陈粟、陈谢三路大军挺进中原,各个战场先后转入反攻,对国民党军事战线构成了强大压力。刘邓大军进军中原之后,蒋介石认为他们"东可威胁京畿,西可威胁武汉,南可阻碍长江运输,在战略上对于政府是一个很大的顾虑"。胶东攻势刚刚结束,1947年10月3日,蒋介石即主持作战会报,决定:(1)勿使"匪"南越长江;(2)仍以消灭黄河以南"股匪"为主旨;(3)对黄河以北与东北暂取守势。11月上旬,蒋介石又主持召开大别山作战检讨会报和豫、皖、鄂、湘、赣、苏六省绥靖联席会议,授权国防部长白崇禧组织国防部九江指挥部,统辖对大别山的围攻,企图"迅速歼灭刘匪,摧毁其在大别山区建立根据地之目的,以确保南京武汉之安全"。[①] 为此,国民党调动了15个整编师的兵力,以南北合围态势,于11月底开始了对大别山的"围剿"。

刘邓部队进入大别山后,减员较多,补给困难,面对国民党军队的紧逼围攻,他们一面进行战略展开,寻机作战,一面发动群众,建立根据地。但由于部队初到新区,无后方依托的作战面临着较多困难,再加上"左"倾偏向的发生,影响到新辟根据地的稳定,在大别山的处境一度较为被动,占领的20余个县城得而复失。为了打破国民党军对大别山的围攻,1947年12月,刘邓决定由刘伯承率中原局机关及1个纵队转出

---

① 秦孝仪:《"总统"蒋公大事长编初稿》卷六(下),573—574页,台北,中国国民党中央委员会党史委员会,1978;《国防部九江指挥部三十六年度工作报告书》,见中国科学院历史研究所第三所南京史料整理处编《中国现代政治史资料汇编》第4辑第20册。

大别山,进至淮河以北的外线作战,由邓小平率3个纵队在大别山内线坚持,另由后续南下的2个纵队分别开辟桐柏根据地和汉江根据地;同时,中共中央命令陈粟和陈谢部队对陇海和平汉路进行大规模的破击战,牵制、分散国民党军的行动。由于三路大军配合作战,尽管国民党在大别山集中了优势兵力,但仍无法达成彻底驱逐刘邓部队、完全摧毁大别山根据地的目的。1948年初,刘邓、陈粟、陈谢部队各一部在平汉路西平、确山地区会合,大别山、豫皖苏、豫陕鄂根据地的联系被打通,有利于此后三军的联合作战。

面对渐趋不利的战场态势,为了挽回局面,国民党统帅部采取了一系列应对措施,其中主要者为在长江以北划分战区,建立"剿匪"总部和党政军一元化的指挥体系,进行"总体战",以克服各自为战为政之弊端;同时,以精兵组建机动兵团,以摆脱单纯守城之被动局面。1947年12月,国民党决定撤销保定与张垣绥靖公署,改在北平设华北"剿匪"总司令部,任命傅作义为总司令,统领晋、冀、热、察、绥5省"剿匪"事宜。1948年5月,撤销各地行辕,改为绥靖公署,另将沈阳东北行辕改组为东北"剿匪"总司令部,由卫立煌任总司令;同时,免去陈诚的职务,任命顾祝同为参谋总长。6月,将国防部九江指挥部改组为华中"剿匪"总司令部(设在武汉),由白崇禧任总司令;将陆军总部徐州司令部改组为徐州"剿匪"总司令部,由刘峙任总司令,担负山东及徐淮地区之作战任务。只有在西北地区,因为张治中的坚持,未设"剿匪"总部,而将兰州西北行辕改以西北军政长官公署名义行事。在担负一线作战指挥的诸位"剿匪"总司令中,傅作义、卫立煌、白崇禧均有和中共交手之历史与战绩,或可称军事干才与一时之选,唯有刘峙庸碌无能,内战之初即因定陶作战失利而被免去郑州绥署主任职,却在弃置闲散近两年后被安置在拥兵最多、实力最强、战略位置亦最重要之徐州"剿总",个中关节颇值思量,可见国民党统帅部和蒋介石或无识人之明,或有徇私之弊。难怪国民党内不少人得知刘峙的任命后发牢骚说:以徐州为南京大门之重要地位,不说派只虎震山,至少应当派只狗看门,结果却派了头猪去,如何不败?

根据1948年5月11日公布的《剿匪地区军政机构配合方案》,"剿匪"总部"承最高统帅部暨行政院之命,指挥并督导辖区内剿匪绥靖各事宜";"剿匪"总部下设政务委员会,"承行政院之命,指导辖区内政务";"凡划隶绥靖区地域内之一切地方机构与人力物力财力等,均依总体战方案之规定,由各绥靖区司令官负责处理"。① 成立"剿匪"总部,是国民党实行"总体战"战略的重要环节,而"总体战"的目的,就是以"剿匪"总部为核心,实行党政军一元化领导,赋予战区军事长官党政军全权,期与中共进行军事、政治、经济、社会等全方位的较量,尤其注重"三分军事,七分政治",强化保甲联防、连保连坐制度,控制社会基层与民众。但国民党官僚体制久已养成,上下脱节,且在县以下之基层缺乏有力的组织动员体系,难与中共如蛛网般密布、上下沟通、迅捷有效的组织动员体系相竞争,所谓"总体战"名不副实,只有白崇禧在华中"剿总"任上所行较为切实,有一定成效。

中共刘邓大军进军大别山后,主持"围剿"的白崇禧认为,中共以分田运动使土地与动员相结合,以党的力量控制政治军事,所以力量发展迅速,因此提出:"必须军事、政治、经济、文化紧密配合,军队与民众协同一致,全面动员起来,才能发挥总体战的力量,应用全面战术,争取广大面的控制,始可彻底剿灭匪患。"具体做法:军事上以"机动对窜扰"(实行分进"围剿"、轻装"追剿"、扼要"堵剿"、分区"清剿"),政治上"以组织对裹挟"(组训地方团队,强化地方组织,厉行保甲制度,实行联村并区),经济上"以封锁对劫掠"(管制物资和壮丁,实行全面严格的经济封锁);实行"自清、自剿、自卫、自富"政策;等等。1948 年 3 月,白崇禧在南京主持召开华中绥靖会议,进一步确认了他的"总体战"战略。由于桂系抗战时期在大别山区经营时间较长,基础相对较好,白崇禧又拿出了一套办法,因此他在大别山区强力推行的"总体战"战略收到了一些成效,对中共部队构成了较大压力。但是,因为缺乏其他战区的呼应,也没有后续政策措施如土改的支持,再加上国民党全盘军事态势的日趋恶化,其"总体战"之功效不过昙花一现而已。而且由于蒋介石和桂系之间的历史纠葛,蒋对多

---

① 《国民政府公报》,1948 年 5 月 11 日。

谋善断、号称"小诸葛"之白崇禧并不放心。抗战胜利后,蒋介石任命白崇禧为有职无权的国防部长,而不令其实际带兵,即表现出他对桂系的防范之心。及至中共部队进军大别山,蒋不得不将白外放主持九江指挥部和华中"剿总",但也并不意味着对其完全放手。李宗仁当选副总统后,白崇禧在外领兵,与李宗仁互为依恃,更使蒋介石平添忧虑,白崇禧对此心知肚明。华中"剿总"成立前,白崇禧有意表示辞职。5月19日,蒋介石致电白崇禧称:"辞职问题,不能照准,务望照常负责,切勿消极为要。"后在身边人的劝说下,白方才打消辞意。① 蒋、白之间因为面对共同的敌人——中共,关系得以维持,但双方芥蒂犹存,并影响到不久之后的徐蚌会战(淮海战役)及蒋介石下野。

在军事战略方面,国民党军较内战初期表现出明显的退缩态势。1948年1月,参谋本部将其编制的当年《作战计划大纲》呈交蒋介石,提出:"在东北方面暂取机动防御,先击灭黄河以南陈毅、刘伯承各匪,尔后由鲁豫陕诸方面进出黄河北岸,与华北国军协同,打通津浦、平汉线之北段,击灭聂荣臻匪军,会师冀中,同时摧毁上党区匪巢,恢复各路交通,并准备出关收复东北。"这说明国民党统帅部此时不仅不再寄望收复东北,而且对黄河以北亦只能以守为主,而将作战重点放在黄河以南的中原地区。由于国民党军指挥官普遍感觉兵力不足,因此各地此时均在大力扩编部队,并更多地以新编部队、杂牌部队和地方武装担任守备任务,而以久经战阵的精锐部队编组机动兵团,实行"以机动对机动""以集中对集中"的战略战术,期以野战"击灭匪军主力",恢复战场主动权。但即便如此,国民党军的战略正面仍然过广,防守点线过多,机动兵团顾此失彼,赋予中共各个击破的机会。蒋介石认为:"我军兵力不足,防不胜防,此剿彼窜,颇难为计。乃以暂取守势,沉机观变之法,加以深虑,所得结论,应求匪之要害,取而守之,使其不能不被动来攻,待其停攻挫折,而后再予以反击,清剿当易为力也。"1948年4月9日,蒋介石在行宪国大报告时将其新的军事战略表述为:"今后为使剿匪军事早日胜利,当着重消灭共匪兵力,因此,对于不必要的地点,在不

---

① 1948年3月13日《和平日报》,南京;1948年3月20日、21日《大公报》,上海;《蒋中正"总统"档案·筹笔·戡乱时期》第16206号,台北,"国史馆"藏。

妨碍国军进展的情形之下,将自动予以放弃,俾能集中兵力机动使用,随时以二三倍优势的力量,主动出击,歼灭共匪。"①

中共在三路大军出击中原后,着重于创立中原根据地,与国民党军中原逐鹿,同时提出"注重学习阵地攻击技术,加强炮兵工兵建设,以便广泛地夺取敌人据点和城市"。② 在内战爆发初期,中共对城市并不十分看重,而特别注重消灭国民党军的有生力量,但毋庸讳言,城市是现代政治、经济、文化、社会活动的中心,有着非常重要的意义。随着战场形势的变化,中共部队在以运动战与国民党军的一般性对抗中,已经逐步占据上风并有明显的心理优势,而如何攻克并稳固地占领国民党军坚固防守的城市,已成为中共在军事上亟待解决的重要问题之一,也是中共夺取全国胜利的必经之路。因此,自1947年年中以后,在主要进行运动战的同时,中共部队也开始注重进行阵地战,并通过实战演练攻击城市的战略战术,准备与国民党军在城市攻坚战中进行较量。

中共部队以强攻方式占领较大城市始于华北。内战开始后,因为主客观方面的一些原因,中共晋察冀战区的战绩受到一些影响。1947年6月,晋察冀野战军重建,在经过整训之后,战力有了提高。10月13日,晋察冀野战军发起保(定)北战役,以1个纵队围攻平汉路上的徐水,威胁保定,另以2个纵队准备打援,企望在野战中消灭增援之国民党军。保定绥署主任孙连仲认为这是歼击中共之机,遂派出5个师自保定南下,又令第3军军长罗历戎率部自石家庄北上,企图夹击晋察冀野战军。晋察冀野战军打援部队主力本部署在徐水以北,但因南进之国民党军力量较强,难以分割歼灭,而北上的第3军孤军突进,野战军指挥部当机立断,决定集中主力6个旅调头南下,围歼第3军,同时以4个旅继续阻击北面的国民党军。经一日的强行军,晋察冀野战军于19日晚在清风店包围了第3军,复经3日激战,于22日全歼其军部及1个师共17 000余人,俘军长罗历戎。这是晋察冀部队自内战开始后首次歼灭国民党军1个师以上的部队,对提高部队的作战士气与信心

---

① 《蒋中正"总统"档案·革命文献·戡乱时期(戡乱军事概况——一般策划与各方建议·三)》第13册,229页;《"总统"蒋公大事长编初稿》卷七(上),33页;秦孝仪主编:《先"总统"蒋公思想言论总集》卷二十二,444页,台北,中国国民党中央委员会党史委员会,1984。

② 《毛泽东选集》第4卷,1233页。

具有重要意义。

第 3 军主力在清风店被歼,石家庄守军即处于危境。石家庄(又称石门)位于平汉铁路和正太石德铁路的交会点,战略位置十分重要。但因国民党军迟迟不能打通平汉路,石家庄早成孤城。6 月间,白崇禧向蒋介石提出,"石家庄与保定两点均常受匪之围攻,均以兵力不裕被动受困","似此莫若放弃石家庄,将第三军转用于保定,使据战攻守得有余力,战术上收主动机动效果"。① 清风店战前,蒋介石已有意将第 3 军一部调至保定,但因为石家庄的战略地位,蒋难于决策放弃石家庄。清风店战后,驻守石家庄的只有第 3 军 32 师及部分地方团队,兵力薄弱,军心动摇,而且其周边为一望无际的华北大平原,四周没有城墙,与其他深沟高垒的坚城相比,相对较易突破,晋察冀野战军遂决定乘胜进攻石家庄。为此,他们进行了较为充分的准备,尤其是精心演练了攻城战术,准备了充足的作战物资,集中了全部炮火。攻城战发起前,解放军总司令朱德亲临晋察冀部队,指示"以阵地战的进攻战术为主要方法","用坑道作业接近堡垒,用炸药爆破,加以炮击,各个摧毁,采取稳打稳进的办法"。11 月 6 日,晋察冀野战军以 2 个纵队 4 个独立旅开始进攻石家庄,经过 2 天的作战,占领了机场和外围据点,随后在炮火支持下攻击城区。国民党守军初始仍凭据点坚守,并得到空军的轰炸支持,战斗十分激烈。但守军毕竟人数有限,外援相距甚远,在晋察冀野战军连续不断的猛烈攻击下,坚守意志逐渐动摇,防线渐趋崩溃。10 日,晋察冀野战军突入城内,12 日占领全城。攻克石家庄开中共部队"夺取大城市之创例",最大的收获是"提高了战术,学会了攻坚,学会了打大城市"。②

继石家庄之后,中共晋冀鲁豫部队又在晋南连续攻下了运城和临汾两城。运城为纵贯山西全省的同蒲路南端重镇,也是由山西进入陕西关中平原之门户,时由胡宗南部的 1 个团驻守。虽然守军数量并不多,但城坚堡固,1947 年 5 月和 9 月,晋冀鲁豫部队二打运城,均未得

---

① 《蒋中正"总统"档案·革命文献·戡乱时期(戡乱军事概况——一般策划与各方建议·三)》第 14 册,508 页。
② 《朱德选集》,212、220 页,北京,人民出版社,1983。

手。12月中旬,晋冀鲁豫和西北野战军各1个纵队联合发起对运城的第三次攻击,并运用坑道作业,以数吨炸药炸开城墙,打开缺口,终在27日突入城内,次日攻下全城。此后,晋冀鲁豫军区第一副司令员徐向前指挥2个纵队和地方部队共5万余人,准备攻打晋南最大的城市和交通枢纽——临汾,以完全控制晋南,切断阎锡山与胡宗南集团的联系。临汾时有阎锡山部第66师、胡宗南部整编第30师30旅及地方部队共25 000余人驻守,以阎部第6集团军副总司令梁培璜任总指挥,共有城外据点、环城工事、城墙壕沟和城内核心工事四道防线,可谓城坚墙高壕深,设防坚固,易守难攻。攻方晋冀鲁豫部队多半刚由地方部队升级后组成,作战经验较少,尤其是缺乏攻击坚城的经验,火力配备不足,只能将攻击重点放在以土工坑道作业为主,准备用爆破方式打开缺口。守方阎锡山、胡宗南部队地处孤城,外无援兵,又无力突围,内部指挥系统不一,是其防守的不利因素,但是面对守城生死战,此种危境又可促使其更加顽固地坚持下去,以图死中求生。守城指挥官梁培璜颁布了所谓"八杀"令,放弃阵地者、不援友邻者等均在必杀之列,以此胁迫部下坚守。因此,临汾虽非大城市,战场地位既非特别重要,攻守双方参战部队亦非头等主力,但战斗之激烈残酷程度却远胜于许多大城市的攻防战。

1948年3月7日,晋冀鲁豫部队发起临汾作战,在经历了城外逐点争夺的激烈战斗之后,于30日攻至临汾城下。此后双方主要以坑道战相对峙,4月10日,晋冀鲁豫部队以3条坑道同时爆破而打开缺口,突入临汾东关,守军依托坚固工事继续固守。攻城部队连日向城墙挖掘坑道,守城部队则不断予以破坏,历经1月有余的反复争夺,攻城部队终在5月17日成功地在城墙下引爆了装有数吨炸药的两条坑道,将坚固的城墙炸开了两个大缺口,随后突入城内,与守军展开巷战。在晋冀鲁豫部队的猛烈攻击下,守军最终失去抵抗意志,临汾全城被攻占,梁培璜于仓皇外逃时被俘。临汾战役为典型的城市阵地攻坚战,攻守双方在城内外进行了反复的逐点争夺。中共部队在重武器不足的情况下,发展出一套较为完整的坑道作业战术,以较易获取之炸药弥补炮火之不足,在以坑道爆破打开缺口之后,继以迅速的突破打乱守军的防御体系,夺取全城。此役历时72天,晋冀鲁豫部队以伤亡15 000余人的代价攻下临汾,完全控制了晋南,并隔断了阎锡山集团与胡宗南集团的联系。随后,徐向前又在6月中旬指挥华北第1兵团发起晋中战役,在1个多月的时间里,歼灭阎锡山部队8个师,俘其野战军总司令赵承绶。此后除太原和大同两座孤城外,山西已全部为中共控制,阎锡山困守太原孤城,一筹莫展。

1948年3月,胡宗南所部在陕北宜川失利,西安震动,胡宗南急令在豫西的裴昌会兵团撤回陕西布防,致洛阳成为孤城。中共华东野战军陈士榘和中原野战军陈赓部4个纵队遂发起洛阳战役。洛阳守军为青年军第206师及地方部队共2万余人,有较为完备的永久性防御工事体系,利于坚守,而且国民党军在陇海和平汉铁路均驻有重兵,随时可以增援洛阳,因此中共攻城部队需要速战速决,避免胶着于坚城下之不利。陈士榘和陈赓决定以2个纵队攻城,1个纵队阻击郑州援军,1个纵队阻击潼关援军。3月8日,战役发起,进展较为顺利,于11日夜突进城区,与守军进行激烈的巷战。第206师师长邱行湘为少壮派军人,缺乏实战经验,在战役之初即过早动用了预备队,导致城垣被突破后,缺乏机动兵力填补缺口,只能在12日晚率残部退至城内核心阵地固守待援。此时国民党派出孙元良第47军自巩县沿陇海路向西,胡琏第18军自登封向西北救援洛阳,但在中共部队的坚决阻击下,援军一时无法赶到。14日晚,第206师被全歼,邱行湘被俘,而国民党援军至17日才进至洛阳城郊,但他们并无多余兵力长期据守洛阳,只留下了1个团守城。4月5日,陈赓部再克洛阳,并稳固地占领之,国民党军中原战场和西北战场的联系也因此而告中断。

1948年7月,中原野战军进行襄樊作战。襄樊为湖北省西北部襄阳和樊城的合称,交通便捷,号称"七省通衢","控川陕豫鄂之门户,握武汉三镇之锁钥",向为兵家必争之地。1948年3月,国民党在此设立第十五绥靖区,由三青团出身的反共悍将康泽任司令,驻有3个旅2万余人,并构筑了坚固的永久性防御工事。6月间,中原战场的国民党军因豫东战役而东调,襄樊周围兵力空虚,态势孤立,中原野战军遂抓住战机,于7月初发起襄樊作战。国民党军因态势不利,老河口和樊城守军主动退往襄阳,加以襄阳地形有利,工事坚固,中原野战军在6日发起攻击后,进展不快,伤亡较大。此后中原野战军调整部署,放弃对襄阳外围山头的进攻,集中兵力于14日对襄阳城发起总攻。15日晚,中原野战军突入襄阳城内,16日下午全歼守军,俘康泽和第十五绥靖区副司令郭勋祺。

经过石家庄、运城、临汾、洛阳、襄阳等一系列攻坚实战演练,中共部队的攻坚能力有了较大提高,并发展出一套较为完善、灵活多变的攻城战术,对于攻取坚固设防的中等城市有了一定把握,与攻城相配合的打援战术也得到了演练提高。与此同时,攻城所需的后勤支持、占领城市之后的接管政策等等,也随着占领城市的增多而日渐完善。但这些被攻占的城市多为中等城市,且位置较为孤立,守军也非国民党精锐主力,如何攻取国民党军重兵防守的大城市,并在野战中消灭国民党军的精锐重兵集团,仍为中共部队需要在此后的实战中解决的问题。

在全国各战场中,东北战场的国共军力对比早已攻守易势。陈诚到任后大力扩军,整肃军纪,并以动用美援面粉修工事的"贪腐"为由,撤换了因防守四平而闻名的战将陈明仁,企图稳定东北战局。但经过东北民主联军1947年9月中旬至11月初的秋季攻势,国民党军的防线继续收缩,所占地盘日渐缩小,在东北占有的主要城市下降到只有20余座,且各城市之间的交通联络几被切断,补给困难,兵源枯竭,已完全处于守势。陈诚只能集中兵力,固守沈阳、长春、吉林、四平、锦州等要点,并在沈阳周边地区集中新1军、新3军、新6军和第53军编组为机动兵团,准备依托交通干线,担负往来救援任务。陈诚的对手东北民主联军,1948年1月1日改称东北野战军,下辖9个纵队35万人的野战部队,加上直属部队8万人,地方部队31万人,总兵力达到74万人。中共在东北的根据地以北满为中心,延伸到东、西、南满,经过土改与剿匪,后方稳固,交通便捷,后勤支援有可靠的保障,兵力动员源源不断,已经基本具备了与国民党军全面较量、打大战打硬仗的实力。

根据东北国民党军的态势和部署情况,林彪决定将冬季攻势的重点南移,在沈阳周边地区作战,以打击国民党军与关内联络的通路,并吸引华北国民党军援救东北,配合关内作战。1947年12月,东北野战军集中全部9个纵队的主力,发起冬季攻势,28日攻克沈阳西北郑家屯至大虎山铁路线上之彰武。彰武离沈阳不过90余公里,其丢失直接威胁到沈阳安全,陈诚决策集中5个军的兵力,在西起新民、东至铁岭的宽大战线,向沈阳西北推进,企图与东北野战军进行决战。1948年1月5日,东北野战军4个纵队以迅捷动作,将位于国民党军左路的新5军围困在公主屯地区,另以3个纵队切断其与中路和右路部队的联系,2个纵队待机打击国民党援军。陈诚一面令新5军坚守待援,一面令其他4个军加速救援,但均被东北野战军阻止在公主屯周边地区,无法靠近。7日,新5军军长陈林达见援军迟迟不能接近,遂率部突围,但被东北野战军包围全歼,陈林达被俘。公主屯之役震动沈阳,陈诚眼见无法挽回东北危局,刚来东北时的"雄心"早已不复存在并萌生了去意。1月10日,蒋介石亲飞沈阳,决定成立东北"剿匪"总司令部,调卫立煌为东北行辕副主任兼"剿总"总司令,并自胶东调范汉杰率整编第54师增援东北。2月12日,卫立煌又出任东北行辕代主任。陈诚实际离开东北的指挥岗位,回到南京,并在行宪国大召开期间,受到诸多东北籍代表的指斥,狼狈不堪。

新任东北"剿匪"总司令卫立煌在十年内战期间就与中共交过手,并在皖西大别山作战中立有"战功",国民政府当时将金寨县改名"立煌县",以示表彰。抗战后期,卫立煌一度担任中国远征军总司令,亦有战功,东北不少将领为其当时的下属,便于其指挥。这两个因素,是蒋介石挑选卫立煌到东北任职的重要原因。但时过境迁,此时的中共实力与抗战前的中共实力早不可以道里计,卫立煌哪有回天之力?而且抗战初期他在华北与中共部队有不错的合作,与中共将领建立了良好的关系,对中共的认识也有了变化,对"剿共"并不积极。抗战结束后,卫立煌被蒋介石弃置闲散,携夫人去欧洲考察,此时临危受命,实为跳"火坑",自无积极作战之心。他到任后,认为"共军目前采用的战法是围城打援,我们绝不能轻举妄动,上其圈套",因此提出"蓄聚力量,固守沈阳,以待时局的变化"。2月2日,他致函蒋介石,强调东北"我既居于不利态势,兵力火力又俱感不足,如骤然采取攻势,纵能顺利,如不能将匪击破,解决战局,陷于僵持,匪众我寡,势难应付,设遭顿挫,恐益陷于战局之不利,似宜谋定后动,先竭力完成作战诸准备,以策万全"。①

东北野战军在公主屯作战获胜后转兵沈阳以南,2月6日占辽阳,19日占鞍山,25日占营口,27日占开原。卫立煌坚持其稳固防守、蓄聚力量之方略,未令国民党军出援。3月4日,东北野战军以3个纵队发起对四平的攻击,四平守军上年遭遇中共部队的沉重打击,战力大不如前,军长陈明仁被撤职后,士气亦大受影响。此次东北野战军以绝对优势兵力发起攻击,攻城作战从12日到13日,不过两天即全歼守军,完全占领四平。与此同时,驻守吉林的国民党第60军因态势孤立,从9日开始奉命撤退,至11日撤至长春。至此,东北野战军发起的冬季攻势结束,国民党军退缩至以沈阳、长春、锦州三城市为中心的孤立地区,已完全丧失了对东北局势的掌控权,处于被动挨打的境地。

西北战场是全国各战场中国民党在军力上仍明显占优的战场,但其兵力优势也已不复内战初起之时那般明显,而且因分兵据守,还要不时兼顾晋南与豫西作战,机动兵力不足,又因频繁调动而疲于奔命,部队士气低落。1947年10月上旬,中共西北野战军在陕北连续攻占延川、延长和清涧,歼灭整编第76师,俘师长廖昂。10月底,西北野战军以3个纵队再度出击榆林,但因准备不够充分,攻城兵力不足且缺乏攻击坚城之经验,11月初的两次强攻均未得手。为解榆林之围,国民党派邓宝珊率部自包头向西救援,同时由宁夏马鸿逵派兵自定边向东救援。马家军受命后行动甚为迅捷,很快即逼近榆林前线,迫使西北野战军不得不自榆林城下转移,首先打击马家军。两军在元大滩发生激战,马家军避开西北野战军锋芒,改道于20日进至榆林城下。西北野战军打援设想未能实现,攻击榆林战机已失,遂撤出战斗,转移休整。

1948年1月上旬,西北野战军举行前委扩大会议,总结内线作战的经验教训,决定不失时机地转入外线作战,恢复并扩大根据地,策应中原战场的作战。彭德怀选择陕北中部的宜川作为外线首战之地,因为宜川邻近陕甘宁根据地,驻防胡军只有2个团,攻击宜川,既可避开胡军主力,乘虚而入,又可调动胡军增援,争取伏击消灭其主力一部。

---

① 《辽沈战役亲历记》编审组编:《辽沈战役亲历记》,47—48页,北京,文史资料出版社,1985;《"总统"蒋公大事长编初稿》卷七(上),28页。

彭德怀将此战重点放在打援方面,在胡部援军可能经过之洛川至宜川公路上预伏3个纵队的全部和2个纵队的主力,而只以2个纵队的一部攻击宜川。2月24日,西北野战军发起宜川作战,但故意示弱,对宜川攻而不克,以吸引胡军增援。胡宗南果然上当,即令第29军军长刘戡率部沿洛川至宜川公路驰援宜川。28日,刘戡部进至距宜川20余公里的瓦子街以东地区。时值大雪,此地"丛山耸叠,沟谷纵横,雨雪载途,遍地冰封,运动尤为困难"。刘戡部"为此不良之天候地形所局限,车辆人马拥塞于途,两侧山地攀登不易,能见度尤受雨雪之影响","既乏详确相对之研判,备用之诸般计划,亦未预作必要之策定,故一旦进军隘道,即陷多面包围之苦境"。① 彭德怀集中西北野战军主力,自公路两侧的山地,居高临下,对刘戡部发起攻击。自29日至3月1日2天激战,刘戡部2个师24 000余人被全歼,刘戡及第90师师长严明等高级将领均死于战阵之中,3日西北野战军乘胜攻占宜川。此战国民党"全陕主力几乎损失三分之一以上,维持关中与延安据点,已甚为难"。蒋介石得报后极为震怒,称宜川丧师为国军"剿匪"最大之挫折,认为胡宗南"疏忽轻率,未能研究匪情,重蹈覆辙,殊为痛心",下令将胡撤职留任,参谋长盛文撤职查办。3月6日,蒋介石指示在兰州的西北行辕主任张治中速赴西安坐镇,统一指挥陕甘宁青部队,以挽危局。但张不愿参与"剿共"战事,呈复称:"新疆局势严重,不能舍新赴陕,三马(马鸿逵、马步芳、马鸿宾)不能随意调用,事实上统一指挥亦仅胡宗南所部而已,仍请由胡主任负责到底为宜。"蒋只能令"陕西军事仍以胡主任负责,张主任应督饬甘宁部队协同作战"。②

宜川战役之后,西北野战军为进一步打击胡宗南,收复陇东和三边地区,建立新的根据地,缓解陕北地域狭小贫瘠所造成的困难,乘胜转入外线攻势,4月中旬以主力4个纵队分三路进军国民党军兵力布防薄弱的西府地区(西安以西的泾河与渭河之间地区古称西府)。4月26日,西北野战军攻占陕西第二大城市、胡宗南的后方兵工补给基地与交通重镇宝鸡,直接威胁西安。胡宗南急令裴昌会兵团自陕中驰援宝鸡,

---

① 朱汇森主编:《中华民国史事纪要》1948年3月1日、3日,台北,"国史馆",1988。
② 《"总统"蒋公大事长编初稿》卷七(上),48、51、60页。

同时令所部放弃洛川和延安,自陕北向南收缩。4月21日,西北野战军再占延安。两天前蒋介石刚刚在行宪国大上当选为总统,与一年前国民党军进占延安时蒋的趾高气扬相比较,国民党军低姿态地放弃延安实在不能给他这位以高姿态当选的新总统一点面子。

西北野战军出击西府地区,因远离后方,态势较为孤立,被蒋介石认为是求歼之大好机会。他命令胡宗南"彻底以大军轻装尾匪穷追,不使稍有喘息之能力,尤应不分界域越境追击,马继援部应协力向西南堵击,务将匪军完全歼灭"。① 国民党军以裴昌会兵团4个整编师自东向西,马步芳部整编第82师自西向东,以东西对进夹击西北野战军。东线裴昌会部兵力占优,西线马家军则以骑兵开道,中共部队缺乏与之交手的经验,分别在东西两线担任阻击的西北野战军2个纵队节节后退。4月27日,裴昌会部进至凤翔,离彭德怀司令部不过10余公里,彭德怀遂决策撤出宝鸡,令主力向西转进,准备首先打击马家军。5月3日,西北野战军越过西(安)兰(州)公路,在陇东遭遇以逸待劳的马家军整编第82师,一时难以突破,而后路被裴昌会兵团切断,势处险境。彭德怀果断决定撤离战场。面对十分不利的态势,西北野战军且战且退,以顽强作战的精神,在陇东荔镇和萧金镇之间打破国民党军的围追纠缠,于5月12日撤回陕甘宁根据地。此次出击西府地区,西北野战军未能完成预定的战役目标,伤亡1.5万余人,损失较大。彭德怀总结失利原因:轻敌,急躁,主观主义,冒险主义,表示"个人应负更多的责任"。② 国民党方面则以此役暂时缓解了宜川战役失利所带来的震动,胡宗南所受的撤职留任处分也因此而被撤销。

在山东战场,自1948年3月起,华东野战军山东兵团连续发起胶济路西段和中段作战,基本控制了胶济路。5月底,山东兵团发起津浦路中段作战,连克泰安、曲阜等城。6月20日,山东兵团以2个纵队的兵力攻打津浦路中段重镇、第十绥靖区所在地兖州。因国民党军在豫东吃紧,原定增援兖州的整编第25师转用于豫东,济南援军第96军则慑于中共部队的阻击,在到达大汶口后即停滞不前,兖州遂处于孤立无

---

① 《中国人民解放军全国解放战争史》第3卷,461页。
② 《彭德怀军事文选》,253—254页,北京,解放军出版社,1988。

援之境地。7月13日,山东兵团攻下兖州,全歼整编第12师,俘师长霍守义,第十绥靖区司令李玉堂化妆脱逃。从此,国民党军在山东只能困守于济南和青岛两城,且态势孤立无援,处于完全不利的局面。

国共战争第二年最重要的战场仍为中原。白崇禧主持在中原地区对中共部队的"围剿"作战,以平汉、陇海铁路构成十字阵形,"采取堵截、追剿、封锁、破坏诸种手段,断其人员、物资之接济,使其野战军疲劳、饥饿,弹药缺乏,士兵逃散,易于消灭"。① 进军大别山区的中共刘邓部队,虽然"吸引了蒋介石南线的一半以上的兵力,保证了其他地区的胜利展开",但是部队在挺进中原的过程中受到了较大损失,进入大别山区后,又面临着国民党大军的不断"围剿",难以有相对稳定的环境进行整补,加以大别山"战略机动范围不大,容不下更多的部队",刘邓部队的处境较为困难。1948年初,白崇禧决定在大别山实行分区"清剿",决定"依各部队一定之责任地区,彼此紧密协调,步步为营,稳扎稳打,逐次向心清剿,压缩匪军而聚歼之"。② 为了打破国民党军的"清剿"计划,刘邓主力在3月间全部自大别山区转入河南淮河以北地区休整。此时刘邓部队减员近半,武器方面的损失更大,一般每个连只有30余支枪,子弹不足一个基数,重装备则减少大半,山野步炮合计只有不到50门,平均每门炮可用的炮弹只有1发稍多一点。部队为南进"吃苦头最多,付出了代价"。③

中原战场自古以来即为兵家必争之地,对国共两军相争也具有至关重要的意义。为了打破中原战场的相持局面,进一步调动与分散国民党军,与国民党争夺中原战场的主动权,中共准备实行进一步南进作战方案。1947年中刘邓部队挺进大别山时,中共中央军委就曾指示陈毅和粟裕,令其部署叶飞、陶勇和两广纵队先出皖西,再相机渡江至皖南,最后在闽浙赣建立根据地。后因种种原因,此方案未付实行。1948年1月,中共重新提出此案,要求粟裕率3个纵队"渡江南进,执行宽大机动任务",创建闽浙赣根据地,以"迫使敌人改变

---

① 《郭汝瑰日记》,1948年1月17日,藏军事博物馆。
② "三军大学":《国民革命军战役史》第五部第5册,363页,台北,"国防部史政编译局",1989。
③ 中共中央文献编辑委员会:《邓小平文选》第1卷,96—99页,第3卷,340—341页,北京,人民出版社,1993。

部署",减轻中原部队的压力,并进一步威胁国民党统治的中心地区。① 2月,中共决定由粟裕任东南野战军第1兵团司令员兼政委,由其率部于5月下旬出动,执行渡江南进任务。随后,粟裕率华东野战军第1、4、6纵于3月转至黄河以北的河南濮阳地区整训,准备南进。

受命指挥渡江南进作战的粟裕,对此方案做了认真的思考,在濮阳整训期间,"认真研究如何贯彻中央军委的战略意图,主要是权衡分兵渡江作战有利,还是集中兵力在中原作战有利"。粟裕认为:为了彻底打败国民党,必须与国民党军进行大的较量,打大歼灭战,而在中原黄淮地区打大歼灭战的条件已经基本成熟,因为该地区一马平川,便于集中兵力,进行大兵团机动作战;又有山东和晋冀鲁豫根据地为依托,可以得到充分的后勤支持。如果以3个纵队渡江南进,虽可威胁国民党统治的中心地区,牵制国民党军兵力,但不利因素亦很明显,一是远距离行动,在缺乏后方支持的情况下,补充问题难以解决;二是估计国民党不会将在中原的几支主力部队(如第5军和整编第11师)调回江南,达不到预期目的。这样,中共在中原的战场兵力减少,而国民党军基本不动,将增加打大歼灭战的困难,也不利于尽快消灭国民党军的主要力量;南进部队考虑到减员、环境等因素,也发挥不出打野战的长处;加以新区作战,远离后方,没有后勤补给,缺乏群众支持,伤病员问题也难以解决。经过综合考量与深思熟虑,粟裕认为还是以留在中原战场继续作战更为有利。② 粟裕的看法与中共中央和毛泽东开辟江南战场、实行远距离跃进作战的战略意图并不一致,但出于对上对下高度负责的精神和态度,出于由战场实践而对跃进作战之利弊得失的仔细思考,粟裕还是在4月18日正式向中共中央军委报告了自己的想法,这是粟裕在全面内战爆发后第二次就有关作战方向的重大战略问题提出自己的建议。粟裕的建议得到了刘伯承和邓小平的赞同,他们认为"如果过江与自身准备尚不充分,则以迟出几个月为好";"如果粟部迟出,加入中

---

① 中央档案馆编:《中共中央文件选集》第16册,484页,北京,中共中央党校出版社,1991—1992;逄先知主编:《毛泽东年谱(1893—1949)》下卷,255—256、271—272页,北京,人民出版社,中央文献出版社,1993。
②《粟裕战争回忆录》,537—541页,北京,解放军出版社,1988。

原作战,争取在半后方作战情况下多歼灭些敌人,而后再出,亦属稳妥,亦可打开中原战局"。① 陈毅也认为,"部队南下后,脱离后方,无休息整顿,连续作战,艰苦疲劳,情绪受影响"。② 这些意见和看法是在综合了粟裕的建议和刘邓部出击大别山的经验教训后之所得,对于中共中央和毛泽东的最终决策有重要的影响。

4月30日至5月7日,中共中央书记处在晋察冀城南庄召开扩大会议,专门讨论南进问题。在听取了陈毅和粟裕的汇报说明并认真讨论后,最后决定粟裕部暂不南进,集中兵力在中原打大仗,尽可能将国民党军消灭在江北。5月5日,中共中央军委致电刘邓和华东局:目前渡江尚有困难,目前粟裕兵团的任务,尚不是立即渡江,而是开辟渡江的道路,即在少则四个月多则八个月内,在汴徐线南北地区歼灭敌第5军等十一二个旅为目标,完成准备渡江之任务。③ 为了加强中原根据地的领导,方便中原和华东两大区的协调行动,统筹作战事宜,中共中央同时决定,将华中根据地之外的陇海路南全部地域划归中原局领导,任命邓小平为中原局第一书记,陈毅为第二书记,邓子恢为第三书记;刘伯承为中原军区及中原野战军司令员,陈毅为第一副司令员,邓小平为政委;陈毅仍为华东野战军司令员兼政委,在其任职中原期间,粟裕为华东野战军代理司令员兼政委。经过这番调整,中共从战略战术和组织领导各方面为中原决战准备了条件,大战的战幕即将在中原拉开。

---

① 中共中央文献研究室、中国人民解放军军事科学院编:《毛泽东军事文集》第4卷,386页,北京,军事科学出版社,中央文献出版社,1993。
②《陈毅传》编写组编:《陈毅传》,401、414页,北京,当代中国出版社,1991。
③ 中共中央文献研究室编:《毛泽东文集》第5卷,92页,北京,人民出版社,1996。

第二节　豫东战役与济南战役

到1948年年中,国共战争已经进行了两年,国共双方的军力对比较内战初起时已有了很大的变化。国民党军队从430万人下降到365万人,其中正规军为105个师285个旅约198万人,主要部署在东北(34万人)、华北(35万人)、西北(27万人)、华中(28万人)、徐州(50万人)五大战区。中共军队则从120万人增加到280万人,其中正规军为49个纵队168个师约149万人。国共双方的兵力数量差距已从两年前的3.6∶1下降为此时的1.3∶1。由于国民党军需要分兵把守地方,机动兵力不足,因此除西北战场的国民党军仍有明显的数量优势外,国共双方在其他战场的兵力数量差距已经不大,而在东北战场中共部队的兵力已大大超过国民党军。虽然国民党军的武器装备实力仍然强于中共部队,但中共部队在两年战争中自国民党军手中缴获了大量武器装备,加以根据地自造装备,国共双方的武器装备差距也在缩小。[1] 国民党军对中共部队虽拥有绝对的海空军优势,但其海空军实力本身就有限,除了在后勤补给方面可以发挥较大作用外,在实战中的意义并不如其数量优势所显示的那样大。中共卓有成效的兵力动员和后勤补给体制也在相当程度上弥补了装备方面的劣势。对于中共而言,既定方针是在5年左右的时间里从根本上打倒国民党,而如何打破国共力量的相对平衡和战场相持局面,关键在于打大歼灭战和攻坚战,歼灭国民党军的重兵集团并攻占其坚固设防的大城市。这是中共获得全国胜利

---

[1] 军事科学院军事历史研究部编著:《中国人民解放军全国解放战争史》第4卷,2—5页,北京,军事科学出版社,1993—1997。

必须过的关口,中共领导人对此有充分的认识。邓小平认为"真正的带决战性的攻坚这一关还没有过";刘少奇也认为:"大的会战,一次消灭其两三个兵团这一关也没有过,带决战性的攻坚和大的会战常常是联系着的。……过了这两关,那就解决了。"①豫东战役和济南战役就是中共部队初步"过关"的关键之役。

粟裕提出集中主力在中原战场作战的建议得到中共中央的批准后,在中原战场的国民党精锐主力第5军和第18军(整编第11师)成为粟部"夏季作战之中心目标"。第5军和第18军均为中共部队的老对手,第5军军长邱清泉作战强悍骄狂,第18军军长胡琏指挥灵活机敏,较为了解中共的战法,两军又是全美械装备,内战开始后与中共部队多次交手而未有大的失利,始终保持了较强的战斗力,此时分属于徐州刘峙集团和华中白崇禧集团,是国民党军在徐淮——中原战场的主力中坚。中共认为,"只要该两军被歼灭,中原战局即可顺利发展"。②粟裕将第5军列为首要歼灭目标,准备得手后再消灭第18军。

经过认真的研究思考,粟裕决定以鲁西南作为歼灭第5军的主战场。他首先部署在平汉路沿线的陈(土榘)唐(亮)兵团2个纵队自5月24日起由许昌向淮阳方向运动,吸引停留在陇海路商丘段以北的第5军南下。随后,粟裕指挥华东野战军5个纵队于5月底南渡黄河,进至鲁西南地区,准备南北夹击第5军。为了对付粟裕部队的南下行动,国民党统帅部令第5军速自河南柘城、杞县回师鲁西南,同时向鲁西南增调4个整编师,并令驻马店的第18军北上增援,摆出与华东野战军决战的态势。这样,国民党有可能在鲁西南地区集中多达近10个整编师的兵力,而华东野战军可以动用的兵力只有8个纵队(包括中原野战军1个纵队)。考虑到第5军和第18军的战力均较强,如果动用4—5个纵队攻击第5军,则只有2—3个纵队担任阻援,在缺乏有利地形可用的平原地区,面对的困难确实较大。因此粟裕认为,打第5军"并不是很有把握的。搞得不好,还会给我们自己造成不利局面"。为了捕捉战机,他当机立断地提出了"先打开封,后歼援敌"的方案,即利用国民党

---

① 《党的文献》,1989(5),8页,北京,中央文献出版社。
② 《毛泽东军事文集》第4卷,463页。

军在开封的防守力量较为薄弱之机,首先以陈唐兵团攻击开封,同时寻机打击国民党援军。6月16日,粟裕致电中共中央军委,报告作战部署,并告"因情况急迫,请示不及,已令各部执行"。17日,军委复电,完全同意其作战部署,并指示在"情况紧张时,独立处置,不要请示",表示了对粟裕作战指挥的充分信任。①

古都开封为河南省省会,驻有整编第66师师部及其13旅以及2个保安旅共3万余人,并筑有较为完善的防御工事体系,但因地处平原地带,城内外均缺乏制高点控制,不利于防守。6月17日,华东野战军2个纵队对开封发起全面攻击,18日占领全部外围据点,19日凌晨突破城防攻入城内,继于20日晚占领开封市区大部,整编第66师师长李仲辛和河南省政府主席刘茂恩率残部退守龙亭核心阵地固守待援。21日,蒋介石飞抵郑州,部署孙元良部自郑州向东,邱清泉部自金乡、成武向西援救开封。但缓不济急,22日晨,华东野战军攻克龙亭核心阵地,李仲辛被击毙,刘茂恩化装潜逃。

开封是国民党在关内失守的第一个省会城市,消息传来,震动南京,也使刚刚宣誓就任总统不过1个多月的蒋介石很没有面子。蒋介石在开封失守后严令邱清泉部继续西进,夺回开封,并下令由第六绥靖区副司令区寿年指挥整编第72和第75师组成兵团,自民权经睢县、杞县向北进击,企图与华东野战军在开封城下决战。粟裕根据国民党军的动向,决定放弃开封,转向运动作战,力图在野战中歼灭区寿年兵团。他部署华东野战军4个纵队为阻援集团,负责切断邱清泉和区寿年部联系及阻击邱部,配属华东野战军指挥的中原野战军1个纵队阻击孙元良部,以华东野战军3个纵队和中原野战军1个纵队组成突击集团,集结在睢、杞地区,准备歼击区寿年部。同时,中原野战军受命负责钳制自驻马店北上之胡琏部,以确保粟部作战之安全。26日,华东野战军撤离开封,向通许方向转移。国民党统帅部判断华东野战军"似无积极意图",即令邱清泉部向通许方向追击,令区寿年部向太康方向追击。邱部大胆急进,速度较快,而区部行动谨慎,徘徊不前,两部因此拉开了

---

① 《粟裕军事文集》,364—365页,北京,解放军出版社,1991;《毛泽东年谱(1893—1949)》下卷,316页。

数十公里的距离。粟裕立即抓住战机,令突击集团将区寿年兵团部及整编第75师和整编第72师分割包围在睢县西北的龙王店和铁佛寺地区,阻援集团则在杞县以西切断了其与邱部的联系。29日晚,突击集团对区兵团部和整编第75师发起攻击,经3日激战,于7月2日歼其大部,俘区寿年和整编第75师师长沈澄年。

区寿年部被围后,国民党统帅部企图以区兵团就地固守吸引住华东野战军,同时以邱清泉部自通许东向杞县以西进击,令黄百韬率整编第25师、第3快速纵队和第2交警总队组成兵团,在河南商丘集结后,向南进击杞县以东,与华东野战军进行决战。6月28日,邱清泉部占杞县,但在向区部靠拢时,遭到华东野战军阻援部队的顽强阻击,停滞在距区部十余公里之外。黄百韬兵团的进击方向是华东野战军部署相对薄弱之处,华东野战军只能抽调突击集团的一部担任阻击,将黄兵团挡在距龙王店5公里开外的帝丘店地区。7月1日,区兵团情况危急,蒋介石认为邱清泉作战不够积极,严令邱部加速前进,"切勿稍存意气,更不可报复前嫌,免致为匪各个击破,同归于尽";同时令第18军"严督急进,达成决战制胜之重任","如有违令延期,贻误戎机者,准先就地正法,然后呈报可也"。① 此时华东野战军经多日连续作战,部队疲乏,减员不少,亟待休整补充。但邱清泉和黄百韬兵团正自西、东两面逼近,尤其是黄兵团对华东野战军敌前撤退威胁甚大,粟裕要求部队发扬"咬紧牙关,坚持下去,不怕伤亡,克服困难"的精神,在给予黄兵团打击后再撤。7月2日,粟裕下令集中4个纵队围攻黄兵团,同时令2个纵队阻击邱兵团,1个纵队攻击整编第75师16旅,1个纵队监视整编第72师。经过从2日到4日的连续激战,华东野战军将黄兵团压缩在以帝丘店为中心的狭窄地区,并歼灭了整编第72师16旅。此时,邱兵团在解铁佛寺整编第72师之围后逼近帝丘店,南线援军胡琏兵团逼近太康,面对国民党多路援军逼近的严峻形势,粟裕决断放弃全歼黄兵团的计划,令华东野战军部队自6日晚起迅速脱离战场,撤向鲁西南,豫东战役至此结束。

---

① 《"总统"蒋公大事长编初稿》卷七(上),105页。

豫东战役(又称睢杞战役)历时20天,参战国民党军为12个整编师28个旅共25万人,中共为华东野战军和中原野战军10个纵队23个师共20万人,结果国民党军损失86 000余人,华东野战军损失33 000余人。此役包括了城市攻防战和大规模野战等作战方式,在一定程度上可谓国共两军决战的预演。粟裕在战役过程中决策得当,基本掌控了战场主动权,以攻城创造战机,并灵活运用攻城、打点、阻援的不同战略战术和兵力分配,确保有利条件下的决战决胜。国民党方面认为:"匪军及时另辟战场,窜犯开封,诱使国军救援,使国军对匪粟裕兵团之攻击,功亏一篑;并创造围歼区兵团及黄兵团之战机,国军则奔驰应援,陷于被动,匪军之指导甚为正确。"①此战之前,粟裕为自己在中原地区集中主力打大歼灭战的提议承担了相当的压力,而战役结果则充分说明其提议的可行性与正确性。7月13日,毛泽东电告华东野战军和中原野战军,指示粟裕部"应在现地区作战至明年春季或夏季,歼灭五军、十八军等部,开辟南进道路,然后南进(不歼灭五军、十八军不走)"。中原决战的设想得到进一步落实。②

华东野战军在豫东战后经过了一个多月的整训补充,8月10日提出下一步作战的三个方案:一是在豫皖苏地区作战,以歼灭第5军为主要目标;二是集中主力攻占济南;三是攻济打援同时进行。粟裕倾向于第三方案。首先,攻占济南可使华东野战军解除南进的后顾之忧,有利于中原决战的顺利进行;其次,济南已是孤城,虽然国民党军部署有重兵,但内外隔绝,士气低落,只要集中兵力,不难一鼓而下;再次,国民党援军离济南在数百公里开外,前进需时,便于部署阻击。粟裕的提议得到了中共中央的同意。8月12日,中共中央军委电示:"攻城打援分工协作,以达既攻克济南,又歼灭一部援敌之目的。"根据国民党军的部署情况,粟裕决定以山东兵团司令员许世友指挥所部担任攻城任务;集中华东野战军主力担任打援任务,并以津浦路方向为重点,在兖州、滕县及其以东地区集结了7个纵队(包括中原野战军1个纵队),另以2个纵队位于鲁西南金乡、城武地区,准备阻击商丘、砀山方向的援军,1个纵队为预

---

① 《国民革命军战役史》第五部第5册,483页。
② 《毛泽东年谱(1893—1949)》下卷,321页。

备队。8月20日,华东野战军召开前委扩大会议,决定:"以攻济为主要目的,并求歼援敌之一部;部署上,以足够兵力攻城,以主力打援。"28日,军委复电,指示:"依情况发展,如援敌进得慢,而攻城进展顺利,又有内应条件,则可考虑增加攻城兵力,先克城,后打援;如援敌进得快,则应以全力先打援,后攻城。"9月2日,粟裕发出作战预备命令。①

济南是山东省省会,津浦与胶济铁路的交会点,战略地位极为重要,一直是国民党军防守的重点城市。国民党在此设立第二绥靖区,驻有3个师14个旅及特种部队共10万余人。济南城防坚固,在纵横50余里的城内外,筑有多道防线,其中城外周边高地工事可保持防御纵深;外城和内城有周遭数十里的城墙、壕沟及护城河;城外商埠新区和城内则依托高大坚固的建筑物,筑有核心地堡工事。但济南因是孤城,内外隔绝,后勤补充全靠空运,如果没有外来支持难以持久。1948年5月,第二绥靖区司令王耀武建议从济南撤退以巩固兖州,但因济南对徐州和华北的重要屏障和支撑意义,他的建议被蒋介石拒绝。7月中旬,兖州失守后,南京国防部判断中共部队即将攻击济南,遂向蒋介石请命,空运第83师至济南,以加强守军力量。但徐州"剿总"总司令刘峙担心因此而削弱徐州的防守,提议先运粮弹再运兵,得到蒋的首肯,结果耽误了运兵的时机。9月初,因济南危殆,国防部决定空运王耀武的基本部队整编第74师(孟良崮战役被歼后重建),但在空运了7个连后,即因机场受炮击而停止。对于济南的防务,国防部指示王耀武,应缩小防御圈,采取机动防御,控制要点和充足的预备队,准备长期坚守。9月14日,济南大战在即,王耀武匆匆飞往南京报告,再提撤退主张,但蒋指示其坚守待援,王耀武的撤退构想终未实现,只能勉力固守,等待援军。他将济南防守分为东、西两区,东区由中央军5个旅驻守,西区由第96军吴化文部6个旅驻守,外围据点由1个旅及保安团队驻守,另以2个旅为预备队。

华东野战军山东兵团在准备对济南的攻击时,将攻城部队分为东、西两集团,西集团3个纵队担任主攻,首先攻占机场和商埠(第二绥靖区司令部所在地),摧毁济南补给来源与国民党军指挥中枢,东

---

① 《毛泽东军事文集》第4卷,566—568、577、580页;中共山东省委党史资料征集研究委员会等编:《济南战役》,459页,济南,山东人民出版社,1988。

集团 2 个纵队负责肃清济南东郊据点,然后两部会合攻城。9 月 16 日,济南战役打响。山东兵团的攻击重点本在济南西部,王耀武也判断西部机场将为被攻击的重点,因此将预备队 1 个旅早早调至机场附近待命,同时令另 1 个旅放弃外围阵地,撤入市区,准备续行西调。但受命指挥攻城东集团的 9 纵司令员聂凤智,为了充分发挥部队的攻击主动性,将攻击令中的"助攻"向下传达为"主攻",并下令若发现外围守军弃阵收缩,当急速跟踪追击,发起猛烈攻击。战斗打响后,东集团勇猛突进,连续攻占济南东郊坚固设防阵地,使王耀武错判中共部队的攻击重点在东部,因此又匆匆将预备队 2 个旅东调,力图恢复东部阵地,同时还将另一个旅自机场调入市区,准备增援东部防线。这样一来,西部防线的兵力大为削弱,而且部队不断西调东移,影响到防线的稳定。18 日,攻城西集团以炮火控制了济南机场,空运补给中断,守军信心大受影响。

担任济南西部防守的第 96 军为西北军旧部。抗战时期,吴化文率部投降日军,出任伪第三方面军总司令,战后被国民党收编,担任整编第 84 师师长,后升任第 96 军军长。由于吴化文的经历,国民党对其并不十分放心,他与中央系军队之间也有不少矛盾。内战爆发后,吴化文曾与中共建立秘密联系,后因国民党进攻势头正盛而中断。济南战斗打响前,吴化文在 9 月 12 日恢复了与中共的联系,开始酝酿起义事宜。战斗开始后,由于王耀武错判形势,将预备队调往东部,削弱了济南西部的防守力量,使吴化文甚为不满,认为自己非国民党嫡系,不受重视,同时客观上也为吴的起义提供了方便。一度犹豫反复后,吴化文在强大的军事压力下,终于在 19 日晚率第 96 军 2 万余人起义,撤离防区,致使济南西部防线门户大开,攻城西集团抓住战机,进至商埠以西。王耀武认为处此腹背受敌的情况下,已很难再守,向蒋介石请示突围。但蒋令其"应严督所部抱必胜信念,有匪无我之决心,与匪决斗到底";同时,要求增援部队"恪遵命令,迅速行动,密切联系,相互应援,形成局部优势,求匪决战"。[①] 为了解济南之围,国防部下令邱清泉、李弥和黄百

[①]《济南战役》,236—237 页。

韬兵团分别自鲁西南、淮北固镇和陇海路新安镇向徐州集结,准备沿津浦路北上援救济南。但各部行动迟缓,李、黄兵团迟迟未能完成集结,邱兵团进至成武、曹县后,慑于华东野战军阻击部队的强大实力而停滞不前,加以济南很快失守,援军未能发挥任何作用。

处于困境中的王耀武既不能期待援军的迅速到来,又不敢违令突围,只能作困兽之斗。他变更部署,令部队自外围向城区收缩,企图缩小防御面,依托城区坚固工事继续坚守。20日黄昏,攻城西集团向城外商埠发起猛烈攻击,经过激烈战斗和逐屋争夺,于22日黄昏攻克商埠,王耀武被迫率部退守城内。他一方面调整部署,一方面要求空军大举轰炸,以压制中共部队的猛烈攻势。攻城部队乘王耀武调整部署,守军布防混乱之机,东西对进攻击,于22日晚突破外城,迫使王耀武率余部于23日退守内城。为一鼓作气攻下济南,山东兵团不顾疲劳,集中全部主力5个纵队,在猛烈的炮火支持下,于23日晚发起攻击,与守城部队在突破口展开反复的拉锯作战,至24日凌晨攻入内城,开始逐屋争夺的巷战。王耀武见大势已去,遂令第二绥靖区参谋长罗辛理代理指挥,自己化装逃离济南(第二绥靖区副司令牟中珩早在19日即已化装潜逃)。24日黄昏,济南战斗结束,罗辛理等投降,国民党军14个旅10万人被全歼(其中2万人起义)。化装潜逃的王耀武于28日在寿光被俘,牟中珩于11月初在高密被俘。山东兵团也付出了伤亡27 000余人的重大代价。

济南是中共部队在关内攻克并稳固占领的首座国民党军坚固设防的大城市。虽然国民党军在济南驻有重兵,城内外有较为完善的防御工事体系,并有空军支援和强大的增援兵团,但在战术上,国民党军对济南的防守缺乏必要的重点,致防区过大,兵力分散;对战场形势的判断屡屡失误,部队调动频繁,部署混乱,预备队留置不够且使用过早。其中,吴化文起义和机场失守是济南被迅速突破的两大关键因素。在战略上,国民党统帅部事先对济南之战并无充分准备,除了要求王耀武坚守之外,没有提出任何可行的长期守备预案,尤其是徐州"剿总"控制的数个强大的机动兵团,在战役期间毫无作为,有的远在济南数百里之外,连集结都未完成,坐视济南之失守。中共方面,对济南战役则有充分的准备,攻城方面能够抓住战机,连续突击,攻其不备,充分发挥部队的主观能动性,打乱守军的防御部署,在攻击部队兵力并不占绝对优势的情况下,使原本准备至少用时 1 个月的战斗,只用了 9 天时间就全部结束;阻击方面以强大兵力威慑对手,使国民党军未敢轻进增援,攻城部队可在无后顾之忧的情况下作战。济南失守后,国民党军在山东被迫放弃菏泽、临沂、烟台等孤立据点(尚保持青岛一城),使中共免除了徐淮作战的后方威胁,并获得了稳固可靠的后方基地,为即将到来的徐淮作战准备了充分条件。经过豫东战役和济南战役的实战演练,中共部队的大规模会战和攻坚战能力均有较大提高,部队从上到下打大战打硬仗的信心高涨,可谓初步过了这"二关"。随之进行的辽沈、淮海、平津三大战役将是国共两军为决定中国命运而进行的真正决战。

第三节　辽沈战役

1948年年中以后,国民党军事形势每况愈下,其上下对战局都十分悲观。8月3日至7日,蒋介石在南京主持召开军事检讨会议,将各战区军事主官召至南京,讨论"剿共"军事问题。这是全面内战爆发后国民党首次也是最后一次召开如此大规模的军事检讨会议。蒋介石在会上讲话时承认,"就整个局势而言,则我们无可讳言的是处处受制、着着失败";"近几个月以来,无论军事政治经济各方面情形的表现,的确是严重而危险",已经"到了危急存亡的关头"。他承认,这是因为"我个人领导无方,教育失败",并为下属打气说:"现在我们无论海陆空军、交通运输,以及政治经济社会各方面的力量,哪一样不是超过共匪若干倍?共匪有哪一样够得上与我们相比?我们为什么要动摇信心,自甘失败呢?"蒋在会上的耳提面命,很大程度上不过是其自说自话,因为多数国民党高级将领已对这场战争失去了信心。正如蒋介石自记:"对军事检讨会议,自问已尽心力,然恐听者藐藐,未能有动于中耳,余惟有以'但问耕耘不问收获'引为自慰也。"①不过无论如何,面对军事危局,会议经过一番讨论,还是作出了若干决定:军事战略方面,"在东北求稳定,在华北力求巩固,在西北阻匪扩张,在华东华中则加强进剿,一面阻匪南进,一面攻打匪的主力",恢复军编制,编组机动兵团,在中原地区集中主力准备与中共决战;战法方面,要求加强工事,集中兵力,行动快捷;指挥方面,提出简化机构,明确职责,整饬纪律,加强协同;动员方面,要

---

① 《"总统"蒋公大事长编初稿》卷七(上),117—118、122页。

求迅速组训后备部队150万人。根据军事检讨会议的决定,国防部在8月策定了新的作战计划,要求各绥区除分别"积极清剿,防止扩大糜烂外,应将主力军编组进剿兵团,分别控制于陇海、平汉、津浦及汉水、丹江各重点,先行充分之战备,在整备未完成前,全盘战略暂取守势";"如匪主动向我大举进犯时,应放弃不必要之点线而坚守战略上重要点线,各兵团在统一指挥下迅速求匪主力而击破之"。① 国民党企望以此次会议为契机,通过军事战略战术的调整,与中共在即将到来的决战中较量。

中共方面,经过豫东战役和济南战役,对与国民党的军事决战已有了充分的自信。在豫东战役进行时,6月22日毛泽东致电刘邓和陈粟,认为"目前打很大规模的歼灭战,主客观条件都不成熟,故须避免"。但豫东和济南战后,中共对打大战的态度有了根本变化。中共中央政治局会议在9月通过《战争第三年军事计划》,提出继续在长江以北作战,全国重心在中原,北线重心在北宁路,并特别要求准备打若干次,每次消灭国民党军两三个兵团的带决战性的大会战。辽沈、淮海、平津战役的具体作战方针虽然仍有待在实战中提出并加以深化,但决战的方针已定,决战的战幕即将拉开。②

国共两军决战的第一次战役首先在东北开始。辽沈战前,东北国民党军有4个兵团14个军44个师共55万人,其中郑洞国指挥第一兵团2个军6个师10万人守长春,范汉杰指挥第6兵团4个军14个师15万人守锦州和锦西,卫立煌直接指挥第8兵团(司令周福成,守沈阳)和第9兵团(司令廖耀湘,机动兵团,部署在沈阳周边地区)8个军24个师30万人,位于沈阳及其外围铁岭、抚顺、本溪、辽阳地区。东北国民党军被分割在长春、锦州、沈阳三大孤立地域,没有战略后方,与关内联系断绝,难以得到充分的后勤补给,兵力不足,部队士气低落。鉴于东北形势之严峻,1948年2月下旬,蒋介石曾决定将东北主力撤至锦州,依托华北解决补给问题,如情况不利则可继续撤向关内,或由海运南撤。国防部三厅厅长罗泽闿为此飞沈阳,与卫立煌商讨如何实施该方案。在当时东北国民党军完全处于被动防御的情况下,这不失为

---

① 《中国人民解放军全国解放战争史》第4卷,21—28页;《济南战役》,232—233页。
② 《毛泽东军事文集》第4卷,489页;《中国人民解放军全国解放战争史》第4卷,39页。

一个进可攻、退可守的主动方案,但却遭到卫立煌的坚决反对。他认为共军的战术是围点打援,敌前撤退为兵家大忌,加以大军行动困难,如发生决战,"无获胜或安全脱离把握",因此主张坚守东北,采取固点、联线、扩面的战术,维持局面。卫立煌的主张得到东北国民党军多数将领的支持,因为他们都对长途转进撤退没有把握,也不敢承担由此导致的失败风险。3月初,蒋介石第二次与卫立煌商讨东北撤退问题,卫表示背敌撤退十分危险,如要安全撤退,应先增援3个军,而且难以顾及长春。此时正值行宪国大召开前夕,东北籍人士及部分民意代表和新闻舆论均对放弃东北持批评和异议,加以东北在军事政治方面的重大战略利益,使蒋介石一时难下决断,东北撤退问题暂时被搁置。①

卫立煌到东北任职后,深知其所面对的形势之严峻,困难之大,而又无法得到有效的支援,只能采取以不变应万变的方针,以补充兵员、整训部队、构筑工事、抢购粮食为重点,但实际却是消极防御,而无积极主动的作为,甚至坐视一些地方被中共部队攻击而不派兵救援,被讽为"乌龟不出头战术",结果是"由死守到守死"。6月,廖耀湘认为辽南共军不多,提出将主力撤至营口、"剿总"迁往锦州的方案,但卫立煌顾虑由此导致沈阳、长春的失守,自己将承担责任,加以与廖在人事关系和指挥权等方面的矛盾,没有同意廖的提议。7月19日,卫立煌飞南京,与蒋介石、何应钦、顾祝同等商讨东北局势。卫立煌表示东北守军已恢复战力与精神,除长春守军粮煤不济外,并无其他顾虑,坚决表示不愿放弃沈阳;对于打通锦沈路撤至锦州,认为以此时士气与将领心理,不仅为绝不可能,且徒损兵力,反增沈阳危机。经过讨论,决定东北暂时固守沈阳,积极整顿补充,恢复战力,待命出击,并作全军撤集关内之准备;长春守军相机撤至沈阳,并速作接应部署。在8月的军事检讨会议上,卫立煌仍提出,不放弃打通锦沈线计划,但原则上不放弃沈阳,必要时有计划撤退。会议决定"彻底集中兵力,确保辽东、热河,以巩固华北"。② 在当时的情况下,国民党军困守东北,不能有所作为,增援无望,还需要大量的空运补

---

① 秦孝仪主编:《先"总统"蒋公思想言论总集》卷二十二,443—444页,台北,中国国民党中央委员会党史委员会,1984;《"总统"蒋公大事长编初稿》卷七(上),第42—47页。
② 《"总统"蒋公大事长编初稿》卷七(上),112页;《中国人民解放军全国解放战争史》第4卷,109页。

给,实际已成为一个包袱,因此国民党统帅部曾经希望将东北部队撤运入关,既增加关内的军事实力,又甩掉东北的包袱。但一来东北前线将领都不敢承担丢失东北的责任,何况能否顺利撤退确为问题;二来国民党军驻守东北可以牵制中共力量,仍有相当的战略利益;三来放弃东北的政治风险难以把握。结果国民党决策层在这个问题上举棋不定,犹豫不决,虽经多次商讨而始终无法作出明确决断,对国民党而言,东北局势在时间流逝中演变至无可挽回之局面,撤退的时机亦不复再现。

1947年底至1948年初的冬季攻势结束后,中共已在东北掌握了97%的土地、86%的人口和95%的铁路,部队数量接近百万,基本实现了大兵团和正规化,武器装备实力大增,火炮数量超过5 000门,而且后方稳定,补给便捷,是当时中共对国民党具有绝对优势的唯一一个战区。除了实力上的优势外,东北野战军还在实战中发展出一套较为完整的进攻战术,如四快一慢(前进快、准备快、扩张快、追击快,总攻发起时间慢)、一点两面(集中力量突破一点,两面迂回包围)、三三制(进攻时班以三个小组为单位,以疏散队形,减少伤亡)、三猛(猛打、猛冲、猛追)等,这些战术在实战中被不断演练、运用与改进,大大提高了部队的作战能力,使东北野战军成为一支兵强马壮、能打胜仗的劲旅。中共将决战战场首先选定在东北具有充分的有利条件。

1948年初冬季攻势结束后,如何选择下一步作战方向,在中共中央和东北野战军领导人之间有不同的意见。毛泽东从全国战局发展的战略高度出发,认为东北野战军"应准备对付敌军由东北向华北撤退之形势","对我军战略利益来说,是以封闭蒋军在东北加以各个歼灭为有利"。从蒋介石当时曾决策东北国民党军南撤锦州的动向而言,毛泽东的考虑的确是有战略眼光和充分道理的。林彪也认为:"将敌堵在东北各个歼灭,并尽量吸引敌人出关增援,这对东北作战及对全局皆更有利。今后一切作战行动,当以此为准。"但他同时又认为:"只要吉林长春敌被我抓住和未歼灭前,沈阳的敌人是不会退的。"从卫立煌对长春的顾虑而言,林彪的看法也有其理由。1948年4月中旬,林彪提出先打长春的方案,认为长春已是孤城,可望在半月内拿下,并可歼灭可能由沈阳北上之援军一部;如南下作战,"在敌目前采取放弃次要据点集中兵力固守大城市的方针下,则必到处扑空或遇到四五个师兵力守各城市",长途补给的后勤困难亦无法解决。4月22日,毛泽东致电林彪等东北野战军领导人,认为他们提出的困难,"有些只是设想的困难,事实上不一定有的",要求他们"不应当强调南下作战之困难,以免你们自己及干部在精神上处于被动地位"。但出于对战区指挥员判断与决策的尊重,毛泽东还是同意了林彪提出的先打长春的方案,尽管他在内心里实际上还是偏好南下作战的方案,所以他才在电文中指出:"先打长春比较先打他处要有利一些,不是因为先打他处特别不利,或有不可克服之困难。"①

面对东北野战军紧锣密鼓地筹划对长春的进攻,长春国民党守军指挥官、东北"剿总"副总司令郑洞国认为,长春势处孤立,后勤补给非常困难,难以持久,主张放弃长春向沈阳撤退,但未得蒋介石和卫立煌的批准。蒋、卫均企图以继续固守长春牵制中共部队,缓和沈阳方面国民党军的压力。但长春守军的粮弹储备不足,尤其是缺粮更影响部队的士气与战斗力。5月中旬,郑洞国下令以3个师的兵力向外出击,企图巩固机场,抢夺粮食。东北野战军抓住战机,以2个纵队和7个师歼击国民党军,结果歼敌6 000人,自伤2 000人。此战结果不甚理想,使林彪的攻城决心有所动摇,认为过去对长春守军的战斗力估计不够,勉强攻击则信心不高,消耗必大,结局亦无把握。6月5日,林彪提出三个作战方案:一是强攻长春,但没有把握;二是以少数兵力围困长春,主力南下作战;三是对长春实行长期围困,然后再攻城。6月7日,毛泽东回电同意其长期围困方案,希望东北野战军以三至四个月时间攻下长春,取得攻城经验,并为南下作战开辟道路。从6月25日开始,东北野战军以8个师对长春实行"久困长围"。

长春被围后,郑洞国决定"加强工事,控制机场,巩固内部,搜购粮食",进行持久防御。长春守军面临的最大难题是粮食极度缺乏。长春补给全靠空运,但空运力量有限,只能满足每日需粮数的1/3。由于长春防御地域的缩小,市内机场已经受到围城部队的炮火威胁,飞机难以

---

① 刘武生主编:《从延安到北京——解放战争战役军事文献和研究主题选集》,352—359页,北京,中央文献出版社,1993。

落地,只能采用空投,加以天气的影响,数量远不能满足需要。军事当局被迫严格管制粮食,致市场高粱米价格从每斤1 000元流通券飞涨到3亿元,而且有价无市。有人描述:"城内饿死的人越来越多,有的在路上走着就倒下去了。有些街道,死尸横陈,无人埋葬。"期间,郑洞国也曾多次派部队出击抢粮,但均被击回。粮食困难使得士兵饥饿难耐,浑身浮肿虚弱,战斗力急剧下降。①

东北野战军在围困长春期间,主力部队转入整训,重点演练大规模会战和攻坚战战术,并加强炮兵与后勤建设。到1948年8月,东北野战军已拥有12个纵队、15个独立师、1个炮兵纵队、1个坦克团、3个骑兵师、1个铁道纵队,共70万人,加上地方军区武装33万人,兵力总数超过百万。② 鉴于长春方面一时没有战机,7月20日,林彪等东北野战军领导人致电中共中央军委,认为"我部以南下作战为好,不宜勉强和被动的攻击长春"。22日,军委复电指示:"向南作战具有各种有利条件……攻击长春,既然没有把握,当然可以和应当停止这个计划,改为提早向南作战的计划。"③但此时林彪南下的主要目标是热河,与毛泽东先打锦州和北宁线的主张仍不完全一致,双方对主要作战方向置于何处的问题有反复的商讨。

林彪之所以提出南下先打热河,是因为困守在长春、锦州、沈阳三地的国民党军兵力都在十万以上,攻击需时,还要准备对付援军,没有完全的把握。林彪作战一向较为谨慎,非有较大把握不愿贸然出击。作为战区指挥员,他的考虑当然有其道理。但是,毛泽东从战略决战的高度提出先打锦州和北宁线,目的是封闭东北国民党军的退路并全歼之,以减轻今后关内作战的压力,加速战争的胜利进程,着重的是全局观和大局观。此等出于不同境遇的不同考虑有时在实战中很难完全避免,林彪、粟裕等均曾就重要战略问题提出自己的意见。一般而言,毛泽东也十分注意听取下属的意见,如曾同意林彪先打长春后改围困的方案。但东北作战方向事关全局,毛泽东不能不坚持。7月30日,他

---

① 《辽沈战役亲历记》,300—301、403页。
② 《中国人民解放军全国解放战争史》第4卷,94—95页。
③ 《毛泽东军事文集》第4卷,541—542页。

明确告知林彪,应以锦州和北宁线为主要作战方向。林彪对此未提出不同意见,但因担心南下作战将面对华北国民党军的增援,因此他比较强调华北方面应配合东北作战。8月6日,林彪致电中共中央军委,提出以华北杨成武部攻击归绥、集宁,杨得志部攻击承德、北平线,以调动和分散傅作义军队,减轻东北野战军作战的压力,并提出:"如杨成武部出动时间能提早,则我们出动时间亦能提早。"军委在回电中指出:"所谓你们的行动取决于杨成武的行动,这种提法是不正确的。"11日,林彪回电表示,绝不以杨成武部行动迟早为标准,但因北宁路敌情正在变化,南下则因粮食问题无法解决,且雨势猛烈,雨具也难以解决,因此目前对出动时间仍无法肯定。12日,军委致电林彪,提出较为严厉的批评:"对于你们自己,则敌情、粮食、雨具样样必须顾虑周到,对于杨成武部则似乎一切皆不成问题。……你们对于杨成武部采取这样轻率的态度,是很不对的。对于北宁线上敌情的判断,根据最近你们几次电报看来,亦显得甚为轻率。"①

经过中共中央和东北野战军领导人之间的反复商讨,林彪最终接受了中共中央的指示,决定将主要作战方向置于锦州和北宁线。9月3日,林彪提出以主力出击北宁线的计划。5日,中共中央军委指示林彪,以"中间突破的办法,使两翼敌人(卫立煌、傅作义)互相孤立"。6日,林彪提出先打锦州的方案。7日,毛泽东致电林彪等,指示"置长春、沈阳两敌于不顾,并准备在打锦州时歼灭可能由长沈援锦之敌";要求他们"确立攻占锦榆唐三点并全部控制该线的决心","确立打你们前所未有的大歼灭战的决心"。② 至此,中共中央与林彪在东北作战方向问题上的意见基本趋于一致。

9月10日,林彪发出命令,以6个纵队4个师及炮纵担任北宁线作战,以4个纵队位于沈阳西、北方向,监视国民党军,以2个纵队6个师继续围困长春。但林彪在部署南下作战时,起初仍未倾全力于锦州,而是令部队梯次南进,以保持在万一情况不利时进退自如的主动权。12日,辽沈战役战幕拉开,东北野战军首先以1个纵队3个独立师由

---

① 《毛泽东军事文集》第4卷,548、553、557、563—565页。
② 《毛泽东文集》第5卷,128页;《毛泽东选集》第4卷,1335—1336页。

冀东奔袭北宁线南段。随后,东北野战军主力开始南下,于16日包围义县。至当月底,东北野战军已有6个纵队到达锦州附近,并攻占高桥、塔山、绥中和兴城,切断了北宁线及锦州与锦西之间的联系。29日,毛泽东致电林彪,指示首先应攻占义县、锦州和锦西,此战能否取得主动权"决定于你们是否能迅速攻克三点尤其是锦州一点";"否则,你们可能产生如像过去半年那样处在长、沈两敌之间,一个也不好打的被动姿态"。他就东北野战军出动多日而尚未开始攻击义县,批评林彪"动作实在太慢,值得检讨"。在毛泽东的督促下,林彪复电表示:"此次锦州战役,可能演成全东北之大决战,可能造成收复锦州、长春和大量歼灭沈阳出援之敌的结果。我们将极力争取这一胜利。已动员军队,不怕伤亡,不怕疲劳,准备进行大恶战。"中共中央复电指示:"照此贯彻实施,争取大胜。"①10月1日,东北野战军攻下义县,但东北军区炮兵司令员朱瑞在城下触雷身亡,成为全面内战爆发后中共部队在战场牺牲的级别最高的指挥官。

就在东北野战军即将发起对锦州的攻击前,10月2日,林彪获悉国民党军4个师增兵葫芦岛,担心原准备以1个纵队2个独立师对付葫芦岛援军的方案不够周全,因为"准备的是一桌菜,上来了两桌客"。林彪的攻锦决心因此而有所动摇,他在当日夜致电中共中央军委,表示攻锦还是攻长"正考虑中",认为锦州如能攻下,仍以攻锦为好,但估计需要相当时日,且援敌较强,无险可守,阻击兵力不足,而长春之敌士气必低,攻打把握大增,请军委予以指示。东北野战军政委罗荣桓不同意林彪的意见,经过商讨,在未得军委复电时,3日9时林彪等东北野战军领导人又致电军委,表示回头攻长春太费时间,决定仍先攻打锦州,并调整了部署,以2个纵队3个独立师对付葫芦岛援军,6个纵队攻锦州,4个纵队对付沈阳援军,9个独立师继续围困长春。由于电文传送需时,在林彪等人9时电到达军委之前,3日17时军委复电林彪,指示"集中主力迅速打下锦州,对此计划不应再改",并批评林彪5个月前不敢打,2个月前仍不敢打,现在攻锦部署已经完毕,又因一项并不很大

---

① 《毛泽东文集》第5卷,161—162页;中国人民解放军历史资料丛书编审委员会:《辽沈战役》,137页,北京,解放军出版社,1993。

的敌情变化不敢打锦州,"我们认为这是很不妥当的","迁延过久,你们有处于被动地位之危险"。19时军委再电林彪,"坚持地认为你们完全不应该动摇既定方针,丢了锦州不打,去打长春";认为"只要打下锦州,你们就有了战役上的主动权,而打下长春,并不能帮助你们取得主动,反而将增加你们下一步的困难"。在军委收到林彪等人的9时电后,于4日回电表示"甚好甚慰",认为他们的作战部署完全正确,"纠正了过去长时间内南北平分兵力没有重点的错误(回头打长春那更是绝大的错误想法)",指示攻击锦州的时间愈快愈好。10月5日,东北野战军司令部移到锦州西北15公里的牤牛屯,林彪等亲临锦州城下观察地形地貌,准备作战方案。10日,中共中央军委致电林彪等,再次强调:"你们的中心注意力必须放在锦州作战方面,求得尽可能迅速地攻克该城。即使一切其他目的都未达到,只要攻克了锦州,你们就有了主动权,就是一个伟大的胜利。"①至此,中共中央和东北野战军领导人在辽沈战役的作战方针上达到了完全的一致。

北宁线是东北国民党军与关内联络的唯一通道,锦州为北宁线上重镇,驻有由东北"剿总"副总司令范汉杰指挥的第6兵团(司令卢浚泉)6个师10万人;紧邻锦州的锦西和葫芦岛港,是东北国民党军海运后勤补给基地,驻有1个军;北宁线山海关至唐山一线,还驻有国民党军7个师。东北野战军主力南下后,如何应对骤然紧张的战局,国民党内部再起争论。9月24日,卫立煌飞南京面商,国防部主张放弃沈阳,全力援锦,同时令长春守军突围南下,集中主力与共军决战,但卫立煌坚决反对。26日,参谋总长顾祝同与卫立煌同飞沈阳,召集东北将领商讨应对之方。多数人仍反对由陆路援锦,理由是自沈阳出辽西为背水而战,侧敌行军,有被共军截断包围的危险。廖耀湘主张乘辽南空虚,以沈阳兵力袭占营口,依托海口,或转运至葫芦岛援锦,或经沟帮子北上转西进援锦,以确保援锦部队的后方安全。卫立煌则主张由华北出兵,经锦西援锦。各种不同意见的争论十分激烈,但一时没有结论。此时傅作义主动表示,华北可派兵增援东北。29日,国防部据此提出

---

① 《毛泽东文集》第5卷,164—167页;《毛泽东军事文集》第5卷,53页。

调冀东和烟台部队至葫芦岛,由北宁路援锦的方案,得到蒋介石的批准,蒋并指示沈阳部队亦应同时出动援锦。30日,蒋介石飞北平,指示放弃长春,全力出击,增援锦州,但卫立煌仍犹豫不决。10月2日,蒋亲飞沈阳督战,经过一番讨论,决定令范汉杰守锦州,调冀东第62、第92和独立第95师、烟台第39军及原在锦西的第54军共11个师组成东进兵团(冀东第13军和第16军因傅作义反对而未调成),由17兵团司令侯镜如指挥援锦(蒋本属意由傅作义指挥,但傅表示"资浅能鲜,不堪重任",没有接受);由新1、新3、新6、第49、第71军共11个师4个旅组成西进兵团,由第9兵团司令廖耀湘指挥,首先出击沈阳西北彰武、新立屯,切断中共部队的后方补给线,然后再经阜新至义县,与东进兵团夹击中共部队;以第8兵团司令周福成指挥6个师2个旅守备沈阳,并相机攻占营口,保有海口。蒋介石在沈阳对东北将领训示:"在撤退东北主力之前,一定要给东北共产党军队一个大打击,一定要来一次决战,否则华北就有问题。"他还亲函范汉杰,指示他"估量本身战力,如能坚守,则固守待援,如自量不能持久,则可转移至葫芦岛,以取得海上联络线"。① 至此,国民党东北决战的方针大体确定,但与中共相比,显然决策落后于形势发展,对锦州一战的关键意义认识不足,且行动迟缓,尤其是将帅之间对于战局的看法不一致,直接影响到行动的成效。

锦州守军第93军和新8军,一为云南部队,一为新编部队,战斗力不强;锦州地势外高内低,不利于防守;防御体系主要以坚固工事为依托,但因缺乏材料,未能全部完成。为了增加防守力量,沈阳"剿总"下令自9月27日开始空运第49军援锦,但刚刚运了1个师,即因机场被东北野战军攻占而不得不停止。东北野战军为一鼓而下锦州,对战役进行了充分的准备,以2个纵队1个师自北面,2个纵队自南面,1个纵队自东面,对锦州行向心攻击,同时特别强调炮火对攻击部队的掩护。10月9日,东北野战军开始在锦州外围作战,至13日肃清外围阵地。14日早10时,东北野战军集中900余门火炮猛烈轰击锦州,掩护部队发起总攻,并首次出动坦克配合作战,历1个小时即突入城区。经过逐

---

① 《郭汝瑰日记》,1948年9月25日、27日、29日、30日,10月2日;《辽沈战役亲历记》,16、158—165页。

屋争夺的激烈巷战,东北野战军15日攻克锦州全城,全歼守军10万余人,俘东北"剿总"副总司令范汉杰、第6兵团司令卢浚泉等多名高级军官,东北野战军自身伤亡24 000余人。东北野战军攻占锦州,完成了辽沈战役第一步,也是关键一步作战计划,关闭了东北国民党军退向关内的陆路通道,为全歼国民党军创造了条件。锦州有守军10万,东北野战军作战不过一周,攻城只历时31个小时,表明其攻坚能力和炮火协同能力有了较大提高,从而确立了攻无不克的自信。国民党军指挥官认为,中共部队此次动用"炮火之猛烈,是我们部队对共产党部队作战以来所仅见。我们作战,从来都是靠空军压制敌人,以绝对优势炮火开辟前进道路。而现在,初次遇到我方炮火处于劣势状态,部队士气受到极大震动。"①

在锦州激战的同时,国民党军自锦西、葫芦岛大举增援锦州,东北野战军则在塔山进行了顽强的阻击作战。塔山为锦州与锦西间要点,北距锦州40余公里,南距锦西10余公里,扼锦州之门户,但地域狭小,防御纵深不大。东北野战军以2个纵队在塔山担任阻击作战,而援锦国民党军多达11个师,双方实力差距甚大,阻击部队承担着相当大的压力,稍有闪失,将直接影响锦州战局。为此,东北野战军下达了死守不退的命令,以确保攻击锦州的成功。10月10日,国民党军东进兵团3个师开始攻击前进,但未能突破。11日,国民党军投入4个师攻击,再度受挫。因为集结迟缓,又是逐次投入,国民党军的兵力优势未得充分发挥。11日下午,侯镜如到达葫芦岛,决定调整部署,充分准备后再攻。12日,蒋介石电令侯镜如:"务须严督所部一鼓作气,并力向前,切不可中途徘徊,陷于被动也。"从13日到15日,国民党军连续以4个师发动进攻,并以整营整团的波浪式冲击,企图突破阻击部队的防线。双方争夺十分激烈,均有重大伤亡,国民党军数次突入塔山防御阵地,但终被击退,在地势并不十分险要的塔山无功而返。锦州失守后,16日,东进兵团奉命撤回锦西。

国民党军援锦的另一路——西进兵团却表现出完全不同的状况。

---

① 《辽沈战役亲历记》,274页。

卫立煌始终不同意沈阳部队出动援锦,他认为沈阳兵力合则能攻能守,分则攻守两不成,只是由于蒋介石的压力,他才同意沈阳部队出动。直接指挥西进兵团的廖耀湘一直主张先取营口,在有充分保障的情况下再援锦。他将援锦成功的希望寄托于锦西、葫芦岛方面,认为"锦葫距离短,又有这么大的陆海空军的力量,加上充足的油弹补给,迅速打到锦州,不会成什么大问题"。① 在这样的心理支配下,西进兵团无意积极前进。10月8日,廖耀湘以新3军和新6军为右路,自沈阳攻击彰武;第71军为中路,自新民向黑山、大虎山进军;新11军为左路,自辽中向新立屯攻击;第49军为总预备队,随右路行动。11日,新3军占领彰武后,西进兵团即停滞不前。此举虽然切断了东北野战军的供应线,但东北野战军立即开辟了由通辽经开鲁至赤峰到北票的第二条补给线,廖兵团的行动对锦州战事并无直接影响。中共中央在致林彪电中认为,"沈敌进占彰武置于无用之地",因为"待锦州打得激烈时,彰武方面之敌回头援锦,它已失去时间"。② 蒋介石对廖兵团在彰武滞留不进非常不满,严令卫立煌和廖耀湘:"应即乘此匪攻两锦疲困之机,不问两锦如何恶化,廖司令官所部应一意西进,勿再犹豫,万一锦州不保,亦须尽其全力,负责恢复,此为东北整个国军生死存亡之关头,亦为今日惟一之战略,接电应立即遵行,切勿延误。"14日,在前线督战的总统府参军罗泽闿向蒋报告,卫、廖均对援锦"不欲冒险前进",南北夹击计划"恐难实现"。蒋又致电卫、廖,督促他们"先下收复锦州之决心","无论锦州如何变化,而廖司令官之惟一任务,应一意挺进,限期收复锦州"。③ 经其严督,新1军于15日占新立屯,但距锦州尚有150公里,而锦州已在当日失守。廖兵团十余万大军,在锦州战役期间徘徊于彰武地区十余日不动,名为行"围魏救赵"之举,但乃为"隔岸观火"之实,对锦州和葫芦岛方面均未起到配合作战的效用。

在锦州作战与部署援锦的同时,蒋介石认为再守长春孤城已无意义,于10月2日、10日、15日连续令郑洞国率部突围。10月上旬,郑

---

① 《辽沈战役亲历记》,158—165页。
② 《毛泽东军事文集》第5卷,42、65、70页。
③ 《"总统"蒋公大事长编初稿》卷七(上),148—151页。

洞国根据蒋的命令,出动2个师向机场出击,但被击退,使他认为突围难以成功,不如继续坚守。16日,蒋介石手书致郑洞国,对其没有行动"焦虑无已","务希我长春各军如期突围南下,遵令实施"。郑洞国遂决定于17日开始突围行动。但驻守长春的第60军为滇军部队,与中央军有不少矛盾。在军事压力和中共争取下,第1兵团副司令兼第60军军长曾泽生于17日午夜率部起义,撤出长春东半部阵地,致突围计划告吹,中央系新7军也因此军心涣散,无力再打。18日,新7军代表向中共请降。19日上午,新7军放下武器。郑洞国率总部特务团退入中央银行大楼,并在20日夜致电沈阳"剿总"转蒋介石,告其"刻仅据守大楼以内,兵伤弹尽,士气虽旺,已无能为继"。① 在进行了象征性抵抗后,郑洞国率余部放下武器,东北野战军占领长春。

锦州、长春先后失守,国民党军在东北处于危境,如何救出沈阳部队,是余下的中心问题。蒋介石根据以往作战的经验,误判中共部队不会守锦州,仍企图以东西对进,收复锦州,打通与关内的联系通道,撤回沈阳部队。因为对卫立煌不积极执行命令的不满,10月15日,蒋介石将正在徐州部署军事的杜聿明接到北平,任其为东北"剿总"副总司令兼冀热辽边区司令,令其部署东北作战。东北将领多为杜的老部下,指挥关系上有方便之处,但在当时情况下,杜也难有回天之力,反因调到东北,又耽误了徐州方面的作战部署。对于下一步作战方案,卫立煌和廖耀湘均坚持各自先前的主张,即卫主张守沈阳,廖主张退营口,但此时由于沈阳危在旦夕,卫也并不坚持反对廖的意见。然而蒋介石坚持廖兵团经黑山、大虎山向锦州攻击,与锦西部队共同协力恢复锦州。国防部则提出"放弃沈阳,举东北全力以扼守锦葫地区,防止关外共军入关"的方案。蒋介石的计划与国防部的方案其实并无本质区别,唯因蒋始终未明言放弃沈阳,致卫立煌也不愿为此承担丢失沈阳的责任,而是始终理直气壮地要求坚守沈阳。18日,蒋介石偕杜聿明同飞沈阳;19日,又将卫立煌和杜聿明召到北平,与傅作义共同商讨东北作战方案。蒋、卫意见仍不一致。杜遂提出折中方案,即以一部守沈阳,主力由廖

---

① 《"总统"蒋公大事长编初稿》卷七(上),150—152页;《中华民国史事纪要》,1948年10月20日。

耀湘指挥转移到黑山、大虎山以南,依托营口为后方,成则收复锦州,不成则自营口撤退。此案得到蒋介石的首肯,但其含义并不十分明确。蒋的主旨仍是进锦州,杜的本意则是对蒋敷衍,能攻则攻,不能攻则退营口,可是又无法对廖耀湘明言,结果在执行中既未能攻下黑山,又耽误了退守营口的时机。① 所以郭汝瑰认为,"此种不彻底之办法最易误事","如仍需攻击,则应下大决心放弃沈阳,以全力于辽西求一胜利。总统不此之图,而来毫无丈夫气之缩头战略,则一旦失败,必不可收拾。反不如在辽西硬拼,可以取得相当代价,虽全军覆没,亦可赢得若干时间之喘息机会。"②

中共在连续获得锦州和长春的胜利后,已完全有把握达成全歼东北国民党军的战役目标。对于下一步作战方向,毛泽东的部署仍以控制海口、断敌退路为重心。当时东北国民党军集中在彰武、沈阳、锦西、葫芦岛等地,10月17日,毛泽东致电林彪,指示先打锦西和葫芦岛,以控制敌军退路,并迫使沈阳敌军出援,力争在11月完成全歼东北国民党军的任务。毛泽东还特别关注辽南营口方向的情况,于18日致电林彪,表示"最担心的是沈敌从营口撤退",令其迅速部署围攻长春的部队南下,阻断沈阳至营口通路。次日,毛泽东又致电林彪,令其注意营口方向。东北野战军根据当面国民党军的状况,对作战方向的判断与毛泽东意见不一。林彪认为锦西和葫芦岛的国民党军依托海口,随时可自海上撤退,攻击不易收效,而廖耀湘兵团为东北国民党军所余之最大主力,应乘其徘徊于彰武,尚未决断前进还是后退之时,首先予以包围歼灭,此后则沈阳可一鼓而下。20日,中共中央军委电示林彪,同意以廖兵团为作战目标,以锦西为钳制目标,并密切注意营口方向,要求"即刻动手部署,鼓励全军达成任务","不失时机,争取大胜"。林彪遂部署以沈阳西北的3个纵队监视廖兵团,并适当后撤,诱其前进;同时令锦州地区的7个纵队不事休整,迅速集结隐蔽北进,对廖兵团构成合围态势;2个纵队留塔山担任阻击任务;长春的1个纵队和全部独立师迅速南进参战,只是对于营口林彪有所忽略。由于东北野战军全部主力均

---

① 《辽沈战役亲历记》,21—32页。
② 《郭汝瑰日记》,1948年10月19日、23日。

在辽西作战,营口几乎不设防,在毛泽东三令五申应注意营口以后,林彪命令长春部队迅速南下,切断沈阳至营口通路。24日,中共中央军委电告林彪,"敌人准备以营口为其两条退路之一,已甚明显",要求其迅速"控制营口,阻塞敌人向海上的逃路"。但因情报有误,东北野战军误判自沈阳奔营口的国民党第52军为西进海城,南下部队又被北调参战,致营口被第52军占领。①

在国共两军均调整了部署之后,位于沈阳西南北宁路的黑山和大虎山成为两军瞩目的焦点。黑山和大虎山控制着廖耀湘兵团西进锦州或南进营口的通路,为两军所必争。10月20日,杜聿明飞沈阳,传达蒋之命令,令廖兵团攻击黑山、大虎山,并令第52军先占营口,准备退路。21日,廖兵团第71军开始向黑山攻击前进,东北野战军以第10纵队布防,令其坚持三天,死守不退,确保锦州主力北上达成合围任务。23日,廖耀湘尽出精锐,令新1军、新6军及第207师共5个师的兵力,集中攻击黑山和大虎山,24日,又将攻击兵力增加到7个师。攻守双方展开激烈战斗,反复争夺,阵地得而复失,失而复得,东北野战军第10纵队以伤亡4 000人的重大代价,终使国民党军不能越雷池一步。廖耀湘没有灵活领会杜聿明的指挥意图,在初始攻击不利后,没有及时果断地放弃攻击,转进营口,而是继续投入重兵攻击,致胶着于黑山、大虎山正面,失去了脱离接触而转进的最佳时机。与此同时,本来负有东西对进任务的侯镜如兵团,在20日对塔山攻击不利后,即在锦西停滞不前,不能配合廖兵团的作战。攻击锦州的东北野战军主力6个纵队兼程北上,25日已出现在廖兵团周围,廖耀湘见态势不利,才决定放弃攻击,部署部队向黑山、大虎山以东转进,准备绕道台安向营口撤退。

10月25日晨,廖耀湘部先头部队第49军在大虎山以东越过北宁路南撤,继在台安西北与东北野战军第8纵队和独立第2师遭遇,激战竟日,未得突破。第49军军长郑庭笈判断退营口的通路已被截断,他未向廖耀湘请示,而是径向沈阳卫立煌请示,卫令其退回沈阳,但由于部下意见不一,郑并未立即行动。至26日,廖耀湘才得知此情,此时他

---

① 《毛泽东军事文集》第5卷,94、99、109—110、123页。

方寸已乱,不敢断然集中部队向营口方向突破,而是向卫立煌请示行动进止,卫当即令其退回沈阳。廖遂令新1军军长潘裕昆率新1军主力、第71军和新6军1个师,沿大虎山至新民铁路渡辽河后退回沈阳;廖自率兵团部、第49军、新6军和新3军各1个师,经大虎山至老达房公路退回沈阳;另以新1军和新6军各1个师接应位置不明的新3军主力。

　　根据廖兵团既无工事依托,又乏坚强指挥、转移态势混乱、部队士气不高之情况,林彪果断命令东北野战军各部,对廖兵团拦住先头、拖住后尾、夹攻中间、截断退路、分割穿插,以猛冲猛追战法,迅速求歼廖兵团。25日夜至次日晨,东北野战军各部发扬积极主动的进攻精神,根据当时情况迅速转移位置,其中5个纵队自大虎山从西向东,3个纵队自大虎山从南向北,2个纵队自饶阳河由东向西,对廖耀湘部达成了分割包围。廖兵团适在转移途中,命令下达仓促,方向一变再变,战斗队形混乱,上下联络不畅,指挥官已难以掌握部队。26日晨,东北野战军第3纵队第7师在胡家窝棚击中廖兵团指挥所,廖耀湘仓促转移至新1军新30师师部,新1军、新3军、新6军指挥所其后亦被冲散,国民党军指挥体系被打乱,各部在行进状态中,得不到指挥命令,无所适从,在东北野战军的猛烈分割打击下,已成溃散之势。至28日拂晓战斗结束时,廖兵团5个军12个师10万余人被全歼,兵团司令廖耀湘、新6军军长李涛、第71军军长向凤武、第49军军长郑庭笈等被俘,新1军军长潘裕昆及新3军军长龙天武脱逃。廖耀湘兵团10多万精锐兵力,起初在彰武徘徊不前,其后作战方向不定,最后指挥错乱,竟至没有师级以上的抵抗而一败涂地,"偌大一个战斗力很强的战略机动兵团,国民党军的精华,长时间徘徊于无用武之地,失去了战机,失去了时间,再加以心情慌乱,以至最后陷入重围,失去了主动而全军覆没。"①

　　廖耀湘兵团在辽西覆灭后,沈阳国民党军已陷于绝境。卫立煌不是命令各部集结,拼力向营口打开退路,而是命令在本溪、抚顺、铁岭、辽中等地的部队向沈阳收缩,结果完全落入中共部队的包围之中。10月30日,卫立煌与东北"剿总"总部人员乘飞机撤离沈阳,由第8兵团

---

① 《辽沈决战》编审小组等编:《辽沈决战》(上),134页,北京,人民出版社,1988。

司令周福成指挥余部5个师14万人防守沈阳。此时,国民党军已是军心瓦解,将无指挥,士无斗志,沈阳已陷于混乱之中。林彪下令东北野战军各部迅速进击沈阳,31日,东北野战军占领辽阳、鞍山、本溪、抚顺等地;11月1日,开始围攻沈阳,守军无力抵抗,纷纷投降;2日,东北野战军完全占领东北最大城市及重要工业基地——沈阳。只有在营口的第52军没有执行卫立煌向沈阳撤退的命令,得以在2日海运撤至葫芦岛。此时,蒋介石见东北事已无可为,只能命令杜聿明指挥还在锦西和葫芦岛的部队海运撤离,第62军、第92军和独立第95师撤回华北归建,第39军、第52军和第54军南撤京沪地区。11月9日,锦西和葫芦岛的14万部队全部撤离,国民党军在东北的作战行动至此结束。

  历时近两个月的辽沈战役,是国共两军自全面内战爆发后进行的第一次大规模会战,结果国民党军损失4个兵团11个军36个师共47万人,其中伤亡近6万人,被俘32万人,起义及投诚9万人;东北野战军伤亡69 000人,其中阵亡14 000人。中共在辽沈战役中的胜利原因,首先是战略方针的正确,即首攻锦州,封闭国民党军向关内的退路,将其在东北的数十万军队置于无路可走之境,确保达成战役的基本目的——消灭东北国民党军,控制全东北,并为下一步关内作战减轻负担;其次是具体作战部署之得当,即集中优势兵力于主要方面,确保攻击之成功,同时注重次要方向的防御作战,牵制对手的兵力部署;再次是战术运用合理,攻击、防御、追击作战各有重点,行动迅捷,调整及时,并注重发挥炮、工、辎重等兵种之作用,攻坚战和大兵团作战能力有了较大提高;最后是动员富有成效,在使用现代化运输手段,保障后勤支持的同时,动员了支前民工183万人,出动担架13.7万副,大车12.9万辆,供应粮食1.1亿斤。① 在辽沈战役发起与进行过程中,中共将帅之间对于作战方针曾有不同意见,但毛泽东确定并坚持以锦州为作战重点的战略方针,表现出他卓越的战略眼光及军事统帅才能。作战方针一经决策之后,则目标一致,上下一心,坚定不移,整个战役发展过程环环相扣,最终以大胜而结束此役。

① 《辽沈战役》,747—752页。

反观国民党方面，其在辽沈战役中的失利，首先是战略方针不明，战前即在是否撤退东北军队的问题上犹豫不决，战役开始后，面对日渐不利的形势，蒋介石"不是从敌情、地形、敌我兵力对比及士气等有形无形作战要素来策定他的战略战术。恰恰相反，首先是从他的主观唯心主义判断出发"，作出决策，指挥专断，"刚愎自用，而重要关头反不坚决"，结果一误再误，终至不可收拾；其次是将帅不和，蒋介石与卫立煌之间、卫立煌与廖耀湘之间，以及其他各将领间对作战方针始终有不同看法，争执不休，且一直无法达成一致意见，结果是蒋介石对东北"剿总"缺乏指挥力，东北"剿总"对廖耀湘和其他将领也缺乏指挥力，葫芦岛和锦西部队又自成格局，一国三公，意见不一，各行其是，已定计划难以切实执行，在迟疑不决中一再失去战机；再次是作战部署失当，一味拘泥于所谓东西对进夹击，不知适当调整部署，灵活运用战术，在实际执行中又不能和衷共济，互相配合，而是西进东不进，东进又西不进，所谓东西对进的部署根本就没能执行；最后是部队缺乏战意，行动迟缓，将无斗志，军心低落，最后只能是土崩瓦解，全军覆灭。事后为追究责任，国防部以卫立煌身为东北最高军事长官，"统负党政军全责，半载以来既无完善准备，匪军进犯时，指挥又届失当，更不能与城共存亡，损兵折将，散城失地，应予以处分"，11月10日，蒋介石下令，以卫立煌"迟疑不决，坐失重镇"，着即撤职查办。①

对于中共而言，辽沈战役的重大意义不仅仅在东北。11月14日，毛泽东为新华社撰写评论《中国军事形势的重大变化》，提出："中国的军事形势现已进入一个新的转折点，即战争双方力量对比已经发生了根本的变化。人民解放军不但在质量上早已占有优势，而且在数量上现在也已经占有优势。""这样，就使我们原来预计的战争进程，大为缩短。原来预计，从一九四六年七月起，大约需要五年左右时间，便可能

---

① 《辽沈战役亲历记》，30页；《郭汝瑰日记》，1948年10月30日；《中国人民解放军全国解放战争史》第4卷，199页。有说卫立煌在辽沈战役期间表现消极，是因为与中共建立了关系，故有意如此。因为卫立煌战后在欧洲考察时，通过其夫人韩权华的外甥女婿汪德昭（法国科学研究中心高级研究员，曾加入过中共），向朱德转交过一封信，表示决心站到人民方面，和有关方面进行军事的、政治的及其他方面的一切合作。1948年1月，得到中共有关方面的回电，希望他选择时机并利用当前情况，做有利于革命的事情。汪德昭随后到东北出任"剿总"副秘书长兼办公厅主任，为卫策划。（《辽沈战役研究》，439页）

从根本上打倒国民党反动政府。现在看来,只需从现时起,再有一年左右的时间,就可能将国民党反动政府从根本上打倒了。"①此时,淮海战役正在进行,平津战役即将打响,战场胜负的天平正向中共方面急速倾斜,毛泽东已有充分的自信和根据作出这样的判断。

---

① 《毛泽东选集》第4卷,1360—1361页。

第四节　淮海战役

跨江苏、安徽、河南、山东四省交界处的徐淮地区,地扼要冲,拱卫京沪,向为兵家必争之地,亦为国民党军事部署的中心。徐淮地区的守备任务主要由第一绥区(淮阴)、第三绥区(台儿庄)、第四绥区(菏泽)、第九绥区(海州)担任,另有4个强大的机动兵团倚陇海和津浦铁路部署在其周边地区,其中第2兵团邱清泉部4个军驻徐西商丘,第7兵团黄百韬部3个军驻徐东新安镇,第13兵团李弥部2个军驻徐南固镇,第16兵团孙元良部3个军驻郑州,总兵力达到70万人,统由徐州"剿总"总司令刘峙指挥,是当时国民党各战区中兵力最多最强的一个战略集团。此外,华中"剿总"总司令白崇禧指挥下的第3兵团张淦部、第12兵团黄维部、第14兵团宋希濂部可自华中随时驰援徐州,与徐淮方面配合作战。济南战役结束后,中共在山东已无后顾之忧,部队即将挥师南进,如何应对徐淮地区迫在眉睫的军事危机成为国民党统帅部亟待解决的问题。

1948年9月24日,国民党军失守济南,次日蒋介石即在南京主持紧急军事会议,讨论战局。面对严峻的军事形势,国防部提出两个方案,其一是以两个兵团出击鲁西,打击山东的中共军队,同时以孙元良兵团配合华中"剿总"攻击中原的中共军队。这个方案得到徐州"剿总"副总司令杜聿明的支持,因为他认为,此时国民党军在徐淮地区还有兵力优势,而中共在济南战役后需要休整,因此可以先寻华东野战军决战,在"击灭"其主力后,尽力恢复山东。其二是首先"肃清"苏北的中共军队,徐州主力则暂时待机。这个方案得到徐州"剿总"总司令刘峙的支持,因为他始终顾虑徐州的安全,将徐州的安全考虑放在首位。就当时的实际情形而言,杜聿明的设想确实有些冒险。如果说两年前国民党军尚不能"击灭"中共,那么现在就更不可能了。但杜聿明的设想较具进攻性,所谓以攻为守,如果确切实行,或可暂时缓解徐州方面的压力。而刘峙其人庸碌无能,出任徐州"剿总"之职后,并未有所作为,只是一味强调保守徐州安全。经过讨论,会议决定采用修正后的国防部第一案,即由白崇禧指挥孙元良、黄维、张淦兵团进攻豫西,杜聿明指挥邱清泉兵团进攻鲁西南,黄百韬兵团进攻苏北,李弥兵团进攻津浦路两侧。这实际上是一个多头用兵的方案,在实战中无法彻底集中兵力。为此,杜聿明另行提出集中徐州3个兵团北进的方案,也得到了蒋介石的批准,但由于10月中旬杜聿明受命飞东北指挥作战,而刘峙本来就不同意此案,杜走后即中止执行。及至东北战事结束,11月中旬杜聿明再回徐州时,实行此案的时机已过。①

10月下旬,国民党统帅部判断中共下一步的军事行动将指向徐淮地区,而此时徐州"剿总"所辖部队分布在陇海路西起郑州东至海州的千余里战线上,成一字长蛇阵布局,态势不利,国防部因此主张将部队向徐州集中。10月23日,何应钦和顾祝同指示郭汝瑰飞北平,向蒋介石汇报,得蒋首肯,并指示采取攻势防御,放弃郑州、开封等地。24日,国防部下令孙元良兵团放弃郑州,向徐西撤退;刘汝明部放弃开封,向蚌埠撤退;将黄百韬、李弥兵团部署于徐东,邱清泉、孙元良兵团部署于徐西,第三、四绥区部队守备台儿庄和商丘,以徐州为核心,构成十字形阵势,实施内线作战;同时令黄维兵团追随中原野战军跟进,配合徐州作战。蒋介石认为刘峙的才干与人望不足以指挥未来的大战,他属意白崇禧指挥徐州作战,24日任命白崇禧统一指挥华中和徐州战区。但白崇禧对在徐淮地区指挥作战积极性不高,而且徐淮地区多为蒋介石嫡系部队,白崇禧事实上也指挥不动,因此婉拒了蒋的命令。28日,蒋介石又电白崇禧谓:"华中与徐州军事,必须统一指挥,方能收效,兄兼

---

① 《郭汝瑰日记》,1948年9月25日;《淮海战役亲历记》编审组编:《淮海战役亲历记》,6—8页,北京,文史资料出版社,1988。

顾华东,对于华中之进剿任务,仍可进行无碍也。"①结果白崇禧仍未接受,而杜聿明又远在东北,徐州前线数十万部队的进止就这样在作战方案不明、指挥不定中又耽误了若干时机。

国民党军虽开始向徐州集中,但对于是否固守徐州,其内部又争论不休。不少人认为,徐州乃四战之地,易攻难守,而且后方联络线较长,又受到中共部队的威胁,后勤支援不易,主张放弃徐州,退守淮河一线,以彻底集中兵力,依托长江为安全可靠之后方,进可攻退可守,万一情况不利时,亦可保存主力,屏障京沪,保有江南半壁河山,徐作后图,所谓"守江必守淮"是也。为此,国防部在10月底提出两个方案,一为徐州仅留少数部队防守,主力放弃陇海路,集中于津浦路徐蚌段两侧,实行攻势防御;二为部队全部退守到淮河以南,依托河川,实行防御作战。但因为"退守淮河,则尔后不便于向平汉路或苏北方面机动;且共军打通陇海路后,向东西方向调动兵力,非常灵便,对我军更为不利",且徐州向被视为南京门户,放弃徐州势必震动京沪,加剧国民党后方之动荡。因此,国民党统帅部最后决定采用第一案。11月5日,参谋总长顾祝同匆匆赶到徐州,召集军事会议,部署徐蚌会战,决定徐淮地区的部队由杜聿明指挥(在11月底徐州"剿总"撤到蚌埠前,杜聿明的指挥仍受到刘峙的牵制),将第16兵团孙元良部3个军从商丘调到蒙城,保障徐蚌段西侧;第2兵团邱清泉部4个军集结在安徽砀山和河南永城,掩护徐州西翼;商丘第四绥区刘汝明部2个军移驻临淮关(后改为第8兵团);第13兵团李弥部2个军由徐东碾庄南移至安徽泗县、灵璧机动;撤销海州第九绥区,所属1个军海运撤上海(后因运输工具不足改归黄百韬部);第7兵团黄百韬部5个军(加入徐州和海州各1个军),由徐东新安镇移至运河西,掩护徐州东翼;第三绥区冯治安部2个军放弃山东临城和枣庄,退守台儿庄及其以南运河地区,掩护徐州北翼;第一绥区周嵒部3个军防守苏北淮阴和扬州一线;徐州"剿总"直接指挥的4个军部署在徐州、苏北、淮北与蚌埠;第12兵团黄维部4个军自驻马店开往阜阳集结,由国防部直接指挥;东北第39军和第54军转运蚌

---

① 《郭汝瑰日记》,1948年10月22日、23日;《"总统"蒋公大事长编初稿》卷七(上),159页。

埠,准备加入徐淮作战。① 国民党统帅部在徐淮地区集结重兵,摆出了一副决战架势(国民党战史由此将此次作战定名为"徐蚌会战"),但他们对中共将要开始的作战行动的规模与打法仍缺乏准确的估计与判断,调整部署的时间过迟,各部队的行动也不够迅捷,在部署尚未完成之时即被迫仓促应战,处于不利地位。

中共方面,举行淮海战役的设想最早由粟裕提出。他认为国民党军在苏北两淮(淮阴和淮安)地区的兵力较为空虚,攻打两淮可以迫使国民党军分兵增援,为以后渡江南进创造条件,因此,他于8月23日提出华东野战军南下攻占两淮的方案。济南战役结束后,9月24日,粟裕致电中共中央军委和华东局及中原局,建议举行淮海战役,第一步攻占两淮,第二步攻占海州、连云港,以此逼使国民党军分兵增援,改善中原战局。② 刘伯承和陈毅亦同意粟裕的意见。25日,毛泽东致电粟裕等,认为"举行淮海战役,甚为必要",但对作战方案提出了自己的意见,认为第一阶段应打黄百韬兵团,第二阶段再打两淮,第三阶段打海州、连云港,以此作为一个大战役,"可以打通山东与苏北的联系,可以迫使敌人分散一部兵力去保卫长江",便于下一步进行徐州作战。28日,毛泽东又致电粟裕、刘伯承、陈毅等,进一步明确"淮海战役第一个作战并且是最主要的作战是钳制邱李两兵团、歼灭黄兵团"。③ 这样,毛泽东就将粟裕原先提出的举行战术规模的两淮作战即"小淮海战役",初步改为进行战略规模的徐淮会战即"大淮海战役",以首先歼灭国民党军重兵集团作为战役的中心任务。毛泽东的设想体现了他的战略眼光,黄百韬兵团地处徐东,态势较为孤立,有利于分割歼灭,而在不动黄兵团的情况下,无论是打两淮还是打海州都将受到其牵制,不如首先打黄兵团更为有利;打黄兵团又将面对邱清泉、李弥兵团的增援,战役规模势必扩大,有可能发展成两军的大规模会战。因此,10月11日毛泽东致电华东野战军和中原野战军领导人,提出了关于淮海战役各个阶段作战中心、兵力部署、作战步骤等等的全盘构想:第一阶段集中兵力歼

---

① 《淮海战役亲历记》,53—54页;《国民革命军战役史》第五部第5册,142—143页。
② 中共中央党史资料征集委员会主编:《淮海战役》第1册,47—50页,北京,中共党史资料出版社,1988。
③ 《毛泽东文集》第5卷,157、159页;《毛泽东军事文集》第5卷,19、26页。

灭黄百韬兵团,完成中间突破;第二阶段攻歼海州和连云港;第三阶段在两淮方面作战;战役全过程须历时一个半月到两个月,兵力部署以攻击和打援并重为基本原则,并造成围攻徐州态势,引致对手错判,使邱、李两兵团不敢全力东援;同时以中原野战军进行战略配合,牵制白崇禧集团,得手后即开辟苏北战场,打通苏北和山东联系,再以主力西出淮河流域作战,次年春夏打到长江边,秋季进行渡江作战。① 10月22日,毛泽东又提出由中原野战军"举行徐蚌作战,相机攻取宿县、蚌县(蚌埠),坚决彻底干净全部地破毁津浦路,使敌交通断绝,陷刘峙全军于孤立地位"。② 中原野战军在淮海战役中的作用也从广大地域内的战略配合改为一定区域内的战役协同,最后又改为直接加入战场作战。在毛泽东的决策下,由华东野战军和中原野战军协同一致,共同举行大规模的淮海战役,在徐淮地区歼灭国民党军重兵集团的设想逐渐成形。

11月上旬,根据当面国民党军正在调整部署的情况,粟裕、刘伯承等均判断徐州国民党军可能南撤,战场形势将出现重大变化,因此提出进行淮海战役的新设想。8日,粟裕致电中共中央,认为"如果能在江北大量歼敌,则造成今后渡江的更有利条件";建议华东野战军在歼灭黄百韬兵团后,不必以主力向两淮进攻,"而以主力转向徐(州)固(镇)线进击,抑留敌人于徐州及其周围,尔后分别削弱与逐渐歼灭之";"在战役第一阶段之同时,应即以一部破坏徐蚌段铁路,以阻延敌人南运"。粟裕等的建议得到中共中央的高度重视。9日,中共中央军委两次致电陈毅、邓小平和粟裕,指示他们"徐州敌有总退却模样,你们按照敌要总退却的估计,迅速部署截断敌退路以利围歼是正确的";部署华东野战军迅速歼灭黄百韬兵团,中原野战军立即出击宿县,截断津浦路宿(县)蚌(埠)段;提出"现在不是让敌人退至淮河以南或长江以南的问题,而是第一步(即现在举行之淮海战役)歼敌主力于淮河以北,第二步(即将来举行的江淮战役)歼敌余部于长江以北的问题";"望你们按照上述方针,坚决执行,争取全胜","应极力争取在徐州附近歼灭敌人主力,勿使南窜"。11月16日,中共中央军委电示中明确提出:"此战胜

---

① 参见《毛泽东选集》第4卷,1351—1352页。
② 《毛泽东军事文集》第5卷,118—119页。

利,不但长江以北局面大定,全国局面亦可基本上解决。"①至此,淮海战役由中共最初设想的攻克两淮海州的局部战役,发展为歼灭黄百韬兵团并开辟苏北战场、打通苏北与山东联系的具有决战性意义的战役,再发展为以徐州为中心,在东起江苏海州、西至河南商丘、北起山东临城、南至安徽淮河的广大地域内,以连续作战方式主动寻歼国民党军重兵集团,基本消灭国民党军江北主力,为全国胜利奠定基础的大规模战略性决战。

由于即将举行的淮海战役的规模大大超出了粟裕原先的设想,已经成为华东野战军、中原野战军两军共同参加的大规模会战。10月31日,粟裕主动提出请陈毅和邓小平统一指挥此次战役。②11月1日,中共中央军委指示"整个战役统一受陈邓指挥",指挥部署"由陈邓临机决定"。次日,陈邓复电提出,因通信工具太弱,粟裕方面仍多由军委直接指挥。11月16日,随着战役规模的扩大和形势的发展,中共中央军委电示,中原野战军和华东野战军必须准备在现地作战3个月到5个月,弹药、民工需要巨大,必须统筹解决,指示由刘伯承、陈毅、邓小平、粟裕、谭震林组成淮海战役总前委,以刘、陈、邓为常委,邓小平为总书记,"可能时开五人会议讨论重要问题,经常由刘陈邓三人为常委临机处置一切"。③淮海战役的指挥机构于此确定。

淮海战役的关键一役是围歼黄百韬兵团,因为围歼黄兵团且在大范围内调动国民党军,打乱其部署,暴露其弱点,才能有后续的战机。因此,中共中央和毛泽东对围歼黄兵团自始即极为关注,指示粟裕速赴前线指挥,按预定时间发起战斗,力求首战必胜。10月23日,粟裕发出淮海战役预备命令;11月4日,发出战役命令,要求各部按预定部署行动,于6日黄昏向前线开进,8日晚统一发起战斗,"如发现守军收缩集结征候,应不失时机地展开挺进截击,各个歼灭,或就地分割包围,勿使其收缩集结"。11月7日,中共中央军委致电粟裕,指示:"非有特别重大变化,不要改变计划,愈坚决愈能胜利。在此方针下,由你们机断

---

① 《淮海战役》第1册,131—132页;《毛泽东军事文集》第5卷,182—184、231页。
② 陈、邓此时率中原野战军4个纵队和华东野战军2个纵队已经东移接近徐淮战场,而刘伯承指挥的中原野战军2个纵队仍远在豫西,离战场较远,故粟裕有此请。
③ 《淮海战役》第1册,103、107、111、164—165页。

专行,不要事事请示。"由此可见对前方指挥员的高度信任。①

11月5日,徐州"剿总"发现华东野战军主力南下征象,遂令各部按当日刚刚决定的战役预案开始转移行动。6日,华东野战军各部开始战役行动,10个纵队从山东南部浩浩荡荡分多路南下,西线3个纵队直插徐东,分割黄百韬兵团与徐州的联系;东线主力7个纵队由陇海路东段直指新安镇两侧;3个纵队自苏北北进陇海路。此时,第三绥区冯治安部在华东野战军的强大压力下退守台儿庄运河线。第三绥区副司令何基沣和张克侠均为中共秘密党员,根据中共的指示,他们在8日率所部第59军和第77军23 000余人在徐州以北的贾汪起义,致运河防线门户洞开,华东野战军主力迅速经此南下,从而赢得了重要战机。

驻守徐东陇海路新安镇一带的黄百韬兵团在战前的处境最为危险,黄百韬认为其"四面八方均有敌情,备左则右寡,备前则后寡,无所不备,则无所不寡";而且"国防部作战计划一再变更,处处被动,正是将帅无才,累死三军"。不过,他仍寄希望于被围后别的兵团来救,因为"这次战事与以前战役性质不同,是主力决战,关系存亡",不然"同归于尽,谁也走不了"。② 但事实与黄百韬的期望相距甚远。在接到徐州"剿总"的转移命令后,因等候接应第九绥区自海州西撤,黄兵团在新安镇多留了一天,至7日才开始向徐州方向运动,白白浪费了一天的时间。开始西撤后,由于自海州随行的机关、学校、"难民"等地方人员数万人夹杂其间,致撤退队伍臃肿,行进缓慢,在通过运河铁桥时又因通行能力不足,而且事先缺乏周密准备,没有架设更多的浮桥,大大影响了行进速度。部队过河时因争先恐后,秩序混乱,落河而毙者为数不少。为了分流经运河铁桥的部队,加快行进速度,黄百韬命令第63军南进至窑湾渡河,结果被华东野战军苏北兵团北进部队截击,于11日被歼,军长陈章自毙。华东野战军迅速南下后,徐州"剿总"总司令刘峙惊慌失措,为保证徐州的安全,令部署在徐东曹八集的李弥兵团西撤,拉大了与黄兵团的距离,也使黄兵团失去了有力的掩护与接应,致其完全陷于孤立。9日,黄兵团大部渡过运河,并于当晚到达碾庄圩地区。

---

① 《淮海战役》第1册,117—120、129页。
② 《淮海战役亲历记》,190、69页。

由于部队仓促撤退,在行进途中队形混乱,黄百韬下令在原地休整一天,结果又浪费了一天的时间。所谓兵贵神速,在对手大军逼近时,黄兵团却因人为的原因犯下一个又一个错误,行动迟缓,态势愈加孤立不利。10日晚,华东野战军西线部队占领徐东大许家至曹八集一线,并与自苏北北上的部队会合,截断了黄兵团向徐州的退路,东线部队则自陇海路两面迅速进击,于11日基本完成了对黄兵团的包围。此时黄兵团第63军在窑湾被歼,加上行进途中的损失,大战尚未开始,已经损失了2万余人。当时华东野战军对黄兵团的包围圈仍较为松散,如果黄百韬决策坚决向徐州突围,加上徐州方面的大力接应,或仍可有一线生机,但黄兵团内部意见不一,第64军军长刘镇湘主张就地作战,国防部又于此时电令击退当面共军后再走,黄百韬遂决策在碾庄圩地区固守待援,从而注定其覆灭命运。

黄兵团被围后,刚从东北回到徐州接过战场指挥权的杜聿明,主张先以李弥兵团守徐州,而以在徐西的邱清泉、孙元良兵团并调中原的黄维兵团出击外线,合力先击破刘伯承部,再回头援救黄兵团。杜的方案沿袭了他早先的思路,即只有先击破中共一路,才能避免头痛医头、脚痛医脚的被动局面,进而掌握战场主动权。但国民党将帅多数早就没有了像杜聿明这样所余不多的"进取心",尤其是杜的顶头上司、徐州"剿总"总司令刘峙坚决反对杜的方案,认为太过冒险,将置徐州和黄百韬兵团于危境。杜聿明虽被赋予战场指挥权,但毕竟刘峙的资历与职务均高于杜,加上还须国防部的首肯,而且执行此案的前景如何杜也无法肯定,所以杜聿明并未坚持自己的意见。11月10日,蒋介石在南京主持召开紧急会议讨论战局,决定仍进行内线作战,令黄百韬兵团在碾庄圩固守,邱清泉和李弥兵团一部自徐州东援;李弥兵团主力守徐州;孙元良兵团推进至津浦路夹沟至符离集地区,屏障徐州侧翼安全;刘汝明兵团集结在固镇、宿县地区,保障津浦路的安全;调中原的黄维兵团至徐淮地区,将淮北的两个军和东北调来的两个军组建为第6兵团,由李延年指挥,自蚌埠北进。这样,国民党军就在徐淮地区集结了7个兵团,包括第2、第12兵团精锐之师,为全面内战爆发以后国民党军最大的一次集结行动,企图在徐淮地区与中共部队决战,挽救日渐严峻的军事形势。10日的会议结束后,蒋介石亲函黄百韬:"此次徐淮会战,实为我革命成败国家存亡最大之关键,务希严督所部,切实训导,同心一德,团结苦斗,期在必胜,完成重大之使命,是为至要。"他同时电示黄维:"徐州会战业已开始,情况至为紧要,黄兵团应兼程急进,务期于十三日前到达阜阳太和地区。"但刘峙在如此关键时刻却消极保守,一味夸大徐州以西的中共力量,提出"我军作战基本方针,应采取攻势防御,先巩固徐州,以有力部队行有限目标之机动攻击,策应黄百韬兵团作战",致邱清泉、李弥兵团行动不如预期之速。蒋介石认为"徐州城防兵力太多,未能分用于前方,刘经扶(刘峙)之指挥无方,令人不胜忧虑",批评刘峙的部署"过于消极",要求他"集中全力,迅速击破运河以西之共军,以免第七兵团先被击破"。①

黄百韬兵团退守的碾庄圩地区位于陇海路北侧,在方圆十余公里的范围内分布有大小不等的若干个村庄,由于地处徐淮平原开阔地带,缺乏制高点的支撑,对于防守并不十分有利,但李弥兵团在此驻守时筑有比较完善的工事,黄兵团入驻后又加以改进,构成了以地堡为骨干、以交通壕相沟通的环状防御阵地。黄兵团在4个月前的豫东战役中,有过在帝丘店固守待援的经历,对于防守作战有一定的心理准备,此次经过调整部署,加上国民党统帅部正调动邱清泉、李弥兵团增援以及空军的支持,因此起初自信可以坚守相当时日。华东野战军本希望以连续攻击打散黄兵团的部署,如同东北歼灭廖耀湘兵团那样争取速战速决,自11日起以5个纵队在特种兵纵队的炮火支持下向黄兵团发起猛烈攻击,结果却遇到黄兵团的顽强防守,伤亡较重,进展不大,不得不转入逐点争夺的阵地攻坚战。据粟裕报告,"因其部队密集,并已筑好了工事,不易分割,必须逐一攻击,且因后方炮弹接济不上,致延时日";作战一周之后,参战各纵至少已伤亡5 000人,原有战斗人员所剩无几,不少连队只剩10余人,一般每班只剩下一两个老兵(济南战役中被俘者已为老兵);干部伤亡较大,班、排、连级已有因伤亡更换五六次者,营

---

① 《中国人民解放军全国解放战争史》第4卷,289—290页;《郭汝瑰回忆录》,328—329页,成都,四川人民出版社,1987。《中国人民解放军全国解放战争史》所引蒋介石函与原件有异,本处据《淮海战役亲历记》前所附蒋介石函书影校正。

级干部伤亡亦不少。所以,在某些人数原来极不充实而伤亡极大的纵队中,几乎有不能继续作战的严重情况,出现了"少数松劲泄气表现"。14日,粟裕召集参战各部主官会议,传达中共中央军委关于此役准备20万人伤亡,以及战争可因此缩短一年的指示;严厉批评"有些干部,特别是少数营连干部存在并发展着右倾的保命思想";强调在此次对全国战局具有决定意义的战役中,不应顾惜任何伤亡,除随时缩编连队外,还应准备每个纵队于必要时缩编为5—6个团。会议总结了战斗打响后的经验,调整了部署,决定采取先打弱敌、乱其部署的战法,首先攻歼较弱的第44军和第100军;在作战方法上,强调进行夜战和近战,以大胆穿插瓦解对手的防守,并集中炮火支持。① 经过调整后,16日晚华东野战军发起新的攻势,战至18日,歼第44军和第100军,俘第44军军长王泽浚等,第100军军长周志道脱逃,同时缩小了对第25军和第64军的包围圈。

黄百韬兵团在碾庄圩苦守待援,一心盼望援军的到来。蒋介石也不断为黄百韬打气,令其坚持到底。11月12日,蒋致电黄,告以"正督促大军增援,日内当可夹击残匪于预定地区";次日,蒋又致电令其"激励官兵,鼓起最后五分钟之精神,坚守待援"。14日,黄电蒋告急,称己部"伤亡惨重,粮弹两缺,恳促邱兵团急进"。② 但黄百韬期盼的援兵虽已集结东进,却迟迟不见踪影,令黄有度日如年之感。

黄百韬兵团被围后,邱清泉兵团和李弥兵团一部受命东进援救黄兵团。11月12日,邱、李两兵团完成集结,以邱部在陇海路南、李部在陇海路北,出动5个师的兵力东进。华东野战军以3个纵队担任正面阻击,另以3个纵队位于徐州东南方向,威胁邱、李兵团的侧翼,并可随时策应作战。在华东野战军的坚强阻击下,加之担心侧翼安全,邱、李兵团的推进速度缓慢。13日,蒋介石严令徐州"剿总"减少徐州守备部队,"倾全力东援"。参谋总长顾祝同也到徐州视察战况,"促邱兵团迅速东进"。15日,邱、李兵团出动7个师向东攻击,并以1个军自徐州

---

① 《粟裕军事文集》,409、446—450页,北京,解放军出版社,1991。
② 《蒋中正"总统"档案·筹笔·戡乱时期》第16302号;《中国人民解放军全国解放战争史》第4卷,290页;《"总统"蒋公大事长编初稿》卷七(上),178页。

东南潘塘方向迂回,但仍未有突破。与顾祝同同赴徐州的郭汝瑰感觉"徐州无乾坤一掷,向东解围之魄力","各将领均对于徐州安全感甚大,无肯冒险挺进者","咸欲求徐州安全,不诚意援救黄百韬"。① 为了给下一步作战创造条件,中共中央军委一度曾指示华东野战军放缓对黄百韬兵团的攻击,并将阻击部队适当后撤,以此诱使邱、李兵团东进,切断其与徐州的联系,"徐图歼灭"。此举使刘峙、杜聿明判断华东野战军"有全面溃窜可能",令邱、李兵团迅速进击,与黄兵团会师。17 日,邱、李兵团进至徐东大许家一线,同时黄维兵团已进至徐西南蒙城,刘汝明兵团进至徐南固镇,李延年兵团在其后跟进。中共根据国民党援军正向徐州集中的情况,为了确保歼灭黄百韬兵团的战役第一步目标,决定改变原定计划,令华东野战军坚决阻击邱、李兵团,同时尽快解决黄百韬兵团。19 日晚,华东野战军以 4 个纵队对碾庄圩黄兵团部发起总攻,黄百韬随后被迫率残部转移到大院上第 64 军军部,企图继续固守待援。因黄兵团处境危急,19 日,蒋介石严令刘峙和杜聿明,应不顾牺牲及损失,严督所部兼程东进。但黄百韬兵团已无力再坚持,21 日晚,第 25 军残部在突围中被歼,军长陈士章脱逃。22 日黄昏,黄百韬率第 64 军残部突围失败,黄自杀身亡,军长刘镇湘等被俘,黄百韬兵团 5 个军 12 万人至此被全歼。距黄兵团不过 40 余公里的邱清泉、李弥兵团共 5 个军的兵力,在经过 11 天的攻击,付出伤亡万余人的代价后,仅仅前进了 20 余公里,于炮火相连中坐视黄百韬兵团的覆灭。

在华东野战军围歼黄百韬兵团的同时,中共中央还在部署下一步的作战任务。津浦路是徐州同南京联络的交通要道,也是徐州国民党军的补给大动脉。位于津浦路徐蚌段中段的宿县,北距徐州 70 余公里,南距蚌埠 90 余公里,扼津浦路通往南京之门户,又是徐州国民党军的后方补给基地,但只驻有第 25 军 148 师(以接领的新兵为主)及交警第 16 总队,防御十分薄弱。中共在战役尚未开始时即注意到宿县的重要战略地位,赋予中原野战军"相机攻取宿县"的任务。随着淮海战役规模的扩大,为了切断国民党军退守淮河的通路,全歼徐淮地区的国民

---

① 《郭汝瑰日记》,1948 年 11 月 14 日、15 日、21 日。

党军,11月10日中共中央军委指示陈毅和邓小平:中原野战军"应集中全力攻取宿县,歼灭孙元良,控制徐蚌段,断敌退路,愈快愈好,至要至盼"。① 15日,中原野战军发起对宿县的攻击,并于次日下午全歼守军,从而切断了徐州国民党军的后方补给线和退路,置其于十分被动的地位。所谓牵一发而动全身,攻占宿县是中共在淮海战役期间下出的又一着好棋,国民党军最终将为轻易丢失宿县而付出惨重的代价。

国民党统帅部在徐蚌会战开始后,决策调驻守中原的第12兵团4个军及1个快速纵队共12万人驰援徐淮战场。第12兵团所辖的4个军多为国民党军精锐部队,尤其是第18军更为国民党军精锐主力,全副美械装备,能攻善战,自全面内战开始后一直是中共华东野战军和中原野战军的劲敌。但是第12兵团在9月编成时,由新制军官学校校长黄维出任司令,原本呼声甚高的原第18军军长胡琏只被任命为副司令。胡琏其人善谋能战,内战中率部与中共部队多次交手,在南麻等地的恶战中还占了些便宜,具有相当的作战经验,而且他长期在第18军任职,上下关系较为协调,本为以第18军为中坚的第12兵团司令的适当人选,结果却出人意料地落选,遂在失意中称病告假未赴任。黄维也曾任第18军军长,但抗战中期即离开第18军,自抗战后期直到此次任前,多数时间不在野战部队任职,缺乏和中共部队作战的经验,也不太了解中共的战法,加以为人态度严峻,固执专断,出任兵团司令后不易得到下属的认同,从而或多或少影响到第12兵团的作战行动。11月8日,第12兵团自驻地河南驻马店、确山一带出发,一路向东北方向,经新蔡、阜阳、蒙城直奔徐州。但因为所携重装备较多,道路崎岖,又需要涉过多条河流,且不断受到中共地方部队的袭扰,行动并不快捷,14日才到达阜阳。此时黄百韬兵团在碾庄圩处境危急,邱清泉、李弥兵团的援救行动进展不大,徐州国民党军甚感兵力不足,蒋介石和刘峙均将黄维兵团视为救急的生力军,因此连电黄维,令其"努力排除万难","兼程急进"。但直至黄百韬兵团被歼时,黄维兵团仍在徐州百余公里开外。所谓远水不解近渴,这支被蒋介石视为救急的劲旅,不仅没能解黄百韬

---

① 《毛泽东军事文集》第5卷,190页。

之围,而且很快就陷入自身难保之境。

得到黄维兵团出动的情报后,11月中旬,中共中央军委要求中原野战军在部署跟进、扭击、侧击,尽力延迟其行进速度的同时,必须正面阻击黄维兵团,"不得误事"。中原野战军遂部署在黄维兵团行进所经之地的地方武装彻底破坏沿途的道路、桥梁和渡口,并以各种方式袭扰黄维兵团,迟滞其行进速度;同时,部署2个纵队在蒙城方向正面阻击黄维兵团,1个纵队自涡阳方向出击黄维兵团侧翼,2个纵队位于宿县西南,准备对付刘汝明兵团并策应对黄维兵团的攻击,1个纵队位于宿县与固镇之间,准备阻击自蚌埠北进的李延年兵团。刘伯承率中原野战军司令部也于此时到达河南永城,同陈毅、邓小平等会合,共同指挥下一步的作战行动。

11月18日,黄维兵团到达安徽蒙城地区,李延年兵团亦在准备自蚌埠北进。此时,华东野战军在北线对黄百韬兵团的围歼正进入最后时刻,而邱清泉和李弥兵团在救援黄百韬兵团时,采取密集部署阵势,其后尾始终不脱离徐州后方,使华东野战军一时无法彻底切断其后路,寻得下一步战机。粟裕担心"同时兼顾,恐都成胶着状态";刘伯承等亦认为,中原野战军如单独对付南线黄维、李延年兵团"困难颇多"。盱衡诸战场情况,黄维兵团系远道而来,态势相对孤立,较易围歼。因此,刘伯承、邓小平和陈毅在19日致电中共中央军委,认为华东野战军打黄百韬兵团"必已相当疲惫,刀锋似已略形钝挫,以之歼击较黄为强的邱、李,诚非易事",建议华东野战军力争迅速歼灭黄百韬兵团,然后以一部兵力监视邱清泉、李弥和孙元良兵团,而以尚未使用的部队协同中原野战军歼击黄维、李延年兵团,并认为"这个步骤最为稳当","似为上策",而"马上打邱、李,既无胜利把握,且可能陷入被动"。军委于当日回电同意刘、邓、陈的意见,指示粟裕抽出部分兵力对付李延年兵团,以使中原野战军可以全力歼击黄维兵团。11月23日,刘伯承、邓小平和陈毅根据北线黄百韬兵团已被全歼,南线李延年、刘汝明兵团迟迟不进的情况,致电中共中央军委,认为"歼击黄维之时机甚好",提议以中原野战军全部及华东野战军一部攻歼黄维兵团,认为"只要黄维全部或大部被歼,较之歼灭李(延年)、刘(汝明)更属有利"。次日,军委复电"完全同意先打黄维",要求华东野战军"派必要兵力参加打黄维",并指示"情况紧急时,一切由刘陈邓临机处置,不要请示"。① 华东野战军和中原野战军合力先打黄维兵团的方针由此确定,淮海战役的进程亦由初战而进入中盘。

根据中共中央军委的指示,淮海战役总前委以歼击黄维兵团为中心,决定了战役第二阶段的兵力部署,即以中原野战军 2 个纵队在南坪集地区正面与黄维兵团接战,并故意示弱而将其诱进至浍河以北,同时以 5 个纵队隐蔽集结在浍河以南,俟黄维兵团渡过浍河后,即行包围攻击;华东野战军派出 1 个纵队参加中原野战军方面作战,另以 5 个纵队部署在宿县,担任阻击蚌埠方向北进之李延年、刘汝明兵团,8 个纵队部署在夹沟、符离集间,担任阻击徐州方向南进之邱清泉、李弥、孙元良兵团。

对于中共方面调整部署以黄维兵团为下一步歼击重点的情况,国民党统帅部一无所知。11 月 23 日,蒋介石在南京召集国防部高官会议讨论战局。此时,黄百韬兵团已覆灭,徐州部队的态势不利,与会者多主张退守淮河,但因宿县丢失,徐蚌交通中断,如何将徐州部队撤到淮河一线又成了新的问题。24 日,国防部提出,以徐州主力南进,黄维、李延年兵团北进,南北夹攻宿县,打通津浦路,实行守江必守淮的战略。② 为此,国防部命令已进至蒙城的黄维兵团继续向宿县方向前进,正好落入中原野战军预设战场内。黄维兵团进至蒙城后,因有感于态势孤立,其属下建议他暂守蒙城,视战场形势变化再动,可是黄维不敢违背国民党统帅部的严令。本来他还可以令部队先向东南转进到怀远,依托蚌埠后方再行北进,但因未得国防部同意,只好令部队渡过涡河,向宿县方向前进。结果其兵团后尾离开蒙城后,与蚌埠方向的己方部队渐行渐远,态势更趋不利。在黄维兵团正面阻击的中原野战军部队根据统一部署,自 23 日起从南坪集且战且退,于 24 日中午诱使黄维兵团主力渡过浍河。过河后,黄维即发现中原野战军部队出现在其兵团四周,对其形成包围态势,遂急令部队回头渡过浍河,向双堆集集结,

---

① 《淮海战役》,167、171、175—177、189、197 页。
② 《郭汝瑰回忆录》,333 页。

企图迅速脱离战场,向蚌埠方向的李延年、刘汝明兵团靠拢,避免被围歼之命运。但是黄维在下令部队转进时犯下了重大错误,他没有按照一般军事常识,在后撤时以后尾变前队,由后尾未经接战的第14军和第85军先走,并由前队第10军和第18军掩护,而是令部队来了个大掉头,以第14军和第85军掩护,而由已经接战的第10军和第18军先走,结果造成行进秩序十分混乱,而且在中原野战军部队阵前作横方向移动,也使部队脱离战场非常困难,耽误了所余不多的时间,于25日被中原野战军包围在宿县东南的双堆集地区。

第12兵团被围之初,黄维决定在中原野战军的包围圈尚不够严密之际向南突围。26日,他下令集中4个师,于次日晨首先向双堆集东南方向打开通路。担任先头突围任务的第85军110师师长廖运周,是长期潜伏在国民党军内部的中共秘密党员,他在得到突围命令后即与中共联系,于27日晨突围发起时率部起义,跟进其后的突围部队猝不及防,遭到中原野战军部队的截击,突围行动以失败告终。此后,黄维每天均派出数团兵力向东南方向作突围尝试,但始终未能打开缺口。28日,参谋总长顾祝同改令黄维就地固守待援,致黄维兵团又成一盘死棋。郭汝瑰评论:"此次黄维兵团孤立向宿县挺进,为我战略上之失策……黄百韬渡运河后,国军原可依内线作战要领,各个击破曹八集一带共军,但邱清泉等不机动,不了解此次战略意义,未能执行。现共军则由甚远途程集中优势兵力,以图各个击破我黄维兵团,陈毅之部队由碾庄及徐州外围各战地转用,动作如此迅速,执行任务如此坚决,国共两方将领对照之下,不必战斗,而胜负已可见矣!"①

黄维兵团突围失败,部队转入就地固守,局促在以双堆集为中心、方圆十余公里的狭小地域内。此地为平原地带,缺乏制高点,兵团部所在地双堆集,因高不过十余米的尖谷堆和平谷堆两个土堆而得名,而且还不及黄百韬兵团被围时的碾庄圩有李弥兵团留下的工事。黄维兵团被围后,即下令构筑以双堆集为中心、以地堡为支撑、以壕沟相连接的环状工事网。为了解决筑工材料不足的困难,又利用所携的重装备,将

---

① 《郭汝瑰日记》,1948年11月27日。

随行的汽车、坦克装上泥土,构成较为坚固的核心工事。11 月 30 日,蒋介石致电黄维:"弟部占领区域狭小,如被匪多方炮火围击,则状至危险,故应积极向外扩展阵地……总之,必须以攻为守,方能持久,万不可消极株守也。"①黄维不是不想向外扩张,而是在四周中共部队的强大压力下,无能力向外扩张,只能株守于双堆集地区,一面固守,一面心急如焚地期待增援部队的早日到来。

  黄维兵团被围后,国民党统帅部决定调邱清泉和孙元良兵团自徐州向南,李延年和刘汝明兵团自固镇向北,沿津浦路南北对进,既解黄维兵团之围,又可打通津浦路,撤退徐州部队。11 月 26 日,邱清泉和孙元良兵团各出动 2 个军,分在津浦路东和路西向南攻击。华东野战军在歼灭黄百韬兵团后,即调动 8 个纵队的兵力南下,在徐州南面津浦路沿线构筑了宽数十公里的弧形阵地,采纵深梯次配备,阻击国民党援军。双方展开激烈战斗,至 29 日邱清泉兵团全部 4 个军均投入攻击,但前进速度每日仅 1 公里有余,离双堆集仍在 50 公里开外。此后,由于国民党统帅部决定弃守徐州,北线国民党军暂停攻击,准备转进。南线李延年兵团 2 个军位于离双堆集不到 30 公里的龙王庙,刘汝明兵团 2 个军在固镇,对中原野战军构成的压力最大。但李延年和刘汝明担心己部安全,不愿出力作战,尤其是刘汝明,因为出身于西北军,自觉一直不受国民党信任,视手中的部队为其个人地位之保障,作战更是滑头,轻易不愿打硬仗。刘和李同为徐州"剿总"副总司令,但李因为兼蚌埠指挥所主任,压过刘一头,使刘很不满意。刘的部队常被分割使用,其属下的第 68 军一度划归李指挥,部队里还有督战官监督刘部的行动,为此刘汝明愤愤而言:"蒋总统指挥我刘某这么多年,无役不从,现在还把我当杂牌来看,能不令人灰心!"自徐蚌会战打响后,刘汝明一直避战,稍遇战斗即后撤,力图保存实力。刘部南撤固镇时,刘峙曾叮嘱他务必在宿县留下一个师,以加强宿县的防御,他却阳奉阴违,并说:"他们老是想宰割我这点部队,如果要派一个师出击,我这个兵团还有什么作战力量。"②李延年、刘汝明两部虽受命北进援救黄维兵团,但作

---

① 《"总统"蒋公大事长编初稿》卷七(上),188 页。
② 《淮海战役亲历记》,464—466 页。

战非常谨慎,始终不愿脱离蚌埠后方。粟裕曾计划集中华东野战军5个纵队,分割李、刘两部,争取割离并包围李延年兵团再图歼灭,但李延年发现华东野战军企图后,在11月26日下令迅速后退,放弃固镇,撤至浍河以南蚌埠一带,刘汝明兵团则撤至怀远及淮南矿区,拉大了与黄维兵团的距离。12月4日,因杜聿明集团在北面被围,自身难保,蒋介石严令李延年、刘汝明兵团继续北进。随后李延年以3个军猛攻华东野战军防线,重占固镇。华东野战军和中原野战军各投入1个纵队及部分地方部队,顽强阻击李部之北进。李延年兵团虽有所进展,但至15日黄维兵团覆灭时,距其还有30余公里。黄维兵团覆灭后,顾祝同于16日令李部迅速脱离,转进淮河,实行机动守备。李延年兵团随后退至临淮关和怀远,刘汝明兵团退至蚌埠以南。

中原野战军包围黄维兵团后,对其固守能力一度估计不足,准备以速战速决方式解决黄维兵团,结果造成了较大的伤亡。11月29日,毛泽东致电刘伯承、陈毅、邓小平,提出:"解决黄维兵团是解决徐蚌全敌六十六个师的关键,必须估计敌人的最后挣扎,必须使自己手里保有余力,足以应付意外情况。"根据围歼黄百韬兵团的经验,12月4日,毛泽东又指示刘、陈、邓:"对于战斗力顽强之敌,依靠急袭手段是不能歼灭的,必须采取割裂、侦察、近迫作业、集中兵力火力和步炮协同诸项手段,才能歼灭。"①鉴于国民党统帅部正调动徐州、蚌埠两个方向的援军救援黄维,攻击黄维兵团的部队面临着两方面的压力,如不能及时围歼黄维兵团,俟国民党援军赶到后,可能陷于被动;而中原野战军部队经过在大别山区的转战,实力受到一定的影响,总兵力大略等同于黄维兵团,人数不占优势,装备则完全无法相比,在短时间内围歼黄维兵团有一定难度。因此,总前委决定,从北线华东野战军部队中再抽调部分兵力及其全部炮兵增援中原野战军,争取在较短时间内歼灭黄维兵团;同时,由华东野战军在北线继续围住杜聿明集团,在南线盯住李延年、刘汝明兵团,俟解决黄维兵团后,再由中原野战军对付南线,华东野战军解决北线。这一方针被刘伯承形象地解释为:吃一个(黄维兵团)、挟一

---

① 《毛泽东军事文集》第5卷,291、317页。

个(杜聿明集团)、看一个(李延年、刘汝明兵团)。① 经过对攻击重点和攻击战术方面的调整,中原野战军和华东野战军合力对黄维兵团发起最后的攻击,不断压缩包围圈,黄维兵团的处境日渐危急。

12月5日,总前委发出对黄维兵团的总攻令,以中原野战军3个纵队为东集团,担任主要突击;中原野战军2个纵队及华东野战军1个纵队为西集团,中原野战军和华东野战军各1个纵队为南集团,担任协同进攻;得手后各部合力总攻双堆集;要求"各部应不惜以最大牺牲保证完成任务,并须及时自动的协助友邻争取胜利"。6日下午,中原野战军和华东野战军对黄维兵团发起有重点、多方向的总攻击,不断向其核心守备阵地推进。第12兵团副司令胡琏,在兵团被围后于12月2日乘坐小飞机降落于包围圈内的临时机场,与黄维共商应对之方。4日和7日,胡琏两次去南京,督促国防部大力派兵增援。但面对南北援兵几无进展之状况,蒋介石亦无良策,他指示胡琏可以考虑突围,并"可以自行决定攻击方向,局部歼灭共军,以待李兵团夹击"。② 9日,胡琏又回到双堆集,鉴于周边中共大军压境,援军相距还远,突围没有把握,黄维决定继续固守。13日,黄维兵团已被压缩至双堆集周边数里的核心阵地,粮弹尽绝,军心动摇,胡琏提出突围的建议。当日,总前委调整部署,再调华东野战军2个纵队加入南集团,由华东野战军参谋长陈士榘指挥担任主攻。14日夜,南集团攻占双堆集临时机场,黄维兵团部受到直接威胁。至此,黄维和胡琏决定"四面开弓,全线反扑,觅缝钻隙,冲出重围"。兵团司令黄维、副司令胡琏和吴绍周(兼第85军军长)各乘一辆战车,于15日黄昏率余部分头突围(黄维所乘战车后来发生故障,吴绍周没有乘坐战车)。但在突围途中,部队队形混乱,已无力冲出严密的包围圈。至15日晚,第12兵团4个军12个师及1个快速纵队共12万人被全歼(其中1个师起义),黄维、吴绍周、第10军军长覃道善、第18军军长杨伯涛等被俘,第14军军长熊绶春战死,只有胡琏侥幸脱逃。

国民党军黄维兵团被围,南北两线援军均无进展,津浦路交通断

---

① 《淮海战役》第2册,17页。
② 《淮海战役》第1册,232—233页;《郭汝瑰日记》,1948年12月4日。

绝,徐州又成死棋,所谓徐蚌会战难以为继。11月28日,蒋介石在南京召集军事会议,研讨战局。杜聿明认为:"目前挽救黄维的惟一办法,就是集中一切可集中的兵力与敌人决战,否则黄维完了,徐州不保,南京亦危矣!"但蒋介石已将可用之兵全部投入徐淮战场,华北部队正面临中共东北野战军进关的强大压力,进退两难;西北部队调动缓不济急;唯一可调用兵力的华中地区,白崇禧又对蒋的命令阳奉阴违,软磨硬抗,一时也调不出更多的兵力。为了保住徐州所余的3个兵团,蒋决定"放弃徐州,出来再打"。杜聿明认为"要放弃徐州,就不能恋战;要恋战,就不能放弃徐州",否则徐州的3个兵团也完了。他建议由黄维兵团继续固守双堆集吸引中共军队,徐州部队避开华东野战军在徐州南面的阻击阵地,先向西转进,经河南永城再转向南进,撤至安徽蒙城、阜阳间,依托淮河和蚌埠后方,再向北进,解黄维之围。杜聿明认为,这是个进可攻退可守的方案,不过他虽未明说,但这个方案实际是以牺牲黄维兵团为代价的,因为等徐州部队撤到淮河一线,黄维兵团恐早已被歼灭了。事已至此,蒋介石也只有同意杜的方案,决定由刘峙率徐州"剿总"机关空运撤蚌埠,督促李延年、刘汝明兵团加速北进,杜聿明率邱清泉、李弥和孙元良兵团经徐西萧县第一步撤至永城,第二步转进蒙城;同时,调鄂西北宋希濂兵团3个军转运蚌埠,准备投入后续作战。但蒋介石同意杜聿明的建议较为勉强,他并未完全放弃救援黄维兵团的意图,这为其后他改变主意埋下了伏笔。

11月29日南京军事会议甫结束,刘峙即率先乘飞机飞蚌埠,杜聿明则于当晚飞回徐州,召集邱、李、孙等兵团主官开会,大家均认为只要实行"撤即不能打,打即不能撤"的原则,撤退是可以成功的,遂决定于30日先行全面攻击华东野战军部队,迷惑对手,然后以邱清泉第2兵团为右翼,李弥第13兵团和孙元良第16兵团为左翼,实行"滚筒战术",各部逐次掩护,保持队形,滚动前进。① 30日晨,国民党军部队、机关和随军撤退的学生、市民30余万人开始撤离徐州。为了尽快脱离战场,各兵团争先恐后撤离既设阵地,既未发动大规模佯攻,掩护部队又

---

① 《淮海战役亲历记》,28—32页。

未尽到职责,李弥和孙元良甚至在行进途中避免与杜聿明联系,以免耽误行程,结果数十万人马拥挤在徐州至萧县、永城公路沿途,行进缓慢,联络困难。12月2日,杜聿明到达萧县西南的青龙集、瓦子口地区,和邱清泉、李弥建立了联系。邱、李均建议,部队行进队形十分混乱,应当稍事休息,整理部队,杜聿明也担心夜间行军较为危险,决定就地休整一夜,结果又耽误了本已不多的撤退时间。

在中原野战军包围了黄维兵团,邱清泉兵团南援又被华东野战军阻击之际,中共已经估计到徐州国民党军撤退的可能性,对其撤退路线的估计,或是向东南走两淮,或是向东往连云港,或是向西转南至蚌埠。东向往连云港,可以背靠海岸防御,但海运船只不足;西进徐西转蚌埠,需要绕一个大圈,路途较远;而向东南走两淮似为捷径。因此,中共中央军委和前线指挥员起初均判断其向东南方向走两淮的可能性较大,在阻击部署方面以徐州东南为重点,部署了6个纵队,另在徐州南面的灵璧、固镇地区部署了3个纵队,在徐州西南部署了2个纵队。当华东野战军判明杜聿明率部经徐西撤退时,其主力部队的位置距杜集团大约还有一天的路程,粟裕当即于12月1日命令在杜集团正面的豫皖苏军区部队用一切方法迟滞其行进,同时命令华东野战军主力9个纵队,分北中南三路,以尾随追击、平行追击和迂回拦截的方式,昼夜兼程追击杜集团;再以2个纵队为二线、三线部队,跟进追击。在一望无际的淮北大平原上,国共两军的千军万马展开了一幅逃与追的壮观画面。杜聿明集团由于有大量机关及地方人员随行,行进速度慢于华东野战军追击部队,又因为种种原因耽误了一些时间,至4日已在永城被华东野战军追上。如果杜聿明此时决心轻装急进,还有脱离包围的可能,但蒋介石却又改变主意,于2日和3日连续电示杜聿明:"切勿再作避战迂回之图","此时应决心速觅匪之主力而歼灭之","务望严督各军,限两日内分路击破当面之匪,严令其达成所赋予之任务"。他指示杜停止西撤,向南面濉溪口方向前进,解黄维兵团之围。杜聿明明知此举的严重后果,但又不敢以"将在外君命有所不受"的态度违抗蒋的命令,只好召集兵团司令会议,由大家共同决定如何应对。他认为打不见得有把握,如果大家敢共同负责就走,保住这支部队也算对得起蒋;不敢负责则打,反正最后无非是牺牲全军而已。与会的第2兵团司令邱清泉个性强悍,自恃其部队为精锐主力,尚可一战,主张听从蒋的命令向南打。在邱清泉的强势态度面前,李弥和孙元良虽不主张打,但亦不便多说。至此,杜聿明亦只能决策遵蒋命改向南攻击前进。4日,杜电告蒋:"职不问状况如何严重,决采逐次跃进战法,三面掩护,一面攻击,向东南作楔形突进,以与黄维会师。"6日,蒋电示杜聿明:"此时应觅匪主力所在方向,先行决战,必须消灭匪之主力,乃可解决一切问题,南下自不成问题矣。"①蒋介石的决策使得杜聿明集团停止在永城一带改向南进,也使华东野战军有更充裕的时间包围杜集团,从而注定了杜集团其后被围歼的命运。

杜聿明集团改变撤退部署后,杜聿明决定采取"三面掩护、一面攻击"之战法,令李弥兵团在左,孙元良兵团在右,担任掩护,以邱清泉兵团居中,自青龙集向濉溪口方向猛力攻击前进。华东野战军则集中主力,以正面阻击迟滞其进攻,以三面围堵缩小对杜集团的包围,至6日已将杜集团全部包围在永城东北的陈官庄、青龙集地区。此时,杜聿明集团已基本失去攻击力,即使是最为好战的邱清泉,也不再坚持向南打的主张。6日中午,杜聿明再度召集邱、李、孙开会,孙元良提议突围,得到邱清泉的同意,李弥虽不置可否,但表示愿听从命令。杜聿明遂决定,3个兵团于当日黄昏同时向西南方向突围,到阜阳后再集结。因为突围毕竟有违蒋介石的命令,会后不久杜聿明又觉此计不妥,担心无论成败蒋均将怪罪于己,决定撤销计划。而孙元良自作主张,自行率部突围,结果所部第41、第47军大部被歼,军长胡临聪、汪闸锋被俘,仅孙元良只身化装脱逃。至此,杜聿明部2个兵团8个军20余万人被围在以陈官庄为中心、方圆不过10公里的狭小地域,重蹈黄百韬、黄维两兵团之覆辙。

杜聿明本为国民党将领中较具军事眼光和指挥才能者,在全面内战初期的东北战场出了不少风头,但在徐蚌会战期间,他上受国防部、参谋本部和徐州"剿总"刘峙的掣肘,下有邱清泉等的牵制,始终不能独立自如地贯彻自己的主张,尤其是国民党军最高统帅蒋介石,独断专行,胡乱指挥,朝令夕改,使得杜聿明无所适从,加之其个人在关键时刻

---

① 《"总统"蒋公大事长编初稿》卷七(上),189—193页;《淮海战役亲历记》,34页。

优柔寡断,终使全军陷入被围的困境。杜在被围后电告蒋:"现各兵团重重被围,攻击进展迟缓,以现有兵力解黄兵团之围绝对无望,而各兵团之存亡关系国家的存亡,钧座既策定与共军决战之决策,应即从西安、武汉等地抽调大军,集中一切可集中的力量与共军决战。"但蒋在回电中却告杜:"现无兵可增,望弟不要再幻想增兵。应迅速督率各兵团攻击前进。"蒋介石曾计划再从华中调动第14兵团宋希濂部增援徐蚌战场,但因白崇禧从中作梗,部队迟迟不能成行。12月15日黄维兵团被歼后,国民党统帅部因担心李延年、刘汝明兵团再遭围歼,令其后撤至淮河以南布防,杜聿明集团已完全陷于孤立无援之绝境。16日,蒋介石指示杜聿明:"弟部须以积极手段求匪弱点予以击破,并向外扩展,以求脱离包围,总之弟万不可固守一地,坐待围困也。"19日,杜聿明派其参谋长舒适存飞南京要求调兵增援,但蒋介石告诉他:我已想尽办法,华北、华中、西北所有部队都被共军牵制,无法抽调。目前唯一办法就是在空军掩护下集中力量,击破一方,实行突围,哪怕突出一半也好。27日,国防部指示杜聿明:"贵部于粮弹补足后,寻匪弱点,选择有利地形及方向,集中主力,先击破一面之匪,逐次跃进转移脱离匪军包围,易地与匪作战。"但杜聿明认为在没有接应的情况下突围是死路一条,又适值自20日起连续多日天降大雪,空投补给无法进行,杜集团数十万人缺粮少弹,困守于一片冰天雪地之中,外有华东野战军部队的层层包围,内则将无良策,兵无斗志,所谓突围之举自无从提起。①

当华东野战军部队追击杜聿明集团之初,毛泽东曾指示他们:"应大胆插入敌各军之间,分离各军,以利歼击。……务必不要使敌结集成一个大集团,旷日持久,难于歼灭。"但因杜聿明集团在撤退中始终以群集滚动方式行进,华东野战军部队经调整部署,分头追击,实际未能达成分割杜集团并一鼓而歼之任务。杜聿明集团被围后,华东野战军部队经过一个多月的连续作战,部队减员较多,相当疲劳。据华东野战军报告:"现除团以上干部可勉强维持外,营连干部若要补齐,至少需要五千以上。"打黄百韬兵团时的俘虏参军后,此时已有人当上了连长,可见

---

① 《淮海战役亲历记》,40—41页;《中国人民解放军全国解放战争历史》第4卷,342—343页。

部队基层干部缺额之大。加上粮弹等亦须补充,华东野战军此时再要立即歼灭数十万人的杜集团有一定困难。同时,平津战役已经开始,如果迅速歼灭杜集团,有可能使国民党决策海运华北部队南撤。从战略与战术、内与外多方面考虑,毛泽东在12月11日令淮海前线"于歼灭黄维兵团之后,留下杜聿明指挥之邱清泉、李弥、孙元良诸兵团(已歼约一半左右)之余部,两星期内不作最后歼灭之部署"。14日,毛泽东指示粟裕:"整个就现阵地态势休息若干天,只作防御,不作攻击。"①此后,华东野战军部队在20天的休整期内,以8个纵队继续包围杜聿明集团,以消耗较大的7个纵队调至二线休整,补充兵员与干部缺额,充实粮弹储备,并加强对被围国民党军官兵的政治攻势。12月17日,毛泽东亲笔为中原野战军和华东野战军司令部撰写了广播稿《敦促杜聿明等投降书》,以淋漓酣畅的文字,敦促他们:"立即下令全军放下武器,停止抵抗,本军可以保证你们高级将领和全体官兵的生命安全。只有这样,才是你们的唯一生路。你们想一想吧!如果你们觉得这样好,就这样办。如果你们还想打一下,那就再打一下,总归你们是要被解决的。"②

杜聿明集团撤离徐州时,为减轻负担,只带了一周的补给,被围后,粮弹补给全靠空投,因多日风雪交加,空投停止,粮食供应不上,为了解决基本的温饱问题,包围圈内的粮食和马、牛、羊、猪等家畜均被搜刮一空,最后甚至连狗、猫、田里过冬的麦苗等等,举凡可食之物均被搜刮吃光。时值天寒地冻,多数士兵饥寒交迫,逃亡投诚者甚众。1949年1月,天气放晴,空投恢复,蒋介石亦重提突围计划。3日,杜聿明和邱清泉致电蒋介石,认为如不加强空投,官兵饥寒交迫,体力锐减,弹药不继,不仅不能突围,而且目前防御亦无法巩固。就在杜聿明集团是走是留一筹莫展之际,粟裕提出应乘杜集团未得充足粮弹补给、疲惫动摇之际发起总攻,得到中央中央军委的批准。1月2日,粟裕下达总攻令,以4个纵队为东集团(主攻),3个纵队为南集团,3个纵队为北集团,向

---

① 《中国人民解放军全国解放战争史》第4卷,344页;《毛泽东军事文集》第5卷,313、362、401、410、435页。
② 《毛泽东选集》第4卷,1369—1370页。

杜聿明集团发动总攻,并首先以位于青龙集的李弥兵团为攻击的重点。1月6日下午,华东野战军各集团同时发起总攻,迅速突入李弥兵团的阵地,第8军军长周开成、第9军军长黄淑先后被俘,李弥率残部于次日被迫退至邱清泉兵团的防区,合力做最后的抵抗。6日,蒋介石致函杜聿明,指示其"应觅匪之主力所在处,对其正面用有力部队进攻,而我主力则在其主力之两翼接触部,分组两大支突进,先冲破其各道工事";冲出重围后,应"向目的地迅速前进,脱离敌人之追击"。蒋的指示实在是脱离战场实际,此时杜聿明集团在华东野战军的猛烈攻击下,防区一缩再缩,各部队纷纷失去联络。1月9日,杜聿明、邱清泉电告蒋介石称:"部队精锐伤亡殆尽,目前状况,已无法达成决战任务,只有督率所余将士与匪死拼到底。"蒋回电告将派飞机到陈官庄,企图接回杜聿明这位战将,而由邱清泉指挥残余部队。①但战场形势间不容发,杜聿明集团此时已处于全线崩溃状况。当晚,杜聿明、邱清泉、李弥等率部分头突围,华东野战军发起战场围歼战。至10日下午,杜聿明集团全部被歼,徐州"剿总"副总司令杜聿明、第70军军长高吉人和邓军林、72军军长余锦源、74军军长邱维达、115军军长司元恺等被俘(高吉人后脱逃),第2兵团司令邱清泉战死,第13兵团司令李弥、第5军军长熊笑三、12军军长舒荣等脱逃。

淮海战役(徐蚌会战)是国共两军战略决战的关键一役。此役历时66天,国民党军动员了7个兵团2个绥靖区34个军82个师80余万人,结果损失了5个兵团1个绥靖区22个军56个师共55万余人,其中伤亡17万人,被俘32万人,投诚3.5万人,起义2.8万人;而中共华东野战军动员了16个纵队1个军4个地方军区,中原野战军动员了7个纵队3个地方军区,共65个师旅60余万人,结果损失了13.7万人,其中阵亡2.6万人,负伤9.9万人,失踪1.2万人。国共双方兵力损失之比约为4比1。中共在淮海战役期间动员的兵力实际少于国民党,武器装备也不如对手,结果却是完胜国民党,创造了战争史上的奇迹。毛泽东曾经兴奋而形象地比喻说:淮海战役打得好,好比一锅夹生饭,

---

① 《"总统"蒋公大事长编初稿》卷七(下),218页;《蒋中正"总统"档案·特交档案·分类资料("剿匪")全般措施》002卷第3号。

还没有完全煮熟,硬是一口一口地吃下去了。①

综观国共两军在淮海战役中的战略战术,中共首先胜在战略得当,通过慎选初战对手,打乱国民党军的部署,又通过攻占宿县,掌握了国民党军进退之锁钥,此后则步步进逼,区分不同对象,最终将国民党军分期分批包围歼灭之;其次胜在后方中央和前线指挥部上下一心,在中共中央的领导下,两大野战军通过总前委的指挥协调一致,根据战场形势的变化,不断总结经验,适时调整战役目标和战略战术,终至取得完全的胜利;再次胜在战术运用得当,每战之围堵、分割、攻坚、打援、追击等等,部署周密,有张有弛;最后胜在强有力的政治动员和民众支持,参战部队几经艰苦战斗,仍保持了高昂的士气,后方民众则以近乎原始的运输方式,为如此大规模的战役提供了几乎是源源不绝的后勤供应,此役动员民工543万人,也创下了中共战争动员之最。更重要的是,以毛泽东为核心的中共中央,能够把握大势,敢于在徐淮战场中共的军事实力尚未完全超过国民党军时,以过人的胆识、周密的部署、精确的调度,发动与国民党军的战略决战,并最终战而胜之。

国民党方面在徐蚌会战中的表现,首先失在战略失当,始终不能准确判断中共军队的攻击意图何在,攻击重点何在,无计划,无准备,进退迟疑,坐失战机;其次失在战术低能,虽然在防守作战方面有一定表现,但攻击战术毫无改进,无非是重复过往一再失利的先以固守待援,然后再以东西对进、南北夹攻解围,但稍遇顿挫即停滞不前,三次解围作战均未成功,且为救黄百韬兵团,断送了黄维兵团,又为救维维兵团,断送了杜聿明集团,毫无瞻前顾后的战略眼光与战术素养,可谓一错再错;再次是协同太差,各战区、各兵团之间以致各兵团内部,多以保守自身利益为中心,不愿出力解救友邻,所谓对进、夹攻的战术之不能有效,盖因如此;最后是军心低落,不敢亦不愿猛力出击,守方坐等援军解围,攻方则坐视友军被围;再加上国民党统帅部及蒋介石在战役期间不明下情,经常无端干预下属的指挥,决策又常常是错上加错,何能不败。国

---

① 《淮海战役》第1册,337—338页及书末附表;《中国人民解放军全国解放战争史》第4卷,362页。

民党战史总结失败的主要原因,"乃为战略错误,其次为战术仍缺乏改进,难以支持战略。其他如持续战力保持,战力统合发挥及反情报等,均有重大错失。""结果国军主力兵团,全部被歼,致使国军再无力与匪军主力决战。""影响全局,最为重大。"[1]

---

[1]《国民革命军战役史》第五部第5册,185页。

第五节　平津战役

国共两军决战的最后一战发生在华北平津地区。战前,中共在华北有3个兵团11个纵队33个旅及地方部队共46万人,其中1个兵团攻击太原,1个兵团位于平绥线,1个兵团位于平汉线。傅作义指挥下的国民党华北"剿总"有4个兵团13个军46个师及地方部队55余万人,分布在东起北宁路关内段沿线的山海关、唐山、塘沽、天津、北平各点及其北面的承德,西至平绥路沿线的归绥、大同、张家口、宣化等处,以及北平南面平汉路上的保定、廊坊等处,呈一字长蛇阵分布,其中北平以东基本是黄埔系将领指挥的中央军,北平以西基本是傅作义的部队。傅作义自出任华北"剿总"总司令后,以平津保三角地带为布防重点,以北宁、平绥、平汉路为机动防御骨架,指挥所部与中共周旋。朱德认为:傅作义"在作战上他学了日本人的一些办法,也学了我们的一套,在华北方面他的力量现在远比我们大,所以傅作义是比较不好打的"。①

虽然傅作义的力量在华北还占有一定的优势,但其面对的形势实不容乐观。为了改变这种局面,他主张以攻为守,认为"华北唯有实行攻势,方可支持,一守即不可收拾",提出"增兵三四个军,直捣石家庄,打开战局";"总的目的就是要解决共产党的心脏","不但要在军事上打垮共产党的整个指挥系统,取得胜利,同时要配合政治作战和经济作战"。② 在当时各战区的国民党军均节节退守的情况下,傅作义提出如

---

① 《朱德选集》,241—242页。
② 《郭汝瑰日记》,1948年9月12日;《平津战役亲历记》,44页。

此"雄心勃勃"的攻击方案,确令国民党内不少人耳目一新。10月下旬,傅作义下令以第94军为主力,再配属其2个师1个旅,以汽车运输,快速运动,袭击石家庄。10月24日,第94军自涿县出动,27日到达保定,28日逼近定县。傅军出动前,中共已经得到情报。为了避免不必要的损失,中共中央对一些机关进行了紧急疏散,同时在保定以南部署了2个纵队和地方武装阻击傅军;调华北第2兵团自平绥路进至平汉路西威胁傅军右翼;又调东北野战军2个纵队4个师组成先遣兵团,由冀热辽地区向平东移动,威胁傅军后方。傅作义派部袭击石家庄的前提是不吃亏,即"绝对不能使军队受到损失,打不打石家庄是次要的,要保证军队能随时撤回"。① 眼见形势不利,11月1日傅军遵令撤回保定。

国民党军在东北失利后,华北国民党军感受到极大的压力,因为"东北不保,华北亦难独存",中共东北野战军的百万大军势将入关,从而改变华北国共两军力量的对比。但是傅作义估计中共东北部队在大战后需要休整,一时还不会入关,因此对外公开宣称:"目前局势严重,但其严重程度还不至于威胁华北的生存。"蒋介石也给傅作义打气,认为"东北战事虽告失利,但共匪主力尚难遽予华北局势直接威胁","傅总司令作战精神与战略之运用,均极勇敢周备",只要"适时加强战力,整个战局无虞"。但华北国民党军如何应对这样的局面,是国民党统帅部不能不考虑的问题,如同辽沈和淮海战前的局面,国民党军又面临着战还是守、撤还是不撤的两难选择。还在东北失守之前,华北"剿总"已在9月下旬就未来之战守拟出了三个方案:一是适时放弃热、察、冀,全军转进绥远,控制西北,休养生息;二是适时放弃承德、张家口、保定,暂时控制北平,主力集中津、沽守备,便利其后可能之南撤行动;三是察绥军转进绥远,中央军集中津、沽。第一案实际无法执行,因为绥远和西北贫瘠之地养不了如此数量的军队,回旋余地甚小。傅作义内心里其实并不排斥第三案,因为绥远毕竟是其起家之地和基本地盘,各方面情况熟悉,部队也便于指挥,但实行此案有另立门户之嫌,易遭蒋介石之

---

① 《平津战役亲历记》,35页。

嫉,因此在表面上,傅作义以第三案分割兵力为由未予考虑,只将一、二案提出征求意见,结果多数人同意第二案。傅作义本不愿实行此案,因为他的基本部队多出身于绥远,南撤将是寄人篱下,何况能否顺利南撤亦是问题。但为了敷衍蒋介石,观察形势变化,傅即以此案提出于国民党统帅部。①

11月2日,国民党军失守沈阳,3日,国防部即召开紧急会议,讨论华北下一步行动方案。部长何应钦提出,或乘华东共军集中于徐淮战场,以华北主力南下山东并在山东作战,或将华北部队海运撤青岛再转运江南,但前者须经过千里以上的中共根据地,后者需要调动大量舰船,均非易事。4日,蒋介石召傅作义到南京,与何应钦、顾祝同、白崇禧等商讨华北局势。何应钦向傅作义转达了蒋介石要其率部南撤并全权负责东南军政的意见,但傅提出了"固守平津塘依海作战"的方案。他认为华北局势不像一般人想象的那样悲观,强调固守华北是全局,退守江南是偏安,非至不得已不应南撤。蒋介石一方面希望将华北部队撤至江南,以增加江南的兵力,准备徐蚌会战并拱卫京沪,另一方面又希望以华北部队牵制中共部队南下,并以固守平津而稳定国民党后方人心;何况无论是走海运还是走陆路,撤退数十万军队均须有一定的时间准备,非短时所可为;再者由于傅作义的特殊地位,蒋介石对其并不能像对自己的门生部下那样动辄以命令方式行事。因此,蒋介石最后也同意了傅作义的意见,于6日决定采取"暂守平津,控制海口,扩充实力,以观时变"的对策,"以一部兵力守备北平,以主力确保津沽",以便"在华北不能支持时,就经海上南撤"。② 不过蒋介石的决策是注重海口,准备随时海运南撤,但傅作义在部署兵力时并未以防守海口为重心,而是将其嫡系部队主要部署在北平以西的平绥路沿线,准备随时西撤,同时将中央军主要部署在北平以东的北宁路沿线,指望以他们抵挡中共部队入关,并在必要时令其南撤,以对各方均有交代。

南京会议作出决策后,傅作义即据此在华北调整兵力部署。11月12日,国民党军撤出承德,22日撤出保定,27日撤出山海关、秦皇岛,

---

① 《中国人民解放军全国解放战争史》第4卷,378—379页;《平津战役亲历记》,265页。
② 《郭汝瑰日记》,1948年11月3日;《中国人民解放军全国解放战争史》,383页。

随后傅作义以第 11 兵团孙兰峰部等 1 个军 8 个师驻守张家口地区,第 4 兵团李文部和第 9 兵团石觉部等 6 个军 18 个师驻守北平地区,第 17 兵团侯镜如部等 5 个军 16 个师驻守天津、塘沽、唐山地区。为了敷衍蒋介石保持海口的指示,傅作义还派出华北"剿总"副总司令宋肯堂率先遣指挥所入驻塘沽,并在平津铁路两侧赶筑工事,摆出在必要时可以随时南撤的态势。

辽沈战役结束后,东北野战军已经没有具体的作战任务,成为中共可以动用的一支机动兵力。由于华东野战军和中原野战军正协力在南线进行淮海战役,如果再在北线解决傅作义集团,则整个长江以北大局可定。中共华北部队当时的实力尚不足以在短期内解决傅作义集团,东北野战军入关,与华北部队协力解决傅作义集团,势在必行。中共中央和东北野战军领导人对此意见完全一致,只是就具体出动时间和作战方针有所讨论。还在辽沈战役完全结束之前,东北野战军领导人林彪等就在 10 月 30 日致电毛泽东,表示"东北主力待营口、沈阳之线战斗结束后,稍加补充兵员,即向北平、天津前进,夺取平津"。次日,中共中央军委复电指示东北野战军,除 2 个纵队先行南进外,主力可以先休整一个月,然后在 12 月上中旬出动,准备在明年上半年解决傅作义主力。①

如何以更有利的方式解决华北国民党军,加快战争胜利的进程,是中共一直在考虑的主要问题。傅作义如固守平津,便于就地歼灭其部队;如其放弃平津,利在不战而得平津,不利在增加其后作战的困难。因此,11 月 9 日中共中央明确提出"抑留傅作义部队于平、张、津、保地区,以待我东北主力入关协同华北力量彻底歼灭该敌"的作战方针,并为此作出了一系列相应的部署。华北野战军本来准备以 2 个兵团分别攻击归绥或太原。11 月 15 日,东北野战军领导人林彪等致电中共中央军委,认为徐州国民党军有就歼之可能,蒋介石因此可能将傅军调南方,傅亦可能决定西撤,建议华北部队暂不攻击归绥或太原,而是集中力量包围保定或张家口,采取"围而不攻的办法,以达到拖住敌人的目

---

① 《毛泽东军事文集》,156—158 页;中国人民解放军历史资料丛书编审委员会:《平津战役》,51—52 页,北京,解放军出版社,1991。

的",俟东北野战军主力入关后,再合力全歼傅军。军委接受了林彪等的建议,命令华北部队停止攻击太原,并撤除对归绥的包围。但华北部队的实力还无法达成真正抑留傅军的任务,因此毛泽东在16日致电林彪,提出东北主力"早日入关,包围津沽、唐山,在包围姿态下进行休整,则敌无从从海上逃跑"。17日,林彪复电,认为"东北主力提早入关很困难",因为需要一定的时间进行思想动员,补充兵员物资,但表示东北野战军将尽快做好入关的准备。当天,中共中央军委又致电林彪,指出"欲抑留蒋、傅两部于华北,依华北我军现有兵力,是无法完成的","东北野战军提前入关,早日发起平津战役,对于抑留蒋、傅两部并最终将其全歼,将起到至为关键的作用",希望东北野战军考虑或于本月25日出动,或是休整到12月末出动。18日,中共中央军委根据新的情况电告林彪等东北野战军领导人,决定东北野战军"于21日或22日全军或至少八个纵队取捷径以最快速度行进,突然包围唐山、塘沽、天津三处敌人,不使逃跑并争取使中央军不战投降"。19日,林彪等复电表示同意,东北野战军提前入关作战的方针至此确定。11月23日,东北野战军主力开始向关内开进,2周时间内已有5个纵队入关。12月7日,东北野战军司令部到达河北蓟县孟家楼。在不到1个月的时间里,东北野战军共有12个纵队48个师及特种兵80万人入关,再加上华北野战军第2、3兵团的7个纵队20个旅与特种兵13万人及地方部队,参加平津战役的部队总数达到了近百万人,实力高出国民党军一倍左右,为战役胜利奠定了坚实基础。①

  中共关于平津战役的决策,首先注重以大包围态势,分割平津地区的国民党军,不使其南撤或西撤,然后再徐图歼灭,其中在平张路作战,吸引傅军救援,从而抓住傅系军队,拖住蒋系军队,又是此一决策中的重要一环。11月27日,中共中央军委电令华北第2、3兵团6个纵队和东北野战军先遣兵团2个纵队担任平张线作战任务,使傅军"不能西逃也不能东窜"。11月29日,华北第3兵团杨成武部发起对张家口周边地区的攻击,平津战役由此打响。

---

① 《毛泽东军事文集》,156—158、226、239页;《平津战役》,51—52、60—69页;《中国人民解放军全国解放战争史》第4卷,421—423页。

平张路是平绥路的东段,为联系北平与傅作义的基本根据地——绥远的交通命脉,一向为傅作义所关注。平张路上的张家口是察哈尔省省会,也是傅军的重要据点,因其战前已处在相对孤立的境地,傅作义已有撤离的考虑,但又"因顾及张垣为通绥包之通路,不欲轻予撤离"。中共部队开始攻击张家口之后,第11兵团司令孙兰峰急电傅作义求援。傅作义此时判断东北野战军主力一时还不会入关,认为可以先调兵西进,解张家口之危后再回头对付东北野战军。他令驻丰台的嫡系主力第35军2个师及驻怀来的第104军1个师增援张家口。29日第35军遵令出动,30日即抵张家口,向中共部队展开反击作战。傅军动向正与中共的判断相符,中共中央军委即令华北杨成武兵团切断张家口与宣化的联系;第2兵团杨得志部由阜平北进直插平张线宣化、下花园地区,切断宣化与怀来的联系;东北先遣兵团程子华部自蓟县向怀来、南口前进,切断怀来与北平的联系。由此层层布防,力求将傅军主力分割隔断在怀来以西,确保战役的顺利发展。①

根据形势的变化,傅作义于12月4日亲赴张家口部署应对,为加强北平的防守,决定将第35军撤回北平。12月6日,第35军分乘数百辆汽车东撤,先后通过宣化及下花园,于7日晚进至平张公路上的新保安。新保安距傅系第104军驻守的怀来不过30余公里,如任其前进,将加大此后中共部队作战的困难,也不利于中共实现抓住傅系、拖住蒋系的决策。由于杨成武兵团将重点放在防止傅军西撤,而杨得志和程子华兵团均因故未到达指定位置,第35军东撤怀来有很大的可能。中共中央军委为此于7日和8日连续发出急电,要求杨成武兵团"包围张垣之敌,务必不使该敌向西向东或绕道跑掉","应严令所部负此完全责任,不得违误";杨得志兵团"应遵军委多次电令,阻止敌人东逃",如果跑掉则由其负责;程子华兵团应迅速到达并占领怀来一线,"务将三十五军与怀来之联系完全切断,不得违误"。②

第35军进占新保安后,部下建议军长郭景云继续前行赶到怀来,确保己部安全,但其认为夜间行进不安全,且骄傲自大,刚愎自用,听不

---

① 《国民革命军战役史》第五部第4册,164页;《毛泽东军事文集》第5卷,315页。
② 《毛泽东军事文集》第5卷,337—339页。

进下属意见,决定住一夜再走,结果铸成大错。第二天拂晓,杨得志兵团赶到新保安外围,迅速构筑了两道防线,将第 35 军阻在新保安。第 35 军为傅作义赖以起家的基本部队,其被困消息传至北平,傅作义即令第 104 军军长安春山指挥所部"全力以赴,内外夹攻,迅速击破当面共军,接应并掩护第三十五军安全返平"。为使安春山出力救援,傅作义任其为西部地区指挥官,使自恃兵强马壮的郭景云很不服气;由于郭景云在撤离张家口时为装运该军装备,将第 104 军 258 师丢在张家口未带走,也使安春山很不满意。双方心存芥蒂,不可能同心协力打破重围。12 月 9 日,第 104 军已进至距新保安仅数公里处,安春山要郭景云赶快突围,而郭景云则要求他攻到新保安接应,争执之间破围机遇已失。第 35 军被围在新保安,安春山因担心部队安全,于 10 日率第 104 军主力回撤怀来,次日又因害怕被歼继续向北平转进,结果被程子华兵团全歼于怀来以南,安春山本人脱逃。中共达成了抓住傅系、拖住蒋系的战役目的。①

第 35 军未能救出,还损失了第 104 军主力,傅作义又得知东北野战军正在浩浩荡荡地入关,迫使他不得不调整部署,收缩兵力,准备平津防守作战。针对傅作义调整部署的动向,12 月 11 日,毛泽东致电林彪,认为平津国民党军已基本没有可能走陆路逃跑,"唯一的或主要的是怕敌人从海上逃跑",指示以杨得志兵团继续围困新保安,使傅"不好下从海上逃走的决心";以东北野战军主力分别包围天津、塘沽、芦台、唐山诸点,基本原则是"围而不打"(如张家口、新保安)或"隔而不围"(如平、津,只作战略包围,隔断诸敌联系,不作战役包围),"以待部署完成之后各个歼敌"。指示要求林彪等在 12 月 25 日前完成上述部署,并特别注重塘沽和新保安两点,因为"只要塘沽(最重要)、新保安两点攻克,就全局皆活了"。根据中共中央军委的指示,林彪决定以 5 个纵队在东路负责隔断天津、塘沽、唐山间的联系,5 个纵队在中路负责隔断平、津间的联系,3 个纵队在西路从北、西两面进逼北平。随着国民党军的不断收缩后撤,东北野战军东路部队于 12 月 13 日占唐山,14 日

---

① 《平津战役亲历记》编审组编:《平津战役亲历记》,172、215—216 页,北京,中国文史出版社,1989。

占芦台和汉沽,19日占军粮城、杨村,21日占杨柳青,隔断了天津与塘沽的联系;中路部队于12月13日占房山、通县,14日占廊坊,15日占黄村,17日占南苑机场,隔断了北平与天津的联系;西路部队于12月12日占南口,14日占北平西郊机场、宛平、丰台,16日进至京郊海淀、门头沟、石景山,直接威胁北平城防。杨得志兵团继续包围新保安,杨成武兵团继续包围张家口。至此,东北和华北野战军完成了中共中央赋予的"围而不打""隔而不围"的战役任务。此前,中共中央决定由东北野战军司令部统一指挥东北和华北部队。1949年1月10日,又决定以林彪、罗荣桓、聂荣臻组成平津前线总前委,林彪任书记,全盘负责战役期间的各项重要工作。①

在东北和华北野战军完成了对平津地区国民党军的分隔包围之后,中共中央又确定了"先打两头,后取中间"的战役方针,即先由东北野战军负责攻击东面的塘沽,华北野战军负责攻击西面的张家口和新保安,最后攻击北平和天津。华北野战军对新保安和张家口的攻击进展顺利。新保安是个不大的小镇,第35军退守于此后,华北"剿总"指示其"固守待援",但实际又派不出兵力救援。包围新保安的杨得志兵团3个纵队占据着绝对优势,又无国民党军增援的后顾之忧,1948年12月21日对新保安发起攻击,22日全歼第35军16 000余人,军长郭景云自杀身亡。此时因"张垣被围已无守备意义",22日晚,孙兰峰率其部4个师及骑兵2个旅5万余人出张家口,分路向察北、商都方向突围,被包围张家口的杨成武兵团及东北野战军1个纵队在24日围歼,孙兰峰和部分骑兵脱逃。与此同时,东北野战军对塘沽的攻击迟迟未能发起。塘沽为天津外港,也是当时国民党军海运南撤的唯一出口,由第十七兵团司令侯镜如指挥第87军和2个师驻守。中共中央在平津战役期间始终强调控制海口、防止国民党军海运南撤的重要性,林彪也遵照中共中央的指示,准备以3个纵队攻击塘沽。但因为塘沽背靠渤海,陆地部分地势平缓开阔,水网密布,不利于攻击,而且侯镜如已经将指挥所迁设于港外的军舰上,一旦形势不利即随时可以撤退。林彪认

---

① 《毛泽东选集》第4卷,1363—1366页;《毛泽东军事文集》第5卷,397、479页。

为,如果对塘沽的攻击不能迅速得手,平津守军又趁机突围,则可能陷于不利处境,12月26日,他提出推迟攻击的建议。同日,中共中央军委复电指示:"既然平津敌突围象征甚多,目前攻击两沽(塘沽与大沽)亦有困难,自应推迟攻击两沽时间。"随后,东北野战军参谋长刘亚楼亲赴塘沽前线考察,认为"攻占塘沽有把握,全歼两沽之敌则很不容易,最大可能是歼灭一部,大部逃窜,结果得失不合算",建议应以准备对付北平之敌突围为主要任务,如其不突围则先攻歼天津之敌。林彪将此意见报告中共中央军委后,29日得回电指示,"放弃攻击两沽计划,集中五个纵队准备夺取天津是完全正确的",东北野战军因此放弃了先攻塘沽的计划。①

由于东北野战军入关,中共在平津地区的军事实力已经大大超过了国民党,国民党统帅部实际也不再幻想可以坚持平津地区,而是考虑将平津部队南撤。12月11日,国防部向蒋介石呈递意见书,提出"华北国军应适时放弃不必要据点,主力集中适当地区,机动控制",不得已时应确保津沽,便利撤离。13日,傅作义的老友、即将出任国防部长的徐永昌(22日上任)飞北平劝说傅作义,北平被围"决难持久",请其速退津沽,"出战皆易",但傅告以平津路已被截断,无法撤退。徐永昌离开北平后,又在17日致电傅作义:"关于主力转移塘沽,仍望兄能毅然决行,以守平则后援绝望,与其坐困待毙,不如冒险转进,期得九死一生也。"②但是傅作义对南撤始终下不了决心,其间关键在于他并非蒋介石的嫡系亲信,不愿离开其基本地盘和部队而寄人篱下,何况他在内心里对国民党和蒋介石也已失望,有了另辟途径、与中共谈和的想法。面对国民党统帅部令其南撤的压力,傅作义以退为进,多次提出辞职请求。蒋介石已感到傅作义的态度可能有变,"原定集中全力固守津沽之计划,恐难实现,果尔,则华北战局已等于失败,而宜生又为政治与虚荣所牵制,不愿放弃北平,冀图固守,是无异自灭也。"但在当时平津战局

---

① 《毛泽东军事文集》第5卷,445页;《平津战役》,227页;中国军事博物馆:《毛泽东军事活动纪事》,778页,北京,解放军出版社,1994。
② 《蒋中正"总统"档案·革命文献·戡乱时期(戡乱军事概况——一般策划与各方建议·三)》第14册,628—631页;《徐永昌日记》,1948年12月13日,台北,"中央研究院"近代史研究所,1991;《"总统"蒋公大事长编初稿》卷七(上),200页。

已成死棋的情况下,蒋也不可能另觅他人代傅"跳火坑",只能对傅表示极力拉拢之意。12月12日,蒋介石复电傅作义:"无论成败利钝,惟有尽吾人心力而为之,万不可稍露辞意,以馁全国军民之气,所称辞职,万难照准,务请积极奋斗。"29日,傅作义又电告蒋介石:"职处此环境,日夜焦虑,且以人事关系过熟,苦难肆应。……为此请乞钧座将职免职,或将职本人南调,另派大员接任,在军事上实至当需要。"蒋介石当然不会接受傅作义辞职的请求。1949年1月3日,他致电傅作义及平津国民党军高级将领李文、石觉、侯镜如、陈长捷等称:"就华北言,匪众虽多,其装备补给则不如我,其素质训练,又远不如我,今我挟优势之兵力,守土御匪,益以傅总司令之指挥,本其平素负责从事之精神,策划督战,期在必胜。"①

在稳住傅作义的同时,蒋介石加紧劝说傅作义同意南撤的计划,并许诺给予其方面负责大员之地位和权力。1月8日,北平中央系军队将领联名呈致蒋介石,认为:"平郊战守似无前途,向津沽转用之案本为上策,惜误时机,长期固守而民食军粮又难为继。为保持国家元气以期长久支持戡乱大计,似可先由空中抢运一个军至青岛,以之输送塘沽,扩大阵地,开辟机场,再由塘沽陆续自空中将平津主力接出,向南转运,以固江防,再图后举。"当日,蒋介石决定将北平守军空运青岛。13日,徐永昌致电傅作义:"总统之意,甚愿兄率部移防青岛,豫鲁军事,由兄全权指挥,倘敌又以全力来犯,果至万不得已之时,则东南诸省仍须倚畀吾兄也。……盼吾兄提早赴青,部署一切。"14日,傅作义致电蒋介石,提出:(1)组成强力兵团全力向津塘方面出击,循海运南调,则转运部队数量较多,但把握如何不敢预测;(2)以最多飞机在短时间内尽量尽速争取空运较好较多部队,但影响所及,人心士气将至不可收拾;(3)初步安排后请即调职赴京,另行指定人员指定部队办理。蒋回电命其"非积极向外肃清不可,并须在城近郊选择据点固守,勿使匪炮再射城内为要。否则,不仅运兵为难,即运粮亦无法实施矣。"15日,空军副总司令王叔铭飞北平,与傅作义商讨如何执行蒋介石的决策,傅作义

---

① 《"总统"蒋公大事长编初稿》卷七(上),197页;《蒋中正"总统"档案·革命文献·戡乱时期·蒋"总统"引退与后方布置》上(一)第28册,103页;《先"总统"蒋公思想言论总集》卷三十七,379页。

要求派大批飞机尽速来平,争取时间,立即开始空运。①但所有上述方案,最终不过是纸上谈兵,蒋介石虽有令平津部队南撤的指示,但决策已晚,退路已断,而傅作义已在和中共联络谈判北平和平交接问题,对蒋介石的指示不过是敷衍而已。

与辽沈和淮海战役主要是军事作战的形势有所不同,政治交涉在平津战役的进程中起到了特别的作用,其主要原因在于傅作义。傅并非正统国民党出身,有自己的军队系统,在华北地区本就自成一派势力。全面内战爆发后,傅作义指挥部队出击,占了一些便宜,其势力由偏僻的察绥逐步扩展到华北政治和工商业中心的平津地区,并出任华北"剿总"总司令,手握华北的党政军大权,一度颇有抱负。但是,随着国民党军事的节节失利,傅作义的心态也在变化。首先是他在军事上已经感受到中共的强大压力,企望继续坚守平津地区的可能性正在日渐缩小,而且他也不愿因战火破坏北平这座历史悠久的文化古城而担负骂名;其次是他在政治上对国民党的无能和腐败已经感到失望,在国民党败局已定的情况下,不愿再与国民党绑在一起而落水;再次是当时社会上已有强烈的和平呼声,傅的部下作战意愿不高,多数高级将领和社会名流都希望和平解决,傅身边的一些人也向他提出了谋和的建议。这些因素或多或少都影响到傅作义的态度,使傅动了和平解决平津战守问题之心,中共也因此而在大力进行对傅作义的争取工作。

平津战役发起前,中共通过对影响傅作义态度的诸种因素之分析,认为傅有争取的可能,遂在秘密状态下,通过多条渠道进行对傅的争取工作。首先是通过傅作义的女儿傅冬菊,她的公开身份是天津《大公报》记者,但她和她的丈夫周毅之均为中共地下党员。1948 年 11 月初,傅冬菊第一次向傅作义转达了中共希望和平解决北平问题的意图,傅表示可以考虑。此后,傅冬菊即不断在傅耳边吹风,向他做工作,并将他的动向报告中共。其次是中共北平地下党负责人崔月犁通过关系说动了华北"剿总"参议、傅作义的老师、与傅私交甚好的刘厚同,由刘

---

① 《蒋中正"总统"档案·革命文献·戡乱时期(戡乱军事概况———一般策划与各方建议·三)》第 14 册,632 页;赵正楷、陈存恭:《徐永昌先生函电言论集》,128 页,台北,"中央研究院"近代史研究所,1996;《"总统"蒋公大事长编初稿》卷七(下),232—233 页。

出面告诫傅："顺应人心,当机立断,抓紧和谈……和议一成,北平免遭战火破坏,城内军民的生命财产得以保全,是深得人心的。"再次是北平《平民日报》记者、中共地下党员李炳泉通过其堂兄、傅的联络处长李腾九与傅沟通,并在面见傅作义时提出了和平解决建议。除此之外,傅作义本人也通过民主人士彭泽湘和符定一的关系,主动寻求与中共联络的渠道,探寻中共的态度。11月上旬,傅作义通过中共北平地下党的关系致电毛泽东,表示自己过去的做法是错误的,以国民党蒋介石为中心而救国救民是走不通的,今后要以毛泽东和中共为中心,实现救国救民,本人准备和谈,不打内战。①

尽管中共在大力争取傅作义的合作,傅本人也有了和平解决的意向,但要使和平解决真正付诸实行,仍有诸多困难。傅作义手上毕竟还有几十万部队,自恃尚可周旋一番,而且他还有北伐时期守涿州的历史战绩,被认为在守城方面有一套办法,就此缴械,他既有不能也有不甘;傅身为国民党高级干部,内战之初一度坚决反共,与中共是战场上的对手,对中共还有不少疑虑,并需要考虑多年追随自己的下属利益;傅具有中国传统的道德观,背弃国民党而投向中共,也使他在心理上需要有一番调整。他对下属说过:和谈是不是投降?不讲道德还能做人吗?咱们过去的历史就完了吗?因此,傅作义在提出和平解决之初,还是希望通过一定的政治安排,保持自己和部下的地位与利益,诸如希望以华北五省二市资格参加未来的联合政府,划平津保察绥为和平区,所部改称人民和平军等。中共认为傅的提议是政治上平分政权、军事上保存实力,企图与中共在华北平起平坐,因此是不可能同意的。双方关于平津和平解决的交涉经历了一个艰难的过程。

中共争取傅作义和平解决平津问题,是在军事上占据绝对优势的情况下,尽量减少战火带来的破坏,加速战争胜利的进程,并不准备视傅作义为政治上平等的交涉对手。平津前线中共军事指挥员认为:"攻下北平、天津,全歼守敌,我军皆有绝对把握,因此,谈判内容以争取敌人放下武器为有利。"②中共中央同意以此为谈判"基本原则",利用傅

---

① 《文史资料选辑》第68辑,67页;《平津战役亲历记》,280—281页。
② 《平津战役》,181页;《毛泽东年谱(1893—1949)》下卷,419—420页。

集团对生命财产危险的恐惧,以减轻惩处、保存私人财产,交换其全军放下武器,"第一个目的是解决中央军"。12月7日,傅作义派《平民日报》社长崔载之在李炳泉陪同下出城到东北野战军驻地,首次向中共提出谈判条件,即中共停止战斗,双方商定起义时间,傅方参加联合政府,军队交联合政府指挥等。这与中共的条件相去甚远。17日,崔载之来到平东八里庄,与东北野战军参谋处长苏静会见,提出希望中共部队让出对北平南苑机场的控制,将被围在新保安的第35军放回北平,以加强傅系对北平的控制,在适当时机由傅发通电宣布和平解决。19日,中共中央电告平津前线负责人:"我们的基本方针是彻底解除他们的武装……决不允许这些人保存其反动力量,谈判和分化只是达到歼灭他们的一种手段。"同日,东北野战军参谋长刘亚楼接见崔载之,说明中共愿意通过和平方式解决平津问题,但国民党军必须放下武器,中共绝不接受国民党军以任何形式保存武装的做法,但可以允许傅留下两个军改编;平津和平解决后,保证傅作义和部属的生命财产安全,但由傅发通电、成立华北联合政府、走第三条道路等是幻想,中共不可能接受;傅可以将中央军军师长逮捕后宣布起义,或让路给解放军进城。崔载之回城向傅作义报告后,傅表示平津中央军的兵力比他多十几倍,逮捕军师长的做法没有把握,对己部缴械亦表示为难。此次谈判没有结果。①

傅作义对中央军的担心是实情,当时平津地区的中央军有3个兵团7个军近30个师20余万人,装备及实力远远超过傅军,但傅作义也还有凭其所存实力与中共讨价还价的想法。12月下旬,傅军主力在新保安和张家口基本被歼,而中央军尚未受到严重打击,傅作义既失去了与中共谈条件的资本,也担心在中央军控制平津地区的情况下,与中共谈判的风险。此时,外有中共的军事政治压力及社会与部下的和平呼声,内有蒋介石的拉拢和中央军的要挟,傅作义心情十分矛盾,思想斗争激烈。他既不愿关闭和谈之门,轻启毁坏平津之战火;又不愿轻易接受缴械条件,背负国民党"叛将"之名;也不愿率部南撤受人掣肘寄人篱下,失去自己的行动自由。他还是企图以更有利于自己的方式和平解

---

① 何东、陈明显:《北平和平解放始末》,55页,北京,解放军出版社,1985;《中国人民解放军全国解放战争史》第4卷,472—473页。

决平津问题。12月23日,傅作义致电毛泽东,表示:"今后治华建国之道,应交由贵方任之","余绝不保持军队,亦无任何政治企图","拟即通电全国,停止战斗,促成全面和平统一",要求中共方面停止攻击,暂维现状,恢复交通,安定秩序;并提出:"在此转圜时期,盼勿以缴械方式责余为难。过此阶段之后,军队如何处理,均由先生决定。望能顾及事实,妥善处理。"为了打消傅作义的幻想,25日,中共在公布的43名战犯名单中列入傅作义,使傅受到刺激,向下属表示"两方条件相距太远,根本不能谈",要部下准备打仗。实际上,中共在战犯名单中列入傅作义,也有为其在和谈时对国民党内的责难解脱责任之意,并不表示不接受傅的和谈。根据形势的变化,1949年1月1日,中共中央军委电示林彪:傅系在新保安和张家口的军队已消灭,傅在北平的地位已经起了变化,"只有在此时才能真正谈得上我们和傅作义拉拢并使傅部为我所用"。电文提出了与傅谈判的具体意见:傅不要发通电,以免失去合法地位,我们也不接受他的一套想法;傅反共甚久,不能不列为战犯,这样可以加强其地位,借此做文章,实际上则和我们谈好,里应外合,和平解放北平,立此功劳,我们就有理由赦免其战犯罪,并保存其部属,北平傅系直属部队可允许编为一个军;傅致毛泽东电所提要求不切实际,只有按上述做法才合实际并为中共所接受;希望傅派有地位能负责的代表出城谈判。①

在中共的争取之下,傅作义于1月6日派华北"剿总"土地处处长周北峰为代表,由民盟北平支部负责人张东荪陪同,出城与中共继续谈判。7日,中共中央致电林彪,明确谈判的基本方针:傅允许我们和平接收平津,军队一律缴械,但允许傅部编一个军;本人赦免战犯罪,保存私人财产,住在北平或出外边由他自定,部属生命家财不予侵犯。除此之外,不能再允许给什么东西,亦不能称为起义;如果不能和平解决,最后则准备武力解决。指示要求对傅作义说明,因他反共甚久,杀人甚多,人民极为不满,除非他能和平让出平津,否则我们无法说服人民赦免其战犯罪;警告傅不能采取骑墙态度,而且必须迅速解决,否则即将

---

① 北京市档案馆编:《北平和平解放前后》,51—55页,北京出版社,1988;《徐永昌日记》,1948年12月13—15日。

发起攻击。8日,林彪、聂荣臻接见了周北峰和张东荪。周转达傅的和平条件:平、津、塘沽、归绥一起解决;平津等地以后允许办其他报纸,联合政府中有进步人士参加;军队不用投降或缴械方式,而是有步骤地由城内调出分驻各地,用整编方式解决。9日,中共中央指示林彪:平津应迅速解决,傅方军队应调出平津,开赴指定地点改编为解放军,自12日开始实施;待平津处理完毕后,再照此办法解决塘沽和归绥问题(中共对绥远问题后来有更为宽大的处理办法);联合政府中有进步人士,平津报纸不只中共一家,均不成为问题。林彪、聂荣臻据此答复周北峰和张东荪。周北峰又提出:傅军以团为单位出城整编,怀来、新保安、张家口被俘人员一律释放,不作为战俘对待;傅军人员予以安排,给予生活出路,对以往罪行不予追究;对傅作义本人给予适当安排。林彪答复说:所有军队须一律解放军化,地方须一律解放区化;首先解决平津问题,先头部队须于12日13时前开始行动;对傅作义在政治上给予一定地位,保证其私人财产;怀来、新保安、张家口被俘人员一律释放,既往不咎。10日上午,双方议定《谈判纪要》,由林彪、聂荣臻和周北峰分别签字。① 当日下午,周北峰回北平向傅作义汇报,傅认为"所谈的问题还不够具体",表示过两天再说;同时致电林彪称:由于部队情况复杂,从战斗准备转为和平部署,打通思想和说服工作非仓促可办,故部队出城时间须视准备工作进行程度和具体商谈情况而定,并表示将派代表继续谈判。事实表明,傅作义虽然面临战守两难的困境,但由于内外多方面的因素,仍不能完全接受中共提出的平津和平解决条件,中共由此决定发起对天津的攻击,以军事胜利打消傅作义最后的动摇和犹豫。

天津是华北最大的工商业城市,也是国民党军精心设防的重点城市。环绕市区有长达40余公里的护城河及以交通沟连接的地堡防御工事,市区内遍布钢筋水泥碉堡,并以高大建筑为核心,形成了若干既能独立坚守,又能互相支援的防御要点。1948年6月,陈长捷出任天津警备司令,根据傅作义"改建并增强天津的城防工事为设堡强固阵

---

① 《北平和平解放前后》,56—59页;《毛泽东军事年谱》,430—431页;《毛泽东年谱(1893—1949)》下卷,431页。

地"的指示,将城市防御重点放在西北部,又构筑了大量钢筋水泥碉堡群。天津被围后,傅作义指示陈长捷"加固既设工事,想尽一切办法,坚决将天津守住"。陈因此采取了一系列应急措施,如清扫射界,在城外形成一定距离的真空地带,并埋设地雷;引水入护城河,使其水深达到3米,并防止冻结;在城内赶筑碉堡,并在高大建筑物加修据点,从而使天津形成了坚固设防的防御工事体系,目标是坚守3个月以上。① 陈长捷将驻天津的国民党军2个军10个师13万人分为3个防区,其中西北区部署2个师,东北区部署4个师,西南区部署1个师,另以3个师作为预备队。

东北野战军决定攻打天津后,精心准备了攻击方案。天津的地形特点是南北长东西窄,并有海河纵贯其间;国民党军的布防特点是,北部兵力强,南部工事强,而中部兵力及工事均不强,是较为突出的弱点。东北野战军因此决定将主攻方向放在天津中部,"主力争取东西两方对进突击,首先歼灭中部的敌人,将敌南北切断,待我军已在敌之中部地区贯通以后,即以主力转向南面,歼灭南面的敌人"。在战术上,东北野战军实行猛烈穿插分割、有重点的多路突击,先打乱其防御,再攻占其据点。总的方针是"东西对进,拦腰斩断,先南后北,先分割后围歼"。担任攻击天津任务的是东北野战军参谋长刘亚楼指挥的5个纵队22个师34万人,其中东、西集团各2个纵队及1个师在城中担任主攻,以金汤桥为目标,得手后再向南北方向发展;南集团1个纵队及1个师在城南担任助攻;2个独立师在城北担任佯攻,吸引守军的注意力;另以1个师为预备队;攻城部队配属大口径火炮538门,坦克30辆,装甲车16辆,首次动用了炮兵、坦克、工兵等兵种进行协同攻坚作战。经过1月3日至8日的外围作战,东北野战军已直抵天津城下。②

为了避免天津在战火中遭到破坏,在东北野战军发起对城区的总攻前,1月6日林彪致函陈长捷,要求其放下武器,缴械投降。陈长捷在回复中提出,天津守军交出重武器,携带轻武器撤至塘沽,循海路南撤。刘亚楼随后又向陈长捷提出四项条件并限其在12日前答复:

---

① 《平津战役亲历记》,27、170—171、207页。
② 《平津战役》,237—238、302页;《中国人民解放军全国解放战争史》第4卷,454—455页。

(1) 希望和平解决;(2) 守军自动放下武器;(3) 保障守军官兵个人及其家属的生命财产安全;(4) 如果坚持顽抗将采取攻击行动。① 12 日,中共中央军委电示林彪等:天津问题应单独处理,"天津之敌如能接受你们所提限时缴械之条件,你们即可不经攻击而占领天津,如该敌不能接受你们所提条件,则你们应于适当时间内攻占天津。"② 平津前线司令部据此通知傅作义,要他令天津守军在 13 日 12 时前开出城外,听候处理,否则即自 14 日开始攻城。傅作义此时仍企图尽可能守住天津,作为谈判的砝码,因此指示陈长捷"坚定守住,就有办法"。陈长捷是傅作义的老部下,虽然明知天津未必守得住,但也不愿违背老长官的指示,决心"在军事上为傅负责到底",并向中共表示"放下武器有难处"。天津之战遂不可避免。③

1 月 14 日上午 10 时,东北野战军对天津发起总攻,在猛烈的炮火掩护下,仅一个多小时即突进市区。15 日凌晨,东北野战军东、西两集团按战役预案在金汤桥顺利会合,将天津市区分割为南北两部分。随后,4 个纵队向南、1 个纵队向北进行纵深攻击。傅作义得到天津市区被攻击的消息之初,尚命令陈长捷"设法抽兵恢复被突破的地区"。但守军很快即大势已去,到 15 日晨,傅作义指示陈长捷"可以接洽和平"。不过为时已晚,陈长捷得到傅的指示后不久,即与第 62 军军长林伟俦、第 86 军军长刘云瀚等被俘(刘云瀚后脱逃)。15 日下午,东北野战军占领天津全城,全部攻击时间仅 29 个小时,国民党军 13 万人被全歼。留守塘沽的国民党军第 17 兵团 5 个师近 5 万人随后乘船撤离,17 日东北野战军进占塘沽。

东北野战军攻下天津,使傅作义失去了讨价还价的最后筹码。1 月上旬,中共中央军委又决定将新保安和张家口战役后西进准备攻击大同与归绥的华北第 2、3 兵团调至北平,使包围北平的部队数量达到 13 个纵队 50 余万人,对国民党军占据了压倒优势,使其自北平突围的可能性不复存在。在这种情况下,中共中央强调迅速解决北平问题,不

---

① 《中国人民解放军全国解放战争史》第 4 卷,459—460 页。
② 《毛泽东军事文集》第 5 卷,418 页。
③ 《平津战役亲历记》,182 页。

使傅作义再拖下去。1月12日,毛泽东致电林彪与聂荣臻,要求他们向傅说明:"谈判如此之久,始终不着边际。自己提出离城改编,现又借词推托,企图拖延时间,实则别有阴谋,加重平津人民的痛苦。""北平守军,可以推迟数日离城,但亦不能拖延太久。不是所谓由我军协助傅军解决抗不受命者,而是傅军协助我军入城解决一切敢于抵抗的部队。"在中共的强大压力下,13日,傅作义派华北"剿总"副总司令邓宝珊和周北峰到通县五里桥,与林彪等继续谈判。邓宝珊起初仍提出中共部队让出南苑机场及成立联合政府事,但林彪答称,现在没有条件可谈,只有将北平守军开到城外指定地点改编,别的什么都不可能。毛泽东还亲笔拟函,以林彪和罗荣桓的名义致傅作义,提出北平国民党军的两条出路:(1)自动放下武器,保证官兵生命财产安全,傅的战争罪责亦可减轻或赦免;(2)如果不愿自动放下武器,而愿意离城改编,也可以允许,开至指定地点后改编为解放军。函中限傅作义在1月17日1时至1月20日24时考虑上述解决办法,并警告说:"如果贵将军及贵属竟敢悍然不顾本军的提议,敢以此文化古城及二百万市民生命财产为牺牲,坚决抵抗到底,则本军实行攻城时,为挽救此古城免受贵将军及贵属毁灭起见,本军将用精确战术,使最重的打击落在敢于顽抗者身上。而对于不愿抵抗之贵属,则不给任何打击,并予以宽待。城破之日,贵将军及贵属诸反动首领,必将从严惩办,决不姑息,勿谓言之不预。"(此函当时未交给傅作义,2月1日由新华社公开发表)16日,中共中央军委致电林彪等,要他们"告傅方代表,如果傅方决心和平缴械或决心出城改编或决心里应外合协同解决中央军……就应下决心站在我们方面。如果傅方决心站在我们方面,我们决不会亏待他们。"①当晚,林彪、罗荣桓、聂荣臻接见邓宝珊,讨论了北平国民党军出城改编及各军政文教机关单位的接收等具体问题。林彪在谈话中告诫说,死守北平是不可能的,希望和平解决,但必须在21日开始行动。邓宝珊探询傅作义的出路如何。林彪表示:或去台湾或留北平,只要真站到人民方面以赎罪,我们不会亏他的。次日,邓宝珊回城向傅作义禀报谈判情

---

① 《毛泽东年谱(1893—1949)》下卷,433—438页。

况。此时对傅作义而言,战既不可行,撤又无路可走,和则只能照中共的开价办理。权衡利弊,傅作义毅然决定接受中共的条件,和平解决北平问题。①

1月21日,平津前线司令部与傅作义方面达成《关于和平解决北平问题的协议》,由东北野战军参谋处长苏静和华北"剿总"副秘书长兼政工处处长王克俊及北平《平民日报》社社长崔载之共同签字。协议主要内容为:22日上午10时起双方休战;过渡期间双方成立联合办事机构,处理有关军政事宜;城内部队原建制原番号移住城外,于到达指定驻地一月后实行整编;城内暂留必要部队维持治安,俟解放军部队入城后逐次接替;行政机构及所有公营公用企业、银行、文化机关、学校等暂维现状,听候处理;金圆券照常使用,听候另定兑换办法;军统、中统情报人员停止活动,听候处理;保护在平各国领事馆、外交官员及外侨生命财产之安全;释放政治犯及华北区被俘高级军官;邮政电讯不停,新闻报纸继续出刊,保护文化古迹,人民各安生业勿相惊扰。②

"北平和平协议"达成前后,南京国民党政府仍企图以软硬兼施的方法拉拢胁迫傅作义南下,阻止北平问题的和平解决。北平的中央军将领曾在1月中旬致电蒋介石,告其"默察此间近日征象,似在酝酿一种地方性的先期妥协";决定无论和战,一惟钧座之命令是从;在全面和平无法实现前,防止局部的先期妥协。③ 1月18日凌晨,国民党特务在主和的前北平市长何思源家中安放的定时炸弹爆炸,何思源的次女遇难。此举对傅作义是明显的警告,但傅作义不为所动。"北平和平协议"达成的当天,徐永昌匆匆飞平与傅会晤,转达蒋介石的意见,仍希望傅南来,并大量运出精锐部队。傅告以士气民心渐失,不得已而谋和,对于带出部队万难做到,空运虽在尽力赶做,似亦难期有效运输。徐永昌最后只能回宁向蒋复命。④ 1月21日,傅作义在其总部所在的中南海怀仁堂召集高级军政官员会议,宣读和平协议条文,征求大家的意见。席间多数人同意和平解决,只有中央军将领有所异议,但亦不能公

---

① 《北平和平解放前后》,62—67页。
② 《北平和平解放前后》,68—71页。
③ 《蒋中正"总统"档案·革命文献·戡乱时期·蒋"总统"引退与后方布置》上(一)第28册,182页。
④ 《徐永昌先生函电言论集》,140—141页。

然反对,而是表示不愿留下,请求放其南去。24 日,参谋总长顾祝同致电第 4 兵团司令李文,令其负责指挥北平部队,要求"国军整个部队必须完全空运南撤,方得和平交防,此为政府授予傅总司令之意旨,现在我军仍应坚持一贯方针,不得变更"。26 日,蒋介石决定,北平中央各军应分途突围,如不行则空运南撤,再不行则将各级长官空运南撤,而将全部士兵及武器交傅编配,如上述各项均无法实行,则要求将师长以上高级将领空运南归。① 在北平处于层层重围的情况下,蒋的决策不过是无的放矢,但为了避免中央军将领的节外生枝,保证北平的和平交接,傅作义在征得中共的同意后,将第 4 兵团司令李文、第 9 兵团司令石觉和第 13 军军长骆振韶、第 16 军军长袁朴、第 31 军军长廖慷、第 94 军军长郑挺锋以及各军团以上军官用飞机送去青岛,第 92 军军长黄翔未走,率部接受和平改编。

自 1 月 22 日起,北平国民党军开始以师为单位陆续撤出。1 月 31 日中午,东北野战军第 4 纵队自北平西直门进入城区,北平全部防务被移交给东北野战军。在中共的大力争取及傅作义的明智决断之下,有着千余年历史的文化古都北平终于避免了无情战火的破坏,完整地、和平地由中共接管,掀开了历史新的一页。

根据"北平和平协议",平津前线司令部与傅作义成立联合办事机构,由北平军管会主任兼市长叶剑英担任主任,前华北"剿总"副总司令郭宗汾担任副主任,负责对国民党军进行和平改编。傅作义履行其诺言,对部队改编采取了完全合作的态度,主动表示"不要顾虑太多,要怎么办就怎么办"。平津前线司令部决定对国民党军实行彻底改编,第一步编为 25 个独立师,第二步全部拆散重编,各有 5 万余人编入东北和华北野战军,另有 2 万余人编入西北野战军。4 月 10 日,对北平原国民党军的改编全部结束。傅作义本人则于 2 月 22 日在西柏坡受到毛泽东的接见,政治上得到中共的礼遇。毛泽东对傅作义表示:过去我们在战场见面,清清楚楚,今天我们是姑舅亲戚,难舍难分。蒋介石一辈

---

① 《蒋中正"总统"档案·筹笔·戡乱时期》第 16374 号;《"总统"蒋公大事长编初稿》卷七(上),244—245 页。

子耍码头,最后还是你把他甩掉了。①

平津战役历时2个月,国民党军共计损失3个兵团13个军50个师52万余人,其中伤亡3万余人,被俘23万余人,被改编25万余人;东北、华北野战军共计伤亡39 000余人。此役结束后,华北国民党军仅能保有山西的太原、大同,豫北的新乡、安阳,山东的青岛等少数孤立城市,已经没有完整的防御体系和有实力的部队了。在辽沈、淮海、平津三大战役中,平津战役最晚发起,最后结束,在其发起前和进行过程中,国民党军精锐主力已经陆续在辽沈和淮海战役中被歼,平津地区的国民党军因此而多半失去了战斗士气,国民党统帅部也不可能像以往那样派军增援,这也使得平津战役在军事方面的战斗总体而言不似辽沈、淮海战役那般激烈而持久。在平津战役的战前和战中,国民党统帅部仍然与辽沈、淮海战役那般如出一辙,战略失策,迟疑不决,失去了所余不多的撤退之机。中共方面则敏锐地抓住战机,不等东北野战军在大战后完成休整,即决策其先行入关,提前发起平津战役,并以"隔而不围""围而不打"的战略战术,分割包围国民党军,最终将数十万国民党军抑留于平津地区并歼灭之。中共还成功地利用了国民党内部的派系分野与矛盾,以军事压力配合政治争取,最终迫使傅作义令北平国民党军放下武器、接受和平改编,从而避免了古城北平毁于战火。平津战役为中共创造了武装解决的天津方式、和平解决的北平方式、暂时搁置不动留待其后解决的绥远方式这样三种解决国民党军的不同形式,中共将视具体情况的不同,在此后向全国进军、解决残余国民党军的过程中,分别运用这三种不同的方式。

自1948年9月12日至1949年1月31日进行的辽沈、淮海、平津三大战役,共计历时近5个月(142天),国民党方面投入其五大战略集团中的三个集团(东北、徐州、华北"剿总"),出动了近190万部队(包括特种兵和海空军为235万人),占其总兵力的52%(包括特种兵和海空军为64%),结果损失了154万人,占其参战部队的80%,其中伤亡26万人,占其参战部队的14%(均不包括特种兵和

---

① 《北平和平解放前后》,141—143、173页;《毛泽东年谱(1893—1949)》,460页。

海空军);中共方面投入其五大战略集团中的四个集团(东北、华东、中原野战军全部及华北野战军大部),出动了150余万部队,占其总兵力的54%,结果伤亡近25万人,占其参战部队的16%;国共两军的伤亡人数及占参战部队的比例大体相当,表明战斗过程之激烈,但国共两军总的损失比例则为6比1,国民党的损失大大超过了中共,又表明国民党军在三大战役中的完全失败。三大战役为国共两军的战略决战,双方动员兵力之多、战役持续时间之长、作战地域之广大、战斗程度之激烈,均为国共战史上所仅见。在三大战役的战术层面,国民党军在进攻方面表现甚差,完全没有达成战役目的,但在有空军支援并依托工事的情况下,仍可进行较长时间的固守防御作战;中共部队在多数情况下处于攻方,在缺乏装甲车及空中支持的情况下,在进攻中往往需要付出一定的伤亡代价。但中共部队具有更为高昂的士气、更强有力的政治动员,并能够根据战场形势的发展而采取不同的攻守战术,最终仍然胜过了国民党军。在三大战役的战略层面,国共统帅部的表现有重大差别。国民党统帅部之失,主要在于犹豫不决、优柔寡断、屡失战机、该撤不撤、一误再误,其最高统帅蒋介石又刚愎自用,独断专行,不善于听取下属意见,又不能坚持已定之决策,朝令夕改,终使国民党军一败涂地。中共统帅部则能够适时把握战机,敢于在己方实力尚未完全超过国民党军时,发起战略决战;在战役的发起和初战战场的选择方面,既大胆又谨慎,如选择条件最有利的东北战场作为战略决战的初战,选择国民党军进退之要点(如锦州)或其重兵集团的薄弱地段(如黄百韬兵团)或可以牵制其主力的据点(如张家口)进行战役初战,从而掌握了战场主动权;在战役进行过程中,注重战略配合与战役协同(如华东野战军与中原野战军、东北与华北),注重此战役进程的发展及其与他战役进程的关系(如淮海战役缓攻杜聿明集团),注重集中兵力使用于主要方向,同时也留有足够的打援兵力(如攻击锦州,围歼黄百韬、黄维兵团),注重根据情况的不同而灵活地运用不同的战略战术(如辽沈战役的"关门打狗",淮海战役的"吃一个挟一个看一个",平津战役的"隔而不围、围而不打"),注重以运动战歼灭国民党军的有生力量,同时也重视阵地战和城市攻击战。中共最高统帅毛泽东既坚持其正确决策,坚持中共中央的统一指挥,又善于听取下属的意见,赋予下属机断行事的权力。辽沈、淮海、平津三大战役的整个进程,犹如行云流水,一气呵成,不容对手有喘息之机,运筹帷幄之间,决胜千里之外,体现了中共统帅部和毛泽东高超的军事指挥艺术,也是毛泽东军事指挥的巅峰之作。

三大战役结束后,国民党军总兵力还有204万人,其中野战部队为71个军227个师115万人;中共部队总兵力则达到358万人,其中野战部队为56个纵队180个师218万人。中共部队首次在数量上超过了国民党军。经过三大战役野战与攻城多方面的历练,中共部队已经完全过了打大歼灭战、攻占大城市这两关,在技战术和心理上均对国民党军形成了绝对优势。中共治下的东北、华北、华东、西北根据地基本连为一体,面积为全国总面积的1/4,人口占全国总人口的1/3,为下一步向全国进军奠定了稳固的后方和物质基础。[①] 1948年10月31日,毛泽东提出,原定五年从根本上打倒国民党的任务,"因为战争迅速发展,可能提早一年完成"。11月11日,毛泽东致电各地负责人,指出战争进程的发展已从"根本上改变了敌我形势",根本打倒国民党"大概只需再有一年左右的时间即可达到了"。国民党由于在三大战役中的失利,精锐主力部队基本被歼,在军事上已经失去了与中共继续较量的资本,而在政治上也如毛泽东所言:国统区民众"大群大群地脱离国民党的影响和控制而站到我们方面来。自由资产阶级向我们找出路,跟国民党走的很少了。各民主党派和人民团体的代表们已经或正在成批地来到解放区。"[②]正如华侨领袖冯裕芳等所言:"一年以前,都市里许多不关心政治的上层人物,表示并不反对国民党打共产党,但希望早一点打完共产党,快点给他们和平。现在呢,他们改变了,他们希望共产党早点打完国民党,快点给他们和平。"为什么有这个变化,原因是"自从国民党反动集团由'军事戡乱'进一步执行'经济戡乱'以后,它不但与全国工农为敌,而且也更显明的与全国工商业为敌了。'戡乱'的火烧

---

①《中国人民解放军全国解放战争史》第4卷,623—626页。
②《毛泽东军事文集》第5卷,157、202—203、472页。

到都市上层人物的项上来了,于是,他们很自然地感觉到反抗国民党的压迫并不仅是共产党的事情,而是全国人民的事情,他们自己也不能例外。"① 无论就军事还是就政治而言,中共夺取全国胜利的日子已经为期不远了。

---

① 中国人民政治协商会议全国文史资料研究委员会编:《五星红旗从这里升起》,179 页,北京,文史资料出版社,1984。

第六章
国民党在大陆统治的结束

　　面对国民党统治行将崩溃的局面,国民党领袖蒋介石在内外压力下决定暂时下野,但仍掌握着国民党的实际权力,在幕后决定着国民党的政策。国民党企图以和平谈判缓解中共的强大压力,整军经武,以划江而治、南北分治稳住国民党统治的阵脚,继续与中共对抗,以备东山再起。中共强调将革命进行到底,不容国民党以和谈为延续其统治的手段。国共北平和谈虽然达成了协议,但国民党不愿接受失败的事实,从而不接受和谈协议。人民解放军随即渡江南下,向华东、华中、华南、西北、西南的国民党军发起全面进攻。国民党军基本失去了抵抗力,全面败退。1949年底,国民党政权逃离大陆,败退台湾。

第一节　蒋介石引退与李宗仁登台

1948年底到1949年初,国民党军在三大战役中接连惨败。军队是国民党政权最基本、最重要的支撑力量,军事上的重大失利,加之经济上因金圆券改革失败而造成的崩溃局面,使得国民党内弥漫着日渐浓重的悲观气氛,即便是国民党的高级官员,也无人看好国民党的前途,不少人已经有了江山易手、流亡他乡的心理与实际准备。尤其是国民党军在徐蚌会战中失利后,中共大军兵临长江北岸,直接威胁到京沪地区,更使国民党政权人心惶惶。所谓"徐州若失,南京必丢,南京一丢,政府必垮,政府一垮,一切完结"。在南京当局为居民换发身份证时,已有一些文武官员改装易服,在领证时冒充教员及店员,准备随时逃亡。陈诚上书蒋介石称:"近闻京沪人心异常浮动,对我政府信心全失,同时各方多充满悲观情绪,猜忌诡随,到处均可表现,此诚危疑震撼之日也。"蒋介石也在日记中写道:"军事失利之后,社会、政治、经济、外交与人心动摇之现象,殆非想象所能及,加之战地难民及青年逃奔后方,难以安置,以及沿途伤病官兵无法管理之纷乱现象,更足令人痛心。"[①]

1948年10月22日,国防部长何应钦主持军事会议,提出政府南迁广州,缩减军政机构,调整部署,以主力守京沪地区,华中守武汉宜(昌)沙(市)地区,西北守陇中陕南地区的方案。12月11日,国防部向

[①]《蒋中正"总统"档案·革命文献·戡乱时期(戡乱军事概况——一般策划与各方建议·三)》第14册,599页,台北,"国史馆"藏;秦孝仪主编:《"总统"蒋公大事长编初稿》卷七(上),158页,台北,中国国民党中央委员会党史委员会,1978。

蒋介石提出:"华北国军应适时放弃不必要据点,主力集中适当地区,机动控制……华中国军以战略守势之目的,除以一部兵力守备青岛及其他要点外,主力应确保江南,以巩固政治经济,期能持久,以赢得培养反攻力量所要之时间。西北国军应依攻势防御要领,确保关中及西兰交通线,驻新国军应迅即撤回,策应中原作战,不可再有一日之延误。"此后,国民党即着手布置将军事防御重心移至长江以南地区,同时开始实行一系列应变方案,企图凭长江天险,据有中国的半壁江山,赢得喘息之机,继续与中共周旋,以待国内外形势之变化。12月1日,行政院会议决定,政府非军事机关分迁重庆和广州办公,并着手疏散在京公务员眷属,重要工作人员不许请假,普通工作人员请假即以辞职论。10日,蒋介石颁布全国戒严令,决定除新疆、西康、青海、台湾及西藏地方外,在全国实行戒严,由县长兼理军法职务,使国民党统治区进入更为严酷的军事管制状态。① 尽管如此,国统区社会仍然动荡不安,物价飞涨,工厂停工,工人失业,大量资金和企业设备南去香港。仅上海荣氏企业集团就在香港设立了有11万纱锭的4家纺织厂。"公司中人一片离沪声,非香港即台湾,或竟出国,纷纷攘攘,终日惶惶,几若大祸临头"。② 同时,国民党政府机关也开始向台湾、华南和西南迁移,部分职员被遣散,局势已近于失控。

国民党和蒋介石以反共而建政,视中共为他们最大的敌人,但是面对国民党军事经济全盘崩溃的状况,国民党内开始出现不同的声音,各个派系集团以及个人出于不同的目的,在政治舞台上有不同的表演,是否继续进行战争成为争论的中心议题,出现了主战与主和之争。作为国民党政权的领袖,蒋介石的权威因此而动摇,他对政局的掌控力在下降,他的个人出路问题也成为各方关注的焦点。

1948年11月,因金圆券改革失败,行政院长翁文灏被迫辞职。26日,蒋介石提名孙科出任行政院长,但组阁颇费了一番工夫,不少人都不愿在此时跳"火坑",直至12月21日新阁才成立,由吴铁城任副院长

---

① 《郭汝瑰日记》,1948年10月22日,藏军事博物馆;《蒋中正"总统"档案·革命文献·戡乱时期(戡乱军事概况——一般策划与各方建议·三)》第14册,628—631页。
② 上海社会科学院经济研究所编:《荣家企业史料》下册,663、669—671页,上海人民出版社,1980。

兼外交部长,洪兰友任内政部长,徐永昌任国防部长,徐堪任财政部长。在当时军事、经济诸般事务急如星火的情况下,国民党政权中枢行政居然有一个多月无人负责,于此亦可见蒋介石之无奈。孙科在新阁首次会议上阐述施政方针时公开表示:"政府用兵的最后目的,在于争取和平","政府亦不能将内部的事倚恃国外的力量来支持",提出了所谓争取"光荣的和平"的主张,与主战的论调有了一些距离。不过事情至此仍未完,在随后的立法院改选中,蒋介石提名李培基和刘健群为正、副院长,但 24 日选举的结果,主和派童冠贤当选为院长。国民党军方系统的报纸《和平日报》认为,此事"证明国民党已经失去掌握控制全体党员的能力"。立法院成为主和派的据点,不少立法委员呼吁和平,刘不同撰文主张蒋介石出国,胡秋原等 32 人提出书面报告,认为:"在目前情势下,政府欲以传统方式戡乱,其无击溃中共武力之充分把握,也是任何人一见可知的。"①

面对日渐公开的批评声音,蒋介石起初仍准备硬撑下去。1948 年 8 月间,一向主和的张治中对蒋表示不能再战,主张谈和,并建议蒋暂时休息,蒋答称和就是投降,要我下野,我绝对不答应。11 月 8 日,蒋公开声称:"我个人平生做事的态度是一件事不开始则已,一开始就一定要求其成功;任何职责不轻易担任,一经担任就决定负责到底。"但是,随着国民党在军事上的重大失利,即便是蒋身边的高级官员和亲信也开始与蒋离心离德。11 月间,国防部新闻局局长邓文仪等上书蒋介石称,"多数官吏及党团人员信心不坚定","高级将领除极少数外,多数信念不坚定,乃当前严重问题"。蒋的独断权威已然动摇。11 月 13 日,长期追随蒋的心腹亲信、蒋的"文胆"陈布雷在南京自杀,表现了他对国民党前途的悲观绝望。即便是蒋介石长期的心腹谋臣张群也在私下里对黄炎培说:"我明知事不可为,但对国民党四十年关系,对蒋四十年关系,还有什么办法!"②就在此时,蒋所一向依靠的美国也有了抽身而退之意,更给了他

---

① 朱汇森主编:《中华民国史事纪要》,1948 年 10 月 23 日、12 月 23 日,台北,"国史馆",1988;1948 年 12 月 25 日《和平日报》,南京。
② 中国社会科学院近代史研究所中华民国史研究室编:《中华民国史资料丛稿·增刊》第 5 辑,177、182 页,北京,中华书局,1979;《蒋中正"总统"档案·革命文献·戡乱时期(戡乱军事概况——一般策划与各方建议·三)》第 14 册,611 页。

沉重的打击。

全面内战爆发后,美国对国民党政权给予了多方面的支持,同时也对其腐败无能、专断独裁啧有烦言。随着国民党政权统治危机的不断加深,美国的态度逐渐有了变化。在战后之初美国决定对华政策时,就确立了不派兵卷入中国内战,但是支持国民党政权这条底线。可是在国民党似乎毫无胜利可能的情况下,继续支持国民党,就意味着将更多的金钱投入有去无回的无底洞,而不支持国民党,听任其垮台,似乎又有损于美国的地位及利益,美国当局一时难作决断。1947年中,美国派魏德迈来华考察,结果认为国民党政权处境恶化,间接促成了美国国会在1948年4月通过近5亿美元的《援华法案》,企图再予国民党政权以助力。但是,事态的发展却急转直下,到1948年末,国民党政权已是岌岌可危,共产党即将取得完全的胜利,而美国并无可以影响这种发展进程的实质性手段,除非直接出动武力,但这又是美国不可能采取的行动。如马歇尔所言:"国民党政府正在退出历史舞台,无论我们做什么都救不了他了。"因此,美国决定调整其对华政策,暂不采取进一步行动,以"等待尘埃落定",同时尽力阻止中国成为苏联的"政治军事附庸"。1948年9月7日和1949年1月11日,美国国务院和国家安全委员会都提出了这样的建议。1949年2月4日,美国总统杜鲁门批准了这项政策,美国对国民党政权的支持因此而相应减少。1948年11月9日,蒋介石向美国提出,由美国给予军事援助、发表声明、派遣军事顾问参加指挥作战,但旋即被杜鲁门拒绝。1949年1月2日,美国政府宣布停止对国民党军队的训练计划,召回驻华联合军事顾问团团长巴大维,27日决定撤回美国军事顾问团。此等做法等于公开发出了美国准备从中国抽身而退、不准备继续支持国民党和蒋介石的信号。[①] 1948年正值美国大选,共和党总统候选人杜威的竞选言论强调支持国民党,国民党因此暗助杜威的竞选活动,将宝押在杜威的当选上,结果却是杜鲁门继续连任,这又增加了杜鲁门个人对蒋介石的反感。1948年12

[①] 朱宗震、陶文钊:《中华民国史》第3编第6卷,638页,北京,中华书局,2000;资中筠:《美国对华政策的缘起和发展》,452—454页,重庆出版社,1987;《战后世界历史长编》第1编第5分册,226页,上海人民出版社,1975。

月,蒋介石派宋美龄赴美求援,与她在抗战期间访美所受到的热烈欢迎正相反,宋美龄此次美国之行可谓场面冷落,美国政府不将其视为官方客人,杜鲁门则干脆拒绝与她见面。美国国务卿艾奇逊在会见中国驻美大使顾维钧时说,中国政府犯了太多的错误,现在的形势今非昔比,他不知道美国还有什么可以做的,不知道美国还能再作什么进一步的援助。与此同时,美国对李宗仁等国民党内反蒋派却表示了浓厚的兴趣。1948年11月,美国大使司徒雷登在和李宗仁谈话后向马歇尔汇报,建议美国发表声明,支持新的非共产党政权。孙科内阁成立后,司徒雷登又通过其秘书傅泾波告诉孙科和蒋的谋臣张群,表示希望蒋介石放权下野。① 司徒雷登的态度虽是其个人的意见,但也不能不影响到蒋介石的决定。

尽管美国有意抽身而退,国民党还是没有完全放弃援引美国以某种方式介入中国内战的希望。1949年初,外交部提出说帖,认为美国似支持国共分疆而治,苏联似亦对此未必绝对持反对态度,提出请美、苏、英、法四国出面,调停中国内战。1月8日,蒋介石召集孙科、张群、张治中等会商外交部的提议,决定正式向四国提出调停请求。行政院副院长兼外交部长吴铁城随后以此案照会美、苏、英、法四国。但现实却使国民党大为失望。12日,美国政府答称:根据事态的发展,在现时情势下,美国不认为作为调人介入可达成任何有益之目的。英国和法国对国民党政府的请求作出了与美国同样的决定。苏联在答复国民党政府的请求前,曾与中共有所商议。中共认为形势对国民党不利,不希望苏联参与调停。14日,斯大林致电中共中央,认为如果拒绝和谈,就是拒绝和平,对中共不利,应该进行谈判,但是在国共之间,苏联不参与。1月17日,苏联外交部副部长维辛斯基会见中国驻苏大使傅秉常,表示苏联不干涉他国内政,进行居间调停是不合适的。② 至此,国民党在寻求外援、缓和统治危机方面一无所获,在外部力量不可靠的情况下,蒋介石又面临着国民党内的主要对手——桂系强有力的挑战,其统治危机更趋深化。

桂系是国民党内要求蒋介石下野的主要实力派别。桂系有实力、

---

① 《顾维钧回忆录》第7分册,44—46页,北京,中华书局;《"总统"蒋公大事长编初稿》卷七(上),201页。
② China White Paper, Vol.1, pp.290—292;杨奎松:《毛泽东与莫斯科的恩恩怨怨》,266—280页,南昌,江西人民出版社,1999。

有地盘,长期以来与蒋介石面和心不和,又在1948年的行宪国大争得了副总统职务,是可以与蒋在国民党内争一时之短长的主要实力派。全面内战爆发后,由于反共的共同需要,蒋桂双方维持着合作关系,桂系对"剿共"的态度也较为积极,白崇禧还领军"围剿"大别山区。但随着国民党军事的节节失利,蒋介石所依靠的中央军实力大为削弱,蒋本人的权威也大为动摇,而桂系自认为内有白崇禧的军事谋略与实力,外有李宗仁的副总统地位与"民主声望",可以乘机向蒋争权,实现其多年来问鼎中央的梦想。当时国民党内的反对派、社会舆论和美国均将李宗仁视为取代蒋介石的合适人选,一时形成了由李代蒋的呼声。就连蒋的亲信谋臣张群、张治中和吴忠信也认为:"军事大败,外交失策,内部分裂,财政崩溃,蒋确非下野不可。"蒋介石处在此种内外交困的状况下,不能不作暂时引退的考虑和准备。他在分析内外形势后认为,如不退则可以勉强支持危局,维系统一,等待国际形势之转变,静观"共匪"内部之变化;而退则可以在党政军积重难返之际彻底整顿与改造,打破半死不活之环境,另起炉灶,重定基础。在蒋看来,在内外形势不利的情况下,以退为进不失为可行之道,而且1927年和1931年的两次引退,都没有妨碍他很快就东山再起,何况蒋在国民党内密布统治网络,他在表面上退位也不会影响他的实际权力。1948年12月中旬,在张群、张治中和吴忠信等人的劝说下,蒋开始考虑引退的时机和方式问题。他让总统府秘书长吴忠信向李宗仁传话说:"观察最近内外情势,我干不下去了。我走开后,势必由李德邻来过渡。"张群等人则通过私下沟通,与李宗仁达成默契,蒋下野后由李代行总统职权,由行政院主持对共和谈,同时运用外交,争取民众,缓解危机,继续维持国民党统治。① 但是就在蒋、桂相商的过程中,桂系军事领袖白崇禧已迫不及待,在他的势力范围华中地区发动所谓"和平"运动,公开向蒋介石呼吁"和平",企图形成蒋下李上的社会压力,实际则演成对蒋"逼宫"之举,使蒋大为恼怒,不仅为蒋引退的安排平添枝节,而且在蒋、桂之间种下极深的恶感,直接影响到李宗仁接任后的行事效能以及国民党的江防

---

① 《张治中回忆录》,782页,北京,文史资料出版社,1985;《"总统"蒋公大事长编初稿》卷七(下),214页;程思远:《李宗仁先生晚年》,19—20页,北京,文史资料出版社,1980。

作战等诸多方面。

1948年12月间,白崇禧首先授意辛亥元老李书城、张难先等出面呼吁"和平"。接着,白对蒋介石调华中部队去徐州参战的命令阳奉阴违,使宋希濂兵团迟迟不能成行,又截留了准备运京沪地区的黄金7万两和银圆374万元。22日,蒋介石要张群和吴忠信转告白的代表邓汉翔,必须先有安国保民办法,继任者必须有切实准备,前方被围部队必须救援出险,才能谈到其引退问题。但24日白崇禧却致电蒋介石称:"默察近日民心离散,士气消沉,遂使军事失利,主力兵团损失殆尽。倘无喘息整补之机会,则无论如何牺牲,亦无救于各个之崩溃。"他提出:(1)相机将真正谋和诚意转知美国,请美、英、苏出而调处,共同斡旋和平;(2)由民意机关向双方呼吁和平,恢复和平谈判;(3)双方军队应在原地停止军事行动,听候和平谈判解决。随后,湖南省主席程潜、河南省主席张轸、湖北省参议会、鄂湘赣豫桂五省和平促进联合会等均通电吁和,呼应白崇禧的主张,一时间在国民党内外引起震动。12月30日,白崇禧再次致电蒋介石称:"当今局势,战既不易,和亦困难。以言继续战争,则战力悬殊,外援不继。以言和平,则敌焰方张,不易接受。……顾念时机促迫,恳请乘早英断。职意应将谋和诚意迅告友邦,公布国人,使外力支持和平,民众拥护和平。"①在白崇禧等吁和电的影响下,后续吁和者不断发表公开通电,对国民党内主战派和蒋介石构成了相当的压力。

对于几近公开化的和平呼声,蒋介石不能不表示其态度。1949年1月1日,蒋介石发布元旦文告,承认其"领导无方,措施失当,有负国民付托之重,实不胜其惭惶涑慄,首先应当引咎自责",同时承认"剿匪军事加重了人民的负担,加深了人民的痛苦,大家也都希望战事及早结束,和平及早实现",表示"只要共党一有和平的诚意,能作确切的表示,政府必开诚相见,愿与商讨停止战事恢复和平的具体方法"。条件是只要和议无害于国家的独立完整,而有助于人民的休养生息;只要神圣的宪法不由我而违反,民主宪政不因此而破坏,中华民国的国体能够确

---

① 《"总统"蒋公大事长编初稿》卷七(上),202页;《李宗仁先生晚年》,21页;《蒋中正"总统"档案·特交档案·分类资料(蒋介石下野与国共和谈)》020卷第1号。

保,中华民国的法统不致中断;军队有确实的保障,人民能够维持其自由的生活方式与目前最低生活水准。他在文告中最后表示:"只望和平果能实现,则个人的进退出处绝不萦怀,而一惟国民的公意是从。"①蒋在文告中的这番表示,使国民党的谈和公开化,而他本人的引退也呼之欲出。虽然蒋一方面对桂系"逼宫"耿耿于怀,愤愤地对党内干部表示:"我之愿下野,不是因为共党,而是因为本党中的某一派系。"但另一方面,他又不能不敷衍桂系,使桂系暂时接过这个烂摊子。1月2日,蒋致电白崇禧称:"中正决无他求,即个人之进退出处,均一惟全国人民与全体袍泽之公意是从",希望白"激勉华中军民,持以宁静,藉期齐一步趋,巩固基础,然后可战可和,乃可运用自如"。蒋既有如此表示,桂系亦当留有退步。3日,白复电蒋,表示已"转示各将士仍应积极备战,以待和平之实现……至近复有少数民意机关,对时局主张,不免有过激之言论,经竭力疏导,并制止报社,不予登载"。②与此同时,蒋介石连续约李宗仁谈话,表示引退意向,缓和与桂系的紧张关系,并派张群到武汉,与白崇禧商议有关问题。蒋的引退已是势在必然。

为了确保在引退后可以继续控制局面,蒋介石连续作出了一系列部署,尤其是在人事方面,任命自己的亲信干臣出任关键岗位。1月1日,蒋任命陈诚为台湾省政府主席(后又兼台湾警备总司令)。14日,蒋召见陆海空军高级将领,指示军事方针。在引退前几天,他又连连任命汤恩伯为京沪杭警备总司令,朱绍良为福州绥靖公署主任兼福建省政府主席,方天为江西省政府主席,张群为重庆绥靖公署主任,余汉谋为广州绥靖公署主任,薛岳为广东省政府主席。在一切布置妥当之后,1949年1月21日,蒋介石发表文告称:"决定身先引退,以冀弭战销兵,解人民倒悬于万一,爰特依据中华民国宪法第四十九条'总统因故不能视事时,由副总统代行其职权'之规定,于本月二十一日起,由李副总统代行总统职权,务望全国军民暨各级政府,共矢精诚,同心一德,翊赞李副总统,一致协力促成永久之和平。"随后,没有了总统身份的蒋介

---

① 1949 年 1 月 1 日《中央时报》,南京。
② 《蒋中正"总统"档案·特交档案·分类资料(蒋介石下野与国共和谈)》020 卷第 1 号;《蒋中正"总统"档案·革命文献·戡乱时期·蒋"总统"引退与后方布置》上(一)第 28 册,120 页。

石黯然离开南京,前往老家浙江奉化溪口,从此蒋介石就再也没有回到过南京——这座他以国民党和政府最高领袖身份居住并发号施令的城市。副总统李宗仁也于21日发布文告称:"仰承督责,不容辞谢,惟有黾勉将事,效忠国家,冀使中枢之政务不坠,而总统救国救民之志业有成,所望我全体军民抒诚合作,文武官吏各安职守,精诚团结,一德同心,本和平建国之方针,为民主自由而努力。"李宗仁正式从蒋介石手中接过了代总统名义。① 值得注意的是,蒋介石的文告中并无事先商定的"引退"或"辞职"字样,而是声明由李宗仁"代行"总统职权,从而为其复职埋下了伏笔。李宗仁虽对此十分不满,担心名不正则言不顺,曾经企图有所修正,但为蒋所拒,而在当时国民党统治风雨飘摇的情况下,李宗仁毕竟亦无法为所谓"名分"问题与蒋决裂。无论如何,桂系总算实现了问鼎中央的梦想,李宗仁总算在名义上成为中华民国的最高领袖。在他们踌躇满志之余,如何收拾国民党败退之际的残局,也成了桂系最沉重的负担。

桂系是打着"和平"旗号上台的,还在桂系上台之前,李宗仁的下属就为其拟订了上台后的执政方略,即首先进行和谈准备,如改组内阁,网罗和平民主人士;发动全国民意,拥护和平主张;运用外交,使美、苏、英、法对中国和平取得谅解并予以支持;主动争取以前之反政府团体,勿使为和平障碍;作出和平表示,如撤销"戡乱令",停止敌对行动,部队主动撤离战场,释放政治犯等。李宗仁出任代总统后,据此作出了一系列和平姿态,以显示自己与蒋介石的差别,表示自己的和平诚意,稳定国民党统治区的局势。1月22日,李宗仁以代总统名义发布文告,承认"目前国家与人民所遭受战争之痛苦,已至不堪忍受之程度,弭战谋和,实为全国一致呼声",表示"政府今日即将以高度之诚意与最大之努力,谋取和平之实现",提出"为表示诚意与决心,政府将从事扫除一切和平障碍,凡过去一切有碍人民自由及不合民主原则之法令与行动,悉将分别迅速予以撤销或停止,冀能培育国内和平空气,使和谈工作得以顺利进行"。李宗仁发布命令,决定取消全国戒严令,将各地"剿匪"总

---

① 《中华民国史事纪要》,1949年1月21日。

部改名为"军政长官公署",裁撤"戡乱建国"动员委员会和各地"戡建大队",释放政治犯(后改为未决政治犯交保开释),启封被封之报馆杂志,撤销特种刑事法庭,停止特务活动;同时致函民盟中央领导人沈钧儒、章伯钧等,表示"决以最大之努力谋和平之实现","尚乞一致主张,力加赞助";又会见美、苏驻华大使,并派其秘书甘介侯到上海访问宋庆龄、张澜、黄炎培、罗隆基、章士钊等民主人士,请他们协助推动和平进程。①

李宗仁的这一系列举措虽然不无某些成效,如各地释放了一些无关重要的政治犯,舆论也对其施政表示了一定程度的支持,但总体而言,其成效并不如其预期之明显。取消戒严和"剿匪"总部改名之举,不过是文字游戏,无关实际内容;释放政治犯和保护政治自由,基本上未能实行。24日,李宗仁下令释放被拘押多年的张学良和杨虎城两将军,但26日蒋介石命俞济时致电张、杨被关押地台湾和重庆的行政长官陈诚和杨森,告以:"如有命令到台省渝市,释放张学良、杨虎城事,似可暂不置复,否则可以并不知张学良杨虎城何在,此事省市府向不过问之意复之。"②各地军警机关不仅仍在继续逮捕所谓违反"戡乱令"者,而且逮捕的层级也在升高。2月21日,汤恩伯在上海诱捕了向其说项起义的前浙江省主席陈仪。4月10日,南京军事当局以"煽动军队叛变重大嫌疑"为由,拘捕立法委员金绍先与许闻天。如立法院动议所言:"军事机关或特务机关,不依法定手续,滥捕人民,动辄数十百人,且滥用非刑故入人罪,甚至违法拘捕本院委员,似此破坏宪法,蹂躏人权,尚何法治之可言。"③此等行为或为李宗仁所默认,或为李宗仁所无法控制。李宗仁对民盟和民主人士的拉拢亦没什么效果。1月22日,李济深、沈钧儒等民主人士发表《我们对于时局的意见》,表示拥护中共中央毛泽东主席1月14日的声明。李宗仁希望美国能够提供5亿美元的贷款援助,但被美国拒绝。他又召见苏联驻华大使罗申,希望寻求苏

---

① 《蒋中正"总统"档案·特交档案·分类资料(蒋介石下野与国共和谈)》020卷第3号;《中华民国史事纪要》,1949年1月22日。
② 《蒋中正"总统"档案·筹笔·戡乱时期》第16375号。
③ 中国第二历史档案馆编:《中华民国史档案资料汇编》第5辑第3编政治(2),925页,南京,江苏古籍出版社,1999。

联某种程度的支持,但罗申表示"现在已经太晚了……苏联能为它做些什么呢"。① 很显然,李宗仁的政策表面意义大于实际内容,不具有争取人心的真正成效。美国已决定抽身而退,苏联和中共有密切的沟通,他们都不可能给李宗仁以实际的支持;民盟已经决定站在中共一边,更不可能在此时再来趟国民党的浑水。李宗仁在国民党外无法得到其权力支撑。

李宗仁更大的麻烦还在国民党内。桂系虽是国民党实力派,但毕竟以广西地方为基础,缺乏在其他地方尤其是在中央的权力基础,也缺乏号令国民党内群雄的真正实力与声望。蒋介石虽然下野,名为赋闲,但仍为国民党总裁,可以通过国民党中央发号施令,实际仍然大权在握,尤其是国民党军队和维持日常运转所需的经费,基本控制在蒋系手中,李宗仁不得染指。何况蒋之下野不过是以退为进,并非真心让权,加上蒋与桂系之间历史与现实的过节,蒋介石从来就没有真正支持过李宗仁,蒋系人物动不动就对李宗仁示以颜色,令其有令难行。李宗仁上台后,为理顺各方关系煞费了一番苦心,虽然表面上有所成效,但实际上仍不尽如其意。

李宗仁上台后,行政院长孙科就先对他示以颜色。1月25日,行政院决议将政府南迁广州,所有政府机关自2月5日起在广州办公。1月29日,蒋介石又令国民党中央党部迁往广州。立法院正副院长和不少立法委员亦于此时南下广州。国民党中央、政府和立法院均不在南京办公,名为国民党政府最高首脑的李宗仁在南京犹如唱起了空城计。李宗仁与孙科相商,请行政院迁回南京,但孙科坚持南京处在中共武力威胁之下,不能迁回。李宗仁又命令央行总裁刘攻芸不得将央行存金他运,但根本无人理睬,上海存金仍源源不断运往台湾。为了使政府可以正常运转,李宗仁不得不在2月20日屈尊飞往广州,向孙科劝驾,并与粤系诸大佬相商。在李宗仁此番表示之后,孙科总算给了他一些面子,于22日飞回南京。

在国民党党政军系统中,李宗仁可以发挥较多影响的只有立法院

---

① 中国人民政治协商会议广西壮族自治区委员会文史资料研究委员会:《李宗仁回忆录》下册,945页,南宁,1980。

和监察院。2月14日,立法院院长童冠贤和副院长刘哲自广州返回南京,19日,立法院在南京复会。因为回宁立法委员多主张谈和,使李宗仁总算有了一些政治上的奥援,并借此策划改组内阁,撤换孙科。而孙科上任后数月毫无表现,亦使国民党内不少人不太满意,为李宗仁改组内阁创造了机会。李宗仁属意的行政院长人选为何应钦。何应钦是国民党军界大佬,有过长期的统兵经历,便于李宗仁控制黄埔系军人;何在1927年蒋介石下野时,与桂系有过合作关系,而且自抗战后期起,与蒋的关系有所疏远,桂系对他较为放心。李宗仁的打算是,由何应钦组阁,白崇禧掌军,张治中谈和,企图以此打下桂系在南京长期执政的基础。但何应钦对接任行政院事犹豫不决,因为他深知,如果没有蒋介石的首肯至少是默许,他就无法顺利地在行政院长任上干下去。为此,他托吴忠信赴奉化向蒋介石请示。3月10日,蒋介石回复称:"中以为只要于革命前途有益,使旧属官兵有所依托,而不致散乱,以保全革命硕果之基础,则兄应毅然应命,更不必论职位之尊卑,与个人之得失。此为中对革命责任之基本观念,亦望吾兄能以中之意志为意志,承当此艰危之局势也。"[①]有了蒋介石的首肯,又有桂系的支持,何应钦这才同意出任新职。3月12日,李宗仁任命何应钦任行政院长兼国防部长,贾景德任副院长,傅秉常任外交部长(未到任前由叶公超代理),刘攻芸任财政部长,张群、莫德惠、张治中、朱家骅任政务委员。至此,在延宕了一个多月之后,李宗仁的行政班底总算搭成,诸般事务步入轨道。但李宗仁最迫切需要解决的问题是与中共的和平谈判。

[①]《中华民国史事纪要》,1949年3月10日。

第二节　北平和谈

李宗仁上台后最为关注与中共的和谈,因为这是关系到国民党能否继续统治的关键问题。1月22日,行政院会议决定派邵力子、张治中、黄绍竑、彭昭贤、钟天心为谈判代表,邵力子为首席代表,与中共在双方同意的地点进行和平谈判。27日,李宗仁致电毛泽东,声称"决心以最高之诚意,尽最大之努力,务期促成和平之实现",并表示"政府方面,已从言论与行动上,表明和平之诚意,所有以往全国各方人士所要求者,如释放政治犯,开放言论,保障人民自由等,均在逐步实施。……务望先生号召贵党同志,共同迅速促成和谈,即日派遣代表,商定地点,开始谈判。"[①]为了控制谈判的进程,李宗仁的下属曾经计划以上海作为谈判地点,并准备宣布上海为和平都市,将军事机关及部队撤离市区,以和平人士主持市政,以创造谈判气氛。由于蒋介石并不认可李的计划,此一方案再无下文,更重要的是,此时的谈判进程绝不可能再由国民党或是李宗仁说了算,以军事胜利为后盾的中共才是谈判真正的主角。

早在李宗仁当选副总统之后不久,中共已经预见到由李代蒋的可能性。1948年8月,中共已经提出:"到蒋介石真正无法统治下去时,则准备以李宗仁、何应钦等代替蒋介石,此时则希望与我党停战议和,以便取得喘息时间,重整兵力,然后卷土重来,消灭革命力量。"[②]同年9月,毛泽东在中共中央政治局会议上再次预见到由李宗仁出面组织政

---

① 《李宗仁回忆录》,931—933页。
② 中央统战部、中央档案馆编:《中共中央解放战争时期统一战线文件选编》,205页,北京,档案出版社,1988。

府、进行和谈的可能性,并提出:"如果群众觉悟,要打下去,认识到和谈就是让敌人休息后再打,是费力的,那我们就打。如果群众没有这种觉悟,要和,那就进行和谈,一面谈,一面打,并在谈判中教育群众,向群众解释和谈究竟是怎么回事,事实上还是要继续打下去,不上敌人的当。总之,那时看人民的觉悟,党内党外群众的觉悟,但始终不要把和谈的门关死。"①对于中共中央和毛泽东而言,在军事已经接近全面胜利的情况下,不可能再将国民党作为平等对手而谈和,彻底推翻国民党统治才是中共的根本目标,但在这个前提之下,也不排除为争取社会舆论和民众的支持,以和平方式而达成这样的目标。平津战役期间,中共对于和平解决北平问题的态度与做法,已经充分说明了中共的立场。

1948年底至1949年初,由于国民党军在三大战役中接连失利,其党内开始出现谈和的声音,社会舆论也有和平的呼吁。此时,国民党虽然在军事上遭受重大失败,但仍据有长江以南和西安以西的广大地区,并在加紧整补部队,以图保住江南与西部半壁江山。在中国历史的进程中,出现过多次大体以长江划界而治的南北朝格局。对此,中共在军事胜利之时保持着高度的警惕,不允许国民党通过和谈获得喘息之机,使南北朝的局面重演。为此,中共作出了一系列部署,以打消国民党对于和平的任何不切实际的幻想。1948年11月1日,中国人民解放军总部发布《关于惩处战争罪犯的命令》,将犯有屠杀人民、抢掠财物、毁坏市政设备、银行金库、文化古迹、公共资材等12项罪行者列为应依法惩办的战犯。②12月25日,中共通过新华社公布了包括蒋介石、李宗仁、陈诚、白崇禧、何应钦、陈果夫、陈立夫、孔祥熙、宋子文、孙科等43人的战犯名单,提出追究战犯的战争责任,以分清战争双方的是与非。12月30日,毛泽东为新华社撰写新年献词《将革命进行到底》,尖锐地提出"是将革命进行到底呢,还是使革命半途而废呢",国民党正在以"和平"阴谋企图使革命"半途而废",这是"违背人民的意志,接受外国侵略者和中国反动派的意志,使国民党赢得养好创伤的机会,然后在一个早上猛扑过来,将革命扼死,使全国回到黑暗世界"。号召全国人民

---

① 中共中央文献研究室编:《毛泽东文集》第5卷,145页,北京,人民出版社,1996。
② 中央档案馆编:《中共中央文件选集》第17册,444—445页,北京,中共中央党校出版社,1991—1992。

"团结一致,在中国共产党的领导之下,坚决地主张彻底消灭反动势力,彻底发展革命势力,一直达到在全中国范围内建立人民民主共和国,实现统一的民主的和平"。1949年元旦,蒋介石在文告中提出了谈和的条件,1月14日,毛泽东即以中国共产党中央委员会主席的名义,通过新华社发表《关于时局的声明》,针锋相对地批驳蒋介石的文告。声明认为,国民党提议谈和是"为着保持国民党政府的残余力量,取得喘息时间,然后卷土重来扑灭革命力量";谴责蒋介石提出的条件"是继续战争的条件,不是和平的条件";提出中共的和谈条件:(1)惩办战争罪犯;(2)废除伪宪法;(3)废除伪法统;(4)依据民主原则改编一切反动军队;(5)没收官僚资本;(6)改革土地制度;(7)废除卖国条约;(8)召开没有反动分子参加的政治协商会议,成立民主联合政府,接收南京国民党反动政府及其所属各级政府的一切权力。① 中共以这八项条件作为与国民党和谈的基础,并以是否接受这八项条件作为区分主战还是主和、真心主和还是虚假主和的分界线。在李宗仁出任代总统并表示愿意谈和之后,中共在1月25日发表声明,认为"南京反动政府应负发动反革命内战的全部责任。全国人民对于这个政府早已完全丧失信任,这个政府早已没有代表中国人民的资格。"声明同时表示:"我们允许南京反动政府派出代表和我们进行谈判,不是承认这个政府还有代表中国人民的资格,而是因为这个政府手里还有一部分反动的残余军事力量。……用谈判的方法去解决问题,使人民少受痛苦,当然是比较好的和有利于人民解放事业的。"这就根本否认了国民党还有主导和谈、提出条件的资格。声明特别以南京政府提出的和谈代表名单中的彭昭贤为例,认为他"是主战最力的国民党CC派主要干部之一,人们认为是一个战争罪犯。中共方面不能接待这样的代表"。② 这也就是明白地告诉李宗仁,和谈的条件、时间、地点、代表等问题,必须由中共决定。

中共一方面以公开宣传否认国民党的执政地位,打消国民党企图以和谈维持划界而治的幻想;另一方面也在实际准备和谈,希望在强大

---

① 《毛泽东选集》第4卷,1375、1378—1379、1386—1389页,北京,人民出版社,1967。
② 1949年1月26日《华商报》,香港。

的军事压力之下,通过和平方式解决国民党的残余统治势力。这种和谈准备首先是通过民间渠道进行的。2月5日,在李宗仁的支持下,上海知名人士颜惠庆、章士钊等组成上海人民代表团,准备北上与中共进行和平接触。中共表示可以私人资格接待他们,但对于和平谈判代表团"暂时均不准备接待"。2月14日,颜惠庆一行飞抵北平,南京政府派邵力子同行,李宗仁还托随团到北平的立法委员黄启汉带信给毛泽东,表示希望实现全面和平,并以中共八项条件为基础进行谈判。22日,颜惠庆等飞抵石家庄转西柏坡,会见中共领导人毛泽东和周恩来。24日,颜惠庆等与中共达成秘密协定,主要内容:以中共八项条件为基础,在石家庄或北平进行谈判,达成协议后立即执行,迅速召集新政协成立民主联合政府,南京政府参加新政协和联合政府的人选由双方商定,充分保障南方工商业,有步骤地解决土地问题。颜惠庆等一行在完成其使命后于27日回南京向李宗仁复命。此项秘密协定使其后的北平和谈成为可能,但双方在协定成立时有默契,此项协定只交给李宗仁,不使他人与闻。这也表明中共对蒋介石的反共立场有深刻的认识,对蒋介石及仍在其控制下的国民党主体能否接受中共的和谈条件并不抱太大的希望,而"是要拉拢李宗仁、白崇禧、张治中、邵力子及上海资产阶级(颜惠庆、杜月笙等为代表),打击国民党死硬派,便利我们向南进军","其交换条件是不打桂系和其他国民党主和派;一年左右也不去改编他们的军队;南京政府中的一部分人员允许其加入政治协商会议和联合政府;对上海和南方资产阶级的某些利益允许给以保护"。为此,中共在准备与南京当局进行和谈的同时,也在与桂系就局部和平问题进行接触。①

在蒋介石决定引退之前,桂系为逼其退位而施加压力,一度对联络中共较为迫切。黄绍竑在给李宗仁的信中认为:"蒋决不轻易下野,必须更进一步表示,发表宣言,公布蒋氏罪行,如再不悔悟,即以武力解决。唯此项宣言一发,即须有军事行动之准备,而事前尤宜与中共方面取得谅解与合作方为有利。"白崇禧因此提出:"时机紧迫,早日得到中

---

① 逄先知主编:《毛泽东年谱(1893—1949)》下卷,461—462页,北京,人民出版社、中央文献出版社,1993;《中共中央解放战争时期统一战线文件选编》,259页;《毛泽东选集》第4卷,1436页。

共答复,宣言随即发表,军事立刻行动。若迟延时日,蒋得从容布置,殊为不利。"但如何才能与中共建立联系颇费了桂系一番心思。因为民革领导人李济深与桂系有老关系,白崇禧认为:李"一向反蒋,他团结有一些民主力量,与共产党也有交情,不如请他到武汉来主持政治,我们专管军事,这样就不怕了"。1月中旬,白崇禧专门包租飞机送黄绍竑到广州再转香港,找李济深与中共拉关系。因为李已应中共之邀北上,黄遂通过民革驻港人员找到中共地下党负责人潘汉年,说明桂系反蒋的决心和行动,希望与中共达成谅解。中共随后要白崇禧派刘仲华前往华中前线联系。与此同时,李宗仁派刘仲华在上海与中共地下党建立了联系,表示要白崇禧将武汉让给中共,然后联合程潜一同动作,配合中共军队进攻南京。李宗仁上台后,桂系不再提军事反蒋之事,但李宗仁仍派桂系立法委员黄启汉和刘仲华作为其私人代表前往北平,向中共表示"求和诚意"。李、白委托他们带信给李济深,表示"愿以最大努力促和平之实现",愿意以中共八项条件为谈判基础,由局部和平而推动全面和平;白崇禧还在信中表示希望李济深"鼎力协助,共奠和平",并"早日莅临武汉或南京,指导一切"。① 1月23日,黄启汉和刘仲华到达北平,周恩来通过彭真和叶剑英告诉他们,关键是"桂系应准备实行和蒋系决裂,和我方配合解决蒋系,才能在人民面前和蒋系有所区别";警告其"中间道路是万万走不通的",否则"中共便无此余暇与之敷衍"。② 李济深告诉黄启汉,只要李宗仁推动实现和平,可以出任未来联合政府的副主席。2月10日,中共中央又指示彭真等:"你们可向和桂系有关的代表暗示,只要桂系今后行动是站在有利于人民解放事业及能达成真正持久和平之目的,我们是不会拒绝他们的。"随后,中共与白崇禧的代表刘仲华商定,南下的中共第四野战军部队停止在湖北黄冈、黄陂、花园、孝感一线以北地区,等待用和平方法接收武汉。4月4日,中共中央军委致电第四野战军前线指挥员,指示"对桂系即应根据联桂反蒋方针开始着手采取具体步骤,由敌对关系改变为交朋友关系"。③ 通

---

① 《文史资料选辑》第60辑,53页,第67辑,10页;《党史研究资料》,1995(1),5、7页,北京,中国革命博物馆。
② 《周恩来年谱(1898—1949)》,811页。
③ 《毛泽东年谱(1893—1949)》下卷,452页;《中共中央文件选集》第18册,121、209—210页。

过这一系列举措,中共与桂系之间建立了联络通路,并在一段时间里维持了大体平和的关系。

就桂系提出与中共谈和的主旨而言,与蒋介石并无本质的区别,他们都企图继续维持国民党统治的半壁江山,整训部队,寻求美援,以待来日。李宗仁认为,"如能确保东南半壁,至少是可以在平分秋色的基础上来组织民主联合政府的","只要东南半壁得以保全,我们就有办法了"。白崇禧提出:"最好共产党军队不要渡江,以长江为界,他们在江北,我们在江南,划区而治,事情就好办了。"①在他们的心目中,与中共谈和并非是"投降",而是要获得"体面的和平"。2月20日,李宗仁在广州与国民党中央政治委员会委员座谈,表示反对北平式之和平,亦不赞同共党所控制之联合政府,最希望者为划江分治,宜在两分治政府之下,建立一象征统一之联合组织;如果不成,则使和谈复杂拖延,俾有时间整理军队,改进政治。②他们与蒋介石的不同之处仅仅在于,他们希望蒋能够真正放权,由桂系真正主导国民党政权,为此他们需要以主和争取舆论和人心,也需要在某些时候以某种方式以中共为砝码压迫蒋介石。在蒋介石下野、李宗仁上台后,桂系得到了他们想要的名分,反蒋之心便不似先前那般迫切,与中共接触的态度也有了变化。张治中曾经劝过李、白:广西为一地方势力,既要反蒋,就不能反共,否则两面作战,势非己力所能胜任。今日盱衡全局,似以力求和谈成功为宜。但桂系与蒋介石的矛盾不过是其党内之争,而国民党与中共的斗争则事关其存亡,因此在反蒋与反共两者之间,桂系最后仍然选择了反共。在桂系领导层中,李宗仁和白崇禧的态度基本一致,但因为白崇禧掌握着军权,自恃还有几十万军队,可以和中共周旋一番,因此说话的分量有时较李宗仁更重,态度也更为决绝。在国共北平和谈期间,白崇禧坚持中共军队不能过江,否则就不好谈了。4月2日,毛泽东告诉刘仲华:中共军队必须过江,桂系军队只要不出击,中共也不动,可以请白崇禧继续带兵,人尽其才,几十万也可以。4月5日,刘回南京复命,白坚持认为:"目前要紧的是,共产党如果有和平的诚意,就立即停止军事行

---

① 《文史资料选辑》第32辑,103页,第67辑,32页,第73辑,51—54页。
② 《蒋中正"总统"档案·革命文献·戡乱时期(国共和谈)》第30册,60—61页。

动,不要过江。能让步的我们尽量让步,不能让步的绝对不能让步。过江问题为一切问题的前提,中共如在目前'战斗过江',和谈的决裂,那就不可避免。"①桂系的态度是北平和谈最后破裂的重要原因之一。

虽然国民党及桂系都不愿意真正接受中共的和谈条件,但是和谈的准备仍在进行之中。2月21日,国民党中常会和中政会举行联席会议,李宗仁报告和谈准备情况,决定和谈基本原则:(1)应以平等地位进行和谈,中共不能以战胜者自居;(2)依照国际原则,内战不存在战犯问题;(3)关于政治体制着重隔江分治。3月3日,李宗仁派张治中和吴忠信到溪口见蒋介石谈和谈诸问题。张、吴表示,惩办战犯不能接受,其他条件可以考虑,但改编军队应各自进行,联合政府应保持同等发言权,关键是"确保长江以南若干省份的完整,由国民党领导"。蒋则指示:"备战求和,仍然以整饬军事为重,不应分心。"张提出请蒋考虑出国暂避,但蒋表示:"他们逼我下野是可以的,要逼我'亡命'就不行!"蒋介石对和谈和个人权力的态度是非常明确的。10日,蒋致函李宗仁,强调"无论为战为和,必使内部趋向一致,共同对付敌人",实为警告桂系不要退让,不要逼其太甚。② 在蒋的牵制下,李宗仁更不可能有所作为。

3月24日,南京政府正式派定张治中、邵力子、黄绍竑、章士钊、李蒸为和谈代表(其后又加派刘斐),张治中为首席代表。代表团启程前,国民党内部经过讨论拟出了具体谈判方案。其中甲案为"最高希望",主要内容为:(1)战争责任问题应毋庸议;(2)现有国号、国体、国旗、国徽、国历以及人民基本自由与经济生活等应予保持;(3)中华民国法统原则上应予维持,但可做必要之调整;(4)整编军队应分两期办理,第一期各就现有地区复员,双方保留相等兵额,第二期再予统一整编;(5)人民私有财产应予保障;(6)双方共同商定召开新政治协商会议办法,由新政协产生临时联合政府,俟宪法修改完成后,再依宪法产生新政府。乙案作为"最低要求",再作让步,考虑废除宪法、法统,没收官僚资本,其他方面与甲案同。作为方案的附件,国防部提出双方应先行

---

① 《李宗仁先生晚年》,57页。
② 《李宗仁先生晚年》,55—56页;《张治中回忆录》,786—790页;《蒋中正"总统"档案·革命文献·戡乱时期(国共和谈)》第30册,73页。

成立停战协定,停止一切战斗行动,各守原防。国民党中央还指示代表团,上述方案"仅为我方可能让步之原则性的限度,商谈时仍应逐条力争,不得已时方渐次让步,如共方要求超过以上各限度,应由代表团随时电报中央请示核夺"。① 由此观之,国民党仍然以蒋介石元旦声明所提条件为基本原则,可以让步的底线还是隔江与中共划界而治,保持其地位与实力,以图再起,与中共彻底推翻国民党统治、建立由其主导的新政权的目标可谓南辕北辙,北平和谈之不能成功势属必然。

4月1日,张治中一行到达北平,其后开始与中共代表周恩来、林伯渠、林彪、叶剑英、李维汉、聂荣臻谈判。双方首先进行非正式商谈,交换意见,为正式谈判作准备。经过数日相商,南京代表感觉国民党提出的谈判方案与中共的主张相差甚远,尤其是在处理战犯和渡江问题上,中共毫无通融余地。中共的方针其实很明确,即"不拒绝谈判,要求对方完全承认八条,不许讨价还价"。周恩来告诉南京代表团:"战,他们就要完蛋,和,他们还可以有出路,当然不是什么南北朝,而是改造。"② 5日,张治中致电李宗仁与何应钦,表示"因数日来所谈对于战争责任与渡江两问题,我方均甚坚持,几成僵局",认为此等于"逼降而非议和,非我方所能接受"。不过他也认识到:中共"具有充分力量以彻底消灭我方。凡欲重振旗鼓为作最后之挣扎者,皆为缺乏自知不合现实之一种幻想!"因此,他还是倾向于尽可能争取较好条件以达成协议。③ 在中共坚持渡江南进、不接受国民党隔江分治主张的情况下,所谓较好条件,主要是争取战犯处理不提名,以及协议文字表述较为缓和,使南京当局面子上过得去而已。南京谈判代表虽然基本上是主和派,但他们也深知国民党内对于和谈的阻力,尤其是如果将蒋介石作为头号战犯列入协议条文,则国民党完全无法接受。因此,他们在协议条文关于战犯处理的内容和表述方面做了最大的努力。中共方面考虑到南京代表团的顾虑,为了争取南京当局,尤其是桂系能够接受协议,在坚持八项条件的前提下,也在战犯处理问题上做了一些形式上的让步。8日,

---

① 《蒋中正"总统"档案·特交档案·分类资料(蒋介石下野与国共和谈)》020卷第5号;《张治中回忆录》,792—793页。
② 《毛泽东选集》第4卷,1436页;《周恩来选集》上卷,325页,北京,人民出版社,1980。
③ 《蒋中正"总统"档案·革命文献·戡乱时期(国共和谈)》第30册,87、105—109页。

毛泽东和周恩来在北平西郊香山与张治中做长时间谈话，表示在协议中可不提战犯名单；军队改编，第一期照原有番号、长官、兵额不变，集中整理，第二期再行改编；联合政府，由于准备工作颇为繁重，成立尚需时日，在未成立前南京政府照常行使职权；协议达成后由李宗仁、何应钦等来北平签字。当日，毛泽东致电李宗仁，表示战犯问题"总以是否有利于中国人民解放事业之推进，是否有利于用和平方法解决国内问题为标准，在此标准下，我们准备采取宽大的政策"。①

张治中认为中共在战犯处理问题上做了让步，松了口气，但是他的想法与国民党中央的意见并不一致。4月6日，蒋介石命蒋经国向广州国民党中央党部转达其指示：和谈必须先订停战协定，共军何日渡江，则和谈何日停止。同日，何应钦飞抵广州，召集国民党中常会，决定五项和谈原则，仍然强调国共军队先行停战各守原防，各就防区自行整编；同时决定设置由李宗仁、何应钦主持的和谈问题特种委员会，由五院院长及有关方面负责人参加，负责指导处理和谈问题。12日，何应钦致电张治中转达特委会的意见，要他严拒共军渡江要求。次日，周恩来告张治中，中共军队必须渡江，首先须占领江苏之江阴、扬中及安徽之至德、东流，以利将来和平条款之实施。至此，张治中认为国共双方的立场"相差十万八千里"，对和谈能否成功表示悲观。

4月13日晨，中共向南京代表团提出和平协议草案，这是在中共八项条件的基础上，又根据毛泽东、周恩来与张治中等谈话的精神拟定的。当晚双方进行首次正式会谈，周恩来在发言中强调国民党政府"违背了人民的意旨"，"发动全国规模的反动战争"，因此"战争的全部责任，应该由南京国民政府担负"；他表示"南京代表团的意见和我们是有距离的"，但是我们仍然对代表团接受这个协议"抱着极大的希望"。张治中虽然已经知道中共的态度，不过还是希望中共对军队改编和渡江问题重加考虑。其实经过多日的非正式讨论，南京代表团成员已经了解到中共的立场不可能再有根本变化，他们的讨价还价也无非表示尽心尽力，对南京政府可以交差而已。第一次会谈结束后，南京代表团一

---

① 《张治中回忆录》，801页；1949年4月9日《人民日报》。

方面提出对草案的修正案,将条文改得"客气一些","词句力求和缓",避免"刺激性太重者",以使南京政府更能接受;另一方面,对于南京最关心的中共军队渡江问题,表示:"惟有再行竭力与之切商折冲,期共方能大为让步,获致竣议。如至最后阶段不能竣议时,只好请示核夺。"①

4月15日晚,北平和谈举行第二次也是最后一次正式会议。中共提出《国内和平协定》最后修正案,首先确认南京国民政府应对于此次国内战争及其各项错误政策担负全部责任。其主要内容:(1)对于发动此次战争的战犯,原则上必须予以惩办,但不问何人,如能认清是非,幡然悔悟,确有事实表现,准予取消战犯罪名,给以宽大待遇;(2)废除《中华民国宪法》;(3)废除南京政府的一切法统;(4)南京政府所属一切武装力量依照民主原则改编为解放军,成立全国整编委员会,由中共方面担任主任,第一阶段分区分期开赴指定地点,集中整理,第二阶段分区改编为解放军正规部队;(5)官僚资本企业及其财产没收为国家所有,如有私人股份,应加清理并承认;(6)封建的土地所有权制度有步骤地实行改革,先行减租减息,后行分配土地;(7)南京政府所订的一切外交条约及协定由民主联合政府审查,凡对于人民及国家不利尤其是有出卖国家权利性质者,应分别情形予以废除、修改或重订;(8)在民主联合政府成立前,南京政府暂行使职权,但必须与中国人民革命军事委员会协商处理,并协助解放军办理各地的接收移交事宜。待民主联合政府成立后,即行移交结束。中共愿意向新政协筹委会提议由南京政府派遣爱国分子若干人为代表出席新政协,并参加民主联合政府。② 中共表示这个修正案不能再改,将等待南京政府作出决定,直到20日为止。既然如此,张治中觉得"没有再发表意见的理由了,也没有发表意见的必要了",表示将此案提交南京政府作是否接受的决定。他在给南京政府的电文中说:"半月来每次交谈中,与之竭力折冲争持,亦已舌敝唇焦,力竭声嘶。虽周恩来在私人谈话中曾表示文字上尚略有商量之处,然原则性决不变更等语。则再无可商谈,即代表团已至无能

---

① 《蒋中正"总统"档案·革命文献·戡乱时期(国共和谈)》第30册,135—141页;《张治中回忆录》,817—824页。
② 参见《毛泽东选集》第4卷,1451—1456页。

为力之境,只有请求政府核示之一途。"当天张治中有信给蒋介石,认为国民党已至无可挽救之境,只能承认失败。信中写道:"默察大局前途,审慎判断,深觉吾人自身之政治经济腐溃至于此极,尤其军队本身之内腐内溃,军心不固,士气不振,纪律不严,可谓已濒于总崩溃之现象。同时在平十日以来,所闻所见,共方蓬勃气象之盛,新兴力量之厚,莫不异口同声,无可否认。假令共方别无顾虑之因素,则殊无与我谈和之必要,而具有充分力量,以彻底消灭我方。凡欲重振旗鼓,为作最后之挣扎者,皆为缺乏自知,不合现实之一种幻想。此非怯懦自卑之言,实由我方党政军内腐内溃之情形,积渐所至,由来已久,大势所趋,大错铸成,尤其既失之民心,今已不可复得。"①

4月16日,南京谈判代表黄绍竑和顾问屈武携和平协议文本飞回南京。当晚,李宗仁召集高层负责官员商议,白崇禧指责代表团无能,没有坚持原定方案,强调"只要中共坚持渡江,便不能接纳和议",吴铁城和黄少谷也表示反对,何应钦认为需要研究,其他人没有表态。17日,何应钦派专人乘专机将协议文本送交在溪口的蒋介石,"恳将钧旨谕知,以便遵循"。蒋阅后"彻夜徘徊,频频拍案",斥责"文白无能,丧权辱国",称此协议"是无条件投降之处分条件,其前文叙战争责任问题数条,更不堪入目",指示一方面"速提对案",另一方面"拒绝其条件,同时全文宣布,以明是非与战争责任之所在"。当天桂系亦召集秘密会议,讨论应对方案,黄绍竑仍力主接受。但白崇禧坚决反对,指责黄连"这样的条件也带得回来",白的意见主导了桂系的立场。李宗仁、白崇禧和何应钦还曾拜访美国大使司徒雷登,希望得到美国的支持,至少是发表某种声明,如表示共军渡江是对美国安全的威胁,美国将考虑采取适当步骤等等,以对中共施加一定的压力。但美国此时无意被国民党拉下水,司徒雷登表示这是中国人自己的事,应该自己解决,美国爱莫能助。美国的态度打消了国民党最后的幻想。18日,蒋介石致函李宗仁,表示:对于"和战方针,至此不能不下决心,早作定计,万不宜再事因循,使军民无所适从,徒为敌人多留

---

① 《蒋中正"总统"档案·革命文献·戡乱时期(国共和谈)》第30册,143—151页。

反宣传时机,以售其中伤毒计也"。20日,蒋介石决定,彻底坚持"剿共"政策,不能再有和谈。① 由于蒋实际上仍掌握着国民党的大权,他的决定表明国民党将不会接受北平和平协议。

20日,李宗仁致电北平代表团,声称"中共所提之协定全文,其基本精神所在,不啻为征服者对被征服者之处置……且复限期答复,形同最后通牒……原文前言全属对政府及中国国民党诋毁谴责之词,等于对罪犯判决,何能称为和平协定",希望中共"对此项协定之基本精神与内容,重新予以考虑","极盼能即日成立临时停战协定,借以表示双方谋取真正和平之决心与诚意,俾和谈得以顺利进行"。同日,国民党中央执行委员会发表声明称:北平协议的内容"完全失去协议和平条款的性质,直是对我中华民国全国人民与政府为残酷之处分与宰割";仍盼中共"立即颁发停战命令,庶全国人民殷切希望之和谈不致中断,全面永久之和平能获实现"。② 国民党拒绝签署北平和平协议,但仍在谈什么订立停战协定,企图拖延时间,实在是既不知己更不知彼。黄绍竑在20日以电话联系留在北平的张治中,询问最新情况,张告他中共拒绝延长签字期限,决定今夜发出进军江南的命令。

4月21日,毛泽东和朱德发布《向全国进军的命令》,要求全军将士"奋勇前进,坚决、彻底、干净、全部地歼灭中国境内一切敢于抵抗的国民党反动派,解放全国人民,保卫中国领土主权的独立和完整"。25日,中国人民解放军总部发布布告,声明约法八章:(1)保护全体人民的生命财产;(2)保护民族工商农牧业;(3)没收官僚资本;(4)保护一切公私学校、医院、文化教育机关、体育场所和其他一切公益事业;(5)国民党政府各级官员凡不持枪抵抗不阴谋破坏者一律不加逮捕,令其各安职守,服从命令,保护资财,听候接收处理,准予分别录用;(6)各地散兵游勇应向解放军投诚报到,概不追究既往;(7)土地改革必须有准备和有步骤进行,先行减租减息,城市土地房屋不能和农村土地一样处理;(8)保护外国侨民生命财产的安全。③ 命令既下,中国人

---

① 《蒋中正"总统"档案·革命文献·戡乱时期(国共和谈)》第30册,154—158页;《"总统"蒋公大事长编初稿》卷七(下),273—275页。
② 《中华民国史事纪要》1949年4月20日。
③ 《毛泽东选集》第4卷,1451页,参见1457—1459页。

民解放军随即开始了向全国范围的胜利大进军。

4月20日至21日,人民解放军百万大军成功渡江,国民党军全面败退,南京已处在混乱之中。4月22日,邵力子和章士钊自北平致电李宗仁称:协定之期限届满,渡江之大军欻至,硬派有如惊弓骇鹿,觅路分奔;独公坐镇中枢,左右盼顾,擅为所欲为之势,握千载一时之机,恳公无论如何,莫离南京一步,万一别有危机,艰于株守,求公飞莅燕京,共图转圜突变之方(在中共的争取之下,24日南京代表团决定留在北平)。① 但是,李宗仁偕何应钦、白崇禧、张群、吴忠信、顾祝同、汤恩伯等,于当日飞往杭州与蒋介石会面,讨论时局,结果决定实行全面动员,统一指挥,作战到底。以李宗仁为首的桂系终于未能把握和平之机,而是与蒋介石站在一起,坚持反共作战。当天行政院发表公报称:(1)政府今后惟有坚决作战;(2)联合全国民主自由人士共同奋斗;(3)由何应钦兼国防部长,统一陆海空军之指挥;(4)采取紧急有效步骤,以加强国民党之团结及党与政府之联系。23日,国民党政府发言人发表谈话称:当前尚非适宜之决战阶段,不能不自动从首都作战略撤退。② 随后国民党军退出南京,国民党政府迁往广州。24日,新华社发表社论:"南京的解放正式地表示了国民党统治的灭亡。国民党的残兵败将纵然还在广州、台湾、桂林等地苟延残喘于一时,已经再也维持不了一个什么局面了,现在匪首蒋介石以及依附匪首蒋介石的反革命死党,他们的末日真正到来了,中国人民民主革命即将取得完全的胜利,除了疯子以外,谁也不会有丝毫怀疑了。"③ 多年未写诗的毛泽东也在此时兴奋地挥笔写下了《七律·人民解放军占领南京》的豪迈诗篇:

钟山风雨起苍黄,百万雄师过大江。
虎踞龙盘今胜昔,天翻地覆慨而慷。
宜将剩勇追穷寇,不可沽名学霸王。
天若有情天亦老,人间正道是沧桑。

---

① 《李宗仁先生晚年》,80页。
② 《中华民国史事纪要》1949年4月22日。
③ 《中国人民解放战争军事文集》第4集,429页,中国人民解放军总部,1951。

第三节　渡江战役与解放上海

经过1948年底至1949年初的辽沈、淮海、平津三大战役,国民党军的精锐主力基本丧失,所余部队虽然还有204万人,其中陆军71个军227个师115万人,但多残破不堪,缺额甚多,平均每师不过5 000人,不少部队为被歼后再编成,多为新兵,素质低下,装备低劣,士气低落,没有多少战斗力,只有海空军方面还有一定的优势。这些部队分布在长江以南和西北、西南的广大地区,因为数量有限,部署捉襟见肘,难以形成有效的防御体系,其中主要者为三大集团,即京沪杭警备总司令部所辖38万人(总司令汤恩伯),华中"剿总"所辖24万人(总司令白崇禧,李宗仁上台后改称华中军政长官公署),西安绥署所辖20万人(主任胡宗南),国民党军少数未受歼灭性打击、还有一定战斗力的部队也主要集中在这三大集团。此外,西北地区还有青、宁、甘三省的马步芳和马鸿逵部9万人,新疆警备总司令陶峙岳部8万人,西北军政长官公署绥远指挥所主任董其武部6万人;华北尚余山西太原、大同,豫北新乡、安阳和山东青岛等孤立据点的部队15万人;而在国民党视为大后方的西南广大地区,仅有重庆绥署所辖的部队10万人(主任张群)。[①]以这样的残兵败将,即便是最为死硬反共的国民党人,也明白很难再抵挡中共大军即将发起的渡江攻势。为了缓解兵员缺乏、兵力不足的燃眉之急,国民党在其后方设立了14个编练司令部,紧急征召新兵,整训成军,以图充实江南防线,但在国民党全面败退的大环境下,编组新军

---

① 军事科学院军事历史研究部编著:《中国人民解放军全国解放战争史》第5卷,1—3页,北京,军事科学出版社,1993—1997。

之事进展缓慢。据1948年9月蒋介石致广东省政府主席宋子文电,广东当年已征兵额,"尚不及配额二分之一,影响前方补充至巨";要求严令各地"特别注重役政……以征兵为行政中心工作最重要之项目,切实协同各级管区,如期如数征足配额。……如有阳奉阴违,办理不力者,应视同贻误军机,即予撤职严办。"①即便如此,国民党军编组新军仍未如其预期,已编成的新军也基本未能发挥重要作用。

徐蚌会战结束后,国民党军从长江北岸退守江南,西起湖北宜昌,东至江苏南通,长达数千里的宽阔长江,成为国民党军最重要的防线。从历史经验而言,长江并不是中国统一的真正障碍,但刚刚在三大战役中损兵折将、师老兵疲的国民党军,也只能利用"长江天险之利,拒止匪于长江以北,争取适当时间,重新整备新生战力,企图再举"。担任国民党军江防作战的计有155个师70万人,并得到海军江防、海防舰队和空军支持,其中由汤恩伯指挥75个师45万人,担任江西湖口以东的长江江西、安徽、江苏段的防务,白崇禧指挥40个师25万人,担任湖口以西的长江湖北、湖南段的防务。国民党军长江防线面临的最大问题是防线过长而部队太少,湖口以东平均每师的防守正面长至50公里,又不能控制有力的预备队,因此只能采取缺乏纵深的正面一线式布防,"各部队均直接配备,缺乏打击兵力,致使匪一旦渡江成功,国军江防全线即告溃决"。负责指挥江防作战的汤恩伯和白崇禧有不同的考虑重点。汤恩伯为蒋介石的亲信干将,在防守上最为关注上海,负有在情况不利时掩护上海撤运物资并将部队转运台湾的任务,因此随时准备自防地东撤,向上海收缩,依托海口,俾便进退自如;白崇禧为桂系统兵之将,与蒋系素有隔阂,除了力图保持部队的实力外,更为关注桂系的根据地——广西,因此随时准备南撤,以湘西山地掩护广西后方。双方考虑的重点不同,直接影响到国民党军的长江布防。汤恩伯以京沪杭三角地带为布防重点,以淞沪地区为防守核心,准备首先依靠长江防线阻挡中共部队渡江,然后在不利时将镇江以东的部队撤至淞沪,镇江以西的部队撤至浙赣路,再不利时即退守舟山与台湾。具体兵力部署:淞沪

---

① 《蒋中正"总统"档案·特交文卷·交拟稿件》第24册第2109号。

地区3个军,镇江至上海4个军,南京正面4个军,南京以西至铜陵2个军,铜陵至湖口2个军,另在镇江附近集结2个军、皖南集结2个军作为机动部队,还有7个军部署在浙赣铁路及浙北、浙东。根据汤的部署,在江防一线部队19个军中,南京及其以东有13个军,而南京以西至湖口,虽然防线长度超过南京以东,但只有6个军,尤其是汤、白两部结合部的兵力部署更为单薄,几成空白。就当时国民党军的实力而言,确无在长江全线布防作战的能力,因"长江江防过于宽广,处处设防,绝难周全",平均分配兵力将被各个击破,汤以南京以东为重点自有其道理;但就长江防御而言,汤的部署在南京以西留下了重大缺口,一旦中共大军突破,势将切断汤部与白部的东西联络,打乱其防御体系,并自皖南分进江西、浙江,造成迂回国民党军后路的有利局面。南京国防部认为,汤的部署偏重于南京以东以迄上海而忽视皖南,提出应调动部分兵力至南京以西,适当保持长江防线的兵力平衡。但汤恩伯既不准备守长江全线,所以也无意改变部署。3月18日,他到溪口向蒋介石报告长江防务计划,蒋表示"决心固守上海,甚以为然,但认皖南防御薄弱,惟有于战术上与方略上图谋补救之耳"。最后国防部决定自南京增调第20军和第96军至芜湖至安庆一线。① 4月20日,北平和谈最后破裂,国民党军参谋总长顾祝同电令各防区,"判断匪军有于本月二十日前后,利用夜间向我渡犯之企图","国军决固守长江,击灭任何地区渡犯之匪于水中","我江防各部队应速即自行调整部署,立刻集结兵力及各种轻重武器,直接配备于巩固匪军渡点之我岸(或沙州),加强戒备,并于其后方严密戒备监视,以便集中全力,适应战机,击灭渡河之匪"。②

渡江战役发起前,中共领导的中国人民解放军总数已达到了400万人。随着部队即将渡江向全国进军,以所在地区命名野战军的方式已不适应新的形势要求,1949年1月15日,中共中央军委决定全军统一按数字排列整编为野战军、兵团、军建制。其后,西北野战军改称第

---

① "三军大学":《国民革命军战役史》第五部第6册,41—45、84页;《"总统"蒋公大事长编初稿》卷七(下),261—262页。
② 上海档案馆编:《上海解放》,262页,北京,档案出版社,1989。

一野战军,辖第1、2兵团7个军16万人,司令员兼政委彭德怀,副司令员张宗逊、赵寿山,参谋长阎揆要,政治部主任甘泗淇;中原野战军改称第二野战军,辖第3、4、5兵团9个军1个特种兵纵队28万人,司令员刘伯承,政委邓小平,参谋长李达,副政委兼政治部主任张际春;华东野战军改称第三野战军,辖第7、8、9、10兵团15个军1个纵队1个特种兵纵队58万人,司令员兼政委陈毅,副司令员兼第二副政委粟裕,第一副政委谭震林,参谋长张震,政治部主任唐亮;东北野战军改称第四野战军,辖第12、13、14、15兵团12个军及特种兵90万人,司令员林彪,政委罗荣桓,参谋长刘亚楼,政治部主任谭政;华北野战军各兵团改称第18、19、20兵团,辖9个军24万人;另外,还设有西北、中原、华东、东北、华北军区,统领各地方部队。经过三大战役的历练,歼灭对手重兵集团的大规模会战和攻击对手坚固设防的城市这两关已过,统帅部的战略筹划、指挥部的战术运用与作战部队的技战术水准均达到建军后的高峰,物质上与心理上均占据着优势,再经过三个月的休整,全军士气高昂,整装待发,做好了向全国进军的各项准备。①

还在三大战役进行过程中,1948年12月12日,中共中央军委密电淮海战役总前委领导人,提出向全国进军的初步设想,即以华东、中原野战军进军东南,东北野战军进军中南,华北与西北野战军会合进军陕、甘、川。在中共中央和毛泽东部署向全国进军时,渡江作战是重点,其中又以江苏、安徽段的渡江作战为重中之重,因为只要攻占了南京与上海,即可继军事胜利之后加速国民党的政治经济败亡。淮海战役结束后,国民党军退守江南,第二野战军和第三野战军部队全线进至长江北岸,准备发起渡江作战。淮海战役总前委也于此时易名为渡江战役总前委,继续统筹负责第二野战军和第三野战军全军的渡江作战及城市接管等项任务。总前委最初建议在1949年3月底前发起战役,以避开俗称"桃花汛"的长江春汛,减轻渡江困难,并可利用国民党军准备不足之机。1949年2月11日,中共中央军委复电同意总前委的建议,但后来因为北平和谈,出现了和平渡江的可能,中共又决定在和谈期间暂

---

① 《中国人民解放军全国解放战争史》第5卷,1—3、8—9、49—57页。

不渡江。北平和谈开始后,中共中央曾就何时渡江为有利多次征求总前委的意见。总前委认为,部队的渡江准备已经基本完竣,现时渡江把握颇大,无论和平还是战斗过江,均以先过江为有利,而5月以后长江进入涨水期,势必加大渡江的困难,主张于4月中旬即行渡江。中共中央权衡利弊,同意了总前委的提议。4月15日,中共向南京代表团提出和平协定最后修正案,并将对方答复时间定为20日。16日,毛泽东电告总前委:"你们的立脚点应放在谈判破裂用战斗方法渡江上面。"17日,他又告总前委"我军何日渡江,完全由我方选择,不受任何约束",指示按22日为期,完成一切渡江准备,"并必须争取一举成功"。18日,他再告总前委:如果和谈破裂,则于20日开始渡江,"一气打到底,完成渡江任务以后,再考虑略做停顿,采取第二步行动。请你们即按此总计划坚决地彻底地执行之。此种计划不但为军事上所必需,而且为政治上所必需,不得有任何的改变。"①第二野战军与第三野战军大军的渡江时间于此确定。

横贯中国中部的长江,素为南北分界之天然屏障,自宜昌以下的中流江段,水量充沛,流向复杂,南京以东江段更宽达数里,有利于国民党军凭江据守。但因为国民党军兵力不足,既无法充分设防,又不能保持充足的预备队,防御体系漏洞甚多,而且一旦被突破即无力反击。对于中共而言,渡江的难点首先在于部队官兵多为北方人,不习水性,又无经验;其次在于没有机动舰船,只能依靠木帆船渡江;再次在于江河作战具有与陆地作战不同的特点。为此,担任渡江作战的第二野战军和第三野战军部队,在战前进行了反复的演练,以提高江河作战的技战术水平,尤其着重对半渡中的特殊情况和登陆初期抢占滩头阵地与扩张战果的战术演练;同时,动员了224万民工担任后勤支援,尤其着重渡江船队的编组训练,并征集民船9 400艘,培训水手数万名,并将渡江船队编为突击、护航、运输三个集团,确保渡江第一波攻击的有序有效及第二波攻击的跟进支持。在兵力部署方面,根据南京以西江段国民党军兵力薄弱,易于突破,且江面较窄易渡的情况,将攻击部队的2/3

---

① 《毛泽东文集》第5卷,224—225、281页;中共中央文献研究室、中国人民解放军军事科学院编:《毛泽东军事文集》第5卷,544—546页,北京,军事科学出版社等,1993。

置于南京以西。以第三野战军第 8、10 兵团 8 个军 35 万人组成东集团,由粟裕、张震指挥,其中以 2 个军牵制南京当面国民党军,6 个军在江苏扬中至江阴段渡江,然后南进京沪铁路;以第三野战军第 7、9 兵团 7 个军 30 万人组成中集团,由谭震林指挥,在安徽芜湖至枞阳段渡江,实行中间突破,然后向南转东扩展,经皖南、浙北东进,直指京杭公路;中、东两集团突破后,利用长江南京段向北方突出的地理环境,形成东西对进的钳形攻势,切断守江国民党军退路,分割、包围并歼灭国民党军;以第二野战军第 3、4、5 兵团 9 个军 35 万人组成西集团,由刘伯承指挥,在安徽枞阳至望江段渡江,得手后即南进浙赣路,切断国民党军汤恩伯和白崇禧两大集团的联系及汤集团西退通路。3 月 31 日,总前委制定了《京沪杭战役实施纲要》,提出此役关键在渡江,"只要我军渡江成功,无论敌人采取何种处置,战局的发展均将发生于我有利之变化,并可能演成敌人全部混乱的局面"。[①] 为了确保渡江作战的成功,中共中央军委还命令第四野战军派出先遣兵团 2 个军,南进至平汉路花园孝感一线,以牵制武汉方向的白崇禧集团不敢东援。

  1949 年 3 月下旬,第二野战军和第三野战军首先对长江北岸的残余国民党军据点发动攻击,扫除渡江障碍。4 月 20 日,南京国民党政府拒绝在北平和平协议上签字,中共中央军委决定立即发起渡江战役。当晚 6 时,第三野战军中集团率先开始渡江,船队启航过长江中线后,始为南岸国民党军发现,遭到炮兵轰击及舰队拦截,渡江船队冒着枪林弹雨实施强渡。晚 9 时,第 27 军首先突破国民党军防线,在长江南岸荻港至旧县之间登陆。其后,后续部队源源而至,到 21 日晨,中集团第一梯队 4 个军全部登上长江南岸,建立了稳固的滩头阵地,接应第二梯队渡江,并开始向纵深扩展。汤恩伯得知此情后,匆匆由南京赶到芜湖,指挥所部实施反击作战,并下令自南京调动第 99 军增援,企图巩固江防阵地。但国民党军已是军心涣散,毫无斗志,第三野战军部队刚刚过江,国民党军江防部队即全线放弃阵地后撤。21 日,第三野战军中集团进占铜陵和繁昌,随后按预定部署转入追击作战。

[①] 中共中央文献编辑委员会:《邓小平文选》第 1 卷,131 页,北京,人民出版社,1993。

第三野战军中集团实行中路突破,成功渡江,在国民党军长江防线撕开了一个缺口,使国民党军更无信心守住江防。21日晚,第三野战军东集团和第二野战军西集团分别在江苏和安徽预定江段成功渡江,次日东集团占扬中和江阴,西集团占贵池、安庆和马当要塞。长江江防门户——江阴要塞的国民党军炮兵总队及守备总队7 000余人起义,反戈一击,封锁了国民党海军舰队的出江退路。随后,国民党海军第二舰队司令林遵率部在南京以东江面起义。从20日晚到21日晚,长江江面千船齐发,百舸争流,第二野战军和第三野战军的百万大军成功地以木帆船在超过数百公里的宽正面渡江,使兵力薄弱的国民党军防不胜防,加上渡江前有充分的准备和预案,渡江过程较为顺利,国民党军经营数月的长江防线一触即溃,江防部队开始了大溃退。

第三野战军中、东两集团部队过江后,对南京形成包抄之势,国民党军已无力再守南京。22日,国民党政府匆匆决定撤守南京。23日晚,第三野战军第35军自江北浦口渡江进入南京,次日占领南京全城。据报告,由于渡江作战进展甚速,中共南京地下党又有组织地进行了各方面的部署,南京秩序基本如常,"破坏不大,房屋一般完好,仅国民党部、特务机关、司法行政部、国防部等机关为反动派撤退时自行破坏"。①

第二野战军和第三野战军大军渡江后,国民党军队的防御体系被打乱,国民党军已无法组织有效的抵抗。22日,京沪杭警备总司令部仓促下达撤退令,决定将镇江以东的4个军东撤至上海,镇江以西的12个军南撤至浙赣线。但是,京沪杭警警备总司令部在下令后即匆匆撤往上海,对南撤部队失去掌握,对部队转进撤退时的指挥关系、道路区分、掩护收容及转进目标等等没有详细指示,致数十万部队之"转进作战,既缺乏预定计划,更无充分准备,第一线各军师,在匪军强劲压力下,脱离战斗,无统一指挥与管制,致彼此争先恐后,秩序混乱";"各级指挥机构,争先撤离,以致通信联络中断,既无强有力之统一指挥,更未设置第二线阵地,任令大军相互争道,各自为战,终至被匪军各个击

---

① 江苏省档案馆、安徽省档案馆编:《渡江战役》,242页,北京,档案出版社,1989。

破"。渡江战役发起时,总前委曾指示:"在战术上仍应稳扎稳打,有组织有准备进行战斗,防止轻敌乱碰。"战役发起后,根据国民党军迅速败退的动向,粟裕认为:"我全线渡江后,定将造成敌之紊乱,尤以南京上游敌机动兵力既少又弱。我应乘登陆胜利之威,迅速展开,插向敌之纵深。如此不仅使敌无暇调整部署,且将促成敌之更大混乱,达成分隔包围。"①渡江指挥部随后即令西集团经皖南直出浙赣线,切断汤恩伯和白崇禧集团的联系;中集团自皖南的宣城和广德向东,东集团越过京沪铁路经苏南的金坛和溧阳向南,截断京杭公路,在太湖以西合围败退中的国民党军;同时要求各部队发扬连续作战的精神,乘国民党军撤退混乱,未及形成新防线之机,大胆穿插,迂回包围,超越追击,力求歼灭当面国民党军。23日,东集团占领镇江、常州和无锡,切断京沪铁路;中集团占领芜湖。其后,中集团在皖南歼灭国民党2个军,随后与东集团在太湖西南合围歼灭国民党4个军;西集团于5月5日占领鹰潭,6日占领衢州、金华,控制了浙赣线,完成了切断汤恩伯和白崇禧两集团联系的任务;余下的国民党6个军亦被歼大半。5月底,第二野战军一部已进至福建北部的建瓯、南平地区。其后,第二野战军停留在浙赣路休整,既监视白崇禧集团,又准备对付美国可能的干涉,第三野战军则以第7兵团进攻杭州并向浙南进军,第8兵团控制南京及其周边和皖南,第9、10兵团准备攻击上海。

在半个月的时间里,第二野战军和第三野战军百万大军进军千里,歼灭国民党军44万人。第三野战军司令员陈毅总结说:百万大军十天内外进军千里,横渡长江天险,平均一天进军一百里,普通老百姓空身走路,也没有这样快,完全出乎我们意料之外。我们原先认为渡过长江需要经过三四天甚至一个星期的恶战,或者渡过去了站不住脚又被打回来,或者只能占领滩头阵地逐步发展,不能像秋风扫落叶一样横扫千里,原来准备在无锡、南京要打一下,一个半月打下南京,结果三天就实现了计划。② 国民党战史亦承认:"匪军全面渡江后,立即开始追击,其积极行动,出奇快速,几使国军无法实施有组织之抵抗,于是江南各省,

---

① 《粟裕传》编写组:《粟裕传》,807页,北京,当代中国出版社,2000。
② 《上海解放》,65页。

迅即为匪军所进占,而数十万国军主力,亦大部旋告溃失。"①

在湖口以西的长江江段,由国民党华中军政长官公署主任白崇禧指挥所部担任防守任务,并得到海军江防舰队和空军的支持。白崇禧并不希图长期坚守江防,他将张淦的第19兵团部署在平汉路正面信阳以南地区,宋希濂的第14兵团部署在鄂西襄樊、宜昌地区,机动配置,以保持预警撤退的时间和空间,主要打算仍是在鄂西、湘西山地与中共周旋,确保广西后方的安全。北平和谈前,白崇禧与中共建立联系,希望达成局部停战妥协,而中共也希望争取桂系反蒋,加快胜利进程;同时,预定担任进军中南任务的第四野战军部队历经数月战斗,需要一段时间的休整。因此,中共与白崇禧的代表商定,白部退到平汉路花园以南,中共部队暂不南进,等待谈判达成协议后和平接收。但桂系最终拒绝了和平解决方案,军事解决遂不可免。4月28日,中共中央军委指示说:"和谈破裂,桂系亦从来没有在具体行动上表示和我们妥协过,现在我们亦无和桂系进行妥协之必要。因此我们的基本方针是消灭桂系及其他任何反动派。"只是因为"第四野战军主力还要一个多月才能到达汉口附近,接收汉口的准备工作尚未做好,因此,白崇禧和中央联络的电台暂时仍不割断,萧陈前线亦应遵守前定界线不要超越,以免刺激汉口敌军惊慌,撤走得太早"。② 在第二野战军和第三野战军部队渡江前后,第四野战军先遣部队在湖北前线对白崇禧部保持了一定压力,以牵制白部的行动。

第二野战军和第三野战军大军成功渡江、汤恩伯部队溃败之后,白崇禧感到守卫江防的困难,令在长江北岸的张淦兵团后撤武汉,宋希濂兵团后撤宜昌、沙市,并有继续南撤的动向。此时第四野战军主力部队正在陆续南进途中,为在国民党军撤退时可以迅速跟进,第四野战军决定一方面加快主力南进速度,另一方面准备发起渡江作战。5月初,第四野战军全军自平津地区南下。15日至16日,第四野战军先遣兵团2个军在武汉以东武穴至团风段发起渡江作战,基本没有遇到国民党军像样的抵抗,顺利渡过长江,进迫武汉。15日,国民党华中军政长官公

---

① 《国民革命军战役史》第五部第6册,69—71、86—91页。
② 《毛泽东军事文集》第5卷,562页。

署副长官兼第 19 兵团司令、河南省政府主席张轸率 2 个军 4 个师 2.5 万余人,在武昌以南的金口地区起义。16 日,白崇禧决定放弃武汉,沿粤汉路两侧向湖南和江西的赣江西岸撤退,以利用湘、鄂、赣山川湖沼地带,迟滞中共部队的前进。17 日,第四野战军部队占领全部武汉三镇和江西九江,并在当月底正面沿粤汉路推进到咸宁、崇阳、通城一线,逼近湖南的北大门岳阳,侧翼在江西沿鄱阳湖西侧和赣江西岸向南扩展,22 日进占南昌。

第三野战军发起渡江作战后最重要的攻击目标是上海。4 月 27 日,第三野战军部队进占苏州,5 月 3 日进占杭州,从西、南两面逼近中国最大的工商业与经济中心城市——上海。上海虽集中了 20 余万国民党军,但从军事角度而言是守不住的,只是上海人口众多,情况复杂,中共如何顺利有序地接管上海并维持其日常生活与社会秩序的运转正常,是一项艰巨的任务,因此,中共中央军委指示第三野战军暂时不急于攻击上海,而是先做好各项准备工作,"何时占领上海,要等候我们的命令"。① 在此期间,总前委组织接管干部集中培训,学习接管政策。中共上海地下党则利用上海人民团体联合会、工协、职协、教协、学联等群众组织,组织纠察队,开展护厂护校,准备里应外合;同时积极策动国民党军将领起义,策动以颜惠庆为首的地方维持会在必要时维持地方秩序。

国民党军在江防作战前后,也在加紧准备上海防守作战。4 月 1 日,上海市市长吴国桢辞职,由秘书长陈良代理其职务。南京失守后,京沪杭警备总司令部撤至上海,成为防守上海的最高指挥机构,其下有石觉任司令的淞沪防卫司令部负责作战行动,陈大庆任司令的淞沪警备司令部负责市区警备。担任防守上海的有 9 个军 25 个师 22 万人,其中浦西外围与市郊部署 5 个军,市区部署 1 个军,浦东部署 2 个军,崇明岛部署 1 个军。上海地势平坦,周边缺乏高地掩护,市区由黄浦江分为浦东和浦西,浦西又以苏州河为南北分界。国民党军主要依靠筑工事守备,浦西从吴淞以西迤逦向南,经月浦、杨行、刘行、大场、真如、

---

① 《毛泽东军事文集》第 5 卷,573 页。

虹桥、龙华直至浦江,浦东从高桥向南经高行、洋泾、塘桥,构筑了长数十公里,纵深数公里,有钢筋水泥碉堡数千座、掩体万余处的守备主阵地。其间以战壕相连,形成交叉火力配备,外围有壕沟障碍和布雷区,要求"以永久工事为骨干,构成面的环形阵地","彻底扫清阵地内及阵地前一公里以内之射界,构成浓密交叉火网;同时,并动员一切资财,设置大纵深之障碍与阻绝(含雷区),完成火点间之掩盖交通线,以造成无法超越之死线"。在市区则利用高楼林立的条件,依托高大坚固建筑物,构筑核心阵地,准备在外围作战不利时据此固守。在部署上,浦西重于浦东,苏州河北重于苏州河南,特别注重保持出海口之吴淞、高桥核心阵地,以保证海上退路的通畅。总的防守目标:"集中适当兵力,利用淞沪坚固工事,确实组织并发挥陆海空歼灭性之联合战力,及运用一切人力物力财力,保证足以抗衡任何强大之攻击,待消耗衰竭匪之攻击力量后,再行转移攻势,击灭犯匪。"①4月26日,蒋介石由溪口亲至上海,召集参谋总长顾祝同、空军总司令周至柔、海军总司令桂永清、联勤总司令郭忏,以及汤恩伯、石觉、陈大庆等高级将领讨论防守方略,要求坚守上海6个月,以待时局变化,同时紧急抢运上海物资,至5月中旬,列入运输计划的54 000吨物资已运走13 000吨。

粟裕在指挥第三野战军攻击上海时考虑过三个作战方案:一是长围久困,但国民党军据有海口,不易收效;二是攻击苏州河以南国民党军防守薄弱地带,但这里是上海市区的精华所在,难免造成破坏;三是从东西两翼迂回攻击吴淞,封锁国民党军退路,这样可歼灭国民党军部队,减少对市区的破坏,但自身亦将有较大伤亡。权衡利弊,粟裕仍决定采用两翼攻击吴淞的方案,以歼灭国民党军有生力量,尽量减少对市区的破坏。此案得到了中共中央军委的批准。5月10日,第三野战军发布《淞沪战役作战命令》,决定以两路会攻上海,其中第10兵团2个军,第8、9兵团各1个军,自西北攻击浦西吴淞、宝山,封锁黄埔江口,截断国民党军退路,然后再攻击苏州河以北市区;第9兵团3个军和第10兵团1个军,自东南攻击浦东奉贤、南汇、川沙、高桥,然后再攻击苏

---

① 《国民革命军战役史》第五部第6册,112—113页;《蒋中正"总统"档案·革命文献·戡乱时期·蒋"总统"引退与后方布置》上(一)第28册,310页。

州河以南市区。5月12日,第三野战军发起上海外围作战,浦西于12日占昆山、浏河,13日占太仓、嘉定,14日占松江、青浦;浦东于13日占金山卫,14日占奉贤、南汇,15日占川沙。此后最激烈的战斗发生在黄浦江入海口两侧地区。从13日开始,第三野战军第28、29军猛攻汤恩伯部重点守卫的浦西月浦、杨行、刘行地区,准备经此地向吴淞口强行楔入。守卫该地区的国民党第52军与第54军是上海防守部队中少数未遭歼灭性打击、战斗力较强者,他们依托坚固工事,在海空炮火支援下固守反击。攻击部队由于早先的胜利而致思想上有些轻敌,准备也有些欠周,以野战冲锋战法攻击坚固设防阵地,致进展不大,而且造成8000余人的重大伤亡。后来他们调整战术,充分准备,周密组织,使用坑道爆破作业,以小群动作,集中力量清除碉堡,于15日攻入月浦,17日攻入刘行,随后与国民党军在该地区进行反复的拉锯争夺战。汤恩伯调军支援月浦,实行反击,双方在狭小地域进行逐堡争夺,由于部队集中,炮火猛烈,均有重大伤亡。浦东方面的作战集中在高桥地区,因河道纵横,作战地域狭窄,攻击较为困难,汤恩伯又调军增援浦东,两军在高桥一带反复争夺。为了鼓励士气,汤恩伯对士兵明码标价,有"功"者予以记功、晋级以及金钱奖赏,作战不力者予以军法审判,擅离职守者就地正法,并实行纵横连坐法,胁迫士兵固守防线。

  5月20日,中共中央军委指示第三野战军,上海接收准备工作已大体就绪,只要军事条件许可,即可总攻上海;同时根据战场情况,指示充分准备兵力,先解决市区后解决吴淞,如对吴淞攻击不利,亦可放弃部分不攻,让汤部从海上逃去。① 此时第三野战军在浦东已进至高桥以南,在浦西占领莘庄、南翔,正在月浦、刘行、杨行一线与国民党军争夺。粟裕根据军委指示精神及战场情况,调整作战部署,增加第7、8兵团各1个军参加战斗,使参战部队总数达到10个军40万人;在作战步骤方面,首先部署夺取浦东,尔后攻占苏州河南,同时攻击吴淞、宝山,最后攻打苏州河北;在兵力部署方面,以3个军在浦东作战,2个军在苏州河南作战,统由第9兵团司令员宋时轮指挥;以2个军攻击吴淞、

---

① 《毛泽东军事文集》第5卷,587页。

宝山,3个军攻击杨行、刘行、大场、真如,统由第10兵团司令叶飞指挥。23日夜,第三野战军各部发起对上海的总攻。24日占领除高桥之外的全部浦东地区,浦西则进至虹桥和龙华。因国民党军在沪南市区防守薄弱,只有交警总队驻守,24日晚第三野战军自沪南攻入市区,次晨占领苏州河以南市区。汤恩伯见大势已去,遂率第52、54军主力和第12、21、75、123军残部5万余人,陆续自吴淞口登轮撤离上海,前往舟山群岛。行前他任命第51军军长、淞沪警备副司令刘昌义代理指挥残余国民党部队,任命市工务局长赵祖康为代理市长,维持市政。

国民党军主力部队或被歼或撤走之后,残余部队仍在苏州河以北市区,利用高大建筑物和核心工事固守。为了保护市区工商业与建筑免遭破坏,第三野战军部队不能使用重武器掩护攻击,屡屡受阻于高大建筑物,造成不少伤亡,所谓"瓷器店里捉老鼠",难度很大。中共上海地下党遂通过关系与刘昌义建立联系,由攻击部队首长令其率部投诚。刘昌义本与民革有关,此时见大势已去,于26日晨率苏州河北的国民党军残部4万余人放下武器。当日,第三野战军部队攻占浦西宝山、吴淞、真如、大场、杨行和浦东高桥。27日,国民党第21军第230师在杨树浦投降,第三野战军进占上海全城。随后第三野战军又于30日乘胜登陆崇明岛,6月2日占领全部崇明岛。

上海战役是国民党军于全面败退中进行的一次较长时间防守作战,国民党军利用坚固工事,在炮火支持下固守,并因保持海口退路而有一定的回旋余地。第三野战军部队采用东西两翼并进的钳形攻势,首先攻击上海外围,歼灭国民党军有生力量,避免市区的破坏,战略上是正确的。但因为渡江后的进军途中未遇大的抵抗,攻击之初有些轻敌轻进,造成较大损失,后经调整部署,加强兵力,改变战术,很快即打开局面。国民党声称要坚守半年的上海,最后不过守了半个月即败退而去,这也是国民党军最后一次还像点样的防守作战。此后国民党军一路败退,再也无力组织这样的作战了。

第三野战军部队进入上海时,纪律严明,毫不扰民,战士不入民宅,夜间在马路上席地而卧,使见惯了国民党军高官颐指气使、士兵纪律散漫的上海市民大为感佩。在上海战役进行过程中,由于中共上海地下党的艰苦工作,发动了全市性的护厂护校运动,使市区社会秩序基本正常,水电供应从未中断。5月27日,上海市军事管制委员会成立,陈毅任主任,粟裕任副主任。28日,上海市人民政府成立,陈毅任市长。整个接管过程秩序井然。上海——这个中国最大的城市的历史由此翻过了旧的一页,开始了新的篇章。

第四节　国民党军事的全面败退

1949年4月至5月间,国民党军自长江防线全线败退。5月14日,已经迁移到广州的国民党政府国防部长何应钦致电各部称:"查自匪军南渡,我各级部队于转进途中,既未采用机动方法,窥破好机,予深入之匪以反击,复未站稳脚跟阻止匪军之冒险穷追,似此消极性之转移如不严加纠正,则影响今后作战至巨。须知匪以孤军深入,既无后方,又无补给,其战线绵亘数千里,兵力分散,补给困难,犯兵家之大忌。我军正宜乘敌兵力分散,予以严重打击,纵部队残破或情况于我不利,亦应发扬革命精神,以残破之兵力向敌后方转进,机动袭击。倘不战而退,自甘溃散者,既亏我军人之职守,复为国法所不容。兹特明白晓谕:嗣后各级部队长应振作士气,不断求匪而攻击之,凡有不遵命令专以避战为能事者,决按军法及连坐法从严惩处,并撤销其番号。"①但此等严令对败退中的国民党军多半失效,此时的残余国民党军已是将无斗志、兵无士气、指挥失灵、装备破损,很难组织有效的抵御,而是稍触即溃,一退再退。

面对长江防线失守后的军事败局,国民党提出在战略上"巩固反攻基地,培植新生力量,厉行军事革新,实施总体战",战术上实行"避实击虚,以明击暗,以大吃小,速战速决"。但对军事部署的重点,蒋、桂两系显然有不同的考虑。李宗仁和白崇禧准备以白部担任粤汉路防御,其中以鲁道源、陈明仁、张轸兵团部署在粤汉路正面,黄杰、沈发藻兵团部

---

① 《上海解放》,379页。

署在湘东和赣西南,将陕南胡宗南部队调到鄂西,鄂西宋希濂部队调到湘西,胡琏和刘安祺兵团调至赣南和粤北,其他部队位于两侧的大弧形防守线,其防守重心名为国民党政府迁移后之所在地广州,实则着眼于桂系的基本根据地广西。他们还准备将汤恩伯余部调至粤东和闽南,绥远部队西调宁夏,马家军南撤甘青,以在外围牵制中共部队的进军。桂系的做法自然不为蒋介石所接受,蒋的部署重心,一在以台湾为中心的东南沿海,二在西南川康黔滇,准备以这两处为最后退守地,待机而动。他甚至在给国民党政府的指示中压根未提及两湖与两广的防守问题。由于蒋介石仍掌握着国民党的实权,所以李、白根本无法调动蒋系部队。根据蒋的旨意,胡宗南部留守陕南,宋希濂部退往鄂西南,均以拱卫四川为目的;胡琏兵团被调往粤东,刘安祺兵团调往海南,汤恩伯余部退至舟山福建,均以巩固东南沿海为责任。何应钦还曾提议:"华中主力于不得已时转移入黔,与四川国军凝为一体,确保西南半壁,徐图再举。"这种削弱两广防守、为蒋介石做嫁衣裳的做法也得不到桂系的同意。① 本已残破不堪的国民党军,更因这样的矛盾内讧而致越发缺少战略配合,在全局层面已不能进行有效的作战部署。

　　第二、第三、第四野战军三路大军先后渡江之后,进军速度甚快,对中共而言,全国胜利已是指日可待。正是在这样的情况下,中共中央和毛泽东作出了新的战略部署。5月23日,毛泽东为中共中央军委起草指示,作出向全国进军的部署:以第三野战军"迅速准备提早入闽,争取于六七两月内占领福州、泉州、漳州及其他要点,并准备相机夺取厦门。入闽部队只待上海解决,即可出动";第二野战军"目前任务是准备协助第三野战军对付可能的美国军事干涉","使美国有所畏而不敢出兵干涉",同时"准备于两个月后以主力或以全军向西进军,经营川、黔、康";第四野战军在年内占领两广;第一野战军在年内占领甘、宁、青,并准备明年经营新疆,另以一部经营川北。毛泽东特别强调:"胡宗南全军正向四川撤退,并有向昆明撤退消息,蒋介石、何应钦及桂系正在做建都重庆、割据西南的梦,而欲消灭胡军及川、康诸敌,非从南面进军断其退

---

① 《中华民国史档案资料汇编》第5辑第3编军事(1),612页;《蒋中正"总统"档案·革命文献·戡乱时期·蒋"总统"引退与后方布置》上(一)第28册,403—404页;《国民革命军战役史》第五部第6册,5页。

路不可。"采用大迂回、大包围战法,切断国民党军退路,以全歼国民党军的追击战略开始初步成形。①

在中共部署向全国进军的决策过程中,美国可能干涉的因素一直起着一定的作用,正如毛泽东所言:"我们从来就是将美国直接出兵占领中国沿海若干城市并和我们作战这样一种可能性,计算在我们的作战计划之内的。"5月27日第三野战军进占上海,次日毛泽东致电各野战军首长,指出:"近日各帝国主义国家有联合干涉革命的某些象征。例如美国正和英、法等十二国会商统一对华政策,青岛增加了美国军舰,留在南京的各国大使准备撤走,英国在香港增兵,广州国民党亦有某些高兴的表示等事,可以看出这种象征。将来是否会演成干涉的事实,目前还不能断定。但我们应当预筹对策,以期有备无患。"当时,各路大军正向国民党统治区进军中,后方未留太多的兵力,为了有备无患,毛泽东对向全国进军的部署作出重大调整,决定在华北和华东新占地区留置充足的兵力,以防止美国可能的干涉,或协同国民党军的袭扰。具体部署:令第20兵团杨成武部在秦皇岛、塘沽布防;第19兵团杨得志部在歼灭胡、马两军在陕甘边境的主力后停留在宝鸡地区待机;第四野战军在河南留1个军,准备在有事时增援华北;第三野战军在青岛留1个军,南京、镇江、苏州地区留2个军,浙江留3个军,上海留7个军,并加强吴淞、江阴炮台配备,进攻福建的兵力不要超过2个军;第二野战军全军在6、7两月内,位于现地进行整训,两个月后看情况再定行动方针。但是,毛泽东也认为:"中国人民革命力量愈强大,愈坚决,美国进行直接的军事干涉的可能性也就将愈减少,并且连同用财政及武器援助国民党这件事也就可能要减少。"②当事实表明美国将从中国抽身而退、已经不可能干涉之后,毛泽东才下令第二野战军准备进军西南,于此亦可见毛泽东对重大战略问题的慎重态度。除此之外,大军渡江之后,在一路凯旋声中,也出现了如何组织后勤供应、如何适应南方山地潮湿的作战环境、城市接管如何跟上进军步伐等一系列新的问题,需要作出一定的调整。因此,根据中共中央和毛泽东新的部署,自6月

---

① 《毛泽东年谱(1893—1949)》下卷,506—507页。
② 《毛泽东军事文集》第5卷,473、600—601页;《毛泽东文集》第5卷,231页。

以后,各路部队的进军速度都有所放慢,在继续追击、歼灭国民党军的同时,也将相当的精力用于整训补充调整、巩固胜利成果方面。

一 华东战场

华东方面的国民党残余部队主要集中在浙江南部和福建,但多为自前线败退下来的部队残余,缺额甚多,军心涣散,许多部队根本不堪一战。5月间,国民党将福建部队整编为3个兵团10个军共12万人,由福州绥靖公署主任朱绍良指挥;浙江部队整编为4个军共6万人,由浙江省政府主席兼舟山防卫司令周嵒指挥。6月21日,蒋介石到福州召集各部主官开会,强调防守福建对保持台湾、屏障台湾的重要性,决定以第6兵团防守福州,第8兵团防守漳州,第22兵团防守泉州、厦门和金门。7月18日,国民党成立东南军政长官公署,由陈诚担任长官,统一指挥浙、闽、台军政事宜。9月中旬,汤恩伯接替朱绍良担任福州绥靖公署代主任兼福建省政府主席,指挥闽南作战。由于第三野战军部队推迟了进军福建的时间,使国民党军得以在整训部队、加强防务方面有所调整。

担任进军东南任务的第三野战军,在占领上海后,决定由第7兵团进军浙江,第8兵团守备南京,第9兵团守备上海,第10兵团进军福建。7月初,第7兵团已经进占了除舟山群岛等岛屿之外的浙江全省,福建成为第三野战军下一个进军目标。由于第10兵团在上海战役中消耗较大,他们要求推迟进军时间,得到了第三野战军首长和中共中央军委的同意。经过1个月的休整,第10兵团于8月初自浙江嘉兴南下,月底到达闽北建瓯、南平、古田地区集结。8月初,第10兵团发起福州战役,以1个军为左路,攻击福州以北的连江;1个军为右路,攻击福州以南的福清、长乐;1个军为中路,沿古田至福州公路攻击福州。战役发起后进展顺利,16日左、右两路完成预定任务,当晚福州国民党军南撤,17日进占福州。此后继续南进,9月19日占漳州,23日占集美。对于如何解决厦门和金门的国民党军,兵团提出金厦并攻、先厦后金、先金后厦三个方案,由于认为国民党军正在恐慌动摇之中,最初决定一鼓作气并攻金厦,但后因运兵船只不够,又决定集中船只载运部队,先攻厦门再攻金门。厦门岛虽有汤恩伯率领的国民党2个军5个师3万余人固守,但其最近处离大陆不过1海里左右,相对较易攻取。10月15日晚,第10兵团集中6个师的部队渡海攻击厦门,于16日晨成功地在厦门岛北部海岸登陆,随后即向纵深发展,17日占领厦门全岛,汤恩伯率1个师部队仓促撤离,余均被歼。

第10兵团攻下厦门后,即根据作战预案,于18日下达了攻击金门的命令。大、小金门岛均位于厦门以东,其中大金门岛面积为120余平方公里,小金门岛面积为15平方公里,离厦门近在咫尺,离大陆也不远。国民党以1个军及1个师防守大金门,1个师防守小金门,战前和战中,又自广东潮汕地区调来第12兵团的2个军,使守岛兵力达到4万人,但这些动向传递需时,当时未能引起第10兵团足够的注意。担任攻击金门的是第10兵团第28、29军各一部共6个团的部队,由于战役发起前船只搜集的困难,攻击时间从20日推迟到23日。此时,第10兵团已发现国民党军增援金门,但又认为可以在国民党援军未全部到达前解决战斗,故仍决定发起战役;因为船只搜集最后仍未达到一次载运6个团的数量,只好决定将登陆部队以3个团的规模分为两个梯队登陆;又因种种原因,登陆梯队未有师以上首长随行,各部互不统属,致使在统一指挥和协同作战方面发生困难;加以对登陆作战演练不够,对海潮、气候等影响登陆作战的因素未有充分考虑;厦门一带是新解放区,群众基础较差,获得群众支持不易。上述种种因素结合在一起,导致了金门作战的失利。24日晚,第一梯队3个团分乘300余只船起渡,25日凌晨在大金门岛西北部成功突破,但因没有统一指挥,未能先巩固滩头阵地,而是分头向纵深穿插,结果遇到国民党军的反击,扩展困难。登陆时正值海水退潮,载运船只全部搁浅在滩头,天亮后几被国民党空军飞机尽数炸毁,无法返回接运第二梯队。25日晚,登陆部队已被压缩至古宁头地区,岸上部队紧急搜集了部分船只,于当晚又派出4个连登陆大金门岛,但在人数上仍远不及国民党军。26日,国民党军全力向古宁头反击,登陆部队坚持到当晚突围,战至28下午,全部9 000余人或牺牲或被俘。

金门之战,第三野战军第10兵团遭受重大损失。司令员叶飞总结原因为:"主要是由于我们急躁、胜利冲昏头脑、盲目乐观、轻敌所造成。……只追求速攻勿让敌有喘息与重新整顿之余地,而未在困难方面多着想与考虑,与对敌最后挣扎之严重性估计不足……充分表现了轻敌急躁、主观主义打没有把握与冒险的仗。"10月29日,中共中央军委致电各部队:"查此次损失,为解放战争以来之最大者。其主要原因,为轻敌与急躁所致。""当此整个解放战争结束之期已不在远的时候,各级领导干部中主要是军以上领导干部中容易发生轻敌思想及急躁情绪,必须以金门岛事件引为深戒。对于尚在作战的兵团进行教育,务必力戒轻敌急躁,稳步地有计划地歼灭残敌,解放全国,是为至要。"①11月3日,第三野战军第7兵团第21军派遣6个营分两批渡海攻击浙江舟山群岛的东南门户登步岛,结果与守岛国民党军形成胶着战,由于后续部队无法跟进,最后决定撤退,造成1400余人的伤亡。事实表明,渡海登陆作战是一种全新的作战样式,在缺乏充分海空和后勤支持的情况下,渡海登陆作战的困难较大,不能草率行事。此后,分别负有对浙闽和广东渡海登陆作战任务的第三野战军与第四野战军部队,吸取了几次渡海攻击作战的经验得失,对渡海攻击沿海岛屿均采取了在知己知彼的基础上谨慎从事、认真准备的态度,获得了后续作战的胜利。

在第三野战军准备进军福建之时,毛泽东还在6月14日致电粟裕等人:"请开始注意研究夺取台湾的问题,台湾是否有可能在较快的时间内夺取,用什么方法去夺取,有何办法分化台湾敌军,争取其一部分站在我们方面实行里应外合,请着手研究,并以初步意见电告。如果我们长期不能解决台湾问题,则上海及沿海各港是要受很大危害的。"②台湾离大陆的距离更远,又是国民党准备在撤守大陆后最后据守的地区,兵力部署更多,攻击难度也更大。第三野战军为攻击台湾进行了充分的准备与精心的演练。1950年4月,第四野战军成功地渡海攻占海南岛。5月13日,国民党军自浙江沿海最重要的岛屿群——舟山群岛撤退;19日,第三野战军进占全部舟山群岛。但由于6月朝鲜战争爆

---

① 中国人民解放军历史资料丛书编审委员会:《解放战争战略追击·华东地区》,347—349页,北京,中共中央党校出版社,1991;《叶飞回忆录》,606—608页,北京,解放军出版社,1988。
② 刘武生主编:《从延安到北京——解放战争重大战役军事文献和研究文章专题选集》,520页,北京,中央文献出版社,1993。

发后国内外形势的变化,进军台湾的计划最后未能实行。

二 华北战场

太原是国民党在华北保有的少数孤城之一,其四周多山,地势易守难攻,市内外均筑有大量钢筋混凝土工事,形成了环绕城区百余里的要塞化、堡垒化、立体化的坚固设防体系,并有自设的兵工厂,守军为阎锡山统领的6个军10个师10万余人,其作战部署为:"以少数兵力固守要点,大部兵力保持机动,期凭借坚固工事与炽盛火力,予匪以重大损害。尔后适时运用我机动部队,逐次歼灭局部匪军,以达攻势持久之目的。"[1]为了攻克太原,华北第1兵团于1948年9月底拟定了作战方案,决定先以围困和瓦解的办法逐步削弱守军,然后攻占外围阵地和机场,得手后再攻占城垣周边据点,最后攻占城区。10月中旬,第1兵团对太原城外东山发起进攻。东山俯瞰太原市区,为攻占太原的必经要隘,也是阎军坚固设防之地。攻守双方在东山进行了反复的激烈争夺,均有重大伤亡。经过一个月不间断地连续攻击,第1兵团终于在11月中旬全部攻克东山四大要塞,但付出了2万余人伤亡的代价。平津战役发起后,毛泽东认为,过早攻克太原,有使傅作义感到孤立,自动放弃平津南撤或西撤,增加尔后作战的困难,遂决定停止对太原的攻击,部队就地休整。平津战役结束后,华北第19、20兵团共6个军于1949年3月到达太原前线,华北三个兵团齐集太原,攻城部队总数达到了10个军36个师共32万余人,对国民党军占据了绝对优势。为指挥对太原的总攻,成立了太原前线司令部和总前委,以徐向前为司令员兼政委及总前委书记。3月底,第一野战军司令员兼政委彭德怀在回西北途中,留在太原前线参加指挥作战。北平和谈开始前后,中共有意以北平方式解决太原问题,表示对阎锡山可照傅作义那样待遇。阎锡山虽拒不接受,但又不敢再留在太原坐以待毙,遂于3月29日匆匆飞离太原去南京,将太原作战的指挥权交给绥署副主任孙楚和王靖国。4月20日,华北三个兵团同时对太原发起总攻,首先以强大炮火摧毁守军的防

---

[1]《国民革命军战役史》第五部第4册,254—255页。

御工事，继以四面围攻攻破城垣。随后守军防线全面瓦解，步步后退至城内。24日战斗结束，太原守军被全歼，孙楚、王靖国等被俘，国民党山西省政府代主席梁敦厚等自杀。随后大同守军1万余人于5月1日决定放下武器，听候改编。山西战事结束。

5月6日，国民党军在豫北的孤立据点安阳被南下的第四野战军部队攻占，新乡守军放下武器，接受改编，河南战事结束。

青岛是国民党军在山东所占的最后据点。早在2月4日，国民党即决定撤守青岛，但驻守青岛的美军司令白吉尔为国民党打气说，不必过早放弃青岛，"只要有美军一部留青岛，则共军必不敢来犯"；如来犯，由关岛、东京调军前来亦很容易。① 国民党因此暂时搁置了青岛撤军计划。但事实表明，美国人的承诺并不可靠。5月间，中共中央军委指示青岛前线采取"逐步压缩，迫敌早退"的方针，驻青美军在中共压力下自行撤离，国民党军失去靠山。6月2日，驻青岛第十一绥靖区及2个军10万余人全部自海路撤往广东，山东战事结束。②

位于华北和西北结合部的绥远，由西北军政长官公署绥远指挥所主任、绥远省主席兼保安司令、傅作义的老部下董其武率部据守，驻有7个师8个旅近8万人的部队。北平和平协议达成后，绥远势处孤立，董其武在1月22日飞到北平，表示愿意追随傅作义的行动。因绥远地处偏僻，对全国战局的影响不大，守军又可以随时西向宁夏撤退，同时也为了争取桂系和国民党内其他派系转变立场，实行和平解决，平津战役结束后，毛泽东决定由第四野战军进军中南，华北部队加入西北作战，对绥远则采取暂时不动、留待逐步解决的方针，并为了给董其武留出足够的时间协调内部立场，对绥远在一段时间里采取宽松政策。23日，中共中央军委电示林彪，对绥远方面停止战斗，维持现状，恢复交通，建立联系。2月12日，中共中央军委再次致电担任绥远方面作战任务的晋绥军区，提出目前应维持绥远现状，"彼此互不侵犯"，平绥路许其通车，商业许其流通，在晋绥军区部队和董其武部队之间暂划一分界线。2月22日，毛泽东在西柏坡会见傅作义和邓宝珊时，提出绥远

---

① 《国民革命军战役史》第五部第6册，168、177页。
② 《解放战争战略追击·华东地区》，132、817页。

问题可用另外的方式解决,先让董其武做好内部工作,开通平绥铁路,便利人民往来,双方开展贸易,逐渐统一货币,加强交流,什么时候可以起义就什么时候起义。25日,毛泽东电告林彪:"北平二十余万人,傅、邓已完全交给我军,任凭我们处理。绥远傅部则其预定计划是希望我们按照另一方式,即大体上按照吴化文、曾泽生方式解决,而在目前则大体上维持现状。我们已预先估计到了他们这种心理,故不待他们提出即告他们绥远军队及政府暂维现状,一个时期以后,再按我们制度编整。"① 毛泽东在3月召开的中共七届二中全会上将此定名为"绥远方式",即"有意地保存一部分国民党军队,让它原封不动,或者大体上不动,就是说向这一部分军队作暂时的让步,以利于争取这部分军队在政治上站在我们方面,或者保持中立,以便我们集中力量首先解决国民党残余力量中的主要部分,在一个相当的时间之后(例如在几个月、半年,或者一年之后),再去按照人民解放军制度将这部分军队改编为人民解放军"。② 3月23日,林彪等与傅作义商量解决绥远问题的办法。经过谈判,签订了《绥远和平协议》,规定双方军队划界驻守;恢复平绥路交通,人员自由往来;通邮、通电、通商,人民币可在绥远流通,酌量收购金圆券;绥远军队和政府保持现状,解散特务组织;补贴绥远军政费用;促进社会进步,达到起义和和平统一。6月8日,协议正式生效。③ 其后,董其武在绥远组织革新运动委员会和人事委员会,确定工作计划,改组机构,统一事权,准备起义。华北人民政府也派联络处进驻归绥,与董其武保持联络,进行工作。6月1日,邻近绥远的陕北榆林第22军军长左协中率部起义。

与绥远酝酿起义的同时,国民党也在极力拉拢董其武。起先国民党命令董其武向西撤退,在被拒绝后,一度停发了绥远的军政费用。后来为了拉拢董其武,又决定补发经费,并任命董为西北军政长官公署副长官。7月间,徐永昌和空军副总司令王叔铭飞到绥西陕坝,与董其武会见,希望他站稳立场。国民党还策动董部的反共军官和特务,利用部

---

① 中国人民解放军历史资料丛书编审委员会:《平津战役》,273页,北京,解放军出版社,1991。
② 《毛泽东选集》第4卷,1425页。
③ 中共内蒙古自治区委员会党史资料征集研究委员会办公室:《绥远和平解放》,53、84—86、464页,北京,中共党史出版社,1998。

分官兵对起义的疑虑,进行反对起义的活动。一时间,国共同在归绥活动,都在争取董其武。7月14日,傅作义向毛泽东报告绥远情况,认为"绥远问题必须迅速彻底解决,俾能在最近时期内成为解放区、解放军之一部,把立场站过来",请"指派人员拟定一具体方案,付之实施,彻底执行"。鉴于绥远部队多为傅作义的老部下,比较听傅的招呼,而傅在北平部队改编过程中与中共有良好的合作关系,并已在4月1日公开声明转变立场支持中共,中共中央决定委托傅前往绥远,向董部释疑解惑,组织董部起义。8月25日,傅作义与邓宝珊携银洋20万元到达绥远,对董部进行说服教育工作,解决内部矛盾,排除起义障碍。9月11日,傅作义向聂荣臻和薄一波报告:绥远"军政干部对中共领导及人民政府各项政策,均表拥护",但"疑惧心理仍不能完全释然"。关于处理绥远问题,他说:"毛主席对弟极其信任,两兄对弟亦充分了解。目前绥远干部又要求弟负责保证。弟体察实际情形,不做则已,既做就必须负责做好。"聂、薄在回电中表示:"从北平跑回绥远的人发生不满情绪是可以理解的。我们过去在处理这一问题时,许多人是在多少带着一些敌对情绪的情况下去处理的,因此处理得很不好,正在加以检讨。"董其武部的二号人物、第9兵团司令孙兰峰便心怀疑虑,他对傅作义说:"共产党在北平同我们定的和平解放条件很好,但有的就不执行。""这样的起义给我们的干部和部队带来什么好处。像这样起义的悲惨结局,我不愿参加。"傅向他解释说:"某些地方做得不够太好,那也是很难避免的。共产党的政策同我们定的协议很好。但有的人不很好地理解,执行上不得力也是有的。……这些都是掌握和执行政策人的水平问题,并不是共产党的政策不兑现,说话不算数。"孙又认为:"傅先生说的是暂时现象,日子一长,就会变样子的。共产党绝不会使用我们这些人的,早晚必受其害。"他坚持道:"这次让我们起义,必须有条件,而这次的条件不能同北平的条件一样。必须是部队不能再解散,保证每个人的生命财产的安全。在各地扣押我们的人一律释放,并按起义人员对待。"傅向其保证,此次起义人员一律既往不咎,一包到底,部队不改编,人员不遣散,并表示"仗是绝对不能再打下去了"。在傅作义的诚意说服和争取下,孙兰峰同意参加起义。①

国民党得知傅作义到绥远后,张群即致电傅作义,请其赴渝,蒋介石亦在 8 月 29 日通过孙兰峰告傅作义,亟盼能与其晤谈,并将派飞机接其赴渝,但均为傅作义拒绝。9 月 15 日,傅的老友徐永昌飞到包头与其见面,请傅与他同去广州,被傅拒绝。徐未能说动傅自北平南撤后,此次又没能完成其使命,最后黯然飞离绥远。经过中共的大力争取与傅作义的说服工作,9 月 19 日,董其武率部通电起义。其后,傅作义出任绥远军政委员会主席兼省军区司令员,董其武任绥远省政府主席兼省军区副司令员,部队改编为 2 个军 1 个骑兵师。在绥远军政委员会和省政府中,傅作义部下占多数,中共占少数,这在全国是绝无仅有的一例,亦可见中共因傅作义对北平和平解决之功而对绥远采取了宽松之政策。

三 西北战场

渡江战役之后,国民党军在西北还有 25 个军 61 个师近 40 万人,其中西安绥署胡宗南部 13 个军 33 个师 17 万余人,甘肃、青海、宁夏的马步芳、马鸿逵及中央系军队 8 个军 24 个师 14 万余人,新疆警备总司令陶峙岳部 3 个师 2 个旅 7 万余人。但西北地区面积辽阔,人烟稀少,交通不便,这些部队互不统属,胡、马两军之间一向积不相能,青海马步芳与宁夏马鸿逵之间亦因地盘与权力之争而有矛盾,面积最大的新疆与内地更远隔千里,几处国民党军无法形成统合战力。国民党的军事部署是,以胡宗南部队逐步退守川陕边境,屏障西南;以马家军对地盘的欲求使其保持甘宁青,牵制中共部队的进军;同时酝酿调出新疆部队,加强内地的军事实力。4 月下旬,胡宗南部队开始自渭河以北地区南撤,至 5 月中旬已撤至陇海铁路西安至宝鸡段及其以南地区,西安绥署撤至汉中,准备以秦岭为天然屏障,阻挡中共部队南进。

担任进军西北任务的第一野战军 2 个兵团共 19 万人,兵力数量仍

---

① 《绥远和平解放》,100、137、570—571 页;《平津战役亲历记》编审组编:《平津战役亲历记》,467—470 页,北京,中国文史出版社,1989。

少于西北国民党军。为了加强进军西北的部队实力,太原战役结束后,中共中央军委决定将华北第18、19兵团的6个军17万人配属第一野战军指挥,担任西北作战任务。第一野战军与华北部队的总人数虽仍略少于西北国民党军,但部队可以集中使用,具有明显的机动优势。随着国民党军的后撤,第一野战军部队步步跟进,5月20日进占西安,随后准备继续向西北进军。

对第一野战军进军西北最感到威胁的是马步芳与马鸿逵的马家军,因为胡宗南在情况不利时还可以退往四川,而青海、宁夏是马家军老巢,一旦被攻占,他们基本上是无路可退,因此他们主动提议与胡宗南联合发起反击作战,以求稳定战局。经过胡、马双方协商,决定以马继援率陇东和宁夏兵团,集结在甘肃的平凉以东地区,沿西兰公路东进咸阳;以西安绥署副主任兼第5兵团司令裴昌会率5个军2个师,自宝鸡沿渭河北岸东进兴平;第18兵团司令李振率4个军,由陇海路南的秦岭北进西安。6月9日,胡、马两军开始行动,至6月中旬,北路马家军进至永寿,南路胡军则进至蔡家坡。由于此时华北部队尚未到达前线,第一野战军部队在数量上还不能对胡、马两军形成优势,故彭德怀决定以逸待劳,令第一野战军部队暂停前进,主动后撤,吸引国民党军前进,等待华北部队到达后,再向胡、马部队展开反击。第一野战军部队北线后撤到泾阳,南线后撤到眉县、周至。随后,马家军攻击咸阳,胡军攻击武功,遭到第一野战军部队的坚决阻击。与此同时,自5月下旬到6月上旬,华北第18和第19兵团自山西太原和晋中向陕西急速开进,自6月中旬开始陆续到达指定位置,7月3日全部到达陕西前线。至此,第一野战军兵力增至12个军35个师34万人,一线兵力已超过胡、马两军。胡宗南得知中共部队的增援动向后,为避免已部被歼的命运,即令所部后撤至武功以西,马家军失去胡军的支持,也后撤至永寿以西。由于胡军兵力集中,且距第一野战军较近,而马家军则相距较远,部署分散,彭德怀决定"钳马打胡",以第1兵团沿渭河南岸进攻眉县,第2兵团和18兵团在渭河以北,分两路向扶风方向攻击,第19兵团到达后集结乾县,准备钳制马军,保障攻击部队的侧翼安全。7月10日,南路部队首先发起作战行动,12日攻占武功和眉县车站,北路部队亦于当日攻占眉县县城,将国民党第18兵团李振部3个军三面压缩在扶风至眉县之间的渭河河滩,并于12日下午发起总攻,全歼其部4万多人,马家军慑于第一野战军的实力,未敢出兵援救胡军。此后,第一野战军乘胜继续进攻,于14日占领宝鸡,胡军被迫南退秦岭,马家军则退回陇东,国民党军从此在西北战场完全处于被动挨打的境地。国民党战史评论此战中国民党军的表现是,"无统一指挥,不仅未能使打击力统合发挥,且诸马只知拥兵自重,互相猜疑,各自为战,于不愿损耗各自兵力下,于局部小挫而擅退,影响全局,功亏一篑"。①

第一野战军取得扶(风)眉(县)战役的胜利后,决定实行"钳胡打马"方针,即以第18兵团监视胡军,而将进攻重点指向马家军,准备在陇东平凉地区歼灭马军主力,具体部署:以第19兵团沿西兰公路攻击长武、泾川,得手后再攻平凉;第1、2兵团攻击陇县,得手后第1兵团继续西进,切断平凉退路,第2兵团会攻平凉。为保住甘、青、宁最后的地盘,西北军政长官公署代长官马步芳决定进行平凉会战,坚守陇县和平凉,确保天水和固原。他要求宁夏马鸿逵以2个军防守平凉,以己部3个军在六盘山待机出击,并请胡宗南部自秦岭出击,打击中共部队的后方,以协力击破第一野战军进攻。但马鸿逵认为,如果照这样部署,己部处于一线,胜则损耗主力,败则实力难保,而马步芳却进可攻退可守,因此电令前方将领"保存实力,退守宁夏"。马步芳部不愿被推上一线,也向静宁撤退。由于二马都想"保存实力,拥兵自重",所谓平凉会战计划无疾而终。第一野战军继续进军,未经大的战斗,即于7月30日占平凉,8月3日占固原、天水,6日占静宁,切断了宁夏马鸿逵部与甘肃、青海马步芳部的联系,准备发起兰州战役。

面对第一野战军进军的威胁,二马顾虑自身安危,又准备在兰州一线与第一野战军作战。8月中旬,广州国民党政府为协调二马关系,任命马步芳为西北军政长官,马鸿逵为甘肃省政府主席,使二人对权位的追求各得其所,但马鸿逵并未到兰州履新职。马步芳决定在兰州增修工事,利用兰州地势险要、易守难攻的特点,阻挡第一野战军的攻击。

---

① 《国民革命军战役史》第五部第7册(下),131页。

他以 2 个军守城，3 个军位于靖远、景泰地区保护其北翼，骑兵军位于临夏保护其南翼。第一野战军以第 2 兵团在南，经通渭攻击兰州；第 19 兵团在北，经静宁沿西兰公路攻击兰州。8 月 9 日发起战斗，12 日第 19 兵团占会宁，19 日占定西，第 2 兵团占阿干镇，距兰州仅 20 公里。21 日，第 2 兵团和 19 兵团对兰州发起攻击，因城防坚固，攻击准备不充分，致进展不大。经过调整，25 日第 2 兵团和 19 兵团向兰州发起总攻，马步芳部在猛烈攻击下不支，原计划自北、南两面出击支援的宁夏马鸿逵和陕南胡宗南部均未有动作，遂决定弃城退往青海。这是第一野战军进军西北途中进行的最激烈的一次攻城战，两个兵团共付出了 8700 余人伤亡的代价。此后，第 2 兵团沿兰新公路继续西进，9 月 16 日占武威，19 日占永昌，21 日占山丹。第 1 兵团在进占青海后派第 2 军沿西宁至张掖公路北进，19 日占张掖。24 日，西北军政长官公署副参谋长彭铭鼎等率残部 3 万余人在酒泉起义，甘肃战事基本结束，第一野战军着手继续进军新疆。

第一野战军第 1 兵团于兰州战役期间在南路作战，8 月 16 日占渭源、陇西和临洮，22 日占临夏，9 月 2 日在永靖至循化间渡过黄河，5 日占西宁，马步芳残部投降，马步芳和马继援父子飞离西宁，青海战事结束。

第 19 兵团在 9 月 2 日发起宁夏战役，14 日占中宁，进入河套地区。马鸿逵虽还有 4 个军近 8 万人的部队，但其本人已在 9 月 1 日离开宁夏，将部队交由其子马敦静指挥，上下均无再战之心。19 日，驻守中卫的第 81 军起义。21 日，第 19 兵团在金积、灵武、吴忠歼灭第 128 军，马敦静飞离银川。23 日，马军余部与第 19 兵团签订《和平解决宁夏问题之协议》，规定将马军开往指定地点集中，听候处理，并保证其官兵生命财产安全。当日，第 19 兵团进驻银川，宁夏战事结束。

新疆是西北最大最偏远的省份，由西北军政长官公署副长官兼新疆警备总司令陶峙岳统领 3 个师 2 个旅 7 万余人驻守。国民党原想将新疆部队调至内地作战，但因陶峙岳的拖延，加以新疆与内地相隔太远的实际困难而未成。第一野战军进占甘肃后，新疆国民党军已无路可退，为加速战争胜利进程，避免战争的破坏，中共也在考虑和平解决新疆问题。8月6日,毛泽东致电彭德怀,告以陶峙岳现在动摇,有和平解决意向,指示:"西北地区甚广,民族甚复杂,我党有威信的回民干部又甚少,欲求彻底而又健全又迅速地解决,必须采用政治方式,以为战斗方式的辅助。现在我军占优势,兼用政治方式利多害少。"9月8日,毛泽东约见留在北平的张治中,希望他以新疆国民党军老长官的身份去电新疆,策动起义。10日,张治中即致电陶峙岳和新疆省主席包尔汉,认为"今全局演进至此,大势已定,且兰州解放,新省孤悬,兄等为革命大义,为新省和平计,亦即为全省人民及全体官兵利害计,亟应及时表明态度,正式宣布与广州政府断绝关系,归向人民民主阵营",希望他们"当机立断,排除一切困难与顾虑,采取严密部署,果敢行动,则所保全者多,所贡献者亦大"。11日,张治中又致电陶峙岳,询问驻新部队态度,"盼告以治与大家患难与共,如能接受命令,治愿负道义上责任,决不使大家再走错路,蒙受牺牲,但倘有一二顽固到底,无法挽救者,似宜先予调换,以免优容偾事"。17日,陶峙岳和包尔汉复电张治中,表示将在尽力保障国家领土、维护全省和平、避免军队无谓牺牲的前提下,"选择时机,和平转变",并"已获得全疆人士及全军将士之拥护"。①9月25日,陶峙岳宣布率部起义。26日,包尔汉率新疆省政府宣布脱离广州国民党政府。驻新国民党军高级将领马呈祥、罗恕人、叶成,地方头领麦斯武德、伊敏、艾沙等,先后离开迪化(乌鲁木齐)出国。第1兵团第2、6军随后和平进军新疆。10月13日进至哈密,20日到达迪化。起义部队其后改编为第22兵团,陶峙岳任司令员,包尔汉继续担任新疆省政府主席。

四 中南战场

中南地区残余国民党军队的主力是由白崇禧任主任的华中军政长官公署下属的8个兵团22个军50个师35万人。白将2个兵团分别部署在粤汉铁路和武(汉)长(沙)公路正面,2个兵团部署在鄂西,1个兵团部署在湘东赣西,从左右两面掩护粤汉路正面,1个兵团留在湘中

---

① 《毛泽东年谱(1893—1949)》下卷,544页;《张治中回忆录》,581—584页。

整训,另以2个兵团部署在赣南,主要是拱卫粤北防线。实际上,鄂西和赣南的4个兵团并不听命于白崇禧,他可用的兵力只有部署在湖南的4个兵团。

平津战役之后,担任进军中南任务的第四野战军百万大军经过数月休整,于4月间陆续离开平津地区南下,并于5月底到达鄂北指定位置。第四野战军部署以第12兵团在前、第14兵团跟进,沿粤汉路正面进军长沙,与白崇禧部作战;第13兵团在鄂西宜昌至沙市间渡江,得手后进军湘西;第15兵团担任江西作战。5月25日,中共中央军委决定将第二野战军第4兵团陈赓部划归第四野战军指挥,担任江西和广东的作战任务,准备以大迂回方式包抄白崇禧部队的后路。在进占武汉之后,根据后勤供应情况,第四野战军并未立即发动攻势,而是停留在江北继续休整,筹集粮草,调整配备,进行南方山地河川作战训练,直到7月初才发动攻势。

7月上旬,第四野战军第13兵团发起宜(昌)沙(市)战役,准备歼击由宜昌北进抢粮的宋希濂兵团。7月5日,宋部2个军自宜昌北进到达当阳。6日,第13兵团发起攻击行动,宋部立即收缩向宜昌后退,并在13日自宜昌、沙市全线渡江南撤。第13兵团于15日占沙市,16日占宜昌,随后继续渡江南进。白崇禧本令宋希濂兵团在澧水南岸设防,掩护长沙左翼,巩固湘西,屏障川东,但宋希濂根本不听白的命令,而是退守鄂西恩施,使得第13兵团长驱直入,沿沙市至常德公路进占石门、华容,自西侧威胁长沙。粤汉路方面,第12兵团于7月初在黄冈渡江后,经通山直插湘东浏阳和平江。白崇禧因害怕湘东部队被包围,7月13日下令全线退却,第12兵团于17日占平江,19日占浏阳,自东侧威胁长沙。21日,白崇禧决定将华中军政长官公署移往衡阳,长沙绥署移往邵阳,将部队向长沙两翼转移,重点巩固湘西与湘南,屏障粤北与川东。江西方面,第四野战军第15兵团于7月初在九江至武穴段渡江后,在赣北沿赣江西岸南下奉新、高安,第4兵团则自丰城、樟树西渡赣江,13日占新余、吉安。随后,第15兵团进军赣南,8月14日占赣州,月底基本占领了江西全境。虽然广州国民党政府国防部一再严令赣州指挥所主任方天"非有命令,不得再退",但方天认为"本所督训各部队,战力均未成长,似难骤负重任",一气退到了广东。①

长沙衡阳地区是白崇禧部队南退后防御的重点。1948年6月,国民党元老程潜出任长沙绥靖公署主任兼湖南省政府主席,后又兼国民党湖南省党部主委和省保安司令,统领湖南的党政军权力机构。当年底,在白崇禧发动对蒋介石的和平攻势期间,程潜亦参与其间。其后,他通过程星龄与中共建立联系,在湖南开展和平运动。1949年4月,湖南人民自救委员会成立,另一位国民党北伐元老唐生智出任主任委员,以"自救"名义进行和平运动。5月中旬,白崇禧率领华中军政长官公署自武汉退到长沙,坚持反共作战,与主张和平的程潜等湖南地方当局的矛盾不断加深。中共注意到程潜的和平意向,对他和湖南当局大力进行争取工作。6月2日,毛泽东致电林彪,提出程潜等"有和我们合作反蒋反桂之可能性",请他们"利用张轸推动程潜站在我们方面,惟发动不可太早,应使白崇禧安心作战,待解决白部后再发动归入我方"。同月,程潜向中共湖南地下工委递交给中共中央和毛泽东的备忘录,表示愿意以中共八项条件为基础,反蒋反桂,谋取湖南局部和平。7月4日,毛泽东指示林彪等:"程潜态度是好的,应极力争取程潜用和平方法解决湖南问题。"他指出:程潜"所提军事小组、联合机构及保留其军队和干部加以编整教育等三项要求,原则上均可照准,并迅即成立军事小组,商定具体办法",可以暂时保留程潜的各项职务,以其名义发号施令,以利接收湖南;予以起义待遇,使其能起"影响南方各省之作用"。同日,毛泽东致电程潜,告其:"如遇桂系压迫,先生可权宜处置一切。只要先生决心站在人民方面,反美反蒋反桂,先生权宜处置,敝方均能谅解。"②

7月21日,程潜前往邵阳筹划起义,将湖南政务交第1兵团司令兼长沙警备司令陈明仁代理。曾在东北四平与第四野战军部队有过激战的陈明仁,于1948年底到湖南任职,此时也已同意和程潜共同起义。7月29日,程潜返回长沙。国民党得知程潜态度有变,于30日公布任

---

① 《国民革命军战役史》第五部第6册,269页。
② 《从延安到北京——解放战争重大战役军事文献和研究文章专题选集》,556页;《毛泽东年谱(1893—1949)》下卷,525—526页。

命程潜为考试院院长,陈明仁为湖南省政府主席兼绥靖总司令,以削夺程潜的实权,同时拉拢陈明仁。7月31日,蒋介石致电陈明仁称:"在此危急之际,必有反动政客乘机活动,重倡和平。以吾人革命正统之力量,而为若辈卖身投靠之资本,此必为吾弟所痛恨而不为其所愚,固为中所深信者。然中所望于吾弟者,对若辈叛党卖国之徒,必须立下决心,彻底肃清,以除祸害。若果决心守城,则必将此辈逮捕,明正典刑,以固人心,而壮士气。否则,立即撤退,不与为伍,以保我吾人一生光荣之史绩,是为至要。如能大义灭亲,不顾一切,先将若辈歼诛以后再行,全军而退向芷江宝庆方向集中,以川黔为后方,实为上策。"①但国民党的做法没有收到效果。8月3日,程潜和陈明仁与中共最后商定起义事宜,决定成立中国国民党湖南人民临时军政委员会和中国国民党湖南人民解放军司令部,陈明仁继续留任兵团司令(所部其后改编为第21兵团),省政府的辞职和军队的整编时间均适当推迟。8月4日,程潜和陈明仁率所部77 000余人宣布起义,给了已经残破的国民党军又一重击。

程潜和陈明仁宣布起义后,白崇禧即调黄杰为第1兵团司令,拉出该兵团第14、71军的4个师及其他部队共4万余人,重组第1兵团,并派张淦兵团向北进击策应。第四野战军部队为支援陈明仁,南下湘潭、湘乡作战。8月15日至17日,第四野战军第49军的2个师在湘乡西南、邵阳东北的永丰青树坪地区,与白崇禧部第7军和第46军的4个师发生激战,第49军因有些轻进,造成一定损失,后退至永丰。白崇禧欲行反击作战,但在川鄂边境地区的宋希濂兵团不予配合,白的反击计划未成。随后,白崇禧将部队整编为5个兵团14个军30个师,集中在湘中衡阳、宝庆(邵阳)一线整补,"以维护粤桂川黔之安全,并相机打击匪军之目的,即以主力于湘江两岸地区,采取持久,力求创机歼敌,各以一部在湘西及鄂西方面,利用山岳地障,拒匪进犯,并相机策应湘江方面之作战"。②

---

① 《蒋中正"总统"档案·革命文献·戡乱时期(京沪撤守前后之戡乱局势)》上(二)第31册,237—241页。
② 《国民革命军战役史》第五部第6册,304页。

第四野战军渡江南进之后,几次战斗均未达成歼灭白崇禧主力部队的目的,因为此时国民党军无论是实力、士气还是装备,均已没有本钱进行固点守城的阵地战,而是稍有接触即后撤,加以白崇禧作战指挥较为灵活机动,白部多以轻装行进,行动快捷,轻易不作决战,因此第四野战军采取的近距离包围战术未能收到应有成效。根据渡江之后作战的经验,7月中旬,毛泽东连续致电林彪等,指示对白崇禧部"不要采取近距离包围迂回方法,而应采远距离包围迂回方法,方能掌握主动,即完全不理白部的临时部署,而远远地超过他,占领他的后方,迫其最后不得不和我作战"。具体部署是以陈赓兵团3个军及第四野战军2个军进军广州,然后以陈赓兵团经粤西、桂南,担任向西南的大迂回任务,最后经营云南;以第四野战军主力沿湘桂路进军桂系最后的基地广西,迫使白崇禧部不能不应战;这样"采取完全主动的部署,使白匪完全处于被动地位;不管他愿意同我们打也好,不愿意同我们打也好,近撤也好,远撤也好。总之,他是处于被动,我们则完全处于主动,最后迫使他不得不和我们在广西境内作战。因为白匪本钱小,极机灵,非万不得已决不会和我们作战。"9月9日,毛泽东再次作出向南进军的部署,除重申以陈赓兵团和第15兵团进军广东,并以陈赓兵团经桂南入云南外,令第四野战军以2个军向湘西进军,切断白崇禧向贵州和四川的退路,另以主力对付在衡阳、宝庆地区的白崇禧部,并在其退却时跟进,最后逼其在广西作战。12日,毛泽东电告邓小平、林彪等:"我对白崇禧及西南各敌均取大迂回动作,插至敌后,先完成包围,然后再回打之方针。"①对西南国民党军采取大迂回、大包围,以不使其逃脱而全部歼其于国境内的作战方针于此底定。

8月间,正值南方酷暑,国共两军在湘中一线对峙,未有大的战斗。第四野战军部队官兵多为北方人,习惯于在东北和华北一望无际的大平原和干燥清爽的气候下作战,在南方潮湿闷热的气候环境下,因身体不适应而致伤病减员较多,同时部队的重装备在南方崎岖山路和水田小道上运送不易,因山川所阻而影响行进速度,后勤保障亦有一些问

---

① 《毛泽东年谱(1893—1949)》下卷,530—532、567—570页。

题。第四野战军部队利用酷暑季节进行休整，并针对南方作战的特点进行了相应的整训改进，加强后勤支持，减轻部队装备。白崇禧也在利用这个短暂的喘息时机，整训部队，并决定"利用粤汉、湘桂两铁道线之机动活用，适时集结主力于衡阳以南地区，予来犯之匪以致命打击，挽回颓势，振奋人心，转移国际视听，以利尔后之作战"。①

入秋之后，第四野战军部队休整完毕，整装待发，担任向西南进军任务的第二野战军第3兵团亦临时配属第四野战军作战。9月中旬，第四野战军西路2个军自常德向湘西进军，18日占沅陵，月底占辰溪，10月1日占怀化，2日占芷江，5日进至湘、黔交界处之靖县，切断了白部退往贵州的通路。与此同时，第四野战军中路4个军隐蔽到达集结地娄底、湘乡一线，准备出击衡阳、宝庆，东路2个军进抵安仁，准备出击耒阳、郴州。10月2日，第四野战军发起衡(阳)宝(庆)战役，中路和东路部队对白部发动全面攻击。白崇禧企图重演青树坪集中兵力逼退第四野战军部队的一幕，在衡宝地区集中了4个军13个师，发起反击作战。鉴于出现了歼灭白部主力的战机，林彪命令中路部队暂留原地不动，同时令西路部队2个军和第二野战军第3兵团2个军向衡宝地区急进，准备与白部决战。白崇禧得知第四野战军增援部队正接近衡宝地区，意识到形势对其不利，于6日下令各部以桂林为中心，分途向湘桂边境的东安、零陵、道县地区撤退。林彪即令各部迅速前进，机断专行，切断白部退路，争取歼灭白部主力。当第四野战军中路部队候命在衡宝公路以北待机时，第45军135师因未得到命令而在5日越过衡宝公路，此时林彪令135师堵击撤退之白崇禧部，以争取大部队赶到的时间。从7日到8日，135师奋力堵击后撤的白崇禧部，争取了一天时间，使中路4个军赶到后，得以将白部主力第7军和第48军4个师包围在祁阳以北。白崇禧为挽救其嫡系主力，增调在冷水滩和祁阳的2个师支援，但终不敌第四野战军部队的包围和强大攻势。10月10日，第四野战军部队发起总攻，国民党军突围失败，至11日，4个师近3万人大半被歼。10月9日，第四野战军进占衡阳，11日进占邵阳，国民党

---

① 《国民革命军战役史》第五部第6册，314页。

军全线向广西撤退,湖南战事基本结束。经过衡宝战役,白崇禧部遭到沉重打击,此后再无余力进行大规模作战,第四野战军为向两广进军扫除了最大的障碍。

国民党政府自南京迁移广州后,广州一度成为国民党的政治中心。防守广东的兵力主要是广州绥署(8月底改称华南军政长官公署)主任余汉谋所属的11个军33个师及地方部队15万人,其中6个军防守粤北韶关至广州一线,2个军驻守粤东潮汕地区,2个军驻守海南岛,1个军驻守湛江。6月20日,在国民党中常会和中政会联席会议讨论战局时,吴铁城责问为什么汤恩伯部撤出上海、刘安祺部撤出青岛后均不来广东(两部分别运舟山和海南,刘安祺部后到广州),顾祝同告他,所有部队调动和兵力部署都是由总裁亲自决定的。吴铁城无可再问。① 9月8日,蒋介石指示顾祝同:"集中现有驻粤兵力,保卫广州革命根据地,为目前剿共军事革命战略之最高指导原则,如有余力,则可扩大范围,以期保卫华南,万不可再蹈保卫长江全线,而放弃京沪重地,以至江防部队几遭全部被歼之覆辙。"但他无意向广东调派更多的部队,他要求固守广东一定时间的目的,是"竭力掩护广州政府人员物资之撤离,尔后向西江地区转移";"以雷州半岛为后方,并竭力于珠江三角洲地区,争取半年以上之迟滞时间,以待有利之时机到来"。②

在湖南作战进行之际,陈赓率领第4兵团3个军和第四野战军第15兵团2个军及第三野战军两广纵队共22万人也在准备进军广东。广东毗邻海口和香港,地理、语言、民情和文化均与内地有所差别,尤其是侨属侨眷众多,进军广东直接关系到海外影响。9月中旬,中共华南分局(书记叶剑英)在江西赣州召开扩大会议,讨论广东作战部署及接管问题。会议特别强调:"华南情况复杂,特别是英美法等帝国主义侵略深入内地,故我一切行动,特别是足以惹起帝国主义借口干涉的事件切应避免。我们对帝国主义的方针是既不示弱,也不轻易挑衅。因此,在与帝国主义边邻地区〔如惠(州)、东(莞)、宝(安)之与香港,如中山之

---

① 阎伯川先生纪念会:《民国阎伯川先生锡山年谱长编初稿》第6册,2320页,台北,商务印书馆,1988。
② 《国民革命军战役史》第五部第6册,356—357页。

与澳门,粤桂边之与越南法帝,汕(头)、湛(江)之外侨],各地都应派出能掌握政策干部,站稳立场,不上帝国主义及国特挑拨之当,不作群众冲动之尾巴。一切关于外侨处理问题,必须迅速请示分局及中央。"①在进军部署方面,陈赓决定以第4兵团3个军为右路,自粤北南雄、始兴南进,沿粤汉路攻击广州;第15兵团2个军为左路,自赣南南康、信丰南进,自东面攻击广州;两广纵队及广东粤赣湘纵队和粤中纵队为南路,分别自粤北和平、龙川和广州以南的高明地区出动,在广州南面切断国民党军退路。10月2日,各路部队发起战斗进军,右路于7日占曲江(韶关),9日占英德,左路于6日占翁源,9日占新丰。国民党军无力再守,节节后退,并部署自广州撤退。

正当陈赓部向广州进军之际,衡宝战役也进入最后的阶段。10月10日,林彪致电中共中央军委,认为"目前似应以集中兵力歼灭白兵力为主。否则,今后兵力分散各省,而敌兵力反形成集中,则使战局甚为拖延。"他建议调陈赓兵团自粤北向桂北进军,与第四野战军协同围击白部,而由第15兵团及曾生部攻取广州。11日,林彪等再电军委,认为白崇禧的方针是集结精锐主力,采流窜不定方式,寻求我之弱点攻击,其部队有战斗力,且行动很快,"我如不歼灭此敌,则兵力不能分散发动群众和维持交通。如分散则可能被其各个击破;如集中,但兵力不足以歼灭敌主力时,则可能被其围困,并切断我之交通;如广东敌人与该敌会合或靠近配合时,则我更难对付该敌。"因此他们仍建议暂不进攻广东,集中优势兵力与白部作战,并提出"歼灭广西之敌,已成为全战局的中心环节"。叶剑英和陈赓的意见与林彪的判断不同,他们在11日致电林彪和军委,认为第4兵团距离桂林有千余里,回师广西不如直下广州,然后再从水路出梧州取南宁,如果弃攻广州则两头失当。此时,白崇禧部4个师被歼,缓解了林彪对与白部作战的担心,因此他又电告陈赓等,可以继续向广州前进。中共中央军委本已同意林彪关于陈赓部不进广州的建议,但在接到来自前方指挥员的不同意见后,出于慎重考虑,12日毛泽东致电林彪,认为白崇禧"采取游击战术,不打硬

---

① 《中国人民解放军全国解放战争史》第5卷,393页。

仗,与我相持,我军虽欲速决而不可得";似此如果陈赓部入桂,广东问题没有解决,广西问题亦不能速决,请林彪重新考虑其意见。当日林彪复电毛泽东,告由于情况变化,陈赓兵团入桂亦无堵白后路把握,可以继续进军广州。中共中央、第四野战军司令部和前线指挥员的意见趋于一致。① 随后,第4兵团继续南进,于13日占广州北面的清远、花县和广州东面的增城,切断了广九铁路。当日,国民党决定将政府迁往重庆,部分部会迁海南岛,华南军政长官公署迁湛江。10月14日晚,第15兵团部队进占广州。其后,陈赓令第4兵团不进广州,连续作战,对正向广州西南阳江、阳春方向退却的国民党军紧追不放,10月15日占佛山、三水,22日占阳春。国民党军在退却途中行进秩序混乱,未组织有力的掩护。23日,第4兵团超越刘安祺指挥的国民党军第21兵团,封住其向雷州半岛的退路,24日占阳江,刘安祺部被迫转向海边,企图经海陵岛乘船撤退。第4兵团旋即发起围歼战,至26日歼灭国民党军大部。其后又于11月初连占茂名、化州和廉江,封住了白崇禧部队自广西退往雷州半岛的通路。

白崇禧退守广西之后,虽然有桂系多年经营的基础,但大势已去,他不能不考虑最后的退路。11月5日,白召开军事会议,提出向南转移,由钦州转进海南岛,以保持桂系最后的力量;黄杰和李品仙则主张向西转移,进入贵州、云南,与西南国民党军会合作战。由于多数人同意白的意见,白崇禧即决定视情形发展而向南转进,作战方案为:"以持久作战之目的,即以一部固守湘桂边境,拒匪进犯,另以有力兵团,增援黔中,阻匪深入;并在南路方面采取攻势,与粤境友军协同,先求击破突入南路之匪,以保障我之右翼安全,掩护滇黔,并支援雷、琼方面作战。"②为了全歼白崇禧部队于广西境内,不使其南撤海南岛或西撤云南,林彪提出以"围剿和长追",向广西作大迂回进军,为此以第四野战军2个军为北路,自湖南的通道、靖县向桂西北的河池、百色进军,切断白部入滇通路;第4兵团3个军为南路,自桂南玉林、博白向南宁、钦州方向进军,切断白部入滇或退雷州半岛通路;第四野战军3个军为中

---
① 《中国人民解放军全国解放战争史》第5卷,393—401页。
② 《国民革命军战役史》第五部第6册,389—390页。

路,沿湘桂路与白部保持接触,待南、北两路完成大迂回之后,再对白部施以最后的围歼。11月中旬,贵州国民党军在第二野战军的打击下告急,白崇禧派出第1和第17兵团沿黔桂公路增援贵州,以第10兵团防守湘桂边境,令第3和第11兵团向桂东南玉林、北流地区集结,准备向雷州半岛撤退。11月13日,第四野战军指挥部令第4兵团在南路阻击白部撤退;北路部队除以一部继续向百色进军外,另以一部改道向南面柳州进军;中路部队以一部向梧州进军,主力2个军向桂林进军;同时自广东增调1个军参战。白崇禧因感到湘桂路正面已受威胁,决定放弃援黔计划,以第1、10、17兵团自北向南分途逐次转进,掩护第3、11兵团撤向雷州半岛。但各兵团接令后只图自保,不顾友邻,各自撤退,没有有效的掩护阵形与后撤梯队。第四野战军部队22日占领桂林,25日占领金城江、柳州、梧州,26日占河池,从北、东、南三面压向白崇禧部。为打开向雷州半岛撤退的通路,白崇禧命令第3、11兵团向化县、茂名一线攻击,并令配属指挥的余汉谋部第4兵团自博白南下攻击廉江。第四野战军以第4兵团在廉江、化县、茂名地区阻击国民党军,其余各路大军则迅速南进。26日两军接战,白崇禧发现己部大半已处在第四野战军包围圈中,态势不利,又下令各部转向钦州、北海地区集结,准备自海路向海南岛撤退。第四野战军各部即行大胆穿插攻击追歼,28日在容县歼灭第11兵团部,击毙副司令胡若愚,30日占博白,俘第3兵团司令张淦。12月2日,桂系赖以起家的基本部队第3兵团3个军在博白被歼。

桂系主力被歼,广西国民党军全线崩溃。12月3日,华中军政长官公署撤至钦州,随后白崇禧飞至海南岛,组织海军准备接运各部自钦州向海南岛撤退。第四野战军各部队发起以钦州为中心的围歼战,12月3日占合浦,4日占北海、南宁,7日占钦州,白崇禧的海运撤退计划又告失败,国民党"数十万大军,拥塞南宁周边,战既不能,退亦无路","偌大战力不战而溃,毁于一旦"。12月8日,白崇禧命令"各部队应各自选择适当地区,暂避决战,轻装分散,化整为零,机动出击,待机反攻"。9日,陈诚电示第1兵团司令黄杰:"并力西进,进入越南,保有根据地,相机行事,无论留越、转台,皆能自如。"黄杰遂与越南法国殖民当局达成协议,其部暂撤越南,法方负责安全,但必须交出武器。其后国民党军残部共3万余人纷纷撤向越南。陈赓兵团跟进追击,12月9日占东兴,12日占镇南关(今友谊关)。余汉谋部第4兵团则自雷州半岛撤至海南岛,第四野战军部队于12月19日占湛江,两广战事基本结束。此役第四野战军共歼灭白崇禧和余汉谋部17万余人,自身损失仅2000多人,此役胜利的最主要原因是以大迂回、大包围的战略战术,在广大地域实行机动追歼作战,逼使国民党军最后无路可走而被围歼。国民党战史亦承认,中共部队"于追击行动中,能放胆追击,排除一切困难,行动迅捷灵活,乘隙蹈暇,穿插分割,机动快速,有效迂回,达成拦截之目的"。①

继两广地区作战胜利之后,1950年4月16日,第四野战军经过精心准备,以2个军渡海,发起海南岛战役,于23日占领海口,国民党海南防卫总司令薛岳指挥残部海运撤离,5月1日第四野战军进占海南全岛。

五 西南战场

西南地区是国民党在大陆的最后退守之地。西南地区多山,四川四周为群山环绕,自古以来即为易守难攻之地;成都平原号称天府之国,农产丰富,不虞供应,有利于长期据守;抗战时期国民党以西南为大后方坚持八年,有依托西南防守的历史。因此,国民党选择西南作为最后退守之地,具有充分的理由;其基本目的是"以持久作战,确保西南为目的,以四川为核心,争时待机,维持现有战力,积极培养新生力量,以攻为守,坚持地区,并将有力兵团机动控制扼要地区,对分头来犯之匪,适时集中局部优势兵力,而各个歼灭之"。8月29日,蒋介石在重庆主持召开西南军事会议,判断中共部队将主要自川北南进,遂据此制定西南作战计划,宗旨为"拒共军于川境以外,以陇南、陕南为决战战场"。主要内容:以四川为防御重点,西起川甘边境的岷山,经川陕边境的秦岭、大巴山,直到川鄂、川湘边境的巫山、武陵山,构筑西南防线;以川陕

---

① 《国民革命军战役史》第五部第6册,412—414、426—429页。

甘边区绥靖公署主任胡宗南指挥第 5 兵团李文部、第 18 兵团李振部 8 个军沿岷山、秦岭布防,为川北第一道防线,第 7 兵团裴昌会部 5 个军沿川陕边境米仓山、大巴山布防,为第二道防线;第 15 兵团罗广文部 2 个军部署在川北剑阁;川鄂边区绥靖公署孙震及第 16 兵团孙元良部 4 个军部署在川东巫山、万县地区,扼进出川东之门户;川湘鄂边区绥靖公署主任宋希濂及第 14 兵团钟彬、第 20 兵团陈克非部 6 个军部署在鄂西南恩施、咸丰一线,自侧翼屏障川东,并与华中白崇禧部联系;第 22 兵团郭汝瑰部 2 个军部署在川南宜宾、泸州地区,作为机动部队;此外,贵州绥署谷正伦及第 19 兵团何绍周部 2 个军位于贵州,2 个军驻守重庆,1 个军驻守成都,1 个军驻守雅安,4 个军驻守云南;总兵力为 37 个军 50 余万人。① 9 月间,国民党参谋本部曾建议将华中和西南战场由白崇禧统一指挥,调华中主力 5 个军部署在贵州都匀至独山一线,华中军政长官公署设在贵阳,以加强西南南线的防守,但这个以削弱广西防守实力为代价的方案未被白崇禧接受。国民党对西南地区的防御部署拘泥于抗战时期的经验,而没有考虑到内外环境的根本不同。此时的国民党,外无国际支援,内则部队残破,军心涣散,民心已失,缺少必要的完备的支撑条件,根本无法据守西南的广大地区;而且西南地形复杂,交通不便,总体环境较为闭塞,一旦被围即无路可走;尤其是将国民党军中唯一还有一定作战实力的胡宗南部部署在川北地区,远离南方海口和出境通路,更为国民党最大的失策。上述种种原因,使国民党的西南防守作战注定无法成功。

担任进军西南任务的是第二野战军和第 18 兵团,其中第二野战军主力于渡江南进后停留在浙赣路沿线作为战略预备队,以应付美国可能的干涉,第 18 兵团在进军西北后位于陕西秦岭以北、西安至宝鸡的陇海路沿线地区。对于进军西南,中共中央和毛泽东进行了精心的组织、规划与指挥,主要着眼点仍在以大迂回、大包围战略,将西南国民党军封闭于川黔境内而歼灭之。总体部署:在占领广州之后,以第四野战军及第二野战军陈赓兵团向广西进军,然后以陈赓兵团进军云南,切断

---

① 《中国人民解放军全国解放战争史》第 5 卷,455—457 页。

国民党军退往国外和海南岛之路径;利用国民党军川南防线最为薄弱的特点,以第二野战军主力自湘西进军贵州再进川南,切断国民党军退往云南之路径,因为云南偏远多山,后勤供应困难,不利于大军决战;位于陕西的第18兵团暂不进军,以抑留胡宗南部队,不使其迅速南退;俟第二野战军主力到达指定位置后,从南北两面对四川国民党军形成合围,并发动最后的围歼。此项部署体现了毛泽东远大的战略眼光与高超的指挥艺术,为达成如此战略意图,关键在于北面抑留国民党军,南面隐蔽开进,以造成国民党的错觉与误判。6月27日,毛泽东致电彭德怀,提出:"为使伪府放心迁往重庆而不迁台湾(现有一派主张迁台,但不占优势),及使胡(宗南)匪不致早日入川起见,你们暂时似不宜去占汉中,让汉中留在胡匪手中几个月似较有利。"第18兵团出动时间须与第二野战军相配合,"不可太早,宁可稍为缓一点,以期聚歼胡匪,不使逃入云南"。为此,北线第18兵团停留在陕西秦岭一线,监视国民党军的行动,抑留胡宗南部队。10月下旬,南线第二野战军主力正隐蔽开向湘西集结,但毛泽东布置刘伯承于23日在郑州公开露面讲话,造成第二野战军将自陕西入川的假象。中共还部署当时潜伏在国民党西南军政长官公署、担负作战计划之责的副参谋长刘宗宽,在8月29日重庆军事会议上提出"情况判断",加深国民党对中共部队将自陕西入川的认识。直至10月下旬,国民党仍判断中共将由陕西进军四川,胡宗南因此自信"由关陇地区撤守秦岭山岳地带,是西北战场在战略上的重大决策","守住秦岭、陕南,川北以至成都平原大可高枕无忧"。其实早在这之前,8月19日,刘伯承和邓小平即已发出《向川黔进军的基本命令》,提出第二野战军进军西南的任务:"攻略贵阳及川东南,以大迂回之动作,先进击宜宾、泸县、江津地带之敌,并控制上述地带以北地区,以使宋希濂、孙震及重庆等地之敌,完全孤立于川东地区,尔后即聚歼这些敌人,或运用政治方法解决之,以便协同川北我军逐次解决全川问题。"①命令要求第二野战军部队在10月上旬到达湘西指定位置,并进行充分的作战准备。10月下旬,刘伯承、邓小平率领第二野战军主

---

① 《毛泽东军事文集》第5卷,624—625页;《文史资料选辑》第23辑,24—25页;中国人民解放军军事学院:《刘伯承军事文选》,456页,北京,解放军出版社,1992。

力第 3 兵团陈锡联部与第 5 兵团杨勇部到达湘西、鄂西,准备发起西南战役。

11 月 1 日,第二野战军第 3、5 兵团自湘西、鄂西向黔东、川东全线发起攻势。鄂西方面,第四野战军一部先于 10 月 28 日发起对宋希濂部的攻势,第二野战军第 3 兵团 2 个军随即加入攻势,11 月 7 日占恩施,随后进入川东,16 日占彭水,25 日占南川,自东面进逼重庆;湘西方面,第二野战军第 5 兵团及第 3 兵团 1 个军直出贵州,于 11 月 15 日进占贵阳,21 日进占遵义,切断了国民党军南退之路,随后继续北进重庆。在第二野战军部队迅猛进军的打击之下,国民党军一触即溃,毫无像样的抵抗,宋希濂部自鄂西节节后退至涪陵一线,孙元良兵团自川鄂边界后退至万县、丰都一线。至此,蒋介石才明白中共部队入川的重点方向在南面,遂赶调罗广文兵团至重庆长江南岸綦江布防,令胡宗南撤守川北防线,向成都地区集结,并令其调派精锐部队第 1 军紧急增援重庆。但蒋介石的部署已是缓不济急,27 日,第二野战军部队进占綦江,兵临重庆城下,罗广文兵团望风而溃。当日,国民党政府不得不决定迁至成都。11 月 30 日,第二野战军部队进占重庆,随后继续西进,切断成渝公路,12 月 7 日进至泸州、自贡,准备与北路部队在成都平原合围残余国民党军。

面对第二野战军部队的凌厉攻势,国民党军川东、川南防线全线失守,川北防线后路被抄,成了无用的摆设。为摆脱此等困境,自 11 月 19 日起,胡宗南以第 7 兵团于后尾掩护,第 5、18 兵团梯次向成都南撤,12 月 3 日进入川北。位于陕南的解放军第 18 兵团在贺龙率领下,对胡宗南部队保持压力,步步跟进,12 月 7 日进占汉中,随后亦进入川北。成都平原虽为米粮之仓的天府之国,但无险可守,从川北、川东、川南败退的国民党军残部麇集于此,中心无主,混乱不堪。12 月 8 日,国民党宣布将政府迁往台北,同时改组西南军政长官公署,由参谋总长顾祝同兼领其职,令胡宗南为副长官代行顾的职务,统领西南军政。蒋介石还企望他的爱将胡宗南能指挥所部,联合康滇地方实力派刘文辉、卢汉等,继续在西南坚持。但就在此时,康滇地方当局先后宣布起义,蒋介石的企图又破灭了。

1949年初，云南地方当局负责人卢汉与中共建立了联系，在时局急转直下之际，有意酝酿局部和平解决。在卢汉的庇护之下，云南的和平运动一时间颇具声势，引起国民党中央的关注，并加大了对卢汉的压力与拉拢。7月21日，毛泽东致电周恩来："卢汉如能于我军入滇时举行起义，宣布反帝反封建反蒋桂立场，则云南问题可以和平方式解决，卢汉所部可以编为人民解放军。"8月15日，前云南地方统治者龙云在香港签名参加黄绍竑等44人公开发表的《我们对现阶段中国革命的认识与主张》，表示反蒋拥共，对卢汉的立场有进一步的影响。但云南毕竟处于国民党统治区后方，国民党对卢汉政治态度的变化保持了警惕与压力，使卢汉一时不敢轻举妄动。9月6日，卢汉在蒋介石多次电召之下赴重庆，蒋以任命其为云南绥靖公署主任，许其扩编2个军的部队，并拨给现银100万元为条件，压迫他镇压云南的和平运动。9日，卢汉在昆明实行"九九整肃"，解散省参议会、云南大学与昆明师范学院，逮捕进步人士，查封报馆，改组省政府。但与此同时，卢汉也与中共一直保持着联系，其部属特务团团长朱家壁就是中共滇桂黔边区纵队的副司令。随着国民党军在各战场的节节败退，卢汉的政治态度也趋于明朗，开始加紧筹划起义之事。12月初，卢汉派代表到香港面见中共人员，提出云南部队接受改编、军政人员量才录用的起义要求，得到中共的承诺，起义进入最后的准备阶段。12月7日，张群自成都飞抵昆明，对卢汉予以安抚，并告其准备将重要机关迁至昆明，因为"只要保住云南，尚有挽回大局的希望"。但卢汉告："保卫云南所必须之各项请求，皆未获解决，云南即无法保卫，且有作向西撤退打算，政府迁昆实为徒劳。"①12月9日，卢汉宣布起义，并出任云南临时军政委员会主席，同时扣留了正在昆明的张群、第8军军长李弥、第26军军长余程万等国民党高级军政官员。后出于私人关系，11日卢汉又将张群放走。为了惩治卢汉，重占云南，国民党任命李弥为云南省主席，余程万为云南绥靖公署主任，在他们被扣期间，以汤尧为陆军副总司令，监督云南军

---

① 《从延安到北京——解放战争重大战役军事文献和研究文章专题选集》，561页；秦孝仪主编：《中华民国重要史料初编——对日抗战时期》第7编第2册，960页，台北，中国国民党中央委员会党史委员会，1981。

政事宜,任命曹天戈为第8军军长,彭佐熙为第26军军长,令他们率部队进攻昆明,讨伐卢汉,营救李弥等人。第8军和第26军共有4万余人,实力超过卢汉的部队,并有空军支持。16日,两军分别自滇东和滇南向昆明发动攻击,使卢汉感到较大的压力。为防守昆明,卢汉令在昆部队固守待援,令外地部队速援昆明,并请中共从速派兵入滇支持。为了缓和国民党军的进攻,卢汉复经请示于17日放出李弥,20日放出余程万。此时,第二野战军第5兵团派出的1个师正自贵州安顺经黔滇公路向云南急进中,国民党军有感于受到威胁,于21日停止对昆明的攻击,第8军撤向建水、石屏、曲溪,第26军撤向蒙自、开远、个旧。

国民党西康省政府主席刘文辉、西南军政长官公署副长官邓锡侯、潘文华出身川系,是四川地方实力派,与蒋介石和国民党中央长期存有隔阂。民革成立后,刘文辉秘密加入,并且是民革川康分会的负责人。1949年9月间,刘文辉与中共建立了直接联系,提出在解放军逼近成都时发动起义,并与邓锡侯和潘文华取得了一致意见。12月初,第二野战军与第18兵团正在南北两面逼近成都,刘文辉、邓锡侯、潘文华先后离开成都,11日在彭县宣布起义(起义通告上倒填日期,以9日为起义日期)。刘文辉等的起义,使国民党军无法退守或借道西康撤退。胡宗南曾命罗广文和陈克非兵团进攻彭县,再占雅安和康定,以打开西康至昆明通路,但在国民党军大势已去的情况下,罗、陈均在自找出路,没有听命。

第二野战军自重庆西进后,以切断国民党军退往西昌通路、歼其于成都平原为战役目标,南路令2个军进军乐山,2个军进军邛崃、新津,北路令第18兵团自川北分路南下。其后,南路于13日占宜宾,15日占简阳,16日占乐山,18日占彭山,19日占邛崃并在峨眉俘宋希濂,20日占大邑;北路于14日占广元,18日占剑阁,21日占绵阳、巴中,22日占江油,自南北两面完成了对成都平原的包围。21日,蒋介石令胡宗南率部自成都地区向康、滇突围。22日,胡宗南在新津召开军事会议,决定第5兵团向西昌,第18兵团向云南昭通,第7兵团向贵州威宁,第15、20兵团向贵州毕节分路突围。次日,胡宗南飞往海南岛。国民党军战机早失,主将又临阵脱逃,部队失去统一指挥,处在一片混乱之中,各部均在自寻出路。11日,第22兵团司令兼第72军军长郭汝瑰在宜宾起义;21日,川鄂边区绥署副主任董宋珩及第16兵团副司令曾甦元在什邡起义;24日,第15兵团司令罗广文和第20兵团司令陈克非分别在郫县和安德起义;25日,第7兵团司令裴昌会在德阳起义;26日,第20军军长杨汉烈和第127军军长赵子立分别在金堂、巴中起义。只有第5兵团司令李文决定执行胡宗南的指示,命令以第5兵团居中,第18兵团居右,第1、3军居左,自24日起向邛崃攻击前进,企图经此转进雅安。但18兵团接令后按兵不动,其余部队无力突破第二野战军部队的阻击,27日全部被歼,李文被俘。当日,国民党军第18兵团司令李振在成都起义,第二野战军第18兵团进占成都,国民党军30余万人在成都平原基本被歼。国民党战史评论说:"由于国军判断匪军主力系由秦岭南下,故特加强川北兵力配置,以至川南空虚,匪第五兵团遂得以由贵州长驱直入,而国军已无足够兵力防堵,以至于被围于成都附近地区,数十万大军终在突围中迅遭覆灭。因敌情判断错误,导致作战指导失策,终使全军覆没之惨痛教训,莫此为甚。"①

  蒋介石于12月10日飞离成都到台北。他对国民党军在西南战役中毫无作为、一触即溃的事实,对不少平时恃骄受宠、颐指气使的所谓天子门生的表现深为失望。12月12日,蒋介石在台北演讲中说:"高级将领精神的崩溃,道德的堕落,实在使得我灰心失望。"他严厉指责:"军队里面不仅精神丧失,而且纪律荡然。无论上海、厦门、广州,每一次撤退,高级将领总是先部下而退,置部下的生死存亡于不顾。""守土有责的高级将领,拥有比敌人优势的兵力,在还没有和敌人接触的时候,他心中早就有了一个腹案,就是怎么样脱离战场,从那一条路逃到那一个偏僻安全的地点,苟全生命。……这一次川黔两地作战的大多数将领,差不多都是这种心理。"他以宋希濂为例,认为以其6个军至少10万人的兵力,"虽不说完全歼灭来犯的敌人,至少也可以御敌于四川以外,何至令敌人又长驱直入,抵达重庆的外围呢?"因此,"这一次西南军事的失败,宋希濂应该负最大的责任。"蒋介石在离开成都前,将西南

---

① 《国民革命军战役史》第五部第7册,249页。

军事指挥权交给他最信赖的学生之一胡宗南,对胡寄予很大的期待。到台湾后,他夸奖胡:"自抗战以来,负西北重任,督率所部,埋头苦干,尤其在最近四年剿匪战役中,经过若干次艰苦的战斗,获得辉煌的战果。但是他无论对友军、对社会、对国际人士,从不作自我宣传,以炫耀其功绩。所以到今天不仅国际人士不知道他有如此雄厚的力量,就是国内人民也不能完全了解他十余年来对于党国贡献的伟大。……胡主任现在负西南整个军政的责任,我相信他一定可以率领我们革命军最后一部分菁华的部队,在这一个地区上建立起坚强不拔的基础,作为我们大陆反攻的根据地。"①结果,胡宗南的表现令蒋更为失望。22日,蒋亲函胡宗南,并要其等收到信后再作部署。但23日蒋得知,成都已无人接听电话,胡宗南于当日飞往海南岛,他根本就不敢亲临战阵,就在蒋刚刚夸奖他之后,即将数十万部队丢弃不顾,自己临阵脱逃,与蒋严词斥责的那些将领的表现如出一辙。12月27日,俞济时奉蒋介石之命致电胡宗南,责问胡:"何不能暂待此信","将何以对卅万急待指挥之官兵与拯救千钧一发之党国","总裁认此为此次西南军事彻底失败之根本责任所在也,未知兄将何以慰之"。② 在蒋介石的严厉督责之下,28日,胡宗南又飞返国民党军残部集中所在地西昌,部署西昌守备作战。此时西昌还有国民党军残部35 000余人,由西昌警备司令贺国光负责指挥,但势处孤立,无法久守,胡宗南到此也不过是敷衍蒋介石一番而已。

  1950年1月14日,顾祝同飞到国民党军残部另一集中地滇南蒙自,部署将第26军撤回台湾,第8军扩编为第8兵团,以汤尧任司令,留在云南进行游击作战。但15日顾祝同刚刚飞离蒙自,16日蒙自即被第二野战军第4兵团所占,切断了残余国民党军的空中退路。其后,第8军退往石屏,第26军退往个旧。17日,第4兵团占个旧,第26军军长彭佐熙率少数残部退往越南、缅甸。24日,第8军被歼,汤尧及第8军军长曹天戈被俘。3月12日,西南军区调3个军各一部共13个

---

① 秦孝仪主编:《先"总统"蒋公思想言论总集》卷23,76—79页,台北,中国国民党中央委员会党史委员会,1984。
② 《蒋中正"总统"档案·筹笔·戡乱时期》第16495号。

团,自南北两面发起西昌战役,23日占富林、会理,24日占泸定、康定,27日占西昌。胡宗南再度临阵脱逃,与贺国光等于27日飞往海南岛。4月13日,西昌地区的国民党军残部被全歼。

1950年1月,中共中央决定由第18军担任进军西藏的任务。10月6日,第18军发起昌都战役,19日进占昌都,歼灭藏军主力6个代本(团)全部和3个代本一部,另有1个代本起义,基本消灭了藏军主力。11月10日,新华社公布了同西藏地方政府进行和平谈判的10项条件(经中共中央于当年6月2日批准)。1951年2月中旬,西藏地方政府派出代表团到北京,与中央人民政府代表团进行谈判。5月23日,《中央人民政府和西藏地方政府关于和平解放西藏办法的协议》(共17条)签订,主要内容:西藏回到祖国大家庭,实行民族区域自治;人民解放军进入西藏,巩固国防;西藏现行政治制度不予变更,各项改革事宜不加强迫,实行宗教自由;达赖与班禅的固有地位与职权不变;中央政府统一处理西藏一切涉外事宜。9月9日,第18军先遣支队进驻拉萨。至此,除台湾及部分沿海岛屿仍在国民党的控制之下,香港和澳门仍分别为英国和葡萄牙所占外,中国领土实现了完全的统一。

第五节　国民党逃离大陆败退台湾

在国民党军事全面败退的同时,国民党政治亦是四分五裂,乱象迭现,蒋桂两系争权夺利,地方官僚各寻出路,国民党权力机器已经无法统一有效运作,其权力体系正处于瓦解之中。

在国民党中央内部,蒋桂关系仍是矛盾重重。桂系李宗仁上台后,始终无法真正掌握国民党的权力,李宗仁和白崇禧对此都甚有怨言。白崇禧曾经对李宗仁说:"要做就做真皇帝,切不要做假皇帝。"但蒋介石把持权力不放,桂系实力有限,无法与其相争,对此亦无可奈何。李宗仁也仿效蒋介石,以退为进,以辞职不干给蒋造成新的压力。4月10日,李宗仁致函蒋介石称:"共军节节进逼,陈兵江北,及所提条件之苛刻,似非使我方作城下之盟不止。职处此境遇,心力交瘁,万一和谈一旦破裂,则实难肩此重任,故决心引咎告退,以谢国人。务恳钧座预为筹划,应付方策,以免贻误事机,不胜盼祷之至。"蒋介石在复函中对其辞职不表态度,但训告:"处此大难期间,欲挽救党国危亡,所恃者在个人惟有不失道义,对党国不失志节,凡遇艰危困厄之来,一本常理处之。……万不可以一时之胁迫,而有所自馁也。"22日,李宗仁在杭州向蒋介石表示:和平方针既告失败,请总裁复职。蒋告今日只讨论对时局之政策,而不涉及人事之变动,决定设立非常委员会,协助李宗仁处理政务。李宗仁回南京后,与其亲信商议,认为非常委员会是蒋介石由幕后走向台前的步骤,万不能接受,李宗仁最后决定于23日飞往桂林而不去广州,蒋桂两系之间的矛盾趋于公开化。①

李宗仁飞回桂林后，不少广西地方人士认为，国民党政权已至末日，积重难返，迟早必然崩溃，绝无挽回的可能。桂系军队尚在，但无实力与共军对抗，可与中共做有条件的和谈，不惜委曲求全，与中共妥协。白崇禧虽支持李宗仁向蒋介石争权，要其向蒋明白提出将人事、指挥和财权全部交出，但他坚决反对与中共和谈的主张，企图凭桂系的军事实力继续周旋。桂系军政大员黄旭初、夏威、李品仙等也反对与中共和谈。李宗仁依违两者之间，无法决断与中共和谈，他只能以白崇禧的军事实力为后盾，继续在国民党内争取桂系的利益。国民党所余不多的实力就在蒋桂两系的相争中不断被削弱。②

国民党政府迁往广州，其名义上的最高领导人李宗仁却滞留桂林不往，中枢无人主持，各部会长官尽心尽力干事者亦寥寥。4月29日，行政院长何应钦致函蒋介石，认为李宗仁不到广州，"予国内外以不良影响"。他摆出各方面的困难，"经济方面，已临绝境"，"军事方面，我方虽尚拥有众多军队，然自新疆以迄东南，区域既广，四处分散，无法集中力量，构成坚强阵线"，总之"一切困难重重"。因此他提出："无论精神能力均非职所能胜任。在平时已属不可，际此非常时期，尤不相宜，惟有引退，以让贤能。"5月1日，白崇禧在广州与何应钦、阎锡山等商讨时局，白坚持：如欲李宗仁来穗负责，必须请蒋将军权、财权交出，方可有为。随后阎锡山等飞桂林，与李宗仁会见，李表示谋和未成，引咎自责；与其徒拥虚位，无裨实效，莫若即日起自请解除代总统职权，由总裁复职。他提出，如蒋介石坚持引退，由他继续负责，则应同意并实行以下各点：(1) 军政人事有绝对自由调整之权；(2) 运回移存台湾之金银外汇；(3) 运回移台美援军械；(4) 军队一律听从国防部指挥调遣；(5) 停止以党御政，非常委员会应请打消；(6) 蒋出国寻求外援，俾收内外合作之效。桂系企图以此逼迫蒋介石交出权力。4日，阎锡山携李宗仁函到上海面见蒋介石。6日，蒋介石致函何应钦转李宗仁，表示

---

① 《蒋中正"总统"档案·革命文献·戡乱时期(国共和谈)》第30册，115—117页；《中华民国史事纪要》，1949年4月12日、22日、5月3日。
② 《李宗仁回忆录》下册，973页。

所提各项均可由其自由处置,任何人不得违反,表面上同意了李宗仁的要求,但又强调"党员对党负有遵守决议之责任,党对党员之政治主张有约束之权利,此为政党政治之常轨,与训政时期以党御政者,自不可混为一谈",表明他仍将以国民党总裁的身份把持国民党的实际权力。至于出国,蒋称:"过去彼等主和,乃指我妨碍和平,要求下野。今日和谈失败,又贾我以牵制政府之罪,强我出国,并赋我以对外求援之责。如果将来外援不至,中又将负妨害外交,牵制政府之咎。国内既不许立足,国外亦无处容身。"他断然拒绝了李宗仁请其出国的要求。他在函中对李宗仁似乎既推心置腹又不无幽怨地表示:"中引退以来,政治责任已告解除,而对革命责任仍自觉其无可逃避,故德邻兄凡有垂询,无不竭诚以答,但决不敢有任何逾越分际干涉政治之行动。今日国难益急,而德邻兄对中隔膜至此,诚非始料之所及。而过去之协助政府者,已被认为牵制政府,故中惟有遁世远引,对于政治一切不复闻问。"经蒋此番表示,李宗仁有台阶可下,加以国民党内于右任、居正等人的调停,5月9日他自桂林飞到广州,国民党的政府机器一时间又开始恢复运作。①

李宗仁到广州之后,何应钦坚辞行政院长职务,组建新阁、维持政府的起码运转,成为李宗仁的首要任务。5月29日,李宗仁告蒋介石,拟提名国民党元老居正任行政院长,因为居正与桂系有良好关系,并积极调停蒋桂矛盾,故李宗仁有此提名。但也正因为如此,居正为蒋介石所嫉,他一方面告李,表示可由其自行决定,另一方面又通过其部下在立法院鼓动委员投票反对。结果,居正的提名未获通过。蒋介石属意阎锡山出任行政院长,因为阎失去了山西地盘和军队,不会构成对蒋的威胁,又坚决反共。阎锡山自离开太原之后一直赋闲,3月7日,阎的部下徐永昌告诉他,有人主张由他出任行政院长,阎立即请徐"试询"此事的可行性,可见其亦亟思谋得一职位。阎的要求与蒋的想法切合一致,促成了阎锡山出组新阁。6月1日,蒋介石转告阎锡山,表示与其"共同患难,全力支持"。由于有蒋介石的支持,阎锡山在立法院顺利获

---

① 《蒋中正"总统"档案·革命文献·戡乱时期(京沪撤守前后之戡乱局势)》上(一)第31册,110—116、122—123页;《中华民国史事纪要》,1949年5月3日。

得通过,6月3日出任行政院长。①

对于阎锡山的组阁,蒋介石表面上不加干涉,对阎锡山表示"不再闻问政治之决心",对人事问题表示"我已引退,决不管",而在实际上,蒋不会放弃对人事的掌控权。他向阎锡山提出,新阁应援引"为美国朝野所信任之人士",如胡适、蒋廷黻等有清望的亲美人士担任副院长和外交部长,以"转移友邦态度、振奋人心"。但胡适不愿在国民党大败之时"跳火坑",表示自己"实无能力担任此职",只能以个人努力,"为国家辩冤白谤"。此议未成事实。对由谁担任阎阁国防部长的职务,蒋桂两系更有激烈的争夺。李宗仁属意由白崇禧担任此职,何应钦亦认为,"如欲大有作为,可用白健生"。但蒋系人物以白任此职,阎将"在心理上首先感受威胁,而无法完成任务"。其实他们不便明说,所谓阎锡山"感受威胁",实为蒋介石"感受威胁"。蒋提出由阎锡山兼任国防部长。6月11日,国民党中政会讨论阎阁名单,对国防部长之职"讨论甚久,情况紧张"。李宗仁坚持由白崇禧出任,"谓总裁经表示对人选无意见,吾人不宜妄为忖策,此非忠于总裁之道"。但与会的邹鲁、吴忠信、朱家骅、陈立夫等均反对李的意见,结果仍通过由阎锡山兼任。13日,阎阁正式成立,阎自兼国防部长,朱家骅为副院长,李汉魂为内政部长,胡适为外交部长(因其拒绝出任,由叶公超代理),徐堪为财政部长,刘航琛为经济部长,实权仍掌握在蒋系手中。其后,李宗仁又提出更换参谋总长之议,并在8月间仍以阎锡山"身膺重寄,政务冗繁,精神体力均难兼顾,且渠对军事情形既感隔膜,复乏兴趣"为由,提出更换国防部长之议。但两者均未得蒋介石的首肯。②

阎锡山内阁号称为"战时内阁",以"一切为了前线,一切支援前线"为施政主旨。6月4日,蒋介石指示阎锡山新阁施政应着重各点:(1)军事,东区以舟山、台湾、琼州、长山群岛为基地,向粤、桂、湘、赣、闽、浙、苏、鲁、冀发展,西区以甘、青、川、康、滇、黔为基地,向宁、陕、晋、

---

① 《蒋中正"总统"档案·革命文献·戡乱时期(京沪撤守前后之戡乱局势)》上(一)第31册,145—151页;赵正楷等:《徐永昌先生函电言论集》,152页,台北,"中央研究院"近代史研究所,1996。
② 《徐永昌日记》,1949年5月28日,台北,"中央研究院"近代史研究所,1991;《蒋中正"总统"档案·革命文献·戡乱时期(京沪撤守前后之戡乱局势)》上(一)第31册,160、168—169、175、178、186、199、257—258页。

豫、绥发展;(2)财政金融,分重庆、广州、台湾三区,以重庆接济西南、西北各省,以广州接济华南各省,以台湾接济东南各省;(3)外交,对美、英特别慎重,各重要使节不宜轻易更动,以免促成美、英承认共党之危机;(4)上海、青岛、天津、烟台、秦皇岛、葫芦岛、连云港各港口,正式宣布为作战地带,陆海空交通实施封锁;(5)政治加重地方政府权责,中央应划区督导与辅助,不宜集中。阎锡山接手了这个烂摊子之后,军事节节败退,无可遏止;外交开拓困难,得不到有力的支持;而"最困难的就是财政",因为"外债无法举办,内债推行不易,通货膨胀因为法币金圆券两度的崩溃而已走上绝路"。所以阎锡山提出,"求胜利之前,还是先求社会金融的稳定和政府财政的有办法";但是,"量入为出是既不该又不能","量出为入又是虽该而不能"。① 阎锡山为此一筹莫展,所能提出的解决办法不过是老调重弹,如改革币制、稳定金融、整理财政、收支平衡等,实际施行的措施主要是改革币制。7月2日,李宗仁公布《银圆及银圆兑换券发行办法》,决定废除金圆券(9月1日起停用),改用银圆券,每一银圆券含纯银 23.493 448 克。但即便是按最乐观的估计,其时每月的收支差额仍在 3 000 万元以上,因此银圆券仍在国民党统治下的各地方被认为"属一种欺骗性纸币,纵使有银圆为准备,亦不能使人相信,因过去政府改币,朝令夕改,已失信于民",故其"难免不步法币及金圆券之后尘"。银圆券总发行数额不大,约为 2 643 万元,使用地区也非常有限,不过是在国民党临近退出大陆之前,又为其货币发行史增加了一次失败的记录而已。

为了解决财政困局,自蒋介石下野后,以立法院为中心,不断有动用存在台湾的金银外汇支持财政的动议。3月21日,蒋介石致电吴忠信,斥责立法院的主张:"将仅存之国脉民命贡奉共匪,而自绝其生计,不啻饮鸩止渴,必遭全国军民激剧之反对,其后果将不堪设想。"5月10日,在广州的立法委员又向行政院长何应钦提出质询,主张使用保存在台湾的金银作为打仗用,"因为现在是军事第一前线第一,我们不允许再把金银摆在旁边不用,要知道在这二三月内,军事有转机,尚有一线

---

① 《蒋中正"总统"档案·革命文献·戡乱时期(京沪撤守前后之戡乱局势)》上(一)第 31 册,157—158 页;《民国阎伯川先生锡山年谱长编初稿》第 6 册,2321—2323 页。

希望,如军事无转机,一切希望都完了。"但这样的提议均遭蒋介石的严词拒绝。因为蒋介石对大陆战局实际已不抱希望,所以再不愿将有限的金银外汇投入这个无底洞,而是准备以其作为固守台湾的经济依恃。①

由于对大陆战局的无望,蒋介石此时着力于巩固并经营台湾。当国民党军队在三大战役中失败后,京沪地区已是自身难保,国民党的政府、军队、干部队伍及资财最终退往何处,是其面临的紧迫的现实问题。鉴于抗战时期固守西南、西北的历史经验,许多国民党人仍主张撤往西南和西北,待机应变。但此时的情势与抗战时期已经截然不同,虽然西南、西北地区面积广大,似乎有充分的周旋余地,但国民党师老兵疲,又无国际支持,退兵环境闭塞又无海口的西南和西北,终将成死局。蒋介石注意到了这种情况,在他决定国民党的退守战略时,以海岛台湾作为退守的中心。因为台湾是个海岛,有宽阔的海峡与大陆相隔,中共一时无法拥有进攻台湾所需要的充足的海空力量支持;台湾物产丰富,经济上可以自给自足,又有大段海岸线,便于对外联系;台湾与大陆相隔,又长期处于日本殖民统治之下,中共势力和影响不大,国民党与当地士绅也无历史联系,有利于国民党的统治和施行一定的社会改革。这些都是国民党退守台湾的有利之处。当然,台湾地域狭窄,回旋余地较小,是退守台湾的不利之处。不过综合对退守台湾利弊的考虑,蒋介石仍认为利大于弊,因此决策以台湾作为国民党退守的最后基地。蒋介石下野前后,国民党开始实行应变计划,机关单位、人员档案以及大量资财均未运往西南,而是经海路运至台湾。不过为了在大陆保留一定的基础,蒋介石也对退守西南做了相应的部署,在公开场合仍以退守西南为号召,尤其是在军队部署方面,格于实际的情况,并未将退守台湾作为特别的重点。

尽管蒋介石作出了退守台湾的决策,但在当时国民党军事一败涂地的情况下,国民党内对固守台湾并无多少信心。阎锡山在其制定的《台湾保卫案》中说:人人以大陆失掉之后,台湾保不住,但我们争时待

---

① 《蒋中正"总统"档案·筹笔·戡乱时期》第16400号;《中华民国史档案资料汇编》第5辑第3编政(1),273页。

机上,必须保得住,才有机可待。且如果能实行总体战,军事政治经济民众一切都有办法,不漏空,配合上海空军,绝对能保得住。因他占了台湾,我们即无远景。我们今日应赶紧地巩固台湾。国民党为了巩固在台湾的统治基础,决定在台湾继续使用台币,而不使用已经毫无信用的法币、金圆券和银圆券,并实行了新台币改革,以稳固币制和经济。陈诚出任台湾省政府主席后,认为"扩充之基础在农民,因此对于农民之利益,特别注意"。4月14日,台湾省政府发布《私有耕地租用办法》和《私有耕地租用办法施行细则》,明定地租为37.5%,如果地主不愿接受,租用人可将产物径送当地合作社仓库,存储费用由地主承担;非依法律,不得终止租约;地主收回土地自耕时,总面积应予限制。① 此次减租在当年7月基本完成。由于国民党与台湾地主阶级没有历史的利益联系,土改较易下手;而且台湾地域面积不大,也便于土改的推行。此次减租,有利于获得当地农民的支持,稳定国民党在台湾的统治基础,并为以后进一步的土改打下基础。

由于美国政府对中国局势采取了"等待尘埃落定"的政策,国民党无法指望从美国得到更多的支持。但美国对国民党能否保持台湾心怀疑虑,不希望战略地位十分重要的台湾落入中共之手,企图将其作为不沉的航空母舰而保持在美国的控制之下,因此一度有将台湾移交盟国或联合国暂管之拟议。蒋介石得知后,立即复电驻东京盟军总部中国代表团,指示他们就此向盟军统帅麦克阿瑟交涉,表示"此项提议实际上为中国政府无法接受之办法,违反中国国民心理",希望"美国政府应采取积极态度,协助中国反共力量,并应协助我政府确保台湾,使成为一种新的政治希望"。② 美国人并不甘心就此罢手,其有关官员又提出扶植孙立人成为台湾统治者的方案。孙立人为留美出身,能征善战,成名于滇缅抗战,时在台湾担任训练新军的任务。但孙立人对美国人的提议没有接受,而且蒋介石长期经营的权力基础仍在,他人难以撼动,此议最终未成事实。自此以后,蒋介石对将台湾自中国分离的做法保

---

① 《蒋中正"总统"档案·革命文献·戡乱时期(戡乱军事概况——一般策划与各方建议·三)》第14册,606页;《中华民国史事纪要》1949年4月14日。
② 《中华民国史事纪要》1949年6月20日。

持了警惕,坚持了"一个中国"的立场。

8月5日,美国国务院发表《美国与中国的关系》白皮书,为美国对华政策作辩解,认为国民党的失败并非是美国不支持的结果,而是其腐败无能与领导错误所致。蒋介石认为,此事"实予余以最大打击"。据洪兰友告蒋介石:"美政府发表白皮书后,传闻各地方更增浮动,诚堪忧虑。尤以该书内容对钧座诋毁过甚,而又声明将扶植中国新民主人士。在美国固绝不需要中国之一般落伍军人,但确足以助长此反抗反动而有野心者侥幸觊觎之心。"但为了争取美国以后可能的支持,国民党又无法高调回应,蒋指示不作"意气之辩论"。16日,广州国民党政府外交部发表声明,表示对白皮书"实有不能不持严重异议之处",并且"不得不于适当时期,将所持观点及有关事实,对中美两国人民作详切之申明";但又表示"不愿使两国政府间关于过去问题之辩论,而影响两国传统之友谊,以及民主国家所维护之共同目标"。① 美国政府则出于反共的考虑,将其对国民党的公开批评限制在一定范围内,并且维持了对国民党政府的承认。10月3日,美国以北京中央政府没有宣布"准备承担加于一个中国政府的国际义务"为由,宣布继续承认国民党政府。

国民党军自上海撤守之后,中共方面因为防范美国的军事干预并为应对大军南进之后的后勤补给需要,主动放慢了进军步伐,各战场的大规模战斗较前为少,国民党有一个短暂的喘息之机。但就是在此时,国民党也毫无团结一致、振衰弃弊之表现,而是派系相争,内斗不已,人心涣散,其失败结局已成为无可挽回的事实。国民党党内矛盾,仍以蒋桂两系相争为主导,夹在两系之间的阎锡山,虽为阁揆,但大小事项均不决定于己,得桂系同意,若蒋系反对仍为枉然;得蒋系同意,又需要看桂系眼色。他自称只有"束手无策坐以待毙之可虑"。7月1日,蒋介石在台北设立国民党总裁办公室,其下设设计委员会,分为党务、政治、军事、外交、财政、文化宣传等组,俨然为广州政府之太上皇。7月14日,蒋介石飞到广州。16日,国民党决定成立非常委员会,隶属于中央执行委员会,代行中央政治委员会职权,由

---

① 《蒋中正"总统"档案·革命文献·戡乱时期(京沪撤守前后之戡乱局势)》上(二)第31册,273—274页;1949年8月17日《大公报》,重庆。

蒋介石、李宗仁、孙科、居正、于右任、何应钦、阎锡山、吴忠信、张群、吴铁城、朱家骅、陈立夫组成，蒋任主席，李任副主席，洪兰友任秘书长，程思远任副秘书长。蒋系人物在非常委员会中占了绝对优势，从此李宗仁的施政更受牵制而不能自主。阎锡山在会上提出了长达48页的《扭转时局方案》，但毫无新意，无非军政一元化、提高地方职权、加强政治工作、调整官兵待遇、争取广大民众一类老生常谈。①18日，国民党决定由李宗仁、阎锡山、顾祝同组成军事小组，负责军事大政方针之决策，但在防守重点置于何处以及兵力调动方面，蒋桂两系意见不一，只能各行其是。

按照桂系的设想，应该集中兵力加强华中防线，名为确保广州，实为巩固广西。7月27日，李宗仁飞抵台北与蒋介石会谈，提出此项建议，但蒋介石以胡宗南和宋希濂反对为由予以否决，并称目前兵力有限，不能防守大庾岭以北地区。8月14日，白崇禧致电蒋介石，提出："湘南为粤桂屏障，本署拟在湘南湘西战场决心打击进犯匪军，借求粤桂安全，并挫匪势，用收振奋人心士气，转变国际观听之效。"但他认为，现宋希濂部在鄂西，方天部在赣南，湘西只有6个军，"以此担负前述之重大任务，实感力有不足"。他提出，广东现有7个军，"与其以之完全做消极使用，宁暂以其主力北上，至少抽调粤北两个军车运耒阳，协力华中方面作战，集中力量，相机予匪打击，较为适宜"，"否则如湘南不保，本署主力被击溃后，匪将长驱直入粤境，我重遭各个击破，广州势难免上海之后尘"。蒋介石对桂系的意图心知肚明，他在17日回电白崇禧，拒绝其建议。其后白崇禧通过广州国防部，调动驻广州的第21兵团刘安祺部北上。蒋介石本无意守广州，但为堵桂系之口，又以广州重要为由，指示、放任下属不听从白崇禧的命令。蒋介石要求顾祝同停调刘安祺部，训斥他"视战事如儿戏，以军队为玩具，置所部生死成败于不顾，徒供无谓之牺牲"。蒋的侍从室负责人俞济时电告刘安祺："如要北调，必先向校长请示，切勿擅自移动为要。"在蒋介石的纵容之下，刘安祺不仅不服从调令，甚至将己部所处形容为"邪恶之政治环境"，并反对

---

① 《中华民国史事纪要》1949年7月16日。

"邪恶势力从中利用"。①

对于蒋介石垄断权力、控制军队的做法,桂系虽无可奈何,但也不时发起反击。桂系的主张在一定程度上得到广东军政当局,如薛岳、余汉谋等人的支持,他们策动属下以民意代表身份,批评军事措施之不当,要求撤销参谋总长顾祝同的职务。9月1日,国民党中央非常委员会开会检讨战局,李宗仁发言称:"欲打开此沉闷局面,必须灵活运用军事力量,使能反败为胜。……保卫广东,首贵统一指挥,决战应积极做去,不可延误。但部队不听调度,即无法完成部署。"他指责说:胡琏兵团原在赣南,归华中指挥,不知奉何人命令,调到广东东江,这命令显然不对。他提出今后大的决策应请总裁指示,小的如军队调动等,应听国防部命令,因为总裁说过他领导党,不问政事,此类事件当非总裁之意,其症结何在,责任何属,实难揣测;原定战略不能执行,政府又如何做事。② 不过这是李宗仁自说自话,蒋介石从来不认为军队调动是小事,军权是蒋必须时时控制在手的。

因为李宗仁的政令不能推行,阎锡山又不能在蒋桂发生矛盾时支持他,李宗仁对阎锡山也日渐不满,有意另找人担任行政院长。但阎锡山有蒋介石的支持,并不把李宗仁放在眼里,他请邹鲁转告李宗仁,本人既任此职,请辞殊违初衷。邹鲁告他,如其不辞,李宗仁恐有意将其免职。但阎称:如免职我不副署,则李为不合法。阎锡山既如此态度,又有蒋介石的支持,李宗仁最终也没能实现其意图。桂系的一系列做法,更增加了蒋介石对桂系的不满和怨恨。双方关系实已难能协调。

10月中旬,国民党军自广州撤守,13日李宗仁飞回桂林。国民党内开始有请蒋介石复职的呼声,此事成为蒋介石与李宗仁交恶公开化的最后导火索。蒋的谋臣吴忠信率先问李宗仁:"有无知难而退之意。"李答称:"我不准备引退,如果蒋先生要复职,那就由他自己决定。"他表示:"蒋先生以国事困难,令其出而负责,但又不令管事。彼自己既不

---

① 《蒋中正"总统"档案·革命文献·戡乱时期(京沪撤守前后之戡乱局势)》上(二)第31册,275—294页。
② 《蒋中正"总统"档案·革命文献·戡乱时期(京沪撤守前后之戡乱局势)》上(二)第31册,318—319页。

来,亦不交出钞与权。……时局至此,令人愤懑不已。"蒋介石虽有心复职,但李宗仁拒不退职,使得蒋一时亦无法强其进行。11月3日,白崇禧提出,请蒋复职,李以养病为由赴美就医,而以自己出任行政院长兼国防部长为李退职的条件,但蒋不同意。11月12日,李宗仁在桂林召集桂系大员商讨今后的出路,提出积极做法是以桂黔滇和海南岛自成局面,与蒋划清界限;消极做法则是出洋,由白崇禧为西南残局善后。此时,国民党军事已至最后关头,白崇禧认为出国不过是做寓公,而退台湾或可有所为,他一向坚决反共,又惑于蒋介石的拉拢,与李的态度渐渐拉开了距离。没有白崇禧的支持,李宗仁也不可能自成局面,因此决定采用后一方案,自己出国就医,将桂系部队及善后问题交由白崇禧负责。①

李宗仁不去重庆,残存的国民党政府中心无主,一派土崩瓦解之象。张群多次电催李宗仁返渝,李则称"拟续赴各地巡视,以激励士气民心,请速电总裁促驾,不必俟仁返渝"。蒋介石自记:"德邻飞桂后,闪避不回重庆行都,整个政府形同瓦解。军民惶恐,国难已至最后关头。不管李之心理行动如何,余不能不先飞渝,主持残局,明知其挽救无望,但尽我革命职责,求其心之所安也。"11月14日,蒋介石自台北飞至重庆。20日,李宗仁自南宁飞到香港,以"胃病复发"为由,表示将"转美检验"。行前,他将中枢军政事宜交由阎锡山负责,日常公务交由秘书长邱昌渭和参军长刘士毅代行。国民党其后派居正等人赴港劝李返渝,被他坚决拒绝。12月3日,阎锡山致电李宗仁称:"在此危急存亡决于俄顷之际,何能一日无元首躬亲主政。……敬祈钧座重加考虑,俯念时艰,即日力疾返国,挽救危局。"但李宗仁毫不动心,5日自香港飞美国,同时告阎锡山:"胃疾剧重,亟待割治,不得已赴美就医。……请兄对中枢军政仍照常进行,至于重大决策,仍可随时与仁电商。"②

李宗仁出走之后,国民党内请蒋介石复职的声浪更高。11月27

---

① 《李宗仁先生晚年》,128、134—135页;《徐永昌日记》,1949年10月23日。
② 《"总统"蒋公大事长编初稿》卷七(下),415—416页;《中华民国史事纪要》1949年12月4日;《民国阎伯川先生锡山年谱长编初稿》(六),2362页。

日,国民党中常会决议请蒋介石复职。蒋认为,李宗仁滞港,余又不复行视事,成为无政府状态,人心动摇,"因此,不能不作复行视事之准备,惟对时期问题尚须加以研究"。为了拉拢残余的桂系力量,蒋介石对白崇禧表示,绝不于此时"复行视事"。28日,他又致电白崇禧:"如德兄仍格于病势,不能遄返中枢,而必须赴美疗养,届时本党中央当特邀兄来川,共同郑重计议,寻求解决之道。过去北伐成功,抗战胜利,均赖吾人之勠力,兄之协力,今日时艰事危,至于此极,本党同志团结同生,否则俱亡。"蒋桂两系的矛盾虽因李宗仁出走而得以化解,桂系也因其军队损失殆尽而成历史名词,但蒋心中对桂系的怨恨并未消失,他在日记中恨恨地写道:桂系"胁制政府,逼迫领袖,以为夺取权位之良机,以争取美国第三势力之欢心,不惜毁党联共,期达成其投机取巧之目的";"于军事、财政乃至人事、法纪,除与之有利者外,其他无不尽力予以彻底摧毁,而对各文武官员先之以威胁不成,则继之以利诱,所有经余二十余年来所建立之国民革命事业,皆为其十个月内毁坏殆尽"。① 白崇禧等桂系大员到台湾后,均被蒋弃置闲散,不予安排有实权的职位,他们已不复再现当年之风光。

1949年底,残存的国民党政府统辖之地已经局促在西南一隅,而且国民党军还在继续败退之中。11月22日,国民党决定将"政府"迁往成都。27日,国民党中常会决定将"政府"迁往西昌,并暂先移成都办公。30日,蒋介石飞离重庆到达成都。但是成都很快亦将不保,12月7日,国民党决定将"政府"迁往台北,另在西昌设立大本营。8日,阎锡山飞至台北,通告自次日起"政府"在台北办公,另行组织"战斗政府"和"战斗内阁",精兵简政,随军行动。

1949年12月10日下午2时,蒋介石乘坐专机自成都起飞,最后离开了他当政22年的大陆,于下午6时半抵达台北。在蒋介石日记中,"是月实为国内外对余最后总打击之一月,而党与国亦为最危急之一月"。② 确实如此,国民党因其不能解决中国社会的基本矛盾,不能

---

① 《"总统"蒋公大事长编初稿》卷七(下),484、513页;《蒋中正"总统"档案·特交档案·分类资料(蒋介石下野与国共和谈)》020卷第7号。
② 《"总统"蒋公大事长编初稿》卷七(下),487页。

应对中国社会的发展要求,不能代表广大民众的切身利益,从而失去了民众的支持,在与中共的竞争中败阵,最终失去了对中国历史发展的主导权,失去了在大陆的执政权,只能败退台湾岛,并利用国内外形势的变化,偏安一隅,成为暂时在台湾执政的地方政权。

第七章
中华人民共和国的成立

　　中共在长期的斗争中,提出了一系列具有独创性和建设性的革命与建国理论,其中以毛泽东的《新民主主义论》《论联合政府》《论人民民主专政》为代表的理论著作,为中共奠定了建国的理论基础。在长期的理论准备和斗争实践过程中,中共已经为建国打下了坚固的基础。自1949年初起,中共开始有步骤、有计划地进行建国准备工作,顺利接管了国民党统治的各大城市,稳定经济与社会生活,实行向社会主义国家"一边倒"的对外政策,与各民主党派协商,召开新的政治协商会议,构建国家政权的基本框架与治国体系。1949年10月1日,中华人民共和国成立,从而实现了中国的完全独立,终结了帝国主义、封建主义和官僚资本主义的统治,为中国政治、经济、军事、文化全方位的现代化进程开辟了广阔的前景与现实的可能。中华人民共和国的成立,也结束了自1840年鸦片战争开始的、中国备受屈辱而又不屈反抗的近代历史时期,开始了独立自主发展的、更为恢宏壮阔的中国现代历史时期。

第一节　中共建国的理论准备

1948年12月30日,新华社发表毛泽东撰写的1949年新年献词《将革命进行到底》,明确提出:"用革命的方法,坚决彻底干净全部地消灭一切反动势力,不动摇地坚持打倒帝国主义,打倒封建主义,打倒官僚资本主义,在全国范围内推翻国民党的反动统治,在全国范围内建立无产阶级领导的以工农联盟为主体的人民民主专政的共和国。"毛泽东于此向世人公开昭告了中共建国的基本目标。1949年1月6日至8日,中共中央在西柏坡召开政治局会议,通过《目前形势和党在一九四九年的任务》决议,认为"不但就军事上来说,而且就政治上和经济上来说,国民党政权是被我们基本地打倒了","我们已经完全有把握地在全国范围内战胜国民党";提出中共1949年的主要任务是召集政治协商会议,组成新的中央政府。[①] 经过20多年的艰苦奋斗,中共终于迎来了胜利的曙光,开始了建立由中共领导的新国家的一系列准备工作,其中既有理论上的准备,也有实际上的准备。

中共准备建立的新国家是以新民主主义理论为基础的。经过对中共革命实践正反两方面经验教训的总结,毛泽东在抗战时期发表了一系列理论性著述,如《中国革命和中国共产党》《新民主主义论》《论联合政府》等,分析了中国革命的历史和现实状况,提出了如何进行中国革命的系统主张,形成了具有独创性的新民主主义革命理论体系。他认为,中国革命的进程应该分为两个阶段,第一阶段是民主革命,第二阶

---

① 《毛泽东选集》第4卷,1375页;中央档案馆编:《中共中央文件选集》第18册,15—22页,北京,中共中央党校出版社,1991—1992。

段是社会主义革命。民主革命本应由资产阶级领导,但由于中国资本主义经济的不发达以及由此造成的资产阶级的不发达,由于中国无产阶级的成长以及共产党的成立,由于俄国十月革命之后世界无产阶级革命运动的兴起,中国民主革命的领导责任历史性地落到了无产阶级及其代表中国共产党的肩头,从而结束了资产阶级领导的旧民主主义革命,开始了无产阶级和共产党领导的新民主主义革命。他总结了中国新民主主义革命的基本特征:政治上,建立无产阶级领导的,包括工人、农民、小资产阶级和民族资产阶级的联合专政,即人民民主专政;经济上,建立以新民主主义国家控制的国营经济为主导的,包括各种私营经济形式的经济体制;文化上,建立以无产阶级思想为主导的,民族的、科学的、大众的文化。"新民主主义的政治、新民主主义的经济和新民主主义的文化相结合,这就是新民主主义共和国,这就是名副其实的中华民国,这就是我们要造成的新中国"。①

在1947年12月举行的中共中央扩大会议上,毛泽东提出了新民主主义革命的政治经济总路线,即政治上,在中共领导下组成最广泛的统一战线,建立民主联合政府;经济上,没收封建阶级的土地归农民所有,没收官僚垄断资本归新民主主义国家所有,保护民族工商业。次年4月,毛泽东将中共新民主主义革命总路线明确表述为:"无产阶级领导的,人民大众的,反对帝国主义、封建主义和官僚资本主义的革命,这就是中国的新民主主义革命,这就是中国共产党在当前历史阶段的总路线和总政策。""这个革命所要推翻的敌人,只是和必须是帝国主义、封建主义和官僚资本主义。这些敌人的集中表现,就是蒋介石国民党的反动统治。"②中共以其新民主主义革命理论体系作为动员全党领导革命以及动员全国人民投身革命的有力武器。

在中共建国的理论准备中,毛泽东在1949年6月30日发表的《论人民民主专政》具有特殊重要的意义。毛泽东在文中回顾了中国近代的历史,认为这段历史表明:"西方资产阶级的文明,资产阶级的民主主义,资产阶级共和国的方案,在中国人民的心目中,一齐破了产。"他在

---

① 《毛泽东选集》第2卷,709页。
② 《毛泽东选集》第4卷,1316—1317、1313页。

文中阐释了人民民主专政的概念,提出:"人民是什么?在中国,在现阶段,是工人阶级,农民阶级,城市小资产阶级和民族资产阶级。"人民民主专政,就是对敌人实行专政,实行独裁;在人民内部实行民主,保证人民言论、集会、结社、选举等项自由权,即"对人民内部的民主方面和对反动派的专政方面,互相结合起来,就是人民民主专政"。他提出:"人民民主专政的基础是工人阶级、农民阶级和城市小资产阶级的联盟,而主要是工人和农民的联盟";人民民主专政需要工人阶级的领导,但是,"中国必须利用一切于国计民生有利而不是有害的城乡资本主义因素,团结民族资产阶级,共同奋斗。我们现在的方针是节制资本主义,而不是消灭资本主义。但是民族资产阶级不能充当革命的领导者,也不应当在国家政权中占主要的地位。"对于中国未来将要遵循的政治路线,毛泽东提出了"一边倒",即"倒向社会主义一边","骑墙是不行的,第三条道路是没有的",从而将中共领导建立的新民主主义国家明确定位于苏联为首的社会主义阵营方面。毛泽东将中共领导中国革命胜利的成功经验总结为:"一个有纪律的,有马克思列宁主义的理论武装的,采取自我批评方法的,联系人民群众的党。一个由这样的党领导的军队。一个由这样的党领导的各革命阶级各革命派别的统一战线。这三件是我们战胜敌人的主要武器。"毛泽东在文中特别强调无产阶级的代表——中国共产党在未来国家政权中的领导地位:"总结我们的经验,集中到一点,就是工人阶级(经过共产党)领导的以工农联盟为基础的人民民主专政。这个专政必须和国际革命力量团结一致。这就是我们的公式,这就是我们的主要经验,这就是我们的主要纲领。"①毛泽东此文成为中共建国准备过程中带有纲领性意义的文献,从理论上指导了建国准备工作,并用以统一各阶级、各党派、各团体参加建国准备工作的思想认识。

毛泽东发表《论人民民主专政》的重要目的之一,在于打消民主党派、民主人士及知识分子中尚存的走第三条道路或中间道路的幻想。由于国民党在战争中已经失去了民心,认为国民党还会在未来中国政

---

① 《毛泽东选集》第4卷,1468—1481页。

治中起重要作用的观点并不多见,但是在部分资产阶级及其知识分子以及他们的代表民主党派中,主张中国走第三条道路或称中间道路的看法不在少数。他们主张实行国会制、内阁制等西方式的政治制度,建立西方式的民主政治,并在美苏两强中保持中立立场。在这部分人的心目中,最理想的建国模式是召开1946年式的政协,以政治民主化、军队国家化及党派平等合法,作为和平建国的基础,建立新的国家政权。这样的理念与中共建立由无产阶级及其政党共产党领导的新民主主义国家的主张是不一致的。

作为中国民族资产阶级及其知识分子的代表,各民主党派因为不满于国民党的一党训政,进而要求政治参与权,并反对国民党的专制统治。他们因此成为中共反对国民党的政治盟友,成为中共建立反对国民党的统一战线所要争取的重要对象。但他们反对国民党的出发点和最终目的与中共并不完全一致,他们中间的部分人士对社会主义、共产党、无产阶级专政或人民民主专政等有着诸多疑虑。当国民党已经失去民众支持之后,他们走第三条道路的言论在社会上有一定的影响,也为仍企图在中国保持影响力的美国所看重。正因为如此,中共对他们采取了既团结联合又适度批评的政策,政治上坚决反对任何第三条道路的主张,打消他们在这方面任何可能的幻想,强调"这个革命不能由任何别的阶级和任何别的政党充当领导者,只能和必须由无产阶级和中国共产党充当领导者",①同时在实际准备建国的过程中,充分考虑他们的利益,给予他们适当的安排,争取他们的理解与合作。

1948年1月14日,毛泽东在给各中央局的指示中,要求"对一切可以争取的中间派,不管他们言论行动中包含多少动摇性及错误成分,我们应采积极争取与合作态度,对他们的错误缺点,采取口头的善意的批评态度";同时,"要在报纸上刊物上对于对美帝及国民党反动派存有幻想、反对人民民主革命、反对共产党的某些中产阶级右翼分子的公开的严重的反动倾向,加以公开的批评与揭露"。与此同时,毛泽东又为

---

① 《毛泽东选集》第4卷,1313页。

中共中央起草了一系列纠正"左"倾偏向的文件,提出:"在全国,是工人,农民(包括新富农),独立工商业者,被反动势力所压迫和损害的中小资本家,学生、教员、教授、一般知识分子、自由职业,开明绅士,一般公务人员,被压迫的少数民族和海外华侨,联合一道,在工人阶级(经过共产党)的领导之下,打江山坐江山,而不是少数人打江山坐江山。"①以公开批评导引中间派的政治倾向,而以实际利益吸引中间派的政治支持,这就是中共中央和毛泽东采取的策略方针。

对于有美国支持的、企图保持国民党政治作用的"和平运动"和企图分化中共与苏联的关系、鼓动中国实行美式民主以保持美国对中国影响力的"中间运动",中共更是保持着高度警惕,认为这"实际上是为整个国民党反动统治取得喘息时间,以便休整兵力,卷土重来,消灭人民力量"。②1948年8月1日,毛泽东致电中共上海局和香港分局,指示他们"与李济深、冯玉祥、章伯钧、谭平山及其他中间派反蒋分子保持密切联系,尊重他们,多对他们作诚恳的解释工作,争取他们,不使他们跑入美帝圈套里去";同时,"应在人民中随时揭破美帝和反动派的阴谋,以免上当"。③1949年1月,蒋介石暂告引退,国民党提出和谈主张,企图获得暂时的喘息之机。中共中央提出,对美国"派遣其走狗混入革命阵营组织所谓反对派从内部来破坏革命","必须提高警惕性,并坚决地将其击破";针锋相对地号召"将革命进行到底",并以此作为民主党派是否站在人民一边的标志,希望民主党派"要一致,要合作,而不是建立什么'反对派',也不是走什么'中间路线'"。④

虽然在民主党派及其代表人物中,一直有人对中国的前途和国共两党的作用有不同的看法,如张东荪提出"新型民主"主张,陈铭枢认为:"任何一个参加革命的阶级,仍旧应该保持他们本身的利益和

---

① 《毛泽东选集》第4卷,1268—1269页;《中共中央文件选集》第17册,12、187页。
② 《周恩来选集》上卷,307页。
③ 逄先知主编:《毛泽东年谱(1893—1949)》下卷,330页,北京,人民出版社等,1993。
④ 《中共中央文件选集》第18册,18页;《毛泽东选集》第4卷,1375页。

立场,这些自由权利及政治地位,在友党方面,必须真诚地尊重与承认。"①但是经过中共的告诫与争取,更由于推翻国民党政权主要依靠的是中共的政治军事实力,作为一个整体,民主党派及其领导人表示接受中共的领导,以在新民主主义国家中获得自己应有的政治地位。1949年1月22日,各民主党派领导人及民主人士55人联名发表《对时局的意见》,表示"愿在中共领导下,献其绵薄,共策进行,以期中国人民民主革命之迅速成功,独立、自由、和平、幸福的新中国之早日实现"。② 这个声明表明各民主党派及民主人士承认了中国共产党在新民主主义国家中的领导地位,并接受中共在新的多党合作政治体制中的领导地位。中国共产党是新民主主义国家的执政党,各民主党派作为参政党参加国家管理,而非作为反对党处在执政党的对立面。

8月5日,美国国务院发表《美国与中国的关系》白皮书。从8月12日到9月16日,毛泽东连续为新华社撰写系列评论,如《丢掉幻想,准备斗争》《别了,司徒雷登》《为什么要讨论白皮书》《"友谊",还是侵略》《唯心史观的破产》等,批驳白皮书对中国革命的看法,用阶级斗争、人民民主专政和无产阶级革命的观点解释中国历史和中国革命。毛泽东的意图并不在于就白皮书而论白皮书,而是以此为契机,着重对持有中间立场的民主党派和知识分子予以警示,打消他们的亲美、崇美、恐美心理,也打消他们还持有的某种走第三条道路的幻想,以确立中共对未来国家发展道路的主导地位。

关于中共即将建立的新民主主义国家的国体与政体,毛泽东明确提出,其国体是"无产阶级领导的,以工农联盟为基础,但不是仅仅工农,还有资产阶级民主分子参加的人民民主专政"。其政体"采用民主集中制,而不采用资产阶级议会制。议会制,袁世凯、曹锟都搞过,已臭了。在中国采取民主集中制是很合适的";"不必搞资产阶级的议会制和三权鼎立等";"人民民主专政的国家,是以人民代表会议产生的政府来代表它的"。在政府名称方面,提出"各级政府都要加上'人民'二字,

---

① 左玉河:《张东荪传》,422页,济南,山东人民出版社,1998;朱宗震、汪朝光:《铁军名将——陈铭枢》,211页,兰州大学出版社,1996。
② 中国民主同盟中央文史资料委员会编:《中国民主同盟历史文献 1941—1949》,505页,北京,文史资料出版社,1983。

各种政权机关都要加上'人民'二字,如法院叫人民法院,军队叫人民解放军,以示和蒋介石政权不同"。①

中共领导人在全国胜利前夕,也很重视新民主主义国家经济建设的理论与实践。刘少奇系统地从经济角度阐释了中国走向新民主主义道路的必要性和可能性,即建立社会主义的客观物质条件还不具备,中国民族资产阶级具有革命性和进步性,需要利用资本主义来发展落后的中国经济。他提出:未来国家的"整个国民经济,包含着自然经济、小生产经济、资本主义经济、半社会主义经济、国家资本主义经济以及国营的社会主义经济。国民经济的总体就叫做新民主主义经济。"对于新民主主义经济应以国营经济为主导,对于资本主义经济与社会主义经济的矛盾,中共领导人的认识是明确的。在1948年9月中共中央政治局会议上,重点讨论了革命胜利之后的经济政策。毛泽东提出:"大工业、大银行、大商业,不管是不是官僚资本,全国胜利后一定时期内都是要没收的,这是新民主主义经济的原则。"刘少奇也认为,新民主主义经济将"以国营的社会主义经济为其领导成分","在新民主主义经济中,基本矛盾就是资本主义(资本家和富农)与社会主义的矛盾","资产阶级要来跟我们争领导权,要把国家引导走资本主义的道路"。但是,中共领导人同时强调,由于中国现代经济的不发达,在一个相当长的时期里,保留资本主义经济成分是有益的,不必"过早地、过多地、没有准备地去采取社会主义的步骤"。毛泽东提出:"到底何时开始全线进攻?也许全国胜利后还要十五年。"刘少奇认为:过早地采取社会主义政策是要不得的,关键就是要有清醒的头脑,"有了清醒的头脑,就不会犯大的错误,加以十几年的准备,那就一定能够保证胜利"。刘少奇强调:在无产阶级和资产阶级的斗争中,"决定的东西是小生产者的向背,所以对小生产者必须采取最谨慎的政策","如果糊涂盲目,犯重大错误,未能成功地争取小生产者,那就要失败"。② 中共在建立新民主主义国家过程中实行的照顾各方利益的稳健的经济政策,促进了经受长期战争破坏的工农业生产的迅速恢复,并使新民主主义经济体系表现出蓬勃

---

① 中共中央文献研究室编:《毛泽东文集》第5卷,135—136页,北京,人民出版社,1996。
② 中央档案馆等编:《中共中央在西柏坡》,538—539、562—565页,北京,海天出版社,1998。

的活力。

中共提出的建立新民主主义国家的完整理论体系,具有丰富的内涵,富于中国特色,合乎国情,切合实际,而且人民民主专政中的"人民"概念基本上包容了当时中国社会的绝大多数人,有利于调动与发挥绝大多数人的积极性和主动性,因此也有利于历经战火创伤和破坏的中国在战争结束后迅速恢复元气,开始新的建设。

对中共建国准备工作具有重要指导意义的是1949年3月5日至13日召开的中共七届二中全会。3月5日,毛泽东在全会作主题报告,着重提出:"从一九二七年到现在,我们的工作重点是在乡村,在乡村聚集力量,用乡村包围城市,然后取得城市。采取这样一种工作方式的时期现在已经完结。从现在起,开始了由城市到乡村并由城市领导乡村的时期。党的工作重心由乡村移到了城市。"这是在中共即将获得全国胜利的前夕提出的最重要任务。自1927年国共分裂之后,毛泽东开创了一条建立农村根据地、以农村包围城市的具有中国特色的独创性革命道路。在20多年的革命实践中,中共对农村工作和军事工作积累了丰富的经验,但对城市工作和经济工作则相对较为陌生。城市是现代国家政治、经济、文化活动的中心所在,有着比农村工作更为丰富的内容,如何将中共的工作重点由农村转移到城市,如何正确处理城市工作,事关中共建政的成败,从而也为中共中央和毛泽东所特别关注。随着人民解放军转入进攻,占领了越来越多的城市,并在城市接管中暴露出一系列问题。自1948年初开始,中共已就城市工作发出一系列指示,要求在城市接管中注意城市工作的特性,反对和防止"左"倾偏向,克服小农经济的保守落后习气,保持城市社会秩序的基本正常,尽快恢复生产。这些指示对城市接管工作的顺利进行起到了应有的成效。1948年9月中共中央政治局会议提出,"党的工作重心逐步地由乡村转到城市"。七届二中全会召开时,人民解放军正准备向全国进军,中共获得全国的胜利已经确定无疑,毛泽东适时提出工作重点从农村向城市转移就具有了现实的迫切性和重要性。他提出"党和军队的工作重心必须放在城市,必须用极大的努力去学会管理城市和建设城市","一步一步地学会管理城市,恢复和发展城市中的生产事业"。

由于中国现代经济的落后与不发达,又由于中共干部还不怎么熟悉现代经济,不懂得怎么管理现代大生产,毛泽东将恢复与发展生产作为今后工作的中心内容,强调:"如果我们在生产工作上无知,不能很快地学会生产工作,不能使生产事业尽可能迅速地恢复和发展,获得确实的成绩,首先使工人生活有所改善,并使一般人民的生活有所改善,那我们就不能维持政权,我们就会站不住脚,我们就会要失败。"有鉴于此,毛泽东提出了中华人民共和国成立后应采取充分调动与发挥各方面积极性的政治经济政策,认为:"在革命胜利以后一个相对长的时期内,还需要尽可能地利用城乡私人资本主义的积极性,以利于国民经济的向前发展。在这个时期内,一切不是于国民经济有害而是于国民经济有利的城乡资本主义成分,都应当容许其存在和发展。这不但是不可避免的,而且是经济上必要的。"他强调中共"必须全心全意地依靠工人阶级,团结其他劳动群众,争取知识分子,争取尽可能多的能够同我们合作的民族资产阶级分子及其代表人物站在我们方面";"同党外民主人士长期合作的政策,必须在全党思想上和工作上确定下来"。当然,毛泽东并不因此而忽视他一贯重视的阶级分析和阶级斗争。在1948年9月的中共中央政治局会议上,毛泽东提出:"资产阶级民主革命完成之后,中国内部的主要矛盾就是无产阶级与资产阶级之间的矛盾,外部就是与帝国主义的矛盾。"他在七届二中全会上再次强调了这个看法,认为在革命胜利后国内的主要矛盾是工人阶级与资产阶级的矛盾,外部是中国和帝国主义国家的矛盾,"在拿枪的敌人被消灭以后,不拿枪的敌人依然存在,他们必然地要和我们作拼死的斗争,我们决不可以轻视这些敌人"。因此他强调,无产阶级领导的、以工农联盟为基础的、人民民主专政的国家政权只能而且必须强化。在这方面,他没有也不允许党内有任何的动摇与犹豫。①

对于中共领导的新民主主义革命的胜利及其在胜利之后面临的艰巨任务,毛泽东有清醒的认识和透彻的分析。他认为:"我们很快就要

---

① 《毛泽东选集》第4卷,1424—1439页;《毛泽东文集》第5卷,145—146页。

在全国胜利了。这个胜利将冲破帝国主义的东方战线,具有伟大的国际意义。夺取这个胜利,已经是不要很久的时间和不要花费很大的气力了;巩固这个胜利,则是需要很久的时间和要花费很大的气力的事情。"针对中共党内在胜利面前已经出现的骄傲自大,以及可能出现的贪污腐败现象,毛泽东警告说:"因为胜利,党内的骄傲情绪,以功臣自居的情绪,停顿起来不求进步的情绪,贪图享乐不愿再过艰苦生活的情绪,可能生长。因为胜利,人民感谢我们,资产阶级也会出来捧场。敌人的武力是不能征服我们的,这点已经得到证明了。资产阶级的捧场则可能征服我们队伍中的意志薄弱者。可能有这样一些共产党人,他们是不曾被拿枪的敌人征服过的,他们在这些敌人面前不愧英雄的称号;但是经不起人们用糖衣裹着的炮弹的攻击,他们在糖弹面前要打败仗。我们必须预防这种情况。"在报告的结尾,毛泽东豪情满怀地总结说:"中国的革命是伟大的,但革命以后的路程更长,工作更伟大,更艰苦。这一点现在就必须向党内讲明白,务必使同志们继续地保持谦虚、谨慎、不骄、不躁的作风,务必使同志们继续地保持艰苦奋斗的作风。""我们不但善于破坏一个旧世界,我们还将善于建设一个新世界。"①

3月13日,毛泽东在中共七届二中全会作总结讲话,提出应该将马克思主义的普遍真理与中国革命的具体实践相结合,宣传马克思、恩格斯、列宁、斯大林的辩证唯物主义,而不要把毛泽东与他们并列;认为中国革命是继俄国十月革命和第二次世界大战之后,无产阶级革命时代人类第三个最伟大的胜利;强调将来从新民主主义革命向社会主义革命的转变,如果国家(主要的就是人民解放军)和我们党腐化下去,无产阶级不能掌握住这个国家政权,那还是有问题的。② 中共领导中国革命的成功历程,使毛泽东有充分的自信作这样的报告和总结,并且使之成为中共全党信奉的工作指南。面对中共领导的革命即将获得全国性胜利,毛泽东既自信又谨慎。他自信中共可以领导建立一个全新的中国,为人类社会的发展开创一条新路;他谨慎于胜利之后较前万般复杂的国家管理与经济文化建设事务,尤为警惕中共在胜利之后不思进

---

① 《毛泽东选集》第4卷,1438—1439页,北京,人民出版社,1991。
② 参见《毛泽东年谱(1893—1949)》下卷,465—466页。

取、蜕化变质的可能性。因此,他提出了进城后不以人名命名城市及道路、党内领导人不祝寿等建议,以示由中共中央带头保持谦虚谨慎的态度与作风。

中共七届二中全会通过了毛泽东的报告与总结,明确了中共的工作中心从农村转移到城市,提出了中共在全国胜利前后的各项工作方针以及政治、经济、外交方面的基本政策,并认为"召集政治协商会议和成立民主联合政府的一切条件,均已成熟";决定由中共发起,于年内在北平召开有各民主党派、人民团体及民主人士参加的政治协商会议,成立民主联合政府,并定都北平,以取代国民党政府,作为中国的合法中央政府。

1949年3月23日,毛泽东、刘少奇、周恩来、朱德、任弼时等中共中央领导人离开了中共获得全国胜利之前的最后一个农村指挥所——河北平山县西柏坡村,向北平进发。行前,毛泽东将进城掌握全国政权当作对中共的大考,但他自信中共将考出好成绩,表示我们绝不当李自成。25日,毛泽东一行到达北平,进驻西郊香山,开始进一步的建国准备工作。

第二节　中共建国的实际准备

对于中共接管和建立全国及地方政权具有重要意义的是干部队伍的建设。中共的干部队伍主要是在战争年代并为了因应战争需要而形成的,干部多出身农村,主要的工作任务是打仗。对于管理城市、领导现代生产与文化教育工作,不仅干部队伍的数量远远不够,而且懂行的专业干部更为缺乏,再加上战争的进程大大超出了原先的估计,建设一支适应形势发展需要的干部队伍成为当务之急。过去中共接管新区的干部基本上来自老区,但随着接管地方的迅速增加,尤其是接管的大城市越来越多,依靠老区现有的干部已不足以应付形势发展的要求。美国驻华大使司徒雷登认为:中共"随着军事局势的发展,其地盘日益扩张,但问题也将会增多、复杂。解决问题的主要困难是缺乏足够的行政人员和技术人员,这些人多在非共产党地区,他们或者是国民党党员或者是国民政府的职员。"[①]

中共对解决干部队伍问题的紧迫性和重要性有足够的认识。1948年9月,中共中央政治局会议提出:"夺取全国政权的任务,要求我党迅速地有计划地训练大批能够管理军事、政治、经济、党务、文化教育等项工作的干部。"会议决定在战争第三年准备3万至4万干部,以便随军前进,有秩序地管理新区。10月28日,中共中央将准备未来两年需要的各级干部53 000人的指标分配到各大区,同时要求这些干部应包括军事、党务、政府、经济、文化、教育等各个方面的人员,并配备成套班子,便于

---

① 肯尼斯·雷等编:《被遗忘的大使:司徒雷登驻华报告(1946—1949)》,尤存等译,250页,南京,江苏人民出版社,1990。

按系统全面接管。为使接管干部适应在新形势下工作的需要,中共中央要求各地通过党校、军校以及其他教育方式,对干部予以培训,使"干部易于提高,上下级干部易于熟悉。将来派遣出去,以利工作的开展","在可能开设大学的地区,应即开办正规大学,以培养将来为政治、经济、文化各方面工作所需要的较高级的人才"。为了缓解懂行的专业干部严重缺乏的状况,中共中央还指示:"在解放了的城市中,放手地大量地使用及训练改造除了反动分子以外的原来的企业人员及公教职员,以补我城市工作干部之不足。经过一个时期之后,并可从此类人员中抽出一批加以训练派往新解放地区去工作。"由于国民党军队基本被打败,最激烈的战斗已经过去,毛泽东还提出:"军队不但是一个战斗队,而且主要地是一个工作队。军队干部应当全体学会接收城市和管理城市……过去军队干部和战士们所不熟悉的一切城市问题,今后均应全部负担在自己的身上。""占领几十个大城市所需要的工作干部,数量极大,这主要依靠军队本身自己解决。"①

经过中共各级领导机构的努力,在一定程度上缓解了接管干部的紧缺状况。据统计,从1948年至1949年,随军南下的各级干部约有53 000人,大约占当时中共干部总数的1/6。尽管如此,在中共接管全国政权的过程中,仍然时时面临着干部队伍缺乏的困难。一方面,不少出身农村的干部对城市工作的熟悉程度不够,在接管过程中遇到许多困难;另一方面,出于传统的乡土观念及革命成功时的享受心理,一些乡村干部对于长途跋涉、远离故土并不十分积极,各区都有不愿外出的干部,其中晋冀鲁豫北岳区抽调的南下干部中,离队不归的比例约为8%,还包括县委书记这样级别的干部。因为接管工作的复杂和干部的缺乏,在渡江战役之后,中共多次放慢了人民解放军的进军步伐,如对于上海和武汉这样的重要城市,就是因为需要充分地准备接管工作,而没有立即发起攻势。可以说,中共在全国接管过程中遇到的"最大困难是干部问题",这在一定程度上制约了人民解放军向全国进军的速度。1949年6月11日,中共中央下发指示,要求各地再抽调38 000名干部,

---

① 《毛泽东选集》第4卷,1347、1405—1406页;《中共中央文件选集》第17册,426—431页;《毛泽东军事文集》第5卷,495页。

准备接管华南、西南和西北各省，同时提出，应尽可能抽调原籍为接管省份而又熟悉情况的干部，着重从城市干部中抽调，而不从县区干部中抽调，并由进军部队本身担负抽调部分接管干部。① 准备、培养与调派接管干部的问题是在人民解放军向全国进军的过程中逐步得到解决的。

与中共准备接管干部队伍相关的问题是中共的城市接管政策与实践。中国不多的现代工业与文化机构几乎全部集中在少数大城市，这里不仅有中共管理国家和建设国家不可或缺的资源，而且集中了中共建政的主要阶级基础之一——产业工人阶级。顺利有序地接管城市，不仅对中共工作中心的转移和革命的成功具有现实的意义，而且对此后中共领导国家的建设与发展更有长远的影响。对长期在农村根据地执政、对农村工作已是驾轻就熟的中共而言，有序地接收并有效地管理城市可谓相当艰巨的任务。在中共接管城市之初，发生过不少因为不懂得如何管理城市以及"左"倾偏向导致的有碍城市社会秩序稳定及不利于恢复生产的行为，从而引起了中共中央的高度重视。从1947年11月占领石家庄到1948年4月再占洛阳，中共的城市接管政策基本成形，其重点在于严格纪律，"宁缓勿急，宁慢勿乱"，稳重渐进，首先保证城市社会秩序的基本稳定，在此基础上逐步恢复生产，进行社会改革。随着国民党军队在战场上的失败，中共接管的城市尤其是大城市越来越多，城市管理越加复杂与重要，对于若干如沈阳、北平、天津、上海这样的特大城市而言，仅仅是维持数百万市民的粮食与燃料的正常供应，就是对中共接管工作的严峻考验，中共因此更注意城市接管的稳定有序。1948年12月15日，中共中央批转陈云上报的《接收沈阳的经验》，认为沈阳接管解决了两大难点问题，即接收完整并迅速恢复秩序，具体办法是"各按系统，自上而下，原封不动，先接后分"；② 同时，抓紧解决有助于稳定人心的关键问题，如迅速恢复电力供应，解决金融物价问题，收缴警察枪支，利用报纸宣传政策稳定人心，妥善处理工资问

---

① 赵生晖：《中国共产党组织史纲要》，227—228页，合肥，安徽人民出版社，1987；《中共中央文件选集》第18册，326—328页。
② 《陈云文选（1926—1949）》，269—274页，北京，人民出版社，1984。

题等。毛泽东总结了沈阳接管和其他城市接管的经验,提出"原封原样接收"的思想,成为此后城市接管工作的指导方针。

对于较沈阳人口更多、影响更大的北平与天津接管,毛泽东指示接管负责人之一薄一波:对民族工商业要好好保护,接收工作要"原封原样,原封不动",先恢复生产,以后再慢慢来;做好城市工作要依靠工人阶级,还要团结好民族资产阶级,跟他们保持长期的统一战线。平津接管贯彻了"原封原样"的方针,"接管人员进入平、津后,有区别地对待不同性质的旧机构、旧人员、旧办法、旧制度,把革命进程中不可避免的破坏限制在最小的范围,能够保存的尽量保存,可以利用的尽量利用,哪怕是暂时的也好。这是马克思关于打碎旧的国家机器和对资本主义管理进行两重性分析的思想在中国具体条件下的灵活应用。"[①]由于指导思想明确,准备充分,平津接管较为顺利,社会秩序很快即恢复正常。

虽然中共对城市接管的过程基本上是有序的,但在接管后的城市政策方面仍然出现过"左"倾偏向,主要表现在对待民族资产阶级的态度方面。1949年4月10日到5月7日,中共领导人刘少奇到天津进行了近一个月的视察,对这方面的问题做了有重点的调查研究,发表了不少有针对性的意见。他认为,对资产阶级应有斗争,但重点在团结,如果把它当做斗争对象,那就犯路线的错误,在相当长的时期内,这个重点还不会变;如果把民族资产阶级看成敌人,要打倒资本家,那是违背工人阶级的利益的;"今天中国不是资本家太多,太发展了,而是太少,太不发展";"在新民主主义的经济下,在劳资两利的条件下,还让资本家存在和发展几十年。这样做,对工人阶级的好处多,坏处少。"他在与天津工商资本家的座谈中,鼓励他们扩大生产,办好厂,多办厂,提出现在私人资本是有积极作用的,必须充分发挥;今天中国资本主义是在年轻时代,正是发挥它的历史作用、积极作用和建立功劳的时候。5月31日,刘少奇为中共中央起草给东北局的指示,指出有些干部认为和资本家接触就是立场不稳,不给资本家的生产以应有的照顾;在劳资关系上,工人有过高的要求和过"左"的行动,未用坚决的办法去纠正;资

---

① 薄一波:《若干重大决策与事件的回顾》上卷,5—13页,北京,中共中央党校出版社,1991。

本家开工后的各种实际困难未帮助克服；在报纸上只说资本家坏，不说资本家还有好处；在党内只强调私人资本主义的投机性、捣乱性，强调限制资本主义，而不强调一切有益于国计民生的私人资本主义在目前和今后一个长时期内的进步性、建设性与必需性，不强调利用私人资本主义的积极性来发展生产；只强调和资本家斗争，而不强调联合愿意和我们合作的资本家。"结果就使资本家恐慌消极，陷于半瘫痪状态，完全没有生产积极性，许多资本家就准备停工歇业或逃跑。这是一种实际上立即消灭资产阶级的倾向，实际工作中的'左'倾冒险主义的错误路线，和党的方针政策是在根本上相违反的。""我们认为这一个问题是关涉党的总路线中十分重要的问题，必须完全正确地迅速地解决。"毛泽东在这个指示上批示，要求各地"认真克服对待民族资产阶级的'左'倾机会主义错误"，强调"如果不克服此种错误，就是犯了路线错误"。①由于中共中央的重视与及时指示，这种"左"倾偏向在很大程度上得到了矫正。

对于中共的城市接管而言，最重要的城市是上海。上海是中国最大的城市和工商业中心，城市人口多达500余万，生产总值接近全国的一半，文化教育事业较为发达。这里既有中国人数最多的产业工人阶级，又有历史久远的帮会流氓组织，还有众多的外国侨民，城市生活与阶级关系均极为复杂。能否顺利接管上海，是对中共城市接管工作的重要考验。在接管上海之前，中共中央指示对民族资产阶级采取特别谨慎的政策，因为"接收及管理上海如果没有自由资产阶级的帮助，可能发生很大的困难，很难对付帝国主义、官僚资本及国民党的强大的联合势力，很难使这些敌对势力处于孤立"。负责领导接管上海的渡江战役总前委因此指示下属，进军上海"必须要有谨慎小心'临事而惧'的态度，这样才能多考虑问题，否则是低级的幼稚的，就一定会栽筋斗。进入上海是中国革命的最后一个难关，是一个伟大的考验"。为此，总前委以"稳步前进，量力而行，实事求是"作为接管方针，组织5 000余名接管干部，进行集中培训，学习接管政策，准备以自上而下、原封不动的方

---

① 刘崇文、陈绍畴主编：《刘少奇年谱（1898—1969）》下卷，195、201、204 页，北京，中央文献出版社，1996；《中共中央文件选集》第 18 册，317—319 页。

式进行接管,以使接管稳妥可靠,安定民众心理,迅速恢复城市秩序。在准备接管期间,总前委特别强调防止"左"倾偏向,强调农村工作和秘密工作方法不适合公开的城市工作,提出"不能以全国最高的生产水平降低到我们的农村式的水平,要人家来就范。而应以我们的水平结合人家的办法,向他们学习";要求遵守接管政策与纪律,尤其是外事纪律,保障上海数万外侨的居住与行动自由;强调严格要求,"工作上要求得比平津高一点,至少要维持原例。接管尺度要比平津更宽不可更严。平津不做的,我们就不做。平津做过的,我们还要放宽些。"结果上海的接管波澜不惊,国民党上海市政府9个局10个处、经济单位411个、新闻出版单位47个、文艺单位18个、教育单位及公立学校540个被完整接管,涉及人员20万。上海的社会秩序迅速恢复,为中共在社会各界赢得了良好的影响和口碑。①

对于国民党军政人员的处理是中共接管城市过程中需要解决的问题之一,中共干部和一般民众对这些人多无好感,但如果听任这部分数量庞大的人员流落社会,势将造成社会的动荡,也将为中共建政留下不稳定因素。1949年9月3日,毛泽东在给华东局的指示中提出:有些人"现在无事做,也应给以饭吃。维持他们,使他们活下去,否则政治上对我们极为不利。就全局来说,全国养九百万至一千万人是完全有办法的。"24日,中共中央发布《关于旧人员处理问题的指示》,提出"对旧人员的处理应十分慎重,这些人员,除少数战犯、特务及劣迹昭著的分子以外,一般均将其希望寄托于我们,其基本要求是吃饭";"旧人员一般的不能用裁撤遣散方法解决,必须给以工作和生活的出路"。这个政策被形象地表述为"三个人的饭五个人匀着吃,房子挤着住"。② 通过这种方式,稳定了这个群体在新旧政权转移时期的不安心理,有助于中共建政工作的顺利进行。

在对外关系方面,中共在建国准备工作中最重要的是与苏联进行政策协调,以得到苏联的政治经济支持。毛泽东深信,"公开为蒋介石

---

① 《毛泽东年谱(1893—1949)》下卷,476页;上海市档案馆:《上海解放》,13—17、36—37、68、98—99、148—150页,北京,档案出版社,1989。
② 《毛泽东年谱(1893—1949)》下卷,563页;《中共中央文件选集》第18册,460—461页。

撑腰的美国政府是决不能听任他把革命进行到底的,共产党要想顺利地取得胜利和巩固政权,就非加入以苏联为首的社会主义阵营中去不可。"因此他要求苏联方面,"就有关的政治、军事、经济和其他重要问题进行指导",表示"我们必须保证我们的政策与苏联的政策完全一致",并曾多次表示有意访问苏联。① 1949年6月,毛泽东发表《论人民民主专政》,公开宣示了中共对以苏联为首的社会主义阵营"一边倒"的方针。

当中共即将获得全国胜利、国民党已经面临全面失败之时,苏联的对华政策维持了某种双重性态势,即既支持中共的革命,又与国民党政府维持国家间的外交关系,以获取最大的利益。1949年1月,苏联驻华使馆随国民党政府南迁广州。4月,国民党军队自南京败退,苏联大使罗申随后离开广州,同时继续留下部分人员留守。苏联驻北平和南京总领事馆则与中共保持接触。在这些公开的活动之外,中共和苏联之间主要是通过秘密的党与党交涉,就中共建国进行有效的协调。

1949年1月31日至2月7日,苏共(当时的简称为联共〔布〕)中央政治局委员米高扬秘密访问西柏坡,同中共领导人会见,这是苏共高级领导人首次造访中共中央所在地。毛泽东在与米高扬的谈话中告诉他,估计过江后用不了多少时间,就可以攻克南京、上海;目前面临的问题是建立新政权,这个政权是无产阶级领导的工农联盟为基础的人民民主专政,虽然政府的组织形式与苏联、东欧国家有所不同,但其性质与宗旨仍然是在共产党领导下的,将来的目标是实现社会主义和共产主义;目前的任务是恢复生产和经济建设;对外政策是打扫好房子再请客,将对苏关系置于对外政策的中心位置。② 当时,苏共及斯大林对中共和毛泽东还有一定的疑虑,因为中共有着很强的独立性,他们担心中华人民共和国成立后中共成为又一个南斯拉夫,毛泽东成为又一个铁托。米高扬访问西柏坡,也不无就此考察中共之意。毛泽东对米高扬的谈话,很大程度上是说给斯大林听的,以此缓解斯大林的担心。其后

---

① 杨奎松:《中共与莫斯科的关系(1920—1960)》,578—579页,台北,东大图书股份有限公司,1997。
②《毛泽东年谱(1893—1949)》下卷,449页。

毛泽东又提出"一边倒"方针,既为中共在实践中所遵行,也是为了使苏联可以放心地支持中共建国。

1949年6月21日至8月21日,中共派出政治局委员兼书记处书记刘少奇、政治局委员兼东北人民政府主席高岗率领的高级代表团访问苏联。6月27日,苏共领导人斯大林、莫洛托夫、马林科夫、米高扬等会见了中共代表团。斯大林首先祝贺中国革命的胜利,同时表示,苏联将以机器设备、原材料和其他商品的形式提供为期5年的3亿美元贷款,并派出专家援助中共的建设。其后,中苏两党签订了若干具体协议。7月4日,刘少奇致函苏共中央和斯大林,向苏方通报中国革命的形势、新政协和中央政府的组成、中共的对外政策,以及中华人民共和国成立后的中苏关系等问题。

1. 关于中国革命的形势:中国人民革命战争目前已基本胜利,不久将取得彻底胜利;除军事胜利外,我们还取得了政治上的胜利,美帝国主义和蒋介石国民党已彻底孤立,所有民主党派都站到了我们一边;我们认为中国革命的胜利现在已是毋庸置疑的了。

2. 关于新政协和中央政府的组成:决定今年召开新政治协商会议,由中共和各民主党派、人民团体、少数民族代表、华侨代表共同筹备,产生中央政府;新的国家是无产阶级领导的,以工农联盟为基础的人民民主专政国家。

3. 关于中华人民共和国成立后的对外政策:所有帝国主义在中国的控制权,不论是军事、政治、经济和文化的,均要彻底加以摧毁;今后的外交活动,应根据以下原则进行。(1)同帝国主义国家进行斗争,以实现中国人民的彻底独立;(2)在国际事务中和苏联及各新民主国家站在一道,反对新的战争危险,保卫世界和平与民主;(3)利用各资本主义国家之间和这些国家内部的矛盾;(4)在平等互利原则的基础上发展中国与外国的通商贸易,特别是发展与苏联及各新民主国家的贸易。在新的中央政府成立后,如果帝国主义国家承认新政府,我们准备与这些国家建立外交关系;同时,我们希望苏联能率先承认我们。我们的政策是向苏联"一边倒"。

4. 关于苏中国家关系:希望尽快建立与苏联的邮电通信、铁路和航空联系,也希望合办苏中联营航空公司;希望苏共在管理国家、经济建设和外交上给予帮助与指教。

信函强调指出:毛泽东和中共中央认为,苏共是国际共产主义运动的统帅部,而中共则是一个方面的司令部,局部利益应当服从世界利益。因此,中共服从苏共的决定。如果中共和苏共出现分歧,中共在说明自己的观点后,将服从并坚决执行苏共的决议。①

通过中共代表团对苏联的访问,中共与苏共之间就未来中苏关系的基本方面达成了若干共识,苏联愿意向中共建国提供实际的帮助,有助于中共在建国初期百废待举之时恢复与发展经济和文化,而中共对苏共领导地位的认可及"一边倒"政策,也有利于苏联获得在亚洲以至世界范围内的战略利益,特别是在苏、美竞争方面,有中国这样的大国加盟苏联阵营,无疑对苏联是个重要的砝码。1949年10月2日,苏联率先承认中华人民共和国,3日与国民党政府断绝外交关系,成为与中华人民共和国建立正式外交关系的第一个国家。

对于中华人民共和国成立后与其他国家的外交关系,中共采取了"另起炉灶""打扫干净屋子再请客"的方针,即不承认国民党政府时代旧的外交关系,准备在平等互利、相互尊重主权和领土完整的基础上,与各国建立新的外交关系。

对于国民党政权最主要的支持者,也是中华人民共和国成立后中共最主要的对手——美国,中共采取的态度是明确的,即坚决反对美国支持国民党、干涉中国内政的行为,但在具体问题上,则视美国态度而留有余地。中共建国前夕,美国曾经企图寻求与中共接触的途径,表示对中共建国的某种温和态度,以分化中共和苏联的关系,不使苏联阵营因中国的加入而壮大。1949年3月下旬,美国大使司徒雷登在与陈铭枢的谈话中,希望陈向中共解释,只要中共真正实现民主,成立一个真正和平、独立、民主的联合政府,改变对美态度,制止反美运动,美国愿与中共实现友好并援助新政府复兴与建设新中国。美国的态度为中共所知后,4月28日中共中央指示渡江战役总前委,"美国援助国民党反

---

① 关于刘少奇访问莫斯科的资料,引自栾景河《对刘少奇使团1949年秘密访问莫斯科的几点看法》,见第二届近代中国与世界国际学术讨论会论文,中国社会科学院近代史研究所,2000。

共的旧政策已破产,现在似乎正在转变为和我们建立外交关系的政策";"现美国方面托人请求和我方建立外交关系,英国亦极力想和我们做生意。我们认为,如果美国及英国能断绝和国民党的关系,我们可以考虑和他们建立外交关系的问题。"人民解放军进占南京之后,美国大使司徒雷登一反常态,没有跟随国民党政府撤往广州,而是留在南京,传达出美方某种信息。4月25日,第35军士兵擅入司徒雷登住宅,受到毛泽东的严厉批评,要求总前委"必须立即引起注意,否则可能出大乱子"。当司徒雷登表示愿与中共方面接触后,5月10日,毛泽东指示南京军管会外事处处长黄华可以和司徒雷登见面,"以侦察美国政府之意向为目的";多听他讲话,少说自己意见,并表示任何外国不得干涉中国内政,美国政策干涉中国内政,必须停止;如果美国愿意考虑和我方建立外交关系,就应当停止一切援助国民党的行动,并断绝和国民党的联系;谈话是非正式的,态度可以适当友善,但不要表示过分热情;对于司徒雷登愿意继续当大使和我们办交涉并修改商约事,不要表示拒绝的态度。5月13日,黄华在和司徒雷登见面时提出了上述要求。司徒雷登认为,按照国际法,美国不能断绝与旧政府的关系,等以后产生了新政府,并愿意承担国际义务,则问题自然解决。他表示希望新政府吸收民主开明人士,但黄华认为这是中国内政,不容外人干涉。司徒雷登还希望北上访问燕京大学,中共表示同意。但是,司徒雷登的做法在很大程度上只是他的个人意向(他甚至请罗隆基向中共传话,说只要中共不成为苏联的附庸,美国有意贷款20亿美元,以帮助中国恢复和发展经济),并未得到美国政府的充分授权,当他向美国政府报告准备北上的计划后,被美国政府否决。在当时的情况下,虽然美国采取了从中国抽身而退、"等待尘埃落定"的政策,但无论从政治上还是从经济上考虑,美国都没有与中共领导的中国新政府建立正常的外交和经济关系的现实可能性。① 6月30日,毛泽东发表《论人民民主专政》,公开宣布"一边倒"的方针,美国分化中共与苏联关系的幻想已告破灭,司徒雷登再留在南京已没有意义。8月2日,他从上海登轮回国,预示着美国曾

---

① 《毛泽东年谱(1893—1949)》下卷,489—490、499—500页;林孟熹:《司徒雷登与中国政局》,161—162页,北京,新华出版社,2001。

经在中国所有的全方位的影响力也将逐渐销声匿迹。8月18日,新华社发表毛泽东写的《别了,司徒雷登》,用酣畅辛辣的文字,淋漓尽致地讽刺与批判了美国对华政策及其支持国民党政策的失败。毛泽东在文中写道:"人民解放军横渡长江,南京的美国殖民政府如鸟兽散。司徒雷登大使老爷却坐着不动,睁起眼睛看着,希望开设新店,捞一把。司徒雷登看见了什么呢?除了看见人民解放军一队一队地走过,工人、农民、学生一群一群地起来之外,他还看见了一种现象,就是中国的自由主义者或民主个人主义者们也大群地和工农兵学生等人一道喊口号,讲革命。总之是没有人去理他,使得他'茕茕孑立,形影相吊',没有什么事做了,只好挟起皮包走路。"①

---

① 《毛泽东选集》第4卷,1496页。

第三节　中华人民共和国的成立

中华人民共和国的实际建立过程，始于1948年中共提出召开新政协。在筹备建国的过程中，毛泽东始终强调中共在革命中的领导地位和领导权的问题，始终警惕资产阶级及其代表人物侵蚀革命队伍、占有领导权的可能性。1947年10月27日，毛泽东在为中共中央起草的给各中央局的指示中这样写道："在政治斗争上，我们必须区别今天与明天的打击方向"，"在蒋介石集团的反动统治未被推翻以前，我们的基本打击方向，是使大地主大资产阶级内部的反对派及中产阶级（即自由资产阶级）的右翼孤立"，"等到蒋介石及其反动集团一经打倒，我们的基本打击方向，即应转到使自由资产阶级首先是其中的右翼孤立起来"，"因为自由资产阶级特别是其右翼的政治倾向是反对我们的，所以我们必须在政治上打击他们，使他们从群众中孤立起来，即是使群众从自由资产阶级的影响下解放出来。但这并不是把他们当作地主阶级和大资产阶级一样立即打倒他们，那时，还将有他们的代表参加政府，以便使群众从经验中认识他们特别是其右翼的反动性，而一步一步地抛弃他们。在经济上，则将在长时间内容许他们存在，并使他们的经济在政府法令许可之下有一个一定程度的发展，以利经济之恢复与发展。"[①]

中共建立由其领导的新民主主义国家是既定的方针。1948年4月27日，毛泽东首次提出，中共准备邀请"民主人士来解放区开各民主党派各人民团体的代表会议"，讨论"关于召开人民代表大会成立民主

[①]《中共中央文件选集》第16册，573—577页。

联合政府的问题"。4月30日,中共中央书记处扩大会议通过"庆祝五一节"口号,中心内容是召开政治协商会议、召集人民代表大会、成立民主联合政府。5月1日,毛泽东致函在香港的民革中央主席李济深和民盟领导人沈钧儒,提出:"在目前形势下,召集人民代表大会,成立民主联合政府,加强各民主党派、各人民团体的相互合作,并拟订民主联合政府的施政纲领,业已成为必要,时机亦已成熟。"为"欲实现这一步骤,必须先邀集各民主党派、各人民团体的代表开一个会议。在这个会议上,讨论并决定上述问题。此项会议似宜名为政治协商会议。一切反美帝反蒋党的民主党派、人民团体,均可派代表参加,不属于各民主党派、各人民团体的反美帝反蒋党的某些社会贤达,亦可被邀参加此项会议。"毛泽东就此向李济深和沈钧儒征求意见。中共中央还在同日致电上海局和香港分局,要他们向李济深、冯玉祥、何香凝、谭平山、沈钧儒、章伯钧、马叙伦、章乃器、施复亮、黄炎培、张澜、罗隆基、张东荪等29位民主人士征求召开政协的时机以及他们是否参加的意见,并特别强调要征求李济深和沈钧儒的意见。① 因为民革是反蒋的国民党人所组织,并因其老关系而在国民党人中有一定的号召力;民盟是成立最早,也最有影响的民主党派,在知识阶层有很大的影响力,中共因此特别重视这两个党派的意见。5月5日,李济深、沈钧儒等领衔发出响应中共召开新政协主张的通电,但是因为交通联络的原因,此电直至8月1日才为毛泽东见到。因此,毛泽东又在5月7日致电香港分局和上海局,要求他们"用非正式交换意见的态度(不是用正式决定和邀请的态度),和各真诚反美反蒋的民主党派、人民团体及社会知名人士交换意见",并及时将"各方反映电告"。②

1948年5月1日,香港《华商报》将中共"五一节"口号提出的召开新政协、成立民主联合政府的主张公之于众,其后中共香港分局又与在港各民主党派领导人就此相商。中共的主张很快即得到各民主党派和无党派民主人士的响应。5月5日,中国国民党革命委员会李济深、何

---

① 《中共中央文件选集》第17册,143—144、149—150页,中共中央文献研究室:《毛泽东书信选集》,301—302页,北京,人民出版社,1983。
② 《毛泽东年谱(1893—1949)》下卷,308页。

香凝,中国民主同盟沈钧儒、章伯钧,中国民主促进会马叙伦、王绍鳌,中国致公党陈其尤,中国农工民主党彭泽民,中国人民救国会李章达,中国国民党民主促进会蔡廷锴,三民主义同志联合会谭平山等民主党派领导人,联名致电中共中央主席毛泽东,认为中共的主张"适合人民时势之要求,尤符同人等之本旨"。其后,台湾民主自治同盟、中国民主建国会、九三学社等民主党派也表示响应中共的主张。

8月1日,毛泽东在收到各民主党派和无党派民主人士的通电后,复电表示对他们的态度"极为钦佩",提出"革命形势日益开展,一切民主力量亟宜加强团结,共同奋斗,以期早日消灭中国反动势力","为此目的,实有召集各民主党派、各人民团体及无党派民主人士的代表们共同协商的必要";关于会议时机、地点、何人召集、参加者范围、应讨论问题等项,希望"共同研讨,并以卓见见示"。① 在此前后,各民主党派和无党派民主人士就召开新政协的各项问题,尤其是政治方面的见解,公开表明了他们的立场,其中较具代表性的是民盟和民革的意见。民盟提出:"政治协商和联合政府的主张,决非任何一党一派独有的主张,而是全国一切民主党派和民主团体乃至全国人民的共同要求",新政协应代表人民的意志,建立新民主主义的政权,既不同于英、美的政治制度,也不同于苏联的国家制度,并应由中共来召集。民革(包括中国国民党民主促进会和三民主义同志联合会)提出:新政协"不但要覆灭今日的一党专政卖国独裁者,尤要使今后永无一党专政卖国独裁者产生","将来拟定出来的共同纲领,应是和革命的三民主义相符合的新民主主义纲领","新政协必须是以国家民族利益为前提,以各阶层人民利益互相协调为前提,而不以党派立场利益为前提"。②他们提出的意见,在迅速推翻国民党统治、召开新政协、建立新的中央政府和建立独立、统一、和平、民主的新国家等主要方面与中共的主张基本一致,但在未来国家实行的政治经济制度与政策等方面,也有与中共的主张不尽一致之处,如提出未来的国家政权不同于英、美,也不同于苏联,以"革命的三民

---

① 《毛泽东年谱(1893—1949)》下卷,329页。
② 《中国民主同盟历史文献 1941—1949》,428—431页;《中国国民党革命委员会重要文件汇编》,254—257、317—320、324页,北京,中国国民党革命委员会中央宣传部,1959。

义"为建国纲领等。中共其后又与各民主党派反复商讨,接受他们合理的意见,纠正他们错误的意见,最终各方面达成共识,以中共为领导,建立新民主主义国家。

1948年9月,中共中央政治局会议明确提出,准备在1949年召集中国一切民主党派、人民团体和无党派人士的代表,召开政治协商会议,成立新的中央政府。随后,中共中央出面邀请各民主党派的代表前往东北和河北平山县李家庄(中共中央统战部所在地),共同商讨召开新政协的若干具体问题并筹备召开新政协。中共中央以及负责统战工作的中共领导人周恩来为此作出了周密部署,责成中共在香港的地下组织负责接送在港各民主党派和无党派民主人士北上,参加新政协筹备工作。

1948年9月12日,沈钧儒、谭平山、章伯钧、蔡廷锴等第一批离港北上,于29日到达哈尔滨;10月底,马叙伦、许广平等离港北上,于11月中旬到达沈阳;12月26日,李济深、朱蕴山、章乃器、施复亮等离港北上,于1949年1月7日到达大连;3月14日,黄炎培等离港北上,25日到达北平;周建人、胡愈之等此前到达李家庄。1949年2月14日,中共中央派林伯渠前往沈阳,代表中共中央迎接各位民主人士到平。25日,李济深、沈钧儒、马叙伦等一行35人在林伯渠陪同下乘专车抵达北平。至此,各民主党派领导人与无党派民主人士齐集北平,参加召开新政协的筹备工作。①

1948年10月8日,中共中央将《关于召开新的政治协商会议诸问题》发至东北局,要他们向正在哈尔滨的沈钧儒、谭平山、章伯钧、蔡廷锴等人征求意见。10月30日,周恩来又将经过讨论修改的上述文件发给中共香港分局及上海局,要求他们向还在香港的李济深、何香凝、马叙伦、章乃器等征求意见,并表示"中共所提的名单只是中共的希望,他们完全可以增减和改动"。各民主党派就中共的方案提出了他们自己的意见,如:提议增加上海人民团体联合会为新政协发起单位;将无党派民主人士单列;建议国民党反动集团内,特别是国民党地方派系人

---

① 1949年8月28日,宋庆龄自上海抵达北平,毛泽东、朱德、周恩来等中共领导人亲临北平车站迎接。

员中,如有赞同三反(反帝、反封、反官僚资本)并见诸行动者,似应准其参加新政协,参加新政协的党派代表名额应以其发展历史、工作成绩、现有力量、政治影响、代表性大小等决定。这些意见都得到了中共的考虑并接受。11月3日,中共中央电示东北局:"应多邀请一些尚能与我们合作的中间人士。甚至个别中间偏右者,乃至本来与反动统治阶级有瓜葛,而现在仍能拥护联合政府的人,以扩大统一战线。"11月25日,中共中央东北局负责人高岗、李富春代表中共中央,同在哈尔滨的各民主党派领导人沈钧儒、谭平山、章伯钧、蔡廷锴等,达成召开新政协筹备会的协议。主要内容为:新政协由中共及赞成中共"五一"主张的23个单位组成,筹备会的任务是邀请代表,起草文件,召开正式会议;同时达成召开新政协的协议,主要内容为新政协将排除南京政府人员及反动分子参加,任务为讨论共同纲领和建立临时中央人民政府。①

在筹备召开新政协的过程中,中共对各民主党派和无党派民主人士做了大量的工作,对他们释疑解惑,打通思想,并考虑他们的实际情况,安排适当的政治地位。各民主党派最为担心的是他们在革命胜利之后的地位问题,会不会因为中共的执政而失去作用。中共领导人就此向他们做了大量的解释工作。周恩来向他们表示:今后"进行新民主主义经济建设,需要各党派真诚合作","新政协为长期组织,也即人民民主统一战线",人民民主统一战线工作是长期的,中共将与各民主党派长期合作。同时周恩来也向他们表示,中共与各民主党派的合作不是在朝党和在野党、执政党和反对党之间的相互斗争与交替,而是政治上的分工合作,各民主党派各自联系不同方面的人士,要求各民主党派做中共坚定的合作者,而不是做"反对派"或中间派。② 中共对各民主党派的工作,既为解除他们的疑虑,也为他们认识自身的定位,以确保中共对国家的领导以及与各民主党派合作的顺利进行。

经过大半年的筹备工作,1949年6月15日,新政治协商会议筹备会在北平中南海勤政殿举行第一次全体会议,参加会议的有中共和各

---

① 中国人民政治协商会议全国文史资料研究委员会编:《五星红旗从这里升起》,16—23、211—214页,北京,文史资料出版社,1984。
② 中共中央文献研究室编:《周恩来年谱(1898—1949)》,828—831页,北京,人民出版社、中央文献出版社,1989。

民主党派、无党派民主人士及各人民团体等23个单位的代表134人。毛泽东在会上发表讲话,提出筹备会的任务:"完成各项必要的准备工作,迅速召开新的政治协商会议,成立民主联合政府,以便领导全国人民,以最快的速度肃清国民党反动派的残余力量,统一全中国,有系统地和有步骤地在全国范围内进行政治的、经济的、文化的和国防的建设工作。"①此次会后,召开新政协的各项筹备工作在中共领导下有计划地加快进行。

8月29日,新政治协商会议筹备会通知将参加新政协的各党派、各团体、各区域、人民解放军各单位及特别邀请代表,于9月10日前抵达北平。9月20日,参加新政协的单位及个人代表名单最后决定,计为党派代表14个单位、区域代表9个单位、军队代表6个单位、团体代表16个单位以及特邀代表,其中正式代表510人、候补代表77人、特邀代表75人,共计662人。"这次会议的人物,是包括了各民主党派,军队和各人民团体,各区域,各民族的代表。从阶级的成分来说,它有工人,农民,民族资本家,小资产阶级的知识分子;从中国革命的历史来说,它有戊戌政变,辛亥革命,五四运动以及1925年大革命以来的参加人物和领导人物;从代表的年龄来说,它有92岁的老翁,也有21岁的青年;从信仰来说,它有唯物主义的哲学家、科学家、文艺家、政治家,也有笃信宗教的基督教信徒,佛教信徒,回教信徒;从居住的地域来说,它有远在天涯,冒险归来的海外侨领,也有僻处内地的苗、彝、黎、藏同胞!"②

为了确定参加新政协的代表名单,与会各方经过了反复认真的商讨,尤其是对各民主党派和无党派民主人士的代表,各方更是极为慎重。因为各民主党派和无党派民主人士的历史较为复杂,能否参加新政协又意味着今后政治上的地位高低和参政权的大小,因此各民主党派和无党派民主人士内部往往有各种不同的意见。经过中共协调,与会各方决定,各单位的代表由其自行提名,无单位的代表由各单位共同提名,然后再听取各方面的意见,经过反复相商后再定,以使各方面都

---

① 《毛泽东选集》第4卷,1463页。
② 《五星红旗从这里升起》,482页。

能接受。随着国民党的失败无可挽回,中共即将获得全国性胜利,中国政治舞台上各式各样的其他党派也纷纷向中共靠拢,提出参加新政协的要求,希望在未来的国家政权中占有一席之地。1949年2月17日,中共中央发出指示,对于中共"五一"主张发出后成立的党派"一律不予承认",并令其自行解散,向各地军管会如实呈报一切。但是在筹备召开新政协期间,仍有不少党派要求参加,其中包括孙文主义革命同盟、光复会、中国农民党、中国民治党、民社党革新派、中国少年劳动党、民主进步党、中国人民自由党,等等。中共认为这些党派中"许多都是来历不明,很成问题的"。有的虽有反蒋民主活动,但组织不纯,成分复杂;也有的并无反蒋民主活动,甚至还有反共行为;还有的是出于投机目的,临时拼凑成党。筹委会因此决定:对于"组织严重不纯,或是在民主运动中并无实际表现,甚至有过反动行为的,以及投机分子临时拼凑起来的派别和团体,不邀请参加。但对这些党派和团体中,有民主运动历史并有一定代表性的民主分子,则邀请他们以个人身份参加。"这些以个人身份参加者有孙文主义革命同盟的许闻天、民社党革新派的沙彦楷、中国少年劳动党的安若定等。①

新政协将要讨论通过的《中国人民政治协商会议共同纲领》,将为新民主主义国家确定基本的大政方针,因此是新政协筹备过程中起草的最重要文件,也是筹备工作的最重要方面之一。《中国人民政治协商会议共同纲领》由中共负责起草,周恩来亲自执笔写出,再经过与会各方的反复讨论和修改,在9月17日新政协筹备会第二次全体会议上通过,交由新政协讨论。周恩来将《中国人民政治协商会议共同纲领》的实质解释为:"新民主主义的政权制度是民主集中制的人民代表大会制度,它完全不同于旧民主的议会制度,而是属于以社会主义苏联为代表的代表大会制度的范畴之内的。但是也不完全同于苏联制度,苏联已经消灭了阶级,而我们则是各革命阶级的联盟。"②第二次筹备会还决定,将新政治协商会议定名为"中国人民政治协商会议";经过讨论,定

---

① 中央统战部、中央档案馆编:《中共中央解放战争时期统一战线文件选编》,257页,北京,档案出版社,1988;《五星红旗从这里升起》,81、294页。
② 《周恩来选集》上卷,368页。

国名为"中华人民共和国"。

1949年9月21日,筹备建国大业的中国人民政治协商会议第一届全体会议在北平中南海怀仁堂开幕,正式代表、候补代表及特邀代表635人。毛泽东在开幕词中对国内外宣告:"现在的中国人民政治协商会议是在完全新的基础之上召开的,它具有代表全国人民的性质,它获得全国人民的信任和拥护。因此,中国人民政治协商会议宣布自己执行全国人民代表大会的职权。"毛泽东以豪迈而激情洋溢的语言说道:"我们有一个共同的感觉,这就是我们的工作将写在人类的历史上,它将表明:占人类总数四分之一的中国人从此站立起来了。""我们团结起来,以人民解放战争和人民大革命打倒了内外压迫者,宣布中华人民共和国的成立了。我们的民族将从此列入爱好和平自由的世界各民族的大家庭,以勇敢而勤劳的姿态工作着,创造自己的文明和幸福,同时也促进世界的和平和自由。我们的民族将再也不是一个被人侮辱的民族了,我们已经站起来了。"①"中国人从此站立起来了""我们已经站起来了",是深谙中国历史与民众的毛泽东,对即将成立的中华人民共和国最适切的历史定位。自1840年鸦片战争以后,中国历经外国列强的侵略,国际地位跌落,国人深受屈辱,此时此刻毛泽东如此自信地表示,确实激动了无数中国人的心!

政协第一届全体会议听取了林伯渠所作《中国人民政治协商会议筹备工作经过的报告》、谭平山所作《中国人民政治协商会议组织法起草经过的报告》、周恩来所作《中国人民政治协商会议共同纲领起草经过的报告》和董必武所作《中华人民共和国中央人民政府组织法起草经过的报告》。与会代表对各个报告进行了热烈的讨论,提出了对于报告和对于建国的诸多建设性意见。

9月27日,政协会议通过《中国人民政治协商会议组织法》,规定政协为全中国人民民主统一战线的组织,旨在经过各民主党派及人民团体,团结全中国各民主阶级、各民族,共同努力,实行新民主主义,建立及巩固独立、民主、和平、统一及富强的中华人民共和国。通过《中华

---

① 《毛泽东文集》第5卷,343—344页。

人民共和国中央人民政府组织法》，规定中华人民共和国政府是基于民主集中原则的人民代表大会制的政府；在普选的全国人民代表大会召开前，由中国人民政治协商会议全体会议执行全国人民代表大会的职权；中央人民政府委员会对外代表中华人民共和国，对内领导国家政权；政务院为国家政务的最高执行机关，人民革命军事委员会为国家军事的最高统辖机关。决定：(1) 中华人民共和国国都定于北平，自即日起改名为北京；(2) 中华人民共和国纪年采用公元年号；(3) 在中华人民共和国国歌未正式确定前，以《义勇军进行曲》为代国歌；(4) 中华人民共和国国旗为红底五星旗，象征着全中国人民在中国共产党领导下的大团结。

9月29日，政协会议通过《中国人民政治协商会议共同纲领》，分为序言和七章，规定了中国的国家性质，人民的基本权利和义务，政治机关、军事制度和经济、外交、文化、教育、民族等方面的基本政策。纲领的序言声明：中国人民民主专政是中国工人阶级、农民阶级、小资产阶级、民族资产阶级及其他爱国民主分子的人民民主统一战线的政权，而以工农联盟为基础，以工人阶级为领导。由中国共产党、各民主党派、各人民团体、各地区、人民解放军、各少数民族、国外华侨及其他爱国民主分子的代表们所组成的中国人民政治协商会议，就是人民民主统一战线的组织形式。中国人民政治协商会议代表全国人民的意志，宣告中华人民共和国的成立，组织人民自己的中央政府。

纲领的总纲规定：中华人民共和国为新民主主义即人民民主主义的国家，实行工人阶级领导的、以工农联盟为基础的、团结各民主阶级和国内各民族的人民民主专政，反对帝国主义、封建主义和官僚资本主义，为中国的独立、民主、和平、统一和富强而奋斗；中华人民共和国必须取消帝国主义国家在中国的一切特权，没收官僚资本归人民的国家所有，有步骤地将封建半封建的土地所有制改变为农民的土地所有制，保护国家的公共财产和合作社的财产，保护工人、农民、小资产阶级和民族资产阶级的经济利益及其私有财产，发展新民主主义的人民经济，稳步地变农业国为工业国；人民依法有选举权和被选举权，有思想、言论、出版、集会、结社、通信、人身、居住、迁徙、宗教信仰及示威游行的自由权；各民族均有平等的权利和义务；中华人民共和国联合世界上一切爱好和平、自由的国家和人民，首先是联合苏联、各人民民主国家和各被压迫民族，站在国际和平民主阵营方面，共同反对帝国主义侵略，以保障世界的持久和平。

关于政权机关，纲领规定：中华人民共和国的国家政权属于人民；人民行使国家政权的机关为各级人民代表大会和各级人民政府；各级人民代表大会用普选方式产生，各级人民代表大会选举各级人民政府；在全国人民代表大会召开以前，由中国人民政治协商会议执行其职权；各级政权机关一律实行民主集中制。

关于军事制度，纲领规定：中华人民共和国建立统一的军队，受中央人民政府人民革命军事委员会统率。

关于经济政策，纲领规定：中华人民共和国经济建设的根本方针，是以公私兼顾、劳资两利、城乡互助、内外交流的政策，达到发展生产、繁荣经济之目的；使各种社会经济成分在国营经济领导之下，分工合作，各得其所，以促进整个社会经济的发展；实现耕者有其田；凡属有关国家经济命脉和足以操纵国民生计的事业，均应由国家统一经营。

关于文化教育政策，纲领规定：中华人民共和国的文化教育为新民主主义的，即民族的、科学的、大众的文化教育；文化教育工作应以提高人民文化水平，培养国家建设人才，肃清封建的、买办的、法西斯主义的思想，发展为人民服务的思想为主要任务；提倡爱祖国、爱人民、爱劳动、爱科学、爱护公共财物为国民公德。

关于民族政策，纲领规定：中华人民共和国境内各民族一律平等，反对大民族主义和狭隘民族主义，禁止民族间的歧视、压迫和分裂各民族团结的行为；各少数民族聚居的地区，应实行民族区域自治。

关于外交政策，纲领规定：中华人民共和国外交政策的原则，为保障本国独立、自由和领土主权的完整，拥护国际的持久和平和各国人民间的友好合作，反对帝国主义的侵略政策和战争政策；对于国民党政府与外国所订立的各项条约和协定，应加以审查，按其内容或承认，或废除，或修改，或重订；凡与国民党反动派断绝关系，并对中华人民共和国采取友好态度的外国政府，可在平等、互利及互相尊重领土主权的基础上,与之谈判,建立外交关系;在平等和互利的基础上,与各国恢复并发展通商贸易关系。①

会议决议由中央人民政府致电联合国大会,声明中华人民共和国业已成立,中国人民政治协商会议选举产生的中央人民政府为代表中国人民的唯一政府,否认广州国民党残余政府所派代表出席联合国会议的资格。

在召开全国人民代表大会,通过《中华人民共和国宪法》之前,政协通过的《中国人民政治协商会议共同纲领》实际上具有临时宪法的性质。《中国人民政治协商会议共同纲领》以国家根本法的形式,确定了中华人民共和国实行新民主主义的社会形态、建立人民民主专政的国体及人民代表大会制度的政体,从而为中华人民共和国的性质及新民主主义制度的确立提供了法律依据,并成为在实践中为中华人民共和国全体公民所必须遵守的基本法。

9月30日,政协会议选举产生了中国人民政治协商会议第一届全国委员会委员,共180人;选举产生了中华人民共和国中央人民政府委员会和中央人民政府主席、副主席,毛泽东当选为中央人民政府主席,朱德、刘少奇、宋庆龄、李济深、张澜、高岗当选为副主席,陈毅等56人为委员。在随后举行的中央人民政府委员会第一次全体会议上,任命周恩来为政务院总理,董必武、郭沫若、黄炎培、陈云为副总理,决定毛泽东为人民革命军事委员会主席,朱德为中国人民解放军总司令。为了体现各阶级的联合专政,中央人民政府的组成亦表现为由中共主导、各党派和无党派人士共同参加的联合政府。在中央人民政府的56名委员中,有中共党外人士27人,6位副主席中有中共党外人士3人;在政务院的15名政务委员中,有中共党外人士9人,4位副总理中有中共党外人士2人。这些中共党外人士包括了民主党派和人民团体领导人、无党派人士、国民党起义人士,以及其他方面的知名人士,具有广泛的代表性和包容性,为参加政协的各方面所满意,也在国内外得到广泛的好评。

---

① 《中共中央文件选集》第18册,570—597页。

9月30日,中国人民政治协商会议在通过宣言后闭幕。由毛泽东起草的政协会议宣言向国内外宣示:"这次会议,包含了全中国所有的民主党派、人民团体、人民解放军、各地区、各民族、国外华侨和其他爱国民主分子的代表,代表了全国人民的意志,表现了全国人民的空前的大团结。""我们应当进一步组织起来。我们应当将全中国绝大多数人组织在政治、军事、经济、文化及其他各种组织里,克服旧中国散漫无组织的状态,用伟大的人民群众的集体力量,拥护人民政府和人民解放军,建设独立民主和平统一富强的新中国。"①

1949年10月1日,中华人民共和国开国大典在北京天安门广场隆重举行。中华人民共和国中央人民政府主席毛泽东在天安门城楼向全世界庄严宣告,中华人民共和国中央人民政府成立了,中华人民共和国诞生了。

中华人民共和国的成立,开辟了中国历史的新纪元,实现了近代以来无数仁人志士为之奋斗终身的理想,即中国的独立自主、人民的民主自由、社会的平等正义,终结帝国主义、封建主义和官僚资本主义的统治,并为中国政治、经济、军事、文化、社会全方位的现代化进程,为建立富强文明的新中国,开辟了广阔的前景与现实的可能。正如《中国人民政治协商会议宣言》所声明:"一百多年以来,中国人民的先进分子,其中杰出者有如领导辛亥革命的伟大革命家孙中山先生,为了推翻帝国主义和中国反动政府的压迫,领导广大的人民,进行了不断的斗争,百折不挠,再接再厉,到现在,终于达到了目的。当着我们举行会议的时候,中国人民已经战胜了自己的敌人,改变了中国的面貌,建立了中华人民共和国。我们四万万七千五百万中国人现在是站立起来了,我们民族的前途是无限光明的。"②

---

① 《毛泽东文集》第5卷,347—348页。
② 《毛泽东文集》第5卷,347页。

主要参考文献

一 中文部分

(一) 未刊档案

1. "国史馆"藏档,台北
2. 《东北接收交涉日记》,*Chang Kia-ngao Papers*, Box 10, Hoover Archives, Stanford University, California, U. S. A.
3. 《郭汝瑰日记》(稿本),藏中国人民革命军事博物馆,北京
4. 《熊式辉日记》,*Hsiung Shih-hui Collection*, Rare Books and Memuscript Library, Columbia University, New York, U. S. A.
5. 《张发奎日记》,*Chang Fa-kuei Collection*, Rare Books and Memuscript Library, Columbia University, New York, U. S. A.
6. 《执行部谈判总结》,1948年4月,藏军事图书馆,北京
7. 《中共中央东北局重要档案汇编》,藏中央档案馆,北京
8. 《中国现代政治史资料汇编》,第4辑,中国科学院历史研究所第三所南京史料整理处
9. 军事图书馆藏档抄件,北京
10. 中国第二历史档案馆藏档,南京
11. 中国国民党中央委员会党史馆藏档,台北

(二) 报纸杂志

1. 百年潮.北京

2. 传记文学. 台北
3. 大公报. 重庆,上海,天津
4. 大众日报. 山东
5. 党的文献. 北京
6. 党史研究资料. 北京
7. 档案与史学. 上海
8. 东方杂志. 上海
9. 观察. 上海
10. 光明报. 上海
11. 国民政府公报. 重庆,南京
12. 国史馆馆刊. 台北
13. 和平日报. 南京,上海
14. 华北日报. 北平
15. 华商报. 香港
16. 解放日报. 延安
17. 近代史研究. 北京
18. 近代中国. 台北
19. 晋察冀日报. 张家口
20. 经济导报. 香港
21. 抗日战争研究. 北京
22. 历史研究. 北京
23. 民国档案. 南京
24. 群众. 上海
25. 人民日报. 石家庄,北平
26. 申报. 上海
27. 时事新报. 上海
28. 时与文. 上海
29. 世纪评论. 南京
30. 世界日报. 北平
31. 世界知识. 上海
32. 土地改革. 南京
33. 文汇报. 上海
34. 文史资料选辑. 全国及各省市政协文史资料委员会
35. 消息半周刊. 上海
36. 新华日报. 重庆
37. 新民报. 重庆,上海

38. 益世报.北平,天津
39. 银行周报.上海
40. 再生.上海
41. 中共党史研究.北京
42. 中共党史资料.北京
43. 中央日报.重庆,南京,上海
44. 总统府公报.南京

（三）已刊书目

1. ［苏］伊·亚·兹拉特金.蒙古人民共和国史纲.北京:商务印书馆,1972
2. "国防部"史政局.戡乱战史.台北,1959
3. "国防研究院".蒋"总统"集.台北,1960
4. "南京大屠杀"史料编辑委员会.侵华日军南京大屠杀史稿.南京:江苏古籍出版社,1987
5. "三军大学".国民革命军战役史第五部.台北:"国防部史政编译局",1989
6. "中国大陆问题研究中心".两次大战与中国前途.台北,1985
7. "中华民国外交问题研究会".日本投降与我国对日态度及对俄交涉.台北,1966
8. 北京军区华北第三次国内革命战争史编写组编.华北第三次国内革命战争史.石家庄:河北人民出版社,1990
9. 北京市档案馆编.北平和平解放前后.北京出版社,1988
10. 北京市档案馆编.解放战争时期北平学生运动.北京:光明日报出版社,1991
11. 北平市宣慰团.中国各党派史略与批判.1947
12. 薄一波.七十年奋斗与思考.北京:中共党史出版社,1996
13. 薄一波.若干重大决策与事件的回顾.北京:中共中央党校出版社,1991
14. 财政部财政年鉴编纂处.财政年鉴.南京,1948
15. 长舜等.百万国民党军起义投诚纪实.北京:中国文史出版社,1991
16. 常任侠.战云纪事.海口:海天出版社,1999
17. 陈公洽与台湾.南瀛出版社,1947
18. 陈恭澍.抗战后期反间活动.台北:传记文学出版社,1986
19. 陈立夫.成败之鉴——陈立夫回忆录.台北:正中书局,1994
20. 陈廉.决战的历程.合肥:安徽人民出版社,1991
21. 陈鸣钟,陈兴唐主编.台湾光复和光复后五年省情.南京出版社,1989
22. 陈启天.寄园回忆录.台北:台湾商务印书馆股份有限公司,1965

23. 陈士榘.天翻地覆三年间——解放战争回忆录.北京:中共中央党校出版社,1995
24. 陈毅传编写编.陈毅传.北京:当代中国出版社,1991
25. 陈毅军事文选.北京:解放军出版社,1996
26. 陈云文选(1926—1949年).北京:人民出版社,1984
27. 陈再道回忆录.北京:解放军出版社,1991
28. 陈昭桐.中国财政历史资料选编(第12辑).北京:中国财政经济出版社,1990
29. 陈真.中国近代工业史资料.北京:三联书店,1957—1961
30. 成汉昌.中国土地制度与土地改革.北京:中国档案出版社,1994
31. 城市接管亲历记编写组.城市接管亲历记.北京:中国文史出版社,1999
32. 程思远.李宗仁先生晚年.北京:文史资料出版社,1980
33. 程思远.政海秘辛.哈尔滨:北方文艺出版社,1991
34. 戴高乐.战争回忆录.北京:世界知识出版社,1981
35. 狄超白.中国经济年鉴.香港:太平洋经济研究社,1947
36. 第二野战军战史编审委员会.中国人民解放军第二野战军战史.北京:解放军出版社,1990
37. 第六战区参谋处.第六战区受降纪实.武汉,1946
38. 第三野战军战史编辑室.第三野战军征战日志.南京:江苏人民出版社,1995
39. 第十二战区长官部.傅长官讲话.北平,1947
40. 第四野战军战史编写组.中国人民解放军第四野战军战史.北京:解放军出版社,1998
41. 第一届国民大会秘书处.第一届国民大会实录.南京,1948
42. 第一期复员军官佐十五万人个别转业训练计划.南京,1946
43. 第一野战军战史编审委员编.中国人民解放军第一野战军战史.北京:解放军出版社,1995
44. 第一战区参谋处.第一战区受降纪实.西安,1946
45. 丁晓春,戈福禄,王世英.东北解放战争大事记.北京:中共党史资料出版社,1987
46. 东北日报社.中国巨大变化的一年.佳木斯:东北书店,1947
47. 董必武年谱编纂组.董必武年谱.北京:中央文献出版社,1991
48. 董必武选集.北京:人民出版社,1985
49. 董彦平.苏俄据东北——第二次世界大战结束时苏俄侵据东北折冲纪要.近代中国史料丛刊续编(第865册).台北:文海出版社有限公司
50. 董志凯.解放战争时期的土地改革.北京大学出版社,1987

51. 鄂豫边区革命史编辑部.中原突围.武汉:湖北人民出版社,1983—1986
52. 反法西斯战争文献.北京:世界知识出版社,1955
53. 方庆秋主编.中国民主社会党.北京:档案出版社,1988
54. 方庆秋主编.中国青年党.北京:档案出版社,1988
55. 冯洪达.冯玉祥将军魂归中华.北京:文史资料出版社,1981
56. 复旦大学历史系中国近代史教研组.中国近代对外关系史参考资料选辑.上海人民出版社,1977
57. 冈村宁次回忆录.北京:中华书局,1981
58. 高永昌.四战四平.长春:中共吉林省委党史工作委员会,1988
59. 耿飚回忆录.北京:解放军出版社,1991
60. 古屋奎二.蒋"总统"秘录.台北:"中央日报"社,1986
61. 顾维钧回忆录(第5分册,第6分册).北京:中华书局,1987,1988
62. 广东省档案馆.东江纵队史料.广州:广东人民出版社,1984
63. 郭德宏.中国近现代农民土地问题研究.青岛出版社,1993
64. 郭汝瑰回忆录.成都:四川人民出版社,1987
65. 国防部.绥靖第一年重要战役提要.南京,1948
66. 国防部史政局.国防部改组纪要.南京,1947
67. 国防部政工局.绥靖区总体战之实施.南京,1948
68. 国际条约集(1945—1947).北京:世界知识出版社,1959
69. 国民参政会秘书处.国民参政会第四届第二次大会提案原文.重庆,1946
70. 国民参政会秘书处.国民参政会第四届第三次大会提案原文.南京,1947
71. 国民大会秘书处.国民大会代表对于中华民国宪法草案意见汇编.南京,1946
72. 国民大会秘书处.国民大会代表询问案之答复.南京,1946
73. 国民大会秘书处.国民大会会议记录.南京,1946
74. 国民大会秘书处.国民大会实录.南京,1946
75. 国民党二中全会面目.1946
76. 海茵茨希.中苏走向联盟的艰难历程.北京:新华出版社,2001
77. 韩丁.翻身——中国一个村庄的革命纪实.北京出版社,1980
78. 韩信夫,姜克夫.中华民国大事记.北京:中国文史出版社,1997
79. 何成浚将军战时日记.台北:传记文学出版社,1986
80. 何东,陈明显.北平和平解放始末.北京:解放军出版社,1985
81. 何廉回忆录.北京:中国文史出版社,1988
82. 何应钦.日军侵华八年抗战史.台北:黎明文化事业股份有限公司,1983
83. 和平民主的道路——国共停战协议及政治协商会议重要文献之一.1946
84. 和平民主建设的新阶段.1946

85. 和平民主新阶段的指针——国共停战协议及政治协商会议重要文献之二.1946
86. 河北平津区敌伪产业处理局秘书处.河北平津区敌伪产业处理局章则汇编.北平,1946
87. 贺龙传编写组.贺龙传.北京:当代中国出版社,1993
88. 洪桂己.近代中国外谍与内奸史料汇编.台北:"国史馆",1986
89. 胡乔木传编写组编.胡乔木书信集.北京:人民出版社,2002
90. 胡乔木回忆毛泽东.北京:人民出版社,1994
91. 胡绳论"从五四运动到人民共和国成立".北京:社会科学文献出版社,2001
92. 胡适的日记(手稿本).台北:远流出版事业股份有限公司,1990
93. 胡颂平.胡适之先生年谱长编初稿.台北:联经出版事业股份有限公司,1984
94. 湖北省鄂豫边区革命史编辑部,湖北省军区中原突围史专题编纂室.中原突围史.北京:军事科学出版社,1996
95. 华北日报社.学风与学潮.北平,1947
96. 华北学生运动小史编辑委员会.华北学生运动小史.北平,1948
97. 淮海战役亲历记编审组编.淮海战役亲历记.北京:文史资料出版社,1988
98. 黄存厚.二二八事变始末记.南京:扫荡周报社,1947
99. 黄克诚回忆录.北京:解放军出版社,1989
100. 黄美真.伪廷幽影录——对汪伪政权的回忆纪实.北京:中国文史出版社,1991
101. 黄香山主编.国民大会特辑.南京:东方出版社,1947
102. 黄延复,王小宁整理.梅贻琦日记.北京:清华大学出版社,2001
103. 黄炎培.八十年来.北京:文史资料出版社,1982
104. 黄瑶,张明哲.罗瑞卿传.北京:当代中国出版社,1996
105. 黄瑶主编.罗荣桓年谱.北京:人民出版社,2002
106. 黄逸峰,姜铎,唐传泗等.旧中国民族资产阶级.南京:江苏古籍出版社,1990
107. 季长佑.金圆券币史.南京:江苏古籍出版社,2001
108. 贾士毅.民国财政经济问题今昔观.台北:正中书局,1970
109. 贾廷诗等.白崇禧先生访问纪录.台北:"中央研究院"近代史研究所,1984
110. 江苏省档案馆,安徽省档案馆编.渡江战役.北京:档案出版社,1989
111. 江苏省政府秘书处.配合军事收复苏北紧急措施方案.1946
112. 蒋"总统"经国先生言论著述汇编.台北:黎明文化事业股份有限公

司,1981
113. 蒋经国.风雨中的宁静.台北:黎明文化事业股份有限公司,1977
114. 蒋经国自述.长沙:湖南人民出版社,1988
115. 蒋廷黻.善后救济总署.重庆,1945
116. 蒋匀田.中国近代史转捩点.香港:友联出版社有限公司,1976
117. 蒋主席最近言论.上海:国际出版社,1945
118. 金冲及.转折年代——中国的1947年.北京:三联书店,2002
119. 金德群主编.中国国民党土地政策研究(1905—1949).北京:海洋出版社,1991
120. 晋察冀日报资料科.军事调处执行情况汇编.张家口,1946
121. 九三学社中央社史办公室.九三学社历史资料选辑.北京:学苑出版社,1991
122. 军官训练团.第二期军事小组讨论结论汇集.南京,1947
123. 军官训练团.第一期军事小组讨论大纲及参考资料.南京,1947
124. 军官训练团.剿匪战事之检讨.南京,1947
125. 军官训练团.一年来剿匪重要战役之检讨.南京,1947
126. 军事科学院军事历史研究部编著.中国人民解放军全国解放战争史.北京:军事科学出版社,1993—1997
127. 军事科学院毛泽东军事思想研究所年谱组等编.毛泽东军事年谱(1926—1958).南宁:广西人民出版社,1994
128. 军事委员会委员长广州行营参谋处.广东受降纪述.广州,1946
129. 肯尼斯·雷等编.被遗忘的大使——司徒雷登驻华报告(1946—1949).尤存等译.南京:江苏人民出版社,1990
130. 孔繁霖编.五五宪草之评议.南京:时代出版社,1946
131. 赖泽涵.二二八事件研究报告.台北:时报文化出版企业有限公司,1994
132. 赖泽涵.台湾光复初期历史.台北:"中央研究院"中山人文社会科学研究所,1993
133. 雷震.制宪述要.台北:桂冠图书股份有限公司,1989
134. 冷欣.从参加抗战到目睹日军投降.台北:传记文学出版社,1967
135. 李炳南.政治协商会议与国共谈判始末.台北:永业出版社,1993
136. 李达军事文选编辑组.李达军事文选.北京:解放军出版社,1993
137. 李华兴编.中国现代思想史资料简编(第5卷).杭州:浙江人民出版社,1983
138. 李建国.辽沈战役研究.长沙:湖南人民出版社,1998
139. 李聚奎回忆录.北京:解放军出版社,1986
140. 李烈.贺龙年谱.北京:人民出版社,1996

141. 李默庵.世纪之履——李默庵回忆录.北京:中国文史出版社,1995
142. 李少瑜,曾焕雄,瞿培树.中原突围纪事.北京:解放军出版社,1992
143. 李维汉.回忆与研究.北京:中共党史资料出版社,1986
144. 李旭.政治协商会议之检讨.南京:时代出版社,1946
145. 李勇,张仲田.统一战线大事记——解放战争时期统一战线卷.北京:中国经济出版社,1988
146. 李玉荣.中共接管城市的理论与实践.北京:首都师范大学出版社,2000
147. 立华.政治协商会议文献.北平:中外出版社,1946
148. 梁漱溟.忆往谈旧录.北京:中国文史出版社,1987
149. 辽沈决战编审小组等编.辽沈决战.北京:人民出版社,1988
150. 辽沈战役亲历记编审组等编.辽沈战役亲历记.北京:文史资料出版社,1985
151. 列多夫斯基.斯大林与中国.北京:新华出版社,2001
152. 林孟熹.司徒雷登与中国政局.北京:新华出版社,2001
153. 凌其翰.在河内接受日本投降内幕.北京:世界知识出版社,1984
154. 刘崇文,陈绍畴主编.刘少奇年谱(1898—1969).北京:中央文献出版社,1996
155. 刘馥.中国现代军事史.台北:东大图书股份有限公司,1986
156. 刘念智.实业家刘鸿生传略.北京:文史资料出版社,1982
157. 刘汝明回忆录.台北:传记文学出版社,1966
158. 刘少奇选集.北京:人民出版社,1981
159. 刘树发.陈毅年谱.北京:人民出版社,1995
160. 刘宋斌.中国共产党对大城市的接管.北京图书馆出版社,1997
161. 刘武生主编.从延安到北京——解放战争重大战役军事文献和研究文章专题选集.北京:中央文献出版社,1993
162. 刘峙.我的回忆.台北:文海出版社有限公司,1982
163. 罗荣桓传记编写组.罗荣桓传.北京:当代中国出版社,1992
164. 马肇钧.中国人民解放军第一野战军征战日志.北京:解放军出版社,2001
165. 毛泽东选集第4卷.北京:人民出版社,1991
166. 梅汝璈.远东国际军事法庭.北京:法律出版社,1988
167. 孟广涵.国民参政会纪实.重庆出版社,1987
168. 孟广涵.政治协商会议纪实.重庆出版社,1989
169. 孟宪章,杨玉林,张宗海.苏联出兵东北.北京:中国大百科全书出版社,1995
170. 民潮社.民联政治报告.香港,1947

171. 南京军区第三野战军战史编辑室. 中国人民解放军第三野战军战史. 北京:解放军出版社,1996
172. 南京市档案馆. 南京解放. 南京:江苏古籍出版社,1990
173. 南京市档案馆. 审讯汪伪汉奸笔录. 南京:江苏古籍出版社,1992
174. 聂荣臻传编写组. 聂荣臻传. 北京:当代中国出版社,1994
175. 聂荣臻传记编写组. 聂荣臻军事文选. 北京:解放军出版社,1992
176. 聂荣臻回忆录. 北京:解放军出版社,1984
177. 牛军. 从延安走向世界——中国共产党对外关系的起源. 福州:福建人民出版社,1992
178. 逄先知,金冲及. 毛泽东传(1893—1949). 北京:中央文献出版社,1996
179. 逄先知主编. 毛泽东年谱 1893—1949. 北京:人民出版社,中央文献出版社,1993
180. 陪都各界反对内战联合会. 昆明一二·一学生爱国运动. 重庆,1946
181. 彭德怀传记编写组. 彭德怀军事文选. 北京:解放军出版社,1988
182. 彭明主编. 中国现代史资料选辑(第 6 册). 北京:中国人民大学出版社,1989
183. 彭真传编写组编. 彭真年谱. 北京:中央文献出版社,2002
184. 彭真文选. 北京:人民出版社,1991
185. 平津战役亲历记编审组编. 平津战役亲历记. 北京:中国文史出版社,1989
186. 秦孝仪. 革命文献. 台北:中国国民党中央委员会党史委员会,1978
187. 秦孝仪. 实施宪政. 台北:中国国民党中央委员会党史委员会,1978
188. 秦孝仪. 中华民国经济发展史. 台北:近代中国出版社,1983
189. 秦孝仪主编. "总统"蒋公大事长编初稿. 台北:中国国民党中央委员会党史委员会,1978
190. 秦孝仪主编. 先"总统"蒋公思想言论总集. 台北:中国国民党中央委员会党史委员会,1984
191. 秦孝仪主编. 中华民国重要史料初编——对日抗战时期. 台北:中国国民党中央委员会党史委员会,1981—1988
192. 青年远征军第二零八师政治部. 中国国民党第六届二中全会辑要,1946
193. 琼斯,博顿,皮尔恩. 1942—1946 年的远东. 上海译文出版社,1979
194. 全国政协,陕西省政协,甘肃省政协,青海省政协,宁夏自治区政协,新疆自治区政协文史办公室. 解放战争中的西北战场. 北京:中国文史出版社,1992
195. 全国政协,浙江省政协,福建省政协文史资料研究委员会编辑组. 陈仪生平及被害内幕. 北京:中国文史出版社,1987

196. 全国政协文史资料研究委员会工商经济组. 回忆国民党政府资源委员会. 北京:中国文史出版社,1988
197. 日本投降后中共动态资料汇编. 1945
198. 赛福鼎. 天山雄鹰. 北京:中国文史出版社,1987
199. 赛福鼎回忆录. 北京:华夏出版社,1993
200. 三民主义宪法促成会. 宪草修改原则批判集. 南京,1946
201. 山东省档案馆,山东社会科学院历史研究所编. 山东革命历史档案资料选编. 济南:山东人民出版社,1986
202. 山东省莱芜市政协文史资料委员会编. 莱芜战役纪实. 北京:中国文史出版社,1995
203. 上海社会科学院经济研究所. 刘鸿生企业史料. 上海人民出版社,1981
204. 上海社会科学院经济研究所. 荣家企业史料. 上海人民出版社,1980
205. 上海市档案馆编. 上海解放. 北京:档案出版社,1989
206. 少小离家老大回——童小鹏回忆录. 福州:福建人民出版社,2000
207. 邵毓麟. 胜利前后. 台北:传记文学出版社,1967
208. 师哲. 在历史巨人身边——师哲回忆录. 北京:中央文献出版社,1991
209. 石觉先生访问纪录. 台北:"中央研究院"近代史研究所,1986
210. 寿充一,寿乐英编. 中央银行史话. 北京:中国文史出版社,1987
211. 四川师范学院张澜文集编辑组编. 张澜文集. 成都:四川教育出版社,1991
212. 宋希濂. 鹰犬将军——宋希濂自述. 北京:中国文史出版社,1986
213. 苏中七战七捷编写组编. 苏中七战七捷. 南京:江苏人民出版社,1986
214. 粟裕传编写组. 粟裕传. 北京:当代中国出版社,2000
215. 粟裕军事文集编写组. 粟裕军事文集. 北京:解放军出版社,1991
216. 粟裕战争回忆录. 北京:解放军出版社,1988
217. 绥靖政工手册. 1946
218. 孙邦. 伪满覆亡. 长春:吉林人民出版社,1993
219. 孙元良. 亿万光年中的一瞬——孙元良回忆录. 高雄:世界出版社,1972
220. 台湾省行政长官公署机要室. 陈长官通知辑要(第1辑),台北:台湾省印刷纸业股份有限公司,1946
221. 台湾省行政长官公署宣传委员会. 陈长官治台一年来言论集. 台北,1946年
222. 唐贤龙. 台湾事变内幕记. 南京:中国新闻社出版部,1947
223. 唐纵. 在蒋介石身边八年. 北京:群众出版社,1991
224. 天津市政协文史资料研究委员会. 天津历史的转折——原国民党军政人员的回忆. 天津,1988

225. 外交部外交史编辑部.新中国外交风云.北京:世界知识出版社,1990
226. 万仁元,方庆秋.国民党统治时期的小党派.北京:档案出版社,1992
227. 万仁元,方庆秋主编.抗日战争时期国民党军机密作战日记.北京:中国档案出版社,1995
228. 万仁元,方庆秋主编:中华民国史史料长编.南京大学出版社,1993
229. 汪朝光.和谈将军张治中.郑州:河南人民出版社,1995
230. 汪朝光.中华民国史(第3编第5卷),北京:中华书局,2000
231. 王道平.震撼世界的大决战.北京:解放军出版社,1990
232. 王德.华东战场参谋笔记.上海文艺出版社,1996
233. 王德夫,楼开炤.中国国民党革命委员会历史研究(民主革命时期).北京:中国人民大学出版社,1994
234. 王辅一.华东军区、第三野战军简史.北京:中共党史出版社,2002
235. 王昊.一个老兵心目中的陈毅元帅.上海文艺出版社,1996
236. 王良卿.三民主义青年团与中国国民党关系研究(1938—1949).台北:近代中国出版社,1998
237. 王世杰日记.台北:"中央研究院"近代史研究所,1990
238. 王首道.忆南征.北京:人民出版社,1981
239. 王首道回忆录.北京:解放军出版社,1988
240. 王寿南.王云五先生年谱初稿.台北:商务印书馆,1987
241. 王铁崖编.中外旧约章汇编(第3册).北京:三联书店,1962
242. 王焰.彭德怀年谱.北京:人民出版社,1998
243. 王禹廷.胡琏评传.台北:传记文学出版社,1985
244. 王云五.岫庐八十自述.台北:台湾商务印书馆股份有限公司,1967
245. 卫聚贤.中国各党各派现状.重庆:说文社,1946
246. 吴东之主编.中国外交史(中华民国时期).郑州:河南人民出版社,1990
247. 吴冈编.旧中国通货膨胀史料.上海人民出版社,1958
248. 吴国桢.从上海市长到"台湾省主席".上海人民出版社,1999
249. 吴景平.宋子文评传.福州:福建人民出版社,1992
250. 吴冷西.十年论战.北京:中央文献出版社,1999
251. 伍修权.往事沧桑.上海人民出版社,1986
252. 伍修权.我的历程.北京:解放军出版社,1984
253. 向炮口要饭吃.1947
254. 萧劲光回忆录.北京:解放军出版社,1987
255. 萧甡.最后的决战.上海人民出版社,1997
256. 萧铮.土地改革五十年.台北:"中国地政研究所",1980
257. 谢端尧.军事调处在徐州.北京:中共党史出版社,1996

258. 谢声溢.徐州绥靖概要.1946
259. 新华通讯社.新华社评论集(1945—1950).北京:新华通讯社,1960
260. 行政院复员官兵计划委员会第一次会议报告及决议案.南京,1946
261. 行政院绥靖区政务委员会秘书处.绥靖区行政法令汇编.南京,1946
262. 行政院新闻局.全国粮食概况.南京,1947
263. 熊向晖.地下十二年与周恩来.北京:中共中央党校出版社,1991
264. 徐林仪.战后中国的两条路线.山东新华书店,1946
265. 徐向前.历史的回顾.北京:解放军出版社,1984
266. 徐向前军事文选编辑组.徐向前军事文选.北京:解放军出版社,1993
267. 徐永昌日记.台北:"中央研究院"近代史研究所,1991
268. 徐泳平.陈果夫传.台北:正中书局,1978
269. 许涤新,吴承明主编.中国资本主义发展史(第3卷).人民出版社,1993
270. 许汉三.黄炎培年谱.北京:文史资料出版社,1985
271. 许倬云,丘宏达.抗战胜利的代价.台北:联合报社,1986
272. 学习知识社.评二中全会.1946
273. 严问天.南京受降记.贵阳:四人出版社,1945
274. 严中平等编.中国近代经济史统计资料选辑.北京:科学出版社,1955
275. 阎伯川先生纪念会.民国阎伯川先生锡山年谱长编初稿.台北:台湾商务印书馆股份有限公司,1988
276. 颜惠庆自传.北京:商务印书馆,2003
277. 燕京大学学生自治会研讨股.评中美商约.北京,1947
278. 杨伯涛回忆录.北京:中国文史出版社,1996
279. 杨成武回忆录.北京:解放军出版社,1990
280. 杨国宇.刘伯承用兵要旨.昆明:云南人民出版社,1985
281. 杨静远.写给恋人.郑州:河南人民出版社,1999
282. 杨奎松.毛泽东与莫斯科的恩恩怨怨.南昌:江西人民出版社,1999
283. 杨奎松.失去的机会?——抗战前后国共谈判实录.桂林:广西师范大学出版社,1992
284. 杨奎松.中共与莫斯科的关系(1920—1960).台北:东大图书股份有限公司,1997
285. 杨培新.中国通货膨胀论.上海:生活书店,1948
286. 杨培新编著.旧中国的通货膨胀.北京:三联书店,1963
287. 杨尚昆回忆录.北京:中央文献出版社,2001
288. 杨荫溥.民国财政史.北京:中国财政经济出版社,1985
289. 姚崧龄.张公权先生年谱初稿.台北:传记文学出版社,1982
290. 叶飞回忆录.北京:解放军出版社,1988

291. 叶剑英传编写组.叶剑英传.北京:当代中国出版社,1995
292. 于刚.中国各民主党派.北京:中国文史出版社,1987
293. 于再先生纪念委员会.一二·一民主运动纪念集.上海:镇华出版社,1946
294. 於凭远,罗冷梅等编纂.民国胡上将宗南年谱.台北:台湾商务印书馆,1980
295. 袁伟,吴殿尧.朱德军事活动纪事.北京:解放军出版社,1996
296. 袁伟.山海关之战.北京:军事科学出版社,1988
297. 远东国际军事法庭判决书.北京:群众出版社,1986
298. 在第二条战线上.北京:中国青年出版社,1980
299. 枣庄市出版办公室编.鲁南战役资料选.济南:山东人民出版社,1982
300. 曾克林.戎马生涯的回忆.北京:解放军出版社,1992年
301. 战后世界历史长编编委会.战后世界历史长编.上海人民出版社,1975
302. 张大军.外蒙古现代史.台北:兰溪出版社有限公司,1983
303. 张大军.新疆风暴七十年.台北:兰溪出版社有限公司,1980
304. 张公权.中国通货膨胀史.北京:文史资料出版社,1986
305. 张九如.和谈覆辙在中国——知难行易在美国.台北:联经出版事业公司,1968
306. 张军民.中国民主党派史(新民主主义时期).北京:华夏出版社,1989
307. 张培森.张闻天年谱.北京:中共党史出版社,2000
308. 张蓬舟.近五十年中国与日本.成都:四川人民出版社,1992
309. 张其昀.先"总统"蒋公全集.台北:"中国文化大学",1984
310. 张治中回忆录.北京:文史资料出版社,1985
311. 张宗逊回忆录.北京:解放军出版社,1990
312. 赵生晖.中国共产党组织史纲要.合肥:安徽人民出版社,1987
313. 赵正楷,陈存恭.徐永昌先生函电言论集.台北:"中央研究院"近代史研究所,1996
314. 郑洞国.我的戎马生涯——郑洞国回忆录.北京:团结出版社,1992
315. 郑维山.从华北到西北——忆解放战争.北京:解放军出版社,1985
316. 政协南京市文史资料委员会.中国战区受降始末.北京:中国文史出版社,1991
317. 政协文献.历史文献社,1946
318. 中共北京市委党史研究室编.反饥饿反内战运动资料汇编.北京大学出版社,1992
319. 中共北京市委党史研究室编.抗议美军驻华暴行运动资料汇编.北京大学出版社,1989

320. 中共河南省委党史工作委员会.中原突围前后.郑州:河南人民出版社,1988
321. 中共江苏省委党史工作委员会,中共南京市委党史资料征集编研委员会,中共代表团梅园新村纪念馆编.中共中央南京局.北京:中共党史出版社,1990
322. 中共莱芜县委宣传部.莱芜战役资料选.济南:山东人民出版社,1982
323. 中共涟水县委党史办公室.涟水保卫战.南京:江苏人民出版社,1989
324. 中共内蒙古自治区委员会党史资料征集研究委员会办公室.绥远和平解放.北京:中共党史出版社,1998
325. 中共山东省委,临沂地委党史资料征集委员会编.孟良崮战役.济南:山东人民出版社,1987
326. 中共山东省委党史资料征集研究委员会,中共济南市委党史资料征集研究委员会,济南市博物馆编.济南战役.济南:山东人民出版社,1988
327. 中共太原市委宣传部,中共太原市委党史研究室.解放太原.太原,1989
328. 中共云南省委党史资料征集委员会,中共云南师范大学委员会编.一二·一运动.北京:中共党史资料出版社,1988
329. 中共中央党史资料征集委员会,中国人民解放军档案馆.阵中日记.北京:中共党史资料出版社,1987
330. 中共中央党史资料征集委员会主编.淮海战役.北京:中共党史资料出版社,1988
331. 中共中央文献编辑委员会.邓小平文选.北京:人民出版社,1993
332. 中共中央文献研究室,中共南京市委员会.周恩来一九四六年谈判文选.北京:中央文献出版社,1996
333. 中共中央文献研究室,中国人民解放军军事科学院.周恩来军事文选.北京:人民出版社,1998
334. 中共中央文献研究室,中国人民解放军军事科学院编.毛泽东军事文集.北京:军事科学出版社,中央文献出版社,1993
335. 中共中央文献研究室,中央档案馆,党的文献编辑部.共和国走过的路——建国以来重要文献专题选集(1949—1952).北京:中央文献出版社,1991
336. 中共中央文献研究室.毛泽东书信选集.北京:人民出版社,1983
337. 中共中央文献研究室编.建国以来毛泽东文稿.北京:中央文献出版社,1987
338. 中共中央文献研究室编.毛泽东文集.北京:人民出版社,1996
339. 中共中央文献研究室编.任弼时年谱(1904—1950).北京:人民出版社,中央文献出版社,1993

340. 中共中央文献研究室编.周恩来年谱(1898—1949).北京:人民出版社,中央文献出版社,1989
341. 中共中央文献研究室编.朱德年谱(1886—1976).北京:人民出版社,1986
342. 中共重庆市委党史研究室,重庆市政协文史资料委员会,红岩革命纪念馆.重庆谈判纪实(增订本).重庆出版社,1993
343. 中国党派.南京:中联出版社,1948
344. 中国的土地改革编辑部,中国社会科学院经济研究所现代经济史组.中国土地改革史料选编.北京:国防大学出版社,1988
345. 中国第二历史档案馆,中共南京市委党史办公室编.五二〇运动资料.北京:人民出版社,1985
346. 中国第二历史档案馆编.第二次世界大战中国战区受降纪实.北京:中共党史资料出版社,1989
347. 中国第二历史档案馆编.国民党政府政治制度档案史料选编.合肥:安徽教育出版社,1994
348. 中国第二历史档案馆编.中华民国史档案资料汇编(第5辑第3编).南京:江苏古籍出版社,1999
349. 中国共产党代表团驻沪办事处纪念馆.上海周公馆——中共代表团在沪活动史料.上海人民出版社,1994
350. 中国国民党第六届二中全会决议案行政院办理情形报告表.南京,1947
351. 中国国民党第六届中央执监委员会第二次全体会议行政院工作报告.重庆,1946
352. 中国国民党革命委员会中央宣传部.中国国民党革命委员会重要文件汇编.北京,1959
353. 中国国民党河北省党部.抗战胜利后重要文告.1945
354. 中国国民党河北省党部.政治协商会议之经过及有关文件.1946
355. 中国国民党中央执行委员会秘书处.中国国民党第六届中央执行委员会第二次全体会议记录.重庆,1946
356. 中国国民党中央执行委员会秘书处.中国国民党第六届中央执行委员会第三次全体会议记录.南京,1947
357. 中国军事博物馆.毛泽东军事活动纪事.北京:解放军出版社,1994
358. 中国科学院上海经济研究所,上海社会科学院经济研究所编.上海解放前后物价资料汇编(1921—1957).上海人民出版社,1958
359. 中国陆军总司令部.中国战区中国陆军总司令部处理日本投降文件汇编.南京,1946
360. 中国陆军总司令部.中国战区中国陆军总司令部受降报告书.南京,1946

361. 中国民主促进会中央宣传部.中国民主促进会四十年.上海人民出版社,1985
362. 中国民主促进会中央宣传部编.马叙伦政论文选.北京:文史资料出版社,1985
363. 中国民主建国会中央委员会宣传部.中国民主建国会历史文献选编.北京:书目文献出版社,1992
364. 中国民主同盟中央文史资料委员会编.中国民主同盟历史文献.北京:文史资料出版社,1983
365. 中国民主同盟总部.李闻案调查报告书.南京,1946
366. 中国民主同盟总部.民主同盟文献.南京,1946
367. 中国人民大学中共党史系中国革命史教研室.批判中国资产阶级中间路线参考资料.1958
368. 中国人民解放军军事学院.刘伯承军事文选.北京:解放军出版社,1992
369. 中国人民解放军历史资料丛书编审委员会.渡江战役.北京:解放军出版社,1995
370. 中国人民解放军历史资料丛书编审委员会.解放战争战略追击·华东地区.北京:解放军出版社,1998
371. 中国人民解放军历史资料丛书编审委员会.辽沈战役.北京:解放军出版社,1993
372. 中国人民解放军历史资料丛书编审委员会.平津战役.北京:解放军出版社,1991
373. 中国人民解放军总部.中国人民解放战争军事文集.北京,1951
374. 中国人民解放军总政治部组织部.中国共产党中国人民解放军组织史资料.北京:长征出版社,1994
375. 中国人民银行上海分行金融研究室.金城银行史料.上海人民出版社,1983
376. 中国人民银行总行参事室编.中华民国货币史资料(第2辑).上海人民出版社,1991
377. 中国人民政治协商会议广西壮族自治区委员会文史资料研究委员会.李宗仁回忆录.南宁,1980
378. 中国人民政治协商会议全国委员会文史资料研究委员会编.法币、金圆券与黄金风潮.北京:文史资料出版社,1985
379. 中国人民政治协商会议全国委员会文史资料研究委员会编.五星红旗从这里升起.北京:文史资料出版社,1984
380. 中国社会科学院近代史研究所编.划时代的历史转折——"1949年的中国"国际学术讨论会论文集.成都:四川人民出版社,2002

381. 中国社会科学院近代史研究所中华民国史研究室编.中华民国史资料丛稿·增刊(第5、6辑).北京:中华书局,1979,1980
382. 中国社会科学院近代史研究所中华民国史组编.胡适来往书信选.北京:中华书局,1980
383. 中国往何处去.上海:文化出版社,1949
384. 中国问题研究社.蒋介石的经济危机.华北新华书店,1947
385. 中国银行总管理处.外汇统计汇编.北京,1950
386. 中华年鉴社.国民大会.南京,1948
387. 中华年鉴社.中华年鉴.南京,1948
388. 中央档案馆,四川省档案馆.四川革命历史文件汇集.北京,1989
389. 中央档案馆.中共中央在西柏坡.北京:海天出版社,1998
390. 中央档案馆编.解放战争时期土地改革文件选编(1945—1949).北京:中共中央党校出版社,1991
391. 中央档案馆编.中共中央文件选集.北京:中共中央党校出版社,1991—1992
392. 中央统战部,中央档案馆编.中共中央解放战争时期统一战线文件选编.北京:档案出版社,1988
393. 中央训练团.宪政实施参考资料.南京,1947
394. 钟期光回忆录.北京:解放军出版社,1995
395. 周恩来书信选集.北京:中央文献出版社,1988
396. 周恩来选集.北京:人民出版社,1980
397. 周佛海狱中日记.北京:中国文史出版社,1991
398. 周永林,张廷钰.马寅初抨击官僚资本.重庆出版社,1983
399. 朱德选集.北京:人民出版社,1983
400. 朱汇森主编.中华民国史事纪要.台北:"国史馆",1988
401. 朱培民.新疆革命史.乌鲁木齐:新疆人民出版社,1993
402. 朱偰.越南受降日记.上海:商务印书馆,1946
403. 朱学范.我与民革四十年.北京:团结出版社,1990
404. 朱宗震,陶文钊.中华民国史(第3编第6卷).北京:中华书局,2000
405. 朱宗震,汪朝光.铁军名将——陈铭枢.兰州大学出版社,1996
406. 资源委员会档案史料初编.台北:"国史馆",1984
407. 资中筠.美国对华政策的缘起和发展.重庆出版社,1987
408. 总参谋部贺龙传编写组.贺龙军事文选.北京:解放军出版社,1989
409. 最近学潮之起源及其演变.时代出版社,1947
410. 左玉河.张东荪传.济南:山东人民出版社,1998

二 英文部分

(一) 未刊文献

1. *Arthur N. Young Papers*, Hoover Archives, Stanford University, California
2. *Chang Kia-ngao Papers*, Hoover Archives, Stanford University, California
3. *Chen Kuang-pu Collection*, Rare Books and Manuscript Library, Columbia University, New York
4. *Chen Li-fu Collection*, Rare Books and Manuscript Library, Columbia University, New York
5. *T. V. Soong Papers*, Hoover Archives, Stanford University, California
6. *Wellington Koo Collection*, Rare Books and Manuscript Library, Columbia University, New York
7. *Wu Kuochen Collection*, Rare Books and Manuscript Library, Columbia University, New York

(二) 已刊书目

1. Acheson, Dean. *Present at the Creation: My Years in the State Department*, W. W. Norton and Company, New York, 1969
2. Beal, John Robinson. *Marshall in China*, Doubleday Canada, Toronto, 1970
3. Belden, Jack. *China Shakes the World*, Victor Gollancz, London, 1951
4. Borg, Dorothy and Waldo Heinrichs, *Uncertain Years: Chinese-American Relations, 1947—1950*, Columbia University Press, New York, 1980
5. Chen, Kenneth S. *Dilemma in China: America's Policy Debate, 1945*, Hamden, Archon Books, 1980
6. Cheng, Yui-kui. *Foreign Trade & Industrial Development in China*, The University Press of Washington, Washington D. C., 1956
7. *The China White Paper*, Originally Issued as *United States Relations With China*, Department of State Publication 3573, Far Eastern Series 30, Stanford University Press, California, 1967
8. Dennett, Raymond, and Robert Turner, eds. *Documents on American*

Foreign Relations, Vol. 9, New Haven, 1950

9. Feis, Herbert. *The China Tangle: American Effort in China from Pearl Harbor to the Marshall Mission*, Princeton University Press, New Jersey, 1953

10. Ferver, John H. *The Truman Administration and China 1945—1950: the Policy of Restrained Intervention*, Michigan University, Microfilms International, 1980

11. *Foreign Relations of the United States*, Diplomatic Papers, 1945—1949, The U. S. Department of State, Washington D. C.

12. Garver, John W. *Chinese-Soviet Relations, 1937—1945*, Oxford University Press, New York, 1988

13. Gosgrove, Julia F. *United States Foreign Economic Policy Toward China, 1943—1946*, Ann Arbor, 1983

14. Levine, Steven I. *Anvil of Victory——The Communist Revolution in Manchuria, 1945—1948*, Columbia University Press, New York, 1987

15. *Marshall's Mission To China, December 1945—January 1947*, The Report and Appended Documents, University Publications of America, Inc., Arlington, Virginia, 1976

16. May, Ernest. *The Truman Administration and China, 1945—1949*, New York 1975

17. McLane, Charles. *Soviet Policy and the Chinese Communists 1931—1946*, Columbia University Press, New York, 1958

18. Melby, John F. *The Mandate of Heaven: Record of Civil War in China, 1945—1949*, Doubleday and Company Inc., New York, 1971

19. Pepper, Suzanne. *Civil War in China: The Political Struggle, 1945—1949*, University of California Press, Berkeley 1978

20. Pogue, Forrest C. *George C. Marshall: States Man*, Viking Penguin Inc. New York, 1987

21. Rea, Kenneth W., and John C. Brewer, eds. *The Forgotten Ambassador: The Reports of John Leighton Sturat, 1946*, Westview Press Inc., Boulder, Colorado, 1981

22. Schaller, Michael. *The U. S. Crusade in China, 1938—1945*, Columbia University Press, New York, 1979

23. Stuart, John Leighton. *Fifty Years in China-The Memoirs of John Leighton Stuart, Missionary and Ambassador*, Random House, New York, 1954

24. Truman, Harry S. *The Memoirs of Harry S. Truman*, Vol. 1, 1945: *Year of Decisions*, Vol. 2, *Years of Trial and Hope*: 1946—1953, Hodder and Stoughton Ltd., Suffolk, 1955, 1956
25. Tsou, Tang. *America's Failure in China*, 1941—1950, The University of Chicago Press, Chicago, 1963
26. Van Slyke, Lyman P. *Enemies and Friends: The United Front in Chinese Communist History*, Stanford University Press, California, 1987
27. *Wedemeyer Reports*, Henry Holt and Company, New York, 1958
28. Wells, Sumner. *Seven Decisions That Shaped History*, Harpes and Brothers, New York, 1951
29. Westad, Odd Arne. *Cold War & Revolution: Soviet-American Rivalry and the Origins of the Chinese Civil War*, Columbia University Press, New York, 1993

人名索引

A

阿合买提江　217—219
艾奇逊　455
艾　沙　504
安春山　431
安若定　567
安藤利吉　219

B

巴大维　454
白崇禧(健生)　5,50,51,54,57,85, 210, 272, 273, 288, 294, 301, 308, 309, 355—358, 360, 368, 372, 399—401, 403, 417, 420, 427, 456—458, 462, 464, 466—468, 473, 475—477, 481, 483—485, 490, 504—515, 523, 524, 526, 531, 533,534
白吉尔　497
白鲁德　63,75,78
班　禅　522
包尔汉　210,218,504
贝鲁罗索夫　16
贝祖诒　239,241,242,292
彼得罗夫　53
薄一波　349,350,499,553

C

蔡仁杰　139
蔡廷锴　182,563—565
蔡文治　75,79,120
曹　锟　544
曹天戈　518,521
常乃悳　26,210
陈璧君　159
陈布雷　26, 48, 198, 210, 299,

陈长捷 434,439—441
陈　诚 5,24,50,51,54,83,87,97,99,105,109,110,113,118,127,129,131,133,134,139—141,155,198,204,240,263,272,288,289,302,356,363,364,451,458,460,464,493,513,529
陈大庆 485,486
陈　赓 91,103,113,142,143,264,268,362,505,508,510—512,514,515
陈公博 159
陈光甫 210,242
陈果夫 5,35,160,464
陈克非 515,519,520
陈立夫 5,26,160,165,189,231,272,286,288,289,297,298,307,309,310,464,526,531
陈　良 485
陈林达 364
陈明仁 261,262,363,365,490,506,507
陈铭枢 182,543,544,558
陈其尤 563
陈启天 26,182,197,204,210,235,310
陈士榘 75,104,266,267,362,416
陈士章 409
陈巳生 181
陈文溪 221
陈锡联 517
陈雪屏 169,177
陈　仪 219—223,460

453

陈　毅 19,45,79,99,101—106,126—129,134,136,137,139,141—143,264,266,267,346,347,358,368,370,402—404,410,411,413,415,479,483,489,571
陈　云 55,66,68,132,336,552,571
陈　章 405
程　潜 88,306—309,457,467,506,507
程思远 40,289,305,456,531
程天放 39
程星龄 506
程子华 430,431
楚图南 189
楚溪春 107,108
褚辅成 181
褚民谊 159
崔月犁 435
崔载之 437,443

D

达　赖 522
戴高乐 250
戴季陶 38,210,294,305
戴　笠 159
戴之奇 105,106
邓宝珊 365,442,498,499
邓初民 282
邓汉翔 457
邓军林 422
邓文仪 289,453
邓锡侯 519
邓小平 18,99,111,112,132,141,264,265,337,344,

	356，368—370，372，403，404，410，411，415，479，481，508，516
邓子恢	370
邓颖超	26
丁默邨	159,160
东条英机	254
董必武	26，45，83，116，122，124，125，130，145，350，568，571
董其武	109,476,497—500
董宋珩	520
董显光	280,310
董彦平	54
董钊	144
杜斌丞	189,280
杜鲁门	22，23，57，58，116，119，249，291，454，455
杜威	454
杜维屏	318
杜聿明	52，54，56，57，64，67，68，71，90，132，214，215，260—262，392，394，396，399—401，406，409，415—423,446
杜月笙	27,318,319,466

F

范汉杰	132,140,143,364,381,388—390
范明枢	45
方天	458,505,531
费孝通	189
冯玉祥	543,562
冯裕芳	447
冯治安	135,401,405
符定一	436
傅秉常	455,462
傅冬菊	435
傅泾波	455
傅式说	159
傅斯年	26,163,240,290,304,310
傅作义	18,107—110,272,306,356,386,388,389,392,425—428,430,431,433—445,496—500

G

甘介侯	460
甘乃光	173,242
甘泗淇	479
冈村宁次	15,158
高岗	55,66,68,557,565,571
高吉人	422
高树勋	18
谷寿夫	158
谷正鼎	39
谷正纲	39,151,241,288,303
谷正伦	515
顾孟余	310
顾维钧	116,245,254,291,455
顾锡九	144
顾祝同	50，51，86，112，127，131,139,191,356,382,388,400,401,408,409,413,415,427,444,475,478,486,510,517,521,531,532
关麟徵	52,163
桂永清	486
郭忏	486
郭德洁	308
郭棣活	318
郭景云	430—432
郭沫若	26,571

郭汝瑰	50, 97, 134, 368, 389, 393, 397, 400, 401, 407, 409, 412, 413, 416, 425, 427, 452, 515, 519	胡 霖	26
		胡秋原	453
		胡若愚	513
		胡 绳	43
郭勋祺	363	胡 适	167, 176, 304, 305, 308, 526
郭宗汾	444		
		胡愈之	564

H

哈考脱	249	胡毓坤	159
海斯凯	75	胡志明	249, 250
韩 浚	130	胡宗南	35, 90, 91, 107, 113, 144—147, 266, 269, 272, 360—362, 366, 367, 476, 491, 500—503, 515—517, 519—522, 531
韩练成	130		
郝鹏举	160		
何汉文	240		
何基沣	405		
何鲁之	210		
何绍周	191, 515	黄百韬	140, 374, 377, 399—415, 419, 420, 423, 446
何思源	178, 443		
何香凝	562, 564	黄 华	559
何应钦	4, 14, 15, 54, 65, 151, 155, 158, 214—216, 250, 276, 310, 382, 400, 427, 451, 462—464, 470, 471, 473, 475, 490, 491, 524—527, 531	黄季陆	298
		黄 杰	490, 507, 512, 513
		黄竞武	281
		黄克诚	16, 66
		黄启汉	466, 467
		黄少谷	473
		黄绍竑	306, 309, 463, 466, 467, 469, 473, 474, 518
贺国光	521, 522		
贺 龙	18, 107, 127, 517	黄 淑	422
贺衷寒	40, 289	黄 维	399—401, 406, 407, 409—421, 423, 446
赫尔利	7		
洪兰友	299, 453, 530, 531	黄 翔	444
侯镜如	389, 390, 394, 428, 432, 434	黄旭初	524
		黄炎培	26, 34, 180, 181, 188, 189, 197, 279—281, 283, 453, 460, 562, 564, 571
胡国梁	318		
胡海门	210		
胡厥文	181		
胡 琏	88, 90, 141, 362, 372—374, 410, 416, 491, 532	黄宇人	241
		黄镇球	51
胡临聪	419	霍宝树	315

霍揆彰 163,191
霍守义 368

J

吉伦 75
戢翼翘 210
季里诺 253
贾景德 273,311,462
江亢虎 159
姜蕴刚 298
蒋介石 3—9, 11—15, 20, 22, 23, 25—27, 29, 31, 35—37, 40—42, 45, 46, 48—54, 56, 57, 59, 60, 62—65, 67, 69—71, 73, 79—87, 89, 90, 92, 93, 97, 99, 100, 105, 108—111, 113—121, 123, 124, 127, 129—140, 142—144, 146, 147, 151, 155, 157, 158, 160, 162, 165, 168, 175, 177, 178, 184, 188—191, 195—202, 204—208, 210, 211, 213—217, 223, 228, 231, 234, 239—243, 247—249, 252—254, 260, 261, 263, 267—269, 272—274, 276, 277, 285—288, 290—292, 294, 295, 301—311, 313—316, 318, 319, 321, 323—325, 328—331, 339, 341—343, 349, 355—358, 360, 364, 366—368, 373, 374, 376, 377, 380—384, 389—393, 396, 397, 399, 400, 406—410, 412, 414—423, 426—428, 433—437, 443, 444, 446, 449, 451—466, 468—471, 473—475, 477, 478, 486, 491, 493, 500, 506, 507, 510, 514, 517—521, 523—534, 540, 543, 545, 555, 557, 561
蒋梦麟 210
蒋廷黻 526
蒋匀田 154,187,200,209,211
蒋经国 52—54, 58—60, 289, 315—318, 320—322, 326,471
金绍先 460
居正 5, 38, 210, 305, 525, 531,533

K

康泽 288,289,362,363
孔令侃 321
孔祥熙 240—242, 286, 313, 321,324,464

L

赖琏 39,289
赖希木江 217
蓝妮 308
雷法章 252
雷震 118,197,203
李炳泉 436,437
李承晚 253
李达 479
李大明 183,210
李敷仁 189
李富春 55,565

李公朴	189,190	梁敦厚	497
李汉魂	526	梁寒操	272,299
李 璜	182,197,210,281	梁鸿志	159
李济深	182,460,467,543,562,564,571	梁培璜	361
李 弥	102, 141, 377, 399—402, 405—413, 417—419,421,422,518,519	梁漱溟	26,180,187,191,196—198
		廖 昂	365
		廖 慷	444
李 铭	315,318,319	廖耀湘	68,381,382,388,389,391—395,397,407
李默庵	100,104,105		
李培基	39,40,453	廖运周	413
李品仙	512,524	列 宁	164,541,548
李书城	457	林柏生	159
李 涛	395	林 彪	55, 56, 64, 66, 68, 81, 91, 261—263, 363, 383—388, 391, 393—396, 428, 429, 431—433, 438—442, 470, 479,497,498,506,508,509,511,512
李腾九	436		
李天霞	140		
李维汉	200,470		
李 文	18,109,428,434,444,515,520		
李文山	191		
李仙洲	127,129—131	林伯渠	45,470,564,568
李先念	96—98	林凤苞	239,242
李延年	102, 105, 406, 409, 411—417,420	林伟俦	441
		凌其翰	250
李玉堂	135,368	凌 霄	159
李章达	563	刘安祺	491,510,512,531
李 振	501,502,515,520	刘伯承	18, 91, 99, 111, 112, 127, 132—134, 141, 264—266, 268, 355, 358, 369, 370, 402—404,406,411,415,479,481,516
李 蒸	469		
李仲辛	373		
李烛尘	26,181		
李自成	549		
李宗黄	163,164,214,215		
李宗仁(德邻)	32,85,177,178,305—309, 326, 358, 451, 455—471, 473—476, 490, 523—527,531—534	刘不同	453
		刘昌义	488
		刘 斐	88,469
		刘攻芸	313,316,461,462
		刘航琛	526
		刘鸿生	318

刘厚同	435
刘健群	289,453
刘 戡	144,366
刘茂恩	373
刘汝明	111,400,401,406,409,411—417,420
刘少白	336
刘少奇	16,17,26,32,43—45,58,122—124,145,335,348,349,372,545,549,553,554,557,558,571
刘士毅	533
刘文岛	39
刘文辉	517,519
刘亚楼	433,437,440,479
刘云瀚	441
刘 哲	310,462
刘镇湘	406,409
刘 峙	50,86,90,97,98,112,356,372,376,399—401,403,405—407,409,410,414,417,419
刘仲华	467,468
刘宗宽	516
柳亚子	182,282
龙天武	395
龙 云	189,213—216,518
卢 汉	214—216,250—252,517—519
卢浚泉	388,390
鲁道源	490
陆定一	26,122
陆志韦	167
罗伯逊	75
罗广文	515,517,519,520
罗君强	159
罗历戎	359
罗隆基	26,42,180,188,197,279,280,283,460,559,562
罗荣桓	55,58,68,387,432,442,479
罗瑞卿	75,108,132
罗 申	460,461,556
罗恕人	504
罗斯福	23
罗辛理	378
罗泽闿	381,391
骆振韶	444

M

马步芳	366,367,476,500—503
马呈祥	504
马敦静	503
马法五	18
马鸿宾	366
马鸿逵	365,366,476,500—503
马继援	367,501,503
马励武	126
马林科夫	557
马林诺夫斯基	16,53,54,60
马歇尔	22—24,32,33,43,44,62,69—71,77—79,81—83,87,100,117—120,125,169,191,198,204,205,290,291,454,455
马叙伦	181,191,562—564
马寅初	176
麦克阿瑟	529
麦斯武德	218,504
毛泽东	5—9,11—13,16,20,21,25,32,44—46,51,52,58,66,70,82,93—95,101,104,113,117,118,122,123,135,137,

145—147,175,259,264—270,332—337,339,341—345,348—351,359,369,370,372,373,375,376,381,383—388,391,393,394,396—398,402—404,410,415,420—423,428—433,436,438,439,441,442,444,445,447,455,460,463—468,470—472,474,475,479,480,484,485,487,491—493,495—499,504,506,508,511,512,515,516,518,537,539—549,551,553—564,566,568,571,572

梅汝璈 254
梅思平 159
梅贻琦 167,234,235
米高扬 556,557
缪　斌 159
缪嘉铭(云台)　26,197,211
莫德惠　26,197,208,210,303,306,307,462
莫洛托夫　557
牟中珩　378

N

聂凤智　377
聂荣臻　18,107,110,127,133,134,349,358,432,439,442,470,499
钮永建　210

O

区寿年　373,374

欧　震　127,131,135—137,140

P

潘公展　8
潘光旦　189
潘汉年　467
潘华国　249
潘　菽　181
潘文华　519
潘裕昆　395
裴昌会　362,366,367,501,515,520
彭德怀　91,145,269,365—367,479,496,501,504,516
彭孟缉　223
彭铭鼎　503
彭学沛　82,121
彭毓斌　17
彭泽民　563
彭泽湘　436
彭昭贤　463,465
彭　真　45,55,56,58,64,67,68,467
彭佐熙　518,521
皮定均　98
皮尔逊　166,169

Q

戚再玉　317
齐燮元　159
钱永铭(新之)　26,27,320
乔巴山　252
覃道善　416
邱昌渭　533
邱清泉　138,372—374,377,399—402,406—414,417—419,421,422
邱维达　422

邱行湘 362
屈 武 473

R

饶漱石 16,75
任弼时 117,123,145,349,549
任卓宣 39,273
荣鸿元 318
阮海臣 249

S

沙彦楷 567
邵从恩 26,27
邵力子 10,11,19,26,36,39,45,83,118,197,198,210,280,299,307,463,466,469,475
沈安娜 91
沈澄年 374
沈 崇 166—170
沈发藻 490
沈钧儒 26,27,188,280—283,460,562—565
盛世才 216
盛 文 366
施复亮 181,184,562,564
石 觉 428,434,444,485,486
石志泉 311
史 良 281
史泽波 17
舒 荣 422
舒适存 420
舒 同 130
司徒雷登 115,116,121,191,205,206,272,292,309,455,473,544,550,558—560
司元恺 422

斯大林 6,59,455,548,556,557
斯特朗 95
松井石根 254
宋肯堂 428
宋美龄 70,83,321,455
宋庆龄 182,460,564,571
宋时轮 487
宋希濂 219,399,417,420,457,484,491,505,507,515—517,519,520,531
宋子文 5,53,54,60,71,79,152,210,216,225,228,230—233,235—242,249,250,286,313,315,464,477
苏 静 437,443
苏伦札布 253
粟 裕 19,91,94,99,100,102—106,127,128,136,137,139,141—143,264,266,267,368—370,372—376,385,402—404,407,408,411,415,418,421,479,481,483,486,487,489,495
孙宝刚 209
孙 楚 496,497
孙殿英 160
孙 科 26,36,38,39,45,121,198,202,210,272,275,276,279,296,299,307—310,323,452,453,455,461,462,464,531
孙兰峰 428,430,432,499,500
孙立人 90,529
孙连仲 18,85,107,359

孙良诚	160		140,265
孙元良	125,362,373,399—401,406,410—412,414,417—419,421,515,517	王靖国	496,497
		王克俊	443
		王若飞	7,8,10,11,19,26,45
孙 震	111,515,516	王绍鏊	181,563
孙中山	203,307,327,572	王世杰	11,19,23,26,36,39,45,53,54,60,71,82,83,174,198,200,210,252,272,303,310,314

T

谭平山	182,543,562—565,568	王叔铭	214,434,498
谭震林	127,142,143,404,479,481	王树声	96,98
		王耀武	102,129—131,135,376—378
谭 政	479		
汤恩伯	99,135—138,140,265,458,460,475—478,481,483,484,486—488,491,493,494,510	王揖唐	159
		王荫泰	159
		王云五	26,173,207,208,210,211,310,313,314,322,323
汤时亮	191		
汤 尧	518,521	王芸生	11,176
唐 亮	479	王泽浚	408
唐生智	506	王 震	96,98
唐 纵	5,25,79,81,160,189,191,214	王仲廉	113,132,265
		韦伯祥	318
陶希圣	36,188	维辛斯基	455
陶 勇	141,266,368	卫立煌	302,356,364,365,381—384,386,388,389,391,392,394—397
陶峙岳	476,500,503,504		
铁 托	556		
童冠贤	453,462	魏道明	57,223
涂长望	181	魏德迈	7,57,279,291,454

W

		温宗尧	159
		闻一多	189,190
万墨林	318	翁文灏	152,210,310,311,313—315,323,452
汪闸锋	419		
王宠惠	202,210,303,311	吴国桢	312,316,319,321,485
王春哲	317	吴化文	160,376—378,498
王抚洲	315	吴经熊	202
王鸿韶	155	吴奇伟	105
王敬久	111,132,135—137,	吴绍周	138,416

吴铁城	26,116,118,121,165, 197,198,202,280,286, 288,289,295,297,452, 455,473,510,531
吴玉章	26,45,125
吴忠信	210,216,456,457,462, 469,475,526,527,531, 532
伍宪子	183,209,210
武鸿卿	249

X

夏楚中	102
夏 威	524
向凤武	395
向哲浚	254
萧毅肃	151
萧 铮	273,289,328,331
谢富治	268
谢冠生	242
谢祥军	105
熊式辉	52—54, 63—67, 140, 261,262
熊绥春	416
熊向晖	91,145
熊笑三	422
徐柏园	313
徐傅霖	209,210,306,307
徐 堪	323,453,526
徐向前	104,350,361,362,496
徐永昌	15, 24, 36, 54, 57, 65, 66,78,86,89,91,140, 147, 272—274, 433— 435,438,443,453,498, 500,525,526,533
许德珩	181
许广平	564
许世友	143,375

许闻天	460,567
宣铁吾	125,312
薛 岳	99,131,458,514,532

Y

严家淦	313
严 明	366,488
阎揆要	479
阎锡山	17, 36, 107, 108, 113, 272, 361, 362, 496, 524—528,530—534
颜惠庆	466,485
杨安仁	239,242
杨伯涛	416
杨成武	386,429,430,432,492
杨得志	132,386,430—432,492
杨 格	236,239
杨汉烈	520
杨虎城	460
杨 杰	182
杨揆一	159
杨 森	39,460
杨尚昆	145
杨永浚	26,210
杨 勇	517
姚从吾	163
叶 成	504
叶楚伧	10
叶笃义	200,209
叶 飞	141,266,268,368,488, 495
叶公超	462,526
叶剑英	26, 75, 121, 145, 444, 467,470,510,511
叶 蓬	159
伊 敏	504
殷汝耕	159
于右任	210,240,241,306,307,

310,525,531
余程万 518,519
余汉谋 458,510,513,514,532
余家菊 26,182,210
余锦源 422
俞大维 97,207,211
俞鸿钧 210,238,239,243,312—315,319,323
俞济时 460,521,531
袁朴 444
袁世凯 212,544

Z

曾克林 16,54
曾琦 26,27,182,188,208,210,298
曾生 511
曾甦元 520
曾泽生 392,498
詹莲生 242
詹沛霖 318
张伯苓 311
张超 318
张道藩 39,331
张东荪 26,183,184,200,209,279,438,439,543,544,562
张发奎 37,76
张淦 399,400,484,507,513
张际春 479
张继 38,39,53,104,210,272,273
张嘉璈 52—54,59,60,184,200,201,241—243
张君劢 26,28,29,47,180,183,184,188,197,199—202,208,209,281,298,303

张克侠 405
张岚峰 160
张澜 26,27,180,192,280,282,283,460,562,571
张厉生 10,26,116,198,210,297,310,315
张灵甫 136—139
张难先 457
张尼亚 317
张群 5,9—11,19,23,24,26,36,39,54,121,155,210,211,241,280,281,291,298,305,309,310,453,455—458,462,475,476,500,518,531,533
张申府 26
张闻天 45,55
张奚若 189
张学良 460
张轸 457,485,490,506
张震 479,481
张镇 191
张知本 302
张治中 5,7,9—11,23,24,32,36,39,48,77,121,216—219,356,366,453,455,456,462,463,466,468—474,504
张宗逊 108,479
章伯钧 26,187,188,197,279,280,282,283,460,543,562—565
章嘉呼图克图 210
章乃器 181,562,564
章士钊 460,466,469,475
赵承绶 362
赵寿山 479

赵锡田	112	周福成	381,389,396
赵子立	520	周建人	564
赵祖康	488	周开成	422
郑洞国	64,260,381,384,385,391,392	周新民	191
郑介民	62,75,120,178	周诒春	211
郑天挺	167	周毅之	435
郑庭笈	394,395	周毓英	126
郑挺锋	444	周至柔	51,486
郑振文	210	周志道	408
钟　彬	515	周作民	318
钟天心	463	周作人	159
周　喦	493	朱　德	4,124,145,349,360,397,425,474,549,564,571
周北峰	438,439,442	朱家壁	518
周恩来	6—11,16,19—21,23,24,26—28,30—32,44,45,47,61,62,66,70,77—83,116—119,122—124,145,146,172,197—199,278,282,341,349,466,467,470—472,518,543,549,564,565,567,568,571	朱家骅	173,174,288,462,526,531
		朱　瑞	387
		朱绍良	458,493
		朱世明	254
		朱蕴山	564
		邹　鲁	5,210,526,532
		左舜生	180,182,197,210,310
周佛海	159,160	左协中	498